MÚSICA CULTURA POP   ESTILO DE VIDA   COMIDA
CRIATIVIDADE & IMPACTO SOCIAL

MARK LEWISOHN

Todos esses anos

Volume 2

Tradução: Henrique Guerra
Revisão Técnica: Gilvan Moura

Publicado pela primeira vez em 2013 por Little, Brown
Copyright © Mark Lewisohn 2013
O direito moral do autor foi garantido.

Nenhuma parte desta publicação pode ser reproduzida, armazenada ou transmitida para fins comerciais sem a permissão do editor. Você não precisa pedir nenhuma autorização, no entanto, para compartilhar pequenos trechos ou reproduções das páginas nas suas redes sociais, para divulgar a capa, nem para contar para seus amigos como este livro é incrível (e como somos modestos).

Um registro de catálogo CIP para este livro está disponível na British Library.

Este livro é o resultado de um trabalho feito com muito amor, diversão e gente finice pelas seguintes pessoas:
Gustavo Guertler (*publisher*), Fernanda Fedrizzi (coordenação editorial), Germano Weirich (edição), Henrique Guerra (tradução), Vivian Miwa Matsushita (preparação), Maristela Deves (revisão) e Celso Orlandin Jr. (adaptação da capa e projeto gráfico).
Obrigado, amigas e amigos.

2022
Todos os direitos desta edição reservados à
Editora Belas Letras Ltda.
Rua Antônio Corsetti, 221 – Bairro Cinquentenário
CEP 95012-080 – Caxias do Sul – RS
www.belasletras.com.br

Impresso no Brasil

Dados Internacionais de Catalogação na Fonte (CIP)
Biblioteca Pública Municipal Dr. Demetrio Niederauer
Caxias do Sul, RS

L677b	Lewisohn, Mark
	The Beatles: todos esses anos. Parte 1: Tune In / Mark Lewisohn; tradutores: Fernando Scoczynski Filho e Henrique Guerra. - Caxias do Sul, RS: Belas Letras, 2022.
	2 v.
	Título original: The Beatles: All these years. Tune In
	ISBN BOX: 978-65-5537-254-0
	ISBN brochura volume 1: 978-65-5537-253-3
	ISBN brochura volume 2: 978-65-5537-252-6
	1. Rock (Música). 2. Beatles (Conjunto musical). 3. Músicos de rock - Inglaterra – Biografia. I. Scoczynski Filho, Fernando. II. Guerra, Henrique. III. Título.
22/68	CDU 784.4(420)

Catalogação elaborada por Rose Elga Beber, CRB-10/1369

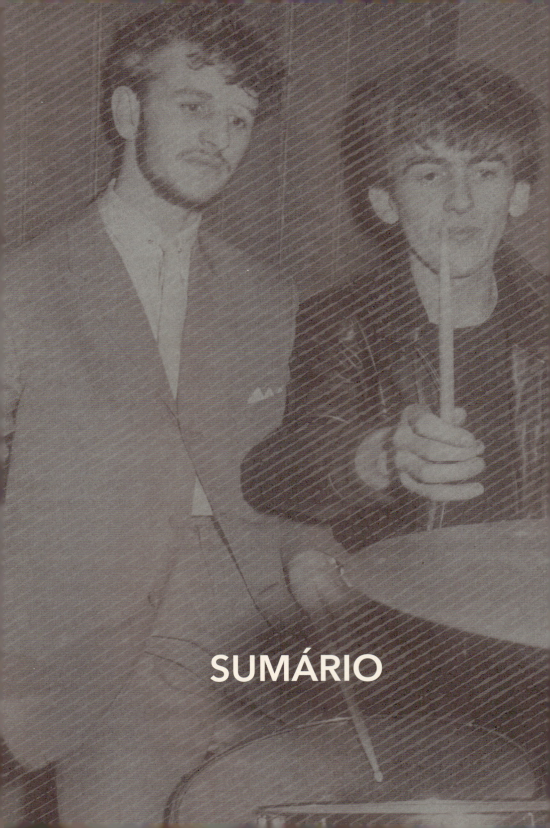

SUMÁRIO

ANO 4, 1961: A ERA DO ROCK 601

18 Os Big Beat Boppin' Beatles (janeiro a março de 1961) 602

19 Os "Piedels" sob efeito de *prellies* (abril a junho de 1961) 642

20 Sopa, suor e rock'n'roll (julho a setembro de 1961) 679

21 "Les" Nerk Twins em Paris (1º a 14 de outubro de 1961) 720

22 "Tá legal, Brian: seja o nosso empresário"
    (15 de outubro a 3 de dezembro de 1961) 727

23 Os meninos (dezembro de 1961) 762

ANO 5, 1962: *ALWAYS BE TRUE* 789

24 Escolhas (1º de janeiro a 5 de fevereiro de 1962) 790

25 "Uma tendência de tocar música"
    (6 de fevereiro a 8 de março de 1962) 817

26 "Nós contra eles" (9 de março a 10 de abril de 1962) 851

27 "Ele facilmente poderia ter sido *o Beatle*" (10 a 13 de abril de 1962) 877

28 É melhor virar a página (13 de abril a 2 de junho de 1962) 884

29 A ordem é avançar (2 a 6 de junho de 1962) 924

30 O componente indesejável (7 de junho a 18 de agosto de 1962) 939

31 "*Some Other Guy*" (19 de agosto a 4 de outubro de 1962) 981

32 5 de outubro de 1962: começam os anos 60 1029

33 "Chegamos aqui e agora vamos detonar" (6 a 31 de outubro de 1962) 1043

34 "E mostre-me que estou errado" (1º a 15 de novembro de 1962) 1081

35 Visual novo, som novo (16 de novembro a 17 de dezembro de 1962) 1094

36 Sabe-se lá! (18 a 31 de dezembro de 1962) 1133

Notas 1150

Um apelo de Mark Lewisohn 1207

Agradecimentos 1208

Créditos das imagens 1216

Índice remissivo 1218

**ANO 4, 1961:
A ERA DO ROCK**

18
Os Big Beat Boppin' Beatles (janeiro a março de 1961)

Para chegar ao trabalho, era necessário pegar dois ônibus, com baldeação no terminal de Penny Lane, até saltar em Edge Hill, no emaranhado de trilhos ferroviários. Descendo a escura rampa de acesso que tangenciava os gasômetros, Paul McCartney chegava, às oito em ponto, de segunda a sexta-feira, à Massey & Coggins Ltd. em Bridge Road, fábrica de bobinas de indução e transformadores, onde ele se imaginava galgando posições até chegar a um cargo executivo.

As festas natalinas tinham ficado para trás, assim como as entregas de pacotes. Por isso Jim Mac foi ainda mais incisivo com o filho e ficou batendo na tecla: ele precisava *trabalhar duro*. Paul alegou que já estava trabalhando, tocando em um grupo musical, e eles já estavam começando a fazer shows, mas Jim insistiu tanto que Paul teve de voltar ao Renshaw Hall e se reinscrever na realocação profissional para desempregados – um sobrenome e um número entre outros 20 mil, desde pirralhos de 15 anos até senhores de 64, com seu forte sotaque de Liverpool –, muitos em busca de emprego, e outros tantos torcendo para evitá-lo. "Fui ao mutirão de empregos da Agência do Trabalho trajando meu casaco de operário e jeans. O sujeito me encaminhou à empresa Massey & Coggins, fundada por engenheiros elétricos. Falei ao chefe que eu queria um emprego. Garanti que não ia escolher serviço, se ele quisesse podia até me mandar varrer o pátio. Ele quis saber onde é que eu tinha estudado, e quando eu respondi Liverpool Institute, ele começou a fazer grandes planos."[1]

Paul conseguiu o trabalho meio por acaso, mas se o objetivo dele era se vingar de seu pai e encontrar um cargo diametralmente oposto a seus talentos, não poderia ter arranjado algo melhor. Em vez de algo adequado à sua mente brilhante, ao seu talento artístico, à sua caligrafia elegante e ao seu diploma no

Os Big Beat Boppin' Beatles (janeiro a março de 1961)

Ensino Médio (com cinco qualificações de nível básico e uma de nível avançado, em Literatura Inglesa), Paul começou a trabalhar numa fábrica: mais um membro da classe trabalhadora batendo ponto e usando boina oitavada.

Aos 39 anos, Jim Gilvey era o diretor administrativo da Massey & Coggins na época. Nunca se esqueceu do dia em que Paul McCartney chegou a seu gabinete: "Fiz a entrevista de emprego. Ele veio se candidatar a uma vaga de aprendiz de bobinador. Podia ser promovido a eletricista cinco anos depois... na primavera de 1966. Não me revelou que era músico. Ele me chamava de 'Sr. Gilvey' e era um jovem bem-educado. Falei para ele: 'Vamos lhe dar uma oportunidade, rapaz, e com a sua atitude em relação à vida, você vai chegar longe'".[2]

Contratado talvez contra seus próprios anseios, mesmo assim Paul muito rapidamente adotou uma postura de entusiasmo e automotivação, imaginando-se um importante homem de negócios em um futuro não muito distante. "A banda tinha engrenado de novo, mas eu não sabia se queria voltar em tempo integral. (...) Eu me imaginava me esforçando, galgando cargos e chegando a executivo."[3] Enquanto John, George e Pete curtiam longos dias de lazer, o aspirante a chefe aprendia a enrolar bobinas pesadas para motores elétricos, comia sanduíches de geleia e jogava futebol na hora do almoço com os colegas, "numa espécie de pátio para banho de sol de um presídio".[4] Nos intervalos negociados pelo sindicato, ele preparava e bebia um chá bem forte, fumava Woodbines, lia o *Daily Mirror*, corria ao portão quando tocava a sirene do fim de expediente e vivia esperando os fins de semana e o pagamento semanal das sextas-feiras (do valor bruto, £ 7 10s, eram descontados os tributos de praxe, como o Seguro Nacional). "Ele usava um macacão azul cujo valor era descontado do salário", conta Jim Gilvey. "Tínhamos uma espécie de cantina e todos os trabalhadores eram membros da ETU, a Electrical Trades Union, o sindicato dos trabalhadores elétricos."

Paul também enfrentava uma incessante gozação sobre a cabeleira abundante. Quando enfim revelou que era músico, ganhou o apelido de Mantovani. Ron Felton, chefe do setor de transformadores, dava ordens diretas a Mantovani – faça isto, não faça aquilo –, e Paul com certeza se irritava. "Nunca gostei de chefes", refletiu ele 25 anos depois, e como ele só teve um, provavelmente se referia a Felton.[5]

John também sofria pressões de Mimi para conseguir um trabalho, mas ele não aceitava isso. Ficou genuinamente chocado quando Paul mostrou-se pronto a encarar uma vida de "trabalhos forçados", após tudo o que tinham passado juntos. "Paul sempre cedia ao pai dele. Pra agradar o pai, conseguiu um emprego e, que merda, ele largou a banda! Disse apenas: 'Preciso de uma carreira estável'. Não dava pra acreditar."[6]

Paul não abandonou os Beatles, apenas os conciliou com o emprego de carteira assinada. Os Beatles começaram 1961 com três datas semanais agendadas pelo *promoter* Brian Kelly – em geral no Litherland Town Hall, no Aintree Institute e no Lathom Hall, em Seaforth –, e como essas datas costumavam girar em torno dos fins de semana, trabalhar durante o dia e tocar à noite causava poucos problemas a Paul. Seja como for, eles geravam tanta adrenalina que os Beatles poderiam ter sobrevivido sem dormir.

Eles não eram a primeira banda de Liverpool a voltar de Hamburgo. Derry and the Seniors vieram antes, mas sem fazer um sucesso estrondoso. Já o retorno dos Beatles foi algo bem diferente: foi tão explosivo localmente quanto a chegada do próprio rock'n'roll, em 1956. Ninguém esperava aquilo, ninguém sabia quem eles eram ou de onde vinham. E, de repente, estavam *ali*, incrivelmente bons, tão primorosos que tudo começou a mudar por causa deles, e com rapidez.

Em sete semanas extraordinárias fazendo shows – *mach Schau* – no Kaiserkeller, os Beatles dobraram a vasta quantidade de horas de palco já acumuladas no Indra. Ao todo, em apenas 14 semanas, agitaram Hamburgo por cerca de 415 horas – o equivalente a 276 shows de 90 minutos, ou 830 apresentações de meia hora – e, noite após noite, tentavam não se repetir. Ninguém se deu conta, e seja lá como for, não havia como saber, mas tudo indicava que os Beatles eram a mais experiente banda de rock – não só de Liverpool, mas do mundo inteiro. E a temporada em Hamburgo não só multiplicou seu repertório, mas também deu resistência a suas vozes, amadureceu seus caráteres, enriqueceu suas personalidades e fortaleceu sua energia. Quatro meses antes, eles sofriam para tocar mais de duas horas; agora isso era brincadeira de criança. Ao mesmo tempo, testemunhas afirmam que eles tocavam todos os shows com firmeza total – St. Pauli em Liverpool. O efeito foi incrível.

Quem assistia aos novos Beatles pela primeira vez guardava a cena indelevelmente para sempre na memória. Chris Huston, guitarrista de rock da cidade de Wallasey, ficou boquiaberto:

Os Big Beat Boppin' Beatles (janeiro a março de 1961)

Quando eles voltaram da Alemanha, era como se soubessem algo que não sabíamos. Tinham essa *petulância*. A diferença era gritante: os Beatles eram atrevidos, confiantes e dinâmicos. Sabiam mais canções e tinham instrumentos diferentes. Perguntei a John como era em Hamburgo e ele disse: "*Fookin' great*! Aqui em Liverpool às 11 da noite tudo está fechado, mas em Hamburgo à meia-noite a festa está apenas começando". Mas isso não explicava o que eu estava vendo, porque Hamburgo não mudou ninguém mais daquela maneira.[7]

Pela primeira vez, os Beatles eram um quarteto. Stu ficou em Hamburgo com Astrid, mas em breve retornaria para casa, e Chas Newby voltou à faculdade, colocando um ponto final em suas duas semanas nos Beatles. Agora Paul era o baixista, digamos assim. Muitos recordam vê-lo tocar sua detonada Rosetti de cabeça para baixo, com o cabo enfiado no bolso em vez de plugado a um amplificador – em outras palavras, fazendo mímica –, produzindo (na melhor das hipóteses) alguns cliques captados pelo microfone de voz. Quando conectava a Rosetti a um amplificador, gerava um som incomum, porque Paul a equipava com cordas de piano, três ou quatro delas, sub-repticiamente cortadas com alicate de algum piano vertical. A massa sonora dos Beatles era tão ruidosa que quase ninguém notava a ausência do contrabaixo. Em termos de instrumentos, a força bruta dos Beatles vinha de três músicos, não de quatro.

A "mesa de som", instalada junto à plateia, era uma fera ainda por nascer: as bandas forneciam seus próprios instrumentos e amplificadores, e aos *promoters* cabia providenciar os microfones e o sistema de som com alto-falantes. Pete, sempre que possível, colocava um microfone perto do bumbo, ou até mesmo no interior dele, para fazer sua batida no compasso 4/4 chegar aos mais distantes recantos de cada pista de dança. Ninguém mais tocava bateria assim, e não demorou para que essa tática ganhasse imitadores.

Tony Sanders, baterista do grupo The Phantoms, da cidadezinha de Bootle, próxima a Liverpool, ficou estupefato ao ver os Beatles fumando enquanto tocavam – apenas um dos muitos aspectos visíveis de uma atitude de aparente "não estou nem aí". Ele conta que quando Paul cantava "Wooden Heart", de Elvis Presley, Pete tocava o bumbo com o pé, batia no chimbal com a baqueta direita e fumava com a mão esquerda. "Achamos aquilo sensacional", diz Sanders. "Na próxima vez que subimos ao palco, todo mundo estava fumando, mas isso não combinava com nossos cabelos curtos e nosso estilo comportado."[8]

A cada lançamento de Elvis, sempre havia uma corrida entre todas as bandas para ver quem seria a primeira a tocar uma cover, mas com "Are You Lonesome Tonight", os Beatles venceram de novo. A música foi lançada na Grã-Bretanha na sexta-feira, 13 de janeiro, e na noite seguinte já entrou no setlist do show no Aintree Institute. Paul pôs de lado a guitarra, agarrou o microfone e encarnou Elvis, a grande estrela solo entoando sua nova baladinha. A vaca já estava indo pro brejo quando Paul enveredou na longa seção intermediária em que a letra diz que "o mundo inteiro é um palco". Ele tinha rachado a cuca por horas a fio para decorar o trecho. Súbito, John simplesmente fez a banda parar.

Recusando-se a se envolver em algo tão meloso, ele tirou sarro de Paul, expondo seu amigo e companheiro de banda na frente de todos. "Eles me ridicularizaram *muito*", conta Paul, "principalmente John. Ficaram rindo da minha cara até me expulsar do palco". Era assim que John lidava com as coisas, mas ele também sabia que os Beatles precisavam de uma sólida linha de frente, em vez de apenas servir de apoio a um solista. Como ele frisou: "Toda banda tinha um vocalista principal com jaqueta cor-de-rosa entoando canções à Cliff Richard. Éramos a única banda que não fazia isso... e foi assim que nos destacamos, por sermos diferentes".[9] Outro diferencial era que a maioria das bandas usava uma câmara de eco (verdadeira febre a partir do sucesso dos Shadows), e os Beatles não. Em sua carta de dezembro de 1960 a Stu, George mencionou que planejava comprar uma, mas não comprou, e agora tinham decidido que *não comprariam*.

À noite, Bob Wooler atuava como mestre de cerimônias (MC) e acabou se tornando uma figura crucial para as atividades dos Beatles nesse período. Embora Allan Williams já tivesse recebido alta do hospital, o incêndio do Top Ten Club na prática marcou o fim de seu envolvimento com o rock'n'roll. Devotou seu tempo integral à boate Jacaranda e à inauguração iminente da Blue Angel, sua nova casa noturna. Por mais que Wooler tentasse despertar o interesse de Williams, levá-lo para assistir aos Beatles e presenciar o efeito deles na plateia, Williams não foi. Virou a página. "Sou uma metamorfose ambulante", afirma ele. "Se eu termino uma coisa, já penso em outra."[10]

Os Big Beat Boppin' Beatles (janeiro a março de 1961)

Tudo que os Beatles vivenciaram em 1960 aconteceu por mérito de Allan Williams; em 1961, quase tudo aconteceu sem ele. O papel dele foi acender o pavio e sair de cena. Os primeiros cartões de visita impressos dos Beatles anunciavam que A. Williams detinha o comando exclusivo da banda. Apesar disso, os cartões estampavam dois números de telefone: o do novo gabinete da Jacaranda Enterprises, no clube Blue Angel, e o da casa de Pete Best, em West Derby, e era Pete quem agendava os shows dos Beatles, por meio das conexões estabelecidas principalmente com Bob Wooler. A gestão dos Beatles por Williams, nunca definida ou registrada por escrito, simplesmente evaporou. Alguém precisava assumir o lugar dele e, nesse processo, John, Paul e George acabaram se tornando mais dependentes da família Best do que jamais teriam imaginado se tornar. Se Pete estivesse ocupado ou fora de casa, Mona se encarregava de marcar as datas dos shows. Além disso, os amplificadores e a bateria dos Beatles eram guardados na casa da família Best e os três melhores amigos da família se alternavam para fornecer transporte e garantir que a banda e seus equipamentos chegassem a tempo em todas as datas marcadas. Neil Aspinall era um deles. Embora ocupado – trabalhava como contador na cidade e dedicava a maior parte das noites a um curso por correspondência, a fim de melhorar suas qualificações nessa área de atuação –, Neil levava os Beatles aos clubes e mais tarde voltava para buscá-los.[11]

Sábado, 7 de janeiro. Neil levou os Beatles ao Aintree Institute para o primeiro show da banda nesse atmosférico clube no segundo andar de um prédio, não muito longe do hipódromo do Grand National. Novamente, Neil ficou pasmo ao ver o impacto direto e instantâneo que os Beatles causavam em um público que nunca tinha ouvido falar deles e não esperava nada fora do comum:

> A galera estava lá, como se fosse um dia normal, mas de repente os Beatles apareceram, e todo mundo, não importava o lugar em que estivesse no salão, ou na pista de dança, parava e corria direto para a frente do palco. O pessoal ficava lá, boquiaberto. Os Beatles causavam o caos, porque todos os Teds que traziam suas namoradas para dançar ficavam muito enciumados, e ainda por cima John dava aquela insinuante *piscadela*, o que deixava os caras fulos da vida.[12]

A piscadela de Lennon era o mais novo instrumento em seu arsenal de palco, transmitindo o máximo de sarcasmo e provocação em um só movimento. Era uma piscadela com raízes no *music hall*, uma piscadela com uma pegadinha inerente, com *atitude*, sempre acompanhada pela boca escancarada lateralmente, em uma grande brecha oval. Quase sempre surtia efeito. Se a situação estivesse calma, esse gesto tinha o poder de desencadear uma briga – e embora John provocasse essas tempestades, fingia não tomar conhecimento delas, não passavam de um borrão violento. Alguns malucos no Aintree Institute usavam como arma qualquer assento de madeira em volta da pista de dança que não estivesse aparafusado ao chão, enquanto outros subiam ao mezanino e jogavam as cadeiras lá de cima, causando o maior tumulto.[13]

Levando em conta que o perigo sempre estava presente, chega a ser surpreendente como eram poucas as agressões sofridas pelos Beatles. Isso só acontecia muito raramente. Após quatro anos de amizade com Lennon, Paul assumiu, com eficácia confiável, um papel familiar e necessário: interceder e colocar panos quentes, fazer a poeira baixar, acalmar a situação, enquadrar Lennon – e muitas vezes a banda inteira – aos limites tão imprudentemente ultrapassados.

Bob Wooler comandava os bailinhos no Aintree para Brian Kelly, como fazia em Seaforth e Litherland. Ele era o benevolente chefe de tropa escoteira, sempre de terno, um mestre do microfone que percorria de ônibus toda a região de Merseyside com uma caixa artesanal, feita de madeira, cheinha de vinis de 45 rotações. Apreciador eventual de uma ou duas doses de rum e fumante de 60 cigarros por dia, empenhava-se em incentivar todos a darem o seu melhor e a criar métodos para fazer essas bandas jovens se comportarem no palco, respeitando o público e seus minuciosos cronogramas manuscritos.

Quase todos os shows dos Beatles com datas marcadas nesse período foram dirigidos no palco por Wooler, e logo ele passou a conhecê-los bem – por sua vez, eles também tentavam descobrir algo sobre ele, o que não era nada fácil. Ele lhes dava a melhor posição em todos os shows: não a posição final, mas a do meio, por volta das 21h30, antes de o público começar a se dispersar, o que acontecia a partir das 22h15, a fim de não perder o último ônibus para casa. Em geral, a banda de encerramento tocava para um público bem menor.

Os Big Beat Boppin' Beatles (janeiro a março de 1961)   609

Wooler foi o responsável por lançar os Beatles além do circuito "Beekay", ou seja, montado por Brian Kelly. Em janeiro de 1961, um novo local para eventos noturnos foi inaugurado em Huyton, na periferia de Liverpool. Alugado do Parks & Gardens Committee (Comitê de Parques e Jardins) do conselho local, o Hambleton Hall era um lugar proibitivo, nada de remotamente recreativo acontecia em suas noitadas beat. Ficava no meio de um bairro residencial e as brigas de gangues eram constantes. O *promoter*, Vic Anton, um vendedor de automóveis de apenas 20 anos, conhecia Brian Epstein, mas Brian não esteve envolvido nesses eventos. Como todo mundo, Anton contratava Wooler como disc jockey, apresentador, gerente de agendamento e gerente de palco.

Uma das muitas tarefas que Wooler realizava para esses *promoters* era redigir anúncios e publicá-los no *Echo*. Editorialmente, o jornal noturno de Liverpool mantinha distância da cena do rock. Seus jornalistas, em sua maioria homens na meia-idade, não tinham nem ideia do que estava rolando e achavam que nem valia a pena fazer a cobertura. A única indicação dessas atividades surgia nos classificados pagos, nos quais os eventos eram anunciados em detalhes fascinantes, divertidos e esclarecedores. Tudo ainda vinha sob o título de "Jazz", mas esses anúncios, estudados em retrospectiva, representam um boletim diário da música beat, refletindo e respondendo de modo instantâneo à pulsação e à agitação do momento. E enquanto os Teds do Aintree Institute arremessavam cadeiras, os *promoters* de Liverpool arremessavam granadas de texto uns contra os outros, vendetas em letras pequenas, alfinetadas à base de cinco xelins por linha.[14]

Os anúncios no *Echo* e na imprensa da ponta norte da cidade fornecem uma prova, preto no branco, do impacto dos Beatles. Logo depois que eles começaram a penetrar o circuito *jive* de Brian Kelly, houve um aumento no número de *promoters*, de locais para eventos e de bandas. Nas primeiras semanas de 1961, todas as pessoas do ramo e todos os locais de eventos se tornaram visivelmente mais ocupados e, mês a mês, isso foi aumentando ao longo do ano e depois também. A cena do rock de Liverpool vinha pegando embalo nos dois anos anteriores, mas súbito deu um salto poderoso. O baixista Johnny Gustafson, um dos muitos a surfar na onda desse aumento de oportunidades, resume isso de modo sucinto: "Os Beatles abriram uma brecha em Liverpool e logo em seguida desceu a avalanche".[15]

Esses anúncios também revelam que os Beatles subiram direto ao primeiro lugar. Quase sem exceção, o nome deles era colocado no topo, às vezes em letras garrafais, centralizado, enquanto as bandas abaixo ganhavam só as iniciais em letra maiúscula. Wooler tinha uma queda por aliterações e abusava dos pontos de exclamação, e isso chamava a atenção dos leitores. Só nesse primeiro mês, os Beatles foram chamados de "Dinâmicos!", "Os Incríveis!" e "Os Sensacionais!". E, no último dia do mês, em um de seus anúncios para o evento Hive of Jive (Colmeia da dança), os "Stupendous, Stompin' Big Beat Beatles".

Sam Leach, o sujeito responsável pela maioria dos ácidos anúncios entre os *promoters*, também havia lançado os primeiros bailes de rock rotineiros de Liverpool, em 1958. Deixando de ser o mais jovem promotor de eventos (passou esse bastão para Dave Forshaw, de 18 anos, com Vic Anton em segundo lugar), Leach permanecia o mais diligente e expansivo. Não promovia eventos em um só local: atuava em todos os lugares e gostava de pensar *grande*. Muitas vezes, porém, suas ideias grandiosas careciam de um planejamento mais apurado. Sempre correndo atrás da máquina, ele operava no sistema de desvestir um santo para vestir outro – pagava as bandas de um show com os proventos do próximo – e costumava irritar a concorrência, divulgando algo que era incapaz de entregar, ou usurpando suas ideias e slogans. Seu plano mais recente era açambarcar o nome Cassanova Club e promover noites de rock no salão de baile Sampson and Barlow, no coração de Liverpool. Em 25 de janeiro, quando viu a estreia dos Beatles no Hambleton Hall, Leach teve certeza: ali estava a sua atração principal.

> O pano se abriu e *lá estavam eles*. Até hoje ainda sinto o impacto. Logo de cara você percebia o quanto eles eram bons. Cessaram até as brigas no salão.
>
> A primeira coisa que eu disse aos Beatles foi: "Vocês vão ser tão grandes quanto Elvis!". Lennon ergueu o olhar como se eu fosse doido e falou: "Temos um maluco aqui, Paul". Paul (que sabia que eu estava abrindo um clube na cidade, pois sempre estava no Jacaranda dando em cima de minhas garotas) comentou: "Sim, mas aposto que o senhor tem um trabalhinho para nós, não é mesmo, Sr. Leach?". Naquele mesmo dia, agendei 12 datas para eles, por £ 6 ou mais cada noite.[16]

Os Big Beat Boppin' Beatles (janeiro a março de 1961)

✳

Os Beatles que Sam Leach viu formavam um quinteto outra vez. Lá por 15 de janeiro, Stu estava de volta a Liverpool e reassumiu seu lugar na banda um ou dois dias depois. Voltou com outros objetivos e já havia declarado em cartas a sua intenção de abandonar a vida de roqueiro. Mas decidiu continuar.

Os dias em que Stu ficava em pé, de costas para o público, eram coisa do passado. Ainda gostava de ficar de lado, mas já não se esforçava tanto para esconder seu dedilhar no baixo. Um ano – e todas aquelas horas em Hamburgo – depois, o cara de óculos escuros, parecido com James Dean, já sabia tocar o baixo, mas não com brilhantismo e consistência suficientes para agradar a Paul. Ele não apreciou o retorno de Stu, mas esse fato lhe permitiu parar de perder tempo com aquelas estranhas notas do contrabaixo e continuar fingindo que tocava sua alquebrada guitarra.

Primordialmente, Stu estava na Inglaterra porque sua autorização de residência temporária em Hamburgo havia expirado e porque ele estava se candidatando a uma vaga no curso de professor de Artes no Liverpool College of Art, a ser iniciado em setembro de 1961 – em outras palavras, concluir o quinto e último ano, após um interlúdio de 12 meses. Sem demora colocou esse plano em ação e foi chamado para uma entrevista em 23 de fevereiro. Ele ia passar ao menos um mês em Liverpool, e após todos aqueles anos dividindo quitinetes – mais recentemente, em Gambier Terrace –, voltou a morar com a família, agora radicada em Liverpool (no segundo semestre de 1960, os Sutcliffe se mudaram de Huyton e agora estavam alugando o apartamento A do térreo na 53 Ullet Road, nas imediações do Sefton Park).

Essa foi a primeira separação de Stu e Astrid e, embora curta – no início de fevereiro, ela veio passar duas ou três semanas com ele em Liverpool –, ele enviou extensas cartas de amor ("Hoje à noite vou tocar mais uma vez com os Beatles, minha lindeza, e vou tocar com o seu jeans, seu pulôver azul e sua *hempt* [camisa], e vou fechar os olhos e ficar pensando em ti. Eu fico lá tocando e pensando nos dias que nos separam...").[17] Percebendo que a noiva teria dificuldade para compreender suas palavras, ele desenhou um autorretrato em cartum: óculos escuros, colarinho alto, cabeleira vasta, guitarra ainda mais vasta, semínimas em formato de coraçõezinhos, EU AMO ASTRID docemente entoado num balão de fala, e despachou a mensagem, via correio aéreo, Europa afora.

Ano 4, 1961: A Era do Rock

Stu não foi o único a voltar de Hamburgo em janeiro: Rory Storm and the Hurricanes retornaram no segundo dia do ano. O trimestre deles em St. Pauli nem de longe os galvanizou como aos Beatles. A experiência azedou depois que Rory quebrou o palco do Kaiserkeller e, quando tentaram se transferir para outra casa noturna, no dia de Ano-Novo, Bruno Koschmider logo acabou com a brincadeira, brandindo o contrato de exclusividade que haviam assinado com ele. Novas datas demoraram um pouco para serem marcadas, por isso todos ficaram um tempo no seguro-desemprego (*dole*). Na prática, isso significava declarar que não tinham outra renda, embora tivessem. Um bom número de roqueiros de Liverpool corria esse risco – o chamado *rock'n'dole* –, mas não os Beatles, ao que parece. Eles não precisavam disso. Ringo, fugaz e sem muita convicção, correu o olhar ao redor em busca de um emprego adequado, que o capacitasse a ganhar grana de dia, tocar à noite e o deixasse livre para partir quando necessário, como voltar ao campo de férias do Butlin's ou a Hamburgo. Pensou em se tornar um cabeleireiro freelance e, embora tenha imaginado isso acontecendo, não se tornou realidade.

"Bem-vindos da turnê continental", anunciava um classificado do *Echo* em 6 de janeiro, declarando o ressurgimento dos Hurricanes em um cenário no qual eles já não eram mais os melhores. Exceto por algumas apresentações esporádicas em setembro de 1960, eles não tocavam localmente havia sete meses e tinham perdido o embalo. Na noite da véspera, Rory, Johnny e Ringo foram ao Litherland Town Hall e descobriram que os Beatles ainda estavam em seu compasso "Kaiserkeller", estabelecendo um ritmo alucinante. Dave "Jamo" Jamieson, acompanhante dos Hurricanes e roadie ocasional, lembra: "As cortinas se abriram, Paul começou a cantar 'Good Golly Miss Molly', a multidão correu para a frente e *pronto*: o lugar simplesmente enlouqueceu. Os Beatles usavam roupas de couro e camisetas pretas – eram rebeldes. Richy, Johnny e Rory não disseram uma só palavra sobre terem sido superados. Simplesmente ficaram calados".[18]

As duas bandas começaram a compartilhar o mesmo line-up, mas não importava o quanto Rory pulasse e saltasse e escalasse e se penteasse, não havia dúvida sobre qual delas era a mais atraente. Ringo costumava sair do camarim e ir até a pista para observar os Beatles. "Eu simplesmente adorava o jeito que eles tocavam. Eu adorava as canções, a atitude era sensacional, e eu sabia que eles eram uma banda melhor que a minha."[19]

Os Big Beat Boppin' Beatles (janeiro a março de 1961)

Muitos espectadores – John, Paul e George entre eles – continuavam reverenciando a pulsação e o andamento constante de Ringo em tudo que era estilo musical, e a sua habilidade de tocar bem com as duas mãos. Mas Pete acreditava que agora tinha tudo sob controle e tempos depois alegaria: "Ringo (...) copiou a nossa [minha] batida".[20]

Os três Beatles enxergavam um quadro mais panorâmico. Sem sombra de dúvida, a enérgica bateria de Pete no compasso 4/4 era um dos ingredientes que desencadeava a explosão. Mas, como já tinham rapidamente avaliado em Hamburgo, ele era menos convincente quando a banda tocava qualquer coisa que não fosse um rock na veia. O vocalista e guitarrista de Wallasey, Jackie Lomax, afirma sem papas na língua: "Pete só tocava a mesma batida de bateria, desacelerando ou acelerando". E como John refletiu: "Nós o treinamos para manter a baqueta subindo e descendo no compasso 4/4, [porém] mais do que isso ele não conseguia fazer".[21]

As diferenças de personalidade também eram gritantes. Nenhuma outra banda era tão *unida* quanto os Beatles, três dos quais funcionavam como amigos íntimos, com sua própria linguagem abreviada, humor e complexidades. John, Paul e George – corações dessa força motriz – se conheciam desde 1957/58 e, a partir daí, tinham passado por mil experiências compartilhadas: eram companheiros de verdade, unidos por uma firme conexão, em sintonia, numa frequência insondável para os outros, mas para eles isso não fazia diferença. Pete não pensava assim e não compartilhava de suas atitudes. Para os três, ele simplesmente não era *um de nós* e agora eles sabiam disso com a mesma certeza que tinham quando o conheceram no Casbah em 1959, e quando, por puro pragmatismo, eles o escolheram como sua última alternativa para acompanhá-los a Hamburgo, um ano depois. Não tinha nada a ver com questões de caráter – Pete era "um boa-praça", decente, bem-educado e simpático –, tinha a ver com se encaixar, química simples. "Pete era um pouco devagar", disse John. "Um cara inofensivo, mas que não pensava rápido. Nós três tínhamos a mente ágil, mas ele nunca captava o sentido da expressão."

John, Paul e George viam Pete nos locais de eventos e salões, e John era o único que socializava com ele fora desses ambientes, mesmo que raramente. Era como em Hamburgo de novo: davam oi, faziam o show, então ele seguia para casa, enquanto os três ficavam juntos e iam fazer outra coisa como trio ou quarteto, com Stu. Exceções à parte, esse era o andamento normal das coisas. E a personalidade de Pete também gerava dificuldades no palco. Ele se acomodou num papel que dificilmente variava, show após show, noite após noite – tocando cabisbaixo, evitando contato visual, sem abrir um sorriso, afetando uma timidez que ele sabia que ia conquistar o coração das moças. Beleza, mas a paciência dos outros Beatles estava prestes a se esgotar. Às vezes, eles só queriam ver uma faísca quando se viravam, uma vibração, uma emoção, uma troca de olhares ou uma sintonia mental.

"O plano era mandá-lo embora assim que conseguíssemos encontrar um baterista decente", John revelou uma década depois. Na prática, ele, Paul e George não mostravam tanta convicção. Os três haviam se acomodado com a situação na qual Pete, a mãe dele e os amigos da família Best garantiam o funcionamento eficaz da banda, de modo que tudo o que precisavam fazer era comparecer e tocar. Não queriam se envolver com isso e não tinham ninguém para se livrar de Pete para eles, da maneira como tinham feito o empresário Nigel Walley dispensar o guitarrista Eric Griffiths. Continuavam reclamando à boca pequena, mas não tomaram providência alguma. Isso equivalia a dizer que a posição de Pete no grupo foi se estabilizando e se solidificando. O problema sobre o que fazer em relação àquilo acabou sendo varrido para debaixo do tapete.

Mais tarde, Bob Wooler escreveria que a força das performances dos Beatles e seu repertório de rock raiz os fez "explodir em um cenário estagnado". Quem assistia ao show dos Beatles, porém, se deparava com uma ampla gama de estilos musicais: country & western, rhythm & blues, instrumentais, baladas ternas, canções clássicas e muito mais.[22] O setlist dos Beatles estava em constante evolução, e a vastidão de estilos era tão grande que o público nunca assistia ao mesmo show duas vezes. John, Paul e George sempre tiveram um fascínio por buscar um som novo, e em 1961 isso ainda significava um som *dos Estados Unidos*. Ausentes de Liverpool nos últimos quatro meses de 1960, eles passaram janeiro e fevereiro na Nems e em outras lojas de discos, acotovelando-se nas cabines de audição, conferindo o que estava rolando do outro lado do Atlântico e ouvindo especialmente os selos que licenciavam a empolgação dos maravilhosos independentes americanos – principalmente o selo Decca, de Londres, e o Top Rank, recém-adquirido pela EMI.

Os Big Beat Boppin' Beatles (janeiro a março de 1961)

À medida que as bandas de Liverpool começaram a proliferar, a concorrência pelas canções foi se intensificando. "Long Tall Sally" e "What'd I Say", duas das mais eficazes armas do arsenal dos Beatles, também eram tocadas por Rory Storm e Gerry and the Pacemakers, respectivamente, e essa duplicação parecia estranha quando as bandas se apresentavam no mesmo dia e local. Os Beatles, em especial John e Paul, sempre identificavam um desafio e o transformavam em vantagem. Decidiram garimpar canções obscuras que as outras bandas não conheciam, números que só eles fariam, para se diferenciarem e se destacarem da manada.

As próprias canções originais de Lennon-McCartney teriam alcançado isso para a banda, mas eles não as consideravam à altura. Esse material próprio não era algo para tocar na frente das pessoas – e nas raras ocasiões em que o faziam, não anunciavam as canções como de sua autoria. John e Paul ocultaram a existência dessas composições com muita eficácia. Ninguém que convivia com os Beatles em 1961 (com a possível exceção de Bob Wooler) sabia disso, e parece que nesse ano eles não compuseram nenhuma canção nova. A parceria Lennon-McCartney pulsava de muitas maneiras, mas como compositores criativos estava adormecida.

Nas primeiras semanas de 1961, o trabalho de Paul na Massey & Coggins dava a John bastante tempo para curtir sozinho a cidade. Não por acaso, as importantes descobertas musicais nesse período, as principais novidades para o repertório dos Beatles, eram pinçadas e cantadas por ele – e assim, de quebra, ele deu uma guinada em sua vereda musical. Todas essas descobertas existiam para John na forma de *sons* e discos – nenhuma imagem veio com elas, exceto as formadas em sua cabeça.

Um dos primeiros achados obscuros foi "You Don't Understand Me", de Bobby Freeman, intensa e dramática canção "doo-wop" escondida no lado B de um Parlophone 45.* Não há gravação dos Beatles tocando essa canção, mas pelo estilo da música e pelo vocal característico de John, deve ter se tornado um dos pontos altos nos shows.

Também tocavam "Stay", de Maurice Williams, e "New Orleans", do US Bonds, mudando o arranjo delas para permitir uma emocionante interação en-

---

* Licenciado pelo selo King, de Cincinnati. Os Beatles também passaram a tocar a animada canção do lado A – "(I Do The) Shimmy Shimmy" –, com John e Paul alternando-se nos vocais principais.

tre o vocalista principal (John) e os vocalistas de apoio (Paul e George). Outros acréscimos ao repertório incluíram "Leave My Kitten Alone", de Johnny Preston (fazendo uma cover de Little Willie John), e a arrasadora versão de "I Wish I Could Shimmy Like My Sister Kate", dos Olympics. John também cantava essas duas, às vezes entoando o verso repetido *"shimmy shimmy"* (requebra requebra) como *"shitty shitty"* (que merda que merda). Pronunciar um palavrão no palco era algo inédito para artistas de qualquer tipo, uma mudança genuinamente ousada.

John também adorava "Corrine, Corrina", de Ray Peterson, sucesso nos EUA lançado pelo selo nova-iorquino Dunes. Era a roupagem nova de um velho blues de Joe Turner e, embora o selo londrino não tenha creditado o produtor, dez anos depois John ficou encantado ao descobrir que a canção foi produzida por Phil Spector, trabalhando pela primeira vez com uma orquestra. Canções como essa, e "Save The Last Dance For Me", dos Drifters (também cantada por John), representavam um desafio especial a Pete, canções em que o compasso 4/4 simplesmente não funcionava.

Nessa mesma época, John descobriu uma gravação que elogiaria pelo resto de sua vida, "Angel Baby", de Rosie and the Originals, e ele sempre associava esse cultuado compacto de 45 rpm com outra descoberta essencial, talvez porque as tenha feito no mesmo dia ou na mesma loja – "Who's Loving You", do The Miracles. Depois de "Money (That's What I Want)", de Barrett Strong, era a segunda vez que um compacto do selo Tamla, de Detroit, empolgava John.[23]

"Who's Loving You" (e seu lado A, "Shop Around", que John também achou ótima) define o momento em que um novo playground musical se inaugurou para John Lennon e para os Beatles. Um vocalista expressivo e os vocais de fundo interpretam uma canção romântica, com melodia, ritmo e uma letra que não diz apenas "Eu te amo", mas envolve o sentimento em um enredo, que fez aflorar o âmago vulnerável de um Lennon como poucos viram.

Acima de tudo, ele amava aquela *sonoridade*, um estilo definido nos EUA como rhythm & blues. "Shop Around" alcançou o topo da parada de R&B da *Billboard*, dando ao selo Tamla seu primeiro disco a alcançar o número 1 e um milhão de vendas. John também adorou a seção preliminar de "Shop Around": ela não se repetia no resto da canção, como nos antigos números dos anos 1920 que Julia lhe ensinara no banjo. Também gostou do nome, The Miracles, eram uma

Os Big Beat Boppin' Beatles (janeiro a março de 1961)

banda, como The Beatles. "Robinson" era creditado como compositor nos dois lados do disco, mas John não tinha como saber que ele também era o cantor, muito menos que ele se tornaria aquele eterno herói, William "Smokey" Robinson.

Não se sabe se John adicionou "Who's Loving You" e "Shop Around" ao repertório dos Beatles, mas, seja como for, essas canções pulsaram em seu âmago e enriqueceram seu gosto pessoal. *R&B!* Ele amava Elvis, Eddie, Chuck, Carl, Gene, Buddy, Little Richard, Jerry Lee e todos os outros grandes heróis dos anos 1950 (todos os rock'n'rollers ao estilo R&B ou C&W), e agora amava essa música pop negra dos anos 1960 produzida no Norte dos Estados Unidos – e quando compartilhou sua paixão com Paul e George, eles também adoraram... assim como todos eles foram arrebatados, nesse momento, por mais uma influência importante em suas vidas: "Will You Love Me Tomorrow", do The Shirelles. Foi este o single que lançou efetivamente o "som de grupo feminino" – R&B com pulsação, ritmo, melodia e harmonia – e, além do rock'n'roll, nenhuma outra força musical foi tão crucial para o desenvolvimento dos Beatles.

The Shirelles eram quatro moças negras de 19 anos, estudantes da Passaic High School, em Nova Jersey, surgidas sob a proteção de Florence Greenberg, mãe de uma colega das garotas. Greenberg era dona de sua própria gravadora independente, a Scepter, com sede a 16 quilômetros de Passaic, na cidade de Nova York. A tapeçaria da indústria musical estadunidense já andava bastante aprimorada com a parceria criativa de negros e judeus, e um novo e brilhante capítulo entrou em cena com "Will You Love Me Tomorrow", a canção de amor adolescente de maior sucesso do período, e o primeiro disco de um grupo de mulheres negras a chegar ao topo das paradas dos EUA.

Greenberg comandava o escritório da Scepter Records, que ficava na 1650 Broadway com a West 51st Street. Como produtor interno da Scepter, ela nomeou Luther Dixon, de 29 anos, um cantor, compositor e arranjador negro. Para quem prestava atenção nos créditos dos discos, "Will You Love Me Tomorrow" foi criada por uma parceria inédita de compositores: o casal Gerry Goffin e Carole King, marido e mulher, de 21 e 18 anos, responsáveis por letra e música, respectivamente. Os dois faziam parte de uma série de jovens e talentosos times de compositores que, todos os dias, chegavam ao mesmo prédio para trabalhar para a editora Aldon Music. Cada dupla, e um piano, se espremia lado a lado em cubículos, num cenário moderno que lembrava a Tin Pan Alley – no caso, uma *Teen* Pan Alley. Quase todas as canções que iluminaram a primeira metade do século XX foram compostas em circunstâncias semelhantes, 23 quarteirões ao sul dali – canções para musicais e filmes, números de dança e sucessos. Agora, estavam sendo compostas para os discos de vinil de sete polegadas – e os adolescentes que os compravam.

Na 1650 Broadway, e nos escritórios do Brill Building no número 1619 da mesma rua, parecia que todos eram filhos ou netos de judeus europeus.* Havia Goffin e King, Jerry Leiber e Mike Stoller, Burt Bacharach e Hal David, Barry Mann e Cynthia Weil, Doc Pomus e Mort Shuman, Jeff Barry e Ellie Greenwich, Neil Sedaka e Howie Greenfield, todos compondo canções para produtores como Phil Spector e Jerry Wexler. Sedaka cantava os números que ele e Greenfield escreviam, mas, afora isso, as duplas criavam uma série de composições elegantes para vários artistas diferentes. Com frequência, eram grupos de moças negras, adolescentes urbanas que aprimoravam suas vozes e harmonias entoando música gospel na igreja. Moças cantando para moças, em uma mudança revolucionária na música pop.

O gênero não impedia os Beatles (e outros grupos de Liverpool) de cantar esses números – uma boa canção era uma boa canção, e isso bastava para eles. John interpretou "Will You Love Me Tomorrow", com Paul e George nos backing vocals, e embora não tenham gravado a música, muitos afirmam que a versão dos Beatles transmitia poder e ternura extraordinários, como se fosse outra "To Know Her Is to Love Her". Para os Beatles, em especial para John e Paul, o crédito de composição da parceria Goffin-King se tornaria uma verdadeira marca registrada de qualidade, a qual, por si só, era o suficiente para fazê-los ouvir ou comprar um disco, e raramente se decepcionavam.

Então viraram o disco, e o lado B foi uma revelação: a música se chamava "Boys". Essa não tinha sido composta por Goffin e King, mas era quase integralmente uma criação de Luther Dixon, que coescreveu, fez o arranjo e produziu. O

---

* Do ponto de vista histórico, embora de forma imprecisa, o termo "Brill Building" passou a definir as atividades nos dois locais, incluindo a Aldon Music. Aldon é a junção dos nomes de seus proprietários, Al Nevins e Don Kirshner.

Os Big Beat Boppin' Beatles (janeiro a março de 1961)   619

criador do *som* das Shirelles que os Beatles tanto amavam era Dixon – outro nome para eles rastrearem nos créditos dos discos. "Will You Love Me Tomorrow" funciona maravilhosamente com cordas, enquanto "Boys" é uma bela batida de R&B, com ênfase nos backing vocals. E era assim que os Beatles a cantavam. John fazia o vocal principal, com Paul e George no vocal de apoio, a plenos pulmões. Os dois se inclinavam junto ao microfone, rindo e harmonizando "*bop-shoo-op-abop-bop--shoo-op*", um na cara do outro, ou às vezes, em ocasiões apropriadas, "*bobwooler--abob-bobwooler*". Se eles notaram que se tratava de uma canção de meninas sobre meninos, isso não teve importância. Se, por um lado, várias bandas de Liverpool cantavam "Will You Love Me Tomorrow", os Beatles eram uma das únicas três a cantar "Boys". As outras duas eram King-Size Taylor and the Dominoes e Rory Storm and the Hurricanes: "Boys" se tornou o último número especial de Ringo no *Starrtime!*, popular trecho do show dos Hurricanes – e ele também não mudou o ponto de vista da letra.

Esse tipo de som não estava sendo produzido na Grã-Bretanha, onde, por definição, tudo tinha uma escala menor. Não existiam compositores nem produtores negros, tampouco nenhuma empresa independente lançando discos pop. Os negócios eram focados em Cliff Richard and the Shadows, bem como no novo astro da Parlophone, Adam Faith, que alcançou o topo das paradas. Cliff era o menino de ouro da Grã-Bretanha: todos os seus discos alcançavam a lista dos dez mais populares, com vários se revezando no primeiro lugar. Os Beatles tinham uma postura *coletiva* em relação a ele, o que equivale a dizer que adotavam a postura de John: os Shadows, embora meio monótonos, eram agradáveis de se ouvir. Mas Cliff era abominado. "Ele sempre foi odiado por nós", revelou John em 1963, com um nível chocante de franqueza. "Ele personificava tudo o que odiávamos no pop."[24]

Maior até do que Cliff, entretanto, era Elvis. O Presley pós-exército escalava alturas bem mais elevadas do que as alcançadas na primeira fase da carreira, mantendo-se com toda a força no topo das paradas britânicas, na maior parte do tempo, entre as semanas de novembro de 1960 e abril de 1961. Isso tudo acontecia mesmo que seus filmes – que de repente se tornaram a pedra angular de sua carreira – recebessem críticas não muito lisonjeiras. Ao questionarem se Elvis rejeitaria um projeto cinematográfico inadequado, o empresário dele, o coronel Parker, respondeu: "Estão pagando 500 mil dólares por filme a ele, sem falar nos cinco mil dólares por dia extra. Será que vão oferecer a Elvis um mau roteiro?".[25] Sim, eles iam oferecer! E esses filmes, bem como as músicas que os acompanhavam, já começavam a deixar seus fãs originais muito frustrados. Os Beatles gostavam dos novos singles de Elvis o suficiente para cantá-los, mas sabiam que eram de segunda categoria em comparação com "Heartbreak Hotel" e "Mystery Train". Jack Good, produtor musical e de televisão, em sua coluna semanal na revista *Disc*, registrava por escrito o que os Beatles pensavam. Good já vinha tecendo críticas relutantes, mas construtivas aos filmes de Elvis. Decepcionado com os discos, que (para a surpresa dele) vendiam mais do que nunca, Good escreveu ao seu herói uma carta aberta. "Agora que a sua missão de alcançar as metas de vendas está cumprida, e com louvor, que tal lançar alguns discos para os fãs?", implorava ele. "Canções de rhythm & blues de verdade, singelas, atrevidas, potentes, com Floyd Cramer arrancando as entranhas do velho piano e DJ Fontana tirando o couro de sua bateria, e então alguns gritos acelerados – um material forte e dramático?"[26]

Na visão de Good, um dos melhores discos de 1961 foi uma produção de George Martin, a atmosférica canção folclórica do Caribe, "Long Time Boy", de Nadia Cattouse, direto das Honduras Britânicas. Good o chamou de "o disco mais mágico que ouvi em meses: isto pode ser sensacional" – mas não vendeu o suficiente para subir nas paradas. Esse fato deixou evidente como a EMI *sempre* fornecia fundos para os chefes de seus selos gravarem os artistas e as músicas de sua escolha, não importa quão comercialmente inviáveis eles fossem... e George também colaborou numa das cinco faixas escolhidas para serem lançadas como singles nos Estados Unidos em 1960 pela Capitol, uma empresa da EMI – seleções feitas em Hollywood por Dave Dexter Jr. Nenhuma chegou às paradas, o que não foi surpresa, levando em conta a descarada recusa da Capitol em fazer qualquer esforço promocional. Embora George nem sempre concordasse com a política de seus colegas de A&R (Artistas e Repertório), em um ponto eles concordavam: o comportamento corporativo da Capitol era deplorável, e ninguém o perdoaria ou o esqueceria.[27]

Esse foi, no entanto, um período revolucionário na carreira de George Martin, quando seus sucessos nas paradas se tornaram constantes. Com "Portrait of My Love", o cantor Matt Monro já mostrou ser, logo na estreia, um artista de

Os Big Beat Boppin' Beatles (janeiro a março de 1961)

qualidade. Quando a canção subiu ao terceiro lugar das paradas (em 13 de janeiro de 1961), ela se tornou a segunda produção de Martin no mesmo top 10. A outra era "Goodness Gracious Me!", cantada por Peter Sellers com sotaque indiano e pela atriz italiana Sophia Loren, cujos rosto e silhueta adornavam as paredes de muitos quartos masculinos. Essa canção, uma das grandes produções da carreira de George, também chegou ao terceiro lugar, ganhou disco de prata e – com sua cativante letra de "boom-boody-boom" e o balanço de uma *wobbleboard*, instrumento musical que consiste numa lâmina de bambu que pode ser flexionada – conquistou para sempre a imaginação do público britânico. Em seguida, George novamente fez voltar à moda o que estava fora de moda: gravou uma banda de jazz, ao estilo dos anos 1920 – nove jovens destemperados e espirituosos que se autodenominavam Temperance Seven. Em fevereiro, George produziu a estreia deles na Parlophone, "You're Driving Me Crazy", no estúdio 2 da EMI, e logo a canção subiu nas paradas.

Por volta do fim de janeiro, os Beatles faziam sete shows por semana. A vida havia se tornado muito mais agitada – principalmente para Paul, porque enquanto os outros podiam ficar na cama até tarde, ele precisava estar na fábrica todas as manhãs, de segunda a sexta. Os sete shows na primeira quinzena do mês foram seguidos por 13 na segunda – tudo já estava se acelerando. O cachê dos Beatles, que variava de £ 6 a £ 8 10s por show, era bem mais alto do que o valor que qualquer outra banda ganhava: muito raramente outras bandas recebiam mais do que £ 2 e tocavam uma ou duas vezes por semana, então os Beatles lideravam facilmente a tabela de renda. Todos esses compromissos eram na ponta norte, o que era bom para Pete, mas John, Paul, George e Stu tinham que atravessar a cidade fazendo uma ou duas viagens de ônibus (geralmente até a casa dos Best) antes de subirem ao palco. Era como tocar fora o tempo todo e eles só viam esses lugares no escuro.

A ponta norte também era *barra-pesada*. Nenhuma região de Liverpool era livre de violência, e todos eles enfrentaram experiências difíceis em locais como Dingle, Toxteth, Garston e Speke – em toda parte, na verdade –, mas na ponta norte eles tinham que se manter sempre atentos à mentalidade estritamente territorial dos valentões. Uma noite, no fim de janeiro, alguns Teds de Seaforth conseguiram cercar Stu em Lathom Hall e lhe aplicaram uma surra. Ele havia acabado de chegar de Hamburgo, mas ali estava ele, no meio da confusão, perseguido por ser pequeno, ou fracote, ou inteligente, ou por não ser dali, ou por usar óculos escuros, ou por se vestir diferente, ou porque a garota de algum Ted suspirou quando ele cantou "Love Me Tender". O motivo não importava. Quando os outros souberam que Stu estava em maus lençóis, saíram correndo para resgatá-lo. Pete conta que tudo aconteceu nos bastidores: "John e eu chegamos e conseguimos interromper a surra, mas na briga John acabou quebrando o dedo".[28] O relato de Neil Aspinall sobre o ocorrido foi um tanto diferente:

> Eu não estava mais lá, porque os deixei e voltei para casa para fazer meu curso por correspondência. Mas, quando voltei para buscá-los, me contaram: "Teve uma briga no banheiro". John quebrou um dedo, Pete ficou de olho roxo, Paul ficou saltitando ao redor e Stuart levou um pontapé na cabeça. Era Liverpool, uma daquelas situações "foi uma sorte termos escapado". Ao que parece, Stu tinha sido encurralado nos banheiros por uns Teds porque as namoradas deles tinham soltado gritinhos, e John provavelmente havia dado uma de suas *grandes e malditas piscadelas*. Ninguém foi parar no hospital.

Até pode ter sido, refletiu Neil, apenas uma daquelas situações típicas de Liverpool, mas isso não serviu para confortar Millie Sutcliffe. Ela ficou traumatizada quando Stuart voltou para Ullet Road machucado e sangrando. Ele se recusou a deixá-la chamar um médico imediatamente, mas pela manhã a vontade dela prevaleceu. O médico não constatou qualquer sequela óbvia e recomendou: com uns dias de repouso na cama, ele ficaria novo em folha.[29] Stu ignorou os conselhos e horas depois estava de volta ao palco, ao lado de John, que tocou a guitarra com o dedo médio da mão direita numa tala.

Quando Astrid chegou, os machucados já estavam menos perceptíveis. Ela mostrara sua Hamburgo a Stuart, ele ia mostrar sua Liverpool para ela – e os dois passeariam trajando as roupas um do outro. De acordo com o plano original, ela se hospedaria com Stuart e a família dele, mas o ódio de Millie pelos alemães era tão forte, e ela estava tão chateada com o fato de Stuart ter uma alemã como noiva, que a ideia foi um desastre. Como Astrid explica: "Ela nunca disse que me odiava, mas sempre senti uma polidez forçada, e eu podia sentir a repulsa em meu íntimo. Na companhia dela, eu sempre me sentia desconfortável".[30]

Os Big Beat Boppin' Beatles (janeiro a março de 1961) 623

Em pouco tempo, a situação degringolou. Stuart comunicou à mãe que ele e Astrid iam dormir juntos no quarto, mas ela os proibiu. Em 1961, poucas mães teriam dito algo diferente, mas isso deixou os ânimos acirrados. Allan Williams recorda: "Stuart e Astrid chegaram à nossa casa [58 Huskisson Street] à meia-noite, e ela estava em prantos. Nós os deixamos ficar conosco, e os dois dormiram juntos. Astrid, muito gentil e afável, logo ficou amiga de Beryl. Acho que transformamos aquela experiência ruim num momento agradável".[31]

Havia um bom tempo, Stuart já estava acostumado a ser alvo dos olhares dos transeuntes, mas isso não era nada em comparação com os olhares que ele e Astrid atraíam quando andavam juntos. Usar a roupa do namorado ou da namorada na Liverpool de 1961 era uma ousadia inacreditável. Rod Murray não poderia ter ficado mais feliz por seu melhor amigo. "Astrid era linda e realmente vanguardista. Ela e Stuart pareciam exóticos vestindo roupas de couro preto, e estava na cara o quanto ele se sentia feliz. Pensei: 'Que cara sortudo.'"[32]

A visita de Astrid serviu de lembrete aos Beatles – não que isso fosse necessário – sobre a possibilidade de uma volta aos shows em Hamburgo. Se quisermos acreditar na veracidade do documento, Peter Eckhorn rabiscou esse acordo em 30 de novembro de 1960, afirmando que eles poderiam voltar em abril para tocar no Top Ten Club, em uma temporada de um mês, que poderia ser prorrogada para dois, a critério do contratante. Algumas horas depois que isso foi escrito, os Beatles foram deportados. Paul e Pete receberam a instrução de apelar no prazo de 30 dias para ter alguma chance de serem readmitidos na Alemanha. Esse processo foi encaminhado com atraso, na primeira semana do ano. Percebendo que o prazo já estaria esgotado quando o recurso deles chegasse a Hamburgo, resolveram alterar a data de deportação; declararam-na como "5 de dezembro" e torceram para que os alemães não notassem. Não foi um bom começo.

Utilizando algumas páginas em branco no finzinho de um velho caderno do Liverpool Institute, Paul redigiu uma declaração que insistia, educadamente, que a deportação tinha sido uma punição desproporcional ao delito. Afinal de contas, Paul e Pete haviam apenas queimado uma camisinha pendurada na parede do Bambi Kino, um cine pornô.[33] Embora a conexão de Alan Williams com os Beatles estivesse minguando, ele ainda estava empenhado em levá-los de volta a Hamburgo e mandou sua secretária reformular as palavras de Paul em declarações

624 **Ano 4, 1961: A Era do Rock**

formais, uma para Paul e outra para Pete. Ela então as datilografou e enviou os documentos com cartas de apresentação a Herr Knoop, o chefe da "polícia de estrangeiros". O gabinete dele recebeu os documentos em 12 de janeiro, dias após o prazo. Paul e Pete requeriam clemência de um burocrático funcionário germânico famoso por desconhecer essa palavra.

Esse não era o único obstáculo a ser superado antes que os Beatles pudessem voltar a Hamburgo. John também sabia que, a menos que conseguisse suspender a restrição de seu passaporte, ele também não poderia ir a lugar algum. Limitado em seis meses a partir de 15 de agosto de 1960, expirava, portanto, em 15 de fevereiro, e a prorrogação (enquanto ele tivesse menos de 21 anos) continuava incerta. Como de costume, deixados por sua própria conta, os Beatles ficavam praticamente perdidos. Para complicar as coisas, ao enviar seu recurso semificcional a Knoop, Paul começou a trabalhar na Massey & Coggins. Mesmo que ele conseguisse anular a restrição, a única maneira de voltar a Hamburgo seria demitir-se da fábrica e renunciar à aspiração de subir na hierarquia até o nível executivo.

Essa aparente dicotomia foi realçada numa quinta-feira, 9 de fevereiro de 1961, quando os Beatles fizeram sua primeira apresentação no Cavern, o clube de jazz em um porão da Mathew Street.[*] John, Paul e George não tinham voltado ali desde o último show dos Quarry Men no local, no primeiro semestre de 1958, quando, de acordo com John, eles foram banidos por um ano por terem tocado rock'n'roll. Porém, o novo proprietário, Ray McFall, gradativamente começava a tolerar mais as guitarras elétricas. Suas Noites de Rock às Quartas estavam obtendo sucesso comercial e, em outubro de 1960, ele introduziu sessões na hora do almoço – duas horas de bons discos e rock ao vivo no subterrâneo da urbe, em quatro dias por semana, logo ampliados para cinco. Com início às 12h, as sessões se estendiam até as 14h, ao preço de um xelim para membros. Era óbvio que havia um mercado para isso – e, a partir de janeiro de 1961, Bob Wooler se tornou o agente de talentos do clube, apresentador e DJ, com seu novo bordão (pinçado do LP de Peter Sellers produzido por George Martin) pulsando nos alto-falantes: "Lembrem-se, todos vocês, habitantes das cavernas: The Cavern é a *melhor* das tavernas".

---

[*] Como a Penny Lane, a Mathew Street tinha o nome de um capitão de navio negreiro.

Os Big Beat Boppin' Beatles (janeiro a março de 1961)

Não demorou muito para que Wooler começasse a atuar como *promoter* dos Beatles. Eles não estavam disponíveis para as Noites de Rock, porque suas noites de quartas-feiras já estavam agendadas por Brian Kelly ou Vic Anton, mas Wooler os adicionou a uma pequena lista de bandas com disponibilidade para se apresentar na hora do almoço porque não tinham outros empregos. Em um fato inédito na Grã-Bretanha, Liverpool agora dava sustento a várias bandas de rock profissionais, incluindo os Beatles, Derry and the Seniors, Rory Storm and the Hurricanes, Gerry and the Pacemakers (de volta a Liverpool no primeiro fim de semana de fevereiro, após uma temporada em Hamburgo) e The Big Three. Esse último grupo consistia em Cass and the Cassanovas sem Cass, que escapuliu para Londres para não voltar mais.

Wooler ofereceu aos Beatles £ 5 pela estreia no Cavern Club, uma libra para cada um dos cinco componentes da banda. Caso Paul não viesse, o valor seria de 25 xelins por cabeça. "Eu me lembro de que os caras (em especial, John e George) vieram à fábrica de bobinas elétricas onde eu trabalhava e dispararam: 'Temos uma oferta para tocar no Cavern'. Respondi: 'Sei lá, eu tenho este ótimo emprego aqui, enrolando bobinas, algo que pode ter futuro'. E eles insistiram: 'Esquece e vem conosco'. Pulei o muro..."[34] O muro, como bem recorda Jim Gilvey, o então diretor administrativo da Massey & Coggins, tinha cerca de 4,5 metros de altura, então põe pulo nisso. A fábrica ficava muito distante para voltarem correndo. Então pegaram o ônibus ou o trem até a cidade, e o mesmo aconteceu no retorno de Paul, e toda essa escapada consumiu, provavelmente, no mínimo umas três horas de seu dia de trabalho. A ausência de Paul foi notada e certamente punida com uma advertência, logo esquecida com a promessa de Paul de que isso não ia se repetir.

Mas isso se repetiu, porque no instante que os Beatles subiram ao palco do Cavern, eles foram incríveis, como lembra Ray McFall:

> Quando eu os vi pela primeira vez, perguntei ao Bob: "Como é que eles passaram pelo segurança?". Trajavam suéteres com gola rolê desalinhados e calças jeans, e eu não permitia jeans no The Cavern. Usar jeans indicava que a pessoa estava pronta para se meter numa briga e que não se importava em sujar a roupa. Por isso afastávamos a galera que usava jeans.

Mas os Beatles fizeram um show sensacional e eu fiquei arrebatado. De um modo completo. Absoluto. Instantâneo. Fiquei em pé numa seção lateral, entre os pilares, mais ou menos na metade do salão, e assim que tocaram o primeiro acorde, eles me enfeitiçaram. Meu Deus, que banda! John começou, depois Paul, depois George, e eles se alternavam. Então cantaram um número com dois vocalistas principais – Paul e George ou John e Paul – e eu não conseguia parar de me impressionar com a qualidade musical daquela banda. Desde aquele primeiríssimo dia, não havia como pará-los. Comentei com Bob: "Que outros dias da semana eles podem tocar na hora do almoço? Precisamos deles como atração rotineira".[35]

O Cavern não estava lotado. As sessões de almoço do local estavam em seus primórdios e, na maior parte do tempo, os Beatles tocavam para um público que ainda não os conhecia. Bem no meio da cidade – no distrito financeiro e perto das principais ruas comerciais –, o clube atraía membros de todos os pontos cardeais: todos os lugares de Liverpool e seu entorno, da península Wirral e de outras áreas de Lancashire e Cheshire, aonde os Beatles nunca tinham ido. A reputação do Cavern foi rapidamente crescendo de boca em boca e, como sempre, a diferença entre os Beatles e outros grupos foi o estopim para que tudo isso acontecesse com eles.

O público do Cavern era diferente de todos os outros com que os Beatles tinham se deparado. Abrangia secretárias, balconistas, office boys, mensageiros, telefonistas, vendedores, ajudantes de salões de cabeleireiro e muito mais. Não eram operários, porque as fábricas ficavam nos subúrbios, nem malandros com trajes de Teddy Boy, porque todos estavam com roupas de trabalho – rapazes de terno e gravata, garotas com saias ou vestidos elegantes. Basicamente era uma plateia da classe trabalhadora, inteligente, que havia concluído etapas escolares e não desistido no meio do caminho, com idade entre 15 (o mínimo para começar a trabalhar) e vinte e poucos anos.

McFall não só mantinha o Cavern sem álcool, mas também fornecia aos frequentadores do clube refrigerantes a preços acessíveis. "Os membros pagavam um xelim e passavam até duas horas assistindo aos Beatles", conta ele. "Em vez de almoçarem no escritório, podiam comer no Cavern e obter a re-

Os Big Beat Boppin' Beatles (janeiro a março de 1961)

feição mais barata que desejassem... Vendíamos cachorros-quentes por nove *pence*, ou, pelo mesmo preço, um prato de sopa com pãozinho. O chá saía por cinco *pence*. Era bem menos do que podíamos cobrar, mas eu não achava justo explorar essa meninada."

Entre os que presenciaram o primeiro show dos Beatles no Cavern estava Beryl Johnson, de 15 anos, que já havia inclusive batido um papo com eles no Aintree Institute e se tornou uma das primeiras a começar a seguir a banda.

> Eu cursava a Bootle Grammar School, e quando fiquei sabendo que eles iam tocar no Cavern, inventei que eu tinha uma consulta odontológica e corri para lá. (Nessa época, acumulei um montão de faltas por "consultas odontológicas", o que deixou a minha mãe bastante aborrecida.) Naquela primeira apresentação no horário do almoço, o lugar estava meio vazio. Eu me sentei na primeira fila, ergui os pés para apoiá-los no palco e fiquei conversando com eles entre uma canção e outra. Qualquer um podia pedir uma música.
>
> Eu adorava ouvi-los cantando "Memphis, Tennessee", mas a minha favorita das favoritas era "Will You Love Me Tomorrow", com John no vocal. Essa realmente me emocionava. Eu gostava mais de John: ele tinha um senso de humor invejável. Stuart era bem legal, um cara quieto... Troquei umas palavras com ele no Aintree Institute quando Astrid o acompanhava. Eu gostava de Paul, mas não era muito fã dele. George parecia gentil e atencioso, mais introvertido do que extrovertido, e Pete era de uma timidez *extrema*. Ele se limitava a dizer "Oi" e no máximo "Tudo bem contigo?", e era isso.[36]

A fã mais fervorosa de Pete era Mona Best, e por isso ela protegia os Beatles ao mesmo tempo que se movimentava para impulsionar a carreira da banda. Sob o prisma dela, não se tratava tanto dos Beatles, mas sim da "banda de meu filho". Em 17 de fevereiro, ela se tornou a primeira (e única) *promoter* do sexo feminino a agenciar eventos de rock em Merseyside. Por iniciativa dela, foi realizado o primeiro de uma série mensal de bailinhos da Casbah Promotions, no pavilhão da igreja de St. John, em Tuebrook, o subúrbio ao lado de West Derby. Os Beatles, a atração principal, eram anunciados pelo nome que Pete gostava de usar: Fabulous Beatles Rock Combo. Divertir-se com o nome era algo que todos eles gostavam de fazer: um anúncio do *Liverpool Echo* em 8 de fevereiro os chamou de "Big Beat Boppin' Beatles" e, segundo Bob Wooler, isso foi ideia da banda.*

A Sra. Best pagou £ 7 de cachê aos Beatles no evento da igreja de St. John, e o mesmo valor quando tocavam no Casbah aos domingos à noite, semana sim, semana não. Enquanto estavam em Hamburgo, o porão sofreu alterações para se tornar um espaço de performance mais amplo (embora continuasse minúsculo), e Mona mandou pintar um esplêndido mural em teia de aranha, em toda a extensão da parede de trás. Os Beatles sempre tocavam no "salão da aranha". Cinquenta pessoas o lotavam e, quando a música não nocauteava o público, o calor se encarregava de fazê-lo. Por todos e *"best"* motivos, o Casbah tinha um ambiente familiar e, como os Beatles eram o grupo de Pete Best, isso se estendia a eles.

Cyn e Dot costumavam ir ao Casbah para verem seus namorados tocar, e fazer isso era mais seguro ali do que em qualquer outro local de eventos. Fora ali que Paul e Dot tinham se conhecido, e agora os dois estavam praticamente noivos. Com orgulho, Dot ostentava no dedo médio da mão esquerda o anel de ouro que Paul comprara para ela em Hamburgo por DM 54 (cerca de £ 4 12s). Isso acenava para um casamento no horizonte, mas não muito próximo – nenhuma data foi marcada ou, ao que parece, nem ao menos discutida. Dot continuava quieta ("uma mocinha bem legal, simples e tímida", lembra Mike McCartney, que tirou boas fotos do casal nesse período),[37] e era Paul quem se encarregava de dar impulso ao relacionamento. O Casbah era um lugar excelente para conhecer moças. Pauline Behan achava os Beatles fantásticos (a música favorita dela do repertório da banda era "Lend Me Your Comb", de Carl Perkins). A princípio, ela se sentiu atraída por John, mas foi George quem tomou a iniciativa, e os dois começaram um relacionamento estável, ambos no limiar dos 18 anos.

As três datas semanais marcadas pelos Beatles no início de janeiro evoluíram rapidamente. Em todos os 28 dias de fevereiro, Pete teve apenas quatro lacunas em sua agenda, e os Beatles somaram 36 shows, pois em várias noites faziam o que se

---

* Talvez *Big Beat Boppin' Beatles* (Os Bailantes Beatles da Batida Boa) tenha sido a resposta deles à expressão criada por Wooler em *Stupendous, Stompin' Big Beat Beatles* (Os Estupendos Estampidos dos Beatles da Batida Boa). Não é possível afirmar se BEATLES ROCK COMBO (Combo de Rock dos Beatles) ainda estava escrito na frente do bumbo de Pete ou se já tinha sido removido. Em todas as fotos dos Beatles de 1961 (a maioria tirada de março em diante), o bumbo aparece em branco.

Os Big Beat Boppin' Beatles (janeiro a março de 1961)

convencionou chamar de "alocação dupla", ou seja, tocar em dois locais diferentes. Quando tocavam na hora do almoço no Cavern, na prática faziam três shows no mesmo dia. Foi um bom período, do qual eles sempre se lembrariam com carinho: uma época de risadas, em que eram reis, mas não deviam satisfação a ninguém e se apresentavam sem assinar contratos. Longe do palco, a maior parte dessa diversão era aproveitada por George e John em formato de dupla. Stu andava ocupado com Astrid, Pete em sua casa e Paul na fábrica. A atividade de enrolar bobinas fazia Paul perder seja lá o que fosse que os outros estivessem fazendo com John... Assim, era inevitável. Algo estava fadado a acontecer.

Em 21 de fevereiro, os Beatles estavam agendados para tocar outro show no horário de almoço no Cavern, e das duas, uma: Paul ou pulou o muro de novo ou ligou para a fábrica e alegou estar doente. Seja lá como for, ele estava brincando com o risco de ser demitido. Na semana seguinte, chegou a hora do vamos ver, o 28º dia do mês. Os Beatles subiriam ao palco do Cavern ao meio-dia. Se Paul tocasse, estaria dando um "adeus" à Massey & Coggins e um "olá" para a maior revolta que aprontou com seu pai; se ele não tocasse, estaria dando adeus aos Beatles. Como Neil Aspinall salientou, John foi claríssimo sobre a situação: "John disse a Paul ao telefone: 'Ou você aparece hoje, porra, ou não está mais na banda'". E na hora do almoço, quando Paul chegou – "Olá!" – e subiu ao palco com a banda, John disse a ele: "Certo! Você desistiu de seu maldito emprego".[38] John também descreveu o fato: "Eu falei pra ele ao telefone: 'Ou você aparece ou está fora'. Então Paul teve que decidir entre mim e o pai dele, e, no fim das contas, ele me escolheu. Mas foi uma longa jornada".[39]

O último dia de fevereiro de 1961 foi a despedida de "Mantovani" da fábrica. De qualquer modo, ele não era muito bom em enrolar bobinas: "Eu era uma negação... Todo mundo fazia 14 bobinas por dia, eu fazia uma e meia, e justo as minhas nunca funcionavam". Uma semana mais tarde, via postal, Paul recebeu o último salário, o cartão do Seguro Nacional e o formulário P45, com imposto de renda descontado na fonte, para ser entregue ao próximo empregador. Mas não haveria um próximo empregador. Paul tinha se tornado um Beatle em tempo integral e, na mente dele, permaneceria um Beatle até a banda fracassar ou até ele completar 25 anos.[40]

Dadas as circunstâncias, era altamente desejável ir em frente com a tão esperada segunda excursão deles a Hamburgo. Se, logo de cara, Paul começasse a viver como os outros – zanzando pela casa, dormindo tarde adentro –, enquanto seu pai ainda estivesse chateado com sua saída da Massey & Coggins, sem dúvida ele ia ouvir poucas e boas. Seria melhor se afastar por um ou dois meses. Foi nesse mesmo dia, 28 de fevereiro, que os cinco Beatles preencheram pedidos de vistos junto ao Consulado da Alemanha em Liverpool. Não havia motivo aparente para que George não fosse autorizado a voltar – ele completara 18 anos três dias antes, fato que o liberava para tocar em boates após o *Ausweiskontrolle* das 22 horas. Mas ainda havia a preocupação legítima de que Paul e Pete não tivessem suas proibições suspensas. A luta para anular a proibição de sua reentrada não apresentava progressos, muito embora Peter Eckhorn, lá em St. Pauli, fizesse tudo que estava a seu alcance, e Allan Williams trabalhasse em prol do interesse deles em Liverpool.

Os Beatles se tornaram visivelmente mais ocupados quando Paul se libertou da fábrica: era como se a banda tivesse soltado o freio de mão. Além de todas as suas datas noturnas, eles tocaram em três sessões de almoço no Cavern na semana de 6 de março, e quatro na semana seguinte. Mesmo a essa hora do dia, havia concorrência em Liverpool pelo público do rock. Logo após abrir o primeiro clube, Sam Leach – como era de seu estilo – inaugurou um segundo: assumiu as operações do clube de jazz Iron Door, um porão musical perto do Cavern, na 13 Temple Street. Ali funcionava a Liverpool Jazz Society (LJS), mas Leach representava o rock de Liverpool e jamais relutava em penetrar no território de um rival.

Ray McFall e Bob Wooler tentaram salvaguardar seu principal ativo – os anúncios do *Echo* em 4 e 14 de março alardeavam que, na hora do almoço, os Beatles eram *exclusivos* do Cavern –, mas isso não foi o bastante para deter o insurgente. "Eu não nutria respeito por ninguém", afirma Leach. "Tarde da noite, o Cavern fechado, descemos a Mathew Street, e fui colando cartazes pela rua, inclusive na porta do Cavern." Ele também admitiu para um amigo ter comprado bombas de fedor na Wizard's Den, a loja de mágicas de Liverpool, e as arremessado escadaria abaixo no Cavern. O lugar já era um buraco malcheiroso na melhor das hipóteses, de modo que é bem possível que ninguém tenha notado a sabotagem.

Os Big Beat Boppin' Beatles (janeiro a março de 1961)

No dia 11 de março, um sábado, Leach apresentou seu empreendimento mais impressionante: 12 grupos de rock tocaram numa sessão da LJS que durou 12 horas, das 20h às 8h, com entrada a 6s 6d para membros e 7s 6d para não membros.* Indeciso entre chamá-la de The First All Night Rock Ball (O primeiro baile de rock de noite inteira) ou Rock Around The Clock (Rock em toda a volta dos ponteiros do relógio), acabou adotando as duas denominações. Em nenhum outro lugar da Grã-Bretanha, ou mesmo dos EUA, estava acontecendo algo parecido com isso. Foi o primeiro grande encontro dos clãs, rapazes de todas as partes de Liverpool, amigos e rivais, camaradagem e concorrência, aplaudidos por uma massa de jovens espremida num porão fumegante e imundo, com apenas um pesado portão de ferro como entrada e saída. Leach garante que um público de duas mil pessoas assistiu a pelo menos parte do festival; a agenda de Johnny Guitar menciona 800 e diz que o lugar estava lotado.

O fato de Sam Leach *não* apresentar os Beatles na hora do almoço permitiu a criação de um grupo específico para essa finalidade, que ele chamou de Rory Storm and the Wild Ones. Ele conta que a banda era formada por Rory, Johnny e Ringo, dos Hurricanes, com outros convidados, que incluíam John, Paul e talvez George, dos Beatles. Já que nenhum dos componentes jamais tocou no assunto, permanece uma incógnita o que exatamente ocorreu. Não resta dúvida, porém, de que John, Paul e George andavam interagindo bastante com Ringo de novo, em geral depois que Pete já tivesse retornado para sua casa em West Derby.

Enquanto os Beatles ansiavam por voltar a Hamburgo, Rory Storm and the Hurricanes estavam focados em conseguir uma segunda temporada de verão no campo de férias Butlin's. O grande show que acenava no horizonte era o baile no Butlin's, em Garston, sul de Liverpool, em 29 de março. Se fizessem um bom show, estaria garantido outro verão em Pwllheli, a aprazível cidade do noroeste do País de Gales. As duas bandas trilhavam caminhos nitidamente divergentes: os Beatles, musicalmente superiores, mas escandalosamente desalinhados; os Hurricanes, impulsionados pelos gostos de Rory, cada vez mais chamativos.

---

* The Beatles, Gerry and the Pacemakers, The Remo Four, Rory Storm and the Hurricanes, King-Size Taylor and the Dominoes, The Big Three, Dale Roberts and the Jaywalkers, Derry and the Seniors, Ray and the Del Renas, The Pressmen, Johnny Rocco and the Jets e Faron and the Tempest Tornadoes.

632   **Ano 4, 1961: A Era do Rock**

Havia pouco tempo, um alfaiate tomara as medidas de Ringo para confeccionar uma jaqueta em lamê prateado.

A única banda de rock habitualmente agendada no Cavern em 1959-60, os Hurricanes, não tocaram lá em 1961 – algum incidente ou desentendimento há tempos esquecido impediu que isso acontecesse. Mas, como eles passavam a hora do almoço no LJS enquanto os Beatles estavam no Cavern, os membros das duas bandas costumavam ficar com tempo livre nas tardes de inverno. Era como estar de volta à ruela Grosse Freiheit: erguer um brinde ao Gretel und Alfons em pleno Grapes. As leis de licenciamento britânicas, diferentemente das de Hamburgo, exigiam que os pubs os expulsassem às 14h30. Para matar o tempo e escapar do frio enregelante, uma parada obrigatória era o Tatler, um cineminha na 25 Church Street, no meio de todas as lojas. Lá sempre tinha alguma coisa passando continuamente – cinejornais, documentários, desenhos animados de Tom e Jerry, faroestes antigos e curtas estrelados por comediantes do norte. John, Paul e George adoravam a comédia *The Running Jumping & Standing Still Film*, de 11 minutos, e foi nessa sala de cinema que eles a assistiram, repetidas vezes, desfrutando do humor surreal dos atores Peter Sellers e Spike Milligan, bem como do diretor Dick Lester. Esse curta passava com frequência no Tatler, com anúncios no *Echo* afirmando "Novamente em cartaz para atender ao clamor popular".

Essa mescla do humor "*goon*" com o humor nativo de Liverpool era outro diferencial entre os Beatles e outras bandas. A maior parte do que eles faziam e diziam era para diversão própria, mas raramente os outros não achavam graça deles. Astros do mundo pop gostavam de balbuciar (conforme indicado) que esperavam se tornar "artistas completos" – ou seja, como se a carreira de cantor, por si só, não fosse suficiente. Os Beatles, porém, alcançaram isso ao natural, e, ao mesmo tempo, permanecendo fiéis a si mesmos e à sua música. Nunca chegaram a se especializar a ponto de se tornarem uma banda de roqueiros comediantes (essas combinações existiam). Eram apenas uma banda incrivelmente engraçada, antes e depois dos shows, entre e durante os números, abençoados por um timing perfeito.

Muitas vezes, as sobrecargas infligidas aos carcomidos circuitos elétricos do Cavern pelo sistema de som, amplificadores, iluminação, umidade e suor resultavam na queima de fusíveis, mergulhando o porão no breu, exceto pelas luzes de emergência. Quando isso acontecia, as bandas se refugiavam no diminuto

Os Big Beat Boppin' Beatles (janeiro a março de 1961)

cubículo esquecido por Deus que servia de camarim e esperavam ser chamadas de volta quando tudo estivesse funcionando novamente. Os Beatles continuavam no palco. Muitas vezes, George ia aos bastidores para consertar a pane, enquanto John e Paul entretinham o público. Paul sentava-se ao piano do Cavern e tocava velhas melodias, incluindo o breve número, ainda sem título, que ele escreveu aos 14 anos – justamente o que acabou se tornando "When I'm Sixty-Four". Tocavam tudo que é tipo de bizarrice. O pessoal se lembra deles cantando o tema de *Torchy, The Battery Boy*, programa infantil com marionetes transmitido pela ITV. Em outras ocasiões, a plateia era brindada com uma divertida versão do longevo programa de rádio da BBC, *Have A Go*, e John satirizava sem dó o bordão do apresentador Wilfred Pickles, imitando seu forte sotaque de Yorkshire – 'ow do, 'OW ARE YER? Conduziam sessões de canto comunitário que levavam a plateia à histeria; algumas dessas inclusive eram *temáticas*, como quando uma canção sobre "olhos" era costurada imperceptivelmente com a seguinte – "What Do You Want To Make Those Eyes At Me For" se emendava em "When Irish Eyes Are Smiling into Ma! (She's Making Eyes At Me)" –, tudo isso embrulhado em jogos de palavras improvisados e irreverência tosca, mas sedutora. Era algo tão incrivelmente novo, mágico e agradável que sempre se ouviam gemidos quando George conseguia consertar o fusível... mas então eles *botavam pra quebrar*.

Bernadette Farrell, que frequentava o Cavern assiduamente – uma Cavernite – no primeiro semestre de 1961, afirma:

> Pode soar brega, mas eles entravam na *alma* da gente. Antes dos Beatles, eu era fã de Cliff Richard, mas de repente apareceu isso, tão intenso, diferente e empolgante. De alguma forma pareciam ser mais maduros do que as outras bandas.
>
> Sempre pedíamos que o Paul cantasse "Long Tall Sally". Ele sempre dizia: "Não posso cantar essa porque estraçalha minha garganta", mas depois ele cantava. Ele anunciava: "Vou cantar essa canção a pedido dessas duas mocinhas elegantes aqui", ou coisa parecida. As meninas costumavam dizer que os olhos dele eram como tortinhas de frutas. Ele batia aqueles cílios compridos de modo calculado. Sabíamos que ele tinha a exata consciência sobre os próprios atos, mas ele era tão amável com todos que era impossível não gostar dele.[41]

Ano 4, 1961: A Era do Rock

Uma dessas canções hipnotizantes era "Over The Rainbow", uma garantia de causar alvoroço entre as moças. A canção do filme *O mágico de Oz* parecia uma escolha estranha, mas os Beatles a consideravam válida porque também era cantada por Gene Vincent. A versão de Paul era um misto das duas, fazendo uma pausa impressionante após o intenso auge de "Some*where*" e depois baixando suavemente. As garotas do Cavern se acostumaram com a cena: Paul arregalava os olhos, virava o rosto para cima, meio inclinado, e fixava o olhar acima de suas cabeças, num tijolo na ponta do túnel central.* Às vezes, John cantava junto, em agradáveis harmonias, mas em geral só tirava sarro.

Pete contou que, durante uma apresentação de "Over The Rainbow" no Cavern, John se recostou no piano, apontou para Paul, caiu na gargalhada e gritou: "Meu Deus, ele está imitando a Judy Garland!". Paul teve de continuar cantando sabendo que John fazia caras e bocas em suas costas e dedilhava acordes estranhos em seu violão para confundi-lo. E caso Paul parasse no meio do número, John disfarçava e corria o olhar ao redor do palco, o suprassumo da inocência.[42] Sempre havia vários motivos simultâneos para que a plateia não conseguisse desviar os olhares de cima dos Beatles.

Esse tipo de comportamento Paul só aceitava quando vinha de John, mas também resistia e mostrava força mental suficiente para continuar fazendo o que queria fazer, consciente do quanto o público gostava daquilo. Ele cantava bem essas melodias e na época incluiu mais uma ao portfólio: "Till There Was You", canção de um espetáculo da Broadway, com base na cover feita por Peggy Lee – ou Peggy *Leg*, como Paul a chamava (foi Bett Robbins, a prima de Paul, quem deu a ele o disco de Peggy). John se divertia *a valer* quando Paul tentava cantar essas coisas – mas não tentava impedi-lo de cantar, reconhecendo que havia espaço para todos os estilos musicais na banda, para agradar a todos os tipos de público, desde que ninguém flertasse com o jazz.

Outra canção adicionada por Paul nesse período foi "The Hippy Hippy Shake", de Chan Romero, cantor natural de Montana. Bob Wooler recebeu a prensagem

---

* No Cavern, se erguiam três túneis em arco. O central era para música e a plateia sentada; o da direita, os banheiros, a lanchonete e um espaço sem assentos; o da esquerda, era a pista para ficar em pé ou dançar. Na ponta do túnel da esquerda, pertinho do palco, ficava o minúsculo camarim e o recanto de onde Bob Wooler tocava os discos e fazia suas comunicações.

Os Big Beat Boppin' Beatles (janeiro a março de 1961)   635

britânica desse disco em 1959 e de vez em quando a tocava nos salões de *jive*, entre uma banda e outra. Era um rock envolvente, entoado em voz aguda, e Wooler a achou ideal para o alcance vocal de Paul. "Coloquei essa música uma vez na hora do almoço no Cavern e Paul disse: 'Que som é este?'. Após a sessão, ele me pediu para tocar o disco de novo. Emprestei o disco pra ele, e os Beatles a incluíram no repertório. Por conta disso, ele me pagou um *pint* de cerveja no Grapes." "The Hippy Hippy Shake" caía como uma luva na voz de Paul, que gritava e dava tudo de si, como se fosse uma canção de Little Richard, e por um bom tempo ela seria uma das favoritas do público.

Quanto mais tempo Wooler convivia com os Beatles, mais fascinado ficava por eles. Percebia como o humor de John, Paul e George funcionava como se fosse um só: pegavam no pé de alguém ou de algo e não largavam até examinar aquilo, provocar aquilo, cutucar aquilo e tirar sarro daquilo, profusa, impiedosa e inapela-velmente, e muitas vezes além do tolerável pelo outro. Como ele se lembraria, por experiência própria: "Os Beatles eram medonhos quando resolviam atacar você... Todos eles, inclusive Pete Best. Tinham as línguas bem afiadas".[43]

Essa dureza não era uma coisa reservada apenas para irritar forasteiros. Novo nesse meio, sem saber nada de suas histórias, Neil Aspinall observava John permitir que Paul ficasse alugando Stu, embora obviamente os dois fossem amigos íntimos. "Paul inclinou-se para ele de um jeito que John não conseguiu contestar e o criticou por ser um músico desleixado: 'Pelo amor de Deus, Stu, quando é que você vai pra-ticar? Está nos arrastando pra baixo'." Neil presenciou John *deixar* que Stu se defen-desse por conta própria – se quisesse permanecer no grupo, teria que lidar com isso, a sobrevivência do mais apto. Mais tarde, Paul notou como os outros o colocaram no papel de bode expiatório. Os outros deixavam para ele o ônus de expressar preocupa-ções que, até certo ponto, todos eles reconheciam. "Eu sentia que ele [Stu] estava nos travando musicalmente. O mesmo acontecia com Pete Best. Existiam razões muito práticas para que eu não desejasse Stu na banda, e todos os outros as conheciam mui-to bem, mas eu era o cara que tinha de verbalizar isso. Tornou-se o meu papel, e se eles [os outros Beatles] não quisessem... Todas essas coisas foram decisões *da banda*. No caso de Stu, eu era apenas a ponta do iceberg."[44]

Ter Astrid por perto foi uma alegria, mas para Stuart a volta ao lar não foi feliz. A horrenda experiência de levar uma surra foi seguida pela maior das brigas com Millie, por conta da visita de Astrid. Começou a sofrer ataques de azia e dores de cabeça, além de uma apendicite crônica. Com o médico da família, não conseguiu alívio. Para culminar, o principal objetivo de seu retorno – sua entrevista em 23 de fevereiro na faculdade de artes – deu com os burros n'água. De 1956 a 1960, ele passou quatro anos acadêmicos gloriosos. Apesar disso, não conseguiu uma vaga no curso para professor no biênio 1961-62. Em vista disso, Stuart decidiu morar em Hamburgo por um tempo: voltaria com os Beatles, ou mesmo antes, se isso pudesse ser arranjado.

Embora sua habilidade em tocar o baixo continuasse sendo, para alguns, um grande obstáculo à evolução musical dos Beatles, sua influência artística na banda se mantinha forte. Mike McCartney o avistou no palco do Cavern vestindo uma jaqueta curiosa – design feminino, sem gola, feita à mão em veludo cotelê por Astrid, inspirada no mais recente design parisiense de Pierre Cardin. "Todo o público, inclusive eu, achou que ele era um pouco tantã por fazer isso", lembra Mike.[45] Mas não ficou só nisso. Astrid também deu a Stu um novo penteado – cabelo penteado para baixo, repartido na lateral, sem brilhantina – como ostentava Klaus Voormann, com base no visual adotado pela primeira vez no círculo deles por Jürgen Vollmer. Um corte ao estilo parisiense, que o próprio Jürgen teve de fazer, porque os cabeleireiros de Hamburgo eram *quadrados demais*. Há relatos de que os outros Beatles caçoaram do novo penteado de Stu e, embora a graça dessa brincadeira fosse gradativamente diminuindo, ninguém se apressou a copiar aquele visual.

O foco mental dos Beatles era retornar a Hamburgo. Chegando à sua cidade, a própria Astrid fez telefonemas ao Bundeskriminalamt, solicitando que as proibições a Paul e Pete fossem anuladas, e Allan Williams continuava mexendo seus pauzinhos em Liverpool. Em 1º de março, ele enviou uma carta ao cônsul alemão em Liverpool, garantindo que "todos os músicos têm um caráter excelente, são provenientes de famílias de primeira categoria e nunca tiveram problemas com a polícia deste país" – coisa que, surpreendentemente, era verdade. Em 2 de março foi assinado, pelo secretário de Williams, um contrato com Eckhorn, com o objetivo principal de impressionar as autoridades, mas também como um meio de estabelecer o pagamento de comissões, a fim de recompensar o envolvimento dele. O acordo manuscrito com Eckhorn previa um pagamento de DM 35 para

Os Big Beat Boppin' Beatles (janeiro a março de 1961)

cada um deles por noite, mas Williams tentava forçar o pagamento de DM 40, dos quais Eckhorn depositaria £ 10 (cerca de DM 120) toda semana na conta bancária de Williams em Hamburgo. O dinheiro seria deduzido dos salários dos Beatles – £ 2 (cerca de DM 23) por cabeça – e, assim, ele receberia sua comissão e a banda ainda ganharia um pouco mais do que na primeira vez. Mais tarde, Bob Wooler relatou que Paul teria dito a ele que, independentemente do cachê por noite, eles não iriam pagar a comissão de Williams porque iam tirá-lo da jogada. "Paul [me] disse: 'Imagino que você vá contar isso a seu amigo [Williams]'. Falei: 'Pode apostar.'"[46] (Entretanto não está claro se ou quando Wooler o fez.)

O passaporte de John deveria valer por cinco anos, mas tinha uma cláusula restritiva que reduzia essa validade para seis meses. Em 3 de março, essa cláusula foi excluída no Liverpool Passport Office, quando John voltou aos India Buildings, na Water Street. Por fim, Mimi deu seu consentimento para a viagem internacional do sobrinho. Esse período desde o retorno dele de Hamburgo tinha sido complicado para ambos. Desde 1956, o violão (com o qual, na visão dela, ele *nunca ia conseguir ganhar a vida*) sempre foi um motivo de divertimento e distração para John, mas ao menos ele sempre fazia uma atividade simultânea: Ensino Fundamental, faculdade de artes. Ver o jovem rejeitar descaradamente qualquer conversa sobre conseguir um emprego só para tocar numa banda tola era algo muito preocupante para Mimi. E que horários! Sair todas as noites, invadir a casa na calada da noite, acordar os estudantes que ela hospedava, querer o café da manhã após a hora do almoço...

A estreia noturna dos Beatles no Cavern foi numa terça-feira, 21 de março. De modo lento, mas contínuo, o clube estava dando o braço a torcer à música beat. Além das Noites de Rock às Quartas, Ray McFall criou uma segunda janela às terças-feiras. O Swinging Bluegenes não era uma banda de rock, mas sabia tocá-lo, abrangendo vários estilos, incluindo jazz. McFall deu a eles seu próprio show semanal, *Bluegenes Guest Night* (Noite do Blugenes e Convidados), e agendou bandas de apoio, da vertente mais moderna do espectro do rock. A ideia era proporcionar um evento noturno misto, abarcando um leque de fãs de música. Nesse aspecto, contratar os Beatles era como deixar um touro entrar na loja de porcelana.

As dificuldades surgiram logo na chegada deles. Naquela noite, o porteiro do Cavern era Paddy Delaney, das antigas, e ele sabia muito bem as regras: ninguém de jeans podia entrar. Não pôde acreditar quando, um por um, os Beatles apareceram de jeans, jaquetas de couro e botas de caubói, alegando que ele precisava deixá-los passar porque eram da banda. Não permitiu a entrada antes de verificar a informação. Os Bluegenes também não curtiram muito a aparência dos Beatles. Na opinião do vocalista Ray Ennis: "Todas as bandas tentavam ser profissionais em sua conduta, mas os Beatles *fumavam*. Eu me lembro de Stu Sutcliffe, sentado ao piano, de frente para Pete Best na bateria, e ele nem encarava o público, apenas ficava com o olhar perdido, como alguém completamente desinteressado".[47]

Pouco depois, Stuart voltou a Hamburgo com seu baixo e amplificador e foi morar no quarto dele na 45a Eimsbütteler Strasse. John e George planejavam juntar-se a ele poucos dias depois, mas Paul e Pete ainda não podiam ir. Stuart então se juntou a Astrid para impetrarem um recurso ao Bundeskriminalamt.

John e George, porém, já estavam partindo e, pela segunda vez em sete meses, Cyn se conformou em se despedir de John para uma ausência prolongada... embora ela também tenha concordado com a sugestão dele para visitá-lo em Hamburgo, ao menos por duas semanas. Dot se juntaria a ela, isso, é claro, se Paul conseguisse chegar lá. Essas duas moças foram as atônitas espectadoras de um furacão no primeiro trimestre de 1961. Ocupados na maioria das noites, os namorados delas eram muito populares e incensados. Conforme a agenda de shows, elas só podiam vê-los nos fins de semana e, mesmo assim, apenas durante o dia. Na maior parte do tempo, as moças não tinham nem ideia do que seus namorados andavam fazendo, sem ter conhecimento do que Paul chamava de "ocasional bimbadinha após um show" ou das mulheres que, como John dizia, "estariam *funcionalmente disponíveis*".[48]

Um dia, John estava de boa no Jacaranda quando Bill Harry disse a ele que estava planejando fundar um jornal, ao estilo do *What's-On On Merseyside*, para cobrir todas as facetas do esporte e do entretenimento, incluindo os cenários de poesia, rock e jazz locais. O título, ele havia decidido, seria *Mersey Beat* – e esse nome não vinha do seu conteúdo de rock, nem indicava o reviver de memórias do agora finado jornal de música local, o *Echo*, mas sim porque ele imaginou estar sendo seguido por um policial que tomava nota de todos os eventos. Um empresário de Liverpool investiu £ 50 no jornal e encontrou uma salinha para Bill no segundo

Os Big Beat Boppin' Beatles (janeiro a março de 1961) 639

piso de uma loja de bebidas alcoólicas. O próprio Bill, aos 22 anos, ainda cursava a faculdade de artes durante o dia, mas a namorada dele, Virginia Sowry (os dois tinham se conhecido no Jacaranda), já trabalhava em tempo integral. Contemporâneos na faculdade de artes, Bill e John se conheciam desde 1957, gostavam de conversar e o papo enveredou para o termo Beatles. John mencionou (provavelmente com um gemido) que o pessoal estava sempre perguntando o que significava e como tinham idealizado esse nome, e Bill respondeu – já com o *Mersey Beat* em mente: "Por que você não conta a eles?".[49]

Assim, John escreveu a história dos Beatles e, como ele e George sempre andavam juntos, George estava disponível para dar sua contribuição. Em 1958, John tinha ficado contente ao deixar Paul ajudá-lo a redigir um ou dois textos cômicos, mais especificamente, "On Safairy With Whide Hunter"; agora, permitiu que George se envolvesse na produção textual que ficou conhecida como "Being a Short Diversion on the Dubious Origins of Beatles".

BREVE DIGRESSÃO SOBRE AS DUVIDOSAS ORIGENS DOS BEATLES

Era uma vez três menininhos batizados John, George e Paul. Decidiram andar juntos porque eram do tipo que gostavam de andar juntos. Quando estavam juntos, se perguntaram: pra que, afinal? Pra quê? Nisso, de repente, todos desenvolveram guitarras e formaram um ruído. E o engraçado é que ninguém deu bola, muito menos os três homúnculos. Daí entããão descobriram um quarto e ainda menor homenzinho, chamado Stuart Sutcliffe, orbitando ao seu redor, e disseram: "Filho, vê se consegue um baixo e você vai ficar bem". Dito e feito: mas ele não ficou bem porque não sabia tocá-lo. Então deram tempo ao tempo até ele aprender a tocar. Faltava o ritmo, e um simpático velhinho afirmou: "Vós não tendes uma bateria!". "Não temos bateria!", confessaram. E aí foi um vaivém e um entra e sai de baterias.

Súbito, na Escócia, numa turnê com Johnny Gentle, a banda (chamada The Beatles) descobriu que o som deles não era lá muito bom – faltavam amplificadores. Conseguiram uns. Muita gente pergunta: Beatles? O que é isso? Por que Beatles? Beatles?! Como surgiu esse nome? Esperem que já vamos contar a vocês. Esse nome veio numa visão – um homem apareceu a eles numa torta flamejante e disse: "A partir de hoje vocês são Beatles, com uma letra A". Eles agradeceram dizendo: "Obrigado, senhor Homem".[*]

E nisso um homem de barba cortada falou: vocês vão à Alemanha (Hamburgo) tocar um rock poderoso para os campesinos por dinheiro? E dissemos que por dinheiro tocaríamos qualquer coisa poderosa.[**]

Mas, antes disso, tínhamos que desenvolver um baterista, então cultivamos um em West Derby, num clube chamado Some Casbah, e ele se reclamava Pete Best. Ao nosso chamado "Ei, Pete, vamos à Alemanha!", ele respondeu "Sim!". Zuuuum. Meses depois, Peter e Paul (cujo sobrenome é McArtrey, filho de Jim McArtrey, o pai dele) incendiaram um Kino (cinema) e a polícia alemã vaticinou: "Seus Beatles malcomportados, voltem pra casa e vão tocar fogo em seus cinemas ingleses". Zuuuum, meia banda. Mas, antes disso, a Gestapo já havia deportado meu amiguinho George Harrison (de Speke) porque ele só tinha 12 aninhos e era muito jovem para votar na Alemanha; mas após dois meses na Inglaterra, ele completou 18 anos, e os Gestapões disseram "agora pode vir". Daí, de repente, no vilarejo de Liverpool, muitos grupos tocavam em terninhos cinza, e Jim perguntou: "Por que vocês não usam ternos cinza?". "Não gostamos deles, Jim", foi o que respondemos a ele. Após tocar um pouco nas boates daqui, todo mundo falou: "Vão pra Alemanha!". Então lá fomos nós. Zuuuum. Lá se foi Stuart. Zum zum John (de Woolton), George (de Speke), Peter e Paul, zum zum. Lá se foram todos.

Obrigado, sócios do clube, de John e George (os quais amigos são).

---

* A faísca mais provável para essa "torta flamejante" foi o filme de Elvis *Estrela de fogo* (*Flaming Star*), exibido em Liverpool de 12 a 18 de março. Royston Ellis afirma que inspirou a expressão (sendo, portanto, o "Mister" mencionado) porque acidentalmente ateou fogo à torta de frango que ele preparou para John, Stu e possivelmente George no apê do Gambier Terrace, em junho de 1960. Isso parece fantasioso e ninguém mais confirmou, e Ellis vincula isso à sua alegação de ter sido ele a dar aos Beatles a grafia com "a" – o que já foi refutado. Paul afirma que a referência à torta flamejante não passava de "Humor *goon* e piada bíblica, do tipo 'E o Senhor disse, *Arrumai um meio*, e eles rezaram um terço'. Isso é *bem* Liverpool, bem o tipo de humor que estava circulando na época" (entrevista concedida ao autor, 7 de novembro de 1995).

** Esse homem se chamava Allan Williams. Entrando e saindo do Jacaranda quando John e George estavam escrevendo isso, ele havia acabado de mudar o visual para a inauguração do Blue Angel, em 22 de março. O texto não tinha título. "Being a Short Diversion on the Dubious Origins of Beatles" foi um acréscimo de Bill Harry para a publicação – saiu na segunda página do primeiro número do *Mersey Beat*, em 6 de julho de 1961, com o crédito "Tradução a partir de um original de John Lennon".

Os Big Beat Boppin' Beatles (janeiro a março de 1961)

John viu Bill Harry no Jacaranda um ou dois dias depois e lhe entregou o texto pronto, na mesma época que os Beatles estavam prestes a *zuuum*.

A última apresentação da banda nesse período foi no Casbah, domingo, 26 de março. Estavam agendados para tocar no Top Ten Club por um mês (talvez dois), a partir de 1º de abril – o sábado do fim de semana de Páscoa. E que esquisitice de Beatles seria, porém: somente John, George e Stu; "O ritmo está nas guitarras – versão II". Sentiriam falta de Paul, mas sabiam canções suficientes para se virar sem ele, e, seja lá como for, a guitarra dele era mesmo insignificante. A ausência de um baterista e de um kit de bateria, isso sim era um problema. Mas conseguiriam dar um jeito. Esses detalhes não foram suficientes para impedi-los de ir, assim como as angústias de John em relação ao passaporte, no mês de agosto do ano anterior, não teriam impedido os outros de viajar sem ele.

Dessa vez, John e George viajaram de trem e de barco – não no micro-ônibus de Allan Williams. A viagem seria mais rápida, com o ônus de terem que carregar guitarras, amplificadores e a bagagem, a cada baldeação. Partiram na terça-feira, 28, no último trem a Londres, com saída aos dez minutos após a meia-noite da Lime Street e chegada a Euston seis vagarosas horas depois. Tomaram o café da manhã, mataram tempo (três horas) até o trem de Harwich deixar Liverpool Street, singraram o Mar do Norte e atravessaram a Holanda em alta velocidade. Enquanto isso, na Inglaterra, Rory Storm and the Hurricanes recebiam a confirmação definitiva de sua segunda temporada de verão no Butlin's, com início em junho. Nisso o trem largou os dois Beatles na Hauptbahnhof, às 3h16 da madrugada de quinta-feira, dia 30. Estavam de volta a Hamburgo.

Dessa vez foi diferente. Já sabiam o que esperar, pois conheciam pessoas, lugares, comidas, rostos, xavecos, neon, cigarros, flocos de milho, cafés, bares, bebida, gatinhas, strippers, sexo, prostitutas, roqueiros, marujos, clubes, proprietários, garçons, cassetetes, punhos, facas, armas e gás lacrimogêneo.

E, lá na estação, apesar das altas horas, eram aguardados por Astrid e Stu – Astrid elegante num traje de couro preto, Stu em algo muito parecido. Tudo bem apertado, inclusive o fusquinha conversível no qual ela os levou à Reeperbahn.

19
Os "Piedels" sob efeito de *prellies*
(abril a junho de 1961)

Segundo dia em Hamburgo. John e George renovaram sua camaradagem com os *Krauts* – e os Krauts se deliciaram com o retorno deles.

Sexta-feira Santa, 31 de março. Os dois curtiram horas de descontração com Jürgen Vollmer e alguns amigos dele. Em pleno feriado religioso, passearam de carro pela cidade até encontrarem um bar aberto na elegante rua Mühlenkamp. No bate-papo regado a cerveja, indagaram novamente a Jürgen sobre suas roupas descoladas de Paris e o seu estilo de cabelo, penteado para baixo, dando um jeito de inserir um ou dois comentários sobre sua nacionalidade. "Sempre havia uma referência a Hitler", lembra ele.[1]

No dia seguinte, tocariam na formação de trio, com Stu, sem bateria... Mas, até que enfim, os outros dois Beatles *já estavam* a caminho. Assim que receberam o *communiqué* da polícia de Hamburgo, embarcaram em Liverpool. Enviado por malote ao Consulado Alemão em Liverpool e coletado por Allan Williams no dia 30, o documento de 28 de março explicitava que o perdão era temporário, com duração de um ano. Ganharam uma espécie de "liberdade condicional": na chegada a Hamburgo, teriam que mostrar os passaportes na Imigração e pagar DM 195 para cobrir as despesas incorridas quando foram expulsos do país.

Com dois dias de atraso, esse segundo bloco dos Beatles repetiu a jornada do primeiro, com mais silêncio e menos conforto. Soou o apito na estação de Lime Street. Apressados, Paul e Pete subiram no trem da meia-noite, encontraram todos os assentos da segunda classe ocupados e acabaram no compartimento do fiscal do trem. Após uma hora naquele local desconfortável, os dois invadiram a primeira classe e passaram o resto da viagem a Londres sobressaltados, esperando serem expulsos a qualquer momento. Vinte e oito horas depois, na calada da noite,

Os "Piedels" sob efeito de *prellies* (abril a junho de 1961)

o trem desacelerou na estação de Hamburgo. No desembarque, nenhuma vivalma para recebê-los. Encarquilhados, com frio, famintos e exaustos, foram até o Top Ten Club, onde não havia sinal de vida, e passaram várias horas, com seus equipamentos e bagagens, tiritando de frio no corredor de azulejos turquesa. Por fim, de tanto baterem à porta, Tony Sheridan veio abrir. Dormiram um pouco e, naquela noite – sábado, 1º de abril –, os cinco Beatles estavam reunidos para se plugarem e darem início à sua segunda temporada em Hamburgo.

Dessa vez, o trabalho foi bem mais árduo. Em 1960, trabalhando para Bruno Koschmider, subiam ao palco seis noites por semana, totalizando 30 horas. Por sua vez, com Peter Eckhorn, no Top Ten, os Beatles iam trabalhar as sete noites da semana, ou seja, um expediente semanal de 51 horas (das 19h às 2h em dias úteis e das 20h às 4h nos fins de semana), com intervalo de 15 minutos a cada hora, em um total de 38 horas efetivamente tocando. Era isso que eles tanto desejavam desde a virada do ano?

O ponto positivo era, sobretudo, tocar com Tony Sheridan. Assim não precisavam superar sozinhos essas verdadeiras maratonas de rock. Embora nunca tenha sido um Beatle, Sheridan parecia um – eram sua banda de apoio quando ele cantava e, muitas vezes, ele permanecia no palco quando os Beatles cantavam, perfazendo um total de seis músicos no palco do Top Ten. O rock londrino do 2i's Coffee Bar casou-se com o rock de Liverpool – um matrimônio fascinante, mas um pouco tumultuado e feito às pressas.

Mas se os Beatles acreditavam que ganhariam mais dinheiro, estavam redondamente enganados. Em 1960, cada um deles recebeu DM 30 de Koschmider por noite. Agora, Eckhorn pagou DM 35, mas, para a fúria dos Beatles, dois tributos foram retidos na fonte: o *Lohnsteuer* e o *Kirchensteuer* (imposto de renda e imposto da igreja). Este último consistia em um dízimo repassado pelo Estado diretamente às organizações religiosas. Os Beatles provavelmente disseram: "Que se dane", porque logo se livrariam daquilo. Na prática, porém, isso significava que, para começo de conversa, cada um deles só embolsava DM 215 por semana, em vez dos sonhados DM 245.

Eckhorn seguiu à risca o seu acordo original e não pagou aos Beatles os DM 40 por noite indicados no contrato de 2 de março, preparado por Allan Williams. Por sua vez, os Beatles confirmaram que não pagariam a comissão de Williams – o

644   **Ano 4, 1961: A Era do Rock**

"homem de barba cortada" agora se tornava o homem da comissão cortada. De volta a Liverpool, Bob Wooler percebeu que os Beatles já pensavam assim, mesmo antes da surpresinha tributária. Seja como for, porém, duas deduções semanais já eram algo além do esperado, e eles não iam tolerar uma terceira. Stuart, por ser o amigo mais próximo de Williams, foi incumbido de escrever *a melindrosa carta*.[2]

Tudo certo, afinal Stu levou de boa. Estava morando no luxo da casa bem equipada dos Bergmann-Kirchherr, em Altona – água quente, comidinha da sogra, o amor da namorada. Por sua vez, John, Paul, George, Pete, Tony e a namorada dele, Rosi Heitmann, de St. Pauli, estavam amontoados nas acomodações gratuitas no sótão do clube, em beliches e camas de campanha, numa pequena mansarda considerada por George "um quartinho sujo pra caramba".[3] Foi nesse lugar que, no início desse mesmo inverno prestes a terminar, Paul e Pete foram capturados pela *Polizei*. Na primeira estadia dos Beatles na cidade, Hamburgo ficou cada vez mais fria e sombria com o passar do tempo; agora, os dias se tornavam cada vez mais quentes e longos.

O padrão do Top Ten era outro, bem melhor que o do Kaiserkeller: menos valentões na pista de dança e menos violência. Além disso, a Reeperbahn – a rua principal do bairro St. Pauli – era um tanto mais respeitável do que a Grosse Freiheit. Ainda espocavam umas brigas, só que *menos frequentes* – e quando tudo estava calmo demais, os próprios garçons davam um jeito de armar confusão. Perto do palco, uma pequena área de mesas e cadeiras era reservada (de um modo velado) para VIPs e amigos da banda, em especial, Jürgen, Astrid e Klaus. "A gente ia assistir aos Beatles *todas as noites*, sem exceção", conta Jürgen. "Na real, tornou-se constrangedor, por isso uma noite fomos ao cinema, mas quando o filme acabou, pensamos 'Vamos nessa!', e lá fomos nós de novo. Era como estar apaixonado: você quer ver a pessoa todos os dias. Antes eu curtia jazz, mas deixei isso de lado – o rock'n'roll me conquistou integralmente. Tornou-se a expressão da minha própria rebeldia."

O clube tinha um salão de bom tamanho, mas não exagerado. Era um espaço confortável, com o palco montado junto à parede lateral e apenas levemente elevado do chão; à frente do palco, ficava a pista de dança, ou *Tanzfläche*. À direita dos músicos, ao longo da parede de trás, ficava o bar, e garçons de paletó branco se apressavam para lá e para cá com suas bandejas, num leva e traz de garrafas de cerveja e Coca-Cola com canudos. Os artistas ficavam bem pertinho do público, sem lugar para se esconder, exposição total.

Eckhorn mandou instalar nos microfones o sistema de eco Binson, e os Beatles ficaram empolgados com aquilo. Sempre desdenharam toda e qualquer oportunidade de comprar pedais de eco para as guitarras, mas esse recurso era diferente: proporcionava uma reverberação vocal como a daqueles celestiais discos americanos. À exceção dos lavabos do projeto habitacional e da varanda envidraçada em Mendips, esse foi o primeiro lugar onde os Beatles ouviram suas vozes com reverberação, e isso causou uma alegria profunda e duradoura. Eles se refestelaram com a novidade e interpretaram desde "Baby Let's Play House", de Elvis, até "Be-Bop-A-Lula", de Gene Vincent. Desse dia em diante, John Lennon se tornou um adepto convicto do eco vocal, só querendo ouvir sua voz revestida assim, a ponto de se sentir desconfortável se fosse diferente.

Por essas e outras, o Top Ten ficaria marcado na lembrança dos Beatles como o melhor clube de Hamburgo em que eles tocaram. Como George refletiu em 1969: "O Top Ten é provavelmente o melhor. Era fantástico! Eco nos microfones – era mesmo bacana".[4] Tony Sheridan tocava sua guitarra Martin eletroacústica; George tocava a guitarra solo; John, a guitarra rítmica; Stu, o baixo; Pete, a bateria; Paul, o piano. Ele se deu ao trabalho de trazer sua detonada Rosetti a Hamburgo, mas, uma ou duas semanas depois, precisou aposentá-la. Em vez disso, Paul sentava-se – lateralmente para uma parte do público e de costas para a maioria (com certa ironia, exatamente a postura que instruiu Stu a adotar um ano antes) – e teclava as melodias no pianinho vertical do Top Ten, o qual estava longe de ser um primor. "Velhinho e ruim, aquele piano", recordaria ele. "Extrair som dele já era uma conquista." Pete conta que essa relutância de Paul em comprar uma guitarra nova tinha uma desvantagem: "ele se tornava alvo de gozações bem-humoradas sobre ser um pouquinho pão-duro", mas, em contrapartida, houve uma vantagem: o grande avanço em suas habilidades nos teclados.[5] Tocar até 38 horas por semana acrescentou muito aos seus dons e talentos naturais e só confirmou o que já se sabia: Paul era o melhor pianista dos Beatles. Autodidata, John atingiu um nível prazerosamente básico; George sabia catar uma tecla aqui, outra ali; mas Paul agora era exatamente como o pai dele: inapto a ler partituras, mas um instrumentista ótimo, confiante e criativo.

646 Ano 4, 1961: **A Era do Rock**

Eis que, à uma, ou às duas, três da manhã, os gângsteres de St. Pauli entravam no Top Ten: arrogantes, barulhentos, metidos, bêbados, prontos para brigar, com piranhas a tiracolo. Sentavam-se perto do palco, as vozes alteradas, e pagavam drinques à banda, com uma condição imperativa: a de que ficassem bêbados. E eles ficavam. Em seguida, invariavelmente, um gângster se erguia e cantava. Meliantes que deveriam ser evitados a qualquer custo, mas ali estavam eles, interagindo um tempinho *com os Beatles*. "Eu ficava na minha e tentava não me envolver", revela Tony Sheridan, "mas Paul sempre tentava agradá-los, uma postura melíflua, cooperativa ao extremo, de olhar cândido, ao estilo 'Se eu for legal com esse cara, ele não vai me encher de porrada'. *Está a fim de cantar?! O que deseja cantar?! Vá em frente!* Eu não curtia esse tipo de coisa, e isso não fazia o meu respeito por Paul aumentar."[6]

Não há fotografias dos Beatles tiradas no Kaiserkeller. No Indra, eles só posaram para uma sessão de fotos publicitárias, logo na primeira noite. No Top Ten, porém, isso foi diferente: existem diversas séries de fotos com os Beatles em ação nesse trimestre de 1961. Um desses ensaios fotográficos, do fotojornalista Gerd Mingram, registrou os Beatles em pleno momento *mach Schau*: Paul em pé, ao microfone, rindo e cantando para John, que, com uma perna dobrada, abre um sorriso com sua guitarra Rickenbacker – dois jovens de Liverpool fortemente conectados pelo ritmo pulsante da música beat, a quase mil quilômetros de casa, observados por Stu e George, este com um olhar de divertimento.

A câmera de Mingram também registrou uma dessas ocasiões em que um gângster cantou com os Beatles. Tony Sheridan teve a sensatez de se manter afastado (não aparece nessas fotos), mas foi rigoroso demais em suas críticas a Paul por adular os caras. Afinal de contas, quem aparece na foto é Walter Sprenger, lembrado por Sheridan como "um açougueiro de soco potente, com braços que pareciam coxas". Naquele mesmo verão no Hemisfério Norte, as fotos de sua ficha policial foram publicadas no *Bild-Zeitung*, com a manchete "BERÜCHTIGTE ST PAULI-SCHLÄGER BEDROHTEN GÄSTE" (BANDIDOS INFAMES AMEAÇAM FREGUESES EM ST. PAULI). Na época, ele já somava 15 condenações por lesão corporal grave, embora ainda estivesse em liberdade.[7] Outro que aparece nas fotos é Wilfrid Schulz, indiscutivelmente o rei do submundo de Hamburgo, um brutamontes que a imprensa apelidou de "Der Pate von St Pauli" – o Poderoso Chefão de St. Pauli. Assassino comprovado – embora

Os "Piedels" sob efeito de *prellies* (abril a junho de 1961)   647

a polícia nunca tenha sido capaz de conseguir uma condenação. "Schulz era um animal", conta Sheridan, "um criminoso ultraviolento conhecido por sua bestialidade. Eu o vi em ação, e ele gostava de machucar as pessoas."

No Top Ten, a proteção dos Beatles tinha nome: Horst "Hoddel" Fascher, um baixote entroncado. Na primeira visita a Hamburgo, os Beatles já tinham sido apresentados a ele, e agora Horst já fazia parte de seu círculo de amizades. Uwe e Manfred (Fredi), os dois irmãos mais novos de Horst, também marcavam presença na área. Uma trupe de mocinhos atarracados, pugilistas, bons de briga e vivazes, lembrados por certos frequentadores do Top Ten mais por armar confusão do que por colocar panos quentes. "Acabamos conhecendo esse pessoal muito bem", recorda Paul, "e eles nos amavam como irmãos". E amavam de verdade... só que, dessa vez, George se manteve afastado. Por mais amigável que Fascher fosse – e ele parecia adorar o fato de ser amigo dos músicos –, *a reputação dele o precedia*. "Horst Fascher era um desordeiro", lembra George. "Cumpriu pena por homicídio e era famoso por isso. Uma vez, eu vi o irmão dele espancando um cara. Deu um chute na cabeça dele com tanta força que o estalo do crânio rachando foi ouvido a uns cem metros. Fiquei bem fora disso, *bem longe* disso."[8]

Os Beatles, muito jovens para conviver com esses adultos brutalhões – Stu e John tinham 20 anos (a mesma idade de Tony Sheridan), Pete, 19, Paul e George, 18 –, tiveram de buscar companhias mais agradáveis fora dos palcos. Faziam visitas frequentes à casa de Astrid, para tomar banho e lavar suas roupas, e desfrutarem, com polidez e animação, como os Beatles sempre sabiam fazer, de uma boa refeição preparada por Frau Kirchherr, com direito a guardanapos brancos na mesa e tudo. Todo mundo comparecia, à exceção de Pete – quando não estavam tocando, ele mantinha um distanciamento quase total da banda.

Fora do palco, uma das amizades de Paul era com a *Toilettenfrau* do Top Ten, a senhora que limpava os banheiros e os mantinha em ordem. Rosa Hoffman, 60 anos, baixinha de óculos, era chamada em sua "família estendida", ou seja, os frequentadores do clube de St. Pauli, por ao menos quatro nomes afetuosos: Mutti, Mama, Tante Rosa e Röschen.* Para muitos, ela era uma figura maternal e,

---

* Mutti e Mama significam Mamãe. Tante Rosa é Tia Rosa e Röschen é um diminutivo carinhoso de Rosa.

mesmo sem saber inglês (Paul falava com ela em um alemão de colegial), era uma ouvinte bem-disposta, feliz por distribuir atenção, consolo e toalhas de papel. Ela trabalhava no térreo do Top Ten – um andar abaixo da música barulhenta, dança e violência –, no banheiro masculino, sentada atrás de uma mesinha com uma tigela em que os clientes depositavam alguns *pfennigs*. Paul sempre foi gentil e solícito com ela, e Rosa nutria um carinho especial por ele, ficava de olho para garantir que Paul estivesse bem cuidado.[9] E Rosa não só administrava os banheiros, como também se encarregava da logística de suprimentos do bairro St. Pauli. Uwe Fascher ficava maravilhado com a capacidade que ela mostrava para fornecer tudo o que desse na telha de alguém pedir: conseguia livros pornográficos específicos que ele encomendava e, de quebra, vendia as drogas que os Beatles consumiam.

Tony Sheridan tinha acabado de ser apresentado ao Preludin e logo ofereceu esse comprimido aos Beatles.[10] As noites do Top Ten eram muito longas, especialmente as sessões de oito horas aos fins de semana, e o Preludin era a maneira mais segura de aguentar o tranco. Em sua primeira viagem a Hamburgo, os Beatles foram estimulados apenas pelo álcool e pelo ímpeto, mas agora a maior parte das pessoas nos clubes tomava comprimidos: garçons, proprietários, gângsteres do submundo e músicos. "Nunca vi haxixe, erva, cocaína nem heroína em St. Pauli", afirma Sheridan, "apenas pílulas, que você comprava dos garçons ou da *Toilettenfrau*".

Inibidor de apetite, o Preludin foi introduzido em 1954 na sociedade da Alemanha Ocidental como medicamento anorexígeno. Nessa época, as pressões publicitárias estavam tornando as mulheres mais conscientes de sua imagem. Os usuários mantinham certo apetite, mas saciavam a fome mais rápido, e essa menor ingestão resultava em perda de peso. O principal ingrediente ativo do Preludin, a fenmetrazina, não era uma anfetamina, mas um estimulante que dava ao usuário um barato de euforia. Logo começou a ser vendido internacionalmente e utilizado para fins recreativos. Na Alemanha, o produto bombou no mercado negro, pois os boticários só vendiam mediante prescrição médica, em tubinhos metálicos com 20 drágeas. Nos banheiros do Top Ten Club, Tante Rosa ostentava um grande pote de vidro repleto deles, que ela vendia livremente por 50 *pfennigs* cada. Pareciam balinhas brancas, mas estavam longe de ser drops de menta.

Dez meses antes, os Beatles tinham experimentado anfetaminas pela primeira vez, tirando os cartõezinhos de benzedrina do interior de inaladores nasais para

Os "Piedels" sob efeito de *prellies* (abril a junho de 1961)

mascá-los. John, George e provavelmente Stu adotaram essa prática com entusiasmo e fizeram o mesmo com o Preludin em Hamburgo. George falou claramente de como eles ficavam "espumando pela boca e sapateando no palco".[11] John, como sempre, mergulhou fundo, abraçando de corpo e alma essa nova experiência, sem pensar no amanhã. Os Beatles as chamavam de "pílulas de pique" – na época, o termo britânico utilizado era *pep pills* – ou, simplesmente, *prellies*. Tony Sheridan recorda o ritual do Top Ten: você tomava um ou dois de cada vez, engolindo *auf ex*, ou seja, de um trago só. Duas pílulas por noite eram mais do que suficientes para a maioria, mas John costumava tomar quatro ou cinco. Isso, combinado com as bebidas alcoólicas consumidas hora após hora, o deixava *elétrico*, falando pelos cotovelos: um turbilhão de talento, tormento e hilaridade.

Ruth Lallemannd, garçonete que trabalhava no bairro St. Pauli e já conhecia os Beatles desde 1960, relembra uma dessas ocasiões: "Trituraram dez *prellies*, colocaram o pó numa garrafa de refrigerante e a dividiram entre eles. Estavam sempre com a corda toda".[12] Mas nem todos eles surfaram nessa onda. Tudo indica que Stu embarcou nessa, porque Astrid se lembra desse detalhe – ela também tomava Preludin e tinha fácil acesso a um estoque particular, porque a mãe dela (que também tomava a droga) comprava as pílulas secretamente de um farmacêutico amigo dela. No entanto, Pete nunca consumiu Preludin, nem qualquer outra droga, nem mesmo uma única vez. Ele tinha opiniões contundentes sobre as drogas, talvez associadas às suas proezas esportivas: exibia um ótimo preparo físico e cuidava do corpo, embora fosse capaz de ingerir álcool em quantidades prodigiosas, especialmente em Hamburgo.

A introdução do Preludin no mundo dos Beatles causou um problema a Paul. No apartamento do Gambier Terrace, convidado por Royston Ellis, Paul havia relutado em mascar o cartão do inalador nasal Vicks. Sabia que não deveria fazer aquilo, e as advertências parentais, de que *todo cuidado é pouco*, ecoaram em seus ouvidos. Em Hamburgo foi parecido, só que com muito mais intensidade – e de novo ele tentou resistir. "Quando surgiu o Preludin, acho que fui o último a experimentar", recorda ele. "Eu dizia: 'Obrigado, só vou tomar cerveja.'"[13]

Na verdade, Paul não foi o último... ele só excluiu Pete de seu raciocínio. O quinteto dos Beatles tinha um núcleo de quatro e, mais ao cerne, um trio antenado que exercia uma pressão de grupo bem particular. John e George queriam que

Paul sentisse o que estavam experimentando, compartilhasse as vivências novas, que eles embarcassem todos juntos nisso. Com Pete, a coerção para tomar os comprimidos era suave e indiferente; com Paul era intensa e persistente; John o alfinetou e o chamou de "maricas". "Era essa a atitude prevalecente", conta Paul.[14] Resistiu, mas não por muito tempo. Apesar disso, a opinião dos outros sobre ele se manteve: era alvo de gozações por ingerir poucos comprimidos. "Quando muito, eu tomava um por noite", explica Paul, "enquanto John precisava de quatro ou cinco. Não era do meu feitio ser excessivo assim".[15]

A bula do Preludin vaticinava: para evitar distúrbios do sono, consuma o medicamento no mínimo seis horas antes de se deitar. Paul dormia bem ingerindo só uma pílula, mas John e George, não. Nas palavras de George: "Deitado na cama, o Preludin brotando pelos meus poros, eu ficava me perguntando: 'Por que é que não consigo dormir?'".[16] John simplesmente tomava mais: "Você conseguia trabalhar por um tempo quase indefinido, e quando o efeito da pílula estava passando, era só tomar outra... Daí você dormia umas duas horinhas, acordava para tomar mais um comprimido e subia ao palco, e isso continuava sem parar. É isso o que acontece quando você não tira nem um dia de folga: começa a pirar de cansaço".[17]

Os Beatles também bebiam como esponjas. "Dependendo do dia, havia mais garrafas e copos do que equipamentos no palco", revela Pete. Bebiam tudo o que era fornecido, em geral por encomenda. Cerveja à vontade era algo necessário, porque o Preludin os deixava sedentos – mas, quando podiam, três deles escolhiam uma bebida diferente. Na realidade, George não apreciava muito cerveja alemã, gelada e efervescente, preferindo a cerveja inglesa, mais encorpada, indisponível ali. Por isso ele adotou o uísque com Coca-Cola (um dos drinques preferidos de Ringo) e logo foi imitado por John e Paul.

Por fim, depois de tudo isso – após um tempão tocando e fazendo shows (*Schauing*), tanto comprimido e tanta bebida –, George, Paul, John, Pete, além de Tony e sua namorada Rosi, e talvez uma ou outra dama extraviada, cambaleavam exaustiva e ruidosamente, subindo três compridos lances de escada de madeira rumo ao quartinho deles no sótão – duas penosas séries de 23 degraus e enfim a última, exasperante, de mais 21 –, e, entre um degrau e outro, iam despertando bruscamente os idosos membros da família Eckhorn. As moças subiam nos beliches com os rapazes, mas, segundo Rosi: "O sexo era feito sem falar. Tony

Os "Piedels" sob efeito de *prellies* (abril a junho de 1961)

sempre queria transar após terminar o show, e procurávamos ficar a sós lá em cima, tentando dar um jeito de manter a privacidade".[18] George não teve a mesma sorte: várias pessoas testemunharam o momento que esse rapazola de Liverpool, aos 18 anos, perdeu a virgindade em pleno sótão do prédio da rua Reeperbahn, número 136. "Minha primeira vez foi em Hamburgo", recordou ele, "com Paul, John e Pete Best assistindo. Estávamos em beliches. Na real, o pessoal não enxergou nada, porque eu estava embaixo das cobertas, mas depois que eu terminei, todo mundo aplaudiu e comemorou. Ao menos ficaram em silêncio enquanto eu estava fazendo."[19]

Rosi conta como era ver os Beatles acordar, na primeira hora da tarde: "John Lennon pigarreava escandalosamente e escarrava na parede, e depois ainda alinhava o catarro, para mostrar o que eles achavam do buraco sujo onde eram obrigados a dormir".

Rosi não se lembra de ter visto uma garota na cama de Pete. Como sempre, ele conduzia sua vida privada no privado. Preferia visitar as mulheres onde elas moravam. Passava a maior parte de seu tempo fora do palco com uma stripper cujo marido estava na prisão.[20] Mais uma vez, ali em Hamburgo, a vida de John, Paul e George se desconectava da rotina de Pete. Na primeira viagem, algo semelhante já havia ocorrido, mas essa distância aumentou e lembrou o período recente em Liverpool. Agora, a situação estava estabelecida assim: Pete só ficava com eles no palco, e em todos os outros momentos, a banda funcionava sem ele. É o que Rosi confirma:

> Pete sempre saía sozinho. Eu o avistava em pé, numa esquina qualquer, cabelo encaracolado, colarinho erguido, visual à James Dean.
>
> Por sua vez, John, Paul e George eram como os Três Mosqueteiros. Eram íntimos e, apesar das diferenças de personalidade, um vínculo os unia. O trio queria aprender o máximo que pudesse: "Conhece tal lugar? Já ouviu falar disso ou daquilo?". E Pete... bem, Pete sempre ia fazer outra coisa. Não se encaixava com os outros *de jeito nenhum*. Isso era evidente para nós.

Tanto John quanto Paul ficavam com raiva de Pete quando ele caía no sono na bateria. Com a namorada stripper, Pete seguia horários diferentes, e esses três fatores – poucas horas de sono, jornada de sete a oito horas de rock'n'roll todas as noites e sua recusa categórica em tomar um *prelly* para dar uma turbinada – refletiam em sérias dificuldades para manter o ritmo. Paul admite que pegava no pé do baterista. "Eu me lembro que durante as viradas no tom-tom, eu olhava para trás e gritava 'PETE!', e a gente ficava discutindo se ele tinha dormido por uma fração de segundo ou não... A coisa começou a ficar um pouco complicada."[21]

Dadas as circunstâncias, esses lapsos eram compreensíveis e até poderiam ter sido ignorados. No entanto, isso só realçava o fato de que Pete, na visão deles, continuava a ser um baterista de técnica precária. Anos depois, John, Paul e George tocaram nesse assunto, sem se aprofundarem muito, conscientes de situações pessoais complexas, mas Tony Sheridan – o tempo inteiro no palco do Top Ten com eles – não se autocensurou.

> Pete era um baterista ruim, pode crer no que estou dizendo. Não tinha muita competência e era meio descoordenado com os pés e as mãos. Ele não dava a mínima... Exsudava uma sensação de "Não sou uma pessoa interessante, então deixa pra lá". No palco, isso não é um bom atributo: se você quer tocar bateria, tem que dar o seu melhor. Ele precisava de uma injeção de ânimo, eu sempre tinha que gritar com ele. Não entendo por que ele era o baterista dos Beatles – eles simplesmente não se entrosavam. Pete não falava muito, não tinha interesse por arte, nem nada. Eram tipos completamente diferentes.

A temporada de Stu no Top Ten foi diferente em comparação à dos outros. Agora, Hamburgo era o seu lar; ele havia começado a falar um pouquinho de alemão e a se enturmar no círculo de amigos de Astrid. Os dois planejavam casar-se em junho, talvez na embaixada britânica. Além disso, após o insucesso de sua entrevista em Liverpool, ele cogitava cursar Belas-Artes em Hamburgo. Para todos, ficou óbvio que a participação dele nos Beatles estava chegando ao fim. Dia após dia, ele se envolvia menos nas piadas e nos perrengues; só vinha tocar e depois voltava para casa. Além de seus problemas costumeiros na banda – o ciúme de Paul, as reclamações por seu desleixo musical –, Stu tinha outra e mais importante preocupação: sofria de apendicite crônica e uma persistente enxaqueca. Os outros não se compadeciam dele. Como Pete recorda: "Ele se queixava de dores de cabe-

Os "Piedels" sob efeito de *prellies* (abril a junho de 1961)

ça, e dizíamos: 'Azar o seu'. A nossa atitude era essa". Toda noite, os holofotes ainda brilhavam sobre Stu, quando ele cantava "Love Me Tender" – seu momento ao sol. Passava o baixo para Paul, acendia um cigarro e, atrás do microfone, olhava nos olhos de Astrid e cantava para sua namorada. Essas performances eram interrompidas, inevitavelmente, por um burburinho dos colegas de banda, e uma vez Stu não aguentou aquilo. Desviando seu olhar da noiva, o pacato Stu se virou e gritou: "*Calem a boca, pelamor de Deus!*".[22]

Stuart gostava tanto das roupas em couro preto de Astrid – calças justas e jaqueta – que a namorada mandou fazer um traje idêntico para ele, sob medida, na Hamburger Ledermoden, loja cara e moderna do centro da cidade, especializada em couro, ao custo de DM 1.500 (cerca de £ 128). Quando os outros Beatles bateram os olhos naquilo, na mesma hora quiseram trajes iguais, para usarem no palco e fora dele. O preço estava além de seu poder aquisitivo, mas souberam de um alfaiate (em alemão, *Schneider*) de St. Pauli que fazia calças de couro por DM 250 (£ 21). Tudo isso aconteceu logo na primeira quinzena após o retorno deles: encomendaram calças de couro pretas e camisas de veludo da mesma cor.

O visual em couro dos Beatles teve início na primeira visita da banda a Hamburgo e foi concluído na segunda. Da cabeça aos pés, eles usavam chapéus *twat* cor-de-rosa (ocasionalmente) sobre topetes com brilhantina, jaquetas de couro pretas sobre camisas de veludo pretas ou camisetas pretas de gola redonda, e calças de couro pretas que desciam até as botas *winkle-pickers*, de cano curto e bico fino, ou eram enfiadas, na altura das panturrilhas, em botas texanas com detalhes em ouro e prata. Uma visão e tanto: garotos selvagens em trajes de couro, turbinados com *prellies* e detonando ao lado de Sheridan madrugada adentro no Top Ten. John, Paul e George – parceiros, amigos e camaradas, na expressão que eles próprios usavam – subiram ao terraço e fizeram uma sessão de fotos com *o novo look*. Nove meses antes, nadavam contra a corrente, tocavam no Williams' and Woodbine's, clube de strip de Liverpool: tinham feito um grande progresso em pouco tempo.

Em Hamburgo, os Beatles nunca perdiam a oportunidade de distribuir seus cartões de visita. Na primeira temporada, não dispunham de qualquer símbolo de *status* e agora apreciavam como essa prática lhes conferia um brilho de profissionalismo. O cartão dizia que os Beatles eram "agenciados com exclusividade" por A. Williams – o empresário deles. Só que não. Williams era uma carta fora do baralho e sabia disso. Tinha recebido a carta de Stuart, informando que eles não pagariam sua comissão semanal, e ficou enfurecido. Em 20 de abril, enviou a resposta por correio aéreo expresso:

> Já que vocês estão com memória curta e se achando muito importantes, é minha obrigação lembrá-los: se eu não tivesse feito os contatos, vocês não teriam sentido sequer o cheiro de Hamburgo. Reza a lei que ninguém pode romper um contrato válido para fazer outro.
>
> Se vocês decidirem não pagar minha comissão, prometo que em duas semanas estarão fora da Alemanha, por várias medidas legais, e nem se atrevam a pensar que estou blefando.
>
> Igualmente, enviarei um relatório completo sobre esse comportamento de vocês à Associação dos Agentes, da qual sou membro pleno, e todos os agentes na Inglaterra são membros, para proteger os agentes de artistas que se comportam mal e descumprem os acordos.
>
> Portanto, se quiserem tocar em Liverpool para toda a juventude local, não pensem duas vezes: honrem o nosso contrato. Não subestimem a minha capacidade de levar a cabo o que escrevi.
>
> Não quero atrito com vocês, mas não tolero ninguém capaz de desonrar sua palavra ou compromisso, e eu podia jurar que todos vocês eram rapazes decentes, por isso fiz questão de incentivá-los quando ninguém queria ouvi-los.

Williams tinha ao seu lado os direitos reais – e morais. O segundo contrato havia sido feito vinculado ao primeiro, o que por lei dava a ele o direito a um compromisso continuado. Além disso, o retorno dos Beatles a Hamburgo não teria acontecido sem os esforços de Williams. Todos os documentos principais que vieram à tona – desde os recursos pós-deportação de Paul e Pete, até o contrato com o Top Ten, que ajudou a convencer as autoridades a permitir que eles voltassem – foram datilografados na mesmíssima máquina de escrever que essa carta, pela secretária (e cunhada) dele, Val Chang. A última carta que ele enviou ao cônsul alemão em nome dos Beatles terminava com as palavras: "Eles estão sob um contrato estanque e imutável". Ele não contava com a capacidade dos Beatles de provocar um vazamento.

Williams estava bem posicionado para cumprir ao menos uma de suas ameaças. Se denunciasse os Beatles à Associação dos Agentes, eles seriam impedidos de trabalhar nesse nível de negócios em toda a Grã-Bretanha. Os Beatles achavam que ele não era membro e consideravam que os *promoters* de Liverpool atuavam fora da associação... mas não tinham certeza de uma coisa nem de outra. Ao ignorar a carta – quatro deles fizeram isso[*] –, foram intransigentes a ponto de arriscar seu próprio futuro. Poderiam ter evitado esse risco se cada um deles abrisse mão de £ 2 por semana. Estar em litígio com Williams também significaria ser barrado de sua boate Blue Angel e, o mais importante, do bar Jacaranda, seu centro de convivência desde os tempos escolares.

Na cabeça deles, não tinha importância o que Williams era capaz de fazer com eles no futuro, muito menos se mostravam "gratos" pelo bem que ele já tinha feito à carreira da banda no passado. Estavam *aqui, agora*, e azar dele. E ainda por cima se divertiam às custas de Williams, imitando a sua voz (fazendo-a parecer mais aguda do que era) e rindo de sua desconcertante incapacidade de acertar os nomes deles, chamando Paul de *John*, John de *George* e George de *Paul*. Mas aquela se tornou uma risada oca, e a situação de Williams não melhorou ao grafar no envelope da carta expressa o destinatário "The Beetles". Não é difícil imaginá-los comentando: "Até *agora* não aprendeu direito o nosso maldito nome!".

Não está claro em que ponto do compromisso dos Beatles com o Top Ten se definiu que eles ficariam mais tempo, mas pode ter sido nesse momento, como um meio de deixarem alinhavado um acordo que Allan Williams talvez tentasse desfazer. A ideia inicial era permanecer em Hamburgo um mês, no máximo dois, e súbito a temporada foi ampliada para três meses. Ficariam na Alemanha até o comecinho de julho.[23]

Em 1960, Astrid Kirchherr tirou fotos soberbas dos Beatles em Hamburgo. Entretanto, em 1961, não tirou nenhuma, focando seu trabalho exclusivamente em ajudar Reinhart Wolf. O outro assistente dele, Jürgen Vollmer, compensou isso.

---

* O único a responder foi Stuart, enviando a Williams um pouco de dinheiro. Não se sabe quanto ele enviou, mas, segundo Paul, "ele mandou uma grana porque já devia uma quantia a Williams por outras coisas".

No início da segunda visita, convidou George para sair com ele por algumas horas para uma sessão solo, e George concordou, vestindo a jaqueta de couro e caprichando no topete à brilhantina. Os outros mostraram seu veneno com acenos e piscadelas. Sabiam que Jürgen tinha uma queda por George; às vezes ele usava um *button* "I LIKE IKE" com os dizeres modificados para "I LIKE GEORGE".* "Era algo químico", conta Jürgen. "Eu gostava mais de George. Era muito calado e tímido, como eu, e também um sonhador."

Foi um dia experimental, porque Jürgen nunca tinha feito uma sessão de fotos antes. Usou a câmera Rolleicord, que pediu emprestada de Wolf – provavelmente a mesma que Astrid utilizou na primeira sessão de fotos dela. Os resultados foram igualmente incríveis. Ele disparou um filme de 12 fotos em preto e branco na balsa de Alster, e mais oito no píer, em Winterhuder Fährhaus, e o caráter e a juventude de George cintilam no frescor da primavera.[24]

George era muito apreciado por seus amigos de Hamburgo. Klaus se lembra de que eles gostavam de seus longos dentes caninos, suas *Segelohren* (orelhas de abano) e o trejeito aparentemente involuntário que fazia sua perna balançar quando ele tocava guitarra. Jürgen abre um sorriso ao se lembrar: "Stuart me disse que naquele dia, quando George voltou, após passar o dia comigo, ele se limitou a dizer: 'Jürgen é fabuloso'. Falou só isso, nada mais".

A inveja de seus companheiros de banda por perderem a oportunidade se dissipou logo, pois Jürgen sugeriu uma sessão de fotos com toda a banda no Top Ten. Quase não teve chance de treinar suas lentes em Pete, que ele considerava o mais bonito dos cinco: o baterista saiu mais cedo, e a maior parte da sessão vespertina aconteceu sem ele. A sessão resultou em algumas fotos excelentes de John, George e Paul agrupados em torno dos microfones do Top Ten, tocando a Rickenbacker, a Futurama e a *kaput* Rosetti. Jürgen também tirou uma ótima foto de John e Stu juntos – a única imagem de alta qualidade desses grandes amigos –, bem como John em ação sozinho e várias outras fotos solo de George. Em cinco filmes de 12 exposições, Jürgen Vollmer produziu a primeira série de fotografias de alta qualidade dos Beatles em ação, imagens impressionantes que revelaram

---

* I LIKE IKE, o famoso slogan cunhado para a bem-sucedida campanha republicana para eleger Dwight D. Eisenhower à presidência dos Estados Unidos em 1952.

Os "Piedels" sob efeito de *prellies* (abril a junho de 1961)

muito sobre eles, bem como a respeito da intensa paixão por roqueiros que os Beatles insuflaram em Vollmer.

Depois de esgotar as possibilidades no Top Ten, Jürgen conduziu os quatro Beatles até a vizinha Wohlwillstrasse. Ali, entre uma loja e outra, oculta atrás de um portão despercebido, ficava a Jäger-Passage, um pátio interno com altas portas em arco, paredes de tijolos à vista salpicados com buracos e suaves grafites em giz. Ambiente atmosférico e perfeito para um fotógrafo tímido – através das lentes parecia uma rua movimentada, mas era um lugar onde você podia ficar a tarde inteira sem que ninguém passasse por ali.

Jürgen tinha um objetivo em mente para a sessão e os Beatles seriam suas cobaias. "Eu queria fazer experiências com longa exposição. Coloquei John na porta porque ele parecia o mais *roqueiro* de todos – para mim, ele era tipo Marlon Brando no filme *O selvagem* (*The wild one*) – e pedi a ele que ficasse imóvel, em pé, então fiz os outros três passarem por John. Firmei a câmera num tripé e regulei para exposição longa. Eu queria os corpos deles fora de foco, mas os sapatos, *nítidos*, para que você pudesse escutar suas passadas fortes."

Eis, então, o definitivo Lennon aos 20 anos, em sua jaqueta de couro, escorado nos tijolos de um desvão de Hamburgo. Sua antiga turma de Woolton e a galera do Quarry Bank estão lá na Inglaterra – estudando muito e esperando aprovação, iniciando carreiras ou casamentos, se estabelecendo –, mas ele está por aí, arrumando confusão, bebendo e ingerindo pílulas, irritando as pessoas, cantando em troca de comida, caindo na gandaia com os amigos, um Lennon igualzinho ao pai que ele não encontrava havia 15 anos, e ao *avô* – o primeiro John Lennon – e claro, à Julia também. Todos estavam ali.

Nesse dia, Jürgen teve a comprovação de que possuía talento para a fotografia. Dias depois, ele fez uma excelente sessão com Astrid e Stuart, posicionando o elegante casal na porta ornamental de uma residência em Hamburgo. Mais tarde, por volta de agosto, começou a realizar seu sonho de rebelde: deixou a Alemanha e foi morar em Paris.[25]

Hamburgo não era a capital, nem a maior cidade, da Alemanha Ocidental, mas era o centro da indústria fonográfica germânica. Antes da Segunda Guerra, as gravadoras estavam sediadas em Berlim, mas em 1951 a Deutsche Grammophon abriu um escritório em Hamburgo – principalmente para moldar seu selo Polydor, especializado em música leve/popular – e outras empresas seguiram o exemplo.[26] Para os Beatles, foi um eterno golpe de sorte o fato de Allan Williams exportar grupos de Liverpool justamente para essa mesma cidade. Os descobridores de talentos das gravadoras não pisavam no Indra, muito menos no Kaiserkeller, mas visitavam o Top Ten Club – assim como o pessoal de A&R de Londres monitorava as bandas do 2i's Coffee Bar. Tony Sheridan, em um acontecimento inédito, assinou contrato com os dois estabelecimentos.

A escassez de informações torna impossível estabelecer uma cronologia adequada de quem foi ao Top Ten e quando, mas é bem provável que o primeiro produtor musical a se interessar pelos Beatles tenha sido Jimmy Bowien, que, aos 28 anos, tentava deixar sua marca naquele que era apenas o seu segundo ano na gravadora Polydor. No finzinho de abril, foi assistir a um show e gostou do que viu. "Curti o estilo inovador dos Beatles e a maneira visceral como eles se apresentavam", conta ele. "Eu me convenci de que estava diante de uma banda excelente e quis realmente fazer algo com eles." Bowien trocou uma palavrinha com George e foi embora. Dias depois, voltou com um colega, mas George avisou Jimmy que alguém tinha puxado o tapete dele. "George veio em minha direção e me disse: 'Tarde demais... Outro sujeito quer nos contratar, Bert Kaempfert.'"[27]

Aos 37 anos, Berthold "Bert" Kaempfert, nascido em Hamburgo, era um nome importante em seu país natal, tanto como produtor na Polydor quanto como líder de uma famosa orquestra de música ambiente. Nos EUA, também alcançou um feito notável, ao desbancar nada menos que "Are You Lonesome Tonight", de Elvis Presley, e alcançar o número 1 no Hot 100 da *Billboard*, graças à levada de trompete de uma faixa instrumental, "Wonderland By Night (Wunderland Bei Nacht)". Paralelamente, chegou ao primeiro lugar na parada de álbuns, com o LP *Wonderland By Night*. Era verdade o que a Capitol vivia dizendo à EMI na Inglaterra: americanos raramente procuram algo estrangeiro. Por isso uma situação dessas era incomum. A revista especializada *Billboard* vaticinou que o sucesso de Kaempfert pressagiava uma "invasão de canções teutônicas".[28]

Bert foi ao Top Ten com base em duas recomendações pessoais. A primeira veio de um de seus associados mais próximos, Alfred Schacht, advogado que atuava como gerente-geral da Aberbach, uma editora musical. Tendo ouvido falar

Os "Piedels" sob efeito de *prellies* (abril a junho de 1961)

que Sheridan estava compondo canções, Schacht foi ouvi-las, então disse a seu amigão Kaempfert ("Fips" para os mais íntimos) que valia a pena assistir ao show de Sheridan e também ao de sua banda de apoio.

Outro visitante do Top Ten era Tommy Kent, jovem alemão cujo pseudônimo de sonoridade ianque disfarçava a identidade de Guntram Kühbeck, famoso na Alemanha como cantor de *Schlager* (pop meloso) pelo selo Polydor. Com 18 anos recém-completos, Kent já frequentava os clubes de St. Pauli além das 22 horas, e uma noite ele assistiu ao show dos Beatles. "Desde o primeiro segundo, pensei: 'Como são divertidos'. Logo tive a certeza de que eles eram ótimos."[29]

Consta que Kaempfert fez várias visitas ao Top Ten com propostas para contratar Sheridan e os Beatles, não diretamente com a Polydor, mas com sua própria empresa independente, a Bert Kaempfert Produktion, que por sua vez tinha um acordo de licenciamento exclusivo com o selo pop da Deutsche Grammophon. Mas, por enquanto, ainda não havia um contrato, nem datas definidas para quaisquer sessões. Só restava a Sheridan e aos Beatles esperar para saber quando seriam chamados e provavelmente quais canções Kaempfert lhes pediria para gravar.

Pode parecer estranho, mas Brian Epstein estava em Hamburgo mais ou menos nessa época, como convidado da Deutsche Grammophon. No dia 24 de abril, ele viajou de Londres à Alemanha, com uma delegação britânica de 30 distribuidores de discos e passou três dias degustando vinho, participando de jantares e conhecendo todos os aspectos da indústria fonográfica em Hanover e Hamburgo. Tudo porque a Nems era um dos maiores clientes britânicos da empresa alemã. O grupo incluía também o editor da *Record Retailer*, revista especializada britânica, fato que garantiu a publicação de um relato completo e, de quebra, duas fotos de Brian, sendo uma passeando nas docas de Hamburgo, a bordo de um catamarã. "Para fechar a noite, o grupo visitou uma típica cervejaria alemã", acrescentou o comentário.[30]

À noite, Brian vislumbrou a oportunidade de explorar a liberdade do bairro St. Pauli, com a sua confiante familiaridade em ambientes estrangeiros e exóticos. Ao contrário da maioria dos representantes, não deu as caras para o compromisso noturno e saiu em busca de inferninhos. A maior parte dos membros da delegação era de gente mais madura; por isso Epstein reuniu o grupinho dos mais jovens e saíram para uma noitada. Entre eles estava Graham Pauncefort, de 20 anos,

Ano 4, 1961: A Era do Rock

subgerente de vendas da Deutsche Grammophon (Grã-Bretanha), que conhecia e respeitava Brian de suas visitas ocasionais à Nems. Pauncefort se recorda vividamente dessa turminha de três ou quatro, que, caminhando tarde da noite na Reeperbahn – após se depararem com a perspectiva tentadora e se entreolharem – "com certeza entraram" no Top Ten Club por alguns minutos.[31] Era para ser apenas uma olhadela rápida, diz ele. Se Brian se aventurasse a se aproximar do palco, os Beatles talvez o tivessem reconhecido e vice-versa: lá no país natal, ele era um rosto familiar na Great Charlotte Street e em Whitechapel. Em vez disso, houve um momento em que – embora tão longe de Liverpool – suas trajetórias ficaram paralelas, a poucos metros de distância, mas não se cruzaram.

Além de visitantes do ramo musical, os Beatles, pela primeira vez, também estavam conquistando um séquito de fãs locais em Hamburgo. Em menor escala, isso já havia acontecido nos bares de Bruno Koschmider. Desde então, em Liverpool, eles tinham granjeado um núcleo de fãs dedicados e agora o fato se repetia. Tony Sheridan, apesar de seu talento e conquistas, não atraía adeptos com essa facilidade, tampouco outras bandas visitantes – mas, diga-se de passagem, esses fãs não eram os habituais frequentadores dos clubes de St. Pauli. Por conta dos shows dos Beatles, o Top Ten não lotava só com marinheiros bêbados, roqueiros em traje de couro e empresários de passagem; o público também era formado por jovens homens e mulheres, em geral das classes trabalhadora e média, gente no fim da adolescência, estudantes e funcionários de escritórios e muitas moças atraentes, algumas delas vindo de cidades-satélites para curtir os Beatles e dançar. Uma plateia que lembrava a do Cavern estava se formando na Reeperbahn.

Frank Sellman, de 17 anos, aprendiz de mecânico automotivo, era um desses novos fãs dos Beatles. Em Pinneberg, 20 quilômetros ao norte de Hamburgo, correu a notícia de que estavam tocando rock'n'roll americano na Reeperbahn. Ele e seus amigos, também aprendizes de mecânico, foram conferir.

> Para crianças nascidas no fim da Segunda Guerra Mundial, frequentar esses lugares era uma autêntica *libertação*, algo nada menos que revolucionário. Os shows de striptease em St. Pauli nos enfeitiçavam, mas o grande atrativo era essa música dos EUA, tocada por bandas inglesas.
>
> Todos nós ficamos encantados com a presença, o dinamismo e o carisma dos Beatles. Tornou-se um vício: já tínhamos assistido ao show deles algumas

Os **"Piedels" sob efeito de *prellies*** (abril a junho de 1961)   661

vezes, mesmo assim não nos cansávamos deles. John e Paul interagiam com o público e eram responsáveis por criar a atmosfera de espetáculo. Os outros três ficavam em segundo plano, e Harrison era o mais quieto.[32]

A aprendiz Brigitte Leidigkeit, 18 anos recém-completos, foi convidada por colegas da faculdade para ir ao Top Ten Club.

> Eu não tinha ideia do que se tratava, mas minha amiga e eu estávamos ficando entediadas com os bailinhos locais – sempre aquela música *Schlager*, ao estilo "Fräulein, Fräulein" –, então resolvemos arriscar. Meus pais nem sonhavam que eu estava indo à rua Reeperbahn! Coloquei a minha saia mais bonita, blusinha branca, salto alto... tudo para ir ao clube local, não é mesmo? Pode apostar que não!
>
> A primeira vez foi inesquecível. Eram os Beatles, e não precisa dizer mais nada: fiquei fissurada. Nunca tinha escutado nada igual. Achávamos aquela banda fabulosa e eu fiquei caidinha por Pete Best. Que homem lindo! Mas nunca pude falar com ele, não falei com nenhum deles, porque nenhum de nós sabia falar inglês.[33]

As lembranças permaneceram nítidas e precisas para outros *habitués* do Top Ten. Ellen Piel, 18 anos na época, afirma: "Sempre com um sorriso no rosto: esse era o Paul. Um cara legal com todo mundo, de trato fácil. Mas John às vezes era perigoso; ele bebia no palco e arrotava ao microfone".

Elvi Erichsen, também com 18 anos, adorava dançar. Sua felicidade era mais plena na pista de dança. Ela conta que entre seus amigos corria o boato de que Pete era "um cara que não se misturava e não se dava bem com os outros".

Icke Braun, 24 anos na época, não se esquece do dia em que John demorou para voltar do intervalo e Paul ficou chamando no microfone: "Sobe no palco, Quasímodo!". John entrou puxando a perna e todo mundo caiu na risada.

Kathia Berger, de 22 anos, acalentava uma intensa paixão por Paul.

> Ele parecia um anjo de olhos graúdos. Achou difícil dizer o meu nome ao tocar um pedido meu, "Till There Was You", e a ofereceu à "moça de cabelo ruivo".

Eu queria que ele me amasse, mas eu não fazia o tipo dele: ele curtia loiras pequeninas e delicadas. Mas gostou de mim e batemos um papo. Eu sabia falar inglês, coisa que muitos não sabiam. Disse a ele que os Beatles seriam famosos e ele deu risada.

Os Beatles eram sexy. Muito. Era impossível decidir qual deles era mais sexy. Não precisavam se esforçar: eram naturalmente sexy.[34]

Os "amigos angelicais" também estavam lá, em seus assentos seletos pertinho do palco. A música favorita de Astrid era "One After 909" – nesse período, uma rara (talvez a única) performance dos Beatles de uma composição Lennon-McCartney. Tocar de sete a oito horas noite após noite, porém, exigia a rotina de adicionar novas canções ao que já era o mais vasto dos repertórios. Sheridan e os Beatles reagiam à atmosfera: aceleravam o ritmo quando a pista de dança estava lotada e tocavam baladinhas quando o relógio marcava duas ou três da madrugada. Paul lembra afetuosamente de como John cantava "Lazy River" quando o clima arrefecia. Era mais um clássico pré-rock que eles consideravam uma boa pedida porque Gene Vincent o havia gravado – a exemplo de "Summertime", "Over The Rainbow" na voz de Paul e "Ain't She Sweet" na de John, muito apreciadas pelo público alemão. Às vezes, tocavam a instrumental, composta pela parceria Harrison-Lennon em sua primeira visita a Hamburgo, o fanhoso pastiche dos Shadows que eles ainda chamavam de "Beatle Bop", e Pete diz que até ele cantava de vez em quando, apoiando o microfone entre as coxas para interpretar "Matchbox", de Carl Perkins – uma das canções que Ringo executava no *Starrtime!*, lá na Inglaterra, com a banda Rory Storm and the Hurricanes.

"Nos poucos meses em que tocamos e vivemos juntos, os Beatles se tornaram provavelmente a melhor banda de rhythm & blues que eu já ouvi", garante Sheridan – um elogio e tanto vindo de qualquer pessoa, mas dele, ainda mais. No palco, Tony era um líder exigente e volátil. É a namorada Rosi que descreve: "Tony sempre gritava com eles, oito horas por noite: 'Façam em Si bemol menor!' ou 'Pete, sua levada está muito rápida!' e 'Por que não conseguem tocar isso?'". Os Beatles ficaram empolgados ao conhecer Sheridan na primeira temporada em Hamburgo e notavam os benefícios de tocar com ele, mas nem sempre gostavam de sua companhia. Uma noite, no meio do show, Sheridan viu um cara convidando Rosi

Os "Piedels" sob efeito de *prellies* (abril a junho de 1961)

para dançar e, sem pestanejar, saiu correndo do palco e nocauteou o atrevido com um soco. Em outra briga, alguém quebrou uma garrafa, e Sheridan acabou cortando um tendão no dedo médio da mão direita e teve de ser levado ao hospital. Precisou ficar uma ou duas noites sem tocar, e quando voltou, o dedo machucado sempre se projetava à frente. "Era bom ter Sheridan conosco", declarou George, "mas, ao mesmo tempo, meio difícil. Ele vivia se metendo em brigas".[35]

Tony conta que foi John quem o incitou a ir às vias de fato com Pete. John achava que Pete "vivia uma mentira" e tinha de aprender uma lição... desde que pudesse encontrar alguém para ensiná-la. Na lembrança de John: "Ele sempre nos contava todas as brigas em que tinha se envolvido e as pessoas que havia espancado. A gente fingia estar dormindo quando ele subia [ao sótão] e começava a nos contar. Ele também dizia ser um judoca e sabíamos que isso não era verdade".[36] Sheridan conta o que aconteceu a seguir: "John não parava de falar *maldito judô* isso, *maldito judô* aquilo. Eu já estava puto com Pete porque ele não se esforçava [o suficiente] na bateria, e John me induziu de forma manipuladora a brigar com ele. 'Olha só, Tony, se você e o Pete não chegam a um maldito acordo, por que não resolvem isso lá fora numa maldita briga ou algo assim?'. E eu respondi: 'Boa ideia, John. Vamos lá, Pete, quando terminar o show, às duas horas, nos encontramos *lá fora*, e você vai ver o que é bom pra tosse'".

O ringue foi um beco de azulejos turquesa com ornamentos atraentes, entre a porta frontal do clube e a calçada da Reeperbahn, possivelmente obstruídas em cada ponta, formando "um círculo". Para Pete, era a chance de mostrar tudo o que havia aprendido com a melhor dinastia do boxe em Liverpool. Para Sheridan, era a oportunidade de provar, como John Lennon costumava fazer, que ser um ex-aluno da faculdade de Belas-Artes não significava necessariamente que você não era um cara prático. Tony conta que a luta teve cerca de 20 a 30 espectadores animados. Ninguém pode afirmar com certeza se os Beatles estavam entre eles, mas John – tendo incentivado Sheridan a lutar – esperava que Pete "o aniquilasse". Talvez Pete falasse demais, mas era claramente vigoroso. "Combinamos de fazer uma luta limpa", diz Sheridan, "sem golpes baixos".

Até hoje, não há consenso sobre o resultado da refrega. Para John, Tony "castigou Pete sem dó". Pete alega que os dois ficaram de olho roxo, mas se fosse para declarar um vencedor, seria ele. Rosi acha que foi empate e Tony tem certeza de que infligiu uma derrota a Pete, mas admite que os dois sofreram – "No dia seguinte, mal podíamos nos mexer". É provável que John tenha se divertido à beça à custa dos dois.

Quando Cyn e Dot chegaram de Liverpool, foi um deslumbramento maior que o dos Beatles em agosto de 1960. *Incrível!* Eram muitas as atrações no bairro de St. Pauli e a primeira vez que as duas viajavam para o exterior. Sem esconder a empolgação, deixaram a estação de Lime Street com sanduíches de queijo, uma garrafa térmica e acenos de despedida de Lil Powell e Jim Mac. John e Paul marcaram um encontro com suas *Brigittes* na Hauptbahnhof e saíram "fresquinhos" do palco do Top Ten, com roupas de couro, só gracejos e botas e fumaça e bebida, gritando e saltitando, vivendo na era dos *prellies*. As meninas se decepcionaram, mas logo deixaram isso para lá. Um café da manhã inglês com frituras na British Sailors' Society (Sociedade dos Marinheiros Britânicos) ajudou a deixá-las mais à vontade e, em seguida, também começaram a tomar Preludin.[37]

Paul contou a Mutti que a noiva dele estava vindo a Hamburgo e expressou preocupação com o fato de uma moça tão recatada dividir o acanhado sótão do Top Ten. A *Toilettenfrau*, ansiosa por ajudar o rapazinho de quem ela tanto gostava, sugeriu que ele e Dot se hospedassem em sua casa flutuante, atracada no Elba. Por sua vez, John providenciou para que Cyn ficasse com Astrid, Nielsa e Stuart, na Eimsbütteler Strasse. Cyn se tornou unha e carne com Astrid e se encantou com o estilo dela. Todo em preto, o quarto de Astrid contrastava radicalmente com o *boudoir* de Cyn em Cheshire, tipicamente inglês, com a clássica penteadeira e a colcha de náilon com motivos florais. O fato de Cyn se hospedar ali dificultava um pouco o sexo com o namorado. Por isso, em algumas noites, as moças dormiam no sótão – esse fato é mencionado por Rosi e pelo baterista: Pete conta que ele e George recebiam a ordem de "desviar o olhar".[38]

Para John e Paul, a presença de Cyn e Dot teve prós e contras. Constrangeu o estilo deles (e sempre havia a possibilidade de elas ficarem sabendo de algo que não deveriam), mas também foi a primeira vez que os dois tiveram a companhia de suas namoradas longe de casa. Era como estar em um período de férias que envolvia um trabalho noturno. Os amenos dias primaveris no Hemisfério Norte estavam se transformando em dias quentes de verão. Um desses dias, John e Cyn se juntaram a Astrid e Stu numa escapada até o litoral, a bordo do fusquinha

Os "Piedels" sob efeito de *prellies* (abril a junho de 1961) 665

conversível dela. Ao volante, Astrid os conduziu até Scharbeutz, o resort no Ostsee (Mar Báltico) onde ela havia se refugiado quando criança durante a Segunda Guerra e onde sua família mantinha uma casa de praia. Ficava a uma hora de Hamburgo, e eles tiveram que prestar atenção ao relógio para estar de volta ao Top Ten no início da noite, mas passaram um dia feliz na praia – apesar das queimaduras de sol que John sofreu. Fotografias singelas registram John e Cyn se abraçando felizes à beira-mar, e dois amigos chegados curtindo o momento: John de camiseta, Stu com chapéu de aba mole, cigarro entre os dentes, esculpindo na areia com a ajuda de pedaços de madeira trazidos pelo mar.

John e Paul mostraram a Cyn e Dot a Hamburgo que eles conheciam, desde o porto até a travessa Herbertstrasse. Um dia, em companhia de Stu e Astrid, visitaram o alto da imponente torre da Hauptkirche St Michaelis (Igreja de São Miguel), cor de cobre azinhavrado. Lá, na plataforma de observação, vislumbrando o grandioso panorama da metrópole, entalharam no corrimão de madeira, com um canivete de bolso e muito capricho, três testemunhos de amor: *John + Cyn, Paul + Dot, Stu + Astrid*.[39]

A arte de Stuart foi sua porta de entrada nos Beatles – e também sua porta de saída. Stuart teve a ajuda de Nielsa Kirchherr, que adquiriu para ele tintas e pincéis, e do irmão dela, que construiu um cavalete para o jovem artista. Assim, Stuart pôde retomar sua paixão visceral, revigorado e com muito a dizer. Em seguida, a partir da última semana de maio, começou a ter aulas com Eduardo Paolozzi, recém-nomeado professor visitante por um ano na Hochschule für Bildende Künste – a Faculdade de Belas-Artes de Hamburgo. Paolozzi, membro-fundador do "Grupo Independente" de artistas em Londres e um entusiasta da cultura de consumo estadunidense do pós-guerra, antecipou com algumas de suas obras de arte o estilo *pop art* vindouro. Sua especialidade era a escultura. E foi justamente como escultor, não como pintor, que Stuart se candidatou – com sucesso – a uma bolsa de estudos na Hochschule. Na avaliação de Paolozzi, a obra e as ideias de seu novo pupilo mereciam incentivo. Seis anos depois, ele comentou: "Stuart tinha muita energia e criatividade. Exalava potencial. Com essa mescla ideal de sensibilidade e petulância, ele tinha tudo para alcançar sucesso".[40]

Começando em 1º de junho, Stuart recebeu, para um curso de verão, duas bolsas mensais de DM 100, sem necessidade de reembolso, mas continuou focado em concluir a temporada dos Beatles no Top Ten, que terminaria em 1º de julho. Porém, tocar a noite inteira e trabalhar o dia todo era exaustivo, então, de vez em quando, ele faltava a um show. Além do mais, a saúde dele começou a despertar preocupações genuínas: o apêndice o incomodava sem cessar, ele estava assustadoramente magro e as dores de cabeça ainda o perturbavam.

Para desplugar o vazio deixado por Stuart e plugar o equipamento, Paul trocou o piano pelo baixo, tomando emprestado o instrumento de Stuart, tocando o avantajado Hofner 333 de cabeça para baixo (para que as cordas continuassem no lugar certo quando Stuart o quisesse de volta). Antes tarde do que nunca, Paul estava de volta à linha de frente dos Beatles, embora ainda relutasse em assumir o baixo em tempo integral: apesar da silhueta elegante de Stu, Paul ainda achava que o baixo era "o instrumento do mais gordinho da banda".[41] Estava claro que os Beatles precisavam tomar uma decisão, e rápido: quando voltassem a Liverpool, teriam que encontrar um novo baixista ou se transformar num quarteto com um deles no baixo – John, Paul ou George.

Será que teriam alguma data marcada para shows, porém? Obviamente Allan Williams não foi capaz de interromper essa temporada em Hamburgo, como havia ameaçado, mas talvez ele nem tenha realmente tentado. Entretanto, lá em Liverpool, a situação poderia ser diferente. Sabiam *muito bem* que Williams ainda estava com raiva – isso ficou claro numa carta que Paul recebeu de seu pai, na qual Jim relatou que Williams havia contratado um advogado para resolver a questão da recusa dos Beatles em pagar a comissão dele. Jim disse a Paul que os Beatles estavam equivocados ao tratar assim o empresário deles e os incentivou a fazer as pazes antes que o caldo entornasse.[42] Mas os Beatles decidiram varrer a sujeira para debaixo do tapete e agir como se nada tivesse acontecido. Na verdade, as medidas para contornar esse tipo de problema já estavam em andamento.

Na visita de Cyn a Hamburgo, uma de suas principais impressões foi a de que Pete parecia "deslocado" no grupo, "um ensimesmado que ficava a ruminar sozinho em seu canto". Mas era verdade, também, que o mesmo Pete, com a mãe dele, a enérgica Mo, estava trabalhando mais arduamente para garantir o futuro dos Beatles do que os outros quatro membros juntos – e fazia isso sem receber em troca o reconhecimento ou o agradecimento deles. A família Best, em seu papel não remunerado de organizadora, estava preparando o terreno

Os "Piedels" sob efeito de *prellies* (abril a junho de 1961)   667

para o retorno dos Beatles a Liverpool e apostando alto. Nunca mais tocariam pelos cachês recebidos no começo do ano, em geral na base de £ 5 e £ 10 por show. Esses valores já superavam os ganhos das outras bandas, mas agora o céu era o limite. As sessões de almoço no Cavern, que antes rendiam £ 5, foram reajustadas para nada menos que £ 10. Por sua vez, o cachê de shows noturnos no Cavern e em outros lugares quase nunca era inferior a £ 15. Desde o início, adotaram o lema "Vamos encher os bolsos de grana!".[43] A primeira data marcada para os Beatles pós-Hamburgo seria justamente em nome da própria Mona Best – no salão da igreja de St. John, em Tuebrook, no dia 13 de julho – ao astronômico cachê de £ 20. Entre os *promoters*, o boato correu como um rastilho de pólvora aceso. Os Beatles atraíam multidões para esse pessoal, e agora, a contragosto, seria preciso pagar o preço deles.

Com um dos *promoters*, já estava tudo acertado. Pete agendou um compromisso de longo prazo com Wally Hill, para tocarem todos os sábados e domingos à noite, por £ 15 e £ 12, respectivamente, até o finzinho de setembro, pelo menos. Hill não morria de paixão pelos Beatles – "Eles eram sujos: parecia que nunca lavavam o cabelo"[44] –, mas estava ansioso por contratá-los, exatamente como Brian Kelly os havia monopolizado entre janeiro e março. Para os Beatles, vinha bem a calhar serem disputados por *promoters* rivais.

Também houve outro desdobramento: Neil Aspinall (melhor amigo de Pete, inquilino e namorado da mãe dele, amigo de George e Paul na escola) abandonou seu emprego estável como contador iniciante, desistiu de seu árduo curso por correspondência e resolveu comprar uma van novinha em folha. Os Beatles estavam prestes a se tornarem a única banda em Liverpool com um chofer e ajudante que não fazia nada além de dirigir e ajudar: um aliado estratégico e, de quebra, um funcionário leal.

Após uma ou duas semanas de impressionante perícia com o baixo de Stuart, Paul deu o braço a torcer e aceitou o trabalho indesejado. Como George se lembraria, essa questão de quem se tornaria o baixista dos Beatles meio que se decidiu por si só, quando duas entre as três possibilidades foram descartadas: "Falei: 'Um de nós três vai ser o baixista, mas eu não'. E John disse: 'E eu também não'. Só o Paul pareceu não se importar com a ideia".[45] Paul diz que não teve escolha: "Duvido que eu teria escolhido o baixo se Stuart não tivesse saído. Com certeza, não comecei a tocar por escolha própria: foi um *presente de grego*".[46]

Das duas, uma: ou Paul não queria comprar o baixo de Stuart, ou o baixo não foi colocado à disposição dele, porque ele foi a Hamburgo comprar um. A intenção inicial de Paul era comprar um Fender, mas achou o preço proibitivo e acabou na Steinway & Sons, onde experimentou o Hofner 500/1, de corpo oco e formato de violino. Gostou de sua aparência simétrica e ficou encantado com sua leveza, parecia madeira balsa em suas mãos, ainda mais comparado com o baixo pesadão de Stuart. A compra de um Hofner no país de fabricação facilitou a encomenda de um modelo para canhotos; embora fosse um pedido especial, ficou pronto em poucos dias e se tornou a primeira *guitar* [no caso, *bass guitar*] que Paul não precisava tocar de cabeça para baixo. Outro atrativo era o preço: DM 360, pouco menos de £ 31. "Na real, eu não queria gastar tanto", recordaria ele. Custou só £ 10 a mais do que ele investira na Rosetti um ano antes, mas, no caso da Rosetti, Paul logo percebeu que o barato sai caro. Em poucos meses, a guitarra se desmanchou inteirinha. Por isso era uma incógnita quanto tempo esse tal de baixo "Hofner Violin" permaneceria em uso. Quanto à combalida Rosetti, sua esperada aposentadoria foi lamentada ali mesmo no palco do Top Ten, num sincero festival de arte performática movido a *prellies*. Como Paul se lembraria: "George, Stu, Pete e John – especialmente John – se divertiram a valer ao destroçá-la, pulando em cima dela".[47]

Em duas fotos, Paul e Stu aparecem no palco, cada qual com seu respectivo contrabaixo elétrico. Na virada do ano, os Beatles não tinham sequer um baixista, e agora tinham dois. Com certeza, isso virou alvo de *comentários*. Mais tarde, Cyn escreveu sobre como Stu "se continha" quando Paul o provocava. Porém, numa dessas ocasiões, ele não se conteve, e o Top Ten testemunhou uma explosão e uma nova briga: dessa vez, Beatle contra Beatle, Stu *versus* Paul.

A origem da briga é nebulosa e varia conforme a narrativa, mas todos concordam que o gatilho foi uma provocação ou menção depreciativa a Astrid. Segundo Klaus, Stuart devia uma grana a Paul, e Paul, na insistência em recuperá-la, teria feito um comentário irreverente sobre Astrid ser capaz de ressarci-lo. Como Paul se lembraria: "Eu sempre me perguntava, se ele e eu nos enfrentássemos

Os **"Piedels" sob efeito de *prellies*** (abril a junho de 1961)

numa briga, quem ganharia? Ele também provavelmente se perguntava isso. Eu achava que ia vencer, porque ele não era encorpado, mas a força do amor ou algo assim o dominou, porque não foi uma parada fácil".[48]

A surpresa foi geral quando Stu, tão aparentemente frágil, mostrou uma força medonha. Era como se a raiva silenciosamente contida ao longo de 18 meses de alfinetadas e provocações tivessem se acumulado até a erupção vulcânica. Nas palavras de George: "De repente, Stuart foi dominado por essa força incrível, pegando Paul de surpresa". Klaus conta que Stu "ergueu Paul e o fez sentar no piano". Pete relata que Stu "acertou um soco tão forte em Paul que o derrubou do banquinho. Começaram a lutar no chão, rolando, abraçados em batalha feroz, uma fúria de punhos se debatendo". Paul sempre alega ter sido "uma luta idiota... A pessoa fica lá, imobilizada, por cerca de uma hora sem ninguém fazer nada. Todos os velhos gângsteres alemães caíram na risada, mas para nós foi algo seriíssimo".[49]

Nunca ficou explicado como a luta terminou ou como conseguiram trabalhar juntos depois, porque esse confronto não serviu exatamente para oxigenar o ambiente e tornar os brigões amigos de novo. A situação continuou estranha, mas tanto melhor que os dias de Stu nos Beatles estavam contados em números de um só dígito. Agora no palco era ele, e não Paul, a peça de reposição, e o baixista foi Paul, não Stu, quando os Beatles fizeram sua primeira gravação em disco.

Sessão de Gravação

Quinta-feira, 22* de junho de 1961. Friedrich-Ebert-Halle, Hamburgo-Harburgo. * Possivelmente também no dia 23.
Gravação: "My Bonnie", "The Saints", "Why", "Beatle Bop",** "Nobody's Child", "Take Out Some Insurance", "Ain't She Sweet".** Sequência de gravação desconhecida.
De: Tony Sheridan e Beatles, exceto ** apenas Beatles.

A primeira sessão de gravação dos Beatles aconteceu numa sala de concertos cívica, próximo a uma escola de Ensino Médio. Isso não refletia falta de determinação da parte do produtor Bert Kaempfert: o auditório costumava ser usado para gravações sempre que a principal sala de concertos de Hamburgo, a Musikhalle, estava ocupada. Friedrich-Ebert-Halle – batizada em homenagem ao primeiro presidente da Alemanha – ficava em Harburgo, 22 quilômetros ao sul de Hamburgo, e o veículo que conduziu os Beatles enveredou pelo St. Pauli Elbtunnel. Um elevador descia os veículos ao túnel que passava sob o leito do rio.

John Lennon, Paul McCartney, George Harrison, Pete Best e Tony Sheridan, em companhia de Stu Sutcliffe, que foi como espectador, embarcaram em frente ao Top Ten às oito da manhã, horário em que os músicos só costumavam estar despertos se ainda não tivessem ido dormir. E não tinham dormido mesmo! Saíram do palco às duas da madrugada, comeram, tomaram mais uns drinques, mataram um tempo e então ficaram esperando – sob o tépido sol do amanhecer – o transporte a seu destino. "Fizemos as gravações sob o efeito de Preludin", confessa Sheridan. "Não havia outra maneira de conseguirmos ter feito isso." (Pete se absteve, como de costume.)

Seja como for, colocar o sono em dia era, muito provavelmente, a última coisa que passava pela cabeça deles, porque enfim ali estava a chance de *gravarem um disco* – um momento especial para os cinco jovens com idade média de 19 anos. Sheridan já havia trabalhado em alguns estúdios na Inglaterra (incluindo o da EMI, em Abbey Road), mas nunca tinha sido a estrela. As únicas experiências de "estúdio" de John, Paul e George foram ali em Hamburgo, oito meses antes, quando gravaram uns discos privados com Wally e Ringo, dos Hurricanes, e na casa geminada de Percy Phillips em Liverpool, onde por duas vezes eles fizeram uma vaquinha para financiar sessões básicas. Essa situação germânica era completamente diferente: estavam trabalhando com o mais renomado produtor do país, um artista cujo single e álbum alcançaram o primeiro lugar nos EUA apenas cinco meses antes, e o material gravado seria lançado por um selo importante e vendido nas lojas. As pessoas poderiam comprá-lo e tornar os Beatles ricos e famosos. No mínimo, em Liverpool, seriam capazes de colocar no prato um disco de plástico com sete polegadas de diâmetro e dizer: "Somos nós", algo que nenhuma outra banda local poderia fazer.

Diante das poltronas vazias da arena em círculo, posicionaram-se no palco de madeira como faziam no Top Ten – da esquerda para a direita: Paul, George, John e Tony, com Pete ao fundo. Kaempfert providenciou os amplificadores (os músicos não haviam trazido os seus), e, durante a sessão, problemas técnicos exigiram a

Os "Piedels" sob efeito de *prellies* (abril a junho de 1961)

encomenda de equipamentos de reposição. As performances foram gravadas ao vivo, sem *overdubs*, com pouca separação de áudio entre a bateria e outros instrumentos; o som estéreo foi gravado em dois canais, com balanceamento realizado pelo engenheiro Karl Hinze, sentado numa salinha do porão ou no palco, atrás da cortina. Não restou nenhum documento para detalhar os horários de início/término, a sequência de trabalho, o número de takes necessários e se as gravações duraram um ou dois dias – provavelmente foi um dia só, e as lembranças pessoais corroboram essa versão, embora alguns jornais citem dois dias: 22 e 23 de junho.

Assim que começaram a tocar, enquanto Hinze ajustava os níveis e o balanço, um problema ocorreu. O produtor achou que a habilidade de Pete na bateria não era boa o suficiente para fazer uma gravação. É Sheridan quem recorda: "Kaempfert sugeriu que Pete não tocasse o bumbo, porque ele costumava acelerar demais... o andamento era um problema". Sem demora Pete se viu na berlinda – e sem aliados: mais tarde, Hinze declararia que "*der Schlagzeuger das ist doch verdammt mies*" ("o baterista é simplesmente péssimo").[50] É fácil imaginar a profunda decepção dos outros Beatles com esse desdobramento logo em sua primeira sessão. Kaempfert não só impediu Pete de tocar o bumbo, como parece que fez questão de remover do kit essa peça, e, junto com o bumbo, retirou o tom-tom. Não há bumbo nem tom-tom em nenhuma dessas gravações, e o ouvinte sente a falta deles. Pete teve que fazer a levada só com a caixa, o chimbal e um prato de condução. Recuperou-se do revés com tenacidade admirável – nenhum baterista soaria bem com ferramentas tão limitadas, e na verdade Pete fez um bom trabalho na sessão.

A canção "My Bonnie Lies Over The Ocean" foi ideia de Kaempfert. Ele havia assistido a um show da banda no Top Ten e pressentido que, como as crianças alemãs aprendiam a canção na escola, uma roupagem moderna, com arranjo de Sheridan, tinha tudo para se tornar um sucesso. Ray Charles e Gene Vincent também a gravaram, então os rapazes aceitaram a ideia e entregaram uma performance firme e dinâmica: o melhor guitarrista e vocalista de rock de Londres, em sua melhor forma aqui nos dois quesitos, tocando com a melhor banda de Liverpool, a coisa só podia funcionar. Com duração de pouco mais que dois minutos, "My Bonnie" (o título ficou assim, abreviado) tem uma energia pulsante e merece ser considerada nada menos que uma das melhores gravações do rock'n'roll britânico da primeira fase, no mesmo nível de "Brand New Cadillac", "Move It!" e "Shakin'

Ano 4, 1961: A Era do Rock

All Over". É uma fusão europeia: uma canção folclórica escocesa, interpretada por músicos ingleses, com aquela típica *sofisticação* britânica, gravada com limpidez alemã. "Made in America" teria soado diferente, e aos ouvidos dos músicos, mais autêntica – porém, nessa época, em meados de 1961, um rock'n'roll tão explosivo não estava sendo gravado nos Estados Unidos.

Sheridan relata:

> Falei ao George que ele poderia tocar o que bem entendesse, desde que eu me encarregasse do solo de guitarra.* Foi um solo de blues, nada a ver com a música e não planejado de antemão. Não me lembro de quantos takes fizemos, mas cada vez o solo saía diferente. John teve que caprichar na guitarra rítmica para compensar a questão da bateria, mas eu ainda precisei dar umas dicas a ele sobre o que era necessário: tocar sétimas o tempo todo, Dó maior com sétima, Fá maior com sétima, Sol maior com sétima.

"My Bonnie" tem uma potente linha de baixo de Paul. Ao longo de três anos, ele fez de tudo para evitar o instrumento, sua experiência real de tocá-lo somava talvez três semanas, e ele empunhava um instrumento recém-comprado e ainda não familiar. Levando esses fatores em consideração, essa foi a performance de um virtuoso, a marca de um músico naturalmente privilegiado. Não ficou dedilhando notas isoladas, mas sim levadas melodicamente inventivas e, ao mesmo tempo, entoando harmonias enérgicas e emitindo gritos rítmicos. Para um iniciante, é difícil executar essas disciplinas simultaneamente, mas Paul tirou isso de letra. Ele teria sido o primeiro a dizer que ainda tinha muito a aprender como baixista, mas já havia encontrado um jeito de soar muito bem.

O baixo também é perceptível em "When The Saints Go Marching In" – cujo título foi abreviado para "The Saints". Essa canção obteve o selo de aprovação de Jerry Lee Lewis, e aqui Sheridan imitou o estilo vocal dele. Também gravaram performances razoáveis de "Why" (composta principalmente por Sheridan em seus dias no 2i's Coffee Bar), e duas canções que Sheridan interpretou ao estilo de Elvis:

---

* Numa carta enviada a um fã curioso, em maio de 1962, George escreveu: "Quando Tony canta, sou eu tocando a guitarra principal, mas o solo no meio é o Tony. Os gritos ao fundo são de Paul".

Os **"Piedels" sob efeito de _prellies_** (abril a junho de 1961)   673

"Nobody's Child" e um blues de Jimmy Reed, "Take Out Some Insurance". Nesta última, Sheridan deu uma vacilada no início do solo de guitarra, mas Kaempfert negou-lhe a oportunidade de refazê-lo. "Nobody's Child", velha canção country de Hank Snow, de letra melodramática, que durante muito tempo foi o número musical que Richy Starkey apresentava nas festas em Liverpool, aqui foi gravada por um trio: Tony na guitarra e voz, Paul no baixo e Pete na bateria.[51]

John e George se dedicaram muito na hora de gravar "Beatle Bop", e Pete afirma que a canção foi um pedido de Kaempfert. Embora nenhuma Composição Original Lennon-McCartney tenha sido gravada aqui, essa ímpar faixa instrumental de Harrison-Lennon ficou eternizada, sem a participação de Sheridan – são apenas os Beatles, oportunamente registrando seu som, justo no momento que a banda encolhia de cinco para quatro componentes. Entregaram uma bela performance embalada numa produção limpíssima, da qual eles nem faziam muita questão. Sem poder usar bumbo e tom-tom, o som da caixa de Pete é inevitavelmente monótono, mas a guitarra solo de George é ótima e consistente, e a guitarra rítmica de John, impressionante (Tony esclarece que John pegou emprestada sua guitarra Gibson). Outra vez, o baixo inventivo de Paul desmente seu _status_ de novato e ele injeta nessa faixa instrumental uma presença vocal reconhecível – são dele os guinchos roucos ao fundo.

Os Beatles também tiveram um segundo número só para eles, a primeira vez que se viram livres e soltos no estúdio para gravar uma faixa vocal... Claro que ela foi cantada por John.[52] Tinham fé de que ela se tornaria o lado A de seu primeiro compacto de 45 rpm – o que deu à escolha da canção um caráter de importância. Em vez de escolher um original de Lennon-McCartney, John preferiu "Ain't She Sweet". Como "My Bonnie", ela trazia a credibilidade de ter sido grava-da por Gene Vincent; mesmo assim, era uma escolha insondavelmente estranha. A canção de 34 anos, uma relíquia dos Loucos Anos 20, não foi uma exigência de Kaempfert: "Ain't She Sweet" estava no setlist dos Beatles antes mesmo de eles serem os Beatles – talvez tenha sido uma das canções que Julia tocava para John no banjo de Pop Stanley.

A postura dos Beatles em relação a essa oportunidade foi tipicamente oti-mista – de acordo com John: "Achamos que seria moleza: as bandas alemãs só lançavam discos de merda e o nosso tinha tudo pra ser melhor" –, mas na verdade eles fizeram uma gravação bizarra. É provável que Kaempfert tenha insistido para que eles mudassem o estilo, porque John mais tarde refletiria sobre como a cover de Gene Vincent era "bem suave e aguda, e eu costumava fazer assim, mas nos pediram com *mais energia, mais energia...* Sabe, todos os alemães querem um ritmo parecido com o de uma marcha militar... Por isso acabamos fazendo uma versão mais enérgica dessa canção".[53]

Da forma como foi gravada pelos Beatles, "Ain't She Sweet" é uma curiosidade. John imprime à canção uma pegada boa e poderosa, mas sua voz tem um timbre estranho, como se ele estivesse sofrendo da *"Hamburgo throat"* (garganta de Hamburgo) e, ao mesmo tempo, se esforçando para entregar o som nervoso de Kaempfert a uma canção incompatível com isso. E o fato de o vocal de John ser tratado com um mínimo de eco também não o deixou feliz: há mais reverberação na bateria do que em sua voz. Essa bateria, inevitavelmente focada na caixa, carece de imaginação – não há variação, não há viradas nem firulas extras, apenas o mesmo som arrastado que Pete tocou em todas essas gravações. O som do baixo de Paul está profissional, John toca novamente a Gibson de Tony Sheridan, mas o solo de George em sua Futurama, de apenas dez segundos, deixa a desejar. Até esse instante ele mostrara um bom desempenho na sessão, mas é provável que tenha tido só uma chance de acertar e não conseguiu. Em 1961, os clássicos do rock com guitarra não eram nem de perto tão extravagantes quanto se tornariam, mas, analisando mesmo em seu lugar e tempo, esse solo era fraco, e foi um azar de George não ter tido a chance de repeti-lo.

Em suma, os Beatles no estúdio, na Alemanha de 1961, tiveram altos e baixos. Na parte instrumental, os pontos fortes e fracos ficaram nítidos. Faltaram as harmonias vocais de John, Paul e George, que tinham se tornado o maior trunfo da banda. Levando em conta a afirmação de Pete, de que foram essas harmonias que despertaram o interesse inicial de Kaempfert pelos Beatles, fica ainda mais difícil de entender por que o produtor as deixou de fora. Em vez disso, fizeram um vocal de apoio peculiarmente profundo, ao estilo dos Mills Brothers, que o engenheiro Karl Hinze descreveria como "zunido negroide sussurrante". Isso fica mais evidente na canção "Why" e nas duas introduções em compasso de valsa gravadas para "My Bonnie" – uma em alemão, a outra em inglês –, em que Sheridan canta, enquanto John, Paul e George fornecem essa

Os "Piedels" sob efeito de _prellies_ (abril a junho de 1961)

estranha e desarticulada harmonia. Provavelmente, foi ideia de Kaempfert, porque não tinham feito nada parecido antes e não voltariam a fazer. Não chega a ser ruim, mas não é _Beatles_.

Antes de os cinco musicistas serem levados de volta a St. Pauli para mais uma árdua jornada de sete horas no Top Ten (e mais uma dose de _prellies_), eles foram brindados com um playback. Mais tarde, uma carta escrita por George sugere que a experiência não foi tão ruim, mas em algum ponto, no futuro, Paul e John, e talvez os outros, chegaram à conclusão de que nada em "My Bonnie" se aproveitava. "Odiávamos aquilo, achamos que era um disco terrível", Paul declarou em 1964.[54] Em linhas gerais, parece que os Beatles ficaram decepcionados com sua primeira sessão de gravação. Além dessas breves menções, dificilmente falavam nela – e o principal motivo é que as perguntas sobre o assunto eram raras.

Alfred Schacht notou que o produtor, amigo dele, sem esconder a decepção, não mostrou entusiasmo com o resultado da sessão, assim como Hanne Kaempfert, musicista envolvida profissionalmente na carreira do marido. Isso talvez explique a demora de uns meses para lançar o disco, embora os Beatles tenham deixado Harburgo com a clara impressão de que um single com seus dois números – "Ain't She Sweet" c/w "Beatle Bop" – seria lançado em poucas semanas nos EUA, na Alemanha e na Grã-Bretanha. Em 28 de junho, George e John assinaram contratos com Schacht, conferindo à Tonika – sua nova editora musical de propriedade privada – os direitos autorais de sua composição em parceria, canção que de repente assumiu um novo título, o irônico trocadilho "Cry for a Shadow". Esses contratos padronizados eram pré-impressos e os detalhes específicos eram acrescentados com máquina de escrever, mas, como estavam em alemão, George e John não tinham nem ideia do que estavam assinando.[55]

Esses acordos foram firmados dias após todos os quatro Beatles terem assinado seu primeiro contrato de gravação, um documento também assinado por Bert Kaempfert, em 19 de junho de 1961. Tratava-se de um acordo de seis páginas com a Bert Kaempfert Produktion (BKP), não um documento padrão, e sim datilografado expressamente para essa finalidade. Na última página, leem-se as assinaturas de J. W. Lennon, James Paul McCartney, George Harrison e Peter Best – mas, de novo, eles não tinham nem ideia do que estavam assinando. Tudo estava em alemão, sem versão em inglês. Três anos depois, Paul refletiria: "Assinamos tudo que é tipo de contrato aos 18 anos de idade, porque não tínhamos empresário e não tínhamos noção do que estávamos fazendo".[56]

O fato é que tiveram sorte, porque, em um ramo infestado de gente inescrupulosa, Kaempfert jogava limpo e ofereceu-lhes um acordo justo – unilateral, sim, porque isso era de praxe, mas não desonesto. Os Beatles não tinham muita noção sobre isso – nem sobre qualquer outra coisa – e cegamente concordaram com um contrato que ia vigorar por um ano, a partir de 1º de julho de 1961, sujeito a renovações automáticas, a menos que encerrado com aviso prévio de três meses; que lhes pagava royalties na Alemanha de 5% do preço de atacado em 90% de todos os discos vendidos, e menos no caso de exportações; e que permitia à BKP usar um pseudônimo para os Beatles – o qual, embora não especificado no contrato, seria "The Beat Brothers".[57]

A BKP não tirou fotos publicitárias dos Beatles com ou sem Tony Sheridan, então, se algum dos lançamentos fizesse sucesso, a Polydor não teria nada em arquivo para a cobertura da imprensa – mas cada um deles recebeu uma folha de papel para redigir de próprio punho sua biografia pessoal. Documentos fascinantes e reveladores em muitos níveis. John, George e Pete escreveram seus textos em letra de fôrma maiúscula, Paul usou letra cursiva e fluente, na caligrafia bonita que era um de seus atributos, só Pete escreveu a sua em terceira pessoa (JOGOU RÚGBI ATÉ SE JUNTAR AOS BEATLES) e a diferença nas personalidades de John e Paul fica cristalizada em duas frases:

Paul: Canções compostas: com John (LENNON) – umas 70 canções
John: ESCREVI ALGUMAS CANÇÕES COM PAUL

Aqui também, preto no branco, grafite no papel, o jovem de 20 anos autodenominado JOHN W. LENNON (LÍDER) afirmava explicitamente seu objetivo na vida: "AMBIÇÃO: ENRIQUECER".

No sábado, dia 1º de julho, três meses após terem começado a temporada, os Beatles fizeram seu derradeiro show no Top Ten. Foi sua nonagésima segunda noite de apresentações seguida... e a despedida de Stu. Ele participou dos Beatles ao longo de 18 meses extraordinários. Entrou numa banda sem nome ou estilo discernível, saiu de uma que já havia conquistado aclamação, ímpeto, talento e originalidade de sobra,

Os "Piedels" sob efeito de *prellies* (abril a junho de 1961)

ambições de riqueza e um contrato de gravação. Em troca de todo o seu esforço e dedicação, recebeu, principalmente, críticas. A sua contribuição foi enorme, talvez nem tanto em termos musicais, mas com certeza na atitude e no visual.

O próprio Paul admite que foi cruel com Stu até o fim: "No último dia, fui um tanto asqueroso com ele, [mas] trocamos olhares no palco e o flagrei chorando. Foi um desses momentos em que de repente você se sente muito próximo a alguém".[58]

Pelo que recorda Astrid, tudo aconteceu em meio a muitas lágrimas e pedidos de perdão por ofensas e má conduta. Praticamente toda a galera estava bêbada, sob o efeito de pílulas e emocionada. Quando o show acabou, foram comer algo. Era uma manhã de domingo e, como de costume, ficaram perambulando no *Fischmarkt*. Jürgen estava em Paris, e Astrid ficou ao lado de Stu. Já Klaus, emotivo com a ideia de os Beatles partirem, pediu para voltar com eles a Liverpool e entrar na banda.

> O sol brilhava e nos sentamos num tablado de madeira, na Talstrasse, perto do Top Ten. Estávamos bêbados e perguntei a John se eu poderia entrar nos Beatles como baixista. "Ah, Klaus", respondeu Lennon, "Paul já comprou o baixo, vai ser ele". Se tivesse sido aceita, essa proposta teria mudado a história – a banda seria um quinteto outra vez –, mas ficou evidente que os Beatles haviam *traçado um plano* e queriam colocá-lo em prática. Quantas vezes na vida você encontra três pessoas assim, juntas, num só grupo? Eles eram incríveis.

Também se despediram de Tony Sheridan, que continuou morando em Hamburgo. Sua influência sobre os Beatles foi decisiva, não só por suas técnicas de guitarra, mas por sua intensidade férrea e, no caso de John, pela maneira de se posicionar ao microfone. Tony plantava os pés com as pernas entreabertas, mas as balançava, enquanto John fixava os pés, entreabria as pernas sem vibrá-las um centímetro sequer. Segurava a guitarra bem erguida e, enquanto tocava, inclinava o torso para lá e para cá, flexionando os joelhos, ombros para trás, cabeça à frente – uma presença impositiva, espiando por cima do nariz anguloso e cantando com pleno envolvimento para o público ao redor.

Stu deixou que George voltasse a Liverpool com seu amplificador Gibson Les Paul; sem ele, o seu baixo Hofner 333 não produzia som, e logo depois, Stu o vendeu a Klaus por DM 200. Seus dias como músico de rock aparentemente tinham acabado, enquanto a carreira de Klaus só começava. Por sua vez, o diminuto amplificador Elpico de Paul não tinha a potência necessária para seu Hofner Violin. Assim, a solução foi aproveitar o Selmer Truvoice que George tinha liberado. Então, outra vez, os Beatles voltaram de Hamburgo para casa mais bem equipados. O novo visual da banda também causaria sensação, sem falar no estoque de Preludin que eles contrabandearam, enfiado aqui e ali, dentro de maços de cigarro, no fundo de suas bagagens. Corriam o risco de ter problemas na alfândega, tanto na Holanda quanto na Inglaterra, mas John – com sua personalidade propensa a vícios e compulsões, e o seu entusiasmo por falar – não era o tipo de pessoa que consumia drogas à vontade por três meses e simplesmente parava.

Ellen Piel embarcou no mesmo trem e balsa dos Beatles, deixando Hamburgo no meio dessa tarde de 2 de julho. Ela recorda que o trio de irmãos Fascher transformou a partida da banda em uma *algazarra*, carregando-os nos ombros pela Hauptbahnhof, rindo, gritando e chamando a atenção de todos naquele, até então, tranquilo entardecer de domingo na cidade. Paul dissera a Peter Eckhorn que mais tarde naquele ano entraria em contato para discutir quando os Beatles poderiam voltar, mas naquele momento não tinham certeza se queriam. Doze anos mais tarde, John descreveu a situação vividamente: "Cada vez que a gente ia a Hamburgo, [depois] dizia: Nunca mais! Nunca mais!".[59] Astrid e Stu também foram à estação para calorosas despedidas. Entre promessas sinceras de manterem o contato, Stu, George e John disseram que trocariam cartas.

Chegaram em casa, exaustos, no meio da tarde de segunda-feira, dia 3. Liverpool continuava sendo o lar, se bem que, no último ano, entre um verão e outro, tinham passado mais tempo em Hamburgo. Tirariam uns dias de folga antes de recomeçar o carrossel noturno, quando os jovens e os *promoters* de bailes de Merseyside seriam testemunhas de outra, e fascinante, transformação. Antes de partirem, já eram reis, e não haviam perdido a majestade. Seu nível de performance era outro, um patamar acima: agora um quarteto, todo em couro, mais dinâmico ainda, com mais impacto e carisma, pulsando com a experiência que só poderiam ter adquirido em outras 503 horas extraordinárias nos palcos de Hamburgo.*

---

* Estatísticas dos Beatles nas duas temporadas em Hamburgo: 918 horas tocando – o equivalente a 612 shows de uma hora e meia ou a 1836 shows de meia hora – em apenas 27 semanas.

20
Sopa, suor e rock'n'roll (julho a setembro de 1961)

Em 8 de julho de 1961, em Liverpool, Richy Starkey comemorou seu 21º aniversário com uma festa. A ocasião marcou não só a crucial passagem para a maioridade, como também foi uma celebração por *estar vivo*, uma alegre reunião para mostrar que os médicos estavam errados, para provar, tal qual um Lázaro redivivo, que ele havia superado todas as dificuldades e alcançado a idade adulta. Durante anos, Richy e seus entes queridos haviam sonhado com esse momento: aos 7 anos, o garoto passou o aniversário no hospital, em coma, desenganado pelos médicos; já um adolescente de 14 anos, o mirrado Richy teve pleurisia e tuberculose; então, onde ele estaria (ou *não* estaria) ao completar 21? Sempre que falavam nisso, seus familiares cruzavam os dedos e erguiam um brinde à saúde de Richy.

O garotão estava em plena forma e, para seus próprios parâmetros, até robusto, e alegre com o montão de presentes. De Elsie, recebeu um bracelete de ouro personalizado. De um certo alguém, um novo anel para os dedos. Por sinal, esse quarto anel (*ring*) abrilhantou ainda mais o seu nome profissional, que, conforme citado no capítulo 11, havia evoluído de "Rings" para "Ringo". Por fim, de uma tia, ganhara um colar com pingente de ouro de São Cristóvão, o santo protetor dos viajantes. Para Ringo, esses presentes tinham o valor de um tesouro. Nunca tirava do dedo a aliança de casamento do vovô Starkey, e agora faria o mesmo com São Cristóvão: colocou o colar e o ajustou no pescoço – e ali permaneceu até o dia em que foi arrancado.[*]

Viajou especialmente para a festa. O dia 8 de julho (posterior ao de seu aniversário real) caiu num sábado, quando acontecia a troca de campistas no Butlin's

---

[*] De uma admiradora, ganhou um quinto anel. E usou esse também, no lugar do primeiro, o sinete que Elsie lhe dera aos 16 anos. Usava no máximo quatro, dois em cada mão.

e a folga semanal dos Hurricanes. Partiu de manhã bem cedinho de Pwllheli, acelerando seu Ford Zodiac até chegar em casa. Ao concluir o primeiro mês da segunda temporada da banda no acampamento de férias, Rory e os outros rapazes estavam usando trajes cada vez mais berrantes. Quatro dias antes de partir, deram uma passadinha na London Road, mais especificamente na Duncan (Classic Tailors) e se aparamentaram com os ternos, talvez os mais chamativos já vistos no rock'n'roll. Senão, vejamos: os Hurricanes vestiam ternos de um vermelho flamejante, e Rory, um traje turquesa-choque, todos com camisas brancas e gravatas-borboleta *slim* pretas, sem falar nas espalhafatosas botas *winkle-pickers*, de cano curto e bico fino, em cor creme. Impossível confundir essa galera com o pessoal da funerária. A ocasião inclusive justificava plenamente a presença de um fotógrafo com filme colorido.

Para Richy, a temporada no Butlin's não foi precedida pelas angústias vividas em 1960. Tudo ainda podia virar pó, mas nenhum de seus antigos companheiros de fábrica tinha uma vida como a dele: gatinhas no chalé, bebida no bar, três horas de bateria todas as noites e uma hora todas as tardes. Mesmo assim, ele já começava a questionar seu futuro com os Hurricanes. Na cabeça de Richy, o seu objetivo ainda era chegar ao London Palladium, mas seria Rory o cara que o conduziria até lá? Trabalhavam arduamente, disso não resta dúvida – basta conferir a agenda de Johnny Guitar de 1961, que registra "140 apresentações de janeiro a 22 de maio". Em outras palavras, 140 shows em 142 dias. Apesar disso, não pareciam estar progredindo. Traços bem definidos. Vasta cabeleira loira. Energia incrível. Camisa de lamê dourada... Rory até parecia ter todas as características de uma estrela, mas Larry Parnes assistiu ao show dele e não se comoveu, e – ali mesmo em Pwllheli – Rory de novo estava sendo menosprezado pelo tipo de produtor de espetáculos que nunca ia a Liverpool, mas visitava rotineiramente o Butlin's. Era comum que as estrelas fossem "descobertas" ali, mas Rory não. Seria porque, fora do palco, Rory era gago? Talvez esse detalhe tenha afastado os caçadores de talentos. Além disso, é provável que esse pessoal não tenha enxergado nele "aquele algo a mais".

Richy sabia muito bem disso. Johnny, Lu e Ty se contentavam com essa situação, mas ele começou a avaliar as alternativas. Tornou-se camarada dos irmãos Marsden, Fred e Gerry, metade do quarteto Gerry and the Pacemakers, e mostrou interesse em entrar na banda. Fred já tocava bateria, mas não tinham baixista,

Sopa, suor e rock'n'roll (julho a setembro de 1961)

e ficou decidido que Richy poderia ser o cara. Ideia concebida em um pub, um plano maluco regado a Scotch e Pale Ale, mas vingou por um tempo. Richy não sabia tocar nenhum tipo de instrumento como violão ou guitarra, mas achava que poderia aprender; imaginou-se na linha de frente de uma banda, só para variar, e sentiu vontade de retornar a Hamburgo. Rory não tinha perspectiva de retornar, mas Gerry & Cia. voltariam ao Top Ten Club em 29 de julho, para tocar com Tony Sheridan por um mês. No fim das contas, ele decidiu ficar onde estava. Deixou os Pacemakers partirem sem ele, mas continuou nutrindo sua ânsia de pegar a estrada, e conversas desse tipo fluíram durante a celebração de sua maioridade tão livremente quanto as bebidas alcoólicas. A festa rolou intensa e extensamente na casa da família Starkey, na Admiral Grove, e a minúscula casa geminada ficou abarrotada de familiares e amigos, espremidos contra a privada do quintal e a porta da frente, que se abria direto para a "rua de brincar".

Um monte de músicos estava lá, entre Hurricanes, Dominoes, Pacemakers, Big Three e Priscilla White, moça de Scotland Road cujas apresentações ocasionais como Swinging Cilla estavam sendo notadas – ela cantou com os Beatles (uma vez, na LJS, em março), Hurricanes (várias vezes) e agora estava trabalhando com The Big Three. Ela curtia cantar "Boys", a canção das Shirelles, e ali na festa a entoou em dueto com Richy. Os dois iniciaram uma boa amizade. Cilla e a amiga dela, Pat Davies, estavam ansiosas por trabalhar como cabeleireiras, e Elsie se ofereceu para ser modelo delas. Todas as quartas-feiras à noite, as moças iam à casa número 10 da Admiral Grove para descolorir, modelar, enrolar, cortar e definir. Em troca, Elsie fritava chips de batata e fatias de carne de porco. Visita vai, visita vem, Richy se tornou amigo de Cilla e teve um romance com Pat (que trabalhou no Jacaranda e depois no Cavern) por vários meses.[1]

Os Beatles não compareceram à festa. A ausência de John, Paul e George é mais intrigante que a de Pete, e não há explicação conhecida para isso. Talvez estivessem em Hamburgo quando os convites foram enviados, ou em um compromisso em outro lugar. Tiraram uma semana de férias. John e Paul talvez tenham ido viajar por uns dias;[2] George, porém, andava ocupado no front doméstico. A mãe dele chegara do Canadá e estava em casa. Após 11 meses, os dois puderam se rever. Além disso, George estava tentando firmar o relacionamento com sua namorada.

Gerry Marsden mirou Pauline Behan enquanto os Beatles estavam em Hamburgo; George acusou Gerry de "flertar" com sua namorada, então ele e Pauline saíram mais uma ou duas vezes. Até que ele deu um ultimato a Pauline: ou ele, ou eu. Ela escolheu Gerry.[3]

Essa mesma semana também marcou o lançamento do *Mersey Beat* – primeiro jornal regional da Grã-Bretanha especializado em música pop –, a segunda página trazia "Breve digressão sobre as duvidosas origens dos Beatles", aquela história que provocava uma risada por linha, escrita por John (com uma ajudinha de George), antes de partirem para Hamburgo. À exceção de um poema e um desenho na revista escolar, era a primeira vez que algo da lavra de John aparecia em formato impresso. Ele ficou tão encantado que (de acordo com o relato de Bill Harry) correu até a sede do *Mersey Beat*, entregou um feixe de 250 historietas e poemas avulsos e disse: "Usem o que bem desejarem".

Para sobreviver, o *Mersey Beat* precisaria de todo o apoio local que Harry pudesse atrair. Mesmo antes do início, um dos maiores defensores do novo jornal foi Brian Epstein. Anotações de seu diário de 1961 registram uma reunião em 20 de junho com Bill Harry, no escritório da loja Nems da rua Whitechapel. Harry queria que a Nems assumisse uma participação no *Mersey Beat*, para alicerçar o jornal (publicado quinzenalmente) em bases financeiras mais sólidas, mas Brian preferiu recusar a proposta – decisão da qual se arrependeu. Assim, Ray McFall acabou se tornando o principal investidor, o discreto proprietário do jornal, tendo Harry como editor. Brian ajudou de outra forma: pegou uma dúzia de cópias da primeira edição e as exibiu com destaque nos balcões das duas lojas da Nems no centro da cidade. Quando os exemplares se esgotaram, pediu mais, e para a segunda edição aumentou o pedido para 12 dúzias de cópias. Promover a atividade local era uma boa tática para os negócios de todo mundo.[4]

A loja da rua Whitechapel já estava aberta havia mais de ano, com um sucesso inesperado para todos, menos o próprio Brian. Sua cogestão com Clive, seu irmão caçula, funcionava como um relógio. Brian também indicou um membro júnior para sua equipe executiva, um rapaz de 25 anos, casado, chamado Alistair Taylor, que combinava a função de vendas com o novo cargo de "assistente pessoal de Brian Epstein". Ter um assistente pessoal era algo inédito para um gerente de loja de discos. Rapidinho Taylor se acostumou com a voz culta de seu patrão

Sopa, suor e rock'n'roll (julho a setembro de 1961)

e seus modos imperiosamente extravagantes. Como a maior parte da equipe da Nems, ele se esforçava para agradar o sr. Brian com uma devoção quase irresistível – até mesmo quando praguejava contra a autocracia do patrão. Um dia, com ilógica obstinação, Brian não autorizava a necessária compra de um gaveteiro fichário no valor de £ 14. No outro, convidava Taylor para acompanhá-lo, com despesas pagas, a uma viagem ao sul da França, com voos providenciados pessoalmente e hospedagem em uma suíte 5 estrelas só para ele.[5]

Nessa época, Brian viajava pela Europa com frequência, não só participando da visita dos varejistas de discos a Hamburgo, mas também empreendendo jornadas particulares a vários destinos diferentes. Ao que consta, seus pensamentos em relação a Alistair Taylor eram estritamente os de um empregador um tanto mão-aberta. Porém, suas andanças pelo sul da França, Amsterdã, Paris, Barcelona e outros lugares sempre giravam em torno de aventuras sexuais. Viver perigosamente era força do hábito. Em 5 de outubro de 1960, foi roubado em Barcelona após se comportar (em suas próprias palavras) "de modo tolo e irresponsável". Com a Nems de vento em popa, ele dava escapadelas aos fins de semana ou, às vezes, por uma semana inteira. O trabalho já o entediava, e ele precisava correr novos riscos... ao estilo padrão de Brian Epstein. O pai dele, Harry, não podia fazer nada além de assistir de camarote, impotente, sabendo que seu primogênito andava novamente sequioso por diversão extra, algo diferente da empresa familiar que tanto prosperava com os talentos de Brian.[6]

Os vários setores da indústria fonográfica bombavam. A espetacular ascensão nas vendas ao longo dos anos 1950 não dava sinais de parar: os adolescentes exerciam seu poder de compra. A *Record Retailer* comemorou um "gigantesco 1961", com vendas 13% maiores que em 1960. Sem dúvida, a carreira de George Martin continuava em alta: vários de seus trabalhos recentes brilhavam nas paradas. "My Kind of Girl", de Matt Monro, chegou ao top 5 britânico *e* ao top 20 dos EUA – foi o primeiro hit americano de George e a melhor performance de um cantor britânico em três anos por lá.* Tudo isso após um momento triunfal em casa: finalmente, após uma década na Parlophone, George produziu um número 1 britânico.

---

* Como se esperava, o disco foi rejeitado pela Capitol e acabou sendo lançado pela Warwick.

Só podia ser, é claro, algo inesperado e original: "You're Driving Me Crazy", do Temperance Seven – jazz dos anos 1920, tocado com sinceridade e solenidade por nove ingleses excêntricos em polainas, colarinhos de asa branca, paletós de veludo e sobrecasacas eduardianas. Em 1º de abril, o dia da mentira, o disco entrou na parada da *NME*. Quatro semanas depois, atingiu o topo, enquanto o álbum seguinte, *Pasadena*, alcançou o 3º lugar justo na semana em que os Beatles chegaram de Hamburgo. "Esse é provavelmente o conjunto mais fenomenal que apareceu este ano", escreveu June Harris na *Disc*. "The Temps" (como eram chamados) também estabeleceram um marco importante, embora pouco valorizado: eram os primeiros músicos de sucesso dos anos 1960 a emergir da faculdade de artes.[7]

Foi George Martin pessoalmente quem lhes deu a notícia de seu número 1, em Cambridge, onde ele estava gravando a noite de estreia da revista de comédia chamada *Beyond The Fringe* (Além dos limites), espetáculo que fazia uma breve turnê pelo interior antes da estreia em Londres. Esse show de variedades tinha sido a sensação no Festival de Edimburgo de 1960, e, como George já tinha um ótimo relacionamento profissional com um dos quatro comediantes – Dudley Moore, também pianista de jazz –, correu na frente dos rivais e ganhou a preferência para registrar o show em disco.

Até 1963, ou seja, nos dois anos seguintes, os jovens mais conhecidos na Grã-Bretanha foram esses quatro artistas da Parlophone, vestidos com trajes do Soho, cujas ideias originais, humor, irreverência e sinceridade atraente detonaram uma revolução. Formados em "Oxbridge", Alan Bennett, Peter Cook, Jonathan Miller e Dudley Moore popularizaram o uso de uma palavra que permearia o cotidiano dos anos 1960: *sátira*. O show deles revolucionou, primeiro, os palcos de Londres e depois os da Broadway. Descartando séculos de subserviência, a trupe não poupava ninguém: primeiros-ministros, presidentes, política, polícia, nacionalismo, Império, realeza e religião... não sobrava pedra sobre pedra. Nada mais seria como antes e, na esteira deles, ao longo dos próximos três ou quatro anos, as universidades de Oxford e Cambridge produziriam uma série de outros roteiristas-artistas inteligentes, para ampliar ainda mais os limites. Vários deles continuariam a trabalhar com George Martin, cujas gravações do *Beyond The Fringe* na Parlophone permanecem o registro inestimável de um show muito engraçado e

Sopa, suor e rock'n'roll (julho a setembro de 1961)

um passo gigantesco para descontrair uma sociedade toda formal e empertigada, algo fundamental para a história que estamos contando.[8]

Na primeira vez que os Beatles foram a Hamburgo, ninguém em Liverpool percebeu. Na segunda vez, foi bem diferente. Sentiram a falta deles, e agora estavam de volta, na ponta dos cascos – esbeltos, acelerados, profissionais, focados em estourar a boca do balão.

Graças a Pete e Mona Best, o futuro imediato acenava radiante. Em vez de serem impedidos de tocar por Allan Williams, ainda fulo da vida, ou de ficarem fora do mercado por cobrarem um cachê alto, a agenda dos Beatles estava mais cheia do que nunca. Como atração principal, estavam confirmados para tocar no Cavern, todas as quartas-feiras à noite, nas próximas sete semanas. Isso foi estendido para o resto do ano, além de duas ou três sessões semanais no horário de almoço (em geral, às terças e quintas em uma semana, e às segundas e quartas na subsequente). Uma noite por semana, às quintas-feiras, tocavam no estabelecimento da sra. Best, e aos fins de semana faziam os shows com Wally Hill, sem falar nas datas com Brian Kelly, duas vezes por semana.

A máxima da família Best – "Vamos encher os bolsos de grana!" – foi perseguida com sucesso. O cachê da maioria dessas datas era de £ 15, um valor que os *promoters* tinham combinado de não aceitar. Bob Wooler recordaria de como esses rivais debateram as solicitações dos Beatles e formaram um cartel secreto para boicotar a alta dos preços. Mas tudo isso se desfez com amargura quando Ray McFall, do Cavern, aceitou pagar £ 15. O fato é que esses agendamentos continuaram em agosto e nos meses posteriores, demonstrando que a banda atraía o público. E assim que as pessoas entravam, eram logo conquistadas pelos Beatles.

Com aquelas cabeleiras, ainda penteadas para cima em topetes, mais compridas do que nunca – mais compridas do que as de qualquer outra banda de Liverpool – e aquelas roupas, os Beatles projetavam a mais potente declaração de individualidade possível. Não estavam copiando ninguém, e as bandas que os imitavam no início do ano novamente tinham ficado muito para trás. Calças, jaquetas e botas de couro preto causaram furor: na cabeça do público, o couro estava inextricavelmente associado com gente encrenqueira, e os Beatles não só sabiam disso, como também tiveram coragem e atitude para subir ao palco e se apresentar em roupas de couro. Mais tarde, George recordaria: "De camisetas pretas, indumentária de couro e suados, parecíamos mesmo uns *hooligans*". John comparava isso a prestar um tributo: "Em trajes de couro, parecíamos quatro Gene Vincents!".[9] Além disso, de vez em quando, eles usavam seus chapéus *twat* cor-de-rosa e lenços de pescoço rosados.* Com duas perdas – Stu e o piano do Top Ten Club –, agora formavam um quarteto simples: guitarra solo, guitarra base, baixo e bateria. Como acréscimo, o apelo visual do baixo em forma de violino de Paul e seu talento natural para tocá-lo. Isso deixou o som da banda melhor, tornando-a mais coesa do que nunca.

De novo, os Beatles fizeram uma imersão nas últimas sonoridades estadunidenses, conferindo os lançamentos que tinham perdido enquanto estavam em Hamburgo. Faziam essas descobertas principalmente no andar subterrâneo da loja Nems, na rua Whitechapel, onde perscrutavam os discos nas prateleiras, batiam um papo com as vendedoras e comprimiam seus corpos e suas opiniões numa cabine de audição, pedindo para escutar os dois lados de cada compacto de 45 rpm selecionado.

John, Paul e George continuavam interagindo quase exclusivamente como um trio. Às vezes, porém, Pete se juntava a eles nessas ocasiões, pois precisava aprender a tocar seja lá o que fosse escolhido para o palco. Ele recorda que, se alguém resolvesse "Vou tocar esta", a canção se tornava *deles*.[10] De vez em quando, o gerente da Nems, o impecavelmente trajado sr. Epstein, os espiava de esguelha e ficava se perguntando se eles pretendiam mesmo fazer alguma compra (mas, quando Brian se aproximava a ponto de conseguir ouvir a conversa, eles davam a entender que sim). "Todas as tardes, um grupo de rapazes com jaquetas de couro, meio desleixados, entrava na loja", recordaria Brian. "Estranhos e alternativos, mas atraentes. Cheguei a pensar que estavam dando em cima das moças e perguntei a elas. As vendedoras garantiram que eles realmente compravam discos e sabiam exatamente o que queriam. Compravam discos de R&B."[11]

---

* Ann Sheridan, uma das primeiras seguidoras dos Beatles no Cavern, descreve os lenços de pescoço deles como "uma echarpe quadrada, dobrada ao meio e amarrada atrás, usada por fora de suas roupas de couro. Esses lenços faziam o maior sucesso entre as moças – Brigitte Bardot os usava –, e os Beatles usavam lenços ao estilo caubói, rosa-claro, com o triângulo descendo na frente. Na época, além deles, ninguém do sexo masculino costumava vestir cor-de-rosa".

Sopa, suor e rock'n'roll (julho a setembro de 1961)

Em 1960, ao voltarem de Hamburgo, os Beatles encontraram um cenário musical em que os metódicos instrumentais de guitarra estavam bombando. Agora, a febre era o jazz tradicional. Era como se o rock'n'roll nunca tivesse acontecido, e todo mundo estivesse voltando a dançar o jazz *dixieland* dos anos 1920, de carona no sucesso do Temperance Seven. O desprezo de John pelo jazz tradicional alcançou novos patamares. Ainda assim, muita coisa nova na música dos EUA os deixava empolgados. "Quarter To Three", do US Bonds, caleidoscópica, barulhenta, distorcida, dançante e balançante, quebrou todas as regras, porque os Bonds cantaram em cima de uma gravação preexistente. Em pé ali mesmo, na cabine de audição da Nems, John foi o primeiro Beatle a gritar: "Vou tocar esta".

Não está claro quem escolheu "Buzz Buzz A-Diddle-It", de Freddy Cannon, mas os fatores decisivos foram, provavelmente, o título e o ritmo trepidante, ao estilo de Bo Diddley, sem falar que os rapazes sempre conferiam todas as importações do selo Top Rank da EMI. O disco do US Bonds também veio dessa fonte, assim como o último compacto de 45 rpm das Shirelles. Paul pinçou "Mama Said", aplicando os agudos de seu registro vocal para entoar a voz principal, enquanto John e George dividiam o outro microfone, substituindo as vozes femininas do coro original. Das novas composições de Goffin-King, não quiseram cantar nenhuma. Mas tocaram "Time", sucesso de estilo semelhante, composto nos EUA e interpretado pela revelação britânica Craig Douglas.

O selo London deu aos Beatles no mínimo outras três canções. Incluíram no repertório "Livin' Lovin' Wreck", de Jerry Lee Lewis (lado B da bem-sucedida cover dele para o sucesso de Ray Charles, "What'd I Say"), além de uma pulsante versão de um lado B dos Coasters, "Thumbin' a Ride". Era Paul quem cantava essa e outras canções dos Coasters, como "Searchin'" e "Besame Mucho", e esta última teve o arranjo remodelado por ele, a fim de encaixar os tragicômicos brados de "tcha-tcha-bum!", entoados em coro por John, George e ele próprio. O maior destaque, porém, era "Stand By Me", de Ben E. King. John achou o disco *ótimo* e fez questão de cantá-la, criou um efeito percussivo na introdução, esfregando uma caixa de fósforo em outra. Seu vocal, misto de fervor e ternura, cativava o público – em especial, o público feminino. Catorze anos depois, ele declarou: "A canção 'Stand By Me' foi uma de minhas grandes baladas, eu conquistava muitas *groupies* com essa".[12]

Enquanto "Stand By Me" atiçava os corações, a antítese perfeita era "(Baby) Hully Gully", dos Olympics, também com John no vocal. De acordo com George, tocar essa canção era como acender um estopim: "Sempre que tocávamos 'Hully Gully', estourava uma briga. (...) Sábado à noite, todos os brigões voltavam do pub: garantia de 'Hully Gully' no setlist".[13]

Para dar um toque de humor e manterem a distância em relação a outras bandas, os Beatles também escolhiam números mais divertidos. Paul tinha um disco de Fats Waller com "Your Feet's Too Big", e a canção se tornou um grande sucesso deles no Cavern. E George então adicionou três canções *vintage*, na época executadas por Joe Brown: "I'm Henery The Eighth, I Am" (composta em 1910), "The Darktown Strutters' Ball" (de 1917) e "The Sheik of Araby" (de 1921).[14] Esta última ganhou dos Beatles um animado arranjo de rock, abrindo com um riff de guitarra vibrante que só vagamente sugeria o "Oriente Médio", e então John e Paul a turbinaram com várias, e bizarras, interjeições de "*not arf!*". Estranhíssima, mas cômica, e se tornou uma das atrações do show dos Beatles daquele ano. Em muitos shows, "The Sheik Of Araby" marcava o momento em que George fazia o vocal principal. Em geral, ele cantava dois ou três números por noite; a canção mais recente, "So How Come (No One Loves Me)", tinha sido lançada no primeiro semestre de 1961, no LP *A Date With The Everly Brothers*. George caçoava do próprio título da música, e às vezes a anunciava ao público como "So How *abre parênteses* No One Loves Me *fecha parênteses*", numa voz aguda e desvairada.

Ideal e inconteste, o Cavern se firmou como a casa dos Beatles. Nunca foram a única atração do clube, mas se tornaram a espinha dorsal do calendário de Wooler e McFall... e com toda a razão, afinal, nenhuma outra banda jamais causara tanta empolgação. E para os Beatles, a recíproca era verdadeira. A rotina para os shows no horário do almoço era a seguinte: por volta das 11 da manhã, Pete chegava com Neil Aspinall, e os dois carregavam, não sem alguma dificuldade, a bateria e os amplificadores escada abaixo, pelos degraus de pedra íngremes e escorregadios. Enquanto isso, John, Paul e George às dez estavam em pé e logo depois pegavam ônibus separados rumo ao centro da cidade com seus instrumentos. Às 11h30, encontravam-se no porão, e o quarteto instalava os equipamentos no palco e ficava pronto para tocar. Fácil, sereno e divertido.

Sopa, suor e rock'n'roll (julho a setembro de 1961)

Aqui, pela primeira vez, os Beatles se tornaram algo importante na vida de seu público. Dessa galera que se reunia à luz do dia, multidão metropolitana de liverpudlianos, surgiram os primeiros membros de um círculo inclusivo e em contínua expansão: as mesmas pessoas sempre voltavam sucessivas vezes, posicionavam-se sob determinado arco, sentavam-se no mesmo lugar. De fácil acesso, o palco se erguia a menos de meio metro do rés do chão. Assim, a plateia entregava bilhetes com pedidos de músicas, e muitos deles vinham escritos ao estilo mordaz dos Beatles, como quem submete um roteiro para ser lido e ridicularizado. As moças eram mais estridentes que os rapazes, mas os Beatles conquistavam o amor e a devoção de ambos, em um grau bem superior a qualquer outra banda.

Na verdade, as sessões de almoço eram dois shows distintos, levando em consideração os intervalos típicos do "horário de refeição" dos trabalhadores. Ao meio-dia, começava a primeira etapa, e a banda tocava das 12h15 às 13h; então voltavam após dez minutos de intervalo e tocavam de novo até as 14h.[15] Essa segunda etapa era mais movimentada, mas, ao longo de toda a sessão, o pessoal, na hora de ir embora, fazia isso com relutância. E sempre que voltavam ao trabalho, levavam o porão com eles.

O Cavern *fedia*. Com o salão vazio, de manhã, prevalecia a fragrância do desinfetante "Tia Sally", mesclado ao cheiro de umidade e de frutas. O Cavern era cercado de depósitos de três a seis andares, que não só faziam sombra e lançavam a estreita Mathew Street numa penumbra constante, como também distribuíam produtos hortifrútis. Começava a sessão – os shows da hora do almoço ferviam, mas as apresentações noturnas ferviam ainda mais –, e outros olores intensos iam se somando: o eflúvio dos banheiros masculinos e femininos que, como de praxe, invadia a área comum; o bodum de suor e odores corporais que emanava da massa humana comprimida no porão quente; o vapor que subia das bocas do fogão da lanchonete de Thelma, infusão mista de sopa e cachorro--quente; sem falar na catinga de cigarro, pois a maioria do público fumava. Se você falar com alguém que assistiu aos Beatles no Cavern, dois comentários em especial são unânimes. Primeiro, que eles gostariam de ter "engarrafado aquele cheiro" tão intensamente evocativo. E, segundo, era impossível tentar enganar seus pais, chefes e colegas sobre aonde tinham ido: o Cavern se impregnava no cabelo, na pele, nas roupas.

Ano 4, 1961: A Era do Rock

"Sempre que eu descia a escadaria do Cavern, as lentes de meus óculos se embaçavam", lembra Alan Smith, estagiário de jornalismo em Birkenhead, na época, decidido a se transferir a Londres para trabalhar num jornal musical. "O pessoal me saudava a meia distância: 'E aí, Alan, tudo legal?', e eu tinha que limpar a condensação para ver quem era."

> Filetes de água escorriam nas paredes – era possível encher um copo e tomar. Não tem nada de exagero nisso. Não sei como ninguém morreu eletrocutado. Mas esse é apenas o aspecto levemente excêntrico da coisa. O fato é que era *incrível*. O amor também estava no ar. Era como a reunião de um clube: a plateia adorava as bandas, as bandas adoravam a plateia, e metade das vezes havia algum parentesco ou eram antigos colegas de escola. Um lugar fenomenal.[16]

Mas também perigoso. Anos depois, as condições no Cavern jamais teriam sido permitidas. Nessa época, em 1961, a lei não tinha poder suficiente para impor as inspeções de segurança, realizadas exclusivamente a critério dos proprietários dos clubes. Em termos de saneamento, havia só três banheiros e um único mictório, algo totalmente inadequado no caso de grandes multidões. Isso presumivelmente se conectava à rede de esgoto, mas tudo ia para o solo, de onde enfim percolava até escorrer túnel adentro da ferrovia subterrânea de Liverpool. Saída de incêndio? Nem pensar. Entrar e sair, apenas por um caminho desesperadoramente estreito. As consequências de um sinistro seriam terríveis, como ficou tragicamente demonstrado quando um incêndio arrasou um clube em Bolton, a 50 quilômetros dali, em 1º de maio de 1961: 15 pessoas carbonizadas, encurraladas no andar de cima, sem escada de incêndio, e mais quatro mortos ao saltar pelas janelas.

O governo prometeu aumentar o rigor dos regulamentos de segurança, e um inquérito foi aberto em Liverpool para investigar o que aconteceria se um salão de eventos local sofresse uma tragédia comparável. Para esse teste, o local escolhido foi o Cavern, que pela primeira vez foi estampado na primeira página do *Echo*. O tribunal ouviu que

> o porão, que fica 3,3 metros abaixo do nível da rua, mede 18 por 12 metros, com o palco em uma das pontas. Único meio de acesso, a entrada pela Mathew Street desemboca num corredor de 1 metro e pouco de vão, o qual, por sua vez,

Sopa, suor e rock'n'roll (julho a setembro de 1961)

conduz a outra porta de 80 centímetros de largura que se abre para a escada de 17 degraus. Cerca de 200 a 300 pessoas frequentam o clube na hora do almoço e, à noite, de 500 a 600 pessoas. Nesse clube bem gerido, os adolescentes escutam o tipo de música de que gostam e, a esse respeito, têm a bênção da Corporação [de Liverpool]... Porém um fato é motivo de extremo receio para a Corporação: a única escada é totalmente inadequada como meio de fuga em caso de incêndio.[17]

O inquérito concluiu que o Cavern deveria sofrer mudanças estruturais, mas, enquanto os planos eram elaborados, uma brecha na lei os desobrigava de tomar as medidas e as instalações permaneceriam inalteradas até o clube ser ampliado, anos depois. Nesse meio-tempo, como fator atenuante, constatou-se que o lugar era feito inteiramente de alvenaria, com poucos materiais inflamáveis.

Na visão de Paul, o Cavern era quase o paraíso. Havia cinco anos, ele escutara Elvis pela primeira vez e, nesse período, a vida dele passou por muitas voltas e reviravoltas inesperadas. "Meus melhores dias no palco foram no Cavern, nas sessões do almoço. A gente simplesmente subia ao palco com um enroladinho de queijo, uma Coca-Cola e um cigarrinho, e o pessoal ficava pedindo essa ou aquela música. Entre uma canção e outra, você mordiscava o enroladinho de queijo, e ninguém dava bola pra isso, e depois você ia lá e tomava um refri. Isso era incrível. Naquele lugar realmente criamos algo diferente. No Cavern, formamos com o público um tipo de vínculo que nunca mais tivemos."[18]

Não havia nada de presunçoso numa sessão de almoço dos Beatles. Valia tudo. Um dia, Bob Wooler perguntou a eles se um mocinho chamado Steve Calrow podia se levantar e cantar: ele estava começando a trabalhar como animador de clube e tinha uma voz boa. Os Beatles tocaram três canções com ele (duas de Elvis e uma de Little Richard). É o próprio Calrow quem conta: "Como grupo de apoio, os Beatles eram de outro planeta, e no palco eram naturalmente engraçados".

Na época, Arthur Lowe interpretava um empresário do comércio de roupas chamado Leonard Swindley, na novela *Coronation Street*. Ele dava em cima da assistente, a srta. Emily, e Paul sempre fazia uma imitação de Swindley, e todo mundo caía na risada. Daí o John lia os pedidos assim: "Queremos que John cante 'Money' só para ver o rosto dele ficar vermelho" e "Queremos ver o

Paul cantar 'Till There Was You' porque ele fica uma gracinha". Paul fingia não ouvir, e John em um aparte se dirigia à plateia: "Ele não está olhando, *mas está ouvindo tudo*".[19]

Quando Stu saiu dos Beatles, John e Paul se tornaram mais próximos. Por 18 meses ele ficara entre os dois, agora, o abismo havia se desfeito. John amava Stu como amigo, mas não sentia falta de sua contribuição musical – acabou se tornando um baixista razoável, mas Paul o ultrapassou num piscar de olhos. Com ambição, ímpeto, determinação, humor e muito mais, John e Paul seguiram em frente. Às vezes, o fato de ambos já não terem mãe servia de motivação extra. Só eles eram capazes de achar graça nisso. Gostavam de ver a reação de quem inocentemente mencionava as mães deles e recebia como resposta nua e crua: "Ela está morta".[20]

Mais do que nunca, as sessões do horário de almoço serviram para fortalecer os laços de amizade entre os Beatles. Eles não se viam apenas à noite, como outras bandas, mas muitas vezes passavam o dia inteiro juntos, como melhores amigos. Quando a sessão do Cavern terminava – depois que Bob Wooler fazia soar "I'll Be There", de Bobby Darin, nas caixas de som, e todo mundo pegava seus casacos –, os Beatles escapuliam a um dos pubs locais. Às vezes, se refugiavam na salinha dos fundos do White Star, forrada com painéis de madeira, dobrando a esquina. Em geral, porém, a escolha era o Grapes (nos fundos do Fruit Exchange, o Mercado das Frutas, bem do outro lado da rua, defronte à porta do Cavern), onde cachos de uva entalhados em mogno enfeitavam o bar. Ali, os três bebiam *pints* de um coquetel chamado black velvet – sidra misturada com Guinness –, sempre muito animados.[21] No fim do expediente, a menos que fossem juntos à Nems, Pete e Neil geralmente voltavam para casa, em West Derby, e John, Paul e George ficavam no centro.

Nas tardes de verão, passavam o tempo nas ruas, fumando, xingando, correndo em disparada, zoando, se estapeando, dando risadinhas. Boquiabertos, os transeuntes abriam passagem – ou atravessavam a rua – ao verem (e farejarem) o trio de jovens em trajes de couro, com botas de caubói ou *winkle-pickers* pretas. Alguns balbuciavam a crítica padrão: "Lutei na guerra por vocês, seus vagabundos!".[22] Às vezes, iam visitar Bill Harry, na sede do *Mersey Beat*, na Renshaw Street, pegavam um cineminha no Tatler, namoravam os instrumentos

Sopa, suor e rock'n'roll (julho a setembro de 1961)

da Hessy's & Rushworth's e – barrados no Jacaranda – matavam tempo no salão de chá do Kardomah, para o desgosto de muita gente.

A carga de Preludin trazida de Hamburgo estava acabando com relativa velocidade, especialmente porque John distribuía os comprimidos "para ver o que o pessoal achava". Uma tarde, o Grapes fechou, e John e George foram com Wooler a um local com entrada só para membros: o White Rose Social Club, na South Castle Street, onde era permitido por lei o consumo de bebida alcoólica fora dos horários dos pubs. Depois de pagar mais uma rodada, Wooler voltou à mesa a tempo de ver duas pílulas brancas se diluindo em seu copo. Pressionados, John e George enfim contaram o que era, e John rebateu a sugestão de que poderia ser prejudicial virar o copo até o fim, *auf ex*, de um gole só. Seja como for, Wooler realmente começou a tomar *prellies* de vez em quando. As drágeas vinham em tubinhos metálicos, e como o metrô era chamado de "The Tube", ele dizia aos Beatles, com um olhar matreiro: "Alguém vai de Tube hoje à noite?".[23]

"Ser jovem nessa época era glorioso... Não bebíamos álcool, não fazíamos nada que não deveríamos fazer, mas nos divertíamos à beça", conta Eileen Robinson.[24] Ela fazia parte da nova onda de Cavernites, todos com idade entre 15 e 20 anos, que entraram em sintonia direta com os Beatles e tiveram com eles o contato recíproco mais próximo que um fã poderia ter.

Margaret Douglas relembra:

> Os Beatles eram simplesmente doidos. Estavam sempre mascando chiclete (a gente os chamava de "mascantes"), e John fazia *cripple faces*, mas ninguém se ofendia com aquelas caretas. Cada uma de nós era apaixonada por ao menos um deles, mas se tivessem me convidado para sair, eu ficaria tão assustada que nem sei se aceitaria. Meu predileto era Paul, e minha melhor amiga, a Marie, fez amizade com John – ela era rechonchuda, com um senso de humor aguçado, e John fazia questão de conversar com ela. Eu achava o John legal, mas um pouco intimidante. Muitas vezes ele ficava com a Cyndy [Cynthia], que era chegada em Artes. Se outra banda estivesse tocando, eles se sentavam juntos e comiam maçãs enquanto assistiam.[25]

Roberta "Bobby" Brown sempre tentava sentar-se bem no meio da segunda fileira, porque assim obtinha uma visão ampla de todos eles... e de Paul em especial.

Ele costumava cumprimentá-la e perguntava se ela queria pedir uma música. Invariavelmente, ela escolhia "Your Feet's Too Big", pois sabia que, mais cedo ou mais tarde, Paul acabaria cantando "Till There Was You" e "Over The Rainbow", "sempre com aqueles olhos grandões, o rosto para cima, mirando acima de nossas cabeças".

> Paul era o meu favorito. Eu realmente o adorava, assim como muitas de nós. George era calado, tímido, mas muito honesto e verdadeiro, um cara legal. John era o mais engraçado, mas eu não captava bem o humor dele. Pete era taciturno, mal-humorado e tristonho, ou pelo menos aparentava ser... Não fazia menção alguma de entabular conversa com ninguém. Algumas moças o preferiam, porque ele era um pão, mas as minhas amigas e eu não gostávamos dele, e não entendíamos essa preferência.

> Eu me lembro de que Paul segurava o rosto de Dot com as mãos e o beijava. Era tão romântico. Eu pensava: "Não seria adorável ser beijada assim?", mas não ficava com ciúmes... A gente conhecia bem o nosso lugar. Fora de nosso alcance, mas sempre um amigo. Ele chegava pra mim e dizia: "Dot vai aparecer hoje à noite, será que ela pode se sentar com vocês?". Claro que pode! Minha amiga Anne e eu ficávamos emocionadas quando ele nos pedia para cuidarmos dela. Honradas. Isso significava que ele confiava na gente.[26]

Bernard "Bernie" Boyle foi um dos muitos rapazes do Cavern que se fascinaram pelos Beatles – e, no caso dele, isso acabou lhe custando o emprego. Aos 16 anos, ele trabalhava servindo o chá no escritório de um arquiteto, na Water Street, até o dia em que um amigo o convidou para uma sessão no Cavern na hora do almoço. "No palco, quatro caras que tinham acabado de voltar de Hamburgo, um quarteto em calças de couro preto tocando com perfeição o tipo de música que eu comprava em 78 rpm ou 45 rpm... 'Memphis', 'Kansas City', canções de Jerry Lee Lewis. O ambiente pulsava forte pra caramba, e o relógio marcava apenas uma hora da tarde."

> Depois eu não perdi uma sessão sequer. A voz de John era magia pura, e as harmonias vocais eram soberbas. Eu pedia para eles tocarem "Memphis" e também gostava de "Dizzy Miss Lizzy", "Long Tall Sally", "Honey Don't" e "Three Cool Cats". John não parava de mascar e, muitas vezes, eu o vi dar uma piscadela exacerbada, como se estivesse falando algo com duplo sentido.

Sopa, suor e rock'n'roll (julho a setembro de 1961)

De tanto eu falar ao Bob Wooler "Esta banda é a melhor de todas!", ele acabou me apresentando a eles. Fiquei nas nuvens. Eu admirava todos da banda: eu era jovem, ingênuo, de olhar arregalado, e achava que aqueles caras eram os melhores do mundo. Meus intervalos de uma hora no almoço foram se prolongando cada vez mais, até que um dia voltei ao escritório e descobri que enfim tinha sido demitido. Comecei a fazer trabalhos ocasionais para os Beatles, para auxiliar Neil. Eu carregava o equipamento e os acompanhava aos shows com eles na van. Eu não passava de um pirralho, mas consegui me infiltrar, e eles não se importaram.[27]

Tinha um instrumento que Boyle nunca carregava. Lá pelo fim de julho, George comprou uma guitarra melhor, a primeira vez que fazia isso desde a atualização anterior, a Futurama, em 1959. Havia um bom tempo, ele sonhava em adquirir uma Gretsch – igual à que aparecia nos encartes de seus LPs de Chet Atkins e à dedilhada pelo falecido Eddie Cochran. Entretanto, mesmo com o fim dos embargos comerciais da Grã-Bretanha, elas permaneciam quase inacessíveis. Foi quando George ouviu falar de uma guitarra de segunda mão, oferecida por um marinheiro mercante, e correu para conferi-la.[28]

Uma *lindeza*. Uma genuína Gretsch Duo Jet preta com som quente e dedilhado fácil, ao contrário da Futurama, que era bonita, mas difícil de tocar. O vendedor, Ivan Hayward, tinha comprado a guitarra em Nova York, em 1957, por uns US$ 200, e agora queria £ 90 por ela. Ficou surpreso com o fato de um moleque de 18 anos ter essa grana, mas, como George se lembraria depois: "Economizei por muitos anos para comprar uma guitarra [como esta]. Ganhei 70 libras e temia ser vítima de latrocínio se alguém soubesse que eu estava com o maço no bolso". Hayward permitiu que George levasse a guitarra após assinar uma promissória pelo saldo de £ 20; na verdade, uma declaração manuscrita a lápis, no verso da nota de alfândega incorrida quando Hayward trouxe o instrumento para casa pela primeira vez. Ele ainda tem o documento, porque George nunca voltou para saldar a dívida.[29]

Agora, John e George tinham guitarras e amplificadores *dos EUA* – o máximo de apelo másculo –, e George claramente adorou seu novo instrumento. Os fãs começaram a chamá-lo de "George Gretsch", e Bernie Boyle se lembra de como Harrison e sua guitarra eram inseparáveis. "George nunca teve um estojo para sua Duo Jet, apenas uma capa acolchoada, e só ele podia carregá-la, seja para qual fosse o lugar. A gente ia ao Kardomah tomar um cafezinho, George trazia a guitarra a tiracolo. A gente ia a um bar, ele bebia cerveja com a mão direita e segurava o braço da guitarra sob a axila esquerda. Ele a levava consigo aonde quer que fosse e nunca a largava por um momento sequer."[*]

As boas-novas de George não foram mencionadas pelo *Mersey Beat*, mas a segunda edição do jornal marcou época ao estampar, pela primeira vez, a foto de uma banda local – os Beatles. Pela primeira vez, a foto tirada por Astrid na feira de Hamburger Dom apareceu impressa, com a manchete de primeira página "BEATLES ASSINAM CONTRATO DE GRAVAÇÃO!".[30] Arrematando a nota sobre o acordo deles com Bert Kaempfert, vinha a notícia de que Stuart Sutcliffe tinha ficado na Alemanha, e a banda ia prosseguir como um quarteto. Quem forneceu as notícias e a fotografia a Bill Harry foi Paul, mas, por um azar, ele foi creditado na legenda como "Paul MacArthy". No primeiro número do *Mersey Beat*, John o havia chamado de "McArtrey", e em outra parte dessa segunda edição ele mereceu uma menção especial na coluna de Virginia Sowry ("na opinião de Howie, do Derry and the Seniors, Paul MacArtrey dos Beatles canta melhor que Cliff Richard"). Ou seja, ele foi vítima de três lapsos ortográficos diferentes em apenas duas edições. Para John, isso não passou despercebido.

A Nems pegou suas 12 dúzias de cópias, e Brian Epstein deve ter gostado porque convidou Bill Harry para visitar a Nems, tiveram uma longa conversa sobre o assunto, na qual se ofereceu para escrever uma coluna com resenhas de discos, começando pelo número três, proposta que Harry aceitou de bom grado.

---

[*] *Os Beatles se abasteciam com a música dos EUA nas lojas, não em navios.*
Os Cunard Yanks, marujos da Cunard Line, falantes do dialeto *scouse*, associado ao condado de Merseyside, percorreram a rota do Atlântico, construindo uma história fascinante e desempenhando um papel crucial na formação da vida de Liverpool. Porém, esses mercantes não exerceram a influência na música dos Beatles sugerida por alguns analistas. A guitarra Gretsch de George é o melhor desses poucos exemplos em que as circunstâncias os beneficiaram... Mas, como este livro demonstra, a música que os Beatles tocavam, embora viesse dos Estados Unidos da América, chegava até eles por meio de discos licenciados por empresas britânicas, prensados na Grã-Bretanha e vendidos em lojas como a Nems. Ringo Starr teve acesso à linha de abastecimento transatlântica, enriquecendo sua coleção de country e blues com discos indisponíveis no mercado local, mas os Beatles não, e esse fato também se aplica a muitas (mas não todas) outras bandas de Liverpool. Nesse aspecto, Bob Wooler foi enfático: "Nenhuma evidência (repito, nenhuma evidência) indica que as bandas de música beat estavam tocando músicas trazidas dos EUA pelos Cunard Yanks". Paul McCartney também afirmou que os Cunard Yanks não tiveram nada a ver com o fato de os Beatles conhecerem os discos estadunidenses.

Sopa, suor e rock'n'roll (julho a setembro de 1961)

*

Em 25 de julho, quando ainda despertavam de seu sono para uma sessão ao meio-dia no Cavern, John, Paul, George e Pete receberam pelo correio matutino uma surpresinha. Cada um recebeu uma carta idêntica: um pequeno envelope timbrado com o nome Silverman, Livermore & Co, renomada firma de advocacia em Liverpool. Os Beatles estavam envolvidos em seu primeiro enrosco jurídico.

Allan Williams não os denunciou à Associação de Agentes por se negarem a pagar a comissão dele em Hamburgo, mas acreditava que a banda lhe devia £ 104 e, em razão disso, estava pronto para levá-los aos tribunais. (Isso equivalia a £ 26 por cabeça, £ 2 por semana, na temporada de 13 semanas; ao que consta, Stuart não foi acionado judicialmente porque já tinha enviado dinheiro a Williams de Hamburgo.)

Aparentemente, os Beatles não deram muita bola para isso – e com certeza não iam se entregar fácil. Ray McFall indicou para eles um advogado, Charles D. Munro, e Paul marcou um horário na quinta-feira, pois, de qualquer maneira, já estaria no centro da cidade para tocar no Cavern. Seu traje de couro deve ter chocado as pessoas naquele ambiente tão conservador. Embora Munro só usasse trajes risca de giz, mesmo assim concordou em representá-los. E não seria necessário que todos os Beatles respondessem à demanda de Williams: bastaria um. Naturalmente, esse papel coube a Paul. Depois de juntar documentos relevantes dos colegas, voltou ao escritório de Munro no sábado, 29, para fazer sua parte.

"Eu atuo no grupo de jazz conhecido como Beatles", começa sua primeiríssima declaração legal, porque Munro julgou imprudente, a fim de montar uma robusta defesa de caráter, usar logo na primeira linha as palavras "rock" ou "rock'n'roll". Paul alega que, embora Williams tivesse mandado datilografar os recursos pós-deportação dele e de Pete, para que o texto ficasse mais apresentável, "não foi feita qualquer alusão a pagamentos". Além disso, ele frisa que, com a recusa de Peter Eckhorn em pagar aos Beatles mais de DM 35 por noite no Top Ten, a banda se viu obrigada a "se recusar terminantemente a pagar" a comissão de Williams. O documento traz uma conclusão igualmente ousada: "Se for preciso, estamos prontos para nos defender nesse processo [e] sem recear a eventual má publicidade que o sr. Williams queira nos dar".

Em qual das partes Munro acreditava? Não há registros sobre isso. O fato é que ele cobrou e recebeu, adiantado e em dinheiro vivo, £ 10 para cobrir custas e honorários. Em seguida, escreveu uma carta informando a Silverman & Livermore que o pedido de comissão de Williams estava sendo rejeitado com base na "ausência de contrato entre nossos respectivos clientes".

Nenhuma linha sequer reconhecia tudo o que Allan Williams tinha feito em prol dos Beatles; apenas uma rebatida vigorosa de sua reivindicação. Os Beatles não eram do tipo sentimental. Quando decidiam, por exemplo, que alguém estava tentando levar vantagem, podiam responder de modo inflexível. Nesse mesmo fim de semana, encerraram abruptamente seu relacionamento com o *promoter* Wally Hill. Justamente o sujeito que tinha superado os rivais ao agendar com os Beatles todos os sábados e domingos nos meses seguintes – pagando o que, para ele, eram exorbitantes £ 15 por show no Blair Hall e £ 12 no Holyoake Hall. Esses valores foram combinados por carta com Pete, enquanto os Beatles estavam em Hamburgo. Agora que eles estavam em casa – seguros de que poderiam conseguir marcar novos shows, caso perdessem esses, e irritados com o trato de £ 12 aos domingos, quando poderiam estar recebendo £ 15 –, colocaram lenha na fogueira e lidaram com isso de acordo com seu típico estilo suave. É Neil Aspinall quem relata o que aconteceu no domingo anterior, no Blair Hall: "Chegamos atrasados, cinco minutinhos ou meia hora, não sei bem ao certo. Ao terminarmos o último número, as cortinas ficaram abertas e o *promoter* disse que precisávamos tocar mais, porque tínhamos chegado tarde. Fizemos um bis e as cortinas não se fecharam. Então dissemos: 'Vai se danar! Nunca mais vamos tocar para você de novo, seu babaca'. Ele veio e disse: 'Se não aparecerem, nunca mais vão trabalhar em Liverpool'. E aquela merda toda. Mas só embarcamos na minha van e vazamos".[31]

"Neil é uma daquelas pessoas com quem você se identifica logo que o conhece", declarou John em 1964, falando sobre o primeiro, e original, assistente em tempo integral dos Beatles.[32] Num estalar de dedos, ele e Neil Aspinall se deram muito bem, o mesmo aconteceu com George e seu velho amigo da ala dos fumantes do Institute, e também com Paul, só que em menor grau. Os Beatles o chamavam basicamente de Nell – seu apelido de infância –, e o grau em que ele se encaixa na estrutura dos Beatles fica evidente quando ele descreve o grupo na primeira pessoa do plural. Ele não tocava, mas em pouco tempo se tornou indispensável para eles, o melhor amigo do mais

Sopa, suor e rock'n'roll (julho a setembro de 1961)

quietinho da banda, porém não menos tenaz que John, Paul e George. Para os Beatles, ele se tornou *um de nós*, e John fez questão de verificar se Neil era homem o suficiente para protegê-lo. Ele não era só o motorista e o roadie da banda, era colega e protetor.[*] Compartilhavam muitas características – eram mordazes, francos, mentalmente fortes, perspicazes, cômicos, obstinados, tagarelas, leais, honestos e viciados em nicotina. No começo, ele recebia cerca de £ 7 por semana, rateados entre os quatro.

Os três nunca tinham muito a dizer a Pete, mas Neil fazia essa ponte com eficiência, e é bem possível que a sua contratação tenha ajudado a prolongar a permanência de Pete no grupo, quando a inclinação deles era (nas palavras de John) "descartá-lo". Cada vez mais, os Beatles estavam vinculados aos Best: Pete e Mona agendavam seus shows, Neil pilotava a van comprada para ele por Mona (e os dois continuavam a formar um casal), e os amplificadores e tralhas da banda eram guardados no hall de entrada da 8 Hayman's Green – imóvel onde ainda, quando a folga na agenda permitia, os Beatles tocavam no porão Casbah e se divertiam a valer.

Apesar dos sonhos dos Beatles com o amanhã, a van de Neil seria seu meio de transporte no futuro próximo: um lugar de diversão, jogos, gritos, refeições e sexo com garotas após os shows. Custou £ 65, e o contrato de locação com opção de compra estava em nome de Mona, porque a locadora não quis fazer um contrato com Neil, que tinha 19 anos (um ano mais novo que John, um mês mais velho que Pete e pouco mais de oito meses mais velho que Paul – a mesma diferença de idade entre Paul e George). Como todos os shows dos Beatles estavam marcados na parte central da cidade ou ao norte dela, John, Paul e George continuaram indo de ônibus, mas depois Neil os levava para casa ou qualquer outro lugar a que desejassem ir. O banco do carona era disputado com uma disparada e um arranca-rabo, no banco de trás se acomodavam os outros três e, por fim, sobrava – recorda Bernie Boyle – o compartimento de carga. "Era ali que eles transportavam todo o equipamento. Não havia assento para mim, mas eu me esgueirava nesse espaço traseiro e me deitava por cima dos amplificadores. Ficava tudo solto, e quando Neil dobrava a esquina, despencava tudo, eu inclusive. As guitarras e o kit de Pete ficavam em estojos e caixas, mas os amplificadores tombavam pra lá e pra cá."

---

[*] Neil nunca se considerou *road manager* dos Beatles até esse rótulo lhe ser impingido, no finzinho de 1962.

Bons tempos... Porém, sob o prisma dos Beatles, tudo parecia estar se tornando um pouquinho fácil demais. Estavam na crista da onda, mas *entediados*, John e Paul especialmente. Os salões locais eram chamados de "circuito", e parecia isso mesmo: semana após semana, ficavam girando e girando nos mesmíssimos lugares, nas mesmíssimas noites. Isso era suficiente para outras bandas, mas não para os Beatles. E embora Neil conseguisse lidar com eles, ninguém mais conseguia. Tinham exigido £ 15 por noite, sabendo que talvez não conseguissem, mas os *promoters* pagaram – e, como Bob Wooler se lembraria, os Beatles, paradoxalmente, não se impressionaram muito com isso. Quando surgiam obstáculos (por exemplo, Wally Hill), eles simplesmente os eliminavam. Toda semana, Wooler convivia com os Beatles em duas ou três sessões de almoço/tarde, e também na maior parte das noites. Sempre afirmou com toda a convicção que os Beatles "quase se separaram no verão de 1961, porque tinham a sensação de que não estavam indo a lugar algum". É uma constatação extraordinária.[33]

Paul disse que a banda precisava de alguma publicidade e, não por coincidência, a primeira menção do *Liverpool Echo* aos Beatles (além dos classificados) aconteceu nessa época, em 10 de agosto de 1961. A coluna diária "Over The Mersey Wall" (Sobre o muro de Mersey), um apanhado de notícias e opiniões populares, trazia Paul contando uma bonita história: a moça da chapelaria da LJS, a Sociedade de Jazz de Liverpool, havia lhe pedido para comprar uma boneca em Hamburgo para uma criança deficiente que estava hospitalizada; ele havia comprado, mas tinha perdido o endereço e não sabia para onde enviá-la. Era a pura verdade, mas também um bom gancho publicitário... e também um trampolim para a melhor cartada de Paul. Nesse mesmo dia, a matéria principal da coluna – com a manchete "SIM, ELES NADARAM MESMO NO RIO MERSEY" – explicava por que ninguém atravessava o rio a nado desde 1923: fazer a travessia era considerado perigosíssimo, por causa da navegação e das intensas correntes de maré. Paul avaliou: se essa ausência de tentativas em 40 anos já era notícia, então eles obteriam máxima cobertura se fizessem a proeza. Anos depois, observou-se que nunca ficou definido qual corajoso Beatle ficaria molhado: ele ou John? Mas a ideia de uma jogada publicitária agradou a Paul. "Começamos a pensar nessas coisas, já que não tínhamos empresário, então ficávamos lá sentados, matutando o que poderíamos fazer. Um de nós ia pular nas águas do Mersey e atravessá-lo a nado..."[34]

Sopa, suor e rock'n'roll (julho a setembro de 1961)

Não tínhamos empresário. Essa frase resume tudo. Estavam sem leme, precisando de alguém para guiá-los além de onde estavam, abrir um novo leque de oportunidades – afinal, embora os Beatles não tivessem rumo, fé eles tinham de sobra. Como John declararia em diversas ocasiões, eles se sentiam capazes de superar qualquer um, se tivessem a chance. "A gente sempre ficava achando que era melhor do que os cantores e grupos famosos. Mas então por que não estávamos lá em cima? (...) No fundo, no fundo, eu pensava 'Vou chegar lá', eu não sabia definir quando nem como, mas eu sabia que tínhamos *algo*... Você sempre torce para que alguém apareça... e a gente sempre esperava que um grandalhão de charuto na boca aparecesse."[35]

O pessoal de charuto ficava em Londres, e nenhum via necessidade de viajar 300 quilômetros em busca de talentos... Em geral, Liverpool nem passava por suas cabeças. No âmbito local, esse tipo de homem simplesmente não existia: não havia empresários em potencial esquadrinhando Merseyside atrás de bandas promissoras para representar. Nenhuma banda da região tinha empresário. Mesmo assim, um empresário de pensamento provinciano teria sido inútil para os Beatles. Já estavam explorando ao máximo seu potencial de ganhos: cada um deles embolsava cerca de £ 25 por semana e parecia não haver maneira de persuadir os *promoters* a pagarem mais. Além do mais, os empresários sobre os quais os Beatles ouviram falar – Larry Parnes e semelhantes – eram conhecidos por abiscoitarem até 50% do cachê.

Bob Wooler resumiu o problema da banda desta forma:

> Precisavam de alguém para canalizar suas energias, suas ideias. Isso exigia alguém disposto a aturar os Beatles, e nesse ponto eles eram um desafio e tanto, porque eram determinados. Tinham ideias próprias. Quem assumisse os Beatles teria que se empenhar de corpo e alma à banda – e é raro encontrar a estirpe de pessoas que se submete a esse tipo de controle.
>
> Os Beatles queriam alguém capaz de impulsionar a carreira deles de uma maneira muito positiva: queriam alguém com intelecto, alguém com influência, alguém com dinheiro e alguém que pilotasse um carro.[36]

Wooler tinha "um pouco de intelecto, mas sem influência fora de Liverpool, sem dinheiro e sem carro". Os Beatles apreciavam seu humor e sua erudição, mas se ele fosse o empresário da banda, jamais teriam tolerado seu pedantismo, e ele, do tipo sensível que se melindra fácil, acabaria sendo profundamente magoado por John e Paul.

Wooler conta que havia outros candidatos:

> Ray McFall, Bill Harry e Sam Leach, todos esses aventaram a hipótese de assumir como empresário deles. Ray sabia que a banda precisava de alguém, mas tinha uma personalidade incompatível e não conseguiria tolerar o comportamento deles. Eu me lembro do dia em que ele chegou para mim e disse: "Os Beatles estão precisando *mesmo* de um empresário". E pensei comigo: "E você vai descobrir o quanto é difícil lidar com esses caras". Bill Harry estava muito preocupado com o *Mersey Beat* e acho que teriam brigado com Sam.[37]

Outro nome aventado foi o de Brian Kelly, mas ele andava muito ocupado com seus bailinhos de *jive* e negócios eletrônicos para ser empresário da banda, e é difícil imaginar os Beatles o escolhendo.

Por fim, havia a sra. Best. Em meados de 1960, Peter largou os estudos subitamente e se enfurnou em casa, quietinho, sem fazer nada. Um ano depois, continuava quietinho, mas tocava na banda mais badalada de Liverpool e – aos olhos benevolentes de Mona – era o maior responsável por esse sucesso. Tudo o que era humanamente possível fazer pelo seu filho mais velho, Mona fazia, e sempre continuaria fazendo. Por isso, nessa época, ela conseguiu realizar mais pelos Beatles do que todos os outros pais juntos. Mas será que ela queria atuar como empresária deles? Pete afirma que não, e Wooler não foi o único a expressar a certeza de que John, Paul e George jamais teriam permitido isso.[38]

Brian Epstein publicou sua primeira coluna no *Mersey Beat* no início de agosto. Fez um comentário sobre shows e discos de jazz, bem como a respeito de música pop (como todo mundo ainda chamava), realçando o "bom potencial" do próximo single de Chubby Checker, "Let's Twist Again". Também antecipou ótimas vendas para *Beyond The Fringe*, LP da Parlophone. Em outra parte do mesmo número, os Beatles foram parabenizados por seu "contínuo sucesso na Inglaterra e no exterior" e por terem assinado um contrato de gravação. Além disso, foram mencionados no anúncio da primeira página para uma sessão de noite inteira, no Cavern, dia 5 de agosto, um sábado.

Sopa, suor e rock'n'roll (julho a setembro de 1961) 703

Apesar do discurso sobre tédio e depressão, os Beatles ainda tinham alguns momentos selvagens. Verdadeiras oportunidades, os eventos de noite inteira no Cavern eram tórridos, agitados, com seis bandas em dez horas, uma festa para o público e também para os músicos. Atrás do balcão da lanchonete, Thelma Wilkinson enxugava o suor, vigiava e espantava os ratos, gritava para ser ouvida apesar da música incrivelmente barulhenta, preparava infindáveis bules de chá e cozinhava caçarolas após caçarolas de *scouse* – o ensopado de cebola, cenoura, batata e carne – que iam ser perigosamente transportadas até o minúsculo camarim, abarrotado de músicos. Banheiros? Transbordando. Tetos e paredes? Vertendo água. Fusíveis? Estourando. E os músicos? Arrastando o equipamento – bateria, guitarra, amplificador, tudo – no meio da multidão apinhada (só existia uma rota para entrar e sair). Era inevitável: a plateia abria caminho mais relutantemente para seus ídolos, então os Beatles sempre tinham dificuldades – beijos, tapinhas nas costas, mil e uma perguntas e pedidos enquanto tentavam atravessar a multidão.

A noitada reuniu jazz e rock e teve como protagonista Kenny Ball, trompetista de fama nacional. "Você só escolheu o pistão pra pegar o pitéu", brincou John Lennon.[39] Ao menos dois componentes dos Hurricanes – Ringo e Lu "Wally" Walters – marcaram presença como espectadores, aproveitando o dia de folga no Butlin's para dar um pulinho em Liverpool. Uma foto deles ao lado de George Harrison apareceu no quarto número do *Mersey Beat* – ao que consta, a primeira ocasião em que Ringo foi fotografado com um Beatle. Um instantâneo atmosférico dos Beatles em ação no palco – John cantando a plenos pulmões ao microfone – foi estampado na primeira página.

Três semanas depois, outro evento memorável: o *Riverboat Shuffle* (Baile na balsa), promovido por Ray McFall. Essas ocasionais *soirées* de verão deveriam envolver apenas jazz, mas tal era a queda de McFall pela música beat que os eventos também começaram a mesclar o jazz com o rock. Em 25 de agosto, o Cavern não abriu as portas e a galera em peso compareceu ao Pier Head, onde, no terminal das balsas, embarcou no *MV Royal Iris* para uma noite inesquecível nas lodosas águas do rio Mersey, em mais de três horas de música, dança e confusão. Os Beatles atuaram como banda de apoio da atração principal, sr. Acker Bilk, o maior nome do jazz tradicional, prestes a conquistar seu terceiro hit no top 10.

Bilk forneceu a cada um dos Beatles um chapéu-coco – sua marca registrada –, e os rapazes os colocaram enquanto passavam entre os caixotes de cerveja marrom.

Imponente balsa nas cores creme e verde, o *Royal Iris* tinha um salão de baile supostamente maior do que o do transatlântico *Queen Elizabeth*, além de vários bares, cada qual fazendo um comércio estrondoso, e uma praça de alimentação de onde vinha o seu apelido em Liverpool, "o barco do peixe com fritas". As travessias sempre corriam o risco de enfrentar águas revoltas e, nessa noite, o barco foi açoitado por ventos fortes. Pelo rio a navegação foi relativamente tranquila, mas quando o capitão passou de New Brighton e entrou em mar aberto, a força da Baía de Liverpool fez tudo adernar. Microfones balançaram, dançarinos cambalearam e, logo depois, a multidão correu às amuradas, e muitos festeiros regurgitaram. A imagem pintada por Bernie Boyle é evocativa: "Naquela noite, os Beatles fizeram o barco balançar. Não cabia mais um alfinete lá dentro (estava *apinhado* de gente) e a multidão suava em bicas. A galera bebia, fumava, comia peixe com fritas e vomitava... Uma noite inacreditável".

E a coisa foi indo assim, até agosto. Um perde, outro ganha. A perda de Wally Hill nas noites de sábado se transformou no ganho de Brian Kelly – ele agendou os Beatles todas as semanas no Aintree Institute, onde a rapaziada continuava arremessando cadeiras, mas as garotas se aglomeravam aos pés dos Beatles. Algumas subiam ao palco, outras se sentavam nele, balançando as pernas na borda, e outras, ainda, se sentavam inteiramente no próprio palco. Todas olhavam para cima, hipnotizadas, e reagiam com gritos agudos de frenético entusiasmo a canções e movimentos específicos – mas sem exageros e sem atrapalhar a performance. Guinchos diferentes ecoavam no Hambleton Hall, o auditório municipal de Huyton, onde os Beatles agora tocavam em domingos alternados com o Casbah. "Na Hive of Jive (Colmeia da dança) você nunca leva ferroada", escreveu Bob Wooler em seu anúncio no *Echo*. Ele só podia estar brincando, especialmente quando John começava a cantar "Hully Gully". Para Neil, essas noites foram particularmente árduas: tinha que carregar o equipamento dos Beatles até o salão em meio a um corredor de valentões.

Meses antes, Neil era um contador em treinamento calculando tediosos balancetes. Agora, quando a condensação que fluía dos tijolos do Cavern provocava curto-circuito no amplificador de um Beatle, ele desparafusava o plugue, enfiava

Sopa, suor e rock'n'roll (julho a setembro de 1961)

os fios direto na tomada com alguns fósforos e pronto, resolvia o problema até o fim da apresentação.[40] Nesse meio-tempo, no palco, John, Paul e George parodiavam The Shadows com direito a dancinha imitando as Tiller Girls. Enquanto Neil se esforçava para fazer reparos, John subia ao palco com um saco de polietileno em um de seus sapatos ou se recostava no piano, enfiava o dedo no nariz e grudava um chiclete mascado em seu amplificador. Por sua vez, Paul entrava no palco com um jornal rasgado saindo pelas pernas da calça e simulava surpresa, de olhos arregalados, quando o público o avisava. Era o horário da pantomima com os Beatles, como uma daquelas surpresas anuais da tia Mimi e do tio George para o pequeno John. *Ali está ela, atrás de você!*

Se Mimi tivesse visto John mascando chiclete e limpando o nariz em nome do entretenimento, a reação dela teria sido digna de um palco. Nessa época, essa completa exasperação pela "carreira" escolhida por John estava longe de ser a única fonte de estresse de Mimi. Logo depois que Cyn voltou de Hamburgo, a mãe dela embarcou num navio e foi passar uns meses no Canadá, e a casa geminada delas em Hoylake foi alugada. Cyn ficou em Mendips como se fosse uma estudante inquilina de Mimi. Essa manobra colocou para valer – e pela primeira vez – os pombinhos sob o mesmo teto, e todo mundo à prova. Mimi não era diferente de Lil Powell, Millie Sutcliffe ou qualquer outra pessoa de sua geração, e não ia permitir brincadeira de casinha antes do casamento. Essa foi uma das muitas tensões que pulsavam, e por volta dessa época Mimi resolveu conferir com os próprios olhos *como* John ganhava a vida. Decidiu ir a "esse tal de Cavern", sem contar a John. Outro sobrinho dela, Stan Parkes, primo de John, a acompanhou até a Mathew Street. Com cautela desceram os degraus lisos até o inferninho subterrâneo onde Mimi exclamou com máxima ironia: "Muito bonito, John. *Muito* bonito!".[41]

Ela não permitiu que as meninas do fã-clube dos Beatles – ansiosas para descobrir curiosidades sobre a infância de John e coletar informações – fizessem uma visita a Mendips. Fundado no começo de agosto de 1961, o fã-clube recebeu total apoio dos Beatles desde o instante em que Bernie Boyle trouxe a ideia à banda. Boyle também comentou o assunto com Bob Wooler, e o DJ então o apresentou a duas garotas de uma cidade vizinha, St. Helens, que poderiam ajudá-lo a administrar o fã-clube: Maureen O'Shea e Jennifer Dawes, ferrenhas admiradoras dos Beatles, que sempre estavam no Cavern e em alguns outros locais de shows. O trio uniu forças: Bernie (16 anos), Jennifer (19 anos) e Maureen (21 anos) se tornaram, respectivamente, presidente, tesoureira e secretária do Fã-Clube dos Beatles.

"Trabalhamos com dedicação para tornar os Beatles melhores e mais profissionais", conta Jennifer Dawes. "Eles só queriam saber de tocar, nada mais importava para eles. Eram meio bagunçados em termos de organização, mas os achávamos maravilhosos e adorávamos passar o tempo na companhia deles: costumávamos passear com eles e visitá-los em suas casas. Claro, a minha mãe não tinha *nem* ideia do que andávamos fazendo."[42]

A ideia do clube foi de Bernie, mas as moças eram mais capacitadas para a tarefa. Sabiam datilografar e passavam noites em claro colando selos em envelopes. Na prática, as duas foram assumindo o controle das ações. Estabeleceram a taxa anual de cinco xelins para entrar no fã-clube, criaram formulários de inscrição timbrados e imprimiram carteirinhas de sócios para a Temporada 1961-62, de agosto a agosto. Mandaram fazer crachás, encomendaram uma sessão de fotos de seus ídolos para serem disponibilizadas exclusivamente para os membros. "Dissemos aos Beatles: 'Fiquem elegantes, usem camisas limpas e sejam pontuais'", conta Maureen O'Shea. "Éramos bem mandonas com eles. Claro, eles vieram com seus trajes de couro preto e camisetas pretas."[43]

A primeira sessão de fotos dos Beatles em Liverpool – a primeira deles em outro lugar fora de Hamburgo – aconteceu no silêncio do Cavern antes de um show na hora do almoço. Entretanto, por mais que apoiassem os fãs e o clube criado por eles, os Beatles não foram especialmente cooperativos com o fotógrafo. O quarentão Geoff Williams, profissional de St. Helens que atuava em casamentos e trabalhos corporativos, descobriu como era difícil lidar com os Beatles.[44]

Com exceção da casa da tia de John Lennon, as moças tiveram recepções calorosas nas residências dos outros pais.

> Maureen: Os Harrison foram muito simpáticos e interessados no fã-clube. Fomos à noitinha e eles nos prepararam chá. George me perguntou em qual escola eu tinha estudado. Quando falei "Notre Dame", ele começou a me chamar de "Corcunda de Notre Dame". Também me fez um convite: "Quer sair comigo?". Mas tive que recusar. Eu gostava muito dele, mas sabia que não poderia apresentá-lo à minha mãe por causa de seu sotaque de Liverpool.

Sopa, suor e rock'n'roll (julho a setembro de 1961)

Jennifer: A mãe de George estava nos dizendo o peso dele ao nascer, e George atalhou: "Na época, eu não tinha guitarra... então era só o meu peso, sem a guitarra". George era bem magricela.

Maureen: Jim McCartney era extremamente acolhedor, então fizemos várias visitas à Forthlin Road. Uma vez, quando Jim estava no trabalho, preparamos batatas fritas para Paul e Mike. Jen e eu conseguimos uma folga de nossos empregos. Mike nos levou ao quarto dele e com muito orgulho nos mostrou suas pinturas e desenhos.[45]

Maureen: Achei Mona Best uma dama pra lá de exótica. Nunca conheci ninguém como ela. Ela colocava os interesses dos rapazes – ou melhor, principalmente os de Pete – no centro de tudo.

Jennifer: Um cara agradável e decente, o Pete. Mas tínhamos a impressão de que as circunstâncias na casa dele eram muito peculiares. A sra. Best era uma empresária durona, de personalidade forte, e o relacionamento entre ela e Neil era "muito amigável". Pete vivia embaixo de sua asa – era sempre ela quem falava por ele.

Nomeado membro honorário do clube, Bob Wooler fez tudo a seu alcance para incentivá-lo. Convidou Maureen e Jennifer para subir ao palco do Litherland Town Hall e explicar à plateia as atividades do fã-clube e como fazer para se inscrever. "Naquele instante, os Beatles ainda estavam no palco", lembra-se Maureen. "Ficamos de costas para eles. Bem provável que George, Paul e Pete estampassem sorrisos sinceros, mas aposto que o sorriso de John era de sarcasmo."

Desde o primeiro retorno deles de Hamburgo, Wooler tinha sido o maior entusiasta dos Beatles – "sempre por trás dos momentos importantes", na descrição de Bernie Boyle. Reconhecendo a contribuição dele ao cenário da música local e sua precisão com as palavras, Bill Harry o convidou para escrever uma coluna própria no *Mersey Beat*. Em 31 de agosto de 1961, Wooler estreou, tocando no assunto que estava na boca do povo. O resultado foi o primeiro artigo jornalístico sobre os Beatles, um texto de rara percepção e clarividência, que merece ser reproduzido aqui na íntegra.

Um fenômeno chamado Beatles!
Bob Wooler

A que você atribui a grande popularidade dos Beatles? Essa pergunta me foi dirigida por muita gente, em diversas ocasiões, desde aquela noite fantástica (27 de dezembro de 1960, uma terça-feira) no Litherland Town Hall, quando o impacto da banda foi sentido pela primeira vez neste lado do rio. Eu me considero privilegiado por ter participado do lançamento do grupo naquela ocasião empolgante, e me sinto gratificado pela oportunidade de apresentá-los a plateias arrebatadas em praticamente todos os shows seguintes da banda, antes de sua mais recente viagem a Hamburgo.

Talvez a minha estreita ligação com as atividades dos Beatles, tanto no início deste ano quanto após seu recente reaparecimento no circuito de Merseyside, seja suficiente para convencer as pessoas de que sou capaz de registrar a História de Sucesso dos Beatles. Assim parece, suponho eu. Por isso, a seguir, eu tento explicar a popularidade de seus espetáculos. Se a minha análise não se coadunar com os pontos de vista de outras pessoas, tudo bem. A questão é, antes de tudo, instigante.

Mas, então, como respondê-la? Para começo de conversa, algumas observações óbvias. Os Beatles são a novidade mais importante do cenário de rock'n'roll de Liverpool em muitos anos. Eram, e ainda são, o produto local mais quente que todo e qualquer *promoter* de eventos de rock encontrará. Para os ouvidos de muitos desses cavalheiros, a sonoridade da marca Beatle é cacofônica no palco, mas quem pode ignorar o fato de que essa mesma massa sonora se traduz no mais doce tilintar nesse lado do paraíso... o tilintar da máquina registradora!

Creio que os Beatles são o número 1 porque eles ressuscitaram o estilo original de rock'n'roll, cujas raízes nos remetem aos cantores afro-americanos. Entraram em cena fazendo o contraponto ao rock emasculado por figuras como Cliff Richard e sons como os daqueles prodígios eletrônicos, The Shadows, e seus inúmeros imitadores. O ímpeto que inflamava as emoções tinha sumido. Foi substituído por essa música comportada de estúdio, habilmente produzida e direcionada às paradas, conforme os interesses da turma de A&R.

Os Beatles, portanto, explodiram em meio a um cenário exaurido. E para a turminha prestes a sair da adolescência – que em seus anos mais impressioná-

Sopa, suor e rock'n'roll (julho a setembro de 1961)

veis experimentou o impacto do rhythm'n'blues (rock'n'roll em estado puro) –, foi uma experiência e tanto, um processo de resgatar e reviver um estilo de sons e sentimentos identificáveis com sua época.

Ali pulsava, nos Beatles, outra vez o material do qual os gritos são feitos. Ali estava a empolgação – física e auditiva – que simbolizava a rebeldia da juventude em meados da década de 1950. Essa era a coisa real. Ali estavam eles, primeiro cinco e depois quatro dínamos humanos gerando um ritmo irresistível. Girando os ponteiros do rock para trás. Fazendo bombar canções de Chuck Berry, Little Richard, Carl Perkins, The Coasters e outros grandes dinossauros da época. Ali estavam eles, sem dar bola para a uniformidade do vestuário. Cabelo comprido e desgrenhado. Brutos, mas românticos, atraentes a ambos os sexos. Com uma ingenuidade calculada, uma abordagem engenhosa e casual em relação à música que fazem. Afetando indiferença à resposta do público, mas sempre dizendo "Obrigado". Revivendo o interesse e despertando entusiasmo por músicas já esquecidas nas paradas há tempos. Popularizando (mais que qualquer outra banda) lados B de singles – como "Boys". Atraindo atenção e influenciando, intencionalmente ou não, outros grupos em termos de estilo, da escolha e da apresentação das músicas.

Em essência, um show sempre vocal, quase nunca instrumental (ao menos não neste país). Ali estavam eles, intelectualmente independentes, tocando o que gostavam por diversão, fama e dinheiro. Privilegiados, ganharam prestígio e experiência numa temporada no Top Ten Club, de Hamburgo, ao longo do outono e do inverno do ano passado. Peritos musicalmente, magnéticos fisicamente – vide a mal-humorada e maravilhosa magnificência do baterista Pete Best, espécie de Jeff Chandler adolescente. Uma mescla extraordinária de vozes talentosas que nas canções soam notáveis, mas, na fala, revelam igual ingenuidade de tom. Revolucionários do ritmo. Do começo ao fim, um show que é uma sucessão de êxtases. Uma ode à personalidade. Sem ambição aparente, oscilando entre a autoconfiança e a vulnerabilidade. Um fenômeno verdadeiro – e também um dilema para os promotores de eventos! Esses são os fantásticos Beatles. Não creio que algo parecido com eles vai acontecer de novo.

Sem dúvida, o *Mersey Beat* reunia em suas páginas todas as celebridades locais. O artigo de Wooler foi publicado junto a um anúncio da loja Nems ("O melhor acervo de discos do Norte"), John Lennon foi creditado como o autor de um poema bizarramente engraçado, "I remember Arnold" (Eu me lembro de Arnold), e, junto às resenhas de Brian Epstein, vinha um artigo sobre Rory Storm and the Hurricanes, cuja foto ilustrava a primeira página. Prestes a terminar, o verão em Pwllheli tinha sido tão bem-sucedido que os Hurricanes receberam uma oferta para repetir a dose em 1962. Porém, de volta a Liverpool, esperavam tocar no continente, talvez em países como Itália, França e Alemanha. Richy estava ansioso por todas as viagens possíveis, mas quando elas não se confirmaram – evaporadas com o calor do verão –, sua vontade de pegar a estrada e abandonar os Hurricanes voltou mais forte do que nunca.

Desta vez, os Estados Unidos eram a tentação. Ou melhor, sempre tinham sido os EUA, desde que um frágil garotinho de 10 anos emergiu, após assistir a Gene Autry cantar "South of the Border" galopando pradaria afora, daquele cinema do bairro Dingle, ao sul de Liverpool, com um olhar de quem estivera a meio caminho do paraíso. A paixão dele por rock e música country só aumentou sua vontade de ir para os EUA algum dia. Descartou a ideia de fazer isso como marinheiro mercante, mas não perdeu as esperanças. Em termos musicais, recentemente o blues havia entrado em seu coração, e ele já ostentava uma admirável coleção de álbuns importados. Um deles – presente de Gerry Marsden, que trouxe o álbum de Hamburgo – era a coletânea *Bad Luck Blues*, com Lonnie Johnson, Kokomo Arnold, Sleepy John Estes, Peetie Wheatstraw e Lightnin' Hopkins, entre outros. Representavam o jazz raiz, instrumentistas negros oriundos de uma pobreza ainda mais esmagadora que a de Liverpool 8 (distrito postal onde fica Dingle, o bairro de Ringo), a maior parte deles nascidos em torno da virada do século XX. Em especial, duas faixas de Lightnin' Hopkins deixaram Richy arrebatado: "Highway Blues" e "Bad Things on my Mind". Ele fez uma pesquisa e descobriu a conexão com Houston, Texas: foi lá que Hopkins cumpriu sua pena e acabou granjeando fama com seus discos da Gold Star, uma gravadora local.

Para Richy, isso já era suficiente. Dirigiu-se ao consulado americano, no imponente Cunard Building, no Pier Head, e pegou formulários de imigração. Precisava mostrar que tinha dinheiro e uma proposta de emprego, por isso escreveu à Câmara de Comércio de Houston. Recebeu uma lista de agências de emprego locais e, após novas correspondências, descolou uma proposta de emprego em uma fábrica. Quando chegasse lá, poderia procurar outra coisa.[46]

Sopa, suor e rock'n'roll (julho a setembro de 1961)

Richy aguardava novidades dos EUA, quando, nesse meio-tempo, os Hurricanes voltaram ao circuito de Liverpool. Como de costume, causavam mais sensação pelos trajes; musicalmente, no pós-Butlin's, estavam iguaizinhos ao pré--Butlin's; e em 1961, iguaizinhos a 1960. Não mudaram praticamente nada; exceto pela inclusão ocasional de uma ou outra canção nova, o *Starrtime!* foi um dos poucos elementos do show deles que passou por relativa atualização.

De modo inevitável, Rory sofria com os abusos por ser gago e as provocações por ser vaidoso, mas em casa sempre recebeu um fantástico incentivo materno. Com sua generosidade e seu gosto por estar na companhia dos outros, Violet Caldwell dava apoio incondicional a muitos desses roqueiros. Seja qual fosse o horário, dia e noite, você era bem-vindo(a) na 54 Broad Green Road – a residência que Rory tinha batizado de Hurricaneville – e recebido(a) por Violet com pratos de comida, inesgotáveis xícaras de chá e muitas gargalhadas em meio à espessa fumaça de tabaco.[47]

Iris Caldwell se lembra das vezes em que, altas horas da noite, o irmão dela se esforçava para articular as palavras. Ringo ficava lá sentado em silêncio, horas a fio, ouvindo e provavelmente sonhando com Houston. "O humor de Ringo oscilava muito. Às vezes, se mostrava superfeliz e animado. Noutras, tristonho e deprimido. Ele exercia uma forte influência sobre todos os outros presentes. Se estivesse feliz, todo mundo ficava feliz. Se estivesse triste, a melancolia dominava a turma."[48]

John, Paul e George costumavam se encontrar mais frequentemente com Ringo no ambiente íntimo da família Caldwell do que no circuito. Após cinco meses sem se apresentarem no mesmo evento, os Beatles e os Hurricanes voltaram a tocar no mesmo line-up, uma ou duas vezes por semana. Porém, as bandas se encontravam com mais frequência na madrugada, quando, após concluírem seus respectivos shows, já tarde da noite, compareciam a um destes dois locais: Joe's Restaurant* (ponto de encontro dos roqueiros, aberto até as 4h da manhã) ou ali

---

* O Joe's Restaurant, também chamado de Joe's Café, situava-se na 139 Duke Street, subindo a ladeira rumo à Catedral Anglicana. O dono, Joe Davey, um senhor de meia-idade, animado, careca, barbudo, de bigode com as pontas retorcidas para cima, se dava bem com as bandas. Em fevereiro de 1963, em resposta a um questionário da *NME*, John Lennon citou que suas comidas favoritas eram "curry e gelatina", duas especialidades *chez* Joe. A imagem é a de um jovem experimentando o menu, falando pelos cotovelos, fumando e bebendo com espalhafato enquanto Liverpool dorme.

na "Hurricaneville", na rua Broad Green. Conheciam Vi Caldwell desde a época do Morgue Skiffle Cellar (Porão-Necrotério do Skiffle). George, havia mais tempo ainda, desde sua inocente aventura juvenil com Iris. Foi nesse período de 1961, porém, que essas amizades se fortaleceram.

Os três Beatles desenvolveram uma relação especialmente cordial e duradoura com Vi, a enérgica e falante senhora de 53 anos, carinhosamente rebatizada de "Ma Storm" por Bob Wooler. *Todo mundo* a adorava. Várias noites por semana – depois que Neil e Pete os largavam lá e voltavam para casa em West Derby –, John, Paul e George se encontravam com Ringo, Rory, Iris, Vi, o marido dela, Ernie, e vários outros que apareciam para filar as especialidades da casa (pãezinhos caseiros com queijo ou sanduíches com batatas fritas), beber litros e mais litros de chá e gritar para conseguir ser ouvido em meio àquele burburinho típico de Liverpool.

Os Beatles eram a antítese dos Hurricanes. Enquanto o repertório de Rory quase não mudava, os Beatles diversificavam o deles de *show a show* – mantinham os fãs atualizados e eles mesmos em contato com os mais recentes lançamentos que chegavam às lojas Nems. Tocavam as duas músicas do novíssimo single de Elvis a alcançar o número 1 das paradas: do lado B, a acelerada "I Feel So Bad", entoada por Paul, e a emotiva balada "Wild in the Country", que se tornou uma das raras canções na voz de Pete. A baladinha não precisava de bateria, então ele vinha à frente do palco e cantava, enquanto John, Paul e George – que tocava o único trecho de guitarra – sentavam-se à beira do palco e faziam as harmonias vocais. (Pena que não existem registros fotográficos dessas performances.)

Os Beatles não eram avessos a interpretar canções que chegavam ao número 1 das paradas – por um breve período, cantaram inclusive "Runaway", de Del Shannon. Mas preferiam canções obscuras que nenhuma outra banda estava tocando: George e John cantavam a frenética "Red Hot", pinçada de um EP de Ronnie Hawkins, lançado em 1960, John fazia "Watch Your Step", de Bobby Parker (outra vez recompensado por conferir os lados B) e, no instante em que ouviu "I Just Don't Understand", declarou: "Esta é minha". A originalidade era o ponto forte desse disco: o andamento entre a valsa e o rock, o vocal sexy da jovem cantora e atriz Ann-Margret, o marcante riff de harmônica e um som bem diferente de tudo o que os Beatles já tinham ouvido, uma guitarra *fuzz*, ou distorcida, efeito criado por acaso numa gravação de estúdio,

Sopa, suor e rock'n'roll (julho a setembro de 1961)

impossível de recriar no palco. Os Beatles também a tocavam sem a gaita de boca, porque John *tinha* que cantar.

John aproveitou para escolher outro disco nessa mesma ocasião. Chuck Berry havia sumido dos semanários musicais e seus lançamentos de discos tinham minguado. Embora os detalhes não tenham sido divulgados na Grã-Bretanha, o astro estava sob fiança nos Estados Unidos, aguardando o (malsucedido) recurso contra uma sentença de prisão por violar a Lei Mann – transporte ilegal de uma dama além das fronteiras estaduais para fins imorais. Então, de repente, em agosto de 1961, ele ressurgiu com "I'm Talking about You", típica faixa de Berry, com letra poética e guitarra inimitável. Em meio ao vaivém de outros artistas, Chuck Berry sempre marcava presença no setlist dos Beatles – dele a banda também cantava as faixas "Almost Grown", "Carol", "I Got to Find My Baby", "Johnny B. Goode", "Little Queenie", "Maybellene", "Rock and Roll Music", "Roll Over Beethoven", "School Days", "Sweet Little Sixteen", "Thirty Days", "Too Much Monkey Business" e "Memphis, Tennessee".

Nessa época, essas canções soavam mais potentes do que nunca: Paul tinha conseguido um novo alto-falante para o seu baixo. Foi uma cortesia do The Big Three, responsáveis pelo som mais pesado de todas as bandas de Liverpool – não só porque Johnny Hutch detonava na bateria, mas porque o guitarrista solo deles, Adrian Barber, tinha construído um colossal par de alto-falantes para guitarra e voz. Barber fez correr a notícia de que poderia fazer mais daqueles pela módica quantia de 25 guinéus cada. Paul encomendou um para o seu baixo Hofner Violin, e pagou Barber em suaves prestações de £ 5, até o verão de 1962. Alimentado pelo seu amplificador Selmer Truvoice, este era um senhor equipamento para os Beatles, um imenso alto-falante de 15 polegadas num gabinete de um metro e meio de altura, todo em madeira preta – e assim, inevitavelmente, foi apelidado de "o caixão".

Na hora de carregar, era um trambolho, um fardo especialmente temido por quem tinha de transportá-lo ao Cavern. Quase sempre, Neil e Pete. A dupla resfolegava, bufava e praguejava nos degraus escorregadios, raspando os nós dos dedos ao fazer a volta na estreita plataforma inferior. O caixão soava barulhento em todos os lugares, mas ali, mais do que nunca, onde os golpes rítmicos iam soltando o cálcio depositado nos tijolos do Cavern, pulverizando aquilo sobre a cabeça da plateia. Os Beatles chamavam esse pó de "caspa de Liverpool".[49] Às vezes, Paul

Ano 4, 1961: A Era do Rock

virava o caixão de frente para a parede dos fundos (o lado oposto da plateia), e o efeito era um som ainda mais pulsante. Peter Mackey, estudante do Liverpool College of Art, prestes a formar sua banda própria, assistiu a uma sessão do Cavern no horário do almoço e a experiência o deixou abalado.

> A mescla do bumbo de Pete e do baixo de Paul, com o alto-falante do baixo virado para os fundos, ecoou forte em meu tórax. Nunca tinha acontecido algo assim comigo antes. E que carisma! À noite, quando os Beatles apareciam, corria a notícia no Cavern – "Tão chegando, tão chegando" – e todo mundo se virava para vê-los entrar. Passavam por nós, todos de preto. Desde o início me tornei um fã completo e absoluto dos Beatles. Se eu não tivesse visto e ouvido os Beatles no Cavern, a minha vida teria tomado outro rumo. Eu não teria "corrido atrás de meus sonhos".[50]

Mackey ficou tão impressionado que o propósito de sua visita inicial ao Cavern sofreu uma reviravolta. Ele tinha ido lá como presidente da Sulca, o grêmio estudantil da faculdade de artes, no intuito de recuperar o amplificador emprestado aos Beatles 18 meses antes, o amplificador que John levou a Hamburgo... mas nunca devolveu. Decidido a exigir a devolução, Mackey se viu cara a cara com John Lennon. "Eu me aventurei a entrar no camarim, me apresentei e disse: 'Queremos o nosso equipamento de volta'. Ele respondeu: 'Ah, nós o penhoramos na Alemanha...' e ficou por isso mesmo. Não pedi reembolso, só deixei para lá."

Em pouco tempo, muita coisa havia acontecido. O amplificador foi comprado pela Sulca porque Stuart fazia parte da "banda universitária". Um ano depois, ele morava e estudava em Hamburgo, afastado da vida em Liverpool, a não ser por correspondência. John e Stu trocavam cartas com frequência. John contou a ele que os Beatles tinham um fã-clube e expressou frustração porque nada estava acontecendo para a banda – "É uma situação de merda. Algo vai acontecer, mas quando?". Algumas cartas tinham até 21 páginas, com desenhos – um deles mostrava Cristo na cruz e um par de chinelos embaixo. O texto era o mais nu e cru possível, na maior parte, rabiscos em fluxo de consciência. "Tenho só um cigarro até quinta-feira, que tal, seu cara de chapéu?" Entre prosa e poesia, essas páginas avulsas revelam um perturbador *insight* da mente de John Lennon:

Sopa, suor e rock'n'roll (julho a setembro de 1961)

> Não me lembro de nada sem
> sentir uma tristeza
> tão profunda que dificilmente
> eu a reconheço,
> tão profunda que as lágrimas dela
> me transformam em espectador
> de minha própria ESTUPIDEZ.
> & assim sigo vagando
> Com um ei, na-na-ni, na-não.[51]

Stuart fazia grandes progressos em seus estudos na Hochschule, trabalhando sob a orientação de Eduardo Paolozzi. O curso ia além de escultura e pintura: ele também produzia vídeos experimentais (há indícios de que tenha realizado dois filmes, mas pouca informação restou sobre isso, ninguém os viu e eles são considerados perdidos). Paolozzi sempre teve fé no talento, na dedicação e na capacidade de trabalho intenso de Stuart, mas, com o passar do tempo, esses estudos foram sendo interrompidos em razão de sua saúde frágil.

O *Mersey Beat* publicou a carta de uma fã perguntando se era verdade que esse membro dos Beatles tinha morrido num acidente de carro. Felizmente, os boatos sobre a morte de Stuart eram prematuros. Mas o fato é que a saúde dele se deteriorava a olhos vistos, principalmente em se tratando de um jovem de 21 anos. Um exame hospitalar em Hamburgo revelou gastrite, apendicite crônica, mancha na entrada dos pulmões e inchaços nas glândulas, além disso também tinha os nervos à flor da pele, mau humor e sintomas de neurose.[52]

E, o mais preocupante: nada parecia aliviar as dores de cabeça de Stuart. Tão excruciantes que um dia ele desmaiou na Hochschule e teve de ser levado para casa. Klaus Voormann se lembra de que a dor era tão violenta que Stu fez um escândalo na casa de Nielsa e Astrid, jogando comida no chão e gritando. Então Stu anunciou que planejava visitar Liverpool por um breve período, ocasião em que teria o apêndice removido, gratuitamente, pelo Serviço Nacional de Saúde. A mãe de Stu tomou providências para que ele pudesse fazer uma nova batelada de radiografias e ter sua condição reanalisada. No fim, nada foi feito – o serviço de saúde não quis operar o apêndice dele sem antes ter certeza de que isso era necessário, além disso, Stuart não foi à clínica para se submeter à série de exames de raio X. O médico especialista do Sefton General Hospital, que examinou Stuart em uma ocasião, escreveu a Millie dizendo que as radiografias feitas na Alemanha mostravam uma condição "dentro dos limites da normalidade" e acrescentou: "tenho a impressão de que a maioria dos sintomas dele tem fundo nervoso".[53]

Não se sabe se Stu visitou os Beatles nessa breve viagem a Liverpool, mas é provável que ele e John tenham se encontrado, já que se escreviam com bastante frequência. Astrid acompanhou Stuart e os dois tiveram outra rusga com Millie, o que teria antecipado o retorno a Hamburgo. Antes disso, ele discutiu a possibilidade de mostrar seus quadros em Liverpool, numa exposição que Allan Williams esperava organizar no Blue Angel.

Nesse meio-tempo, a poeira baixou no processo de Williams contra os Beatles. Charles Munro foi atrás de uma resposta dos advogados de Williams, que, em 16 de agosto, relataram que o cliente deles estava em Londres e não pôde ser contatado. Munro escreveu a Paul dizendo "talvez demore um pouco até que eu consiga fazer um relatório mais concreto" – e esse silêncio se prolongou até setembro. No sexto número do *Mersey Beat*, de 14 de setembro, John deu um "tapa com luva de pelica" em Williams, parodiando o letreiro em que se lia "Jacaranda – só para membros" como "O Jackarandy – só para membranas".

John não poupou nem o próprio *Mersey Beat*, chamando-o de *Mersy Boat* e dizendo que ia "vender mais umas três cópias para uns estrangeiros-que-deram--com-os-burros n'água e voltaram pra casa". Em sua coluna, Brian Epstein também adaptou o nome do jornal, referindo-se aos seus leitores como "*Mersey-beaters*". E no resto da página (de novo, ao lado de um anúncio da Nems), Bob Wooler expressou pensamentos importantes. Até onde todos sabiam, o *Mersey Beat* não era lido em Londres, mas Wooler implorou em sua coluna para que os caçadores de talentos visitassem Liverpool: "Aqui em Merseyside, temos os produtos autênticos. Só desejamos que pessoas autênticas os descubram, os orientem e os promovam ao estrelato em potencial. Será que é pedir demais?".

A sra. Best continuava a fazer tudo ao alcance dela. Jennifer Dawes, do fã--clube, foi visitar a casa dos Best na rua Hayman's Green e Mona estava convicta: "Uma noite, de costas pra lareira, ela disse que os Beatles precisavam subir de

Sopa, suor e rock'n'roll (julho a setembro de 1961)

patamar: mais grana, melhores perspectivas. Fazíamos o melhor ao nosso alcance. Parecia que ela queria se tornar a empresária dos Beatles, mas que os outros três não se entendiam muito bem com ela".

Boas ideias não faltavam a Mona. Por exemplo, colocar os Beatles na TV pela primeira vez. Entretanto, a carta que ela enviou à Granada, oferecendo uma participação da banda no programa de notícias local *People and Places*, obteve uma resposta evasiva.[54] Em caso de resposta positiva, seja para audição ou transmissão, seria necessário um adiamento. Nessa mesma edição de 14 de setembro, o *Mersey Beat* trazia esta curiosa notícia: "John Lennon e Paul MacArtney,* dos 'Beatles', vão tirar férias na Espanha no fim de setembro".

Dali a um mês, John completaria 21 anos, e ele sabia que ia ganhar um presentão de sua tia Elizabeth, de Edimburgo – £ 100, em *dinheiro vivo*, mais do que ele ou Paul já tinham visto em suas vidas. A ideia de John era aproveitar a oportunidade para viajar com Paul e se divertir. Envolvido no planejamento da banda, Bob Wooler discutiu com eles:

> Os dois estavam entediados e decidiram que iam passar um mês fora. Achei aquilo desastroso, pois se afastariam do circuito e perderiam seus admiradores. Os fãs eram muito caprichosos: passavam de uma banda a outra. E além do mais, o que seria dos outros dois membros, George Harrison e Pete Best? Como é que ficaria a situação deles? Discutimos muito sobre isso na salinha dos fundos do pub Grapes, até que disseram: "Bem, vamos viajar só por 15 dias".[55]

Wooler garantiu ao Cavern que eles voltariam, e enquanto estivessem fora, isso seria anunciado. Mais tarde, porém, John apontou esse instante como "outra ocasião em que a própria existência da banda entrou em discussão".[56]

Isso foi nove meses após o questionamento anterior, quando ele voltou de Hamburgo e meditou muito se queria ou não continuar. Esse *tédio*, sentido por Paul e especialmente por John, agora se tornava um problemão. Os Beatles haviam chegado a uma encruzilhada, a hora do vai ou racha. Talvez, a insistência de

---

* Com esta, o *Mersey Beat* somava seis grafias diferentes em seis edições: McArtrey, MacArthy, McCartney, MacArtrey, McArtney e MacArtney.

Wooler para que levassem em conta os fãs da banda, bem como George e Pete, tenha sido decisiva. Os shows marcados para 15 de outubro e datas posteriores não foram cancelados, então ficou bem claro quando John e Paul tinham de voltar. Por outro lado, todas as reservas de 30 de setembro a 14 de outubro foram canceladas – tarefa nada agradável para Pete. Ele e George tiveram que aceitar um prejuízo de até 50 libras cada um e também a sensação de serem deixados para trás. John declarou que George "ficou indignado, pois precisava da grana", e é improvável que Paul tenha mostrado muita solidariedade por George. Em uma entrevista futura, Paul admitiu a tendência de tratar George com "ar de superioridade (...) ao longo de todos os anos dos Beatles".[57]

Da mesma forma, os *promoters* que pagavam aos Beatles um alto cachê para seus eventos todas as semanas tiveram que "engolir essa". Ray McFall precisou buscar outra atração para duas noites de quarta-feira e cinco sessões ao meio-dia no Cavern; Brian Kelly, por duas quintas-feiras em Litherland e talvez dois sábados em Aintree; Vic Anton, um domingo no Hambleton Hall; e a sra. Best, um domingo no Casbah e duas sextas-feiras no Knotty Ash Village Hall, seu mais novo empreendimento. Todos *subiram nas tamancas* – mas John e Paul não deram a mínima. Não queriam ser grosseiros, mas *o que não tem remédio, remediado está*.

Não teve remédio também para Dot e Cyn. Dot simplesmente teve de aceitar a situação, mas Cyn tinha motivos extras para se ofender. John ia viajar sem ela, em vez de esperar suas férias na faculdade de artes. Ele tinha grana no bolso, uma viagem na cabeça, mas ela não estava incluída. Cyn bem que teria curtido uma escapada. A vida em Mendips tinha se tornado tão intolerável que ela preferiu se mudar. Mimi descobriu o maço de cartas de amor que John tinha enviado de Hamburgo, correspondência que ele mesmo descreveria como "as cartas mais sensuais que Henry Miller não escreveu, algumas com 40 páginas". Mimi as considerou *pornográficas* e aproveitou para fazer um escândalo. Horas depois, Cyn pegou suas coisas e foi morar com a tia, do outro lado de Liverpool.[58]

O fato de John levar Paul, e mais ninguém, realça a proximidade renovada desde que Stu havia deixado a banda. Os dois eram a força dos Beatles, um duo invencível e autenticamente poderoso. Bob Wooler frisou que "Lennon tinha atitude. E McCartney se espelhava na liderança de Lennon e se comportava igual a ele. Às vezes, os dois me lembravam aqueles moços riquinhos de Chicago, Leopold

Sopa, suor e rock'n'roll (julho a setembro de 1961)

e Loeb, que mataram alguém por se sentirem superiores. Lennon e McCartney eram 'seres humanos superiores'".[59]

"Eram unha e carne, no pub ou andando na rua", conta Johnny Gustafson, da banda The Big Three. "Formavam uma dupla e pareciam iguais um ao outro." Bernie Boyle, o rapazinho que os acompanhava em todas as oportunidades (e, em troca, eles o faziam comer o pão que o diabo amassou), acrescenta: "Pareciam irmãos, John o mais velho, mentor de Paul. Tão próximos que parecia haver entre eles uma telepatia: no palco se entreolhavam e instintivamente já sabiam o que o outro estava pensando".

Eram como *irmãos*. Eram os Nerk Twins, e agora estavam dando um tempo dos Beatles e indo à Espanha. *En route*, planejavam fazer uma parada estratégica de um ou dois dias em Paris, para avaliar as Brigittes, conferir o tipo de roupa que Jürgen Vollmer usava e talvez se encontrar com o próprio Jürgen, se estivesse por perto.

Por acaso, Gustafson topou com eles no dia em que partiram, sábado, 30 de setembro. "Os dois em jaquetas de couro e jeans, como sempre. A novidade eram os chapéus-coco. Disseram que estavam indo a Paris, então os acompanhei até a estação da Lime Street e os observei partir. Faziam uma dupla incrível: sempre divertidíssimos, irreverentes e *tão íntimos*."

21
"Les" Nerk Twins em Paris
(1º a 14 de outubro de 1961)

Pretendiam pegar carona, daí os chapéus-coco. Os brindes de Acker Bilk chamariam a atenção dos motoristas quando John e Paul, à beira da estrada, erguessem os polegares no tradicional gesto de pedir carona. Mas John tinha £ 100 no bolso, então subiram no trem rumo a Londres com conexão para Dover, depois embarcaram na última balsa rumo a Dunquerque, e de lá, no primeiro trem matinal direto à capital francesa. Pisaram na Gare du Nord com esperança no coração e um andar saltitante. No pós-guerra, para o povo inglês, nenhum lugar na Terra era tão exótico, *risqué* e sexy quanto Paris.[1]

Um hotelzinho da margem esquerda, o Hôtel de Beaune, servia de base para Jürgen Vollmer. Ainda atrás de emprego como assistente de fotógrafo, o jovem rapidamente se moldou à metrópole. Com a franja limpa, penteada para baixo, e vestido *à la mode*, integrou-se ao meio com a elegância de um jovem francês que sempre quis ser. Não estava no hotel quando John e Paul passaram por lá, mas no fim do dia se encontraram em frente à abadia de Saint-Germain-des-Prés. Foi aí que caiu a ficha: esse jovem germânico, culto e reservado, tinha em mãos uma dupla de turistas ingleses barulhentos, doidos para conhecer os lugares onde tudo estava acontecendo.

Queriam se hospedar a preços módicos, talvez no mesmo hotel – mas estava lotado, e, ao que consta, também as outras *pensões* baratinhas do bairro. Jürgen bem que tentou levá-los furtivamente ao quarto dele, onde poderiam dormir no chão. Eis que súbito a *concierge* apareceu de camisola, aos gritos. Jürgen alegou inocência, enquanto John tirava sarro da cara dele.

Tinham que achar um quarto, e a melhor chance deles seria em Montmartre, bairro boêmio, repleto de hoteizinhos chinfrins usados pelas prostitutas locais.

"Les" Nerk Twins em Paris (1° a 14 de outubro de 1961)

Jürgen chamou um táxi, explicou ao motorista o destino, e lá se foram eles cidade afora. No diploma do Ensino Médio, Paul tinha uma qualificação de nível básico em espanhol, o que lhe daria plenas condições de ser o intérprete na Espanha. Por sua vez, John, que havia sido reprovado no teste para a qualificação em francês, seria o encarregado de todo o *parlez* em Paris... Não conseguiam se fazer entender e se viram obrigados a vagar exaustos madrugada adentro, interpelando as prostitutas: "*Avez-vous un hôtel pour la nuit*?". Mais tarde, Paul se lembraria: "Achávamos que, por sermos tão jovens e bonitos, uma dessas mulheres nos arrastaria ao hotel dela *pour la nuit*, mas ficamos a ver navios. Acabamos num hotelzinho pulguento, onde fomos mordidos".[2]

Decidiram prolongar a estadia por um segundo dia, que depois se tornou um terceiro e um quarto. A Espanha podia esperar. Aquele lugar estava cheio de *femmes exotiques* cuja fala já bastava para deixar os dois moços de Liverpool em estado de excitação. Enquanto Jürgen lhes mostrava os lugares interessantes de Paris, John e Paul cobiçavam os brotos. Foram ao Quartier Latin, tomaram milk-shakes de banana na rue des Anglais; beberam vinho no Les Deux Magots, o famoso café da margem esquerda, velho reduto de Hemingway e Sartre; visitaram a Torre Eiffel, mas não subiram porque saía muito caro; arregalaram os olhos ao se deparar com o *pissoir*, ali mesmo, em plena rua; não contiveram as gargalhadas ao avistarem o café Kardomah perto do Louvre, a empresa de chá de Liverpool chegara ali antes do que eles; e quando Jürgen mostrou a eles o prédio da L'Opéra Garnier, começaram a cantar de modo extravagante, ergueram o guia nos ombros e o carregaram ao longo do Boulevard de la Madeleine – enquanto ele, com sua timidez inveterada, berrava num inglês macarrônico para que o colocassem no chão.

John e Paul adoraram Paris, e John a elegeu naquela mesma semana como sua cidade favorita em todo o mundo. Permaneceria no topo de sua lista, ou por aí, pelo resto de sua vida, a atmosfera atraente em todos os níveis, em especial a artística e visionária. "Tantos beijos e abraços... era tão romântico, o jeito como as pessoas se beijavam embaixo das árvores", recordaria ele. "Não estavam se bolinando, só se beijando. Estar lá e ver esses casais... Simplesmente amei."[3]

Não se sabe se ele e Paul conseguiram *l'amour* em Paris. As conquistas em casa eram tão numerosas que é difícil imaginá-los sem isso nas férias, mas estavam em solo para lá de estrangeiro. "John e Paul gostavam de *todas* as garotas", conta Jürgen. "Adoravam o estilo das que eu chamava de 'beldades boêmias', moças pseudoexistencialistas, que faziam pose de intelectuais, mas cujas ideias não acompanhavam a fachada." Essas garotas, porém, não necessariamente se interessavam por John e Paul.

> Eu namorava uma linda francesa, Alice, de cabelo preto comprido, esbelta e de ar boêmio. Botei pilha nela pra conhecer John e Paul, e vice-versa, então combinamos de nos encontrar no Café Royale, no Boulevard Saint-Germain. Lá estávamos nós três sentados, quando Alice apareceu, e de imediato percebi que havia algo errado na expressão dela. Ela não quis se sentar conosco, mas não foi só isso. Começou a me interpelar, *como é que eu me atrevia a expô-la e aproximá-la desse tipo de gente selvagem*. John e Paul tinham cabelos à Elvis e jaquetas de couro, e os dois realmente atraíam os olhares por onde passavam. Ela ficou chocada. Os dois ficaram nos encarando sem perceber que eram a causa daquela rusga francesa, e então ela foi embora. Rompeu o namoro comigo e cortou relações. Só fomos nos reencontrar anos depois, quando enfim pude contar a ela que aqueles dois sujeitos eram John Lennon e Paul McCartney...[4]

Um ou dois dias depois, talvez a situação pudesse ter sido outra. John e Paul curtiam o estilo parisiense de Jürgen desde quando o tinham conhecido em Hamburgo, 12 meses antes, e não pensavam em seguir viagem à Espanha antes de investirem uns francos em roupas semelhantes. Como Jürgen diz: "Parece convencimento meu, mas é verdade: eles realmente queriam se parecer comigo". A pedido deles, num fim de semana, levou-os ao mercado das pulgas em Porte de Clignancourt, no extremo norte da linha 4 do metrô. Vasculhando as araras, John comprou uma jaqueta de veludo cotelê verde, igualzinha à de Jürgen. Por sua vez, Paul encontrou uma chamativa blusa de gola alta estampada. Os dois ainda procuraram – sem sucesso – sapatos ao estilo dos de Vollmer, "tipo botas de cano curto".

A maior ousadia foi a compra de duas calças largas, meio parecidas com as bocas de sino usadas pelos marinheiros – mas quando John e Paul as estrearam, a primeira vez foi também a última. Como John explicaria: "Ficavam soltas e balançando, e nos sentíamos uns idiotas se a calça não fosse justinha, então as costuramos à mão naquela mesma noite" – comentário que evoca a pitoresca imagem de Lennon e McCartney às voltas com linhas e agulhas sob a luz bruxuleante de um

"Les" Nerk Twins em Paris (1º a 14 de outubro de 1961)

quarto de hotel em Montmartre. Mas a mudança era essencial: sabiam exatamente como essas calças, se mantidas inalteradas, seriam recebidas em Liverpool. O que funcionava em Paris *não* funcionaria em casa. O público dos Beatles era uma mescla de rapazes e moças, e a banda não queria espantar nenhum deles ao evocar, nas palavras de John, uma imagem gay.[5]

Nessa época, só os franceses usavam bocas de sino, e ali estava também a jaqueta sem gola, ou de gola redonda, que eles tinham visto Astrid usando e também Stuart (a que ela mandou fazer para o namorado). O item fazia parte da coleção primaveril de Pierre Cardin de 1961, em Paris, e John e Paul aprovaram. "Em 61, os rapazes nos arredores do Moulin Rouge usavam calça larga e jaqueta de gola redonda", recordaria John. "Invenção do Cardin. Gostamos da jaqueta, fomos a uma loja e compramos uma."[6]

Também fizeram questão de conferir o circuito musical parisiense. Na França, a tendência adolescente dominante, muito centrada na capital, era o "yé-yé" – expressão pejorativa cunhada pela imprensa conservadora francesa para canções com os gritos "yeah yeah" do rock e R&B. O estilo era um pop melódico, canções suaves sobre garotos e romance, cantadas principalmente por adolescentes do sexo feminino para adolescentes do sexo feminino. A música do tipo "yé-yé" tinha a sua mascote, um *chouchou* (amorzinho), a caricatura de um rapaz com o corte de cabelo tipo tigelinha, com a franja por cima dos olhos.

Desde sua explosão nos Estados Unidos em 1956, o rock teve pouco impacto naquela região – era uma cultura estrangeira cantada em uma língua estrangeira. Na primavera de 1961, contudo, súbito explodiu com voz francesa nas ruas e auditórios de Paris, trazendo consigo o mesmo rótulo de delinquência juvenil que acompanhou sua ascensão nos Estados Unidos e na Grã-Bretanha. Em cartão-postal enviado a um fã dos Beatles, em Bootle, John comentou: "Paris é incrível, só que sem 'rock' (bem, há um pouquinho de rock francês ruim)". Esse era um panorama bem-informado, porque eles constataram isso com os próprios olhos. Foram ao Olympia assistir ao principal astro do rock da França: Johnny Hallyday, jovem de 18 anos que se inspirava em Elvis no visual, no jeito de cantar, falar e gingar.

Viram também o cartaz de um festival de rock no Bal Tabarin, a famosa boate de cancã em Pigalle, em uma guinada (temporária) dos chutes altos e seios nus para as guitarras de rock. Ali assistiram a várias bandas que lembravam Rory

Storm and the Hurricanes – vocalistas enfeitadinhos com guitarristas coreografados. No topo da lista, Vince Taylor, roqueiro nascido na Grã-Bretanha e criado nos Estados Unidos, que gravou um disco na Parlophone com Tony Sheridan, e que agora fazia uma espécie de imitação do show de Gene Vincent.

Acreditando que sabiam fazer melhor, os Nerk Twins tentaram entrar em cena, ao menos aquela noite, talvez na esperança de tocarem em outras. Deram um jeito de falar com Taylor (talvez aproveitando a conexão mútua com Sheridan) e indagaram se poderiam tocar. Taylor disse que precisavam falar com a gerência do Bal Tabarin. Mas o francês de John não estava à altura da tarefa, por isso convenceram Jürgen a atuar como porta-voz deles.

> Descobri quem era o gerente e expliquei: "Estou com dois grandes roqueiros britânicos aqui. Tocam em Hamburgo e nós os amamos. Será que poderiam se apresentar no clube enquanto estiverem aqui em Paris?". Foi um pouco absurdo, porque John e Paul não tinham seus instrumentos, mas, seja lá como for, não houve interesse. A arrogância parisiense era tamanha que não fazia diferença dizer que eles eram "famosos em Liverpool e Hamburgo". Só Paris importava para os parisienses.

John e Paul visitaram Paris num período bem turbulento: uma bomba destruiu o foyer do ABC Music Hall naquela mesma semana e, dias depois, um show de Ray Charles no Palais des Sports teve de ser adiado porque um grupo de seis mil muçulmanos, que fazia protestos contra o toque de recolher noturno, foi detido pela polícia e recolhido ao interior da arena. Paris inteira – assim como o país todo – estava imersa na sangrenta luta da Argélia por sua independência, em seu momento crucial. Com a atividade terrorista no auge, tudo isso culminou com a polícia de Paris abrindo fogo contra os manifestantes numa passeata de protesto, com saldo de 40 mortos. Paul guardaria na memória a cena de franceses aglomerados diante de uma TV ligada na vitrine de uma loja, assistindo ao discurso do presidente De Gaulle.[7]

Mas nem as estridentes e constantes sirenes da polícia seriam capazes de persuadi-los a seguir viagem à Espanha. Agora já estavam na segunda semana. Tinham prometido estar de volta até 15 de outubro, por isso não fazia sentido ir adiante. A viagem de duas semanas à Espanha, com uma paradinha em Paris, tor-

"*Les*" **Nerk Twins em Paris** (1º a 14 de outubro de 1961)

nou-se uma quinzena em Paris, e isso já era mais que suficiente para contentá-los. John comemorou seu 21º aniversário na cidade que passou a amar, e foi mantido o pacto entre os Beatles de não trocarem presentes, bem, a menos que você considere um presente o fato de Paul ter avançado no hambúrguer e na Coca-Cola que seriam o grande jantar de aniversário de John.[8]

Paul levou emprestada a câmera de seu irmão Mike e a viagem rendeu fotos divertidas – de John na balsa de Dunquerque, de óculos escuros às portas do Louvre, sob a Torre Eiffel, e de John e Paul sentados à mesa de um café. Numa dessas fotos, Paul aparece de chapéu-coco, sentado no bidê do quarto de hotel deles em Montmartre, vestido a rigor com jaqueta de couro e jeans, lendo o jornal virado de cabeça para baixo. Outro instantâneo traz os dois mostrando as cuecas, Paul de peruca e jaqueta torta, com os óculos de John. Ao seu lado, John está de chapéu felpudo, mão enfiada no sapato, olhos fechados e língua de fora, no modo plenamente sequelado. Essas fotos com John e Paul juntos foram tiradas por Jürgen. Outra mostra *les* Nerk Twins na entrada do clube em que esperavam tocar, o Bal Tabarin, mas com as cabeças cortadas. "Eu não sabia usar aquela câmera", conta Jürgen. "Mais tarde, eles me escreveram e disseram: 'Você é um fotógrafo profissional e nos decapitou.'"[9]

Entretanto, Vollmer foi o responsável pelo maior legado dessa quinzena parisiense: em pleno Hôtel de Beaune, a 200 passos do Sena, cortou e remodelou o cabelo de John e o de Paul. Nesse momento, enfim, descartaram o topete untado da juventude, a cabeleira de Teddy Boys que tinha sido a imagem deles por quatro ou cinco anos, e adotaram o estilo limpinho, bem penteado, de Paris.

Não foi ideia de Jürgen: ele curtia a imagem de *roqueiros* dos Beatles. Ele revela que a dupla quis mudar o visual porque "teria mais chances com as beldades boêmias da Rive Gauche". Isso era verdade, mas os motivos também eram mais profundos. Quiseram porque gostavam daquele visual, porque era novo e diferente, porque quando voltassem para casa, em Liverpool, não haveria ninguém como eles – esse sempre foi o desejo dos dois, em tudo –, e porque ter esse estilo era algo, por definição, *não inglês*. Entrevistado oito anos depois, John lembrou dessa viagem a Paris, aos 21 anos de idade, e fez um comentário sobre a falta de elegância e estilo de sua pátria-mãe: "Eu tinha vergonha de ir ao continente e dizer que era britânico".[10]

Como sabiam muito bem, a *concierge* megera impedia obstinadamente os hóspedes de receberem visitas noturnas, mas durante o dia a situação era outra no Hôtel de Beaune. Tudo se desenrolou no quartinho de Jürgen num dos andares superiores – acessíveis por íngremes degraus em cerâmica e madeira. Primeiro, cortou o cabelo de Paul, porque ficava mais à vontade com ele, e depois fez o mesmo com John. As mechas cortadas foram varridas para debaixo da cama. Em Hamburgo, Jürgen chamava esse estilo de corte de "César": cabelo penteado para baixo, com desvio lateral e repartição na diagonal. Foi bem descrito por Paul, apesar da conotação infeliz, como "uma versão mais comprida do cabelo de Hitler".[11] Ficou assim até ser lavado e crescer, quando o repartido em diagonal sumiu e o cabelo caiu em uma franja reta, a meio caminho do estilo *yé-yé chouchou*.

O *corte de cabelo dos Beatles* nasceu naquela tarde, talvez 12 ou 13 de outubro de 1961, na tranquila rue de Beaune, número 29, uma via estreitinha, sombreada por prédios altos. A quietude foi rompida na manhã seguinte, quando a *concierge* descobriu as mechas embaixo da cama de Jürgen Vollmer. Ela não seria a última pessoa a dar gritos por causa do cabelo dos Beatles.

Como terminou a estada em Paris? Pouco se sabe a respeito disso, exceto por um comentário feito por Paul cinco anos depois: "No final, fomos voando para casa, alternativa preguiçosa para férias na base da carona".[12] Com certeza John e Paul voltaram a Liverpool a tempo de cumprir as obrigações dos Beatles... mas já não eram os mesmos rapazes que tinham partido, 15 dias antes, da estação ferroviária de Lime Street. Agora eram amigos ainda mais unidos, com Paris em seu modo de andar, roupas continentais no armário e, acima de tudo, aquele novo estilo de cabelo. E a galera que tentasse copiá-los agora.

22
"Tá legal, Brian: seja o nosso empresário"
(15 de outubro a 3 de dezembro de 1961)

Neil Aspinall jamais se esqueceria desse momento. "Fomos pegar o John, e o cabelo estava caído. Fomos buscar o Paul e então percebemos que algo estava acontecendo, porque o cabelo de Paul não só estava caído, mas ele saiu de casa *saltitando* – daquele jeito que sempre fazia – e apontou para o penteado, sem se preocupar em ser sutil. O cabelo dele estava diferente e foi impossível não perceber."[1]

O primeiro show dos Beatles após o interlúdio foi curioso: um evento beneficente da *Variety*, domingo à tarde, numa grande sala de cinema em Maghull, 16 quilômetros ao norte de Liverpool. No trajeto, de boa duração (em especial porque foram buscar George em Speke, na periferia de Liverpool), aproveitaram o tempo na van para contar sobre as bocas de sino, as gatinhas e o Bal Tabarin. Mas rolou um climão: Pete e George ainda estavam emburrados por ficarem duas semanas de molho e, como se isso não bastasse, John e Paul tinham voltado para casa *diferentes*. Mas nada foi verbalizado. Não havia necessidade. Um deles chegou a insinuar, mas ficou o dito pelo não dito. Nessa banda, ou você acompanhava o pensamento ou não.

Nos dias seguintes, as coisas foram se resolvendo sozinhas. George aderiu ao visual novo, mudando o penteado – na verdade, foi mais longe: penteou o cabelo todo para a frente, enquanto John e Paul continuavam repartindo o cabelo. Pete deixou sua cabeleira exatamente como estava. Em seus, por enquanto, 14 meses com os Beatles, sempre tinha adotado com toda energia qualquer visual novo que eles escolhiam, muitas vezes surfando na onda antes de Paul, mas tinha orgulho de seu penteado à Tony Curtis e não quis mudar. Bem que tentou penteá-lo para a frente uma vez, mas não gostou. Restabeleceu o visual antigo e assim o manteve.

Mais tarde, Pete sempre afirmaria que os outros nunca lhe pediram para mudar – e que, se tivessem pedido, ele teria aceitado: "Se tivessem falado que gostariam de alguma uniformidade... será que eu teria penteado o cabelo pra frente e usado franja? É provável que sim, mas ninguém tocou no assunto".[2] Isso é verdade, mas não a verdade absoluta, porque um dilema tinha sido criado... e embora Pete insinue que não percebeu nada, o mesmo não aconteceu com seu amigão Neil. "George mudou seu estilo para combinar com John e Paul, mas esse foi um verdadeiro teste para Pete. Era como se um desafio tivesse sido lançado. E Pete definitivamente não topou deixar o seu cabelo igual ao dos outros. Uma decisão tinha que ser tomada... e ele decidiu que não."[3]

O Albany, em Maghull, foi o maior palco em que Pete tocou, e o maior para os outros desde a competição em Manchester, em 1958, como Johnny and the Moondogs. Foi a primeira apresentação deles num teatro como Beatles, seu primeiro show beneficente e a primeira vez que apareceram em um programa impresso, distribuído como suvenir – com uma pequena biografia deles e uma foto (com penteados desatualizados, no entanto). O amigo deles de longa data, Jim Gretty, músico de country e vendedor de guitarras da loja Hessy's, organizou o show para arrecadar fundos para a Brigada de Ambulâncias do hospital St. John – os Beatles tocaram de graça, e Gretty esperava atrair jovens para lotar o cinema de 1.400 lugares. Antes da atração principal – o comediante Ken Dodd –, subiram ao palco artistas convidados, uma mixórdia de amadores voluntários de meia-idade, inclusive diversos tenores de ópera.

Foi um desastre. O ambiente gélido acolheu apenas um terço do público, o evento se prolongou demais e o show dos Beatles foi péssimo. Na primeira fileira estavam figuras de autoridade que John não suportava – o prefeito, com seu grande colar do mérito, a primeira-dama, vereadores, secretários municipais, presidentes e suas esposas – e esses dignitários de meia-idade que odiavam rock assistiram aos Beatles em seu pior dia. Os Beatles não tinham nem ideia de como atuar naquele palco imenso ou de como se projetarem em um auditório daquele tamanho, noção alguma sobre volume ou equilíbrio de som, sem falar na visível discórdia interna. Talvez antecipando isso, um dos promotores do evento, George Martin (um motorista de ambulância local), os escalou para tocar por último. Tiveram sorte, pois o repórter do *Crosby Herald* (escrevendo a primeira resenha de um show dos Beatles)

"Tá legal, Brian: seja o nosso empresário" (15 de outubro a 3 de dezembro de 1961) 729

era jovem, gostava desse tipo de música e queria dizer algo positivo. É o próprio Alan Walsh quem se lembra: "Quando os Beatles começaram, um silêncio atordoante dominou a plateia, do tipo 'O que é que esses caras estão fazendo aqui?'. O som deles era muito alto comparado com o dos outros artistas. Escrevi: 'Os Beatles arremataram o evento com seu rock de marca própria, um rock de bater os pés'".[4]

Repetiram a dose – outro show de segunda categoria, feito de graça – apenas duas noites depois, quando o fã-clube deles se aventurou a promover um evento. Maureen O'Shea e Jennifer Dawes alugaram o salão de baile do "Davy Lew", o David Lewis Club, e esperavam uma noite de arromba, também aberta a não membros. Porém o único anúncio sobre o evento foi publicado no *Echo* naquela mesma noite (depois que a mãe de Jennifer lhe emprestou £ 5). Por isso menos de 50 pessoas apareceram – número insuficiente até para cobrir o aluguel. Os Beatles se decepcionaram, presumiram erroneamente que o salão de baile ia ter seu próprio sistema de som, mas, no fim das contas, tiveram que cantar sem microfones e, para piorar, seus amplificadores começaram a falhar. Como se lembra Pete, passaram a maior parte da noite "sentados na beira do palco conversando com as minas". Jim McCartney marcou presença – uma das primeiras vezes que viu os Beatles – e não deve ter se impressionado muito.[5]

Jim se dava bem com as garotas do fã-clube. Maureen e Jennifer passaram muitas noites na 20 Forthlin Road, assistindo à TV, batendo papo e entoando canções com ele ao piano. Quando Jim revelou que nunca tinha ido ao Cavern, as meninas disseram que o levariam. "Ficou completamente maravilhado", conta Maureen. "Achou o Cavern bem asqueroso, mas ficou satisfeito por conferir onde seu filho tocava. Entendeu a vibração e por que os jovens gostavam." As visitas de Jim tornaram-se frequentes, em especial nos dias em que Paul ia voltar para casa à tarde. O escritório onde Jim trabalhava ficava na Chapel Street, poucos minutos a pé do Cavern. Era só cruzar a praça do Exchange Flags Building, nos fundos da prefeitura, não sem antes parar num açougue e comprar salsichas ou costeletas para o jantar. Esperava no camarim e as entregava a Paul com instruções sobre como e quando cozinhá-las, e o horário em que ele deveria começar a preparar as batatas.[6]

Então, uma noite na Forthlin Road, Jim fez uma proposta surpreendente a Maureen e Jennifer. Falou que as duas moças deveriam se tornar as *empresárias dos Beatles*. De acordo com Maureen:

Jim falou: "Vocês estão organizando o fã-clube dos Beatles, por que não se tornam empresárias deles?". Nós duas nos entreolhamos. Atuávamos como secretárias e não tínhamos experiência alguma nesse ramo. Indagou quanto ganhávamos. Eu ganhava cerca de £ 11 por semana e Jennifer, £ 13. Daí falou que os Beatles podiam pagar £ 15 por semana para cada uma de nós, porque os garotos recebiam £ 15 por noite. Parecia um bom negócio e foi uma proposta séria: ele falou isso na frente de Paul, e Paul não o interrompeu.

Até que ponto os outros Beatles sabiam disso é um tanto nebuloso, mas Jennifer tem certeza de que "concordaram com a ideia". "Paul foi o principal comunicador, mas tivemos a impressão de que todos pareciam estar falando sério. Era como se pensassem 'Não temos ninguém cuidando de nós, então se quiserem fazer isso, tudo bem'. Os Beatles realmente queriam progredir e sentiram que deveriam ter alguém para representá-los. Tínhamos mais ou menos a mesma idade que eles, mas pareciam pensar que éramos mais maduras, e nós realmente queríamos que eles se tornassem um pouco mais profissionais."

As duas voltaram a St. Helens bem abaladas. Por onde começar? Como nos explica Maureen: "Acho que ninguém nos explicou o que deveríamos *fazer* como empresárias dos Beatles, e pensamos que tínhamos de aprender. Eu me lembro de estar no ônibus, a caminho de casa, dizendo o quanto seria difícil e o quanto precisaríamos estudar".[7]

Essa primeira semana de John e Paul após o retorno deles foi mesmo uma doideira, e isso continuou com certa distinção na quinta-feira, quando os Beatles tinham um show agendado no Litherland Town Hall, evento conjunto com Gerry and the Pacemakers. Em represália ao cancelamento unilateral de quatro datas, Brian Kelly limitara os Beatles a um dia por semana. Seria pedir demais que eles mostrassem arrependimento?

Nesse dia, os Pacemakers também tocaram no Cavern na hora do almoço, e os Nerk Twins desceram para assistir. Os Beatles – principalmente Paul – consideravam Gerry e sua trupe a maior ameaça à supremacia deles. Eram bons profissionais e transpareciam a experiência de duas temporadas em Hamburgo com Tony Sheridan. John e Paul não costumavam aparecer só para assistir aos outros, mas

"Tá legal, Brian: seja o nosso empresário" (15 de outubro a 3 de dezembro de 1961) 731

queriam mostrar o novo visual aos Pacemakers. Pareciam *mods* entre roqueiros e sabiam que seriam alvo de comentários desagradáveis – e, naturalmente, estavam mais do que prontos a rebatê-los.

Após a sessão, e uns *pints* de cerveja entornados rapidinho no Grapes, John e Paul (com Les Chadwick dos Pacemakers e talvez outros) acompanharam Bob Wooler numa tarde etílica no Mandolin, em Toxteth, onde continuaram a se embriagar. Clube de bebidas recém-inaugurado, o Mandolin tinha toques modernos – iluminação ultravioleta na parede e *purple hearts*, as anfetaminas, atrás do bar –, mas ficava num prédio antigo, uma das primeiras salas de cinema de Liverpool, o Warwick Picturedrome. Sem se dar conta, John estava tomando uísque e pílulas no local que as duas linhagens de sua família costumavam frequentar para um bom entretenimento.

Chegaram ao Litherland Town Hall em estado altamente inebriado e, ao bater o olho neles, Gerry Marsden saiu às pressas até o pub da esquina, onde, nas palavras de Wooler, "também encheu a cara". Longe de expressarem arrependimento a Brian Kelly por terem cancelado as datas, os Beatles resolveram bater pé contra a insistência dele, qual seja, a de que cada banda tocasse uma hora inteira em vez de 45 minutos. Os Pacemakers compartilhavam da mesma opinião, e no que Wooler descreveria como "um clima despreocupado de cooperação mútua", subiram ao palco juntos. Até ele, o epítome do profissionalismo, deixou-se levar pelo momento: anunciou *The Beatmakers*! As cortinas se abriram e revelaram a banda de oito integrantes: John, Paul, Gerry, George, Les, Les, Pete e Fred. "Atônita, a multidão ouviu uma explosão mais forte que a dos Canhões de Navarone", escreveu Wooler.[8]

As surpresas foram além do som. Paul usava uma velha camisola cor-de-rosa dada a Fred Marsden pela mãe dele para proteger a bateria; o próprio Fred usava uma túnica de ferroviário; Gerry, a jaqueta de couro de George; George, um capuz; e John empunhava o saxofone de Les Maguire. John também se juntou a Paul em cima do piano: os dois se deitaram de bruços e, dependurados, se esticaram para tocar as notas com as teclas invertidas. Os Beatmakers tocaram quatro canções: "Whole Lotta Shakin' Goin' On", "What'd I Say" (versão mix estendida), "Red Sails in the Sunset" e o novo sucesso de Ray Charles, "Hit The Road Jack", durante a qual John, embriagado e chapado, deslizou do piano e se esborrachou no palco.

Era o Top Ten Club em pleno salão de baile da Câmara Municipal de Litherland. A galera na pista de dança parou, boquiaberta. Como Bob Wooler admitiu: "Esse caso deixou Brian Kelly com os nervos em frangalhos. Mas foi apenas um episódio breve e meio caótico."[9]

Nervos em frangalhos e cabelos em pé: Kelly ficou alarmado. Isso tudo se somava a vários insultos prévios, pontualidade errática e, ainda por cima, aqueles cancelamentos. Foi a gota d'água. O relacionamento dele com os Beatles chegou ao fim. Se ficou chateado com Wooler por ter sido conivente com a brincadeira, os dois conseguiram virar a página; dos Beatles, porém, ele queria distância, obrigado. Restavam-lhes mais quatro shows na agenda, e nada mais. Primeiro Hill e agora Kelly... um por um, os Beatles foram rompendo os laços com os agenciadores de seu trabalho remunerado. Nesse ritmo, em pouco tempo não teriam mais onde tocar – a menos que novas oportunidades pudessem ser evocadas como que por encanto. Eis o tamanho do desafio de Maureen e Jennifer.

À exceção do domingo à noite no Casbah, todos os shows dos Beatles nos próximos sete dias eram no Cavern, incluindo outra movimentada sessão de noite inteira no sábado. Foi ao longo dessa semana, provavelmente, que Stuart Sutcliffe enviou as cópias iniciais do primeiro disco deles. Não era "Ain't She Sweet" e "Cry for a Shadow", como tanto esperavam, e sim "My Bonnie" e "The Saints" – justamente as canções em que não eram os protagonistas, mas sim a banda de apoio a Tony Sheridan. Bert Kaempfert e a Polydor programaram o lançamento para 23 de outubro na Alemanha Ocidental, onde o compacto tinha boas chances de se tornar um sucesso.

Mesmo assim, os Beatles tiveram a grande emoção de manusear e ouvir seu primeiro disco de verdade. Pareceu *estranho* para eles, um disquinho de 7 polegadas e 45 rpm, com etiqueta cor-de-laranja, grande furo central e capa ilustrada. A foto de Sheridan estava na frente e no verso, e os Beatles não apareciam, nem eram mencionados: os créditos da gravadora, em ambos os lados, traziam o nome Tony Sheridan & The Beat Brothers. Sob o título de cada canção vinha a palavra "Rock" – classificar o tipo de música era a prática padrão na Europa continental – e sob "My Bonnie" vinha a tradução entre parênteses: *Mein Herz ist bei dir nur* (Meu coração está com você apenas).

"Tá legal, Brian: seja o nosso empresário" (15 de outubro a 3 de dezembro de 1961)

George mostrou seu entusiasmo em uma carta afetuosa a Stu, anexando uma nota de £ 5 na esperança de que ele mandasse mais uns 20 compactos. "Não ficou tão perfeito quanto a reprodução no estúdio, mas lá era estéreo. Todo mundo achou ótimo. Passa aquela sensação (ao falar com alguém das outras bandas) de 'Eu não te disse?'. Acho que muita gente não acreditava realmente que tínhamos feito algo, mas agora podem falar o que quiserem, é Beatles num disco 'de verdade'. Só não entendi bem o lance dos 'Beat Brothers'."[10]

A antipatia dos Beatles por "My Bonnie" – e a de Paul em especial – seria esclarecida em uma data futura. Por enquanto, só queriam curtir a empolgação de estarem em um disco. "Não parei de tocá-lo por vários dias", disse George à *NME*, dois anos depois.[11] Adolescente na época, Jimmy Campbell se lembra de Paul subindo as escadas do Aintree Institute aos berros de "É o nosso disco!". "Fez o DJ [Bob Wooler] colocá-lo e ficou pulando ao redor só ouvindo a si mesmo saindo dos alto-falantes. Estava mesmo realizado. *Ouça só isto!*"[12]

A consequência desses boatos veio logo, no meio da tarde de sábado, 28 de outubro, quando Raymond Jones, um jovem do bairro Knotty Ash, entrou na loja Nems na Whitechapel e perguntou se eles tinham o disco.

Os fatos que se seguiram têm sido relatados de modo ligeiramente diferente, mas em essência terminam da mesma forma. De acordo com Jones, Brian Epstein, sem conseguir encontrar "My Bonnie" em nenhuma lista de lançamentos, fez perguntas a ele, às quais Jones respondeu dizendo que os Beatles eram de Liverpool, "a banda mais fantástica que você vai ouvir em sua vida". O próprio Brian, em sua autobiografia, sugeriu que essa informação extra só chegou a ele nos dias seguintes e, na transcrição bruta da entrevista para aquele livro, contou que uma das vendedoras tomou nota do pedido de Jones.[13]

Seja lá o que tenha acontecido, foi por causa da política de Brian – a de que a Nems deveria ter em estoque *todo e qualquer* disco que um cliente pedisse, por mais obscuro que fosse –, que a pesquisa não morreu na casca, como provavelmente teria acontecido em outras lojas. Garantiu que ia dar um jeito de achar o disco, e a sua determinação se duplicou quando, um dia depois, duas adolescentes passaram na Nems e fizeram a mesma encomenda. Mas essa não era a primeira vez que Brian se deparava com o nome Beatles. Ele se lembrava de tê-lo visto num pôster em algum lugar, e com certeza desde julho o tinha visto dezenas de vezes no *Mersey Beat*. Era um nome incomum e inteligente, que grudava no cérebro.

Brian tinha acabado de voltar a Liverpool quando esse sábado chegou. Nunca havia se afastado por tanto tempo da Nems, cinco semanas de folga na Espanha para curtir dias ensolarados, aperfeiçoar seus conhecimentos de espanhol, assistir a algumas touradas (paixão nova e inebriante) e buscar prazeres hedonistas. A loja funcionava como um relógio, mas tanta eficiência o deixava entediado como gerente – na loja tudo fluía, na descrição dele, "na maior facilidade".[14] Mês após mês, a inquietação dele aumentava, ansiava por um novo desafio, ainda não identificado, justamente quando empreendeu suas pesquisas sobre "My Bonnie".

Ainda não tinha conectado o nome Beatles aos rapazes de jaqueta de couro que semanalmente matavam tempo nas cabines de audição da Nems, conferindo todos os lançamentos em 45 rpm. Aqueles caras sabiam do que gostavam – apenas sons dos EUA – e sempre encontravam algo que atiçava sua empolgação. Por mais que tivessem a reputação de tocar lados B obscuros, todos os mais recentes acréscimos ao setlist dos Beatles estavam entre as dez melhores nos EUA – a principal delas, "Take Good Care of my Baby", gravada por Bobby Vee e composta pela parceria Goffin-King. Paul fazia uma atraente harmonia vocal, mas a voz principal era a de George. No Cavern, ele dedicava a música a "Doctor Barnardo's", a conhecida instituição de caridade para crianças abandonadas.

Provavelmente era Paul quem cantava o mais novo número 1 britânico de Elvis, "(Marie's the Name) His Latest Flame", letra e música de Doc Pomus e Mort Shuman, enquanto John se encarregava de "You Don't Know What You've Got (Until You Lose It)", de Ral Donner, cantor de Chicago que clonou a voz de Elvis a um grau enervante. O disco de Donner era um dos dois acréscimos ao setlist dos Beatles pinçados de álbuns da Parlophone, juntamente com a enérgica faixa de R&B, "One Track Mind", de Bobby Lewis. Paul cantava "Hit the Road Jack", o mais recente sucesso de Ray Charles, além disso obteve uma boa reação da plateia ao reviver "Fools Like Me" (o lado B do memorável sucesso "High School Confidential", de Jerry Lee Lewis, lançado em 1959) e também gostava de cantar o novo som country de Brenda Lee, "Fool #1".

É bem provável que Paul tenha ouvido o disco de Lee pela primeira vez no *Juke Box Jury*, o único programa de televisão que a BBC dedicava ao pop, com apenas

"Tá legal, Brian: seja o nosso empresário" (15 de outubro a 3 de dezembro de 1961) 735

meia hora por semana. A canção foi mostrada (com "His Latest Flame", de Elvis) na edição de 21 de outubro, e captada no pequeno televisor em preto e branco na 20 Forthlin Road enquanto Paul se preparava para a sessão de noite inteira do Cavern. Os quatro membros da bancada incluíam duas estrelas colegiais de 15 anos, a cantora Helen Shapiro e a atriz Jane Asher, nessa que seria a terceira participação de Miss Asher em nove semanas: a fotografia monocromática deixou grisalha sua cabeleira ruiva, mas ainda assim ela era o novo e inteligente rostinho do programa, tornando-se instantaneamente a garota preferida da mídia britânica quando o assunto era buscar a "opinião dos adolescentes". Quem recorda é Mike McCartney: "Assistíamos ao programa *Juke Box Jury* religiosamente, ainda mais quando Jane Asher participava... Ela era jovem, bonita, tinha um sotaque culto, que papai admirava, e, quando ela sorria, o set se iluminava. Paul e eu tínhamos uma queda por ela".[15]

As novas canções dos Beatles eram apresentadas num circuito noturno que diminuía de tamanho a olhos vistos. A decisão de Brian Kelly de abrir mão deles coincidiu com a decisão da sra. Best de encerrar os eventos externos e se limitar ao Casbah. Desesperado para sair da rotina, Paul disse que os Beatles deveriam voltar a Hamburgo, onde tinham se divertido, e John concordou. Como ele refletiria, por mais que jurassem ao fim de cada temporada em Hamburgo não se submeterem novamente ao calvário, o tempo suavizava as lembranças: "(...) você passava três meses em Liverpool, então se lembrava dos bons tempos e dizia 'OK!'".[16] No finzinho de outubro, Paul escreveu a Peter Eckhorn anunciando a disponibilidade dos Beatles para uma temporada no Top Ten, a partir de janeiro de 1962.

Desta vez, evitaram envolver Allan Williams, apesar de a ameaça de processo contra eles ter arrefecido. A enérgica refutação das alegações de Williams pelo advogado de Paul terminou por silenciá-lo: não houve qualquer resposta e nenhuma ação foi executada. "Os Beatles agiram com confiança e cara de pau, e eu acabei desistindo", admite Williams. Ele parecia estar se reconciliando com os Beatles individualmente – George disse, em sua carta a Stu, que tinha visto e falado com Allan, e escreveu que já não havia mais ressentimentos –, no entanto o empresário manteve uma atitude amarga em relação a eles como banda, banindo-os do Blue Angel. "Todo mundo vinha ao Blue", conta ele, "todas as bandas após terminarem os shows da noite, todas as namoradas... Era o clube privado deles, e os Beatles foram excluídos".[17]

Jamais seriam excluídos por suas atuais "empresárias" – mas elas enfrentavam dificuldades para incluí-los em novas datas. Jennifer e Maureen curtiam ficar perto dos Beatles e visitar suas casas, mas criar oportunidades de shows para eles eram outros quinhentos. A amizade familiar que elas tinham com os Beatles, criada ao gerenciar o fã-clube, na realidade nunca permitia conversas de ordem prática. Jennifer realça que, em vez de discutirem oportunidades quando viam John, era mais provável que ele pedisse: "Ei, Jen, me consegue um cigarrinho? Estou precisando muito de um cigarro e não tenho nenhum. E não vá contar pra Cynthia que me viu". Ela relata que ele "sempre tentava evitar Cynthia quando estava a fim de aprontar. John gostava muito de se divertir".[18]

Bob Wooler continuava a ser o principal guru dos Beatles, e o grupo aprendeu muito com sua experiência e seu aconselhamento, mas, ao mesmo tempo, os deixava intrigados. Espirituoso, de riso fácil, Wooler sempre foi envolto por segredos insondáveis, e frustrava com tanta determinação as sondagens sobre sua vida privada que a imaginação dos Beatles corria solta, como Paul lembraria: "A gente ia levar Bob Wooler em casa e tentávamos convencê-lo a nos deixar entrar. Ele nunca deixava. Imaginávamos chicotes, algemas na parede, coisas incrivelmente pervertidas. Costumávamos deixá-lo em casa todas as noites após os shows, mas ele nunca nos deixava entrar. '*Por que* não nos deixa entrar, Bob?'".[19]

Em tom jocoso, John chamava Wooler de "pai", talvez para reconhecer uma familiaridade confortável, e certamente para acentuar o abismo entre dois caras nascidos em 1940 e 1926 (embora Wooler fingisse ser de 1932). De um lado, um moleque culto de 21 anos; do outro, um cavalheiro culto de 29 (35, na verdade). Por sua vez, Wooler anunciava John para o público com o codinome "A fúria cantante". "Ele tinha o poder de magoar com seus comentários e observações", contou Wooler sobre as muitas alfinetadas de Lennon que pairavam no ar e deixavam os alvos e testemunhas sem graça e constrangidos... enquanto Paul, George e Pete reagiam com "risinhos nervosos e contritos".[20] John raramente se desculpava, e os outros não se davam ao trabalho de colocar panos quentes: cabia à vítima decidir se ria junto ou lambia as feridas.

Wooler incluiu a nova denominação de John num classificado do *Echo* no qual atribuiu cognomes a todos eles:

"Tá legal, Brian: seja o nosso empresário" (15 de outubro a 3 de dezembro de 1961) **737**

John Lennon ("A fúria cantante")
Paul McCartney ("A rebeldia balançante")
George Harrison ("O xeique da Arábia")
Pete Best ("A batida introvertida")[21]

Também foi Wooler quem criou e publicou essa ordem dos prenomes: John, Paul, George e Pete. Soava bem e refletia o imperativo linear: os Beatles eram a banda de John, fundada e liderada por ele, John trouxe Paul, que apresentou George, e então pegaram Pete. Era bom manter em mente essa hierarquia, em especial nas conversas. Wooler os conhecia mais do que ninguém e sabia perfeitamente que os Beatles tinham chegado a uma encruzilhada. Se algo *fosse* "acontecer" para eles, teria que acontecer naquele momento.

> As coisas não fluíam às mil maravilhas. Algo tinha que ser feito em prol dessa banda. Tinham talento de sobra. "My Bonnie" os manteve um pouco animados, mas nada de concreto realmente acontecia para eles. Tivemos uma confabulaçãozinha. Eu andava muito preocupado, porque gostava muito deles.
>
> Estavam *prestes* a entrar em colapso como entidade, a menos que algo acontecesse para eles. Por isso sugeri que eu podia escrever a Jack Good, que na época tinha ligações com a gravadora Decca. Eles admiravam Jack Good e pensei que ele talvez conseguisse uma audição para a banda.
>
> Estavam realmente beirando o desespero... Precisavam de orientação, de alguém com sutileza – e dinheiro.[22]

Bem na hora certa, na quinta-feira, 9 de novembro de 1961, na sessão de almoço do Cavern, os trilhos que havia um bom tempo vinham correndo em paralelo enfim convergiram.

As pesquisas de Brian Epstein sobre "My Bonnie" não o levaram muito longe. Descobriu que era um disco estrangeiro, provavelmente da Alemanha, e considerou "extremamente significativo" que a Nems tivesse recebido três pedidos para ele.[23] Sabia que os Beatles eram um grupo de Liverpool e pela primeira vez escrutinou ativamente o nome deles nas edições do *Mersey Beat*. A edição atual (que, pela primeira vez, trazia também um saliente anúncio de primeira página da Nems) incluía a reportagem de Wooler sobre o espetáculo dos "Beatmakers", e os Beatles anunciavam apresentações em Litherland, New Brighton e no Cavern.

No Cavern, tinham três shows agendados. Brian já tinha ido ao local, na época em que era um porão de jazz dirigido por seu fundador Alan Sytner – cresceram juntos, meninos da mesma idade, na mesma sinagoga.[24] Agora era "um recinto para adolescentes", e só de pensar nisso já ficava intimidado... Mas não o suficiente para que seu interesse arrefecesse. Ligou para Bill Harry, que verificou e descobriu que os Beatles iam tocar na sessão de almoço de quinta-feira. Harry informou Ray McFall que Brian Epstein, da Nems, ia aparecer para falar com os Beatles. O porteiro Paddy Delaney foi avisado – deveria deixar o visitante entrar, como cortesia, sem o cartão de sócio. Para Brian, não era novidade alguma assistir rock ao vivo – tinha ido aos shows do Empire Theatre e, com seu olho clínico para apresentações, sempre achava o palco mal iluminado, observando que poucas bandas projetavam sua personalidade em toda a ribalta –, mas ir ao Cavern com certeza seria uma experiência diferente. Brian sugeriu que seu assistente pessoal, Alistair Taylor, o acompanhasse: sairiam juntos para o almoço e no caminho dariam uma passadinha no Cavern, para descobrir mais sobre esse tal compacto de "My Bonnie".

Embora o clube ficasse a apenas duzentos passos da Nems, o dia 9 de novembro foi frio e nevoento, tipicamente prenunciando o inverno de Liverpool – tão úmido que a fuligem grudava na pele, tão escuro que os edifícios quase sumiam em meio ao pó de carvão, e os faróis dos carros em nada melhoravam a situação. O aeroporto fechou para pousos e decolagens, e as sirenes de nevoeiro ecoaram sobre os sons de Mersey: o grasnido das gaivotas e o estrondo dos canhões à uma da tarde. Os executivos enveredaram pela estreita Mathew Street, entre os furgões do Fruit Exchange (Mercado das Frutas) e seus detritos, até chegarem ao número 10. O porteiro, Paddy Delaney, os acompanhou pelo corredor penumbroso e pela escadaria engordurada.

Bob Wooler estava no camarim quando Delaney fez entrar os visitantes. Wooler reconheceu Brian da Nems, embora nunca tivessem sido formalmente apresentados. Brian esperou uma pausa naquele porão barulhento, então se inclinou e perguntou, com a impostação impecável de quem estudou na RADA (Royal Academy of Dramatic Art), se eram os Beatles no palco, a banda do disco "My

"**Tá legal, Brian: seja o nosso empresário**" (15 de outubro a 3 de dezembro de 1961) 739

Bonnie". Wooler confirmou: "São eles, sim".[25] O visitante se dirigiu ao fundo do túnel central e ficou observando.

> Foi uma revelação descer àquele porão escuro, úmido e enfumaçado, ao meio-dia, e me misturar com a plateia repleta de adolescentes com os olhos voltados para aqueles quatro jovens no palco. Vestiam-se com bastante desleixo – do modo mais bonito possível, ou deveria dizer, mais *atraente*? Jaquetas de couro pretas e jeans, cabelo comprido, é claro, e uma distribuição no palco bem desordenada, sem dar muita bola para isso e sem se importar demais com as aparências. Já nessa época, acho que se importavam mais com o modo como *soavam*.[26]

Os Beatles tinham começado a segunda parte de seu show na hora do almoço. Enquanto Brian observava, Ray McFall fez questão de se apresentar ao homem cuja elegância o impressionou instantaneamente, e Cavernites, entre um enroladinho de queijo e outro, e um prato de sopa e outro, ficaram se perguntando quem seria aquele *sujeito garboso*. Margaret Douglas recorda que ele estava "em pé, lá no fundo, perto da lanchonete. Parecia tão deslocado que o pessoal dizia: 'O que ele está fazendo aqui?'. Ray McFall e Bob Wooler sempre usavam terno e gravata, mas nem de longe se pareciam com Brian Epstein – ele sempre parecia que tinha sido arrumado pela mãe dele".[27]

Os Beatles sacolejavam, fumavam, comiam, faziam piadas, bebiam, jogavam charme, xingavam, davam risada, aceitavam pedidos e respondiam a eles. Falavam com sotaque local, tinham um look continental e tocavam música americana negra e branca com cores inglesas. John e Paul competiam e imploravam por atenção, George sorria quietinho de esguelha e cantava de vez em quando, Pete manejava as baquetas cabisbaixo. Uma sessão no horário de almoço como qualquer outra – e nem estavam lá muito inspirados. Andavam cansados, perdendo o interesse. Mas para Brian foi suficiente para enxergar além:

> Para o meu gosto, a apresentação deles deixou um pouco a desejar, porque eu me interessava por teatro e atuação havia muito tempo – mas, em meio a tudo aquilo, algo *fantástico* aconteceu: fiquei imediatamente impressionado com a música, o ritmo e o senso de humor deles no palco. Eram muito engraçados, as tiradas de improviso eram excelentes.

Gostei deles tremendamente, logo de cara gostei do som que ouvi: ouvi o som deles antes de ser apresentado à banda. Na verdade, eu acho isso importante, porque sempre devemos lembrar que as pessoas escutam o som e gostam do som deles, antes de conhecê-los pessoalmente. Achei que muita gente ia curtir o som da banda. Eram novos e honestos. Tinham algo que pensei se tratar de uma certa presença, e (sei que é um termo horrível e vago) uma "qualidade estelar". Seja lá o que for, eles tinham... Ou senti que tinham.[28]

Epstein foi *fisgado*, e suas palavras lançam luz em muitos assuntos. Talvez também existisse algo mais – pois Bob Wooler sempre teve certeza de que Brian sentia "atração física pelos Beatles". Vinte anos mais tarde, acabou se popularizando a noção de que Brian Epstein se apaixonara por John Lennon à primeira vista, concentrando seu foco no mais agressivo dos quatro jovens com roupas de couro justas. Era só a opinião de um escritor – não consubstanciada com evidências ou citações, afirmação com base apenas em suposição –, mas a ideia pegou porque, levando em conta o gosto e o apetite de Brian, e o panorama com que se deparou, a sugestão é plausível. Como Wooler observou: "John Lennon comandava as ações no palco com o jeito de olhar e se posicionar. Suas pernas ficavam bem separadas: essa era uma de suas marcas registradas, e isso era considerado muito sexual e muito agressivo. As garotas da frente ficavam espiando a região acima de suas pernas, conferindo a genitália".[29]

Porém, a insinuação de que foi *apenas* a fantasia homoerótica que atraiu Brian Epstein aos Beatles é uma distorção maléfica que presta um desserviço a ambos os lados dessa história. Talvez fosse um dos componentes da mistura, mas ele se tornou, acima de tudo, apenas o mais novo de uma linhagem cada vez maior de pessoas seduzidas pela singular mescla de talentos dos Beatles: som, aparência, charme, carisma, honestidade e humor. Eram o pacote completo e original, e assistir ao show deles fez Brian se sentir – como tantos outros – exultante, fascinado, hipnotizado. Bob Wooler testemunhou a visita de Brian Epstein ao Cavern e a cristalizou em cinco palavras: "Veio, viu e foi conquistado".[30]

Tudo isso deve ter sido um choque completo, e ele precisou se recompor e lembrar que tinha ido lá com o propósito de obter informações sobre "My Bonnie", a fim de encomendar cópias e satisfazer seus clientes. Falou com George,

"**Tá legal, Brian: seja o nosso empresário**" (15 de outubro a 3 de dezembro de 1961) 741

que perguntou – naquela fala arrastada, de uma petulância ao mesmo tempo expressiva e monótona – "A que devemos a honra de receber o sr. Epstein aqui?".* Brian não só ficou encantado, ele achou que George lhe parecia familiar. "George me conhecia da loja e percebi que ele era um dos caras que sempre costumavam andar por lá. Eu disse que adoraria ouvir o compacto [de "My Bonnie"]. George pediu para um DJ chamado Bob Wooler tocá-lo para mim. Bob anunciou [que havia] um representante da Nems no Cavern."

Embora George pouco se lembrasse desse primeiro encontro, revelou sua impressão inicial e a de outros Beatles sobre Brian Epstein como "um sujeito rico e muito chique". Se a primeira impressão é a que fica, ele não poderia ter feito melhor.[31]

Mais tarde do que esperavam, Brian e Alistair foram almoçar – no Peacock Buffet, na Hackins Hey. Fizeram só uma boquinha rápida, porque Brian tinha um compromisso com o alfaiate às três, e já passava das duas, mas foi tempo suficiente para ele confidenciar a seu assistente: pensava em se oferecer para *gerenciar* os Beatles. Foi naquele átimo, como sempre costumava ser com Brian. A vida dele, como sua família bem conhecia, era uma série de paixões impulsivas, devoradas com afã e depois descartadas. (Isso também sugere que ficou sabendo que os Beatles precisavam de um empresário.)

Mas nunca em sua vida Brian Epstein, do alto de seus 27 anos, teve tanta certeza de algo. Desde o início, a sua convicção sobre as qualidades dos Beatles se manteve inabalável. Ele os adorou, acreditou na banda, e a mais forte dessas crenças – e parece que pensou nisso de imediato – era a de que os Beatles se tornariam os maiores da história. "Eu sabia que eles seriam maiores do que Elvis. Eu sabia que seriam os maiores do mundo."[32]

Quando Brian Epstein entrou na vida dos Beatles, Sam Leach fez sua reentrada. Caoticamente ocupado no início de 1961, o renegado *promoter* havia ficado na dele nos últimos tempos – desde março, os Beatles não tocavam em eventos promovidos por Leach. Mas agora ele estava, como de costume, prestes a ficar

---

* E logo os problemas de pronúncia do sobrenome recomeçaram. Alguns (incluindo Wooler e, na maioria das vezes, os Beatles) o pronunciavam "Epsteen" e outros, "Epstein". Brian ainda preferia "Epstein", ao contrário do restante de sua família.

hiperativo. E deu logo um mergulho espalhafatoso, soltando respingos para todos os lados: a "Operação Big Beat".

O local de eventos que ele administrava era o maior salão de dança da região, o Tower Ballroom, em New Brighton, o resort de lazer de Merseyside, a um curto trajeto de balsa saindo de Liverpool. Nenhum outro *promoter* de eventos de rock imaginou apresentar shows naquele lugar. A própria Torre (onde o avô de George, John French, já havia trabalhado como porteiro) era uma tentativa de evocar um ar de Paris, com sua torre Eiffel, em pleno litoral noroeste da Inglaterra. A torre em si já havia sido desmontada havia muito tempo, mas um vasto e esplêndido salão de baile sobrevivera na parte de baixo, tornando-se o centro de um parque de diversões muito apreciado por turistas, mas um eterno "elefante branco" em termos comerciais, a cada ano mais desbotado e enferrujado. Nesse inusitado local, Leach brindou o público com cinco horas e meia de rock em alto volume e alta octanagem, com um line-up que contou com (na ordem de entrada no palco) Beatles, Gerry and the Pacemakers, Rory Storm and the Hurricanes, The Remo Four e King-Size Taylor and the Dominoes. A plateia chegava em ondas, em ônibus fretados que se arrastavam, a três quilômetros por hora, pelas labirínticas ruas de Victoria. O público varia conforme a testemunha ocular, mas o próprio Leach (em anúncio do *Echo*, cinco dias depois) calculou em três mil pessoas. Ao longo da noite, Dick Matthews tirou fotos atmosféricas do evento. De volta ao circuito, registrou, de modo definitivo, o visual todo em couro dos Beatles no verão/outono de 1961 ali, no Aintree Institute e no Cavern.

Leach afirma que fechara um acordo com John e Paul para "ser o empresário dos Beatles", firmado com um aperto de mãos. Não está claro quando isso aconteceu – nada foi escrito, e o aperto de mãos se tornou proverbial –, mas o *promoter* esperava capitalizar sua renovada associação com a melhor banda de Liverpool impulsionando-os de alguma forma, e ele junto, rumo ao estrelato. Esperava fazer isso colocando os Beatles nos palcos de Londres, convidando todos os grandes empresários para comparecer e serem conquistados. Por intermédio de Pete, soube que os Beatles estavam livres no sábado, 9 de dezembro, e disse que ia agendar um local: os Beatles iriam conquistar a capital. Ao mesmo tempo, seguiriam comprovando seu *status* em Liverpool. No *Mersey Beat* de 16 de novembro, os leitores tiveram a chance de votar em suas dez bandas favoritas numa pesquisa de popu-

"Tá legal, Brian: seja o nosso empresário" (15 de outubro a 3 de dezembro de 1961) 743

laridade, os formulários deveriam ser preenchidos até 1º de dezembro. Dizem que cada uma das bandas comprou várias cópias da cédula para votar em si mesmas, com nomes falsos. Por via das dúvidas, os Beatles enviaram ao menos uma dúzia, todas com eles no topo e Gerry and the Pacemakers na rabeira. Conforme a recordação de Paul: "Foi um momento tenso, porque pensávamos que Gerry and the Pacemakers iam nos desbancar, de uma vez por todas. Por isso, compramos uns jornais e preenchemos os cupons. Estou certo de que Gerry comprou tantas cópias quanto nós".[33]

Nesse mesmo período, Brian Epstein não escondia o interesse contínuo pela banda. Concluída a pesquisa sobre "My Bonnie", agora ele dava uma passadinha para ver os Beatles com propósitos totalmente distintos. Em 9 de novembro, o alfaiate que lhe tirou as medidas para confeccionar mais um terno novo pode muito bem ter retorcido o nariz. Um fedor de desinfetante Tia Sally impregnava as roupas daquele cavalheiro geralmente imaculado – o fato é que Brian não parou mais de frequentar o Cavern. "Comecei a andar com eles quase uma semana depois de tê-los conhecido", declarou ele à BBC dois anos depois, sugerindo que isso começou no fim de semana de 18 a 19 de novembro.[34] Detalhes são desconhecidos, mas talvez ele os tenha visto no Merseyside Civil Service Club, ou no Hambleton Hall (provavelmente), ou na New Brighton Tower. Sem dúvida, foi vê-los no Cavern, conferindo as sessões no horário de almoço e uma ou outra apresentação noturna. Sem ser percebido, na penumbra do cubículo de onde comandava o prato e o microfone de Mestre de Cerimônias, Bob Wooler ficou observando o visitante. "Logo de cara, Brian soube que queria ser o empresário deles, mas não teve pressa. Primeiro, achou necessário um período para conhecê-los melhor. Frequentou outros locais para ver como eles eram e de que maneira se comportavam, e os achou muito animalescos".[35]

Quanto mais ele via, mais tinha certeza. Mais tarde, ele explicou: "Sempre achei que se tornariam as maiores estrelas do mundo, nada menos que isso... e estou falando sério. Sempre soube que seriam nada menos que colossais... Detectei uma grandeza, uma qualidade que precisava ser controlada e, ao mesmo tempo, se manter indomável".[36]

Com certeza, ele era um iniciante, mas não um completo iniciante. Sabia que sua decisão de se oferecer para ser o empresário dos Beatles era "em grande parte, impulsiva", mas não desconhecia o ramo. "Ao longo de minha trajetória na comercialização de discos, pude observar as carreiras de artistas pop com várias gestões", contou ele, e também sentia que dominava a arte de como *apresentar* a música.[37] Nesse exato momento, enquanto ele planejava ser empresário dos Beatles, subia nas paradas britânicas "Take Five", o hit mais improvável do ano: jazz instrumental de sax/piano, estranhamente metrificado, do Dave Brubeck Quartet. Em sua resenha no *Mersey Beat*, Brian fez uma reflexão: tratava-se de "um exemplo brilhante de um disco apresentado ao público no momento certo".[38]

Para Brian, era crucial que a família e sua equipe sênior entendessem sua maneira de pensar, precisaria do apoio deles em breve. E também estava ansioso para contar a todos a sua descoberta. Peter Brown, que continuava à frente do departamento de discos da Nems, na Great Charlotte Street, lembra-se de quando Brian mencionou os Beatles pela primeira vez. Foi num jantar na churrascaria do Corn Market Hotel, perto do Pier Head. Em seguida, Brian o levou ao Cavern, onde Brown não viu nenhum dos atrativos descritos com tanto entusiasmo. "Achei o ambiente detestável, apinhado de asquerosas funcionárias da Tate & Lyle. Escuro, pequeno, encharcado de suor. E ainda por cima não vendiam bebidas alcoólicas."[39] Como havia ocorrido com Brian antes dele, Brown reconheceu nos Beatles rostos que frequentavam a sua loja; numa tarde chuvosa, entraram de chapéus-coco, os brindes de Acker Bilk.

Brown, é claro, não era só um gerente da Nems, pertencia ao círculo mais próximo de Brian – não eram amantes, apenas bons amigos. Então Brian queria *mesmo* ser empresário dos Beatles para persegui-los sexualmente?

> Para mim, pessoalmente, naquela época, Paul era o mais atraente, com seu rostinho de bebê, mas esse estilo não despertava o interesse de Brian. O tipo dele era um garoto da classe trabalhadora um pouco rude, sem requinte, com muita atitude. John fazia pose de ser *"rough trade"* (expressão usada pelos gays para descrever um parceiro sexual másculo), metido a durão, ao estilo Teddy Boy. Com certeza, isso era mais interessante para Brian. Gostar do visual de John foi um dos elementos que despertou o interesse de Brian, mas nem por um momento acredito que foi essa a motivação para ele querer ser o empresário da banda. Brian era honesto demais para fazer algo tão maquiavélico. Brian não era assim.[40]

"Tá legal, Brian: seja o nosso empresário" (15 de outubro a 3 de dezembro de 1961) 745

Brian começou a amaciar a família pelo irmão dele. Embora diferentes, Clive e ele sempre foram muito próximos, e Brian precisava que o irmão *entendesse*. Num almoço no 23 Club, Brian explicou que havia descoberto os maiores artistas do mundo e como acreditava que poderia levá-los ao topo. Provavelmente corou ao dizer isso – sempre enrubescia ao dizer essas coisas, embora isso nunca o impedisse de dizê-las. Clive testemunhou o entusiasmo de seu irmão, e viu que ele não estava embarcando nisso por dinheiro. Para começo de conversa, os lucros seriam módicos. "Ele calculava que, se ganhassem algum dinheiro, seria algo na faixa de poucas libras por semana", lembra-se Clive.[41]

Nessa época, Harry e Queenie Epstein estavam visitando parentes em Londres. Tão logo os pais voltaram, Brian levou para casa um compacto de "My Bonnie" (a Nems tinha encomendado uma remessa da Alemanha) e tocou para eles. "Ignorem o cantor", orientou. "Prestem atenção só na banda de apoio." Em pouco menos de três minutos – desde a introdução de valsa *sprechen* em alemão por Sheridan até o eco da última batida –, o lounge luxuosamente decorado da 197 Queens Drive, no bairro de Childwall, balançou ao som de cinco jovens ingleses sob o efeito de *prellies*, no palco de um salão nos subúrbios de Hamburgo. É difícil imaginar que o sr. e a sra. Epstein tenham gostado, mesmo que por um fugaz momento. E quando Brian anunciou "Vão fazer um grande sucesso e eu vou ser o empresário deles",[42] a reação não poderia ter sido outra: ficaram estupefatos.

Tinham percebido *algo no ar*, isso ficou claro no comportamento de Brian nos últimos tempos, mas esse lance os pegou completamente de surpresa. No entanto, desde a meninice de Brian, aquelas mesmas paredes já haviam testemunhado inúmeras ondas de choque. Quando Harry se ergueu para desafiá-lo pela que parecia ser (e era) a enésima vez, Brian segurou a onda afirmando que agenciar os Beatles – se de fato eles o aceitassem como empresário – envolveria pouca distração do trabalho, talvez só uns dois turnos por semana (ao menos no início). Ele compensaria o tempo, e a Nems não sofreria.

Outras objeções foram inúteis: Brian estava decidido e não arredou pé. Queenie, como sempre, apaziguou Harry, dizendo que Brian precisava ter a oportunidade de abraçar suas paixões, inclusive ao ponto de se misturar com meninos provavelmente rústicos, da classe trabalhadora de Liverpool, que tocavam rock'n'roll. No privado, havia certamente essa preocupação especial – *Deus queira* que Brian encontre o que está procurando e não faça papel de bobo, nem acabe em apuros novamente, nem volte aos tribunais, nem se machuque.

Os Beatles notaram que estavam sendo observados. Brian chamava *muita* atenção, não só no Cavern, mas em todos os lugares. Exalava classe: os melhores ternos e sapatos italianos, joias, cigarreira e isqueiro de ouro, sobrecasaca elegante, lenço *foulard* (azul-marinho com pintas brancas) enlaçado como gravata, e aquela voz límpida de quem estudou na RADA. Começou a trocar ideias com eles, após as sessões no horário de almoço no Cavern, só uma palavrinha ou outra. Paul disse a Brian que, se tivesse vindo na noite anterior, teria visto ele dando um autógrafo no braço de uma garota. "Parecia que eu sempre perdia os melhores momentos deles", Brian refletiria com genuíno pesar. É óbvio que se tornou, desde o início, um fã. Admitiu isso numa entrevista, quatro anos depois: "Na prática, sou um grande fã dos Beatles, sempre soube disso, desde que os conheci".[43]

Não sabiam que ele queria ser empresário da banda. Só ficavam se perguntando por que Brian estava prestando tanta atenção neles. E ficavam lisonjeados com isso. Eles o julgavam pelos padrões enraizados na população de uma cidade pobre e operária, que exibia poucos sinais de sucesso notável: o sujeito era chique – não no típico sentido *scouse* (de Liverpool), acusatório, de manter em seu lugar um indivíduo com aspirações, mas porque ele era chique mesmo. Culto, requintado... Um cavalheiro que desconhecia a palavra "desleixo" e falava como a realeza: competente, estudado, estiloso, dono da loja onde passavam bastante tempo. De quebra, dirigia um Ford Zodiac, morava num casarão e aparentava ser rico. Como John explicou: "Para nós, ele era o especialista. Quer dizer, ele tinha uma loja. Qualquer pessoa dona de uma loja deve estar bem. E um carro. E um palacete em Queens Drive... Quer dizer, puxa vida, você não liga se é [a casa] do pai dele ou não, isso significa que *estão por cima*, não? Então achamos que ele estava *por cima*".[44]

Sabiam que ele era "bicha". Ao longo de vários meses, Brian trabalhou na ilusão de que não sabiam, mas eles sabiam. Muita gente nos meses e anos seguintes nem percebeu isso, porque sua mente não pensava assim, mas os Beatles se adaptaram e isso não os incomodava em nada.[45] Royston Ellis já os havia informado que um em cada quatro sujeitos era homossexual, e eles já se consideravam

"Tá legal, Brian: seja o nosso empresário" (15 de outubro a 3 de dezembro de 1961) 747

afortunados por terem desafiado essa estatística. Mas Brian *era*, manifestamente. Em 1961, os cuidados estéticos masculinos na Grã-Bretanha se estendiam apenas – talvez para alguns – a aplicar desodorante nas axilas (o banho semanal eliminava o suor, não é?), mas Brian sempre andava bem esfoliado, barbeado e pós-barbeado, desodorizado e com unhas bem-cuidadas – usava esmalte transparente para dar às unhas um brilho limpo. Tinha afetações físicas e vocais, era exigente com muitas coisas, sem falar no jeito de andar – não era bem uma delicadeza, mas uma graça que atraía os olhares.

Quando Brian convidou os Beatles para uma reunião na Nems da Whitechapel, em 29 de novembro, já estava bem evidente a capacidade deles para vender discos. Uma caixa com 25 compactos de "My Bonnie" tinha chegado da Alemanha (encomenda especial importada pelo escritório da Deutsche Grammophon em Londres). Separou alguns para quem tinha encomendado – Raymond Jones e outros –, guardou mais uns cinco e o resto foi para venda geral. Mais tarde, Alistair Taylor se lembraria: "Brian colocou um aviso na vitrine da Nems: DISCO DOS BEATLES DISPONÍVEL AQUI, e literalmente em poucas horas vendemos tudo. Esgotou, daí ligamos e pedimos mais 50".[46]

Marcado para o início da tarde, o encontro aconteceria após a sessão de almoço dos Beatles no Cavern. A caminhada de 200 passos foi interrompida após dez, quando entraram no Grapes. Só saíram na hora de fechar e chegaram à Nems atrasados, com Bob Wooler a reboque. "Eles me pediram para ir à reunião. 'Venha e nos diga o que acha desse cara.' Estavam com medo de que ele fosse um vigarista. Havia muita picaretagem no ramo. John me apresentou [a Brian] como se eu fosse o pai dele, o que surpreendeu a todo mundo, inclusive a mim."[47] Wooler se lembra de que os Beatles vestiam jaquetas de couro e jeans, e que as apresentações formais aconteceram perto do clássico balcão, no andar térreo. Estava pessoalmente constrangido pelo fato de os Beatles estarem atrasados e já um pouco embriagados, e Brian – defensor patológico da pontualidade – também não aprovou aquilo. Mas não ia perder o foco por isso. Tinha muita coisa a dizer e foi logo dizendo.

Pete diz que ficou impressionado com a timidez de Brian e sua fala hesitante, percebeu que ele "escolhia as palavras com cuidado, como se tivesse receio de que um dia pudessem ser usadas contra ele".[48] Os Beatles só captaram a mensagem dele quando Brian indagou como funcionava a parte empresarial da banda. Eles contaram sobre Allan Williams (sem entrar necessariamente em todos os detalhes) e Pete explicou que era ele quem costumava fazer o agendamento dos shows.

Brian também perguntou sobre a gravação de "My Bonnie" e então explicou o motivo pelo qual desejava saber. Sem ser solicitado, ele havia tomado a liberdade de iniciar um processo que provavelmente conduziria a uma audição numa gravadora britânica. Perguntou se tinham interesse nisso e, se tivessem, era essencial que primeiro ficasse estabelecida a extensão do compromisso deles com Kaempfert. Brian pediu a seja lá quem tivesse o contrato que o trouxesse à Nems no dia seguinte, porque estava indo a Londres e queria levá-lo com ele. Já havia marcado uns compromissos com as gravadoras na sexta-feira, 1º de dezembro.

Com sinceridade e, indubitavelmente, alguma timidez, Brian explicou aos Beatles que, se o deixassem ser o empresário da banda, seria uma via de mão dupla. Não agiria de modo ditatorial, mas sim ouviria o que tinham a dizer e levaria em consideração seus pontos de vista. Seria o empresário, e eles, os artistas, e, embora um contrato tivesse de ser lavrado para explicitar tudo isso, na prática seria uma parceria, todos com o mesmo objetivo. Deixou claro o seu *status* de novato ao acrescentar: "Vou ser honesto com vocês, nunca estive envolvido com esse tipo de coisa antes", e eles disseram algo como: "Bem, também nunca tivemos um empresário fixo, então vamos todos tentar juntos".[49]

Os Beatles sabiam reconhecer e respeitar a integridade. Qualquer intrometido que tentasse dizer a eles o que fazer e como ser, ao estilo Larry Parnes, não ia durar nem cinco minutos com a banda. E caso sentissem que a pessoa estivesse blefando com eles, acabaria sendo *morrido* (como diziam no *Goon Show*) ainda mais cedo. Wooler relatou que a reunião foi arrematada com um comentário de Epstein sobre tornar-se empresário deles "na base do 'ir nos conhecendo', como quem diz: 'Se gostarem de mim, e eu gostar de vocês, e nos dermos bem, ótimo, fechamos negócio'. Uma espécie de período experimental. A coisa ficou nesse pé".[50]

Uma nova reunião foi marcada: Brian falou que deveriam voltar domingo, às 16h30, quando ele traria um relatório sobre Londres. A loja ia estar fechada, mas era só bater à porta: estaria trabalhando lá dentro, fazendo encomendas para o Natal, mantendo a promessa aos pais de compensar o tempo.

"Tá legal, Brian: seja o nosso empresário" (15 de outubro a 3 de dezembro de 1961) 749

✳

John, Paul e George sempre pensaram que "Algo vai acontecer, algo vai aparecer". Outra vez, o mantra deles foi comprovado... mas foi por um triz. Se Brian Epstein não tivesse se materializado para eles, os Beatles – como Bob Wooler previu – "estavam *prestes* a entrar em colapso", e isso apenas 11 meses após o seu primeiro e sensacional retorno de Hamburgo.

Brian era, eles sentiam, um pouco *antwakky* (termo usado em Liverpool para "antiquado"), mas, tirando isso, era um sujeito fora de série. Sem contar Jennifer Dawes e Maureen O'Shea – que efetivamente se retiraram quando Brian entrou em cena, "ele tinha classe e tinha dinheiro", diz Jennifer –, Brian Epstein seria o quarto empresário deles, o quarto a se aproximar e tentar organizar as coisas para a banda, após Nigel Walley, Derek Hodkin e Allan Williams. Era assim que John, Paul e George o consideravam e, em todos os aspectos fundamentais – contatos, profissionalismo, influência –, Brian atuava em uma esfera diferente. Ainda pertencia a *Liverpool*, o que era crucial, mas tinha contatos em Londres, conhecia a indústria fonográfica e tinha grana, ou seja, sabia ganhar dinheiro e mantê-lo. Dariam uma chance a ele.[51]

Por sorte, Brian era um jogador, porque só ele correu riscos. Ele era o único que acreditava no retorno sobre seu tempo e investimento. Os Beatles eram mercadorias danificadas: tinham a reputação de ser pouco confiáveis, impontuais, arrogantes e mandões. Sua postura negligente de "pegar ou largar" despertava o ódio dos *promoters*, tanto que dois os abandonaram e vários outros se mantiveram afastados. O cachê deles permanecia no valor máximo, mas os shows agendados estavam minguando – os únicos *promoters* que lhes davam trabalho agora eram Vic Anton (uma vez por quinzena), sra. Best (idem, no Casbah), Sam Leach (semanal) e o Cavern (o mais frequente possível). Além do mais, tinham assinado um contrato de gravação na Alemanha sobre o qual não sabiam detalhes, porque era tudo em alemão, e que poderia facilmente impedi-los de conseguir outro na Grã-Bretanha. Mas Brian arregaçou as mangas – literal e mentalmente – e se dedicou a trabalhar nas últimas semanas de 1961, sem qualquer contrato ou oferta de compensação, nem mesmo a probabilidade de reembolso das despesas. E, como estava prestes a descobrir, quem se envolvia empresarialmente com os Beatles não dava um testemunho empolgante. Allan

Williams tinha ajudado aqueles rapazes e ainda destilava o fel pelo modo como fora escanteado.

Epstein foi ao Blue Angel para ouvir de Williams o que havia acontecido entre ele e os Beatles. Jurando de pés juntos que os Beatles descumpriram o acordo, o suficiente para uma ameaça de processo, Williams expressou seus sentimentos com a franqueza característica.

> Quando ele me contou que planejava se tornar o empresário deles, avisei: "*Brian, os Beatles não são flor que se cheire*". Ele não usava esse tipo de linguajar, mas ouviu tudo com a calma de um cavalheiro.
>
> Tinha classe, coisa que eu não possuía e (por ter a loja de música) também contava com a credibilidade que lhe servia de alavanca. Eu podia apostar que não era por ganância que ele queria ser empresário dos Beatles. Não era o típico empresário do showbiz, prontinho para depená-los. Ele os amava. Isso era visível. Brian Epstein foi a melhor coisa que poderia ter acontecido aos Beatles, porque ele era *dedicado*.
>
> No fim da conversa, quando ele estava saindo, gritei: "E tome o cuidado de assinar um contrato com eles, porque vão te decepcionar".[52]

Nada poderia abalar o comprometimento pessoal de Brian. Agora que se conheciam adequadamente, ele ansiava cada vez mais pela companhia dos Beatles. Como se lembraria em 1964:

> Gostei muito deles, é verdade. Gostei deles ainda mais fora do palco do que nele. Para mim, tudo em relação aos Beatles estava certo: seu tipo de atitude em relação à vida, a atitude que transparecia em sua música, seu ritmo e suas letras, seu humor e sua maneira pessoal de se comportar – tudo era exatamente como eu queria. Representavam os relacionamentos humanos diretos, sem autoconsciência, bem-humorados e desinibidos que eu não tinha encontrado, mas que eu desejava e sentia falta. E meu próprio senso de inferioridade evaporou com os Beatles, porque eu sabia que poderia ajudá-los, e que eles queriam que eu os ajudasse e confiavam em mim para isso.[53]

"Acho que, se você mostrar ao público algo adorável, eles vão aceitar", disse Brian sobre a maneira elegante e moderna com que montava as vitrines na

"Tá legal, Brian: seja o nosso empresário" (15 de outubro a 3 de dezembro de 1961)

I. Epstein & Sons em 1951, quando tinha 16 anos.[54] Eis o que ele tinha em mente em relação aos Beatles. Ao longo do ano inteiro, em Liverpool e em Hamburgo, tinham encantado plateias e granjeado a extraordinária devoção dos fãs, incluindo a do próprio Brian. Então, por que o mesmo não aconteceria se ele fosse capaz de projetá-los além de Merseyside – noroeste afora, digamos, Inglaterra e Grã--Bretanha afora, mundo afora? Mesmo nessa etapa tão inicial, ao que parece, logo ao assumir como empresário, Brian já tinha em mente o objetivo final: *os EUA*. Como explicou mais tarde: "O pessoal há muito tempo pensa nessa conexão dos EUA com os Beatles, porque eu sempre pensei (na verdade, sempre *tive certeza de*) que os Beatles fariam muito sucesso por lá".[55]

E, o mais importante de tudo, tanto para ele quanto para os Beatles: ele pretendia lutar pelo triunfo desses talentos *de Liverpool*, em seus próprios termos.

Seria o mesmo que nadar contra a corrente.

Brian foi a Londres no trem noturno e passou a sexta-feira inteira com as gravadoras. No alvo – e na sua agenda –, as duas gigantes do ramo fonográfico britânico: a EMI House e a Decca House. Na pasta, o contrato original dos Beatles com Bert Kaempfert e várias cópias de "My Bonnie". Não se sabe se ele também tinha fotos – era muito cedo para que tivesse mandado tirar novas, mas é possível que tenha levado algumas das fotos tiradas por Jürgen Vollmer no Top Ten Club, no início do ano.

Os principais contatos de Brian eram os diretores de vendas. No caso da EMI, Ron White, recém-promovido a gerente-geral de marketing. White era o homem cujo escritório Brian havia visitado para negociar o desconto comercial exclusivo e vantajoso da Nems. As boas relações de Brian com a EMI iam além disso: ele também mantinha contato com o diretor administrativo da divisão de discos, Len Wood, conhecido no ramo como "L. G.". "Epstein e eu já tínhamos um ótimo relacionamento comercial, bem antes de ele travar contato com os Beatles", revelou Wood mais tarde. "Ele costumava vir a Londres, jantava conosco em eventos do ramo e sentava-se à nossa mesa. Um bom sujeito."[56]

Brian tentou "vender seu peixe" a White, mas sem pressionar muito. Os empresários sempre diziam que o artista que representavam era "o melhor de todos", e ele queria agir diferente. Falou sobre os Beatles de modo polido e discreto, como

752   **Ano 4, 1961: A Era do Rock**

sempre fazia ao conduzir os negócios de sua empresa. Deixou um compacto de "My Bonnie". White prometeu mostrá-lo aos quatro líderes do setor de Artistas & Repertório da empresa – Norrie Paramor, Norman Newell, Wally Ridley e George Martin –, e Brian voltou a frisar para que ignorassem o cantor e só prestassem atenção na banda de apoio. Mas mesmo que um deles quisesse fazer um teste com os Beatles e talvez oferecer um contrato de gravação, nada disso seria possível até que fossem verificados os termos do contrato com Kaempfert. White sugeriu que Brian deixasse o contrato com ele, para mostrá-lo a um colega que entendia alemão.

Em seguida, Brian almoçou no refeitório executivo da Decca House, com vista para o Tâmisa e as Casas do Parlamento. Seus anfitriões foram o gerente de vendas da empresa, Sidney "Steve" Beecher-Stevens, e o assistente dele, Colin Borland. Novamente, Brian era o mais jovem em meio aos executivos.[*] Para enfatizar como a Decca poderia lucrar ao ampliar essa associação, mandou publicar anúncios da Nems no *Liverpool Echo*, nas duas noites anteriores (29 e 30 de novembro), nos quais os produtos da Decca receberam forte promoção. Se Brian comprou o espaço publicitário com isso em mente ou não, ninguém sabe. O fato é que essa atitude reforçou a mensagem: a Decca não podia se recusar a fazer uma audição com um grupo elogiado por um cliente que anunciava produtos da empresa e vendia o equivalente a £ 20.000 por ano.

No entanto, havia um processo administrativo a ser seguido. Todas essas gravadoras eram geridas como burocracias eficientes: Brian deixou a Decca com o "Contrato Modelo para Audição" e a promessa de que a solicitação dele seria agilizada pelo Departamento de Artistas. A equipe de A&R de música pop da Decca estava na iminência de sofrer mudanças radicais – fato que seria noticiado na imprensa musical em alguns dias –, e ele poderia esperar notícias sobre uma audição para seus Beatles em breve.

A última reunião dele foi incomum – ainda com a Decca, mas num prédio diferente, dobrando a esquina do quartel-general. Brian tinha escrito para o colunista Disker, do *Liverpool Echo*, e ficou surpreso ao receber uma resposta

---

[*] Em dezembro de 1961, S. A. Beecher-Stevens tinha 54 anos, L. G. Wood, 51, Colin Borland, 41, e Ron White, 40.

"Tá legal, Brian: seja o nosso empresário" (15 de outubro a 3 de dezembro de 1961) 753

de Londres e da Decca. Tony Barrow, vulgo Disker, tinha migrado de Crosby para Londres e conseguira um emprego no departamento de capas da Decca, escrevendo os textos dos encartes dos LPs – cargo que, por acaso, lhe deixava com bastante tempo livre para atuar como jornalista freelancer. Na troca de cartas, ao longo de novembro, Brian pediu a Disker que escrevesse sobre os Beatles, e Barrow foi obrigado a recusar, porque o foco da coluna dele era resenhar discos. Conta que Brian veio pessoalmente à sua mesa da Decca, dessa vez esperando ajuda para obter um contrato para os Beatles. O curioso é que ele insiste que Brian tinha com ele um disco de acetato com uma gravação dos Beatles no Cavern, culpando a qualidade tosca do áudio ao fato de a fonte ser de uma transmissão de TV. Barrow não conseguiu ouvir muito pela atroz qualidade do som, mas prometeu mencionar a visita aos seus colegas da Decca. Falou com o departamento de marketing, que registraria o empurrãozinho de Epstein a seu grupo por uma segunda vez.[57]

No instante em que Brian Epstein dava esses primeiros passos para transformar os Beatles na próxima sensação, a indústria da música, o show business, estava se contorcendo – para cima, para baixo e girando sem parar – por conta de uma nova mania dos EUA. Tudo começou com uma música – "The Twist", transformada em hit por Chubby Checker – que, em meados de novembro, explodiu na Grã-Bretanha, como estilo musical e dancinha da moda, simultaneamente com explosões gêmeas idênticas em vários outros países, incluindo Alemanha Ocidental (*Der Twist*) e França (a Paris visitada havia um mês por John e Paul agora andava louca por *Le Twiste*). A loucura maior de todas aconteceu nos Estados Unidos, onde virou febre entre pessoas de todas as idades – inclusive adultos – e classes sociais. A imprensa especializada ficou atônita com esse desdobramento inesperado, porque o Twist era nada mais, nada menos que o odiado rock'n'roll com outro nome, recém-vinculado a uma dança que, como a própria música, tinha fortes raízes negras, com uma linhagem que remontava à escravidão africana. Como a *Cash Box* exclamou em um editorial: "Se você dedicar bastante tempo ao nosso negócio, mais cedo ou mais tarde verá de quase tudo".[58]

"The Twist" estourou não só porque era uma gravação de R&B muito boa, mas por causa dos passos de dança de Chubby, ao alcance de qualquer um e que todo mundo aprendia a fazer. A pessoa podia até dançar sozinha, o que transformou o twist na primeira dança popular solo. Num piscar de olhos, as pistas de dança lotavam de gente fazendo movimentos memoravelmente descritos como "secar o traseiro com toalha de banho imaginária enquanto finge apagar o cigarro com o pé".[59] Por mais improvável que fosse, todo mundo de repente estava se contorcendo e dançando o twist. O rock'n'roll nunca abalou a Casa Branca, mas a imprensa americana espalhou boatos de que o presidente Kennedy e a primeira-dama tinham dançado o twist numa festa. Todo mundo dançava, dançava, dançava – e quem não dançava ainda explicava o porquê.

O boom do twist duraria até o verão de 1962 e depois evaporaria, e seu legado foi lembrar à indústria fonográfica dos EUA – e da Grã-Bretanha, e do resto do mundo – que essas manias dançantes vendiam discos. Nesse ínterim, as gravadoras se entregaram aos usuais truques de marketing, colocando o rótulo "Twist" em itens que claramente não pertenciam a essa esfera – e um exemplo foi "My Bonnie" de "Tony Sheridan and the Beat Brothers". A Alemanha (explicou a *Billboard*) sofria de um caso grave de "twist-mania", e, não por coincidência, a Polydor preparou às pressas uma nova prensagem de "My Bonnie" com a palavra "Twist" em cima da foto de Sheridan, substituindo a classificação "Rock" no rótulo. Apesar das boas resenhas, o disco ainda não tinha decolado e esperava-se que essa medida provocasse mais reações. Ao mesmo tempo, Bert Kaempfert esperava colher os frutos do twist nos EUA: informações do famoso maestro/produtor induziram a *Cash Box* a chamar Tony Sheridan de "twister da Inglaterra" e a garantir que "My Bonnie" e "The Saints" tinham sido gravadas "no ritmo do twist". Melhor ainda: as "seis maiores gravadoras" dos EUA estavam "disputando a fita máster", todas sem dúvida ansiosas para arruiná-la com um toque de twist anglo-saxão. Esse foi o primeiro namorico dos Beatles com a indústria fonográfica americana... e eles nem desconfiaram.[60]

A EMI se viu na sortuda posição de deter os direitos do sucesso na Grã-Bretanha, embora na verdade a canção sempre tenha sido dela: a gravação de Chubby era um clone da versão original, composta por Hank Ballard, lançada e relançada pela Parlophone sem atrair interesse algum. Para um dos chefes da gravadora, George Martin, os sucessos sempre vinham do jeito mais difícil. Em outubro/novembro de 1961, obteve outro grande hit, "My Boomerang Won't Come Back", em que o comediante de TV Charlie Drake é transportado a um cenário de sons

"**Tá legal, Brian: seja o nosso empresário**" (15 de outubro a 3 de dezembro de 1961) 755

australianos engenhosamente evocados por equipamentos de estúdio. Também havia sessões de LP em andamento com Spike Milligan e Michael Bentine, as quais exigiam constantes invenções (e o uso, ainda raro, da nova máquina de fita de quatro canais em Abbey Road). "Sempre tento fazer algo diferente", declarou George à *Disc*, comentário que não poderia ter sido dito honestamente por outro produtor britânico na época.[61]

Quem *nunca* arriscava algo diferente era Dave Dexter Jr., da Capitol Records, em Hollywood. George cerrou os dentes ao ver seus grandes sucessos rejeitados pela empresa que pertencia à EMI, mas se sentia impotente para mudar essa situação. A canção de Drake acabou na United Artists, e a líder das paradas, "You're Driving Me Crazy", do Temperance Seven, na Verve. Outros grandes artistas da EMI se espalharam *ad hoc* pelos Estados Unidos, com pouco sucesso, e foi nesse ponto que L. G. Wood decidiu que a EMI deveria seguir uma política alternativa e mais focada. Transformou a Top Rank Cooperative, empresa de propriedade da EMI, numa corporação aparentemente independente, com sede em Nova York, com a dupla tarefa de licenciar mais fitas másters americanas para a Grã-Bretanha e encontrar os melhores selos americanos possíveis para os discos britânicos. O envolvimento da EMI na empresa ainda sem nome deveria permanecer em segredo, mas um de seus primeiros passos foi assegurar um relacionamento mais forte com o pequeno, mas vibrante selo de R&B de Chicago, Vee Jay. Para começo de conversa, a EMI licenciou seus lançamentos mais quentes para a edição britânica. No final das contas, foi previsto que a Vee Jay poderia se tornar a casa de alguns dos artistas britânicos rejeitados pela Capitol, em seu estilo, aplicado muito literalmente, de "primeira opção após rejeição".

Nessa época, porém, a principal fonte de irritação de George era seu contracheque: £ 2.800 por ano e um pequeno bônus natalino. Isso até que era um salário razoável, mas o cargo não proporcionava um carro, e não havia perspectiva de ganhar uma porcentagem de royalties sobre as vendas. Sempre que George tocava nesse assunto com L. G. Wood, seus argumentos eram categoricamente refutados. Com seu contrato de três anos prestes a terminar em abril de 1962, George Martin estava pensando seriamente em pedir o boné.

Sua vida particular também estava em apuros. Seu romance extraconjugal com Judy Lockhart Smith permanecia do conhecimento de poucos, mas após cinco anos o caso chegou a um impasse. Em meio à turbulência emocional para todos os envolvidos, George largou a esposa e os dois filhos pequenos em Hatfield e alugou um pequeno flat no centro de Londres, não muito longe da EMI House. Também era pertinho do flat de Judy, que ficava logo atrás da EMI.[62] Ela o compartilhava com duas outras moças e George costumava passar a noite numa "poltrona-cama" – solução de curto prazo para um sujeito de pernas compridas. A partir do momento em que ele e Judy se uniram, ele começou a se concentrar mais em suas atividades. Deixado por sua própria conta, George se contentava em vagar ou embarcar em projetos que podiam lhe dar satisfação criativa, mas sem recompensas adequadas. Judy tinha a intenção de tornar o sucesso dele mais completo. Secretária de George desde 1955, agora assumia uma direção mais ampla sobre a vida e a carreira dele, engatando uma marcha mais veloz, aumentando sua autoestima e autoconfiança.

Uma vertente pronta para abordagens mais ousadas era a composição de letra e música – com a ajuda do belíssimo piano de cauda em um recanto do flat de Judy. Havia alguns anos, o ex-aluno de composição da Guildhall já vinha silenciosamente criando e gravando suas próprias canções, geralmente assinadas como "Graham Fisher" e, a partir daí, houve uma aceleração nesse processo. Fisher coescreveu o hit de Matt Monro, "Can This Be Love", e outras faixas dele foram lançadas em 1961 por Ron Goodwin e Spike Milligan. Com o passar do ano, George compôs duas canções breves e cativantes, "Double Scotch" e "The Niagara Theme", ambas protegidas por direitos autorais sob seu nome real e atribuídas a uma nova editora musical, Dick James Music. Após oito anos na Sydney Bron, o craque em divulgar canções e em descobrir talentos tinha saído e se estabelecido por conta própria. George e Dick eram amigos chegados havia quase uma década, desde o tempo em que James passava os dias no estúdio e as noites no palco, com sua peruca. George sabia que James era um bom editor musical e tinha fome de sucesso, e que trabalhava arduamente em suas canções. "Double Scotch" foi a "copyright 001" (direitos autorais 001) no livro-razão da Dick James Music.

Desde o início, a publicação era – e continuava sendo – a parte crucial do negócio fonográfico, mesmo antes da era dos discos. Era um dos vértices do triângulo essencial, tão básico quanto o artista e a gravadora. E não eram só os discos: as vendas dos álbuns de partituras, embora em declínio, ainda eram saudáveis o suficiente para

"Tá legal, Brian: seja o nosso empresário" (15 de outubro a 3 de dezembro de 1961) 757

ter seu próprio nicho nas paradas da *Record Retailer*, e grande parte do balanço de uma editora musical vinha de apresentações ao vivo e transmissões no rádio ou TV. A primeira escala de George Martin com quase todos os seus artistas era a mesma que a de qualquer outro especialista de A&R: a Denmark Street – a "Tin Pan Alley" britânica – a fim de encontrar as músicas certas. Na maioria das vezes, elas vinham até ele: sua agenda estava cheia, com um almoço após o outro. Editor que não sabe *vender o seu peixe* não é um editor que se preze. O *plugging* (demonstrar as canções a possíveis interessados), chamado também de *exploitation* (no sentido de explorar as possibilidades comerciais), era o nome do jogo, a essência do negócio. Muitas vezes, a editora era mais crucial na obtenção do sucesso do que a gravadora.

Dick James tinha uma reputação de honestidade, e muita gente boa torcia pelo sucesso dele – a *Record Retailer* o chamava de "o pilar do ramo", e seu antigo sócio nos EUA, Lee Eastman, chegando de Nova York para uma visita a Londres, fez questão de passar ali para lhe desejar boa sorte.[63] A determinação de James em transformar o seu negócio em sucesso era ilimitada, pelo menos enquanto durasse o capital inicial de £ 5.000. Metade veio de suas próprias economias, e a outra metade, de seu contador, Emanuel Charles Silver, que reconheceu o sólido potencial de investimento. James encontrou uma "suíte" de dois pequenos cômodos, no primeiro andar da 132 Charing Cross Road, bem na esquina com a Denmark Street, e abriu o negócio em 21 de setembro de 1961, um dia após o Yom Kippur e uma semana após "Double Scotch", de George Martin, ser lançada na Parlophone pela Ron Goodwin Orchestra. Com tantas empresas estadunidenses operando ao seu redor, James tomou a decisão consciente de promover talentos britânicos: em um documento manuscrito apresentado à Performing Right Society (PRS, Sociedade dos Direitos sobre Performance), declarava sua missão: "É intenção da empresa seguir uma política de garantir e incentivar obras de compositores britânicos. É provável que a empresa publique obras de origem estrangeira, mas o foco será obras britânicas, onde e sempre que possível".[64]

Domingo, 3 de dezembro, os Beatles participaram de sua segunda reunião com Brian Epstein, para discutir sobre gestão. Foi nesse dia que disseram o "sim".

Desta vez, Bob Wooler não foi convidado, só os Beatles, três horas antes do show noturno no Casbah. O compromisso ficou marcado para as 16h30, na loja da Whitechapel, e cada um dos Beatles fez seu próprio trajeto de ônibus até o local combinado. John chegou, George chegou, Pete chegou, mas Paul não. Cinco minutos de atraso. Dez. *Quinze.* Brian começou a ficar nervoso. Nada o irritava mais que a falta de pontualidade – tinha uma personalidade sensível e encarava isso como desrespeito pessoal, um insulto, uma desfaçatez. Além do mais, o atraso de Paul complicava as coisas – Brian não queria falar tudo duas vezes, então o jeito era esperar Paul aparecer... e põe esperar nisso. Brian já não continha mais a irritação, e ao menos um Beatle também estava irritado, de acordo com Brian: "George ficou muito zangado com Paul, porque achava que ele ia pôr tudo a perder".[65]

"Fiquei um tanto contrariado", confessou Brian, dois anos depois, já mais calmo. "Pensei: 'É nossa primeira reunião, eles *querem* ter um empresário...'"[66] Era normal que se perguntasse o que é que poderia estar acontecendo. Paul gostava de causar boa impressão e não escondia de ninguém que era ambicioso, e os Beatles precisavam de um empresário. Então, por que ele fazia isso com a única pessoa que tentava ajudá-lo, talvez o único homem em Liverpool com alguma chance de conseguir para Paul tudo o que ele queria?

Após três quartos de hora, Brian sugeriu que George telefonasse à Forthlin Road para saber quando Paul tinha saído de casa rumo à parada de ônibus. Ele voltou dizendo que Paul tinha acabado de sair da cama, agora estava tomando banho e em seguida ia sair para pegar o ônibus. Brian ficou *indignado*... mas logo se deixou levar e caiu na risada – o procedimento padrão dos Beatles. "Deixei escapar uma reclamação e pensei comigo: 'Isso é mesmo vergonhoso!' e 'Como é que ele se atrasa assim para um compromisso importante?'. George, com um sorrisinho vagaroso e torto, se limitou a responder – algo bem típico deles – 'Bem, ele até pode chegar atrasado, mas vai estar bem limpinho.'"[67]

Dificilmente Paul chegou muito antes das seis. Seja como for, enfim Brian pôde detalhar as reuniões que tinha feito em Londres em nome deles. Em poucos dias, a EMI e a Decca provavelmente voltariam a entrar em contato, embora nenhuma delas fosse tomar alguma decisão antes que os termos do contrato com Kaempfert ficassem bem claros.

O reservatório de autoestima dos Beatles com certeza aumentou ainda mais quando Brian expressou surpresa genuína ao saber que eles ganhavam apenas £ 15 por noite para dividir entre eles. Disseram-lhe que os *promoters* não

"Tá legal, Brian: seja o nosso empresário" (15 de outubro a 3 de dezembro de 1961) 759

pagavam mais do que isso, mas Brian disse que eles valiam mais e que pretendia fazer algo a respeito ("Eu esperava que, mesmo se eu acabasse não gerindo os negócios da banda como um todo, ao menos conseguiria garantir um cachê decente para seus shows").[68]

Brian combinou de fazer uma reunião com Pete em separado, na qual discutiriam o agendamento dos shows dos Beatles – transferindo a responsabilidade e liberando Pete dessa função. Também se comprometeu a examinar a contabilidade e a questão fiscal dos Beatles. Antes de Brian aparecer, os Beatles já tinham contador próprio, Keith Smith, jovem de boa reputação que trabalhava numa das principais firmas locais. Brian disse que o encontraria para verificar a situação atual.[69] Afora isso, suas prioridades eram conseguir um contrato de gravação para os Beatles e uma sessão de fotografias.

Brian era, sob vários prismas, o empresário ideal para Paul: "Ele tinha frequentado uma escola pública: era de outra camada da sociedade, [e] nenhum de *nós* tinha estado na RADA".[70] Também afirma que a religião de Brian era um atrativo para ele, fator que não teria sido levado em conta por John e George, embora também não fosse algo que os afastasse. "Meu pai ficou muito satisfeito quando fechamos com Brian, porque ele achava que os judeus tinham talento para lidar com dinheiro, e talvez isso seja mesmo verdade."[71]

Por sua vez, a lembrança de John sobre a postura de Paul em relação a Brian é bem diferente. John sempre foi enfático ao dizer que Paul não queria Brian como empresário dos Beatles e criava obstáculos para desestabilizá-lo e dificultar seu trabalho... como chegar atrasado nas reuniões. "Três de nós escolhemos Epstein. Paul ficou emburrado, sabe-se lá por que... [Paul] não gostava tanto [do Brian], ele é mais conservador na maneira como aborda as coisas. Ele até confirma isso: não é nada que ele negue."[72]

Em parte, a posição de Paul pode ter sido uma reação à de John, que sempre fazia julgamentos precipitados e agia de veneta. Essa era uma diferença importante e constante entre eles. "John me disse uma vez: 'Olha, imagine que você está no alto de um penhasco e está pensando em mergulhar. Mergulhe! Tente!'. Eu dizia: 'Nem que a vaca tussa. Mergulhe *você*, depois nos dá um grito e diz como é, daí se for bom a gente mergulha'. John sempre teve um forte instinto para agir assim, mas essa não é minha personalidade."[73]

Paul confirma que interpelou Brian sobre várias questões contratuais: um acordo deveria ser assinado entre eles, mas antes disso Brian precisava estudar o assunto. Segundo Paul, eles não sabiam o valor da comissão de um empresário: "Discutimos um pouco sobre a porcentagem, se seria 20 ou 15 ou talvez 10, sabe, não é isso que eles cobram? Éramos muito ingênuos na época"[74] – mas, tendo bastante contato com outros artistas ao longo de 18 meses, certamente tinham alguma ideia. É provável que Johnny Gentle os tenha contado que Larry Parnes cobrava dele £ 15 por semana, mas abocanhava de 40% a 50% de seus artistas mais famosos.

Às sete horas, os pubs abriram e eles saíram da loja para tomar um drinque.[75] A conversa ficou descontraída, e pode ter sido nesse ponto que Brian soube que John e Paul haviam composto algumas canções. Já fazia um tempinho, mas eles ainda as guardavam. Cinco dias depois, Brian escreveu uma carta, na qual fica evidente que agora tinha conhecimento desse detalhe, e nada indica que sabia disso antes. E, levando em conta que se entusiasmou com a qualidade de uma das canções, ele deve tê-la ouvido nesse ínterim, provavelmente no Cavern, na noite de 6 de dezembro.

Talvez seja coincidência, talvez não, mas foi aqui e agora, no derradeiro mês de 1961, que John e Paul enfim deixaram de lado suas velhas reservas, e os Beatles começaram a tocar canções da parceria Lennon-McCartney de modo frequente. A primeira foi "Like Dreamers Do", composta por Paul em 1959 – ele a cantava do mesmo jeito que fazia com "Till There Was You", "Over The Rainbow" e "The Honeymoon Song", o rosto voltado para cima, enviesado, olhos grandes fixos no fundo do túnel, por cima das cabeças da multidão. John também entoava uma, "Hello Little Girl", a terceira canção que ele havia composto (mas a primeira que vingou), de 1957. Em poucos dias, acrescentaram uma terceira, a balada roqueira e excepcionalmente melódica "Love of the Loved", também de 1959. Para começo de conversa, limitaram essas canções só ao Cavern, onde estavam no seio de uma família que os adorava – como John explicou, Cavernites "ainda preferiam o rock puro, mas eram muito legais conosco".[76] Brian aproveitou a oportunidade: isso dava aos Beatles um argumento de venda único. Qual daquelas bandas ansiosas por um contrato de gravação podia se orgulhar de ter canções próprias?

Por mais ego inflado e autoconfiança que tivessem, foi um choque para os Beatles ouvir o que Brian disse à banda. Um dia, eles seriam *maiores do que Elvis*.

"Tá legal, Brian: seja o nosso empresário" (15 de outubro a 3 de dezembro de 1961) 761

O comentário deixou George genuinamente surpreso. "Nisso Brian era bom. Ele sabia como fazer tudo acontecer. Éramos convencidos e convictos, mas quando Epstein nos disse: 'Sabe, vocês vão ser maiores do que Elvis', pensamos: 'Bem, *quão grandes temos que nos tornar*? Quer dizer, eu duvido disso'. Aquilo parecia absurdo, mas ele realmente adotou a postura certa."[77]

A história se torna um pouco nebulosa no que tange ao momento em que os Beatles disseram a Brian que ele tinha o cargo. Relatos do que foi dito e em qual reunião logo se embaralharam. Provavelmente foi nesse domingo, 3 de dezembro, ou logo depois. A decisão, é claro, foi de John. Essa democracia tinha um líder e só ele batia o martelo. Era hora de tomar uma nova e grande decisão. A primeira tinha sido trazer Paul, e a segunda, permitir que Paul chamasse George. Essa seria a terceira. Deveria ou não aceitar a entrada de Brian Epstein na parceria deles?

> Com certeza não éramos ingênuos. Não éramos mais ingênuos do que ele. Foi um acordo mútuo. Quer ser o nosso empresário? Certo, vamos deixar. Vamos *permitir* que você seja o nosso empresário. Não fomos coletados na rua, mas permitimos que ele nos levasse...
>
> Fizemos uma avaliação. Já cometi muitos erros, em termos de caráter, mas de vez em quando eu também acerto... e Brian foi um desses acertos.[78]

Cinco meses antes, ao escrever um pequeno texto biográfico a pedido de Bert Kaempfert, John foi categórico em declarar sua ambição numa só palavra rabiscada: "ENRIQUECER". Brian era um sujeito que poderia alcançar isso para ele. De todas as figuras que John conhecia em Liverpool, ninguém melhor sugeria essa possibilidade. Estava claro que Brian tinha uma personalidade frágil, mas também era inteligente, culto, um sujeito que lia e pensava, generoso, elegante, civilizado, cool, inovador, esnobe e, o que é mais importante, disposto a correr riscos. Isso já era suficiente para John tomar a decisão e ignorar os joguinhos de Paul. Com o tempo, ele submeteria Brian a alguns testes de caráter, para descobrir como ele *realmente* atuava – mas, por enquanto, John tinha visto e ouvido o suficiente.

"Tá legal, Brian: seja o nosso empresário."[79]

23
Os meninos (dezembro de 1961)

Ao longo do segundo semestre de 1961, a base de fãs dos Beatles continuou se ampliando de modo acentuado, até entrar naquele que seria o inverno mais rigoroso em uma década. O caldeirão era o Cavern – era ali que tudo estava acontecendo. Dali o boato se espalhou com rapidez, no horário de almoço e à noite, por escritórios, lojas e escolas de Liverpool. Agora os Beatles tocavam no Cavern de três a cinco vezes por semana. Inspiravam em seus seguidores paixões infinitas, a fidelidade e um alegre prazer – alguns aproveitavam a facilidade para se tornarem conhecidos e amigos da banda.

Geoff Davies, 18 anos, fã de jazz, viu-se obrigado a "abandonar todos os preconceitos" quando assistiu aos Beatles na hora do almoço. E voltava sempre que possível.

> Uma de minhas canções favoritas era "Money". Sempre mudavam a abertura... Às vezes, a encompridavam por um tempão. De repente, John Lennon entrava: "*The best things in life are free!*" (As melhores coisas da vida são de graça!). Cantar daquele jeito era algo inédito. Tão sujo e terrível, mas terrivelmente legal.

> Tinham essa atitude de "não estou nem aí", com seu estilo e as piadinhas entre uma música e outra, mas é claro que se importavam. Quando me dei conta, eu estava *apaixonado* pela banda.[1]

Linda Ness, de 14 anos, membro da Campaign for Nuclear Disarmament (Campanha pelo Desarmamento Nuclear), beatnik com distintivo na lapela, casaco de lona e botas de camurça, foi pega totalmente desprevenida ao ver os Beatles.

> Eram artistas realmente versáteis. Nenhuma outra banda alternava de vocalista no meio da música. Faziam passinhos bobos, brincavam no palco e parodia-

Os meninos (dezembro de 1961)

vam canções do top 20, apenas uns poucos compassos, mas o suficiente. Não contavam piadas propriamente ditas, com começo, meio e fim, mas sim faziam um *montão* de palhaçadas, típicas de Liverpool e muito originais, com jogos de palavras e duplo sentido.

Também fumavam e comiam durante o show, davam uma mordida no sanduba e o deixavam em cima do amplificador, terminavam a música e voltavam para uma nova mordida. Enfiavam cigarros acesos no braço da guitarra... George fazia isso bastante. Eram incrivelmente carismáticos... e John Lennon trajado de couro era um *espetáculo à parte!*[2]

Linda Steen era uma das melhores amigas de Linda Ness. John as chamava de Lindy e Lou (ou Louey), e assim ficou. As duas iam juntas às sessões noturnas e Lou também assistia a alguns shows na hora do almoço.

Eu fugia da escola e ia correndo para não perder as sessões de almoço no Cavern. Cada centímetro de minha roupa ficava fedendo depois, mas era *genial*. Eu não ligava.

Assistíamos a todas as bandas de Liverpool. The Big Three faziam um rock muito foda, mas os Beatles estavam anos-luz à frente. Eu amava "Searchin'", "Memphis", muitas delas, mas a minha predileta era "Your Feet's Too Big". Às vezes, o solo de guitarra de George era um instante bizarro, mas a energia de suas apresentações era fantástica: tocavam rock'n'roll de verdade, se divertiam e eram lindos de morrer.

John fazia pose de durão... Também atraente, mas provocativo. Paul era o bonitinho: eu tinha uma queda por ele e por aqueles olhos arregalados. Também era acessível e nunca nos tratava com indiferença. George era o caçula que parecia meio vulnerável e Pete era algo como "Sou um lindo e excitante deus do sexo, mas não fale comigo porque estou muito ocupado tocando a minha bateria". Ele mal esboçava um sorriso, mas John, Paul e George estavam sempre em meio a risinhos e gargalhadas. Pete ficava na dele, mas combinava com a aparência dos outros. Fora do palco, por mais ocupados que estivessem, nunca eram rudes – sempre arranjavam tempo para você. Não eram como o Pequeno Lorde, do livro da Frances H. Burnett, mas eram legais. Outros no lugar deles ficariam arrogantes, mas eles não eram assim.[3]

Freda Kelly, de 16 anos, trabalhava como secretária. Ela gostava de ver a segunda parte do show, no horário de almoço, mas como seu "intervalo para refeição" terminava às duas, e os Beatles tocavam até uns minutos depois, ela "voltava atrasada ao trabalho". Se alguém vigiasse a Mathew Street no começo da tarde teria flagrado muitos rapazes e moças saindo em disparada rumo a suas escolas, lojas ou escritórios, incapazes de se separar dos Beatles até o último momento. Para Freda, e para muitos outros, foi amor à primeira vista.

> Faziam a maior bagunça no palco, e era isso que eu mais curtia, o lado engraçado da coisa. No início, eu gostava mais do Paul, por sua aparência, mas depois George veio falar comigo e comecei a gostar dele. Ele era pensativo e, enquanto os outros dois estavam sempre fazendo troça, George só fazia um comentário *sarcástico*. Cada um deles tinha seus próprios seguidores e o Pete tinha muitos fãs. Mas ele era quieto demais e não andava com os outros pela cidade, no KD [Kardomah] e em outros lugares. Os três interagiam sem parar – o tempo todo com tiradas espirituosas –, mas acho que dar ouvidos ao que o outro dizia não era o forte deles.[4]

Pat Brady, de 15 anos, frequentava a Childwall Valley High School for Girls. Sair da escola na hora do almoço era proibido, mas ela pegava dois ônibus até o centro da cidade. "Eu vestia o uniforme, mas ia à escola com outra roupa por baixo. Respondia à chamada, escapava sorrateiramente no recreio da manhã e só voltava no fim do dia. Recebi o merecido castigo, mas nunca me arrependi por ter feito isso. Foi um período *tão* empolgante."

> Eu adorava o John, mas ele tinha uma presença dominadora. Chegava pertinho da gente, olhava em nossos olhos e murmurava algo. Eu era uma jovem de 15 anos bastante madura e não era idiota, então eu respondia na mesma hora e à altura, o que, é claro, ele adorava. Ele só ficava ali, assimilando tudo.
>
> Sabe como eu fazia o George rir? Ficava olhando para os pés dele. Caía na risada ao perceber que eu estava fazendo isso. Paul também achava hilário, e isso me fazia rir junto, então me chamavam de Annie Risadinha. Uma vez, John me deu um autógrafo onde se lia "Com amor, para Pat Risonha ou Annie Surda ou Ernie Feliz, de John Lennon xxx".[5]

Os meninos (dezembro de 1961)   765

No Cavern não havia lugar para se esconder. Naquele palco exíguo, ao alcance dos braços de uma plateia que adorava os Beatles e os respeitava, todo mundo testemunhava tudo. O povo de Liverpool é conhecido por enxergar por trás das aparências... mas os Beatles não estavam fingindo e suas personalidades sempre estavam à mostra. No fim de 1961, não há percepção melhor sobre os Beatles do que a dessa turma que não tirava o olhar de cima deles e de todos os seus movimentos.

Os Beatles tinham seguidores do sexo masculino. Com outras bandas, isso não acontecia. Os rapazes não se tornavam fãs de Gerry and the Pacemakers, mas eram fãs dos Beatles, e você sabia que isso era outra coisa boa para eles. (Freda Kelly)

Falavam coisas que faziam a gente pensar. (Steve Calrow)

Quando Paul cantava "Besame Mucho", John ficava atrás dele fazendo caretas. Ele precisava fazer: Paul é que pedia por isso. Mas John não perseguia alguém específico – também pegava no pé de George e Pete, principalmente com algum tipo de imitação. (Lindy Ness)

Era óbvio que eles curtiam o *Goon Show*. John e Paul diziam coisas entre si imitando as vozes do programa de rádio. (Geoff Davies)

Você tinha que ser fã do Paul, ou fã do John, ou fã do George, ou fã do Pete – você tinha que se identificar com um dos Beatles, não bastava *só* ser fã da banda. (Susan Sanders)

Eu curtia o Pete, e ele era o predileto de muitos e muitas fãs. Um ótimo rapaz. Acho que o Paul era o mais popular e logo depois vinha Pete. Mas o meu favorito era George, e depois Paul. (Maureen O'Shea)

Quando tocavam "Almost Grown", de Chuck Berry, John fazia a parte espasmódica, cantando "halmosgrun", e andava no palco com o pé torto, à la Charles Laughton. (Lou Steen)

Nunca cheguei às três primeiras fileiras do Cavern. Uma garota chegava primeiro e guardava lugar para outras 15. Era uma panelinha e todas costumavam

Ano 4, 1961: A Era do Rock

se revezar. O mais perto que cheguei foi na quarta fileira – e naquele dia fui provavelmente a segunda pessoa a chegar. (Barbara Houghton)

As sessões noturnas realmente ferviam, mas podiam começar gélidas. Uma vez, alguém quis pegar emprestada a jaqueta de couro de George, mas ele disse não, porque "o pessoal vai ficar se perguntando quem é aquele esqueleto no canto" – ele se achava muito magricela. (Beryl Johnson)

Muito de vez em quando, Pete fazia uma tirada e os outros achavam graça. Conseguiam ouvir o que ele falava, mas nós não. Mas, afora isso, a dinâmica sem dúvida era de três e um. Dava a impressão de que ele não estava lá, sabe. Parecia o homem invisível. (Lindy Ness)

Uma vez, uma ratazana desceu correndo pelos degraus e invadiu o Cavern. Todo mundo começou a gritar e Paddy Delaney passou a persegui-la com um bastão comprido, até que os Beatles apareceram e você se esquecia de tudo. Era *tão* emocionante. (Bobby Brown)

Meu favorito era o Paul (*aqueles olhos*), mas Pete era bonito e maravilhoso. Atraente, sexy e calado – muito tímido e discreto. Não era um dos Beatles no sentido de que se mantinha em segundo plano e não era mulherengo, enquanto Paul e John falavam com todo mundo, principalmente no café. Pete não tinha humor e preferia não se manifestar. Eles *lá*, ele *aqui*. (Barbara Houghton)

Nunca namorei ninguém durante o show dos Beatles – todo o meu foco se concentrava no palco. (Lou Steen)

Em "Memphis", John cantava "*Hurry-home drops trickling from her sty*" (Lágrimas de saudade escorrendo do chiqueiro dela) em vez de "*trickling from her eye*" (escorrendo do olho dela). Mas, apesar de toda essa tiração de sarro, sempre que o John cantava – não importava se era rock'n'roll ou uma canção de amor –, ele transmitia plena intensidade emocional. (Lindy Ness)

Muitas garotas achavam George adorável, mas principalmente para cuidar dele como se fosse um filho. (Liz Tibbott-Roberts)

Os meninos (dezembro de 1961)

A marca registrada deles era a canção "What'd I Say", que arrematava o show. Em geral durava dez minutos ou mais, com todos os fãs cantando junto nos frenéticos e prolongados *Uuuuh* e *Ooooh*. (Clive Walley)

Quando cantavam "Honey Don't", faziam uma dancinha com os pés. (Lou Steen)

Quando os Beatles começaram a tocar suas próprias canções, houve *um pouquinho* de hostilidade, uma barreira – tocar músicas novas é sempre um pouco complicado –, mas então fomos conquistados. Estavam quebrando preconceitos. (Geoff Davies)

Paul era o meu favorito porque era tão lindo, tão angelical. Mas eu não desgrudava o olhar de John. Sabia que poderia levar Paul para casa e apresentá-lo para minha mãe, mas se eu levasse John para casa, ela não ficaria lá muito satisfeita. (Liz Tibbott-Roberts)

George cantava "Raining in My Heart" (Chovendo em meu coração) [de Buddy Holly] como *"raining in the yard"* (chovendo no quintal). (Lindy Ness)

Quando Pete cantava, os outros Beatles tocavam, mas de lado, deixando o palco para ele. Dava a impressão que ele odiava, porque era muito acanhado. (Barbara Houghton)

Paul era o meu favorito. Fui com ele ao Grapes, não como sua namorada, se bem que ele devia me achar bonita, para fazer esse tipo de convite. Eu o achava o mais simpático dos quatro. Quando ele estava longe dos outros, até que era quietinho, mas se você o colocasse com os outros três, ele ficava barulhento, como se estivesse acompanhando o ritmo deles. (Ruth Gore)

"Young Blood" era outra em que John fazia uma imitação espasmódica enquanto cantava – sempre na parte do verso *"Well what's your name?"* (Bem, qual é o seu nome?). E na hora do solo de guitarra, ele saía andando no palco, puxando a perna. (Lou Steen)[6]

Os Beatles eram o *nosso segredinho*. Alguns de nós desprezávamos o fato de que a galera do "presunçoso sul" ainda não tinha ouvido falar deles, mas no fundo queríamos que esse segredo fosse conhecido. (Alan Smith)

Eu amava o Pete. Super na dele, temperamental, bonito e bem-apessoado. Nunca falava nada – eu era fã dele e nunca o ouvi dizer uma palavra –, e é por isso que eu gostava dele: não era tão atrevido quanto os outros. (Vivien Jones)[7]

Para aqueles que queriam ser vistos e contabilizados, existia o fã-clube dos Beatles. Apesar de bem-intencionadas, as fundadoras Maureen O'Shea e Jennifer Dawes nunca fizeram o fã-clube decolar. A oferta para atuarem como empresárias dos Beatles foi um desvio de foco. Na verdade, provavelmente isso as deixou sobrecarregadas, porque logo abriram mão de ser uma coisa ou outra. Paul foi incisivo quanto à necessidade de um clube assim, em que os próprios Beatles pudessem participar e se divertir, e ofereceu a tarefa de administrá-lo a Roberta "Bobby" Brown. Aos 18 anos, a brilhante jovem de Wallasey cuidava de Dot quando a namorada de Paul vinha ao Cavern. Chefiar o fã-clube era um cargo honorário, não remunerado, mas Bobby ficou lisonjeada com o convite e mostrou-se à altura da tarefa. Claro, isso significava acesso constante e próximo aos Beatles, o que para ela já era pagamento suficiente. "Minha amiga Anne e eu entrávamos de graça em todos os lugares. Os rapazes diziam: 'Elas estão conosco', e Paul sempre dizia a Neil: 'Certifique-se de que Bobby chegue em casa.'"[8]

Bobby assumiu o comando do Fã-Clube dos Beatles na primeira ou segunda semana de novembro, pouco antes de Brian Epstein se envolver. Uma das primeiras medidas dele foi pedir a ela que suspendesse as atividades do fã-clube. Reconhecia as virtudes do clube, mas não estava satisfeito com a estrutura dele e pretendia reorganizá-lo e repaginá-lo. Bobby, no entanto, era valiosa demais para deixar escapar: ela e Brian rapidinho formaram uma íntima parceria de trabalho, com base no respeito mútuo, cada um confiando nas habilidades do outro, e no desejo de ver os Beatles chegarem ao topo.

Logo de cara, Brian solicitou a Bobby que aplicasse um pouco de pressão tática, pensando em alcançar um de seus objetivos: o lançamento britânico de "My Bonnie". Passou a ela o nome e o endereço do sócio de Bert Kaempfert em Hamburgo, o editor musical Alfred Schacht, e ela datilografou um pedido de informações comerciais, enfatizando a "alta procura dos adolescentes de Merseyside" pelo disco. O maior passo para alcançar esse objetivo, entretanto,

Os meninos (dezembro de 1961)

veio em 5 de dezembro, o dia em que Brian conseguiu apresentar os Beatles pela primeira vez a alguém de uma gravadora londrina.

Graham Pauncefort, gerente assistente de vendas da Deutsche Grammophon (Grã-Bretanha), fazia uma de suas visitas ocasionais aos negociantes de discos de Liverpool, mas Brian – dono da loja que mais vendia, e com quem tinha uma amizade já consolidada – queria falar sobre os Beatles. Pauncefort foi uma das pessoas que estiveram com Brian em Hamburgo no início do ano, quando passearam na rua Reeperbahn e, como ele se lembra vagamente, é provável que tenham acabado por entrar no Top Ten Club. Naquela noite, Epstein e os Beatles por muito pouco não se encontraram. Agora, sete meses depois, o assunto do momento era esse, e Brian estava ansioso para mostrar sua descoberta. Pauncefort evoca desse momento duas memórias duradouras: os Beatles trajavam roupas de couro e jeans, e foram "surpreendentemente respeitosos" quando Brian os apresentou. "Minha ambição era expandir o pop na Polydor, e estava ansioso para ouvir o que Brian tinha a dizer. Depois, fomos almoçar, e ele me explicou a situação de Bert Kaempfert. Garanti que tão logo eu voltasse a Londres eu faria tudo que estivesse a meu alcance para ajudar. Ditei um memorando ao meu chefe sugerindo a ele o lançamento de 'My Bonnie' na Grã-Bretanha, que deveríamos 'impulsioná-lo.'"[9]

A combinação do empurrãozinho de Pauncefort com o compromisso de Epstein de encomendar uma grande remessa à Nems persuadiu a DG a programar o lançamento de "My Bonnie" na Grã-Bretanha, em 5 de janeiro de 1962. Os Beatles teriam um disco no catálogo, à venda não só na Nems, mas em todo o país. E seriam os *Beatles* – Brian disse à DG que o disco deveria trazer, após o nome de Tony Sheridan, em vez de "Beat Brothers", o nome verdadeiro da banda. Um de seus planos era afastar, o mais rápido possível, os Beatles do contrato de Kaempfert. Porém, suas perspectivas melhorariam consideravelmente se "My Bonnie" emplacasse. Tudo bem, a Polydor tinha músculos promocionalmente insignificantes na Grã-Bretanha. O sucesso do compacto seria improvável, mas valia a pena lutar por isso.

A energia de Brian Epstein parecia ilimitada quando movida por paixão e propósito. Conciliava o trabalho de empresário dos Beatles com suas responsabilidades como diretor de empresa, empregador de cerca de 40 funcionários e gerente de uma loja no centro da cidade em pleno mês de Natal (o mais movimentado do varejo), mas tirava tudo isso de letra. Esperava que a secretária dele, Beryl Adams, fizesse o mesmo. Brian era um chefe difícil de agradar, sempre exigindo perfeição. Geralmente ditava suas cartas em um gravador (uma novidade nos escritórios); em seguida, a secretária as datilografava de acordo com os desejos particulares dele – sua correspondência era organizada, contemporânea e distinta.

Simultaneamente, as relações pessoais entre Brian e os Beatles evoluíam. A diferença de idade entre eles não era tanta: ele tinha 27 anos; John, 21; Pete, 20 anos recém-completos; Paul, 19 e George, 18. Um fator decisivo é que os Beatles eram bebês nascidos na Segunda Guerra, adolescentes em meados dos anos 1950, quando o rock'n'roll estourou. Brian, por sua vez, enfrentou a adolescência na árdua década de 1940, lutando impotente contra a rigidez do colégio interno. Havia cumprido o serviço militar, enquanto os Beatles tinham escapado – a lista continuava indefinidamente, e essas vivências impregnavam as percepções de ambos os lados. "Brian era adulto, nós não", opina Paul. "Uma baita diferença."[10]

Para se referir a eles, Brian usava uma expressão que refletia isso. Afetuosamente, de maneira coloquial e em todas as circunstâncias, exceto nas mais formais, eles eram *os meninos* – e, ao verem que ele utilizava essa expressão, todos os demais em sua órbita organizacional também passaram a chamá-los de *os meninos*. Por sua vez, quando estavam cara a cara com ele, o chamavam de "Bri". Entre eles, o chamavam de Eppy e queriam tudo o que fosse possível obter dele. Pete se lembra de uma noite no Cavern, quando disseram: "Vamos lá comprar umas Coca-Colas, você é o empresário!", e Brian percebeu que ia pagar a conta, como um tiozinho camarada à beira-mar. Em todos os momentos, porém, ele os travava com extrema polidez, prefaciando cada pedido com um "Poderíamos..." ou um "Seria possível...". Sem dúvida, esse exemplo era a primeira dica para que se tornassem mais profissionais em sua postura.[11] Se realmente quisessem chegar a algum lugar, tinham que parar de comer, beber, fumar e xingar no palco; investir em um pouco mais de cuidado no asseio pessoal – e, acima de tudo, comparecer *na hora certa* para cumprir os shows agendados.

Percebendo essa lacuna etária, Brian visitou os pais dos Beatles – para se apresentar, explicar o que tinha em mente para a banda e responder às perguntas que porventura tivessem. A história registra poucos detalhes sobre essas reuniões, apenas um consenso positivo. Uma das visitas foi a Mendips, na 251 Menlove

Os meninos (dezembro de 1961)

Avenue. John levou Brian para conhecer Mimi, embora, aos 21 anos, ele fosse o único Beatle livre para assinar contratos sem o consentimento dos pais. Quanta ironia o fato de John estar depositando suas esperanças de fama e fortuna num judeu gay, dois esteios de seu cânone de crueldade. Com base no sobrenome Epstein, ao menos a primeira dessas duas características provavelmente foi percebida por Mimi. Ela ficou impressionada com o charme dele e só expressou uma preocupação: que esse lance de se tornar empresário de John fosse apenas uma brincadeira para Brian. Que se tudo desse em nada, isso importaria muito menos para Brian do que para John e seus amigos.[12]

Brian também fez uma visita à rua Hayman's Green. Nenhum pai ou mãe havia se dedicado mais à causa dos Beatles do que a "poderosa Mo" de Pete. Quer ela tivesse ou não planos de ser a empresária da banda, ela agia como se fosse – e de boa-fé –, desde o momento em que seu Peter voltou com eles de Hamburgo, 12 meses antes.

Eram tempos relevantes para a família Best. Pete, potencialmente à beira do "estrelato". E Mona, prestes a fazer 38 anos, grávida! A concepção aconteceu, talvez, na primeira quinzena de outubro, quando os "Nerk Twins" passeavam em Paris. Ao som desse tique-taque biológico, em sete meses Pete teria um irmãozinho, cujo pai era o seu melhor amigo, Neil. Agora, Mona não poderia assumir como empresária dos Beatles, mesmo que John, Paul e George quisessem – essa não era mais uma possibilidade. Brian entrou em suas vidas no momento ideal. Mais do que isso: Mona percebeu que ele era exatamente o que a banda precisava. "Era tão focado e cheio de entusiasmo. Também era jovem e com certeza parecia ser o tipo de pessoa capaz de fazer algo pelos Beatles. Eu não conseguia vislumbrar nada além do estrelato para a banda. Eles eram fantásticos."[13]

Esse empresário precisava de um contrato. Brian tinha dois compromissos agendados para quarta-feira, dia 6. Às 14h, reunião com E. Rex Makin (advogado, amigo e vizinho), e, às 16h30, reunião com Keith Smith (contador dos Beatles). Makin sempre contou que Brian desejava que ele redigisse um contrato *inquebrantável*. Talvez o conselho sincero de Allan Williams ainda ressoasse em seus ouvidos. Makin disse que não existia tal coisa e, em termos gerais, não apoiava o comprometimento de Brian, desprezando seu entusiasmo como um novo e estúpido capricho... Nesse processo, tirou o time de campo, abrindo mão de uma posição potencialmente lucrativa.

Brian sentiu o baque, mas continuou, confiante no que estava fazendo. Naquela mesma tarde, ele e Keith Smith elaboraram as bases de um contrato para tornar Brian empresário dos Beatles. É Smith quem nos fornece as primeiras percepções confiáveis sobre o tipo de acordo que Brian desejava fazer com os Beatles, mostrando o quanto a noção de fazer um contrato "justo" o martirizava. "Criamos uma minuta com Termos de Acordo", explica Smith. "Em resumo, ele receberia 10% de qualquer renda extra que pudesse obter para eles. Ele só queria uma parcela dos proventos adicionais que porventura fossem conseguidos. Passamos um tempo discutindo o quanto poderiam ganhar. Gostei de Brian. Notei que ele traria ordem e organização à banda."[14]

Na sexta-feira dessa semana corrida, Brian enviou uma carta a Ron White, da EMI, sob o pretexto de estar decepcionado por não ter recebido notícias desde o encontro deles, sete dias antes. O verdadeiro motivo de Brian: atiçar a EMI, atualizando-a sobre os fatos que se desenrolavam rapidamente sem que ela tomasse uma atitude. Representantes da Deutsche Grammophon tinham assistido aos Beatles e, na próxima semana, acrescentou Brian – divulgando notícias provavelmente recém-chegadas –, a equipe de A&R da Decca visitaria Liverpool para conferir a banda. "Como pode ver", acrescentou, com sinceridade ou não, "se pudéssemos escolher, certamente seria a EMI".[15] A carta dele se cruzou no correio com a de White, devolvendo o contrato original com Kaempfert, junto com uma tradução datilografada em inglês, fornecida sem custos, como cortesia da EMI. Agora, Brian podia avaliar a extensão do compromisso dos Beatles com o produtor alemão e verificar (como White também salientou) que, se uma notificação fosse devidamente protocolada, os Beatles estariam livres do contrato no fim de junho de 1962. Isso já era o suficiente para White assegurar a Brian: agora podia mostrar "My Bonnie" ao pessoal de A&R da EMI.

Simultaneamente aos esforços de Brian para persuadir os entendidos musicais de Londres a subirem até Liverpool, os Beatles fizeram um show no sul da Inglaterra, e ele sagazmente não mencionou isso a ninguém. O plano de Sam Leach de pôr os Beatles na vitrine da capital – como parte de seu esquema para torná-los ricos e, de quebra, se transformar no empresário deles – não deu lá muito certo. No sábado, 9 de dezembro, os Beatles tocaram pela primeira vez no sul da Inglaterra...

no Palais Ballroom, em Aldershot. Leach mandou imprimir cartazes, panfletos e ingressos, além de contratar um anúncio no jornal *Aldershot News*. Esperava que, embora a cidade ficasse quase 65 quilômetros a sudoeste de Londres, alguns caçadores de talentos viriam de carro para ver a banda. Para os Beatles, isso envolveu uma viagem de ida e volta de 676 km a bordo de uma van surrada e um carro alugado – sem autoestradas, perfazendo no mínimo nove horas rodando na ida e o mesmo tempo na volta. Neil Aspinall não foi porque Leach tinha motorista próprio. Foi uma louca viagem de um dia, um derradeiro e desvairado grito antes da era Epstein. Naquela manhã, por pura coincidência, antes de sair de casa Paul recebeu pelo correio uma carta de Charles Munro, seu advogado. O prazo para Allan Williams processar os Beatles tinha expirado e o caso estava arquivado. De seu adiantamento de £ 10, foram devolvidas a Paul 2 libras e 13 xelins, com agradecimentos. *Empresários...*

Em Aldershot, os Beatles supostamente seriam a atração principal, em um line-up composto por mais três outras bandas. O evento começaria às 19h30 e terminaria às 23h30... só que ninguém mais apareceu. Duas dessas bandas eram invenção de Leach, só para o cartaz ficar mais bonito, mas o principal grupo de apoio simplesmente não deu as caras. E o mesmo aconteceu com o público em geral. O jornal não publicou o anúncio de Leach. Uma gama de razões foi aventada para isso, algumas delas fantasiosas, mas o fato é que os Beatles viajaram 338 km para fazer um show de £ 20 e ninguém apareceu para vê-los.

Percorrendo pubs e cafés para anunciar a si próprios, Leach e os Beatles conseguiram atrair alguns clientes – 18 é o número inverificável que virou lenda – e, justiça seja feita, os Beatles tocaram praticamente por quatro horas a fio. Nunca se tocou tanto para tão pouca gente. "Não jogamos a toalha", conta Paul, "fizemos um show completo para uma dúzia de gatos pingados. Sempre fazíamos isso, pois ficava subentendido que, se um dia voltássemos, essas 12 pessoas teriam contado a outras: 'Dia desses, assisti a uma ótima banda...'"[16]

Uma foto dos Beatles tocando, enquanto uma dezena de pessoas dançava e outras quatro estavam paradas em pé, foi tirada por Dick Matthews, que acompanhou a aventura munido de sua câmera Zeiss. Antes de a noite acabar, também tirou outras fotos: Pete cantando e fazendo caretas, John e George valsando ao redor da pista de dança, John imitando dois aleijões monstruosos, e John, George,

Leach e Matthews bebendo no bico garrafas de Watneys Brown Ale, a típica cerveja sulista. Estavam em meio a um ruidoso joguinho de futebol com bola de bingo quando a polícia chegou, perguntou quem eram e o que faziam ali e deu ordens para que saíssem da cidade.

A partir daí, a história fica especialmente nebulosa. Rodaram 65 km até o centro de Londres, talvez em busca de uma pessoa em particular ou de um clube em particular do Soho, mas já passava muito da meia-noite e mesmo ali alguns lugares estavam fechando as portas. Leach afirma que foram ao All-Nighter Club, na Wardour Street, e que John e Paul subiram ao palco e tocaram umas músicas. Os Nerk Twins vão a Londres? É uma boa história, mas talvez não muito mais do que isso.[17]

O tour não incluía comida nem hospedagem – dormiram na van estacionada no acostamento. Leach relata que o motorista dos Beatles (o amigo dele, Terry McCann) teve que arranjar gasolina para levá-los de volta a Liverpool. Pete diz que Leach não pagou aos Beatles as £ 20 e só conseguiu juntar £ 12, então eles o ignoraram durante todo o caminho de volta a Liverpool, "tratando-o com o nosso Silêncio Beatle, que podia ser bastante gélido, com rostos solenes e amargos, olhares perdidos no vazio".[18] Leach alega que ainda tinha esperanças de ser escolhido como empresário dos Beatles, mas, mesmo se ainda não tivessem firmado compromisso com Brian (coisa que já tinham feito), o fiasco de Aldershot foi a gota d'água.

No domingo havia um show agendado no Hambleton Hall, em Huyton, um dos últimos locais que lhes restavam em Merseyside, rústico, mas regular. A divulgação de Bob Wooler no *Echo* anunciava os Big Beat Boppin' Beatles com três pontos de exclamação, cinco bandas de apoio e 15 rotas de ônibus utilmente detalhadas para que o público pudesse chegar lá. Brian também marcou presença, mas os Beatles decepcionaram todo mundo. Chegaram de Aldershot muito tarde: apenas 15 minutos antes do fim da noite. Em uma curiosa simetria, talvez restassem umas 18 pessoas para vê-los.

Brian ficou constrangido e envergonhado, Bob sabia em quem colocar a culpa ("Se você não tem competência para organizar um evento a 300 quilômetros de distância, então é melhor nem fazer nada") e Vic Anton uniu-se a seus colegas *promoters* no grito de "*Chega!*" – os Beatles não valiam o incômodo nem o dinheiro. Mais tarde, Wooler contaria que esse cachê deles, de £ 15 por 15 minutos, que Anton pagou do mesmo jeito, se tornou "o assunto do circuito... Os *promoters* disseram: 'Só falta agora pedirem a lua!'".[19] Os Beatles tocaram no Hambleton Hall só mais uma vez, cinco semanas depois, de graça, evento promovido por Brian como compensação por aquela noite, mas depois disso, nunca mais. Não era bem esse o tipo de local que Brian imaginava para o futuro dos Beatles, mas a decisão de Anton de não mais contratá-los só aumentou os problemas do novato empresário. Agora, 1962 constituía para ele um desafio em dobro. Por um lado, estava engajado em aumentar os ganhos noturnos da banda, por outro, teria que criar as oportunidades – locais e eventos – capazes de financiar isso.

Além das três Composições Originais Lennon-McCartney, os Beatles adicionaram duas canções ao seu setlist em dezembro de 1961. Uma delas foi uma escolha curiosa – "September in the Rain", canção feita para um filme dos anos 1930, interpretada com elegância e insolência por Dinah Washington, a chamada Rainha do Blues. O clássico chegou às paradas americanas e britânicas no finzinho do ano. Os Beatles trocaram as cordas orquestrais pelas cordas das guitarras e a fizeram vibrar em pleno Cavern, Paul como vocalista principal.

A outra canção nova deles cruzou o Atlântico com grandes expectativas, foi amada pelos aficionados, comprada por quase ninguém e permaneceria uma favorita durante anos. Na Grã-Bretanha, saiu pela gravadora Fontana, que não deu nenhuma pista das origens americanas de "Please Mr Postman", mais especificamente, as Marvelettes, grupo feminino de Michigan... Essa canção foi a responsável por dar a Tamla – ainda um pequeno selo de Detroit – seu primeiro número 1 na parada pop da *Billboard*, a Hot 100. Tornou-se a terceira música da Tamla no repertório dos Beatles, todas cantadas por John, com Paul e George lado a lado no segundo microfone, fazendo os importantes vocais de apoio, com o trio batendo palmas com as mãos na altura da cabeça, como atrativo visual. De imediato, os Beatles se apropriaram da canção e, em Liverpool, era como se ela fosse *deles*. Billy Hatton, do grupo Four Jays, que fazia um misto de rock e comédia, diz que ver os Beatles tocando "Please Mr Postman" pela primeira vez foi "um momento sensacional. Fiquei impressionado com o entrosamento deles. O Four Jays era uma banda semiprofissional, e a gente demorava até um mês para conseguir tocar bem uma nova canção".[20]

A ocasião descrita por Hatton foi provavelmente a sessão noturna do Cavern em 13 de dezembro, quando The Four Jays e Gerry and the Pacemakers fizeram os shows de apoio na apresentação costumeira dos Beatles nas quartas-feiras... com o olheiro de A&R da Decca, Mike Smith, na plateia. Brian Epstein se lembraria do momento, afirmando que "causou um tremendo rebuliço. Que ocasião! Um executivo de Artistas & Repertório no Cavern!".[21]

A Decca foi ágil para responder à visita de Brian a Londres no primeiro dia do mês, e ele poderia, justificadamente, considerar uma conquista atrair um membro de Artistas & Repertório a Liverpool, apenas dez dias após John concordar em ter Brian como empresário. O momento foi realmente perfeito para todas as partes, porque a Decca tinha acabado de anunciar uma reformulação radical de sua equipe A&R para singles populares, "uma política nova e dinâmica", projetada para entrar em sintonia com as tendências em rápida mudança e "incrementar o sucesso da Decca com singles de artistas britânicos".[22] A notícia saiu em toda a imprensa musical: Mike Smith, assistente de Dick Rowe, foi promovido à equipe de A&R por méritos próprios. Ele ainda era subordinado a Rowe, mas tinha autonomia para tomar suas próprias decisões criativas. Outro membro da equipe, o que ganhava as manchetes, era Tony Meehan, que havia deixado o cargo de baterista dos Shadows para se tornar produtor musical. Smith, então, chegou a Liverpool animado por ter sido promovido na empresa, com poderes para descobrir seus próprios artistas e ansioso para deixar sua marca no novo cenário.

Paul McCartney estava meio cabreiro com a presença de Smith no Cavern naquela noite em particular, preocupado que o olheiro da Decca pudesse preferir Gerry and the Pacemakers em vez dos Beatles. O jantar elegante oferecido por Brian ao executivo de A&R, antes de o olheiro assistir aos Beatles, talvez tenha sido estrategicamente planejado para que o emissário perdesse a maior parte do show dos Pacemakers. Mas com certeza ele assistiu aos Beatles e ficou impressionado: "O Cavern estava um calor incrível, abarrotado de gente, uma fumaceira danada, mas pra lá de empolgante. Todo mundo na plateia reagiu aos Beatles de um jeito fantástico. Isso foi bem no comecinho de minha carreira como produtor... talvez o primeiro show que conferi ao vivo. Eu não tinha o poder de garantir a eles um contrato naquela noite no Cavern, mas disse a Brian que eles precisavam descer a Londres e fazer um teste no estúdio".[23]

Os meninos (dezembro de 1961)

Os dois marcaram a data: 1º de janeiro de 1962.

O deleite de Brian então perdeu um pouco do brilho. Seis dias depois, veio a resposta da EMI: um solene "Não". Ron White havia tocado "My Bonnie" aos "Gerentes Artísticos" da EMI. A conclusão: a empresa já tinha "um número suficiente de bandas desse tipo sob contrato no momento e não seria aconselhável assinarmos outros contratos dessa natureza por enquanto".[24]

Em retrospectiva, Brian deve ter percebido o seu erro de avaliação ao escolher esse método para apresentar os Beatles à EMI. Esperava que isso induziria a uma apreciação pessoal, como aconteceu na Decca, mas, em vez disso, essa porta se fechou. Talvez tentasse reabri-la em algum momento, mas, por enquanto, com o forte interesse da concorrência, ele pôde se dar ao luxo de deixar tudo como estava e direcionar seus esforços para a Decca.

Mas o que foi que aconteceu realmente? Em dezembro de 1963, o diretor administrativo L. G. Wood investigou o assunto e constatou que a versão oficial dentro da EMI era a seguinte. Ron White tocou o disco para apenas dois dos quatro homens de A&R da empresa, Wally Ridley e Norman Newell, e ambos recusaram "com a desculpa de que soava como uma gravação malfeita dos Shadows – e ao que parece soava mesmo!" (explicação estranha, pois não se parecia nada com The Shadows).[25] Um fato, contudo, é irrefutável: no único documento que ainda permanece daquela época, White especifica que havia tocado "My Bonnie" para "todos os nossos Gerentes Artísticos", sem mencionar nada sobre a exclusão de Norrie Paramor e George Martin. É impossível cravar se ele estava dizendo a verdade, mas, quando escreveu isso, não existiam outros interesses em jogo.

Essas rejeições eram corriqueiras e, cada vez mais, a equipe de A&R precisava lidar com ofertas de grupos vocais-instrumentais. Naquela mesma semana (em 16 de dezembro de 1961), a *Disc* abordou o assunto no artigo intitulado "MAIS BANDAS DE MÚSICA BEAT DO QUE NUNCA – MAS SEM CHANCES DE GRAVAR UM DISCO". O autor da reportagem, o venerável jornalista musical Dick Tatham, investigou por que as bandas floresciam nos salões de baile, mas não conseguiam contratos de gravação. Ouviu dois gerentes de gravadoras, incluindo George Martin, que respondeu: "Uma banda de música beat representa um desafio bem maior do que um artista solo. Muitas me procuram, mas não me interesso, a menos que eu escute um som distinto – algo que você consiga reconhecer de imediato. Quase nunca escuto.

Mesmo se escutasse, existe o obstáculo de encontrar o material certo. No caso de uma banda, isso é dificílimo".

As gravadoras não costumavam fazer contratos de agenciamento com artistas, mas foi provavelmente com a Decca ou a EMI que Brian Epstein conseguiu, pela primeira vez, um modelo de contrato. Nunca revelou de quem foi, apenas que os termos eram "um desastre: não davam liberdade aos artistas, quase nenhum dinheiro e os limitava. Complicado". Poderia ser um contrato de "salário semanal" ou do tipo que roubava até 50% dos ganhos de um artista – eram todos de um tipo ou de outro, cada cláusula moldada exclusivamente para vantagem do empresário, muitas delas camuflando um roubo descarado de direitos e rendimentos presentes e futuros. Faça uma fila com todos os artistas pop dos anos 1950/60 na Grã-Bretanha e nos EUA, peça àqueles que não foram prejudicados pelo empresário que levantem a mão e você verá pouquíssimas mãos erguidas. Era nessa cova de leões que Brian estava entrando agora, com a intenção de ser justo.[26]

Os Termos de Acordo que ele esboçou com o contador dos Beatles funcionavam bem até certo nível, mas não o suficiente para cumprir a tarefa direito. Brian sabia que ele e os Beatles precisavam de um contrato em vigor – e, como E. Rex Makin não queria lidar com isso, recorreu a David Harris, jovem sócio dos advogados Silverman, Livermore & Co, que tinha a reputação de ser inteligente e orbitava nos mesmos círculos sociais que os Epstein.

> Eu nunca tinha feito isso antes, então foi um desafio e uma boa diversão. Brian me deu um material para ser usado como base, não me lembro exatamente qual, mas ele estava mesmo muito focado em garantir que o contrato fosse justo. Este foi o teor de sua instrução: "Quero ser *justo*". Ele era um jovem adulto de classe média, culto, articulado, lidando com rapazes que eram, naquele sentido e naquela época, de uma classe inferior. Tinha plena consciência disso e queria se certificar de que não seria acusado de se aproveitar deles por causa de sua posição e por chefiar uma loja de discos líder no mercado varejista. Isso foi declarado, compreendido e, de fato, posto em prática. Algo absolutamente admirável.
>
> Confessei a Brian que eu ficaria mais feliz se eles [os Beatles] fossem representados de forma independente – levando em conta que ele não queria levar

Os meninos (dezembro de 1961)

vantagem sobre a banda –, mas, pelo que me lembro, eles não queriam trabalhar assim. Estavam muito felizes com Brian e dispostos a me deixar fazer o contrato e aceitar o que fizemos.[27]

O primeiro fruto do trabalho de Harris-Epstein nunca foi visto pelos Beatles – só foram vê-lo após amplas alterações. Harris aproveitou a essência do modelo de contrato, copiando seus termos gerais, incorporando as instruções de Brian a respeito de detalhes específicos. Também o dissuadiu da ideia de só reivindicar uma porcentagem da renda adicional que fosse proporcionada à banda, pois isso seria injusto com o próprio Brian. Conforme a primeira minuta, o acordo era entre Brian Epstein, os quatro Artistas citados (era este o termo padrão nesses contratos, o nome "Beatles" não precisava aparecer) e os pais de Paul, George e Pete, porque os rapazes tinham menos de 21 anos de idade. Era um contrato de exclusividade, com duração de cinco anos, a partir de 1º de fevereiro de 1962, pagando a Brian 10% de todo o dinheiro recebido. A comissão dobraria para 20% se os ganhos ultrapassassem £ 1.500 por Artista, por ano (naquele momento, cada um ganhava cerca de £ 1.000-1.100). Brian seria o gestor exclusivo da propaganda, publicidade, fotografias, roupas, maquiagem, apresentação e construção dos shows, bem como da música que os Beatles executariam.

Uma cláusula adicional (7) especificava: "O empresário pode, a qualquer momento, se assim desejar, dividir os Artistas com os quais este Contrato é firmado, para que atuem como artistas individuais separados". Provavelmente não passava de um resquício do modelo de contrato, ou talvez refletisse o pensamento de Brian após Paul declarar (de acordo com Alistair Taylor e ninguém mais) que torcia para que os Beatles tivessem sucesso como banda, mas, caso não tivessem, continuaria buscando o estrelato – presumivelmente sozinho.[28]

A minuta foi entregue a Brian um ou dois dias antes do Natal, e ele ficou trabalhando nela durante as festas de fim de ano, riscando com uma caneta vermelha um trecho aqui, uma cláusula inteira ali. Esperava que o contrato estivesse concluído quando os Beatles fossem à Decca no dia 1º de janeiro, mas já estava claro que esse processo entraria janeiro adentro, com uma segunda minuta.

A influência de Brian sobre o vestuário dos Beatles se tornaria aparente com o tempo; por enquanto, os rapazes podiam manter o visual em couro e ele os

Ano 4, 1961: A Era do Rock

promoveria vestidos assim. Providenciou e financiou a primeira sessão de fotos dos Beatles realizada expressamente com o objetivo de produzir material para ser usado em promoção e publicidade nos próximos meses. Instruiu seus meninos a usarem os trajes de couro e as camisetas pretas, também pediu a John, Paul e George que empunhassem seus instrumentos e a Pete que montasse sua bateria.

A sessão ocorreu em Wallasey Village, em 17 de dezembro, um domingo. O fotógrafo, Albert Marrion, trabalhava principalmente em casamentos e retratos – na verdade, já havia tirado fotos de Brian. Figurinha carimbada nos bares de Liverpool, porte militar, bem mais velho e praticamente careca – razão pela qual (para irritação de Marrion) John o chamou de Curly (encaracolado). O fotógrafo se lembraria de como "John e Paul ficavam brincando e dando risada ao longo da maior parte da sessão, George Harrison ficava na dele e Pete Best praticamente não abria o bico".[29]

Brian esteve presente e orientou diferentes agrupamentos e configurações. Exceto em ocasiões nas quais seus rostos denunciaram momentos de humor privado, esses instantâneos não foram sorridentes: os Beatles receberam a instrução de manter o rosto sério e, na maioria das vezes, olhar direto para a câmera. Brian pressionou Marrion para revelar as fotos rapidamente e voltou para escolher a imagem principal do material de publicidade. A foto escolhida traz os quatro de olhar fixo nas lentes, George com o semblante particularmente severo, só Paul deixa escapar um tênue vestígio de um sorrisinho malicioso.

O plano de Brian para fazer as relações públicas do lançamento de "My Bonnie" foi turbinado pela notícia, revelada três dias antes do Natal, de que os Beatles tinham vencido a enquete no *Mersey Beat*. Os resultados só seriam anunciados na primeira edição de 1962, mas a banda terminou à frente de Gerry and the Pacemakers, Remo Four e Rory Storm and the Hurricanes. Brian enviou cartões de Natal para cada um dos Beatles – personalizados, com o seu endereço residencial no rodapé – complementando a mensagem "Com os melhores votos de um Bom Natal e Ano-Novo" com as palavras "(em especial, 1º de janeiro)". Também lhes presenteou com despertadores, escrevendo na etiqueta – o verso do cartão de visita – de cada presente a frase "Minha lembrancinha para que todos vocês sejam pontuais". Práticos e simbólicos, os despertadores eram *portáteis* – se fechavam em um estojo próprio para levar na bagagem. O ano de 1962 acenava com muitas viagens à vista.

Os meninos (dezembro de 1961)

✳

Em 27 de dezembro de 1960, os Beatles, como ápice de um ano cheio de surpresas e de um progresso espantoso, fizeram um extasiante show no Litherland Town Hall. Em 27 de dezembro de 1961, concluíram um ano cheio de promessas e triunfos, com uma formação inédita: John, Paul, George e Ringo. Era a noite especial deles no Cavern, anunciada como a *Festa Natalina dos Beatles*, animado evento de rock com os convidados Gerry and the Pacemakers e King-Size Taylor and the Dominoes. Na noite mais gelada de dezembro em Liverpool em 11 anos (–9 °C), Pete ligou dizendo que estava doente. Em vez de usar Fred Marsden, dos Pacemakers, ou Dave Lovelady, dos Dominoes, John, Paul e George decidiram convidar Ringo, embora não esteja claro se enviaram uma mensagem por meio de Jones, o dono de banca de jornal para quem Ringo trabalhou, ou se Ringo já estava ali no Cavern dando sopa – os Hurricanes não tinham show marcado naquela data, e a noite prometia ser boa.

John, Paul e George gostavam de Ringo, e era George quem estava formando um relacionamento mais próximo com ele. Recentemente Dick Matthews havia tirado outra foto deles juntos, quando os Beatles e os Hurricanes dividiram um line-up na New Brighton Tower. Gostavam da companhia mútua desde que tocaram em sets alternados no Kaiserkeller em outubro/novembro de 1960, e passaram grande parte do ano de 1961 com suas vidas entremeadas. Na *Festa Natalina dos Beatles*, criaram laços mais profundos, musicalmente falando. Foi algo instantâneo: os Beatles adoraram ter Ringo no grupo. Encaixou-se como uma luva, e George explicou: "[quando Ringo] sentou-se conosco, parece que tudo *se completou*. Simplesmente aconteceu, foi uma sensação ótima. E, após os shows, éramos todos amigos do Ringo, gostávamos muito dele e saíamos com ele, enquanto o Pete... ele era meio solitário. Terminava o show e ia embora".[30]

Semanas, meses: a dispensa de Pete dos Beatles era uma questão de tempo. Desde o início, seus dias estavam contados, mas ele manteve seu *status* pela combinação de dois fatores: o de ser inestimável para John, Paul e George no dia a dia, e de o trio se mostrar muito relutante a tomar a iniciativa. Brian não demorou muito para resolver a situação. Ele gostava pessoalmente de Pete, embora o achasse temperamental, mas os outros diziam – ou lhe davam a impressão – que Pete era "convencional. Não se encaixava muito bem como baterista ou homem. Batida muito lenta. George pensava assim. Amigável com John, mas Paul e George não gostavam dele".[31]

Talvez tocar ao lado de Ringo naquela noite tenha feito os Beatles pensarem seriamente em descartar Pete e colocar Ringo em seu lugar. Porém, essa possibilidade tornou-se instantaneamente impraticável três dias depois, quando Ringo, do nada, saiu dos Hurricanes e foi para o exterior.

Seu plano de emigração para Houston havia sido interrompido. Depois de preencher os formulários de inscrição e passar por distintos círculos administrativos, chegaram pelo correio, na descrição de Ringo, "formulários quilométricos", que investigavam não só as suas preferências políticas, mas também as de seus familiares próximos, questões que ele parafrasearia como "O avô de seu dogue alemão era comunista?". Os formulários eram impertinentes, pior do que isso, eram complicados. "Eram simplesmente ridículos, loucos demais para perder tempo com eles, então nós os rasgamos e dissemos: 'Que se dane".[32] Em vez de Houston, Ringo foi para Hamburgo.

Tony Sheridan seria a atração principal no Top Ten Club durante janeiro e fevereiro de 1962 e, em vez de ser acompanhado pela banda que estivesse por perto, ele teria músicos próprios – na verdade, uma banda temporária do Top Ten. Precisando de um baterista, Sheridan e Peter Eckhorn aproveitaram uma pausa tranquila em Hamburgo após o Natal e viajaram até Liverpool, onde certamente encontrariam um bom baterista. A primeira escolha deles foi Fred Marsden, mas ele não topou – em vez disso, os orientou a como chegar à casa de Ringo, do outro lado de Dingle. Como se lembra Sheridan: "Passamos um tempo procurando a rua dele, então respirei fundo e bati na porta. Ringo nos convidou para entrar, contamos a ele por que estávamos ali e indagamos se ele queria voltar conosco a Hamburgo. Ringo disse 'OK' e foi isso que ele fez".[33]

Havia um bom tempo, Ringo buscava um novo desafio. Sentia-se acomodado em sua posição nos Hurricanes. A vida era mais do que apenas aquilo. Talvez Rory e o grupo não tivessem percebido o seu modo de pensar, mas, agora, certamente notariam – avisou com apenas 24 horas de antecedência e partiu para alguns meses no continente. Ringo agia assim: tomava a decisão e pronto. Os bons tempos dos Hurricanes tinham acabado, torcia por eles, não devia nada à banda, mas estava seguindo em frente.

Os meninos (dezembro de 1961)

Sua decisão deixou os Hurricanes com uma mão na frente e outra atrás. Rory e Johnny tiveram que decidir: encontrar substitutos temporários por dois meses e torcer para que Ringo voltasse em março? Ou se livrar dele e conseguir um substituto definitivo? Escolheram esperar seu retorno e chamar um baterista diferente todas as noites, de outra banda que estivesse tocando no mesmo dia. Em retrospectiva, constata-se que fizeram a escolha errada. Seja lá como for, Rory Storm and the Hurricanes já estavam em queda e acabaram se atrapalhando ainda mais. Em 1960, era consenso geral que eles eram a maior banda de Liverpool, mas naquele momento já haviam caído para o quarto lugar na pesquisa do *Mersey Beat* que em breve seria publicada. Em 1962, eles iam descer a ladeira, exatamente quando todos os outros estavam em ascensão.

O motivo oculto da ida de Eckhorn a Liverpool era contratar os Beatles para uma nova temporada no Top Ten. Da última vez, ele tinha se envolvido na briga deles com Allan Williams, e desta vez descobriu que tinham um novo empresário. Brian sabia que os Beatles estavam ansiosos para voltar a Hamburgo e não tinha nada contra isso, só achava que estavam cobrando um valor muito baixo e estava determinado a fixar o preço justo. Eckhorn havia pago a eles DM 1.225 por semana na primavera (DM 245 para cada um dos cinco Beatles) e dessa vez queria manter a mesma oferta, de DM 300 para cada um dos quatro. Brian insistiu em DM 500, Eckhorn protestou e concordou com DM 400, nem mais um *pfennig* sequer. Fizeram um "acordo provisório" de que os Beatles voltariam ao Top Ten por um ou dois meses a partir de 1º de março. A negociação continuaria por telefone e correio.[34]

Eckhorn e Sheridan embarcaram na estação de Lime Street no dia 30 com Ringo e seu kit de bateria, início de uma horrenda jornada rumo a Hamburgo. Gelo e neve agora cobriam a Grã-Bretanha, e o aeroporto de Londres funcionava precariamente, com atrasos nos voos e muitos cancelamentos. Na sala de embarque, Ringo não escondia o nervosismo. Seria seu primeiro voo. Equipes raspavam o gelo depositado na pista e também nas asas do avião. Buddy Holly tinha morrido ao voar naquelas circunstâncias. Os três jovens, todos experientes na arte de beber, encorajaram-se no saguão do aeroporto. Eckhorn tentou pegar no sono, mas não conseguiu por causa do barulho de Ringo tamborilando nervosamente com os dedos na mesa.

O "ensaio" dos Beatles antes do teste de gravação da Decca consistiu em três shows no Cavern em quatro noites, fechando um ano em que tocaram 349 vezes. Ainda assim, Londres assomava em suas mentes. Antes de partir de Liverpool, Eckhorn foi tomar cerveja uma noite com os Beatles. Percebeu que "algo os preocupava: tinham um teste de gravação à vista. Isso os estava deixando nervosos. George me perguntou se eu tinha um calmante para ajudá-los a fazer um teste descontraído".[35]

Não eram os únicos moradores de Merseyside a irem para a "fumaceira", o carinhoso apelido de Londres. Alan Smith, jovem Cavernite e jornalista estagiário de Birkenhead que sonhava em trabalhar para um jornal especializado em música, conseguiu um emprego na *New Musical Express*. O último show do ano dos Beatles em Liverpool, em 30 de dezembro, no Cavern, também foi seu último.

> Alguém disse a Paul: "Conhece o Alan? Vai trabalhar na *NME* a partir da semana que vem". Paul arregalou os olhos e disse: "Acha que pode escrever um pouquinho sobre nós?".
>
> Com todo entusiasmo, Paul queria tornar os Beatles grandes e, como a psique de John não tinha limites, os dois inquestionavelmente imaginavam que num estalar de dedos o mundo estaria a seus pés. Isso envolvia cair fora de Liverpool. Acho quase impossível descrever o sentimento, embora eu me lembre perfeitamente, mas parecia que o Destino desses caras estava traçado.[36]

De novo rumo ao sul, a segunda vez em três semanas. Encontraram-se às 11 da manhã na véspera de Ano-Novo, no Jolly Miller, imenso pub à beira da estrada, em West Derby: John, Paul e George chegaram lá em ônibus verdes da Corporation que vieram derrapando e deslizando pelas estradas sujas de neve. Neil e Pete os esperavam na van (um veículo maior, alugado para a ocasião, às custas de Eppy). Brian estava lá em seu bonito Zodiac, mas viajaria ao sul de trem. Voltariam a se encontrar no hotel reservado para eles.

A meca deles era a Decca, e eles estavam nervosos – nunca tinham estado em um estúdio de gravação britânico antes, apenas no auditório suburbano de Hamburgo que os alemães chamavam de estúdio. Ao mesmo tempo, havia a sensação de que o prêmio – o contrato de gravação – estava logo ali, ao alcance deles. Leram

Os meninos (dezembro de 1961) 785

sobre o tunado departamento de A&R da Decca, e Mike Smith certamente gostou deles, ou não os teria convidado para o estúdio. Se algo pode dar errado... A Lei de Murphy se comprovou mais uma vez. A jornada de 320 quilômetros foi atroz: neve acumulada, gelo, nevascas, veículos abandonados e nevoeiro denso. Neil fez o percurso em 11 horas e, em algum lugar perto de Wolverhampton, se perderam.

A viagem de trem de Brian foi igualmente problemática. Hospedou-se na tia dele, Freda, que ainda morava num bloco de apartamentos em Marylebone, perto da Baker Street. Encontrou-se com os Beatles por volta das 22h, quando chegaram ao Royal Hotel, na Woburn Place, fazendo o check-in e voltando a sair em busca de comida e ação. Embarcaram outra vez, e Neil, ao volante da van – em sua primeira visita a Londres –, foi guiado por Brian até Charing Cross Road, onde, quatro anos antes, ele havia trabalhado numa loja de livros e discos.

Apearam na frente de um bar, e Neil seguiu para encontrar estacionamento. Depois Neil contou que foi abordado por dois sujeitos que perguntaram se podiam "fumar uma erva" na van. Sem entender do que estavam falando, ele disse que não. Sentaram-se num café e ficaram chocados com os preços de Londres – seis xelins por um prato de sopa! – e com tanta persistência questionaram o garçom sobre esse detalhe que ele acabou pedindo que se retirassem. Paul (que mais uma vez perdia a festa Hogmanay de sua família) recorda de terem ido ao Nucleus Coffee Bar, na Monmouth Street, e ficarem surpresos ao ver o pessoal fazendo circular drágeas de estimulantes. Neil também disse que Brian os levou a um discreto clube em St. Giles, onde entraram só para dar risada, sabendo que era o tipo de lugar onde até as "mulheres" tinham barbas de fim de tarde.[37]

O frio intenso não os impediu de olhar as vitrines. Na Charing Cross Road (pertinho da Dick James Music) havia uma fileira de lojas de instrumentos musicais ainda melhores do que os da Hessy's – e mais abaixo, no número 96, ficava a sapataria de teatro e balé, Anello & Davide. A atenção deles foi atraída por um par de botinas masculinas para dança flamenca, estilo Chelsea, em couro preto, com elástico preto nas laterais, puxadeira na parte superior do cano, biqueira pontuda e salto cubano. O par custava 3 libras e 15 xelins. Como haviam mostrado com os trajes de couro, as botas de caubói e os chapéus *twat*, um entusiasmo coletivo tomava conta dos Beatles em se tratando de roupas, com todos querendo usá--las – e essa ocasião foi outro desses momentos. Os detalhes ficaram gravados na memória e, de volta a Liverpool, entraram em contato com a Anello & Davide e encomendaram quatro pares.[38]

Os Beatles sabiam que a tradição era se reunir em Trafalgar Square à meia-noite, perto da gigantesca árvore de Natal, para se despedir do velho, dar boas-vindas ao novo, cantar "Auld Lang Syne" e ver algumas almas resistentes pular nas fontes. Mas, em razão das condições climáticas, foi a menor multidão e a mais tranquila véspera de Ano-Novo em Londres em mais de 40 anos.

Caíram em suas camas exaustos, o maior momento de suas vidas poucas horas à frente. Logo estariam de volta a Liverpool, comemorando um contrato de gravação. Precisando estar no estúdio da Decca em West Hampstead antes das dez da manhã, ajustaram os despertadores de Eppy e caíram no sono enquanto o ano de 1962 começava.

ANO 5, 1962:
ALWAYS BE TRUE

24
Escolhas (1° de janeiro a 5 de fevereiro de 1962)

"Sabíamos que podíamos chegar lá", disse John. "Queríamos apenas ser os maiores. Sonhávamos em ser algo como o Elvis Presley britânico e acreditávamos nisso."

Os Beatles não perdiam o foco de suas ambições. Tinham "pequenas metas específicas, uma série de objetivos: fazer um disco, chegar ao número um nas paradas...". De modo sugestivo, nessa gélida manhã londrina de Ano-Novo, o passo seguinte foi o mais escorregadio. "Tudo o que pretendíamos fazer era gravar um disco", contou George mais tarde. "Pensávamos assim: 'Se gravarmos um disco, vamos mostrar a Cliff and the Shadows como se faz.'"[1]

Só precisavam passar no teste, mostrar de novo suas admiráveis habilidades e se tornariam – no linguajar da época – Decca *Artistes*.

Instalada em Broadhurst Gardens, West Hampstead, a Decca ficava 1,5 quilômetro ao norte dos estúdios da EMI, na Abbey Road. A indústria fonográfica da Grã-Bretanha, havia décadas consolidada, era provida de funcionários especializados no ramo: as empresas administravam seus próprios estúdios e os talentos contratados não tinham outra escolha a não ser trabalhar lá. O dia a dia dessas empresas mais lembrava o de uma repartição estatal do que um ramo do negócio do entretenimento – todo mundo fichado na folha de pagamento, produtores e engenheiros de som de terno e gravata, engenheiros técnicos de jalecos brancos e equipe de zeladoria em macacões marrons. Conglomerados globais, a Decca e a EMI entremeavam tanto seus interesses corporativos que com frequência se falava em fusão. Nesse exato momento, boatos fervilhavam em Londres: nos últimos dias de 1961, a EMI estava prestes a fazer uma oferta pública de aquisição de sua

Escolhas (1º de janeiro a 5 de fevereiro de 1962)

grande rival. Dias depois, a história se dissipou, mas esse deve ter sido o assunto mais comentado no estúdio naquela primeira manhã de janeiro.*

Logo de cara, houve um problema técnico na preparação dos Beatles. Os amplificadores trazidos por eles de Liverpool, chacoalhando no compartimento de carga da van, eram inadequados. Bons no palco, barulhentos o suficiente para estourar o cálcio dos tijolos do Cavern e impressionar os Teds valentões em Hambleton Hall, aqui não soaram bem. O Estúdio 2 media 11 m por 6,5 m – um espaçoso porão retangular, sem janelas, à exceção do vidro para a sala de controle, no mesmo nível. O estrondo e a energia de uma noite em Merseyside simplesmente não eram necessários; naquele volume mais baixo, os amplificadores zumbiam. John, Paul e George tiveram que aceitar as decisões do jovem engenheiro de som escalado para a sessão, Mike Savage, de apenas 20 anos: as três guitarras foram conectadas a alguns amplificadores de estúdio e eles não tiveram controle algum sobre seu som. Além disso, Pete teve que montar sua bateria atrás de placas de isolamento acústico, para que o som dele não dominasse o dos outros microfones.

"Teste" era a palavra-chave do dia. Entre eles, parece que os Beatles estavam chamando aquilo de "uma audição", mas, para a equipe do estúdio, tratava-se de um Teste Comercial. Os Beatles estavam ali porque Mike Smith já os tinha avaliado previamente no Cavern e sabia que eram bons o suficiente; agora queria testá-los em condições de estúdio. O procedimento padrão era gravar entre duas e cinco canções e, sem delongas, conduzir o artista à porta. Como os Beatles gravaram 15 músicas na Decca, isso dá a entender que (caso fosse oferecido um contrato) o primeiro single seria retirado dessa fita máster, e talvez os próximos. A jornada de Liverpool à capital tinha sido longa e gravar umas canções extras evitaria aborrecimentos para todos. Essa situação é confirmada pelo tempo da sessão – teve início no fim da manhã e, após o intervalo para o almoço, se estendeu ao longo da tarde (a duração exata é desconhecida, pois os registros da sessão se perderam).

Com início marcado para as dez da manhã, a sessão dos Beatles teria Mike Smith no comando. Apesar de seu cargo importante no âmbito da equipe de A&R da Decca, cuja reformulação tinha sido divulgada aos quatro ventos, Smith, aos

---

* Até 1975, a Escócia era o único país da Grã-Bretanha onde o Dia de Ano-Novo era feriado nacional; na Inglaterra e no País de Gales, era um dia útil como outro qualquer.

26 anos, ganhava £ 13 por semana e ainda morava com os pais. Era talentoso, com boa formação técnica, mas relativamente inexperiente. Como reconheceu, a apresentação dos Beatles no Cavern foi um dos primeiros shows de rock que viu. E no estúdio, embora fosse brilhante o suficiente para ter sido promovido, Smith carecia de habilidades corriqueiras em outras pessoas de igual posição. "Eu não sabia ler música, mas na Decca ninguém tinha conhecimento disso. O produtor era considerado o Deus Todo-Poderoso, e era fato pacífico que eu sabia do que estava falando."[2]

Naquela implacável manhã de segunda-feira, Deus foi maior do que os Beatles. Ele *se atrasou*. Os minutos foram passando e, inevitavelmente, Brian Epstein interpretou aquilo como um desprezo pessoal e se irritou, dizendo que os Beatles estavam sendo desvalorizados. Enfim, Smith chegou, tentando se recuperar não só de uma ressaca de festa de Ano-Novo, mas também de cortes e hematomas decorrentes de um acidente de carro sofrido três dias antes do Natal. Súbito, ali estavam aqueles caras de Liverpool, parados na frente dele, à espera de suas instruções. Pete se lembra de que George falou em voz arrastada: "Feliz Ano--Novo, Mike... ontem à noite, não vimos você no chafariz", e então, entre sorrisos e sem mais tempo a perder, a sessão começou. Num porão de Londres, os Beatles tocavam sozinhos pela primeira vez num estúdio de gravação. Da sala com piso de madeira observaram, através do vidro, os engenheiros fazendo ajustes técnicos. Súbito, a luz vermelha se acendeu.[3]

SESSÃO DE GRAVAÇÃO

Segunda-feira, 1º de janeiro de 1962. Estúdio 2, Decca, Londres.
GRAVAÇÃO: "Money (That's What I Want)"; "The Sheik of Araby"; "Memphis, Tennessee"; "Three Cool Cats"; "Sure to Fall (In Love With You)"; "September in the Rain"; "Take Good Care of My Baby"; "Till There Was You"; "Crying, Waiting, Hoping"; "To Know Her is to Love Her"; "Besame Mucho"; "Searchin'"; "Like Dreamers Do"; "Hello Little Girl"; "Love of the Loved".
Ordem de gravação desconhecida.

Escolhas (1º de janeiro a 5 de fevereiro de 1962)

Com 15 canções em 35 minutos, a fita Decca oferece a primeira oportunidade real de ouvir os Beatles, de escutá-los no momento em que batalhavam pelo sucesso que consideravam merecido.[4] Mas, embora tivessem experimentado um progresso incrível e tantos triunfos, esse foi um exemplo em que fracassaram ostensivamente em transmitir sua magia.

Petulância e firmeza eram características da banda; mesmo assim, ficaram com os nervos à flor da pele. Mais tarde, John contou que nesse dia estavam "péssimos, apavorados, nervosos".[5] Permitiram que um abismo se abrisse entre "nós e eles", ou seja, entre o estúdio e a sala de controle. Tentaram se adaptar ao ambiente de aquário, de serem julgados por trás de um vidro, mas fracassaram. Também era muito cedo no dia para fazer música. Começaram frios fisicamente e assim continuaram. Lá fora, a manhã de Ano-Novo mais congelante em Londres desde 1887 (–7 °C). Ali dentro, não estava muito mais quente. Nada podiam fazer para alterar ou melhorar esses fatores, não havia outra escolha a não ser deixar para trás um desempenho abaixo do esperado após o outro e se lançar ao próximo, quase se obrigando a melhorar.

Será que os Beatles sabiam que iam gravar até 15 canções e, assim, as escolheram com antecedência? Esse detalhe não está bem determinado. Talvez Mike Smith apenas tenha continuado a pedir "mais uma". Com o passar dos anos, tornou-se um "fato" amplamente aceito que a seleção da Decca foi feita por Brian Epstein, desdenhando inclusive a própria opinião dos Beatles. Isso é uma inverdade e John deixou bem claro: "Na prática, gravamos o nosso show no Cavern, omitindo as canções meio repetitivas".[6] Um mês depois, 11 dessas 15 canções ainda constavam no setlist quando tocaram num importante show, e as outras quatro voltaram à tona e permaneceram sendo tocadas ao longo de 1962. O plano da Decca, se é que *havia* um plano, talvez tenha sido transmitir o diferencial mostrado pelos Beatles em Liverpool até oito vezes por semana: a versatilidade musical e um trio de vocalistas – isso era uma força única, que valia a pena enfatizar.

A escolha das canções recaiu em quatro categorias:

- Cinco números que resumiam os cinco anos anteriores: a harmoniosa baladinha dos Teddy Bears, "To Know Her is to Love Her"; a trepidante "Memphis, Tennessee", de Chuck Berry; "Sure to Fall", canção country & western de Carl Perkins; a cativante "Crying, Waiting, Hoping", de Buddy Holly; e um aceno ao som R&B de Detroit, com "Money", de Barrett Strong.

- Quatro números de "rock humorístico": três da banda americana The Coasters – "Searchin'", "Three Cool Cats" e "Besame Mucho" – e a adaptação de Joe Brown para "The Sheik of Araby".

- Três sucessos recentes, para mostrar que sabiam fazer covers – e, às vezes, reorganizar criativamente – de material que bombava nas paradas contemporâneas: o popzinho de Bobby Vee, "Take Good Care of My Baby"; a balada de Peggy Lee, "Till There Was You"; e a versão blues de Dinah Washington para a clássica canção de jazz "September in the Rain" (nenhuma dessas canções dava o braço a torcer à atual obsessão pelos discos de twist. Nessa época, provavelmente nenhuma outra banda no país teria evitado uma canção de twist, ou um número instrumental).

- Três Composições Originais Lennon-McCartney, canções recém-acrescentadas ao setlist dos Beatles: duas de Paul, de 1959, "Like Dreamers Do" e "Love of the Loved", e uma de John, de 1957, "Hello Little Girl", uma das primeiras composições dele a ser aproveitada.

Se Brian teve mesmo alguma participação na escolha, certamente foi para incluir as composições de John e Paul entre as 15 canções. Eles próprios ainda hesitavam em tocá-las, sobretudo fora do Cavern. As tentativas de Brian de divulgar os Beatles como "algo novo" sempre incluíam um forte impulso às canções compostas por John e Paul. Entretanto, o clima prevalecente na época não garantia que esse talento seria reconhecido como virtude. Naquela semana, a *Disc* estampou a manchete "CANTORES NÃO DEVEM COMPOR SUAS PRÓPRIAS CANÇÕES"; o artigo (escrito por Don Nicholl) alertava para "uma tendência que pode ser um desastre para a música pop". Nesse mesmo dia, Jack Payne, veterano líder de banda, apareceu na TV reclamando que os discos pop eram o produto de um "som melhorado", que havia muitos ruídos maquinados por engenheiros de estúdio, em detrimento da musicalidade.[7] A década de 1960 entrava em seu terceiro ano, e os Beatles e muitos outros tinham que enfrentar esse cenário.

O aspecto marcante dessas 15 canções é que John só cantava quatro delas – sendo uma em parceria com Paul. George também cantava quatro, e Paul, sete.

Escolhas (1º de janeiro a 5 de fevereiro de 1962)

O fato de John ter concordado com isso é surpreendente. O problema é, antes de tudo, que os *verdadeiros* Beatles mal afloraram na Decca. Os Beatles do *"mach Schau"* em Hamburgo e das plateias extasiadas de Liverpool não foram entusiasticamente capturados em fita, nem muito apreciados na sala de controle, em West Hampstead, naquele dia de Ano-Novo de 1962. Foi um desempenho insosso, discreto, com o freio de mão puxado.

O nervosismo de Paul é evidente em "Till There Was You", em que ele parece tão obcecado em dar a impressão de ser um cantor de baladas românticas, uma estrela em ascensão e um músico digno de nota, que se esquece de como interpretar a canção e não consegue expressar nada. Essa acabou se tornando a canção mais comentada – anos depois, John declarou que a voz de Paul soou tão aguda que "parecia uma mulher".[8] O cuidado que Paul toma para enunciar corretamente as palavras é tamanho que ele acaba exagerando na pronúncia e insere afetações estranhas, cantando *"musicck"* no verso *"and then there was music"*. Repete a dose em outra parte da sessão, cantando um marcante *"lookk"*, no trecho *"each time I look"*, em "Love of the Loved".

John não foi lá muito melhor. Mais tarde, reconheceu que cantou "Money" "como um doido".[9] Isso poderia sugerir que entregou a voz intensa e pungente de sempre – mas, na verdade, quis dizer que estava fora da casinha. Longe de cantar a plenos pulmões, ele se retrai de forma audível, sem arriscar, terminando sem uma coisa nem outra, em uma terra de ninguém. Cadê a alma, a agudeza, a mordacidade de Lennon? Não está em "Money", tampouco em "To Know Her is to Love Her", muito menos em "Memphis". Ao longo de sua vida, só uma vez a voz de John Lennon soaria tímida, justamente aqui, nesse dia.

A melhor performance foi a de George. A guitarra dele em "Besame Mucho" é nítida e precisa, e seu solo na parte do contraste, na canção "Crying, Waiting, Hoping", dá conta do recado. Mas, em outras músicas, seu desempenho está abaixo do padrão que esse perfeccionista desejava para si mesmo: o solo em "Searchin'" é tenebroso, de uma fanhosidade cambaleante, e a coisa não melhora muito em "Hello Little Girl". Como vocalista, George mostra entusiasmo e controla os nervos – vide "Take Good Care of My Baby". Mas, talvez, o maior erro de cálculo nesse dia de trabalho chame-se "The Sheik of Araby". Esse tipo de canção exigia a resposta do público do Cavern às caretas de John e Paul, às dancinhas malucas e às insólitas interjeições "*not arf!*". Gravada em fita, naquele ambiente enregelante, soa apenas insana.

Nada é pior do que a bateria de Pete. Ele, em particular, estava sendo testado aqui, após o constrangimento que passou na sessão de Hamburgo, seis meses antes, quando Bert Kaempfert achou sua técnica na bateria tão fraca que mandou tirar metade de seu kit. Pete foi incapaz de dar a seus guitarristas o som de que precisavam – o som que, apenas cinco dias antes do teste da Decca, John, Paul e George tinham experimentado e desfrutado com Ringo, em sua divertida festa de Natal. Na Decca, Pete teve à disposição o kit completo e pouco fez com ele. Estava tão nervoso quanto os outros e deve ter se sentido estranho por ficar atrás das placas de isolamento acústico. Isso não justifica, porém, seu ritmo errático (audível em vários pontos, notadamente em "Till There Was You") ou a repetição da mesma batida de chimbal, e do mesmo *shuffle* de caixa, em praticamente todas as canções. Sua levada em "Money" é boa, mas no restante do tempo é precária e rudimentar: não há coesão com o baixo de Paul e nunca se percebe qualquer *ataque* – em nenhum momento, a bateria de Pete colabora para a coesão da banda ou os impulsiona adiante. Mike Savage lembra-se de ter ficado profundamente... indiferente. "Achei Pete Best *bem mediano*. Não marcava o compasso. Em qualquer pub londrino você encontrava um baterista melhor. Se um quarto da banda é medíocre, é um mau começo. O baterista deve imprimir o balanço, e se o balanço não for bom, você começa a pensar: 'Não dá'. Se a Decca contratasse os Beatles, não usaríamos Pete Best nas gravações."[10]

A sessão não foi *de todo* má. Nenhuma banda, pela primeira vez em estúdio, em um clima frio e com equipamentos desconhecidos, gravaria 15 faixas escaldantes. Obtiveram o suficiente para aproveitar alguns singles. Apesar das fragilidades, o resultado ficou bem aceitável em "Love of the Loved" e "Hello Little Girl", e o trunfo desta última é a combinação de John e Paul como o duo de vocalistas principais. Nesse período, as harmonias vocais sempre foram consideradas a maior força dos Beatles. Portanto, é surpreendente que nesse dia a Decca tenha subutilizado esse ponto forte, à exceção, talvez, das atraentes linhas vocais de Paul no finzinho de "Take Good Care of My Baby". Em "Three Cool Cats", todos eles brilham. O solo de guitarra criado por George não é maravilhoso, mas ainda assim reconhecemos o autêntico som dos Beatles de 1961 – John entra no modo Peter Sellers para cantar o verso "*Hey man, save one chick for me!*" (Ei, cara, guarde um brotinho para mim!), por duas vezes: a primeira, com pronúncia à indiana, a segunda com sotaque germânico. Cafona, mas com os Beatles até o cafona é atraente.

As 15 faixas foram gravadas direto, em mono, a maior parte no primeiro *take*, embora também tenham ensaiado cada número para se entrosar e afinar, além de permitir que Mike Savage rebalanceasse os níveis dos instrumentos e dos vocais. Os Beatles tiveram a oportunidade de escutar a fita, mas não na sala de controle. "Se algo foi reproduzido para eles, isso foi realizado ali mesmo, com eles no chão do estúdio", afirma Savage. Visualizamos a imagem deles lá parados no porão-estúdio, fumando um cigarro após o outro e experimentando o dúbio prazer de escutar a si mesmos tocando mal. "Não soamos naturais." Essa foi a lembrança de John, dois anos depois – palavras que revelam o quanto ele ficou decepcionado.[11]

"Falei no fim da sessão: 'Qualquer coisa entramos em contato'", recorda Mike Smith. Sabia que a decisão sobre o contrato dos Beatles ia ser postergada por ao menos três semanas. Supostamente, ele tinha alçada para deliberar sozinho, mas, como a reconfiguração do setor de A&R era recente, foi instruído a consultar Dick Rowe, e o chefe do departamento andava ocupado. Rowe, muito envolvido com o filme de Billy Fury, *Play It Cool!*, viajou aos Estados Unidos para estudar o cenário musical. Após observar que, muitas vezes, tendências e ideias irrompiam na Grã-Bretanha requentadas dos Estados Unidos, Rowe voou a Nova York para captar antecipadamente os novos rumos. Também viajou Tony Meehan, a figura representativa da "nova e dinâmica política" de A&R da Decca; Smith era o único que ia ficar em Londres, então estaria ocupado.

No dia seguinte, em meio a condições climáticas ainda severas, os Beatles voltaram a Liverpool, enfrentando uma verdadeira batalha nas estradas. O Cavern voltou a chamá-los – a agenda dos Beatles em 1962 começou no dia 3 de janeiro, com sessões no horário de almoço e à noite. Voltaram para casa e contaram a amigos e familiares que a gravação na Decca tinha sido angustiante... Porém, a chegada de uma carta confirmando o tão estimado contrato de gravação, com certeza, era só uma questão de tempo.

No quarto dia de 1962, uma nova edição do *Mersey Beat* foi lançada: nº 13, vol. 1. Na primeira página, em letras garrafais: "BEATLES LIDERAM ENQUETE!". Lá estavam eles, na foto que os divulgaria nas primeiras semanas do ano: Beatles sisudos, sem esboçar sorriso, em trajes de couro preto de aparência rústica, com duas guitarras, baixo e bateria; três rapazes com cabelos penteados para baixo, ao moderno estilo europeu continental, e um deles com topete. Estranhamente, não havia editorial sobre a banda vencedora, só uma legenda sob a foto em que (sem dúvida, para o deleite de John) Bill Harry, reincidente, escreveu "Paul *McArtrey*".

No outro dia, sexta-feira, 5 de janeiro, o compacto de "My Bonnie" foi lançado na Grã-Bretanha. Os Beatles eram uma banda com disco gravado, isso era um *fato*. O som deles, prensado em sete polegadas de plástico preto, podia ser adquirido nas lojas de todo o país.[12] O lançamento foi resenhado na *Record Retailer*, publicação mensal da Grã-Bretanha, e na coluna de novidades britânicas da *Cash Box*, revista semanal com circulação em todos os recantos dos Estados Unidos. Esse detalhe foi mencionado no *Liverpool Echo* por Disker, cuja crítica positiva veio acompanhada por uma imagem publicitária – a estreia dos Beatles no adorado jornal de sua cidade. Pela primeira vez, também, os Beatles apareceram nos semanários da imprensa musical britânica. Falando sobre "My Bonnie", Keith Fordyce, da *NME*, salientou, no estereotipado e formulaico vocabulário das resenhas da época: "merece ser ouvido por suas ideias acima da média"; tanto *Disc* quanto *Record Retailer* deram três estrelas ao single ("Bom" e "Aceitável", respectivamente); por sua vez, a *Melody Maker* elogiou os dois lados do compacto e, tendo assumido que Sheridan e os Beatles eram um grupo permanente, concluiu: "Bem que poderíamos ter mais discos deles para ouvir"; *The World's Fair*, revista mensal conhecida pela boa qualidade das resenhas, vaticinou: "'My Bonnie' é um rock de verdade que vai agradar aos mais jovens", e calculou: "será um provável sucesso [nas jukeboxes]".[13]

Só que não. "My Bonnie" não conseguiu entrar nem mesmo na parte inferior das paradas do top 100 de canções tocadas em jukebox da citada publicação. Na verdade, o compacto sumiu de vista praticamente na ocasião do lançamento, destino da maior parte das novidades semanais. Nem a Deutsche Grammophon, tampouco a editora britânica do disco, a Progressive Music, tiveram cacife para conseguir uma única divulgação sequer na Radio Luxembourg, ou na estação de rádio Light Programme da BBC, muito menos em programas de TV como *Juke Box Jury* e *Thank Your Lucky Stars*. Lançado pela ABC-TV em abril de 1961, *Lucky*

Escolhas (1º de janeiro a 5 de fevereiro de 1962)

Stars (como todo mundo o chamava) era um programa pop, formato novo na televisão britânica, em que os próprios artistas no estúdio dublavam seu mais recente hit nas paradas ou seu mais novo lançamento. Por mais óbvia que fosse, essa ideia ainda não tinha sido posta em prática nesse modelo. Uma coisa não era criativa: o horário na janela de programação. Para fins de concorrência, o programa ia ao ar na mesma hora que o *Juke Box* da BBC. Assim, os dois únicos programas pop da semana competiam por audiência. John Lennon, um espectador irrequieto, na melhor das hipóteses, dedicava o início de cada sábado à noite – antes de pegar o transporte para se tornar um Beatle –, na "salinha matinal" de Mendips, saltando da poltrona ao televisor, mudando de canal sem parar.

Provavelmente esperava ver "My Bonnie" num programa ou outro, sem notar que a canção tinha passado despercebida; mas não precisou ver David Jacobs tocando a sineta para saber que "My Bonnie" era um sucesso para *alguém* – para a grande surpresa de todos, Mimi achou o disco maravilhoso. Pela primeira vez, ela declarou que entendia como John tinha condições de ganhar a vida tocando seu violão e sua guitarra. Frank Duckworth, um dos universitários que se hospedavam na casa, relembra: "Mimi ficou *muito* orgulhosa quando 'My Bonnie Lies Over The Ocean' foi lançado. Ela veio ao nosso quarto nos mostrar e tocar para nós. 'Eles gravaram um disco!'".[14]

"My Bonnie" fez algum sucesso na Alemanha, despontando em algumas paradas, mas não vendeu muito na Grã-Bretanha.[15] Brian fez todo o possível para impulsioná-la, fazendo uma grande encomenda para distribuir nas duas Nems, no centro da cidade... Porém, acabou com a mercadoria encalhada, porque "My Bonnie" quase não teve procura. Os fãs que realmente queriam já tinham comprado daquela remessa importada da Alemanha, e alguns não curtiram o fato de que os Beatles tocavam apenas como grupo de apoio. Não eram os *Beatles deles*. No meio e no fim de 1962, a Nems publicou no *Mersey Beat* as paradas dos Vinte Discos Mais Vendidos na rede de lojas. Dois fatos emergem: (1) "My Bonnie" teve um desempenho tão fraco nas vendas que sequer aparece na lista, e (2) Brian se apegava tão escrupulosamente ao declarado princípio da "transparência nas paradas musicais" que resistiu a dar a "My Bonnie" uma posição falsa, mesmo sendo útil para eles e sem haver o risco de ser questionado por isso.

Na quarta-feira, 24 de janeiro, os Beatles assinaram o contrato que tornava Brian Epstein o empresário da banda, vigorando a partir de 1º de fevereiro. Essa terceira minuta, a única que eles viram, representava a preocupação de um empresário tão determinado a ser honesto e aberto a ponto de enfraquecer deliberadamente sua própria posição. "Acordo certo é acordo justo" era a ética dos Epstein, passada de geração em geração, e Brian levou isso a extremos masoquistas.

O procedimento jurídico exigia que cada parte contratada colocasse sua assinatura sobre um selo postal. Na última página, cinco selos de postagem mínima foram afixados, através dos quais fluíram quatro assinaturas: J. W. Lennon, George Harrison, James Paul McCartney e R. P. Best. O assistente pessoal de Brian, Alistair Taylor – assinando como J. A. Taylor – assinou como testemunha em cinco locais, mas uma de suas assinaturas está ao lado de um selo não carimbado.[16] A melhor explicação de Brian para não assinar apareceria em sua autobiografia: "Não assinei porque, embora soubesse que eu cumpriria todas as cláusulas do contrato, eu não tinha 100% de fé em mim mesmo de que conseguiria ajudar os Beatles de forma adequada. Em outras palavras, eu queria libertar os Beatles de suas obrigações caso eu achasse que seria melhor para eles".[17]

Ninguém sabe ao certo se os Beatles perceberam que Brian não assinou. Fato igualmente importante, e que passou despercebido por todos, era que, seja lá como for, o contrato não tinha valor jurídico. Contra os conselhos de seus advogados, Brian ordenou a remoção de James McCartney, Harold Harrison e John Best como partes do acordo. Paul, George e Pete tinham menos de 21 anos, portanto, aos olhos da lei, eram menores de idade; sem o envolvimento dos pais, o contrato não valia nem sequer um daqueles selos baratos. Os nomes dos pais constavam nas duas primeiras versões, mas não na terceira; assim, Brian sabotava um documento perfeitamente lícito, só para dar aos Beatles uma saída fácil a qualquer momento que desejassem.[*]

Até onde lhes dizia respeito, porém, John, Paul, George e Pete estavam nomeando Brian como seu empresário por cinco anos, até fevereiro de 1967, por

---

[*] Também desapareceu a cláusula que constava nas minutas prévias e que permitiria a Brian dividir o grupo em artistas individuais. Essa cláusula nunca foi vista pelos Beatles e sua origem provavelmente permanecerá obscura para sempre.

Escolhas (1º de janeiro a 5 de fevereiro de 1962)

meio de um contrato que poderia ser rescindido por qualquer um dos lados após um ano, com um aviso de três meses de antecedência. Foi quando Paul suscitou uma objeção tardia à porcentagem de comissão de Brian. O contrato datilografado declarava 10%, subindo para 20% se os ganhos anuais brutos individuais superassem as £ 1.500, e Paul mais tarde se lembraria de que sua objeção se baseava na velha tática de regatear por menos, não importa o que fosse pedido. "Ele pediu 20%, e eu argumentei com ele. Eu disse: 'Vinte, cara? Achei que os empresários só ganhassem 10%'. Ele disse: 'Hoje em dia são 20'. Respondi: 'OK, talvez eu não seja muito moderno.'"[18]

Nesse ponto, Brian estava preparado para ceder. Conforme assinado, o contrato tem uma emenda escrita: o número 20 foi riscado, e 15 foi escrito como limite superior.

Com 10% subindo para 20%, já teria sido um contrato generoso; com 10% subindo para 15%, era um roubo a favor dos Beatles, e eles nem faziam ideia de quanto. Era padrão que os artistas pagassem a comissão em *duas* esferas, tendo não só um contrato de gestão, mas, separadamente, um contrato de agenciamento; os empresários recebiam sua parte pela gestão, os agentes recebiam mais 10% por arranjar todo o trabalho remunerado. Brian se candidatava a assumir as duas tarefas, fornecendo aos Beatles esse serviço ambicioso, e com tudo incluso, pela comissão única de 10% a 15%.

O risco era unilateral. John, Paul e George tinham um histórico de serem durões com os empresários, mas Brian – que jamais havia se comprometido com algo por um período de cinco anos – demonstrou nesse contrato sua boa-fé, investindo seu dinheiro, arriscando o bom nome de sua família... e despertando a ira dos Epstein por se desviar de suas responsabilidades na Nems em tempo integral. Se os Beatles se revelassem malcomportados, agressivos, pouco profissionais, incapazes de honrar os compromissos que Brian marcasse para eles, chegando atrasados, ou pior, nem chegando, isso colocaria em xeque a reputação e o dinheiro de Brian. Mas ele acreditava nos Beatles e sabia que os rapazes não iriam decepcioná-lo. E se alguma eventualidade surgisse, ele estaria pronto para protegê-los.

Ao longo do segundo semestre de 1961, os Beatles tinham, instintivamente, esperado por alguém que os representasse como eles próprios queriam ser representados, com a dose certa de faro e de *finesse* para abrir as portas. Tinham encontrado a pessoa certa. Em Brian Epstein, conseguiram um empresário que não se dava por vencido no primeiro infortúnio, um empresário que não dava o braço a torcer em uma reunião de negócios, mas que tinha a convicção, a arrogância, a perseverança e o estilo para impulsionar a carreira dos Beatles, batalhando com polidez, mas firmeza, pelo que eles queriam e sentiam que mereciam. Tinham um homem de Liverpool com modos de Mayfair para lhes dar a melhor reputação no ramo; alguém que administraria suas vidas e lhes forneceria orientação, sem deixar de consultá-los sobre todas as decisões importantes e sem sufocá-los; ou seja, permaneceram livres para serem eles mesmos. Encontraram um parceiro – ou, como disse o mestre da concisão, John Lennon: "um de nós".[19]

Por apenas 10% de sua renda – e com certeza, em breve 15% –, os Beatles conseguiram tudo isso. Ao mesmo tempo, os Beatles deram a Brian sua primeira oportunidade de expressão criativa genuína desde 1957, quando voltou da RADA insatisfeito e se enterrou no negócio de gerenciar e administrar lojas. Como George refletiria: "Precisávamos de alguém que nos içasse para fora daquele porão, e ele precisava de alguém para retirá-lo do buraco em que estava. Foi mutuamente benéfico".[20]

Em janeiro de 1962, Brian Epstein fez investidas em várias frentes para ampliar os negócios dos Beatles. Em alguns dias, Beryl Adams datilografava tantas cartas para eles quanto para seu verdadeiro empregador, a Nems Ltd. Brian deu uma instrução a ela: datilografar BEATLES em letras maiúsculas sempre que a banda fosse mencionada, de modo que o nome da banda saltasse aos olhos nos diversos documentos que saíam do distrito postal de Liverpool 1 tendo os mais variados destinos país afora. Embora Brian usasse artigos de papelaria da Nems Ltd. em suas negociações com as gravadoras, a maior parte da correspondência inicial no fichário-arquivo Epstein-Beatles está em seu próprio bloco in-oitavo (papel dobrado em oito folhas). No cabeçalho de cada página, gravadas em um elegante monograma ovalado, constam as iniciais: "B" e "E".

Usando esse papel de carta, Brian obteve e enviou um formulário a fim de que os Beatles conseguissem uma audição na rádio BBC. Para mostrar seu compromisso com o serviço público de transmissão, a BBC concedia audições gratuitas a todos os atores ou artistas que se candidatassem, e todos, exceto os completos

Escolhas (1º de janeiro a 5 de fevereiro de 1962)

amadores, tinham o direito de fazer uma audição, à custa do tempo de estúdio e dos nervos dos produtores. As inscrições de Liverpool eram enviadas a Manchester e – no caso da música pop – iam parar na mesa do produtor da Light Entertainment, Peter Pilbeam. "A maioria das inscrições que recebíamos era preenchida à mão, com letra horrível", lembra ele, "mas a de Brian Epstein era diferente".[21] O formulário datilografado transbordava de impecável eficiência, e Brian enviou o documento com materiais promocionais e a foto publicitária. A BBC também era bem organizada – Pilbeam concedeu aos Beatles uma audição em Manchester no dia 8 de fevereiro; se fossem aprovados, receberiam uma transmissão de rádio em rede nacional. Parecia fácil, mas os Beatles nunca teriam conseguido isso sozinhos.

Ainda assim, o cotidiano da parte empresarial ainda era *o palco*. Nenhuma "estrela pop" conseguia sobreviver com as taxas de radiotransmissão, e somente as maiores estrelas das paradas conseguiam sobreviver com os royalties dos discos, de tão minúsculas que eram as porcentagens. Ninguém sequer tentava. O único objetivo de fazer discos era ganhar mais visibilidade e, assim, receber cachês mais altos em shows e salões de baile – e, se os artistas tivessem a sorte de serem escolhidos, aparecer nas temporadas de verão dos balneários. O maior desafio de Brian era cumprir sua promessa de ganhar mais dinheiro para os Beatles em horizontes mais amplos.

As noites frenéticas, assustadoras e inesquecíveis tocando para a juventude do norte e do leste de Liverpool haviam acabado. Isso só rolou em 1961. Agora, se a pessoa quisesse ver os Beatles, tinha que pegar um ônibus e ir ao Cavern. Esse foi o único clube que Brian fez questão de manter na programação dos Beatles – na verdade, tornou-se a base do grupo em 1962. Embora pudessem ser vistos em um leque cada vez maior de ambientes, *o* local para apreciá-los era nesse porão fantasticamente abafado, ruidoso, odorífico e fumacento, bem ali nos subterrâneos da metrópole. Brian formou uma relação de trabalho mutuamente respeitosa e de intercâmbio com Bob Wooler e Ray McFall, por meio da qual todas as necessidades deles e dos Beatles eram atendidas. McFall soube que os tempos estavam mudando quando Brian o convidou para almoçar em seu clube, o Rembrandt, apenas para mostrar boa vontade; ninguém mais tinha feito coisa parecida.[22]

De agora em diante, os Beatles raramente recebiam dinheiro vivo por seu trabalho noturno. Foi-se a época em que Pete recebia o pagamento em dinheiro na porta e depois o repartia na van. Agora, eram profissionais de verdade – o pagamento era recebido por Brian ou Neil, principalmente na forma de cheques, e cada Beatle arrecadava o dinheiro num pacote de pagamento, no escritório de Beryl, todas as sextas-feiras. De novo, aqui transparecia a habilidade de Brian como administrador: tudinho era contabilizado em declarações individuais datilografadas que deduziam as despesas do grupo e a comissão dele dos "cachês recebidos pela banda", perfazendo um total que era então dividido em quatro partes iguais; quaisquer despesas individuais eram então subtraídas para deixar cada Beatle com um total líquido que correspondia ao conteúdo de seu pacote de pagamento.

Mesmo com a perda de velhas oportunidades, Brian atuou com presteza e, em três semanas, os Beatles já tinham igualado e, em pouco tempo, superado os proventos anteriores. Nesse momento tão dinâmico, não havia maneira mais eficaz de contentá-los. Como George se lembraria: "Quando Brian Epstein assumiu como nosso empresário, ganhávamos £ 25 por semana tocando em clubes. Mas ganhar £ 25 por semana era excelente. Meu pai ganhava £ 10 por semana, então eu recebia 2,5 vezes mais do que ele".[23]

Entre os Beatles, George era o que mais prestava atenção no jeito como Brian fazia negócios, criando a reputação de ser especialmente criterioso com seu dinheiro. Posteriormente, George reclamou de ser estigmatizado por isso: "Certa vez, a imprensa me rotulou de 'O Beatle empresarial', só porque indaguei a Brian Epstein quanto recebíamos por um show!". Mas foi a mãe de George quem efetivamente fixou essa reputação em um livro. Foi Louise quem declarou: "Ele sempre levou a música e o dinheiro dele muito a sério. Sempre quis saber quanto estavam ganhando".[24]

Uma segunda planilha datilografada, e muitas vezes uma terceira, era anexada por Beryl nas declarações de pagamento: a lista de Brian com os shows marcados para a semana seguinte, com data e local, assim como quaisquer comentários ou instruções extras para enfatizar por que esse ou aquele show seria importante e digno de seus melhores esforços e *pontualidade*. Também definia o tempo que iam tocar. Exceto no Cavern, os novos compromissos dos Beatles, em sua maioria, eram marcados por meio de um contrato formal, em que a duração da apresentação era especificada. Isso era tino comercial.

Brian preferia que tocassem 60 minutos, mas frequentemente concordava em duas séries de 45. Falou aos Beatles que deveriam ter um *programa*, a lista de

Escolhas (1º de janeiro a 5 de fevereiro de 1962)

canções de cada noite pensada com antecedência, o número certo de canções para alcançar a duração, na ordem correta para causar impacto. Não precisou falar duas vezes. Não por acaso, dos setlists de 1962, sobreviveram sete com a caligrafia de um Beatle (principalmente de Paul), enquanto dos cinco anos anteriores só sobrou um setlist e meio. Também não é surpresa que os Beatles continuassem a tocar um setlist diferente em cada apresentação na hora do almoço e à noite, tão incrível era o repertório deles.

Neil recebia mapas e instruções de rota impressas que lhe permitiam dirigir a van em áreas desconhecidas, lugares onde a cena do rock de Liverpool mal havia se infiltrado, se é que havia. Na semana em que o contrato de gestão entrou em vigor, quando janeiro virou fevereiro, os Beatles tocaram numa segunda-feira à noite em Southport, num clube à beira-mar, atingindo um mercado praticamente inexplorado naquele resort litorâneo do noroeste; na quinta-feira tocaram num pequeno salão de dança na cidade de West Kirby, no condado de Wirral; e, na sexta-feira, mudaram completamente de ares. Não foi o *Liverpool Echo* que revelou onde os Beatles iam tocar naquela noite, foi o *Manchester Evening News*. Seria no Oasis, e a propaganda do clube anunciava "PELA PRIMEIRA VEZ EM MANCHESTER, AS GRANDES ESTRELAS COM DISCO NA POLYDOR".[25]

Brian também marcava shows com uma boa antecedência. Firmaram compromisso com a Liverpool University para tocar em todos os três bailes da Panto Week, evento de prestígio; além disso, agendou duas noites em que poderiam ganhar uma experiência inestimável em grandes palcos: no Floral Hall, em Southport, e no Pavilion Theatre de Liverpool, o famoso "Pivvy".

Essa oportunidade específica aconteceria em 2 de abril, e os Beatles estavam liberados: o plano de tocar uma temporada no Top Ten Club, em Hamburgo, a partir do início de março, tinha malogrado.

Em meados de janeiro, Brian recebeu um telefonema de Peter Eckhorn. Ele estava ansioso para firmar os termos do retorno dos Beatles ao Top Ten. Chegou-lhe a notícia de um rival vindouro, Manfred Weissleder – sujeito durão, com uma fortuna construída em clubes de sexo –, que iria abrir um novo clube de rock, bem na Grosse Freiheit. Como sempre, o instigador era Horst Fascher, o pequeno boxeador desqualificado que simplesmente amava esses doidos músicos de rock'n'roll inglês e gostava de protegê-los da violência de St. Pauli com a força necessária. A inauguração do novo clube aconteceria em meados de abril, em um cinema transformado, um lugar amplo, com ideias e orçamentos à altura. Quando Eckhorn descobriu que Fascher estava indo a Liverpool para contratar alguns grupos e, principalmente, garantir os Beatles para a temporada inaugural, ele ligou a Brian e alinhavou o acordo que não tinham conseguido alinhavar no fim de dezembro: os dois homens chegaram a um acordo, a um valor de DM 450 por semana, mas tudo apenas no verbal.

Fascher chegou a Liverpool e trouxe como intérprete o pianista e cantor Roy Young, que tirou uns dias de folga do clube de Eckhorn – estava na banda fixa do Top Ten, com Tony Sheridan e Ringo Starr – para facilitar os negócios para seu rival. Como sempre, em St. Pauli, quem podia mais, chorava menos. Fascher e Young tiveram uma feliz reunião com os Beatles, mas ficaram consternados ao saber que toda e qualquer discussão sobre Hamburgo teria de ser feita com o *empresário* da banda. Brian Epstein e Peter Eckhorn se davam bem, mas com Horst Fascher eram outros quinhentos. Quando Brian disse que existia um acordo verbal com Eckhorn, Fascher deu a entender que, se fosse assim, não *haveria* um Top Ten Club.

A volta dos Beatles a Hamburgo foi prontamente acertada: tocariam por sete semanas, de 13 de abril a 31 de maio, permanecendo um tempo longo no clube, mas trabalhando bem menos no palco porque outros artistas também estariam no line-up. Os quatro ganhariam DM 2.000 por semana – DM 500 para cada Beatle, a comissão de Brian seria retida na fonte, então receberiam líquidos DM 425. Enquanto o Top Ten deduzia impostos, o novo clube não o faria.[*]

Para fechar o negócio e fazer as coisas ao modo de St. Pauli, Fascher colocou na mão de Brian uma nota de DM 1.000 novinha em folha. Não há provas do que Brian fez com esse dinheiro. Dividiu com a banda ou talvez o utilizou para compensar parcialmente as despesas imediatas que pagava do próprio bolso desde o fim de novembro – só começou a cobrar a comissão dos Beatles a partir de fevereiro, dizendo que os shows agendados por eles eram "contratos a partir de contratos", não mérito dele, embora isso não fosse

---

[*] Em 2013, a taxa de conversão era DM 11,2 por libra, então DM 2.000 equivaliam a aproximadamente £ 179; DM 500, a £ 45; DM 425, a £ 38; e DM 1.000, a £ 89.

Escolhas (1º de janeiro a 5 de fevereiro de 1962)

inteiramente verdade. Fascher escreveu que Brian "embolsou a nota sem dizer uma palavra – os Beatles nunca viram a cor desse dinheiro. Epstein era assim" –, mas não diz como sabe disso ou por que tem tanta certeza.[26]

John, Paul, George e Pete sabiam que "Eppy" não os estava gerenciando para ganhar dinheiro. Esperavam ficar ricos e, portanto, ele também, porque fazia parte da equipe, mas sabiam que a motivação dele não era essa. Sendo eles quem eles eram, porém, ainda o colocavam contra a parede e faziam valer suas personalidades.

Brian foi, por exemplo, o primeiro judeu importante em suas vidas. Nenhum dos Beatles era antissemita, mas às vezes faziam comentários antissemitas porque, se tivessem oportunidade, era isso que as pessoas faziam. Na Grã-Bretanha (como em outros lugares), o antissemitismo estava institucionalizado, oscilando conforme eventos externos, mas nunca ausente – em especial na fortemente católica Liverpool.

Como tantas outras coisas, os pontos de vista de Brian sobre religião foram *moldados* por estar com os Beatles. Como ele disse em 1964: "De acordo com os padrões judaicos gerais, sou ortodoxo. Eu voltava, e ainda volto, para casa nas festas religiosas. Só quando conheci os Beatles é que percebi em que pé eu estava. Como eles, sou um descrente. Os Beatles cristalizaram os pensamentos de cada um deles e os meus. Parece que deixamos aflorar o que há de melhor uns nos outros".[27]

Não há muitas evidências, mas parece que George tinha uma desinformada ambivalência em relação aos judeus, que remontava aos seus dias de Ensino Fundamental, ou antes. Nada inusitado. A calúnia padrão que todos conheciam (e muitos verbalizavam) envolvia "judeus e dinheiro".

Alguns episódios seriam lembrados no âmbito da banda. Uma noite, enquanto Brian levava George a um auditório onde os Beatles iam tocar, George perguntou quanto iam ganhar. Quando Brian contou a ele, George respondeu que ele deveria ter pedido mais. Sensível ao que George poderia estar pensando e com sua própria carga de insegurança, Brian olhou para ele e disse: "E é você que me chama de judeu". Paul também se lembra de ter tido um pensamento antissemita uma noite, quando estavam com Brian e um de seus amigos, Terry Doran, o vendedor de carros com senso de humor perverso (à medida que os Beatles foram conhecendo Brian, também conheceram amigos como Doran e Peter Brown).

Estavam num pub em Liverpool chamado Old Dive quando veio à tona uma discussão. De quem era o maço de cigarros em cima da mesa? Era de Brian, mas Paul, ao detectar algo "muito judeu" na maneira como ele o reivindicou, ficou se perguntando se queria ou não ter aquele homem como empresário... e, como John apontaria mais tarde, Paul na verdade não queria. Ainda precisava ser persuadido de que Eppy era a pessoa certa para a tarefa.[28]

Ao longo do ano, a secretária do fã-clube, Bobby Brown, testemunhou o relacionamento dos Beatles com Brian e só ouviu uma ou outra piadinha descontraída sobre a religião dele.

> Costumavam dizer: "Gosta de sanduíche de bacon, Brian?", e Brian corava e dava risada. Eu achava o relacionamento deles incrível. Sempre trataram Brian com respeito. Não presenciei suas reuniões, mas nunca vi qualquer evidência de atrito. John o provocava, mas John provocava todo mundo; sempre encontrava algo em você para provocar. Como Brian era judeu, ele brincava: "O que está fazendo aqui, Brian? Hoje é sábado. Você deveria estar sem fazer nada".[29]

Sempre havia o outro lado da moeda, quando o humor de John mudava e ele partia para o ataque. De acordo com Pete (e mais ninguém), aconteceu um incidente horrível durante a sessão da Decca, quando Brian teria feito um comentário sobre algo que John estava cantando ou tocando, e John teria gritado de volta: "Você não tem nada a ver com a música. Volta para lá e vai contar o seu dinheiro, seu judeu trouxa". Ao que consta, Brian enrubesceu, ferveu de raiva e saiu do estúdio por uns 20 minutos. Teria sido mais um daqueles momentos pesados e constrangedores dos Beatles, em que todos baixavam os olhos e continuavam como se nada tivesse acontecido.[30]

Mas também era típico de John Lennon num momento dar nos dedos de alguém e em seguida esquecer, e ainda assim manter um relacionamento bem próximo com aquela pessoa. E em essência, no eixo Epstein-Beatles, o relacionamento fulcral sempre foi o de Brian e John.

> Eu gostava de Brian e tive um relacionamento muito próximo com ele durante anos, porque eu não ia querer um estranho comandando o show. Trabalhar com amigos é algo que eu aprecio também. Eu era o mais próximo de Brian – o

Escolhas (1º de janeiro a 5 de fevereiro de 1962)

mais próximo que você pode chegar de alguém que vive uma espécie de vida gay e você não sabe o que ele está fazendo nas horas vagas. Mas na banda eu era o mais próximo dele, e eu gostava mesmo de Brian – ele tinha ótimas qualidades e era divertidíssimo. Ele tinha faro. Era mais um homem do teatro do que um homem de negócios, por isso eu gostava dele.[31]

Quando era necessário tomar uma decisão, Brian percebeu que precisava ter John do seu lado, porque os outros sempre cuidavam para ver para qual lado ele pulava. Nas palavras de Les Chadwick, fotógrafo de Liverpool que trabalhou com os Beatles e Brian mais tarde naquele ano: "Se você quisesse ir de A até B, precisava explicar o porquê a John, e era isso que Brian fazia, com muita habilidade. A primeira pessoa com quem ele falava era John, sempre, e assim que John estivesse a bordo, os outros vinham junto".[32]

Foi inevitável. John fez com Brian algo parecido com o que tinha feito com Bob Wooler e, sem dúvida, com outras pessoas – usou pílulas para "soltar a língua dele" e, sob efeito dos *prellies*, ter conversas mais profundas. Anos depois, revelou: "Eu o apresentei às pílulas... para deixá-lo à vontade, para eu descobrir como ele era. Tornei-me muito próximo de Brian porque, se alguém vai me controlar, quero conhecê-lo ao avesso. E teve um período em que ele me contou que era gay e tudo mais. Eu me lembro de que ele me avisou: 'Nunca jogue isso na minha cara, que eu sou gay'. Coisa que eu nunca fiz".[33]

Paul teve que aceitar a proximidade de John com Brian e o fato de que, outra vez, estava mais abaixo na hierarquia do que gostaria – não que ele e John não formassem uma dupla incrivelmente unida. Paul acredita que John "tinha plena consciência" de ser a primeira pessoa a quem Brian se dirigia, e fazia questão de garantir essa posição. "Além do mais", acrescenta ele, "tenho certeza de que Brian estava apaixonado por John. Nós todos éramos apaixonados por John, mas Brian era gay, então isso acrescentava uma vantagem".[34]

Por meio de John, Brian transmitia a maioria das mudanças que considerava essenciais que os Beatles adotassem. Venceu algumas batalhas, outras não; algumas coisas os Beatles aceitaram facilmente, outras não.

Brian tentou convencer John a parar de imitar deficientes no palco, mas fracassou. O empresário salientou que, embora muita gente na plateia respondesse bem a isso, a postura de John também caracterizava uma ofensa, mesmo que para uma pessoa apenas.[35] Talvez John tenha amenizado um pouco, mas não parou de fazer aquilo – imitar deficientes fazia parte de sua personalidade, e sua personalidade estava no palco, sempre. Brian também não conseguiu impedir o modo desenfreado com que John mascava chiclete em todas as apresentações, embora tenha diminuído um pouco.

Teve mais sucesso em outras veredas. Convenceu os Beatles a parar de fumar e praguejar no palco (fora do palco, as duas coisas continuaram reinando) e a parar de trocar comentários só com a turma das primeiras fileiras: Brian explicou que isso excluía o restante da plateia. As pessoas ficavam decepcionadas porque tinham perdido algo. Também pediu que parassem de comer durante as sessões no horário de almoço do Cavern. John se lembraria: "Epstein nos falou: 'Olha só, se vocês querem mesmo tocar em lugares maiores, têm que parar de comer no palco, parar de praguejar, parar de fumar'. Era uma escolha entre *fazer sucesso* ou continuar a comer frango no palco...".[36]

Eles pararam.

A cláusula 2 (b) do contrato concedia a Brian o direito de orientar os Beatles na parte musical. Não fez isso, ao menos em relação às canções e como eram tocadas: ao que consta, John deixou claro na Decca, e talvez em outras ocasiões, que a opinião dele não era bem-vinda. Entretanto, em termos gerais, duas alterações na constituição musical dos Beatles foram feitas nessas semanas iniciais de sua gestão, e dificilmente isso terá sido mera coincidência. Não só se atreveram a tocar os números de Lennon-McCartney assim que Brian apareceu, mas, em janeiro, George foi promovido ao mesmo *status* de cantor, sendo vocalista principal de tantas canções quanto John e Paul. Isso só poderia ter acontecido se todos eles tivessem concordado, mas Brian estava constantemente reafirmando a imagem deles como *banda* – algo que fosse o diferencial dos Beatles. Os setlists de 1962 que sobreviveram confirmam uma estrutura desconhecida em 1961: John, Paul e George trabalhavam em rigoroso revezamento como vocalista principal.

Nem tudo Brian tentou mudar. Na verdade, na cabeça dele, "mudança" nem era a palavra certa. "Eu não os *mudei*", afirmava ele, "só fiz aflorar o que estava lá".[37] Reconheceu o charme do cabelo estilo continental de John, Paul e George, apenas trabalhou para melhorá-lo; fizeram um corte que enfatizou esse visual.

Escolhas (1º de janeiro a 5 de fevereiro de 1962) 811

Meticuloso com a aparência, Brian ia à barbearia três vezes por semana para ficar nos trinques, sempre atendido pelo mesmo profissional, que se tornou também o cabeleireiro dos Beatles. Jim Cannon, nascido em 1920, junto com outros cinco cabeleireiros, atendia em seu uniforme de jaleco branco no salão da alfaiataria Horne Bros, no subsolo da Lord Street, no centro de Liverpool. Os Beatles não curtiam cortar o cabelo – George odiava. Porém, por dois anos inebriantes, até o início de 1964, Cannon manteve os cabelos do quarteto sempre em ordem. Suas cabeleiras terminavam em franjas, e quase todos (como Pete) as repartiam para o lado. Por isso o pessoal falava que tinham cabelos compridos, quando na verdade não tinham.[38]

Nessa época, Bill Harry recebeu a visita de John pedindo a devolução de umas fotos que ele havia entregado – como uma em que ele aparecia em pé, na Grosse Freiheit, só de cueca. John pensava que Bill talvez quisesse publicá-las no *Mersey Beat*, mas Bill claramente evitou isso: estariam fora de lugar nas páginas de seu jornal, e em descompasso com o tempo – essas fotos simplesmente não foram publicadas nesse período. Sem dúvida, Brian incutiu em John a ideia de que seria melhor tirá-las das mãos de um editor de jornal. John poderia ter dito *"que se dane"* – como costumava fazer com Brian, os outros Beatles e todo mundo, menos Mimi –, mas percebeu que esse raciocínio tinha lógica e as pediu de volta. Como declarou cinco anos depois: "Tudo o que fazíamos estava sob nosso controle... [mas] Brian era um guia natural".[39]

Outra batalha ganha – mas não por unanimidade, ao que parece – foi convencer os Beatles a fazer uma reverência no palco ao terminar cada música. Isso foi sendo implementado ao longo de várias semanas, no início de 1962. Mais tarde, curvar-se soaria profundamente anacrônico, mas era um procedimento padrão para todos os artistas e ficava bonito. No domingo, 21 de janeiro, Cliff Richard and the Shadows fizeram um show caótico no Liverpool Empire, e Brian conseguiu ingressos para os Beatles no primeiro horário da noite. Ao fim de cada música, Cliff e sua banda faziam mesuras em meio aos gritos da multidão feminina. Os Beatles, sem dúvida, fizeram incontáveis comentários sarcásticos, mas perceberam o efeito do gesto. Brian depois os levou aos bastidores e indagou se poderiam falar com os Shadows, e pelo menos um deles (o baterista Brian Bennett) saiu para dar um oi.

George, que parece ter sido o mais entrincheirado em sua antipatia por Cliff e sua banda, ficou insatisfeito com a perspectiva de se curvar no palco – encarava isso como "um lance do showbiz" –, mas acabou persuadido.[40] Todos faziam essas mesuras, inevitavelmente imbuindo suas reverências Beatle com uma dose de *personalidade Beatle*. Paul certamente viu mérito naquilo: "Eu acreditava muito nesse gestual. A experiência de Brian na RADA entrou em cena um pouco aí, e eu tendia a concordar com algumas de suas ideias teatrais. Não acho que um de nós teve problemas com isso, caso contrário não teria feito isso. Na verdade, contávamos antes de baixar a cabeça... fazíamos uma reverência ampla, uniforme, todos ao mesmo tempo".[41]

Nesse primeiro e crucial estágio, a missão de Brian como empresário dos Beatles era garantir que as pessoas que eles precisavam impressionar não fossem repelidas pela aparência ou pelos hábitos deles. Após serem aceitos, seriam capazes de fazer qualquer coisa, mas primeiro tinham que passar pela porta. Simples assim. E de todas as sugestões que Brian fez, entre rejeitadas e aceitas, nenhuma teve maior impacto do que suas opiniões sobre os trajes de palco. Ele disse uma verdade aos Beatles: embora um futuro fantástico acenasse para eles – seriam *maiores do que Elvis*, nada menos –, só iam decolar se incrementassem o visual. Brian não desejava que eles se tornassem caretas, mas precisavam de uma aparência *mais distinta*.

Brian certamente não tinha nada contra o couro – apaixonou-se por eles com aquelas roupas e ainda os promovia intensamente com aquela imagem –, mas era óbvio que jamais chegariam às *rádios* naqueles trajes, muito menos às TVs, e as salas de teatro não os agendariam para fazer shows vestidos daquele jeito, por isso não teriam turnês. Poderiam até mesmo perder a oportunidade de gravar um disco. Os Beatles queriam todas essas coisas, então resistir às mudanças era contraproducente.

Seja lá como for, já haviam começado a solucionar essa questão por conta própria. De acordo com John, usar roupas de couro "era bom em Liverpool e nas redondezas, mas quando íamos a qualquer outro lugar, as pessoas não queriam saber". Trajavam couro naquela primeira apresentação fora da cidade, em Manchester, e isso parece ter deixado o público estupefato; e quando, em 24 de fevereiro, tocaram pela primeira e única vez em Hoylake (cidade natal de Cynthia),

Escolhas (1º de janeiro a 5 de fevereiro de 1962)

o público riu e zombou deles por parecerem tão desleixados.[42] Estavam prontos, então, para abandonar aquele visual, como Paul recordaria 18 meses depois, no documentário especial de televisão sobre eles, feito pela BBC: "Era mesmo um pouquinho antiquado, esse lance de todos nós usarmos roupas de couro. Tomamos a decisão de que não queríamos ser ridicularizados. Na maioria das vezes, muita gente dava risada de nós. Mera idiotice, e não queríamos parecer uma gangue de imbecis. Simplesmente nos livramos da indumentária de couro".[43]

A mudança foi gradativa e, de acordo com Brian, nada unilateral. "Eu diria que a decisão não foi só minha e sim de nós cinco. No começo, eu os incentivei a abandonarem as jaquetas de couro e, após um tempo, não *permiti* que aparecessem de jeans. Dali em diante, orientei-os a usar suéteres no palco – e, por fim, após *muita* relutância, ternos.[44]

Ternos. Os Beatles deveriam ter se *vendido* ao sistema e usado ternos, ou deveriam ter permanecido com suas roupas de couro e *leais consigo mesmos*? John abordou essa questão de modo incisivo: "Brian nos colocou em ternos e tudo mais, e fizemos um sucesso muito, muito grande – mas nós nos vendemos ao sistema", exclamou ele no meio de um discurso mais amplo em 1970. Suas palavras parecem irrefutáveis, embora sua conclusão tenha sido formada com base num acúmulo de fatores emotivos, não só nos ternos.[45]

Mas *vendidos ao sistema*? Para termos uma perfeita visão em retrospectiva, entender o contexto é essencial. De qualquer forma, a questão não faz sentido algum; afinal de contas, se os Beatles tivessem permanecido em trajes de couro, não teriam se tornado o tema de conversa de ninguém. Depois desse ocorrido, os Beatles se tornaram juízes de sua própria situação e, apesar dos comentários de John em 1970-71, parece que não só vestiram ternos, mas o fizeram *ansiosamente*. Brian usou o termo "muita relutância", mas não está bem claro de onde vinha essa relutância.

> JOHN: Epstein disse: "Olha só, se vocês usarem ternos, vão ganhar um dinheirão". Tudo bem, eu uso terno... Uso até a porra de um *balão* se me pagarem bem! Não sou *tão* apaixonado assim por couro.

Todo mundo queria um bom terno... Preto, bonito e elegante. Gostávamos de couro e de jeans, mas queríamos um bom terno, até mesmo para usar fora dos palcos. Epstein não impôs nada, fomos nós que permitimos sermos involucrados por ele.[46]

PAUL: Ele [Brian], com muita sabedoria, nos disse: "Se eu receber uma bela oferta, ninguém vai aceitar vocês em trajes de couro", e não achei má ideia porque se encaixava na minha "filosofia grupal de Gateshead", a de que você deve ter um visual parecido. E como ganhamos ternos de mohair (feito com a pele da cabra angorá), isso lembrava um pouco os artistas negros.
Eu estava tão apegado ao couro quanto os outros, mas era hora de mudar para os ternos de mohair. Não fui só eu... Todos nós amamos aqueles ternos.[47]

GEORGE: Na realidade, eu não vejo isso como se vender ao sistema. Encarei aquilo apenas como um jogo: se precisamos usar ternos para aparecer na TV, e se precisamos estar na TV para nos promover, então vamos usar os ternos. Se fosse necessário, usaríamos roupas extravagantes, desde que conseguíssemos os shows. A única coisa de que não gostamos nos ternos foi [a semelhança com] Cliff and the Shadows.[48]

Mas há ternos e ternos. Rory Storm escolheu um azul-turquesa berrante, e para seus Hurricanes, vermelho flamejante; Gerry and the Pacemakers usavam seus blazers azul-royal com o brasão G/P e botões dourados; os Faron's Flamingos tinham jaquetas de veludo azul-royal e calças em veludo cotelê preto; os Undertakers usavam trajes fúnebres pretos e pesados com cartolas da mesma cor. Como de costume, os Beatles enveredaram no caminho oposto. Decidiram usar ternos *legais*. Feitos sob medida, exigiram – e tiveram – voz no design. Na tarde de segunda-feira, 29 de janeiro, Brian levou o quarteto a Birkenhead, do outro lado do canal, ao ateliê do estilista Beno Dorn, onde foram atendidos por Walter Smith, alfaiate sênior.

Éramos os melhores alfaiates da região noroeste – tínhamos tecidos que outros alfaiates nem conheciam e direitos exclusivos sobre várias marcas. Isso atraía uma clientela muito boa, e Brian Epstein era um freguês costumeiro, assim como o irmão dele, Clive. Uma semana, Brian me avisou: "Semana que vem, trarei quatro rapazes. São músicos. Sou o empresário deles". Contou que o nome da banda era The Beatles, e eu achei o nome muito bobo, pois os associava a um inseto. Mas as moças que trabalhavam conosco no andar de cima nos disseram que os Beatles eram *fabulosos*.[49]

Os Beatles nunca tinham feito isso antes, então foi a maior diversão; muita procura nas araras, muita gente falando em voz alta, enquanto avaliavam tecidos e estilos. Smith lembra que eles tinham "opiniões bem convictas sobre o tipo de terno que desejavam... Na verdade, eram rapazes muito empolgados, mas era um palavrão após o outro. Fui obrigado a lembrá-los que estavam numa alfaiataria e deveriam moderar o vocabulário".

Por fim, escolheram um terno de mohair azul-escuro, de abotoamento simples, com três botões e lapelas particularmente estreitas. O tecido não era liso, mas tinha um pouco de trama, e o visual como um todo era italiano – em Londres, o "Mod" entrava progressivamente na moda, mas na Liverpool de 1962, era algo inovador. Como relembra Walter Smith: "Insistiam que as lapelas deveriam ser estreitas, e as calças, *extremamente* apertadas... Ajustamos e ajustamos as pernas umas três vezes até ficarem como queriam". Senhores ainda usavam calças com bainha, mas as calças dos ternos dos Beatles desciam direto sobre as botas de flamenco espanhol de salto cubano, que agora se tornaram ainda mais essenciais para sua aparência.

"Demos um desconto. Em vez de 28 guinéus, saiu por 23", revela Smith. "Brian nos falou que os Beatles fariam sucesso e receberíamos mais pedidos quando isso ocorresse." Mas então a conta subiu porque também pediram tudo para combinar: camisas brancas, botões de punho, gravatas pretas *slim* e alfinetes de colarinho. Cada um dos Beatles deveria pagar por sua própria roupa, fazendo um depósito para demonstrar boa-fé; o saldo seria faturado a Brian Epstein (e então deduzido) quando os artigos estivessem prontos para coleta – embora, em razão de todas as alterações, isso tenha demorado mais do que se esperava. Nesse ínterim, continuaram a se apresentar em suas roupas de couro ou, em alguns shows, jaquetas de couro ou suéteres com gola rulê e calças comuns. No momento em que os ternos estavam confeccionados, eles estavam prontos para vesti-los.

Ano 5, 1962: *Always be True*

★

No sábado anterior ao compromisso da segunda-feira na alfaiataria, o jornalista Disker, do *Liverpool Echo*, tinha escrito novamente sobre os Beatles. Com seu emprego diurno na Decca, Tony Barrow coletou informações privilegiadas sobre as decisões da equipe de A&R, e corria o boato de que tudo ia dar certo para os Beatles. Além disso, a audição da BBC estava chegando, assim como o evento triplo na universidade, e muito mais. Tudo parecia promissor. Convidado para almoçar na Decca, Brian embarcou no trem noturno para Londres com apenas uma expectativa: voltar a Liverpool com um contrato.

Mas isso não aconteceu: a Decca tinha decidido rejeitar os Beatles.

25
"Uma tendência de tocar música"
(6 de fevereiro a 8 de março de 1962)

Um bimestre após Brian Epstein ter falado a primeira vez com a Decca sobre os Beatles, lá estava ele de volta ao mesmo refeitório corporativo, na margem sul do Tâmisa. Se o relato dele for verdadeiro – e ninguém pode garantir isso –, as más notícias só vieram com o cafezinho.

Participaram do almoço, provavelmente, o chefe da equipe de A&R, Dick Rowe, o gerente de vendas, Steve Beecher-Stevens, e um assistente deste último, Arthur Kelland. A presença dos vendedores e o almoço executivo refletem a consciência da Decca de que a Nems era um importante cliente da empresa; não queriam a banda de Epstein, mas valorizavam a relação comercial que tinham com ele.

Dois anos depois, em sua autobiografia, Brian citou Rowe dizendo: "Sem rodeios, sr. Epstein, não gostamos do som de seus meninos. Bandas com guitarristas estão com os dias contados".[1] Rowe sempre negou estar em qualquer almoço e dizer essas palavras – o que é compreensível, considerando todos os eventos posteriores, e o seu papel contínuo em contratar artistas e fazer discos. E talvez ele não tenha estado lá, nem dito isso, afinal de contas, além de ser uma previsão infeliz, as bandas com guitarras nunca tinham estado *na moda*. The Shadows era a única banda britânica significativa, mas bandas vocais-instrumentais, de música beat, não atraíam as gravadoras, e o público em geral nem sabia que elas existiam.

Uma coisa é certa: toda e qualquer previsão de Rowe se baseou não nas tendências britânicas, mas nas americanas. A decisão sobre os Beatles veio logo após sua jornada de 12 dias a Nova York a fim de apurar para onde a música estava indo. Durante a visita dele, a parada Hot 100 da *Billboard* não teve qualquer uso perceptível de guitarras elétricas; nada que lembrasse, nem ao menos vagamente, o som autônomo dos Beatles, com três vocalistas, duas guitarras, baixo e bateria.

Os artistas solo dominavam a parada de sucessos, e um disco tremulava a bandeira da Grã-Bretanha: produzida por George Martin, a canção "My Boomerang Won't Come Back" chegou ao 21º lugar nas paradas.

Após ouvir a decisão da Decca, Brian sentiu o golpe. Os Beatles eram sua obsessão, e obter um contrato de gravação para eles era a coisa mais importante em sua vida naquele momento, e talvez em toda a sua vida. Brandiu para eles uma cópia do *Mersey Beat* – aquele com a manchete "BEATLES LIDERAM ENQUETE!" – e disse a Rowe e aos colegas dele que não sabiam o que estavam perdendo. "Vocês só podem estar loucos. Esses garotos vão explodir. Estou confiante de que um dia eles serão maiores do que Elvis Presley."

Elvis era incontestável. Na Grã-Bretanha, os executivos da Decca sabiam disso melhor do que ninguém – e, conforme a autobiografia de Brian, vaticinaram, com ar condescendente: "Os meninos [Beatles] não têm futuro, sr. Epstein. É o nosso metiê. Você tem um bom comércio de discos em Liverpool. Atenha-se a isso".[2]

Seja lá o que foi dito, essa rejeição da Decca era ainda mais estranha levando em conta que, naquele exato momento, a empresa alardeava aos quatro ventos a "nova e dinâmica política" do setor de A&R e uma abordagem com foco pró-britânicos. A edição atual (3 de fevereiro) da *Disc* – talvez levada e lida no trem de Londres por Brian – incluía uma entrevista com Rowe intitulada "DECCA SE APRONTA PARA A GRANDE ONDA POP". Entre muitos comentários interessantes, Rowe explica sua análise (e também da Decca, que detinha 40% das vendas de discos britânicos) sobre o mercado de singles no começo dos anos 1960:

> Em se tratando de discos, existem vários mercados. Mesmo no caso do público adolescente, temos três categorias.
>
> A meninada entre 12 e 14 anos não curte música romântica e gosta mais do estilo de rock vigoroso.
>
> A turma entre 14 e 18 anos tem a mente voltada ao romance e aprecia baladas ao estilo de Presley e Cliff Richard.
>
> O pessoal entre 18 e 22 anos prefere artistas como Sinatra, e gente mais velha do que isso tem outros gostos.

"Uma tendência de tocar música" (6 de fevereiro a 8 de março de 1962)   819

Rowe também contou a Nigel Hunter, da *Disc*, como sua equipe de A&R trabalhava sem intervenções da chefia ou limitações de orçamento; relata que seus colegas tinham plena liberdade para seguirem suas ideias com artistas e conteúdo, sem precisar pedir o aval dele. Mas ele interferiu bastante na decisão de seu júnior de A&R, Mike Smith. A pessoa que assistiu aos Beatles duas vezes também fez o teste de outra banda vocal-instrumental, Brian Poole and the Tremilos. Smith diz (e seus colegas confirmam isso) que ele queria oferecer contratos da Decca às *duas* bandas, mas Rowe só o autorizou a contratar uma. "Escolhi a banda que tinha se saído melhor no estúdio... Era a única medida a tomar", alega Smith, embora isso não seja bem verdade, porque também havia assistido aos Beatles ao vivo, em meio ao calor empolgante do Cavern.[3] Mas certos fatos falam por si só. Em matéria de *organização*, a banda de Brian Poole superava de longe os Beatles – tinham tocado em bases aéreas americanas e, no verão de 1961, fizeram uma temporada no Butlin's; somavam duas consagradas transmissões no *Saturday Club* da rádio BBC; trajavam ternos elegantes e tinham como empresários o grupo Mayfair; eram membros em dia no Sindicato dos Músicos e afirmavam possuir £ 2.500 em equipamentos musicais. Quando fizeram o teste na Decca, tiveram permissão para usar os amplificadores *próprios*.

O fator geográfico também influenciou. Smith planejava colocar a banda recém-contratada em uso frequente, não só gravando seus próprios discos, mas contribuindo em outras sessões, como vocalistas de apoio e músicos de estúdio. Isso era impraticável com uma banda radicada em Liverpool, a 300 quilômetros de distância da capital, mas Brian Poole and the Tremilos moravam dobrando a esquina de Smith, em Barking, na fímbria leste de Londres. Eram amigos e se conheciam socialmente – Smith diz que, após assinarem o contrato na Decca, foram até a casa da mãe dele tomar o chá dominical... Isso sem falar numa conexão extra e um tanto cômica: Poole e Smith usavam pesados óculos de aro de chifre preto (a exemplo de Buddy Holly e Hank Marvin) e se conheceram no dia em que ambos foram ao consultório do oftalmologista em comum. Isso forneceu à imprensa uma boa pauta – e uma boa reportagem.

Por vários motivos, então, quando Rowe obrigou Smith a se decidir entre os Beatles e os Tremilos, só havia um vencedor possível.[4]

820   Ano 5, 1962: *Always be True*

É quase certo que Brian Epstein não teve conhecimento disso. O almoço terminava, e lá estava ele, devastado, ferido, contra as cordas, mas ainda lutando bravamente. Tanto pressionou que Rowe procurou um possível acordo. Sugeriu que Brian falasse com o novo nome estelar na equipe de A&R da Decca, o ex-baterista do Shadows, Tony Meehan, sobre uma possível produção de um disco dos Beatles mediante acordo privado. Pela taxa aproximada de £ 100, Meehan produziria o disco para eles, e a Decca o lançaria. A citação acima, em que Rowe faz uma análise do mercado, situa os Beatles, no máximo, como um produto para a faixa de 12 a 14 anos, então Meehan, com apenas 18 anos, tinha o que Rowe chamou de "experiência em primeira mão sobre o que os adolescentes querem".[5]

Por sua vez, Brian sentiu-se ao mesmo tempo insultado e tentado, mas aquilo *não deixava de ser* uma concessão. Rowe avisou que Meehan estaria no estúdio de West Hampstead no dia seguinte e se ofereceu para fazer as apresentações. Isso envolveria mais uma noite de Brian em Londres – e mais irritação para o pai dele.

E assim, a história sobre "o dia em que a Decca rejeitou os Beatles" envolve uma camada extra de complexidade.

Meehan se lembra dos eventos de um modo bastante direto – lá estava ele, aos 18 anos, tentando lidar com uma sessão orquestral, quando Dick Rowe entrou na sala de controle e o interrompeu.

> Chegou dizendo: "Tem um camarada aqui que eu gostaria que você conhecesse. Sei que está ocupado, mas pode encaixá-lo? É uma pessoa interessantíssima e tem outra banda dessas". Foi bem assim que ele disse: "outra banda dessas". Dick parecia mais interessado em Brian Epstein do que nos Beatles, por algum motivo estranho.
>
> Eu me limitei a dizer, como qualquer profissional em meio a um trabalho: "Olha, estou ocupado, a gente se fala mais tarde. Estou à disposição". Foi isso que aconteceu, nada mais. Dick nunca me falou nada sobre eles, e eu nunca discuti o assunto com Brian.[6]

Segundo o relato do próprio Brian, ele e Meehan *realmente* discutiram sobre os Beatles, e o jovem produtor foi curto e grosso: "O sr. Rowe e eu somos muito ocupados... ligue para minha secretária. Quando quiserem gravar, vou estar à disposição, pode estar certo". No finzinho dessa semana, Brian escreveu uma carta

"**Uma tendência de tocar música**" (6 de fevereiro a 8 de março de 1962)   821

que dá a entender que sim, saiu da Decca nesse dia inclinado a pagar as £ 100 e financiar o primeiro disco verdadeiro dos Beatles.[7]

Talvez não seja assim tão simples – mas (de modo quase inevitável) todos os relatos são conflitantes. Paul McCartney se lembraria de Meehan no estúdio com eles no Dia de Ano-Novo, embora não tenham sido apresentados. Segundo Paul, a negociação posterior confirmou para ele histórias sórdidas que lhe contavam à boca pequena sobre o show business em Londres.[8]

A amargura com o tratamento que os Beatles receberam da Decca se cristalizou em George. Muitas vezes, George comentava, com prazer, o quanto ele, John e Paul eram petulantes, apesar da juventude e da inexperiência. Mas guardava rancor de Meehan justamente por ser arrogante e jovem (com muitas conquistas como baterista no The Shadows, Meehan, nascido em março de 1943, era cinco dias mais novo que George). "Tony Meehan era a arrogância *em pessoa*", diria George. "Ele era o astro e decidiu que podia escolher quem ficaria na gravadora ou não... e não passava de um moleque!" O amargor de George em relação a Meehan, irredutível mesmo em face de evidências esclarecedoras, se manifestaria no dia em que teve a chance de verbalizar a Meehan, com certa extensão, *exatamente* o que pensava dele.[9]

John em linhas gerais concordou com Paul. Treze anos após o ocorrido, contou com detalhes e convicção que foi Meehan quem gravou a fita de 35 minutos que acabou conhecida como o teste dos Beatles na Decca: "Tony Meehan era um produtor e pagamos £ 15 ou algo assim para fazer a fita. Gravamos num estúdio da Decca, mas foi uma produção independente".[10]

No frigir dos ovos, a Decca não recusou os Beatles: Brian Epstein rejeitou a Decca. Em 10 de fevereiro, de volta ao escritório (*O que está fazendo aqui, Brian? Hoje é sábado. Você deveria estar sem fazer nada*), ele ditou uma carta a Dick Rowe, com cópia para Beecher-Stevens e Kelland, na qual agradecia a "gentil oferta de cooperação de Rowe em me ajudar a fazer um disco com os Beatles", mas concluía: "Embora aprecie a oferta dos serviços do sr. Meehan, tomei a decisão de não aceitar". Finalizou com um blefe destinado a fazer a Decca se arrepender de tudo: "A principal razão para essa mudança de opinião é que, desde a última vez que nos vimos, a banda recebeu a oferta de um contrato de gravação de outra empresa". Recebeu, uma ova.

Ao que parece, a mensagem principal era a seguinte: Brian não podia aceitar que os discos dos Beatles fossem produzidos por gente que não os valorizava, que só pensava no dinheiro. Num mundo perfeito, estariam sob as asas de um homem que, como ele, enxergasse o potencial deles e tivesse interesse em somar os seus próprios talentos aos deles. Também não concordava com a ideia de ser compelido a pagar pela chance de ser comercialmente criativo. Talvez outros empresários estivessem prontos a aceitar as migalhas da Decca, mas Brian não, pois não era certo. Brian se afastou da experiência da Decca com o gosto amargo da rejeição, mas um trunfo precioso: a fita com algumas ou todas as 15 canções gravadas. Esse gesto de boa vontade não era uma prática normal, mas Mike Smith suscita a pergunta: "E alguém por acaso sabia o que se passava na cabeça de Dick Rowe?". A vida continuou, e os gestores da Decca ainda não tinham motivos para remoer os acontecimentos. Não ia demorar muito, contudo, para que a ficha caísse – e o horror os dominasse. Não tinham perdido só os Beatles na Grã-Bretanha; a subsidiária deles nos Estados Unidos, a London Records, também havia perdido os Beatles nos EUA; e essa perda refletiria em outras empresas da Decca mundo afora; e sua editora musical corporativa, a Burlington Music, havia deixado escapulir os prováveis direitos sobre as canções de Lennon-McCartney.

Reinava a estupidez, como na maioria das gravadoras. Se Brian Epstein era um cliente tão importante da empresa a ponto de garantir que a Decca assistisse, por duas vezes, a banda que ele representava (e sempre ficou subentendido que esse havia sido o motivo do interesse inicial pelos Beatles), qual seria o propósito de rejeitá-los? E afinal, que obstáculo impedia a Decca de lhes dar um contrato que não exigisse contrapartida? Por ocasião da assinatura, quase ninguém recebia um adiantamento ou cachê, e Brian teria aceitado o contrato oferecido, os royalties padrão da indústria, um *penny* por unidade vendida, sobre 85% dos discos vendidos, pagáveis cumulativamente. Também não poderia ter sido uma questão de custos. Afinal de contas, a gravação, a prensagem e a distribuição da Decca eram todas próprias; as cobranças eram internas e, às vezes, nem mesmo computadas. Naturalmente, a Decca não poderia assinar com todos (nem mesmo no início de sua campanha para apoiar o som britânico), mas se rejeitaram os Beatles por receio de que seus discos não vendessem, bem, ali estava um empresário cuja loja encomendaria cópias suficientes para lhes dar um lucro instantâneo.

"Uma tendência de tocar música" (6 de fevereiro a 8 de março de 1962)   823

A lógica também não consegue explicar por que a Decca rejeitou uma banda que ganhou uma enquete de popularidade em um jornal, tinha um fã-clube e era a maior banda de Liverpool e Hamburgo, fazendo 350 shows por ano, às vezes, para plateias de até três mil pessoas por noite. E depois, ao longo de 1962, contratar e lançar discos de várias nulidades semiprofissionais, sem experiência performática, uma delas promovida por eles como alguém que cantava e trabalhava com decoração. Além disso, a Decca gastou mais dinheiro paparicando Brian Epstein com um almoço só para dizer a ele que não iam contratar os Beatles do que o custo para os contratar.

Como resumiu Tony Meehan, falando com base em uma longa experiência no negócio: "Foi simplesmente uma trapalhada, como as coisas geralmente são... um terrível erro corporativo".[11]

John, Paul e George ficaram chocados, atônitos, com a rejeição da Decca. Em 18 meses, não levaram qualquer tombo real, desde que tinham ido a Hamburgo pela primeira vez. Tamanha era sua autoconfiança que não esperavam cair do cavalo. Foi um revés, o pior revés que sofreram – e, ironia das ironias: a cínica expressão "topíssimo dos popíssimos", que tanto os animava nessas horas, era uma frase de efeito de Dick Rowe, e eles nem perceberam isso.

Paul disse que acharam a rejeição "deveras míope. (...) Acho que só aumentou a nossa determinação", mas John encarou de forma diferente. Tinha consciência de que, no dia do teste, a performance dos Beatles havia sido abaixo da esperada. Também se perguntou se não haviam chegado ao limite deles. As duas maiores gravadoras britânicas, EMI e Decca, bateram a porta na cara deles. "Realmente pensamos 'agora deu', chegamos ao fim. Sempre nos diziam que era muito blues ou muito rock. 'É muito rock'n'roll e agora isso acabou', costumavam nos dizer."[12]

Difícil de engolir. Rock era o que eles faziam, o que amavam, no que acreditavam; ter um contrato recusado já era ruim o suficiente, mas foi um baque duplo perceber também que as pessoas que tomavam essas decisões eram contra o que eles faziam. Era essa a muralha que tinham de transpor, mas como? A resposta não era óbvia.

John também se sentiu melancólico por estar *velho demais*, porque o estrelato era coisa de gente mais jovem. Tony Meehan, cinco dias mais novo que George

824 Ano 5, 1962: *Always be True*

Harrison, já estava na segunda fase de sua carreira. Cliff Richard, aos 21, cinco dias mais novo que John Lennon, já era famoso havia quase quatro anos. Como John se lembraria: "Fiquei pensando: 'Estou velho demais. Perdi o bonde. Você precisa ter *17 anos*'. Muitos astros eram pirralhos bem mais novos do que eu".[13]

Pete Best não formou opinião sobre a recusa da Decca, pois John, Paul e George decidiram não contar a ele. Após terem esperado seis semanas para receber o veredito, simplesmente diziam a Pete, sempre que ele indagava, que ainda estavam esperando. O objetivo deles ao fazer isso nunca foi revelado, mas claro que havia *algo* na mente dos três. Seja qual for o motivo verdadeiro, está claro que a divisão dos Beatles em três e um se tornava mais acentuada do que nunca. Conversas entre John, Paul e George terminavam quando Pete entrava na sala.

Poderiam, ao menos, entrar na BBC. Na noite de 8 de fevereiro, o dia em que Brian voltou de suas reuniões na Decca, os Beatles estavam em Manchester pela segunda vez em seis dias. O destino agora era o Playhouse Theatre, no subúrbio sul de Hulme, onde fizeram a audição para o produtor de rádio Peter Pilbeam. Aos 33 anos, Pilbeam também não era apaixonado por rock (preferia as big bands), mas recebeu a missão de testar as bandas e correspondeu ao desafio. "A tarefa era *espinhosa*", conta ele. "Com algumas bandas, nas quais o barulho substituía as qualidades musicais, eu chegava em casa meio surdo. A maioria das bandas também fazia muitos rodopios e requebrados, coisa que se perdia no rádio, mas também havia muito talento – sempre existiu no norte."[14]

Brian sugeriu que Pilbeam ouvisse os três vocalistas dos Beatles, mas, à noite, apenas John e Paul cantaram, e Pilbeam os avaliou separadamente. Tiveram um intervalo de meia hora para afinar e permitir que o gerente do estúdio (engenheiro) alcançasse um bom balanceamento em sua fita, então tocaram quatro canções.* Todas essas canções tinham sido tocadas na Decca, no mês anterior ("Like Dreamers Do", "Till There Was You", "Memphis, Tennessee" e "Hello Little Girl"). De novo, Paul não estava em seus melhores dias, talvez em razão da crise nervosa que parecia acometê-lo por ocasião dos testes. Pilbeam marcou NÃO a Paul, mas deu um SIM a John. Observou também um "bom e sólido coro" em

---

* As fitas da audição não foram guardadas, e essa gravação foi perdida com certeza.

"Uma tendência de tocar música" (6 de fevereiro a 8 de março de 1962)   825

"Memphis", que John e Paul cantaram "Hello Little Girl" em dueto, e que (algo incomum na época) os Beatles não tocaram nenhum número instrumental para ele. Tudo isso foi escrito numa página em branco, mais especificamente, no verso do formulário datilografado de Brian. Pilbeam recorda que sua conclusão, em que resumiu as qualidades da banda, foi "altamente elogiosa": "Banda singular, não tão 'roqueira' quanto a maioria, mais C&W, com uma tendência de tocar música. APROVADOS".

Se a Decca manteve os Beatles em suspense por seis semanas, Pilbeam foi ágil em lhes oferecer uma sessão em rede nacional. A data foi marcada por telefone com Brian nas 48 horas seguintes, e logo um contrato com a BBC foi enviado a Liverpool: os Beatles gravariam perante o público, no mesmo teatro, o Playhouse, em 7 de março, e a gravação iria ao ar na tarde seguinte, na estação Light Programme da BBC. Ali estava o sucesso instantâneo... e a perspectiva de conquistar até dois milhões de ouvintes.

George não cantou no teste da BBC, mas era o vocalista principal da maioria dos novos números no setlist ao vivo, o que lhe dava uma condição de paridade com John e Paul como vocalistas. Mais uma vez, a escolha das canções demonstrou os gostos musicais requintados/incomuns dos Beatles. Ao captar uma melodia interessante, os ouvidos deles sempre se aguçavam, seja lá qual fosse a idade ou gênero da música: se era boa, eles percebiam, e as influências vinham tão facilmente da estação Light Programme da BBC quanto das cabines de audição da Nems. No início de 1962, duas das novas músicas cantadas por George eram "Dream", escrita em 1944 por Johnny Mercer, e "Blue Skies", composta em 1926 por Irving Berlin. Intrigante opção, "Dream". Os Beatles pegando uma canção de Cliff Richard? Talvez esse tenha sido o único exemplo... E é também uma das duas canções em que os Beatles *aparecem* cantando e tocando em seu filme mais antigo de que se tem conhecimento. Um filme caseiro, em 8 mm, de uns 30 segundos – em cores, mas sem som – gravado num show deles, em fevereiro de 1962. A identificação exata de data e local permanece indefinível, mas as canções (discerníveis por meio de um minucioso estudo) indicam que foi nessa época, e os Beatles ainda se apresentavam em trajes de couro e camisetas pretas – os ternos ainda não estavam prontos. Só se enxerga a linha de frente, com John e Paul tocando, enquanto

George canta "Dream", embora o dedilhar de Paul no baixo seja tão vigoroso que ele acaba atraindo a atenção. No segundo número, George e John fazem os vocais de apoio (e John aparece mascando sem parar, o que teria deixado Brian nervoso se estivesse lá), enquanto Paul canta "Dance in the Street", de Gene Vincent ou, mais provavelmente, a adaptação contemporânea e abreviada dos Beatles, "Twist in the Street".[15]

A febre do twist não podia ser ignorada. Era a dança que *bombava* na época e o principal papel dos Beatles ainda era tocar para o público dançar. Em especial, precisavam de números de twist quando iam tocar em locais novos, onde boa parte do seu setlist tinha que ser de canções da moda. "Twist in the Street" era uma das três músicas de twist que os Beatles tocavam – e as outras duas eram raridades. Pete já havia cantado com os Beatles no passado – "Matchbox", depois "Wild in the Country" –, mas andava em silêncio havia um tempo. Então Brian (pressionado por Mona Best para que Pete ganhasse mais tempo ao microfone) propôs que seu momento como vocalista fosse restabelecido, e os outros concordaram.[16] O novo número com Pete no vocal era "Peppermint Twist", a música-tema do quartel-general do twist, a boate Peppermint Lounge, na cidade de Nova York. Pete vinha à frente do palco para cantar essa e dançar um pouquinho, enquanto Paul saboreava uns minutinhos atrás da bateria, George dedilhava o baixo para canhoto de Paul, tentando encontrar as notas como destro. Um momento de cabaré.

O twist também inspirou Paul a compor uma canção – a primeira desde 1960 ou 1959. A nova música veio sem envolvimento aparente de John. Segundo Paul, a ideia era compor material exclusivo dos Beatles, resolvendo o problema perene em Liverpool de muitas bandas içando canções do mesmo poço musical. "Pinwheel Twist" nunca foi gravada, não ficou muito tempo no setlist dos Beatles e poucos se lembrariam dela com carinho. Neil Aspinall declarou que era "uma canção péssima, com a parte do contraste em ritmo de valsa e de repente tudo se *arrastava*. Não funcionava mesmo. Eu a odiava".[17]

Ao lado dos números *vintage* e das canções transitórias, esse período no início de 1962 marcou uma nova e relevante mudança no estilo musical dos Beatles. Sempre receptivos aos sons mais recentes, ávidos para se adaptar às mudanças, as novidades os entusiasmavam – mas houve uma vítima em particular, um cantor cujo descarte outrora teria sido uma heresia.

"Uma tendência de tocar música" (6 de fevereiro a 8 de março de 1962)   827

Para sempre, Elvis seria o Deus deles – o Elvis de 1956-58 –, mas os Beatles não conseguiam mais engolir o água com açúcar de suas canções hollywoodianas. O single de seu mais recente filme, *Feitiço havaiano* (*Blue Hawaii*) – um compacto de 45 rpm, com "Rock-A-Hula Baby" c/w "Can't Help Falling in Love" –, acabou se tornando um marco nesse sentido, ou seja, os Beatles não tocaram nenhum dos lados. Não que cantassem rotineiramente todos os discos de Elvis (tinham ignorado vários), mas nunca mais voltaram a tocar material novo de Elvis. Agora, só tocavam as canções *antigas* de Elvis, e muitas vezes as anunciavam com essa ressalva – e, como sempre, tinham a convicção de que seu modo de pensar estava certo. "Eu me afastei de Elvis quando ele saiu do exército", revelou Paul. "Tive a impressão de que o domesticaram demais. Parecia tudo errado: *Saudades de um pracinha*, *Feitiço havaiano*..." John, que pelo resto da vida continuou a usar de vez em quando um *button* de Elvis, observou: "Cortaram as bolas dele no exército. Não só rasparam o cabelo dele, acho que rasparam no meio das pernas também... O resto foi só uma morte em vida".[18]

Luther Dixon, o produtor por trás do som das Shirelles, era o novo messias. John cantava "Will You Love Me Tomorrow" e "Boys", Paul entoava "Mama Said" e, no início de fevereiro, John adotou o último lançamento delas, "Baby It's You", que saiu pelo selo Top Rank, da EMI. Não era composta por Goffin-King, mas ao estilo deles, moderna canção de amor entre menina e menino, envolta numa batida esparsa, peculiar e espasmódica. A composição, creditada ao trio Bacharach-David-Williams, trazia música de Burt Bacharach, que também fez o arranjo, letra de Mack David (irmão mais velho do letrista habitual de Burt, Hal) e, sob o codinome Barney Williams, Luther Dixon. Era o som nova-iorquino de 1962, aquela mescla pulsante de imigrantes: cantores e produtores de origem afro, com compositores e gravadoras de origem judaica.

John, Paul e George estavam tão sintonizados com esse som que até pinçaram algo inesperado: uma canção feita e gravada na Grã-Bretanha, mas que soava como Goffin-King. "There's No One in the Whole Wide World", de Jackie Lee & the Raindrops, vinha de New Bond Street, não de Nova York – gravada em Londres, foi um fiasco supremo nas eliminatórias britânicas do *Eurovision Song Contest*. Uma segunda canção inglesa adicionada pelos Beatles nessa época foi a cômica "What a Crazy World We're Living In", cantada em sotaque *cockney* pela divertida banda Joe Brown and the Bruvvers, de autoria do jovem londrino Alan Klein. Além dessa, George também escolheu "Open (Your Lovin' Arms)", dançante canção pop do cantor country texano Buddy Knox. Os Beatles a reivindicaram antes de qualquer outra banda em Liverpool, e também se vangloriavam por cantar, melhor do que ninguém, o novo single de Roy Orbison, "Dream Baby". Chris Curtis, baterista do The Searchers, mais tarde comentaria: "Na hora de escolher canções, era a maior disputa entre as bandas. Na primeira semana que Roy Orbison lançou 'Dream Baby', *todo mundo* começou a cantá-la. Paul McCartney era o mais bem capacitado para interpretá-la e se encaixou perfeitamente com a música".[19]

Por último (ou melhor dizendo, primeiro), a mais nova e extraordinária canção dos Beatles era "If You Gotta Make a Fool of Somebody", de James Ray – que Paul ouviu pela primeira vez numa tarde na matriz da Nems, a lojinha da Great Charlotte Street, no centro. Com evidente entusiasmo, ele afirma ter sido "a primeira vez que ouvimos uma *valsa* tocada em rhythm & blues!".[20] Era perfeita – rítmica, com uma levada blues, a combinação surpreendente da tuba e a plangente gaita de boca, além de vocais empolgantes (principal e de apoio) feita em 3/4 do compasso, com duração de dois minutos. James Ray – nome desconhecido para eles, sem foto na capa – tornou-se um herói instantâneo, assim como a fonte de seu som mágico, o selo nova-iorquino Caprice, inédito e independente. Tudo nesse compacto de 45 rpm era sombrio, até mesmo o rótulo "Pye International" em letras douradas e azul-turquesa profundo, e Paul falava em nome de todos os Beatles ao dizer que, para o grupo, esses discos representavam "singelos, mas emocionantes momentos de negritude".[21] Absorveram todas as nuances das duas canções do compacto, mas gostaram em especial de "It's Been a Drag" – novo e útil significado americano a uma velha palavra inglesa.

Stuart Sutcliffe retornou a Liverpool para passar uns dias por volta da terceira semana de fevereiro. Não voltava para casa desde agosto, quando passou por uma batelada de exames clínicos; agora retornava para visitar a mãe, que recentemente tinha feito uma cirurgia. Ela já estava se recuperando – mas ele, não.

As cartas recentes de Stuart para a família mencionavam dores de cabeça fortes e contínuas, bem como um "gênio maligno" que andava preocupando Astrid.

"Uma tendência de tocar música" (6 de fevereiro a 8 de março de 1962)

Ele atribuía isso às características de sua família, mas claramente seu estado mental se agravou por causa dessas dores agudas. As cartas não só descreviam, mas também mostravam uma saúde fragilizada: erros de ortografia, frases confusas e a letra, antes bonita, virou um festival de garranchos. No finzinho de janeiro, Stuart sofreu um ataque convulsivo e recebeu três semanas de dispensa na faculdade. Nenhum médico, nem mesmo um especialista sênior, conseguiu diagnosticar a causa. Ficou em casa com Nielsa e Astrid, escreveu longas cartas para John, pintou como um possesso – tela após tela de fantástica intensidade – e, para a surpresa de todos, pegou emprestado um baixo e tocou alguns shows com uma banda de Hamburgo chamada Bats.[22] Em seguida, fez essa jornada a Liverpool, sozinho. Astrid sabia que não seria bem-vinda por Millie, a mãe de Stu.

Os Beatles ficaram chocados com a condição de Stuart. Fez uma visita ao Cavern e socializou com eles algumas vezes. Passou momentos agradáveis na casa de George em Speke; disse a John que até pensou em pular da janela, deixando Lennon preocupado com a sanidade mental do amigo; contou a Mike McCartney que pressentia que algo ruim ia acontecer quando voltasse a Hamburgo, e Mike achou Stuart "nitidamente perturbado e nervoso". Ao visitar Pete, se despediu afirmando: "Esta será a última vez que nos veremos".[23]

Uma noite, Allan Williams se encontrou com Stuart e mais alguns ou todos os Beatles numa pista de boliche. Importada dos EUA, a mania do boliche de dez pinos varreu a Grã-Bretanha em 1961-62. Em Liverpool, todas as bandas frequentavam a pista de boliche, porque o lugar vendia bebida alcoólica e ficava aberto até as quatro da madrugada. Os Beatles iam com frequência, e dessa vez levaram Stu, com Williams se juntando a eles. Era a primeira vez que veriam seu ex-empresário desde o verão anterior, quando ele acionou os advogados contra os Beatles. Porém o processo não tinha ido adiante, e o assunto já começava a ser esquecido. Ao ver seu amigo íntimo Stuart, ele disse: "Meu Deus, você parece muito doente". Na recordação de Allan: "Ele parecia a morte em pessoa. Pálido como a morte".[24]

Do antigo empresário dos Beatles ao novo: Stuart também conheceu Brian. Pouco se sabe ao certo sobre esse assunto – dizem que os dois jantaram, o que é crível, mas afirmações posteriores, de que Brian gostou tanto da companhia de Stuart que lhe ofereceu uma porcentagem da gestão dos Beatles, talvez com a ideia de transformar o rapaz no "diretor de arte" do grupo, não têm comprovação e são

Ano 5, 1962: *Always be True*

menos verossímeis. Stuart não ia ficar em Liverpool – voltaria a Hamburgo para cuidar de sua saúde, pintar e, se tudo corresse bem, retomar os estudos e se casar com Astrid, no início do verão.

Quando Brian Epstein pensou pela primeira vez em ser empresário dos Beatles, garantiu aos pais – em especial, ao pai enfurecido – que isso não o distrairia da Nems mais do que dois meios turnos por semana. Na mente de Brian, já que ele visualizava os Beatles se tornando as maiores estrelas de todos os tempos, o que incluía pensar nos *Estados Unidos*, essa declaração era apenas um engodo para que largassem do seu pé. Poucas semanas após assumir a tarefa, atuar como empresário dos Beatles se tornou um segundo emprego em tempo integral. Além de administrar as lojas da família e os recursos humanos da rede, de ser o diretor de uma empresa com operações simultâneas, um ou dois dias por semana, Brian andava incansavelmente pelas calçadas de Londres e percorria toda a Liverpool tentando fazer as coisas acontecerem. Isso testou seriamente o apoio de Queenie e Clive, bem como a paciência de Harry, e a família tinha todo o direito de dizer a Brian – e certamente disse – que ele estava negligenciando suas responsabilidades. Entendiam que ele estava envolvido em outra coisa, mas ainda tinha *deveres*. E como Brian não aceitava ficar em segundo lugar em nada, semana após semana, ele batia o escanteio e corria para cabecear. Algo, inevitavelmente, se encaminhava para o colapso.

Ao mesmo tempo, ele arcava com as despesas cotidianas – encabeçadas por contas de viagens, hotéis, entretenimento e burocráticas –, que ultrapassaram sua comissão semanal dos Beatles, de cerca de £ 22, financiando a diferença com dinheiro do próprio bolso. Em todos os sentidos, ele estava investindo num grupo de rapazes roqueiros, mentalmente fortes, os quais, quando Brian se esforçava para passar um tempo com eles, zombavam dele, o testavam, colocavam comprimidos em sua bebida e não tinham pressa nenhuma para dizer "obrigado".

Em meados de fevereiro, os planos de Brian já estavam traçados e em pleno trâmite. Os Beatles estavam prestes a fazer a importante série de três shows na Liverpool University e, no dia 20, tinham uma apresentação marcada no Floral Hall, em Southport, salão de baile com capacidade para 1.200 pessoas. Brian designou essa noite como o carro-chefe não só para os Beatles, mas também para suas próprias ambições. Seu escopo pessoal estava se ampliando no mesmo ritmo

"Uma tendência de tocar música" (6 de fevereiro a 8 de março de 1962)   831

que todo o restante: ele próprio queria promover shows desse porte e precisava observar como isso era feito. Assim, deixou que Ric Dixon, da Agência Dixon (e do Oasis Club em Manchester), promovesse o evento e desfrutasse de um envolvimento mais próximo. "Às vezes, eu ficava com a impressão de que Brian estava tentando descobrir, por meu intermédio, os detalhes que ele não conhecia", lembra Dixon. "Promover shows é um negócio motivado por dinheiro, mas nunca achei que o dinheiro fosse a motivação de Brian... Para ele, o mais importante era vivenciar o sonho. Ele era uma exceção. Ninguém esperava esse tipo de homem envolvido em negócios musicais, ramo crivado de espertalhões pouco confiáveis."[25]

A noite no Floral Hall seria essencial para a vida futura de Brian, o *promotor de eventos*. Ao montar seus próprios shows, ele poderia experimentar ideias de palco mais abrangentes e controlar o ambiente para obter o máximo efeito artístico das bandas. E algumas delas estariam sob sua gestão exclusiva: três semanas após assinar com os Beatles, Brian começou a oferecer seu pacote empresarial a outros artistas. E por que não? Liverpool transbordava de bandas talentosas, e pouca gente fazia algo a respeito disso.

Aceitou o conselho de Bob Wooler sobre as pessoas e as personalidades, descobrindo quem era confiável e quem não era. Ao longo de fevereiro, mostrou interesse em assinar com ao menos cinco grupos – Gerry and the Pacemakers, The Remo Four, Johnny Sandon and the Searchers, The Undertakers e The Four Jays. Com os Beatles, isso representava quatro das cinco primeiras bandas na enquete do *Mersey Beat*, além das colocadas em décimo e décimo segundo (nas cinco primeiras, a exceção foi Rory Storm and the Hurricanes, que, com Ringo ainda em Hamburgo, despencava em popularidade e não atraiu o interesse de Brian). Ainda não tinha feito contratos com ninguém, mas, para mostrar sua boa vontade, marcou datas para shows sem receber comissão. Brian não permitiria que nada disso o distraísse da meta de fazer os Beatles avançarem, e essas outras bandas perceberam que os Beatles estariam sempre em primeiro lugar no pensamento e na atenção de Brian. Ainda assim, se havia alguém capaz de melhorar o agendamento dos shows e fazê-los ganhar mais dinheiro, esse alguém era Brian Epstein, então não tinham por que recusá-lo.

Seu principal envolvimento na noite de Floral Hall foi duplo: ajudar a vender os 1.200 ingressos e agendar os talentos que proporcionariam dança por quatro horas contínuas – cinco bandas lideradas pelas ESTRELAS DA POLYDOR, THE BEATLES. Distribuiu folhetos datilografados entre os fãs dos Beatles e nos balcões das três lojas Nems, anunciando viagens de ônibus acessíveis: os fãs podiam pagar 8s 6d pelo transporte de ida e volta, ingresso no salão e, depois, a chance de ter contato com os músicos e conseguir autógrafos. Esses ingressos especiais foram vendidos só na loja da Whitechapel, diante da qual os ônibus fretados partiriam. Os Beatles estavam levando com eles um público de Liverpool para uma noite no litoral.

Quando se envolveu com os Beatles pela primeira vez, Brian suspendeu as atividades do fã-clube da banda; agora se preparava para relançá-lo com suas próprias especificações. Mantida como secretária voluntária, Bobby Brown iniciou um período memorável de estreita cooperação com os Beatles e Brian. "Ele estava focado em fazer o clube funcionar bem", conta ela. "Por isso mandei imprimir papel timbrado e carteirinhas de sócio, tudo certinho, e quando contei a ele sobre as contas em aberto, recebidas antes de minha gestão, ele me deu verba para quitá-las."[26] Os grandiosos planos de relançamento estavam em vigor em meados de fevereiro: Brian agendou o Cavern para um "evento privado" na noite de quinta-feira, 5 de abril, e marcou um show chamado *The Beatles for Their Fans* (Os Beatles para seus fãs). A um custo de 6s 6d, os fãs assistiriam a uma apresentação especial, receberiam uma fotografia da banda, impressa em papel brilhante, para ser autografada, além da inscrição gratuita por um ano de associação ao clube. Os membros receberiam boletins informativos que os atualizariam sobre os eventos dos Beatles e detalhariam as maneiras como podiam apoiar e incentivar a banda. Todo mundo ficaria feliz: os Beatles, os fãs e o próprio Brian, que ganharia uma inestimável lista de mala direta para uso de marketing, bem como um bom capital inicial para o clube. A expectativa dele para o clube era, do ponto de vista financeiro, empatar – a iniciativa não tinha fins lucrativos, porque a taxa de adesão precisava ser acessível a todos; e se alguma atividade do clube desse prejuízo, Brian teria de cobrir.

Mais importante que todos os planos, entretanto, era o ditame de Brian: obter um contrato de gravação para os Beatles. Sem um contrato, eles nunca seriam maiores do que Elvis. Sua visita, em abril de 1961, a Hamburgo e Hannover como convidado da Deutsche Grammophon já havia se mostrado frutífera no lançamento de "My Bonnie" na Grã-Bretanha, e agora, pela segunda vez, renderia di-

"Uma tendência de tocar música" (6 de fevereiro a 8 de março de 1962)   833

videndos. Entre os 30 membros daquela delegação estava Robert Boast, o gerente da His Master's Voice (HMV), autoproclamada maior loja de discos do mundo, situada na Oxford Street, no coração de Londres. Após a rejeição da Decca, Brian aproveitou a oportunidade para renovar a amizade com Boast; ele não tinha um plano óbvio em mente, mas queria explorar toda e qualquer possibilidade, e lá estava o contato de Boast em sua agenda. Brian, munido com a fita da Decca dos Beatles, sentou-se no gabinete de Boast dizendo que seus meninos se tornariam grandes estrelas se alguém apostasse neles. "Contou-me que havia passado dois dias muito cansativos visitando gravadoras. Parece que simplesmente não estavam dispostos a ouvir. Eu estava, mas não tinha o poder necessário para ajudá-lo. Só que, naquela época, tínhamos um estudiozinho de gravação no primeiro andar, onde artistas iniciantes podiam fazer discos de 78 rpm para demonstração. Levei Brian lá e o apresentei ao nosso cortador de acetatos, Jim Foy."[27]

Para Brian, fazia sentido divulgar os Beatles no formato de disco, em vez de em fita. Todo gerente de gravação tinha no escritório um gramofone (como ainda eram chamados), mas nem todos tinham um toca-fitas. Como lembra Jim Foy, ele e Brian Epstein bateram um papo enquanto o som dos Beatles era cortado no torno de acetato em bolachões de 78 rpm, feitos em laca preta pesada.

> Elogiei a qualidade do som da fita, e ele respondeu, com bastante orgulho, que algumas canções na verdade eram composições da banda, algo incomum. Perguntei se as canções tinham sido publicadas e ele disse que não. Então informei a ele que o escritório da Ardmore & Beechwood, uma das editoras musicais da EMI, ficava no último andar da loja. Quer que eu chame o gerente-geral, Sid Colman? Respondeu que sim, então Sid desceu, ouviu a fita e também manifestou interesse. Quando terminei o corte, ele e Brian voltaram para o escritório.[28]

Foi aí que Epstein tirou o seu "ás da manga": a gravação feita pelos Beatles na Decca de três Composições Originais Lennon-McCartney. Por mérito dessas canções, Brian estava ali, sentado naquele gabinete forrado com painéis de carvalho, no quarto andar, acima do burburinho da Oxford Street, entabulando sua primeira conversa sobre uma faceta do negócio ainda pouco conhecida por ele. Conhecia as gravadoras e gostava de memorizar seus números de catálogo e títulos, mas editores musicais eram meros nomes em rótulos de discos ou partituras, com os quais até podíamos estar familiarizados, mas o mesmo não acontecia com os mecanismos e as estratégias de negócios por trás deles.

Aos 56 anos, Sid Colman era uma raposa velha do setor fonográfico, no qual trabalhava desde 1937. Na EMI, foi alçado ao cargo de gerente-geral de sua operação editorial. Assim como a Decca tinha a Burlington Music, e a Philips, a Flamingo Music, a EMI tinha a Ardmore & Beechwood, formada em 1958 para lidar com a parte editorial dos negócios da Capitol Records. Seja qual fosse o país, a ideia era a mesma: a propriedade de direitos autorais de música gerava uma receita limpa, ainda mais se tratando de produtos da própria gravadora, com as duas receitas fluindo para o mesmo reservatório.

Colman ficou interessado em publicar essas canções de Lennon-McCartney pela Ardmore & Beechwood, uma boa notícia, a não ser pelo fato de que Brian queria um contrato de gravação para os Beatles. Em tese, um editor forneceria as músicas para outro artista gravá-las, mas Brian queria que os Beatles as usassem primeiro. Colman compreendeu e disse a Brian que ia ver o que conseguia fazer para ajudar; em troca, Brian deu sua palavra: se Colman ajudasse na obtenção de um contrato de gravação para os Beatles, a publicação seria feita pela Ardmore & Beechwood.

Brian saiu dali e algo o impulsionou ao escritório de George Martin. O que exatamente o impulsionou talvez jamais alguém virá a saber. George sempre diria, é claro, que recebeu uma ligação de Colman, contou sobre Brian e sugeriu que se encontrassem. Porém, o indispensável braço direito de Colman nesse período, o divulgador musical que se autodenominava Kim Bennett, insiste que não foi bem assim. George teria sido a última pessoa para quem Colman ligaria, porque Colman não simpatizava com George. Seja lá qual tenha sido o motivo, na agenda de George Martin, em 13 de fevereiro de 1962, consta, rabiscada a lápis por Judy Lockhart Smith, sem um horário específico, a anotação "Bernard Epstein".

Brian estava tentando fazer do limão uma limonada na EMI. Tentando arrancar um "Sim" onde havia um "Não". Os gerentes de gravação já haviam rejeitado os Beatles com base na participação deles no disco de Tony Sheridan. Brian deve ter torcido para esse detalhe não ser lembrado; apostou em obter melhores resultados com uma abordagem pessoal e um produto diferente. Também pode ser que tenha

"Uma tendência de tocar música" (6 de fevereiro a 8 de março de 1962) 835

marcado um horário na EMI House, *sem* definir a pessoa com quem falaria, e George Martin fosse o único homem disponível – dois de seus três colegas A&R, Norman Newell e Norrie Paramor, estavam de férias naquela semana.

Quando Brian chegou, George não estava lá, por isso Judy foi a primeira pessoa que ele conheceu. Ela nunca se esqueceu desse dia. Apreciou o quanto ele era bem-vestido, cortês e articulado, o oposto de outros empresários que entravam no escritório. Por sua vez, Brian escreveria, anos depois, com genuína sinceridade, que ele e Judy desenvolveram "uma amizade instantânea".[29]

O dia de George era repleto de compromissos e, quando ele chegou, não teve muito tempo para atender o visitante. Os dois se sentaram frente a frente na escrivaninha – um sujeito de 36 anos, o outro com 27, ambos em ternos elegantes e gravatas, com vozes educadas e polidas, cultivadas por meio do autodesenvolvimento. Embora desesperado, Brian tentou não transparecer isso; George mostrou-se tolerante e agradável, mas em uma posição de poder. Brian lhe contou sobre os Beatles, disse o quanto eram famosos em Liverpool e demonstrou surpresa quando George disse que nunca tinha ouvido falar deles. Isso irritou um pouco seu anfitrião, como George refletiu: "Quase perguntei a ele em resposta onde ficava Liverpool... a ideia de qualquer coisa vindo das províncias era extraordinária".[30]

Ao interpretarmos a maneira como Brian se lembra desse encontro, provavelmente só houve tempo para ouvir um de seus discos recém-cortados – o acetato de dez polegadas e 78 rpm, com "Hello Little Girl" e "Till There Was You". Tinha escrito as informações essenciais nas etiquetas, em caneta-tinteiro azul. Com espaço limitado e sempre interessado em demonstrar que os Beatles tinham mais que um cantor, escreveu que "Hullo Little Girl" (*sic*) era cantada por John Lennon & The Beatles – acrescentando também os créditos de composição de Lennon e McCartney – e que "Til There Was You" (*sic*) era entoada por Paul McCartney & The Beatles. A recordação de Brian, dois anos depois, foi a de que "George apreciou 'Hello Little Girl' e 'Till There Was You'. Curtiu a guitarra de George. E achou que Paul era o que soava melhor em disco".[31]

É mesmo espantoso o fato de Brian ter escolhido o acetato de "Till There Was You", pois foi justamente nessa canção que John dissera que Paul "parecia uma mulher" e que Pete se atrapalhara no sincronismo. Mais espantoso ainda é o fato de George Martin, com base nela, ter achado Paul o melhor para gravações e gostado do estilo de George tocar guitarra. Esse foi talvez o pior trabalho de George na guitarra naquele dia (em "Hello Little Girl" ele tocou razoavelmente, porém).

Isso já seria suficientemente desconcertante, mas as recordações de George Martin dessa reunião são bem distintas. Em sua primeira longa citação sobre o assunto – uma entrevista à *Melody Maker*, nove anos depois –, mencionou especificamente que "Your Feet's Too Big" constava na fita (*sic*) que Brian tocou para ele e acrescentou: "Não fiquei nem um pouco entusiasmado... Era uma fita para lá de precária, gravada num quartinho dos fundos, muito mal balanceada, canções sem graça e uma banda um tanto crua".[32] Isso dá realmente a entender que ele não estava ouvindo o teste dos Beatles na Decca, mas uma gravação sobre a qual nada mais se sabe.

Eis que a reunião chegou ao fim com George "nem um pouco entusiasmado". Guardou o acetato e talvez tenha dito que entraria em contato se tivesse interesse em ouvir mais, mas não tinha e não retornou. Foi só mais um encontro decepcionante para Brian, algo que estava se repetindo demais para o seu gosto. A tarefa de vender os Beatles era mais difícil do que o esperado.

Poderia ter sido o fim da linha, não fosse o envolvimento de Kim Bennett. Quando Brian visitou o gabinete de Sid Colman, Bennet tinha saído para divulgar as últimas canções da Ardmore & Beechwood, almoçando com um produtor de rádio aqui, correndo até o escritório de um líder de banda acolá, tentando obter uma transmissão na mídia ou uma apresentação em salão de baile. Conhecido por sua persistência, Bennett era um dos mais incansáveis e obstinados profissionais do ramo.

Seu nome verdadeiro era outro, Thomas (Tom) Whippey, mas manteve a identidade profissional que recebeu quando esperava se tornar uma estrela da música. Até 1958, Kim Bennett era um cantor de aparência e talento medíocres; fez turnê com Ambrose, o famoso, mas decadente líder de banda, apareceu algumas vezes no rádio e na TV, e assinou contrato com a Decca. Em 1955-56, lançou quatro discos, entre 78 e 45 rpm, que venderam pouco, e a gravadora não renovou seu contrato, alegando mudanças no mercado. Por uma temporada, trabalhou como "*redcoat*", ou seja, funcionário da linha de frente dos campos de férias de Butlin's, assim chamados em razão do uniforme vermelho, e depois enveredou em uma nova carreira em uma editora musical. Enquanto Sid Colman dirigia

"Uma tendência de tocar música" (6 de fevereiro a 8 de março de 1962)

a Ardmore & Beechwood (e também cuidava da parte contábil da empresa), Bennett – aos 31 anos, bem mais contemporâneo do que o chefe – dava conselhos sobre todos os assuntos relativos à aquisição e exploração comercial das canções. Sua tarefa era levar essas canções às paradas de sucessos. Por esse motivo, Colman o consultava sobre todos os assuntos criativos, e isso acabou incluindo os Beatles.[33]

Logo após Brian Epstein deixar o prédio, Bennett voltou e encontrou seu chefe ansioso para lhe mostrar um dos novos discos de 78 rpm do Departamento de Gravação Pessoal. Era "Like Dreamers Do", letra e música de Paul McCartney, composta quando ele tinha 17 anos. "Falei: 'Legal esse som. Como se chamam?', e Sid me disse *The Beatles*. 'Puxa vida, que nome para usar!' Ele me explicou que a canção estaria disponível se garantíssemos o lançamento de um disco, e respondi: 'Eu gosto muito dela, Sid. Eu gosto desse som. Se conseguirmos um disco para eles, e depois conseguirmos que ele toque nas rádios, acho que pode subir nas paradas. É diferente.'"[34]

De acordo com as lembranças de Bennett, nos dias seguintes Colman atravessou a Oxford Street e levou "Like Dreamers Do" à EMI House, na esperança de que a canção e a sonoridade dela atraíssem alguém da equipe de A&R – Paramor, Ridley, Martin e Newell –, mas voltou com a notícia de que ninguém estava interessado. "As palavras dele foram 'Ninguém lá quer saber' e, como não entrou em mais detalhes, considerei, pela palavra 'ninguém', que ele tinha falado com todo mundo." Decepcionado com o precoce fracasso de uma indicação promissora, Kim Bennett, persistente como ele só, relutou em deixar o assunto de lado. Continuou livre para despertar o interesse da turma de A&R de outra gravadora; esse caminho, porém, estava fadado ao fracasso. Para todos, ficou óbvio que, se a Ardmore & Beechwood estava buscando outra gravadora para essa banda, então ela já havia recorrido à EMI e sido rejeitada. Era como a situação nos EUA, onde as empresas sabiam que, se a EMI tentasse encaminhar um disco para outra gravadora, é porque ele já havia sido rejeitado pela Capitol.

> Meditei nisso por um tempo e então tive uma ideia. "O que nos impede de fazermos o disco?" Eu sabia que não tínhamos permissão, mas não enxergava o porquê. Então, voltei ao escritório de Sid e disse: "Olha, você me deu permissão para gastar uma quantia 'x' para divulgar uma canção, então posso sugerir uma

coisa? Que tal atravessar a rua e falar com Len Wood [diretor administrativo da EMI Records] e explicar: se a EMI nos der um disco, vamos pagar o custo? Por ser uma banda, será uma produção de estúdio simples, sem orquestra; vamos obter os direitos autorais de algumas canções pelos próximos 50 anos e talvez o pagamento de royalties pelo disco".

Sid concordou, e só um tempo depois fiquei sabendo do resultado. Len Wood, embora simpático à nossa situação, disse que deveríamos nos concentrar na edição musical e deixar que a EMI cuidasse de fazer os discos.

Essa teimosia deixou Sid indignado, e eu também. E, nesse ponto, parecia ser o fim de tudo...

Ser empresário dos Beatles envolvia dedicar atenção a milhares de pequeninos detalhes e a algumas personalidades nada pequeninas. Para Brian, os problemas surgiam sem aviso prévio. Na sexta-feira, 16 de fevereiro, dia do terceiro baile na Liverpool University, houve um problema com Paul.

Com frequência cada vez maior, Brian pegava John, Paul e George em seu Zodiac e os levava para o local da noite. Além de ser prático para eles, era uma maneira proativa de garantir que chegassem a tempo. Como ele, todos moravam na ponta sul de Liverpool, à exceção de Pete, que morava ao norte, e iria por conta própria até o local do show, com Neil e a van lotada com os equipamentos. Essa noite, os Beatles teriam que cumprir um programa duplo: a última data na universidade, que aconteceria no Technical College Hall, em Birkenhead, e depois, fechando a noite, tocariam como atração principal num evento de Sam Leach, na New Brighton Tower. Brian parou em Woolton para buscar John (ele era o único visitante que Mimi recebia pela porta da frente – não precisava dar a volta pela lateral), desceu até Speke para pegar George e em seguida passou em Allerton para arrebanhar Paul. Mas quando George bateu à porta na 20 Forthlin Road, Paul gritou: "Diga a Brian que não estou pronto e vou demorar um pouco".

Paul poderia ter previsto a resposta de Brian: "Bem, ele *deveria* estar pronto. Falei que estaria aqui às oito e já passa das oito". George bateu de novo à porta de Paul e falou para ele se apressar. Nova espera, e Brian mandou George avisar Paul que estavam indo ao centro da cidade para tomar um drinque rápido antes de pegar o túnel para Birkenhead: Paul teria que ir ao centro por conta própria.

"Uma tendência de tocar música" (6 de fevereiro a 8 de março de 1962)   839

Brian, John e George foram ao Beehive, e John usou uma cabine pública a fim de telefonar para Paul, retornando com a mensagem: "Ele disse que não vem". Brian deve ter ficado apoplético: não poderiam fazer o show, decepcionando a universidade e o público. Ele pagaria um mico e perderia a chance de agendar novas datas. Estavam indo por água abaixo os esforços dele para consertar a velha e má reputação dos Beatles. Foi até o escritório e de lá telefonou a Paul, mas este se recusou a falar. Jim atendeu e informou a Brian: Paul mandou dizer que não vai aparecer e ponto final.[35]

Cinco anos depois, ao relembrar dessa noite, Paul explicou sua versão. Ao descobrir que Brian e os outros não tinham esperado por ele, decidiu: "Que se fodam... Não se deram ao trabalho de me esperar, não vou me dar ao trabalho de ir atrás deles. Me sentei no sofá e fiquei vendo TV".[36] Jim não conseguiu persuadir Paul a mudar de ideia. Na visão de Paul, ele sempre tinha sido "o mais interessado". Dessa vez foi ao extremo oposto: não ia mover uma palha.

John vislumbrou um quadro mais panorâmico, algo que já deveria estar óbvio a Brian e George, e se não estivesse, seria uma surpresa. Na opinião de John, as rusgas constantes de Paul com Brian eram comparáveis ao problema de longa data de Paul com outra pessoa: "[Brian] e Paul não se davam bem... A relação entre os dois lembrava um pouco a de Stuart e Paul".[37]

Inevitavelmente, essa não seria a única divergência entre Brian e um Beatle em seu período juntos, mas é uma das poucas de que se tem registro, e a ocasião é reveladora. Em sua autobiografia, Brian dedicou mais de uma página a isso, dizendo como ficou "aflito, bravo e contrariado". Os três shows na universidade estavam dando prestígio aos Beatles, com boa bilheteria, além de apresentá-los a um novo público, em bons locais, e Paul escolheu *justamente essa hora* para fazer birra.

John adotou uma visão benigna. Lidou com o caso a seu modo – é provável que em algum momento tenha dito uma palavra sábia a Paul –, mas também quis ver como Brian reagia, sem ajuda, ao ser testado. A crueldade de John foi contundente e óbvia, a dissidência de Paul, cortante e dissimulada, e isso fazia ele ser mais complexo de administrar. Desde o começo, lá no finzinho de 1961, o relacionamento entre ele e Brian se desenvolveu dessa maneira, um tanto espinhosa. Em 1964, Brian cristalizou isso como "nosso choque de personalidades – às vezes, Paul é temperamental, mal-humorado, difícil de lidar: ele é imbatível quando resolve ignorar o que a pessoa está falando". (Não que Brian sempre tenha sido um anjo.)

O não comparecimento dos Beatles foi relatado no jornal universitário, a *Guild Gazette*. Em vez de se tornar o segundo jornal a resenhar um show dos Beatles – e provavelmente o primeiro a lhes dar mais de duas linhas –, registrou que "os organizadores foram cercados por gostosas empetecadas exigindo os Beatles ou o dinheiro de volta. Só conseguiram a grana" (aberto ao público em geral, o baile tinha sido anunciado no *Echo* duas noites antes). Brian apressou-se em oferecer um show compensatório, espremido na sexta-feira seguinte, e os Beatles tocaram sem cobrar cachê. Tanto melhor que Paul foi persuadido a ir à Tower, para não decepcionar também os clientes de Sam Leach.

Palavras duras foram ditas. Paul testou a determinação de Brian, mesmo que brevemente, colocando em risco o futuro dos Beatles. Mas se Paul queria sabotar Brian, deu um tiro no pé. Com esse evento, Brian sentiu-se empoderado para falar com rigor e abraçar ainda mais sua causa de criar fama e fortuna para os Beatles. Anos depois, Brian escreveu que "brincou" com a ideia de ameaçar que desistiria se continuassem se comportando daquela forma. Mas Mike, o irmão de Paul, atesta que foi *exatamente* isso que Brian fez: "Os Beatles continuavam a chegar tarde e faltar a compromissos de vez em quando, principalmente por causa de Paul. Brian Epstein aguentou isso por um tempo e então deu um ultimato: ou melhoravam sua postura ou ele deixava de ser empresário deles".[38]

Nos dias seguintes, novos e intrigantes eventos aconteceram. Na terça-feira, a apresentação no Floral Hall transcorreu bem, mas seria lembrada por outro motivo – ali, em pleno camarim, dois dos Beatles fumaram maconha.

Pete se manteve longe disso, e é improvável que Paul tenha experimentado nessa ocasião, porque nunca mencionou, mas John e George – os dois especialistas em experimentação – não pensaram duas vezes. John já tinha fumado "erva" uma vez, por volta de 1960, mas essa foi a primeira vez que dois deles a consumiram juntos. O bagulho foi oferecido pelo baterista de outra banda. Seja por influência da maconha ou não, logo começaram a dançar o twist no camarim, gritando loucamente: "Esse troço não está surtindo efeito!". Mais tarde, George comparou isso à velha piada sobre dois hippies numa festa, flutuando junto ao teto e dizendo: "Isso não funciona, cara".[39] John, entretanto, em seu único comentário sobre o

"Uma tendência de tocar música" (6 de fevereiro a 8 de março de 1962)

caso em uma entrevista, minimizou: "Um cara trouxe um pouco de maconha para nós, mas não tínhamos noção de como funcionava. Seja como for, já estávamos de porre".[40] Essa experiência só seria repetida tempos depois.

No dia seguinte, dois Beatles sentaram-se a uma mesa no café Kardomah. Naquela semana, o show costumeiro das quartas-feiras à noite no Cavern foi precedido por outro no horário de almoço. Em dias assim, John e Paul ainda tinham o hábito de ficar no centro, de boa, no "KD". No bate-papo entre amigos, um ex-colega de John, da faculdade de artes, disparou: "Fiquei sabendo que Brian Epstein é o empresário de vocês... De qual de vocês ele gosta?". Era só uma conversinha inconsequente entre rapazes, coisas que surgiam muitas vezes pelas costas de Brian, junto com alfinetadas sobre ele ser judeu.

O assunto teria encerrado ali, caso um desses dois Beatles (ou ambos) não tivesse retransmitido o comentário na cara de Brian. Ele ficou mortificado. Era uma mancha em seu caráter, nitroglicerina pura, já que a conduta homossexual era considerada fora da lei. Ele ainda escondia dos Beatles esse lado de sua vida, lidar com o assunto era muito desafiador. Quarenta e oito horas depois, Brian passou o caso ao seu advogado; e uma semana após fazer o comentário, o amigo de John da faculdade de artes recebeu o troco.

> Fomos procurados pelo sr. Brian Epstein, que nos informou que no dia 21 de fevereiro passado, no Kardomah Café, Church Street, Liverpool, o senhor fez uma declaração altamente maliciosa e difamatória a respeito dele, a dois membros dos Beatles.
>
> Há testemunhos de que, durante uma conversa casual, o senhor disse: "Fiquei sabendo que Brian Epstein é o empresário de vocês... De qual de vocês ele gosta?". Nessa observação, fica perfeitamente clara uma insinuação injustificada, a qual foi considerada uma grave ofensa pelo nosso cliente, e sua natureza perniciosa provocou nele muita ansiedade e angústia.
>
> Ele não está preparado para tolerar a elocução desse tipo de comentário pelo senhor. Portanto, somos obrigados a exigir que o senhor nos responda com um pedido de desculpas por escrito, juntamente com a promessa de que esses comentários ou outros semelhantes não mais serão feitos pelo senhor no futuro.

O pedido de desculpas e a promessa chegaram pelo correio, pondo um fim ao assunto – mas foi outro episódio difícil e nocivo para Brian. O homem que desejava tanto um "*rough trade*" (parceiro sexual durão) para satisfação pessoal, mentalmente estava se realizando sendo empresário dos Beatles. Fisicamente, porém, continuava enfrentando perigos em busca disso – quanto mais durão e heterossexual, melhor. Havia acabado de alugar um apartamento de solteiro na Falkner Street, para manter relações privadas, e seria ingênuo pensar que, em suas idas à capital para cuidar dos interesses dos Beatles, os pernoites em Londres não incluíam sexo. Em essência, essas viagens substituíram as excursões ao exterior que haviam marcado sua vida em 1960-61, viagens que agora precisava adiar porque, em 1962, a prioridade não era Barcelona, e sim os Beatles. Também aconteceu que eles foram o estopim para acabar (mesmo inadvertidamente) com o relacionamento feminino mais próximo de Brian. Rita Harris, a companheira platônica dele por dois anos, não aguentou mais ser deixada em segundo plano, tão absorto Brian ficou com os Beatles. Uma noite, ela o magoou ao anunciar, furiosa: "Não vou competir com quatro fedelhos".[41]

No finzinho de fevereiro, Richy Starkey retornou da temporada em Hamburgo. Voltou um pouco antes do esperado, tocou sete semanas em vez de dois meses.

Após aquele atraso inicial no London Airport, em razão da nevasca, Ringo começou sua temporada como baterista na banda residente do Top Ten no dia de Ano-Novo – exatamente quando os Beatles davam ré em sua van, afastando-se da entrada dos fundos da Decca. Era a segunda vez dele em Hamburgo, com a diferença de que agora era o único garoto de Liverpool na cidade, um dos quatro ingleses de uma formação que incluía Roy Young (o "Little Richard da Inglaterra"), o baixista Colin Crawley e Tony Sheridan. O vocalista e guitarrista estava em Hamburgo desde o verão de 1960, e a namorada dele, Rosi Heitmann, deu à luz o filho do casal, Richard, em outubro de 1961, mesmo mês do lançamento de "My Bonnie". O disco colocou Sheridan nas paradas, mas isso não pagava as contas – ele ainda se acomodava com seus músicos no sótão do Top Ten, o quartinho dos Beatles na primavera anterior. Na parede, a fileira endurecida de catarros verdes de John Lennon *provavelmente* já tinha sido limpa por Mutti, a afetuosa *Toilettenfrau* e fornecedora de Preludin.

"Uma tendência de tocar música" (6 de fevereiro a 8 de março de 1962)   843

Ringo (como John, Paul e George) descobriu que uma dieta de bebida alcoólica e *prellies* era a única maneira de cumprir o tempo no palco do Top Ten, sete ou oito horas por noite, e ainda sobrar energia para experiências externas. Adaptou-se fácil a esse novo estilo de vida. Mais do que quando esteve ali com os Hurricanes, mais do que em qualquer temporada no campo de férias Butlin's, no noroeste do País de Gales, Ringo se sentia *livre*. "Era bem puxado, mas não nos importávamos, foi fabuloso. Abrir os olhos, sair de casa, deixar o país. Hamburgo foi fabuloso. Para mim, Hamburgo parecia Soho."[42]

O Soho era um *pouco* assim, mas seus garçons de paletó branco não atacavam os clientes, não os arrastavam para fora nem os espancavam, pelo menos não rotineiramente; e nenhum criminoso do Soho brandia sua arma letal tão abertamente quanto seus homólogos de St. Pauli. Uma das principais memórias de Ringo dessas semanas em Hamburgo foi assistir a gângsteres do Top Ten desmontando e limpando as pistolas enquanto a banda tocava.

Em suas lembranças, um desses criminosos gritava "*Spielen* What'd I Say" (Toquem "What'd I Say"). Era inútil gritar de volta "Acabamos de tocar a canção de Ray Charles", porque a resposta vinha em tom imperativo e ameaçador: "*Spielen* 'What'd I Say'!".[43]

Sem falar no próprio Tony Sheridan. George tinha notado que ele "vivia se metendo em brigas" e agora foi a vez de Ringo confirmar isso: "Se alguém no clube fosse conversar com a namorada dele, Tony saía dando porrada, e nós lá, sem parar de tocar. Então ele voltava para se juntar a nós, todo ensanguentado se tivesse levado a pior. Mas ele tocava muito bem".[44] Sheridan, por sua vez, passou a conhecer Ringo e a apreciar o seu talento: "Conosco, Ringo era um ótimo baterista, mas parecia perpetuamente entediado. O tempo inteiro andava meio deprimido, um caráter melancólico, mas, de certo modo, tinha carisma próprio".[45] Colin Crawley também gostava de tocar com Ringo: "Ele era o melhor baterista que tínhamos, não porque fosse tecnicamente talentoso, mas porque conseguia manter a batida como se fosse um metrônomo".[46] Todo mundo que tocava com ele sempre dizia isso.

As semanas se passaram naquela ébria cornucópia de sexo, drogas e rock'n'roll, típica do bairro de St. Pauli. Ringo aprendeu um novo truque musical – tocar piano ao estilo boogie-woogie, embora só fizesse a parte da mão esquerda. Quem o ensinou foi Roy Young, que acompanhou Horst Fascher naquela viagem a Liverpool, a que garantiu os Beatles para a nova casa noturna de Hamburgo, com inauguração em abril. Quando Peter Eckhorn percebeu o que estava acontecendo, tentou evitar que Sheridan desertasse, fazendo-o assinar uma cláusula de penalidade de DM 6.000 se quebrasse seu contrato com o Top Ten. Essa quantia, logo ficaria claro, era fichinha para o vindouro sr. Mandachuva, *Herr* Manfred Weissleder.

A estada de Ringo em Hamburgo só não foi perfeita devido ao clima de janeiro e fevereiro. Estava acostumado com o frio e a umidade de sua terra, mas aquele frio era de uma persistência maldita: a temperatura raramente subiu acima de zero nas primeiras semanas do ano e, para culminar, uma catástrofe climática encerrou sua estada. A noite de 16-17 de fevereiro de 1962 entrou para a história de Hamburgo: ventos infames, com a força de um furacão, sopraram do Mar do Norte, inundando grande parte da cidade. Edifícios desabaram, 20 mil pessoas ficaram desabrigadas e 343 morreram. A British Sailors' Society, popular centro de músicos, ficou alagada. A enchente não alcançou a Reeperbahn (ficava num aclive), mas houve queda de energia, desabastecimento de víveres e risco de febre tifoide. Os músicos fizeram um show acústico, à luz de velas, em uma ou duas noites. Depois, o Top Ten fechou por vários dias. Ringo poderia ter prorrogado seu contrato de dois meses, mas aproveitou a oportunidade e voltou para casa, onde sua adorada avó tinha falecido.

Annie Starkey, exaurida aos 72 anos, teve um ataque cardíaco fatal em 7 de fevereiro. Se perdesse o funeral dela, talvez ele não ficasse tão triste – o horror que sentiu no enterro do avô, Johnny Starkey, nunca o abandonou –, mas perder a querida vó Annie foi devastador. Ela estava lá quando ele nasceu. Ao longo de sua infância de menino de saúde frágil, era ela quem preparava seus *hot toddies* (uísque com limonada) e outros remédios que flertavam com a bruxaria. Era ela quem cantava e tocava nos encontros familiares. E era *ela* a supersticiosa "rainha do vodu de Liverpool", que o transformou de canhoto em destro, a troca que lhe conferiu seu estilo incomum de tocar bateria, que ele chamaria de "trote agalopado do rock". A mão canhota de Ringo recém-encenava uma revanche (ao se mostrar dominante na execução do boogie-woogie ao piano) quando Annie morreu.

A perda da avó deixou Richy, pela primeira vez desde a infância, cara a cara com o pai. Richy Starkey, sênior, 48 anos, casou de novo e foi morar em Crewe,

"Uma tendência de tocar música" (6 de fevereiro a 8 de março de 1962)   845

onde trabalhava meio turno como confeiteiro numa padaria e no restante do tempo como limpador de janelas. A raiva de Ringo por ter sido abandonado pelo pai foi se aplacando um pouco, à medida que ele crescia, e os dois homens, lado a lado, admiraram o grande Ford Zodiac do pequeno Richy. Algumas frases singelas foram trocadas, sem hostilidade; os dois se despediram e (até onde sabemos) nunca mais se encontraram.[47]

De volta a Liverpool, Richy não se apressou a voltar aos Hurricanes. Vinham usando bateristas substitutos desde que Ringo os largou no fim de dezembro e poderiam muito bem continuar assim. Em junho, a banda ia fazer a terceira temporada de verão consecutiva no Butlin's, embora ainda não estivesse claro em qual cidade. Rory e Johnny tentavam marcar shows para eles em bases aéreas americanas na França. Para isso, talvez Richy se juntasse a eles. Naquele momento, só ficou por ali, matando tempo – inscreveu-se de novo no seguro-desemprego; mais uma vez, flertou com a ideia de se tornar um cabeleireiro freelance e talvez até abrir seu próprio salão. Sozinho, fazia longos passeios de carro, tarde da noite, sem destino específico.[48]

Provavelmente só em março Pete descobriu que os Beatles não iam mais assinar contrato com a Decca. Quem deu a notícia foi Brian, garantindo que estava fazendo tudo a seu alcance para conseguir um acordo em outro lugar. Quando Pete interpelou John, Paul e George a respeito do motivo de não terem lhe contado antes, alegaram que sentiam que ele receberia mal a notícia e não quiseram desanimá-lo.[49] Nos anos seguintes, Pete revelou esses detalhes, sem explicar como racionalizou o comportamento de seus companheiros de banda; apenas sugeriu que se sentia seguro em sua posição por causa de sua popularidade entre os fãs. Continuava a fingir que não era com ele o cenário sempre presente, a dor imensa que os outros três Beatles sentiam ao darem tudo lá na frente e, ao se virar para trás, se depararem com o baterista cabisbaixo, sem abrir um sorriso sequer, sem fazer contato visual, escancarando no palco a desconexão que existia fora dele.

Na descrição de Bob Wooler: "Às vezes, Pete mais parecia um zumbi na bateria: era como se dissesse 'Tenho mesmo que fazer isso?'. Não era um *show man*... Parecia eternamente entediado". Bill Harry, editor do *Mersey Beat*, não queria entornar o caldo nas páginas do jornal, mas o que ele enxergava? "Pete nunca falava

Ano 5, 1962: *Always be True*

nada. Só ficava lá, sentado, na dele. Se alguém falasse com ele, só grunhia ou fazia que sim com a cabeça... Mas sempre gostei dele." E Neil Aspinall certamente reconhecia que o seu melhor amigo operava fora do núcleo: "John, Paul e George sempre foram um *trio coeso*".[50]

Esse mesmo trio coeso não mostrou nenhum tato ou remorso ao dispensar o amigo de Pete, Ken Brown... Ele nunca foi realmente "um membro da banda", e eles o consideravam musicalmente limitado. Agora, compeliam Brian a resolver a situação de Pete. Em sua autobiografia, Brian contou que John, Paul e George queriam dispensar Pete "mais cedo ou mais tarde" e que ele os incentivou a "deixar a banda assim como estava". Não era hora de tumultuar o ambiente. Prometeu que teria uma conversa tranquila com Pete sobre seu modo de tocar, "sem ferir os sentimentos dele".[51] Brian não entendia nada sobre bateria, mas provavelmente foi abastecido com algumas dicas; mas não houve qualquer mudança perceptível no estilo de Pete.

Era mais uma situação complicada para Brian. Ele começou a perceber que ser empresário de uma banda era algo bem mais complexo do que ele imaginava. De algumas coisas, porém, ele entendia muito bem: a importância da estabilidade e do momento oportuno. Em todas as esferas, tinha muita coisa rolando para os Beatles. Uma dessas coisas era a publicidade em Londres, com Brian tentando vender a imagem deles, a imagem *dessa* banda premiada que aparecia *nessa* foto publicitária. Mudar a formação seria contraproducente.

Um mês e pouco depois, começaria a nova temporada em Hamburgo, de sete semanas, cujo acordo especificava os nomes Lennon, McCartney, Harrison e Best. Era um bom contrato que precisavam honrar, em vez de alterar. Além disso, Brian tinha reservado passagens aéreas para eles e para si mesmo – isso foi providenciado quando Horst Fascher confirmou que os grupos poderiam usar os próprios amplificadores do clube ainda sem nome, ou seja, os Beatles só precisariam levar as guitarras, o baixo e a bateria. Em cada viagem a Hamburgo houve um progresso: van apertada na primeira vez, barco e trem na segunda, viagem aérea na terceira. Isso era *estilo*, e este era Brian Epstein, mas também exigia coragem. Na história da aviação de passageiros, relativamente em seu início ainda, era raro se passar uma semana sem a notícia de um acidente fatal – em 1º de março de 1962, justamente quando Brian reservou as passagens dos Beatles, uma bomba em

"Uma tendência de tocar música" (6 de fevereiro a 8 de março de 1962)   847

forma de manchete estourou na primeira página do *Liverpool Echo*: "JATO CAI COM 95 PESSOAS A BORDO: SEM SOBREVIVENTES".* Os Beatles (George em particular) seriam passageiros nervosos por um tempo.

Brian ainda não havia se decidido quanto a levar os ternos novos a Hamburgo – além disso, foram tantos os reajustes nas jaquetas e calças que elas ainda não estavam prontas. Ele esperava que os Beatles estreassem os trajes no Floral Hall. Em vez disso, porém, fizeram um show importante de jaquetas de couro e jeans – Brian teve de suspender sua proibição contra essas roupas. Era isso que costumavam usar também em suas atividades ao ar livre... e um visual que, para o *divertimento* de muitos, havia um tempo, o próprio Brian passara a exibir. Quanto mais tempo passava na companhia deles, mais constrangido ficava por ser tão convencional enquanto os rapazes eram tão casuais. Acabava se destacando mesmo quando queria passar por um deles. Então, ao mesmo tempo que encorajava os Beatles a ficarem elegantes e usarem ternos, de vez em quando Brian surgia de jaqueta de couro e calça jeans – embora a indumentária dos Beatles fosse puída e usada, e a dele, limpa e novinha em folha. Bob Wooler viu Brian e pensou: "Há outro Beatle". Os próprios Beatles achavam isso hilário e nem sempre riam apenas em suas costas. A nova moda de Brian logo foi descartada, mas de vez em quando, como eles faziam, ele ainda vestia um suéter de gola rulê, ou uma jaqueta de couro por cima da camisa e da gravata.[52]

Terça-feira, 6 de março. Enfim os ternos ficaram prontos. Mais uma vez foram a Birkenhead, ao ateliê de Beno Dorn. Outra vez, Walter Smith teve que lembrá-los de maneirar o linguajar e se encarregou da fedorenta missão de supervisionar os ajustes finais. "As botas dos Beatles tinham um forro", lembra-se ele, "e com eles suando tanto no palco, os pés exalavam um chulé poderoso. Quando foram embora, tive que borrifar purificador de ar na loja". Cada um dos quatro

---

* Um Boeing 707 tinha mergulhado do céu logo após decolar de Nova York rumo a Chicago e Los Angeles. Entre os mortos, estava Louise Eastman, esposa do advogado da indústria musical Lee e mãe de seus quatro filhos. O mais velho, John, estudava em Harvard e nas férias de verão atuava como instrutor de iatismo na rica East Hampton, onde seus pais tinham acabado de comprar uma casa. A segunda filha, Linda, de 20 anos, matriculou-se na Universidade do Arizona, em Tucson, mas passava mais tempo cavalgando do que estudando: havia "largado a faculdade" quando ocorreu o acidente. Poucos dias depois, engravidou e, em 18 de junho, casou com o namorado – o estudante de geologia Melville See. A filha deles, Heather, nasceu em 30 de dezembro de 1962.

848   **Ano 5, 1962: *Always be True***

jovens saiu da loja com um porta-terno de plástico, em xadrez tartã vermelho, com zíper e alça. Os Beatles tinham *repaginado o visual.**

Estrearam o visual no dia seguinte, quando, de volta ao Playhouse Theatre, em Manchester, fizeram sua estreia oficial em gravações para a rádio BBC. O programa, *Here We Go*, informalmente era conhecido como *Here We Go With The NDO* (Aqui vamos nós com a NDO), porque as últimas três palavras eram faladas na abertura. A NDO (*Northern Dance Orchestra*, Orquestra de Baile do Norte) era o alicerce do programa. Os 19 componentes sabiam ler partituras à primeira vista e tocavam a impactante música pop das big bands – nessa edição em particular foi "Twist Around The Clock". O produtor da BBC, Peter Pilbeam, lembra-se de que a orquestra primeiro se mostrou "reticente com a perspectiva de compartilhar as ondas de rádio com uma banda de música beat, autodidata, mas o nosso ganha-pão era fazer a coisa funcionar. Trajamos cada seção da NDO com suéteres de uma cor, para que parecessem adolescentes".[53]

Nesse período, *Here We Go* ia ao ar às cinco da tarde, nas quintas-feiras, como parte do *Teenagers' Turn*, o espaço de meia hora em que a BBC, de segunda a sexta-feira, apresentava sessões de música "ao vivo". A única estação de rádio dedicada ao pop era a Light Programme da BBC, com menos de 18 horas de transmissão por dia, compartilhadas com outros tipos de música que toda a população, de todas as idades e preferências, esperava em troca de sua taxa de licença. Além disso, essa oferta de música pop tinha de ser encaixada na programação, entre comédias, seriados dramáticos, palestras temáticas, programas religiosos, entretenimento infantil edificante, variedades, notícias e esportes.

A Grã-Bretanha ouviu os Beatles pela primeira vez em um programa que fazia parte da dieta pop diária típica, com duração de cerca de duas horas e quinze minutos. Justificadamente, a BBC seria acusada de migrar para o pop sem muita pressa e com pouca empolgação (os executivos da rádio, como o pessoal de A&R das gravadoras, estavam desconectados do que *interessava* aos jovens), mas não tinha poderes para solucionar o que um dia se tornaria sua principal crítica: dar

---

* Na mesma época, John também adquiriu óculos novos, com uma armação preta e grossa, feita de aros de chifre, ao estilo dos usados por Buddy Holly, Hank Marvin e Brian Poole. Decididamente, não eram óculos para usar diante do público, então John permanecia cego no palco.

"Uma tendência de tocar música" (6 de fevereiro a 8 de março de 1962)   849

mais tempo de veiculação ao pop. Não cabia à BBC fomentar o surgimento de novas estações, e ela já estava operando no limite máximo das restrições impostas pelo acordo *Needletime*, criado pelas gravadoras e pelo Sindicato dos Músicos. Apesar de todas as dificuldades, a BBC sempre abriu espaço para que artistas se apresentassem ao vivo e para que uma banda de rock de Liverpool, sem contrato de gravação, recebesse divulgação nacional e ainda fosse paga por isso.

O trabalho de Pilbeam era produzir *Here We Go* com o orçamento de £ 75, e os Beatles receberam quase um terço disso, £ 26 18s, mais as despesas. Era mais do que conseguiam tocando para 270 pessoas em Liverpool, mas se esperavam uma recompensa maior por entreter 2,7 milhões de ouvintes, nunca disseram nada. Nesse dia, Pilbeam se lembra dos Beatles como "quatro rapazes de Liverpool muito contentes por estarem chegando a algum lugar e serem reconhecidos pela organização de radiodifusão nacional".[54]

Em 7 de março de 1962, 250 adolescentes manchesterianos, vestidos para sair à noite, compareceram ao Playhouse, com ingressos gratuitos distribuídos pela BBC. Foram os primeiros a ver os Beatles em seus ternos de mohair azul-escuro de lapela estreita, calças justas com camisas alvíssimas e gravatas *slim*. Três deles tinham cabelo sem oleosidade, limpinho, penteado para a frente e com franjas, e os quatro usavam as botas Chelsea com salto cubano: nenhuma banda de músicos com essa aparência jamais se aproximara dos microfones na história de 40 anos da BBC.

Novamente, Mike McCartney estava no lugar certo na hora certa. Escalou a galeria lateral dos eletricistas, logo atrás das cortinas do palco, e tirou uma foto de John, Paul e George se posicionando, enquanto Pilbeam direcionava o único microfone vocal principal, identificado com um crachá da BBC, como que para lembrar os artistas *onde eles estavam*.[55] Os Beatles deveriam gravar quatro canções – "Hello Little Girl", "Memphis", "Dream Baby" e "Please Mr Postman" – como haviam combinado com Brian e Peter Pilbeam. Três ("Hello Little Girl" foi cortada na edição) seriam transmitidas. Brian havia feito um bem-sucedido lobby junto a Pilbeam para que ele reconsiderasse Paul como vocalista e o deixasse cantar uma das músicas, e o apresentador Ray Peters mencionou o nome dele ao longo da transmissão, como vocalista de "Dream Baby". Desconhecida por quase todos, a canção de Roy Orbison, direto de Nashville, entrou na parada da *NME* exatamente no dia da transmissão, mas os Beatles já estavam entrosados e confiantes com ela.

Nada indicava que a participação dos Beatles em *Here We Go* seria excepcional. Não houve expectativa na imprensa musical, receberam pouco destaque no jornal *Radio Times*, sobre a programação da BBC, e a transmissão não recebeu qualquer anúncio retrospectivo que indicasse um momento especial. Mas foi. Após anunciar John Lennon como o vocalista principal de "Memphis, Tennessee", o apresentador Ray Peters a rotulou como "um número de rhythm & blues". Essas palavras não teriam sido familiares para o estúdio e para o público ouvinte – na verdade, tão raramente o R&B era ouvido na BBC que, para muitos, essa deve ter sido sua primeira exposição a algo novo. E o momento em que John cantou "Please Mr Postman" foi duplamente histórico: a primeira vez que a canção foi executada na rádio e a primeira vez que a BBC tocou *qualquer* material do selo Tamla. Sem se darem conta (e como ficariam entusiasmados se soubessem!), os Beatles foram os primeiros a apresentar o "som da Motown" de Detroit aos ouvintes britânicos.

Muitos adolescentes *não* ouviram o *Here We Go* às cinco horas da tarde seguinte. Alguns brincavam ao ar livre, ou chegavam da escola, ou faziam o dever de casa, ou assistiam à televisão, ou não puderam ouvir porque havia apenas um "sem fio" (rádio) na casa, e um adulto estava com o dial sintonizado em outra coisa. Pete conta que John e Paul estavam na casa dele para ouvir a transmissão no radiograma de Mona, que recebia os sinais mono VHF (FM), de melhor qualidade. As três canções dos Beatles lhes proporcionaram seis minutos no ar, com alcance em todo o país. A gravação mostra uma banda em seu melhor comportamento, com mais vitalidade do que no teste da Decca, embora ainda claramente em seus primeiros dias como profissionais. Não menos significativo é o fato de, logo de cara, terem conquistado uma plateia que não os conhecia: a multidão no Playhouse aplaudiu, aplaudiu, e – ao término de cada uma das três canções – as meninas gritaram.

Esses gritinhos soaram maravilhosamente bem nos alto-falantes da Hayman's Green Street, e esse foi um grande momento em suas vidas. "Ficamos lá na sala, ouvindo e pulando", recorda Pete. "Não éramos só estrelas com disco gravado, mas estrelas do rádio!"[56]

26
"Nós contra eles" (9 de março a 10 de abril de 1962)

Após a gravação na rádio, os ternos foram guardados a sete chaves. A intenção de Brian Epstein era que a primeira exposição do visual novo em Liverpool fosse um *momento marcante*. Quem sabe, no evento *The Beatles For Their Fans*, dali a quatro semanas. Por enquanto, a maior parte dos fãs ignorava a mudança. No dia 9 de março, tarde da noite, Lindy Ness escreveu em seu diário: "Cheguei agora. Fui ver os Beatles na Caverna. Corri muito para estar lá antes das 19h30. Consegui um lugarzinho bem na frente. Estavam ótimos, John em especial. Mais uma vez cantou 'Baby It's You'. Paul estava fofo, e George e Pete. John vestia camisa marrom e pulôver preto e jeans azul. Ficou zoando com o Paul, fingindo ser um bobão. Paul falou, antes de cantar 'Dream Baby': '*Here We Go* com a NDO!'".

Algumas bandas de Liverpool tinham fãs femininas, mas os Beatles produziam uma legião de aficionadas – defensoras apaixonadas, fervorosas, sagazes e imaginativas, garotas que amavam a todos, mas um deles um pouco mais, e que os Beatles protegiam como irmãos mais velhos protegem as irmãzinhas caçulas. No dia 6 de março, lê-se no diário de Lindy: "Fui à Caverna. Cheguei lá e o valor da entrada era 4 xelins 6 *pence*, mas eu só tinha 3 xelins e 6 *pence*. Vi o John chegando com a Cynthia. Pedi um xelim emprestado ao John e ele me deu. Pete cantou 'Matchbox' e John, 'Baby It's You'. Ainda estou devendo um xelim pro John".

Neil tentava manter a van dos Beatles na surdina, mas fracassava: a lataria ficava repleta de mensagens de amor escritas a batom, algumas indelicadas. Nas noites eventuais em que John, Paul e George iam direto para casa após o show, evitando um drinque tardio ou alguma atividade apaixonada, fãs como Lindy e sua amiga Lou Steen, que moravam em Woolton e Allerton, eram convidadas para uma carona com seus heróis. De acordo com as recordações de Lou, todo o equipamento era empilhado na traseira para abrir um espacinho, e ela e Lindy conseguiam entrar.

> Nell foi dirigindo (um cara superlegal). Nós duas acompanhamos John, Paul, George. Sei lá eu onde o Pete estava. Não aconteceu nada sexual, nem um beijinho sequer. Só nos levaram em casa e se despediram: "Tchau, meninas!". Tínhamos 14 anos e eles já eram quase adultos, uma geração de diferença, então nunca pensamos realisticamente que tínhamos a chance de transar com um deles. Na época, você tinha que ser imprudente ou corajosa para fazer isso, e a maioria de nós ainda era virgem ao terminar o Ensino Médio. Seja como for, andar na van foi megadivertido – os Beatles sempre foram muito engraçados, e ficavam agitadíssimos após terem feito um show.[1]

Esporadicamente, Cyn e Dot ainda marcavam presença no Cavern, sempre em seus lugares cativos, sob o primeiro arco à esquerda, pertinho do palco e do camarim, mas começou a ficar esquisito – sofriam agressões verbais e até físicas das fãs enciumadas. Além disso, Brian começou a pressionar os Beatles para esconderem suas namoradas – com certeza esse pensamento se cristalizou ao longo de 1962. No mundo da música, essa política, universalmente aplicada, remontava aos primórdios de Hollywood, quando a popularidade dos astros masculinos só se mantinha se fossem considerados *disponíveis*. Recentemente, esse ponto tinha sido comprovado. Em 1959-60, os hits de Marty Wilde, cujo empresário era Larry Parnes, minguaram a partir do dia em que ele subiu ao altar. Os Beatles ainda estavam longe de terem hits, mas Brian lhes pediu para manter a ilusão de disponibilidade. Parecia lógico – e não fazia sentido entristecer uma parte fundamental de seu público. Foi mais uma vontade de Brian a prevalecer, uma vontade que os Beatles, em especial John e Paul nesse momento, poderiam ter rejeitado, mas não o fizeram. Seja como for, era *impossível* fazer segredo no Cavern.

Um dos mais novos – e orgulhosos – fãs dos Beatles, Malcolm (Mal) Evans, engenheiro telefônico dos correios, 26 anos, doido por Elvis, se amarrou na banda após assistir casualmente a uma sessão de almoço no Cavern. E a primeira pessoa com quem falou foi justamente Bobby Brown, a secretária do fã-clube. Os dois fizeram uma amizade instantânea. "Mal era um cara muito legal mesmo, e de tanto ele dizer o quanto amava os Beatles, e que desejava conhecê-los, eu o apresentei ao

"Nós contra eles" (9 de março a 10 de abril de 1962)

Paul. Os dois conversaram e, depois disso, Mal sempre se sentava comigo ou ficava na lateral, perto do palco. Paul sempre falava com ele e depois os outros Beatles também o conheceram."[2]

Mal se destacava na multidão: tinha 1,88 m, mas era amável e usava óculos. John, Paul e George rapidamente se ligaram naqueles inevitáveis pedidos de Elvis. "I Forgot to Remember to Forget" era a sua favorita, na qual George, em vez de *"I'm so blue and lonely"* (Sou tão tristonho e solitário), entoava o lamento *"I'm so bloody lonely"* (Sou solitário pra cacete). Sempre que atendiam a um pedido de Mal, brincavam com o nome dele – "Esta é para o nosso amigo Mal-humorado", "Esta vai pro Malsucedido" ou "É pro nosso amigo Malcheiroso".

Nesse primeiro semestre de 1962, primavera no Hemisfério Norte, o mundo dos Beatles não era o mundo, mas um clube subterrâneo em Liverpool – mas mesmo ali a dominação já era extraordinária, muito além dos limites de quatro rapazes tocando música. Os Beatles influenciavam e mudavam as pessoas ao seu redor, sem sequer tentar. Para músicos como os da recém-formada Mersey Beats, da próxima geração de bandas de Merseyside, os Beatles eram estrelas. O pessoal começou a andar por aí imitando *a voz dos Beatles* – não o sotaque *scouse* tradicional, mas um liverpudliano lacônico, divertido, sardônico, categórico, firme, engraçado e mordaz. Um dos novos artistas nessa cena, o cantor Lee Curtis, salienta: "Eram tão individuais que tinham sua própria maneira de falar, seu próprio penteado, suas próprias roupas... tinham tanta coisa *elaborada*".[3]

Isso acontecia sem a ajuda de qualquer propaganda ou a contaminação de qualquer comercialismo – se desenvolvia autenticamente, e parecia tão natural que as pessoas começaram a copiá-los. Nas palavras de Bobby Brown, a secretária do fã-clube:

> Os Beatles pareciam alemães, franceses, mais cosmopolitas do que os moços de Liverpool, e influenciaram como a galera do Cavern se vestia. Por causa deles, a maioria das meninas usava preto: suéteres pretos de gola rulê, saias retas pretas, meias pretas e sapatos lisos. Entre nós, nada foi combinado, todas nós simplesmente usávamos o mesmo tipo de roupa. Daí, como Paul tinha um casaco de veludo cotelê e John, uma jaqueta no mesmo tecido, muita gente começou a usar veludo cotelê. Eu mesma aderi ao veludo cotelê e comprei um vestidinho verde.

Também pintei o cabelo de loiro. Fiquei imaginando o que eles iam achar disso, e os Beatles ficaram lá no palco piscando e apontando para mim. Muitas de nós ficávamos loiras porque os Beatles gostavam de loiras. Não fazíamos só para agradar os Beatles, era uma imagem estabelecida por eles.[4]

Nesse ambiente pulsava tudo que é tipo de inspiração. Celia Mortimer, com 17 anos recém-completos, tinha acabado de ingressar no Liverpool College of Art e era apaixonada por moda. O contato com os Beatles a mandou direto ao caderno de desenho.

No meu primeiro ano na faculdade de artes, todo mundo era louco pelo jazz tradicional, mas então correu a notícia colina acima de que "coisas estavam rolando" no Cavern. Um grupo de alunos desceu no horário do almoço para dar uma olhada... e lá estavam os Beatles. Exterminaram todo o interesse pelo jazz tradicional: a música deles era uma explosão de novidades, todas aquelas maravilhas do R&B, e eles também. Era a primeira vez na Grã-Bretanha que alguém usava suéter preto de gola rulê, veludo cotelê preto, olhar existencialista. Na mesma hora, entrei na onda e comecei a desenhar trajes de veludo cotelê preto modernos para usar.[5]

Outro que continuou a ser influenciado pelos Beatles foi Brian Epstein. Em março/abril, ele não só vestia algo como eles, como também propagava suas visões musicais. No *Mersey Beat*, escreveu o artigo "Top Ten Tips" (Dicas sobre os dez mais vendidos), para ilustrar as paradas da Nems, e na prática registrou as opiniões de John, Paul e George sobre os últimos discos de música negra, canalizadas por esse novo e impressionado receptor, ao estilo do programa de TV *Juke Box Jury*. Sobre "Twistin' Postman", das Marvelettes (espécie de continuação de "Please Mr Postman"), escreveu: "Provavelmente não vai chegar às paradas britânicas, mas merece ser ouvida". O gospel rítmico "Something's Got a Hold on Me", de Etta James, provocava "arrepios na espinha"; "Summertime", das Chantels, banda feminina de Nova York, era "Outro bom grupo americano que ainda não fez sucesso por aqui – de qualquer modo, esta é a canção errada..."; e o compacto "What's so Good about Goodbye", dos Miracles, trazia "brilhantismo nos dois lados... Uma joia de colecionador".[6]

"Nós contra eles" (9 de março a 10 de abril de 1962)

"What's so Good about Goodbye" foi outra coisa também – a inspiração para John compor "Ask Me Why". Sem contar a instrumental "Cry for a Shadow", era seu primeiro número novo desde "One After 909", escrita nos dias sombrios da Gambier Terrace, na primavera de 1960, e seguia de perto "Pinwheel Twist", a mais nova composição de Paul após um tempo. Com transições melódicas interessantes e ritmo latino, "Ask Me Why" foi composta em primeira pessoa: o cantor chora de alegria de tanto amar uma garota. A letra é sentimental, mas terna, nunca enjoativa ou melosa, e o vocabulário de John aparece no verso *"I can't conceive of any more misery"* (Não consigo conceber sofrimento maior) – são raras as canções que usam a palavra *"conceive"*.[7]

Porém, várias tinham *"misery"*: talvez tivesse vindo de *"Oh misery, misery..."*, de "Raining in My Heart", de Buddy Holly, cantada no palco por George. O mais provável, porém, é que a inspiração tenha sido *"All I've known is misery"* (Tudo que conheci foi sofrimento), em "What's so Good about Goodbye", que também incluiu a expressão *"tell me why"* (diga-me por quê). O talento de Smokey Robinson ecoou em "Ask Me Why" de outras maneiras: as duas abrem com motivos melódicos na guitarra semelhantes e têm versos que terminam em falsete. Mas isso não foi plágio, Smokey foi apenas o trampolim para a criatividade de John, a canção de Lennon ficou diferente. Os Beatles aprenderam "Ask Me Why" num ensaio privado à tarde no Cavern (um dos benefícios da boa relação comercial de Brian com Ray McFall e Bob Wooler). Ainda não havia entrado no setlist, mas indícios sugerem que ela foi tocada num dos últimos shows dos Beatles pré-Hamburgo, no início de abril.

Requinte maior ao som em constante evolução dos Beatles foi adicionado em março, uma cortesia de dois compactos. Um deles, gravado no Texas por Bruce Channel, trazia o pop "Hey! Baby", e o outro, um irresistível embalo do R&B, direto de Muscle Shoals, Alabama. Esse single de Arthur Alexander, com "You Better Move On" c/w "A Shot of Rhythm and Blues", lançado pelo selo London da Decca em 9 de março, fez a cabeça de muita gente criativa Grã-Bretanha afora, não só em Liverpool.

Primeiro lugar nos EUA e segundo na Inglaterra, "Hey! Baby" não era só uma canção boa, magnética, dançante, em ritmo de blues: era mais uma gravação americana contemporânea com riffs de gaita de boca. De repente, surgiu uma pequena onda de canções assim, e os Beatles gostaram de todas elas. Ao longo de nove meses, desde que Paul parou de tocar piano e assumiu o baixo, tinham mantido a formação estrita de duas guitarras, baixo e bateria, mas "Hey! Baby" mudou isso: Paul assumiu o vocal, e John introduziu a gaita de boca no som dos Beatles, reconectando-se com um de seus instrumentos favoritos.[*]

A gaita de boca adicionou uma nova dimensão às performances dos Beatles, algo que raras bandas conseguiram fazer – manteve-as diferentes e, ao mesmo tempo, atuais. Só voltariam a usá-la em "If You Gotta Make a Fool of Somebody" ou "I Just Don't Understand", mas também renovaram uma canção de 1956 com harmônica. Canção que, até agora, só tinham tocado ocasionalmente: "Clarabella", dos Jodimars. Paul a cantava com uma energia fantástica, como se fosse um de seus eletrizantes números de Little Richard, e John entrava com a harmônica em levada de blues, na parte em que o original tinha saxofone. A aprovação do público foi instantânea: os Beatles tinham criado uma nova canção favorita, desconhecida pelas outras bandas.

O single de Arthur Alexander foi um sucesso nos EUA, mas não na Grã-Bretanha, onde chegou sem informações. Como seu precursor James Ray, era apenas um nome no rótulo do disco, com duas canções, sem outras informações ou qualquer imagem, mas um som maravilhosamente negro. Na realidade, ele era de Sheffield, Alabama, e tinha a idade de John, 21 anos. Uma pessoa se lembra de John cantando "You Better Move On" no Cavern, mas ela não permaneceu no setlist dos Beatles. Já a outra canção do single, "A Shot of Rhythm and Blues", acabou se tornando um dos seus melhores números de palco em 1962. Não eram a única banda de Liverpool a tocá-la, mas sempre acharam que a tocavam melhor: incapazes de replicar o sax do original, reformularam a canção subtraindo a parte do contraste. A versão deles era conduzida pelo poderoso vocal principal de John, os vocais de apoio de Paul e os motivos melódicos da guitarra de George.[8]

Para os conhecedores, esse tal de Arthur Alexander virou uma febre. Nesse momento – como, mais tarde, Paul recordaria – os Beatles praticamente queriam *ser*

---

[*] Não há informações certas sobre qual gaita de boca John tocava nesse período – pode ter sido aquela que ele passou a mão, com a tática do "saque rápido", em Arnhem, em agosto de 1960, quando os Beatles cruzaram a Holanda rumo a Hamburgo.

"Nós contra eles" (9 de março a 10 de abril de 1962)

como Arthur Alexander: "Se os Beatles algum dia almejaram 'um som', esse som era o R&B... Era o que a gente ouvia, era disso que a gente gostava, era isso que gostaríamos de ser. Negritude. Basicamente isso. Arthur Alexander. A coisa saiu mais branca porque isso sempre acontece – somos brancos e éramos apenas jovens músicos de Liverpool: não tínhamos a sofisticação necessária para *soarmos* negros de verdade".[9]

Os Beatles não estavam sozinhos em chamar isso de R&B. O que mais poderia ser, se a gravadora e a imprensa musical diziam que era, e a canção se chamava "A Shot of Rhythm and Blues"? Mas essa canção *era mesmo* R&B? Esse debate veio a público após Jack Good usar sua coluna de 17 de março para defender a campanha WE CHOOSE RHYTHM AND BLUES (Escolhemos Rhythm & Blues). Ficou tão empolgado com "If You Gotta Make a Fool of Somebody", de James Ray, e com esse lado B de Arthur Alexander (os gostos de Good e dos Beatles sempre foram misteriosamente similares), que começou a fazer um lobby para que a BBC tocasse mais esse tipo de música. Duas semanas depois, porém, o mesmo jornal publicou uma carta desafiando Good e dizendo que isso não era R&B, de jeito nenhum.

> Parece que o termo "rhythm and blues" carece de uma definição mais precisa, a julgarmos pela coluna de Jack Good.
>
> É um estilo de blues genuíno, evoluído direto do menos sofisticado country blues primordial. R&B, por sua vez, deram à luz um filhote comercial, universalmente conhecido como rock'n'roll. Billy Fury é um cantor de rock'n'roll – não um vocalista de R&B.
>
> Escutei todos os discos citados por Jack Good em seu artigo, e todos, exceto um, eram discos de rock'n'roll. A exceção é o compacto de Barbara George, "I Know".
>
> Por favor, alguém pode tocar para Jack Good um disco do Muddy Waters ou de Howlin' Wolf? Quem sabe, assim, ele descubra o que é R&B de verdade.

A carta foi enviada pelo leitor da *Disc* Brian Jones, de Cheltenham, Gloucestershire. Uma semana depois, Good publicou uma resposta completa: "Deve ser legal ser um purista, você não precisa raciocinar nem sentir, basta aplicar uma regrinha de ouro". Para Good, esses rótulos não importavam: encarava com bons

858   Ano 5, 1962: *Always be True*

olhos todos os desenvolvimentos musicais interessantes. Justamente na semana anterior, anunciou em sua coluna uma nova casa noturna – Ealing Club, no oeste de Londres – dedicada inteiramente ao R&B. E na mesma semana relatou que, a partir de maio, o chefe desse novo clube, o guitarrista de blues Alexis Korner, também tocaria semanalmente no Marquee Club, no centro de Londres, antiga trincheira do jazz.[10]

Foi nesse mesmo Ealing Club, em 7 de abril (data em que Jack Good respondeu à carta do ardoroso fã de blues), que Brian Jones, 20 anos, morador de Cheltenham, conheceu dois adeptos de blues de 18 anos, de Dartford, Kent – Mick Jagger e Keith Richards. Visitavam Londres para conferir os sons, e Jones vinha à capital todos os fins de semana de Gloucestershire para interagir com Korner e tocar na banda dele, a Blues Incorporated. Nessa semana, a formação da banda incluía o baterista de jazz Charlie Watts e o cantor P. P. Pond, ambos de 20 anos. Com o cognome de "Elmo Lewis", Jones tocava a sua guitarra usando o *slide* em "Dust My Broom" do *bluesman* do Mississippi Elmore James. Instrumentista talentoso, Jones causou uma profunda impressão em Jagger e Richards. Voltaram a Dartford, onde tinham uma banda, Little Boy Blue and the Blue Boys, que ainda não tinha feito shows, com algo para pensar.[11]

Naquela noite de sábado, 7 de abril de 1962, dois eventos semelhantes aconteceram e nenhum virou manchete. Dezessete degraus abaixo das ruas de Liverpool, com água vertendo das paredes, os Beatles encantaram a plateia que lotava o clube subterrâneo, na sessão de despedida antes de partir rumo ao bairro da luz vermelha de Hamburgo. Cerca de 360 quilômetros ao sul, 16 degraus abaixo das ruas de Londres, com água vertendo das paredes, Brian Jones avisou Mick Jagger e Keith Richards (como dizia a todo mundo) que em breve ia se mudar para Londres e formar uma banda. Não tocariam nada dessa merda de rock'n'roll, mas se apegariam à coisa real: Muddy Waters, Willie Dixon, Jimmy Reed, John Lee Hooker, Howlin' Wolf. Um mês depois, na edição de 2 de maio do *Jazz News*, Jones anunciou sua intenção:

"Nós contra eles" (9 de março a 10 de abril de 1962)

RHYTHM AND BLUES

Guitarrista e vocalista deseja formar banda de R.&B., precisa de harmônica e/ou sax tenor, piano, baixo e bateria. Essencial vontade para ensaiar. Interessantes ofertas de trabalho à vista.

CAIXA POSTAL N° 1277.[12]

O crescimento vagaroso, mas constante das bandas de R&B no sul da Inglaterra foi tão notado pelos gerentes de gravação quanto a onda de atividade das "bandas de música beat" no norte. Em dezembro, Brian Epstein havia atraído um olheiro da Decca a Liverpool e chamado a atenção da EMI, mas depois a EMI recuou, a Decca os rejeitou, e ele nunca mais foi capaz de convencer ninguém sequer a ir *ver* os Beatles. "Nos primeiros dias, Brian teve que trabalhar arduamente", comentou John certa vez, e isso porque ele não sabia da missa a metade. "Ele não parava nunca", conta Bobby Brown. "Estava sempre indo a *algum lugar.*" Esse período, nas palavras do próprio Brian, foi descrito assim: "Fiz tudo a meu alcance. Tudo. Subi no alto dos prédios e gritei".[13]

Certos dias, a raiva o consumia pela maneira como era tratado; em outros, seu moral despencava e ele questionava suas habilidades. Segundo Bob Wooler, houve ocasiões em que, após uma sessão no horário de meio-dia do Cavern, foi convidado a ir ao Peacocks, o restaurante favorito de Brian, e o amigo chorava metaforicamente em seu ombro. "Ele me dizia: 'O que é que estou fazendo de errado? Por que o pessoal das gravadoras não está respondendo?'. Eu não podia dizer nada além de 'Não acredito, Brian. Precisam vir aqui e ver o quanto os Beatles mexem com o público'. Era a decepção em pessoa... Mas ainda persistente e determinado a chegar lá. Claro, a família dele não enxergava assim e dizia: 'Desista, Brian. Você bem que tentou, agora desista.'"[14]

Brian não desistiu. Em 1962, a EMI e a Decca detinham 80% do mercado fonográfico, com quatro ou cinco outras empresas compartilhando a fatia restante. Falou com todos elas. A lista de homens que rejeitaram os Beatles e, pelo mais estranho dos caprichos, contrataram os mais frágeis e inexperientes talentos é mais longa do que jamais será conhecida – tudo aconteceu tão rápido que ninguém se atreveu a admitir... mas (em maior ou menor grau) incluiu as equipes de A&R de gravadoras como Pye, Philips, Ember e Oriole Records.*

Essas rejeições mostravam não só uma incapacidade de ouvir os Beatles. Os londrinos desdenhavam Liverpool – sempre foram assim e sempre seriam assim. A inabalável determinação de Brian e dos Beatles para alcançar o sucesso mesmo *estando em Liverpool*, em seus próprios termos, não melhorava em nada a situação deles na capital. Menos de um ano depois, em entrevista à *Scene*, revista de artes sediada no Soho e gerenciada por Peter Cook, Brian lembrou: "Os agentes de Londres diziam que nunca faríamos sucesso se ficássemos em Liverpool, nunca ganharíamos exposição na TV e tudo o mais. Era difícil fazê-los trabalhar". O irmão dele, Clive Epstein, recordaria que Brian "aturou grosserias, indiferença e portas batidas em sua cara".[15]

Outro conselho também era constante para Brian: "*Mude o nome Beatles*". Isso estava impedindo o progresso deles. Troque, escolha um nome mais sensato, menos desagradável. Outra vez, Bob Wooler foi todo ouvidos. "Eles me disseram: '*Beatles*? O que significa isso?'. Brian soletrava e os caras diziam: 'Que nome ridículo!'. Ele desabafou: 'Os caras estão insinuando que, como o nome Beatles não significa nada, vão ter que mudá-lo'. Tranquilizei Brian. Beatles era um nome mais do que válido. Eram conhecidos assim na cena local, e, além disso, era um nome curto, ótimo para fazer um cartaz, pois quanto menor o nome, maior o tamanho da letra."[16]

Todas essas notícias deixavam os Beatles chateados. Irritavam-se com o esnobismo com que os londrinos tratavam Liverpool e ficaram cada vez mais determinados a mostrar a eles. Mas como? Depois de peregrinar por EMI, Decca, Philips,

---

* Nesse período em que os Beatles lutavam em vão para conseguir um contrato, as gravadoras assinavam com artistas variados, seguindo um padrão estabelecido ao longo de muitos anos. A Philips contratou Frankie Townsend, canadense que se destacou na luta livre e se arriscou como cantor, e Mary May, cantora de meia-idade de Londres; a Oriole assinou com o aspirante a cantor, operário da construção civil, rebatizado Brett Ansell; na Decca, o produtor Mike Smith escolheu Vern Brandon, cantor que trabalhava como decorador de interiores; Wally Ridley, da HMV, assinou com o cantor mirim Stephen Sinclair, de 10 anos, estudante do Ensino Fundamental; Norrie Paramor, da Columbia, assinou com o cantor galês Peter Harvey, além do "tampinha" Ian Vint, de apenas 15 anos, e quatro trompetistas-vocalistas chamados Bell-Tones. E a lista segue, *ad infinitum*. A ladainha do velho show business – e nenhuma guitarra elétrica.

"Nós contra eles" (9 de março a 10 de abril de 1962) 861

Pye, Oriole e Ember, não havia outra porta à qual bater; as poucas outras gravadoras que existiam eram especialistas de nicho, sem chance de colocar um disco nas paradas. John, Paul e, às vezes, George iam se reunir com Brian, na chegada do trem londrino, mais de quatro horas de viagem, partindo da estação de Euston, na capital. Sentados no Punch and Judy, pequeno restaurante *"greasy spoon"* (colher gordurosa), descendo a ladeira, perto da estação da Lime Street, esperavam Eppy entrar. Quando ele chegava com um semblante tristonho, já sabiam: voltava de mãos vazias. Quando as reuniões de Brian em Londres terminavam no fim da tarde, depois das seis horas, ele pegava o último trem noturno, às 20h45, chegando a Liverpool à 1h45, após baldear em Crewe. Eles se enfurnavam na Duke Street para digerir as notícias – enquanto saboreavam um daqueles *curries* das altas horas, que só o Joe's servia. Nas palavras de John: "Ele costumava retornar de Londres e nem conseguia nos encarar. Foi à capital umas 20 vezes e na volta dizia: 'Bem, receio que não nos aceitaram de novo'. E, a essa altura, já estávamos um pouquinho mais chegados a ele. Víamos que ele estava magoado de verdade. Ele não sabia onde enfiar a cara. De novo, não tínhamos conseguido. Fez de tudo – de porta em porta, tentando bajular e agradar todo mundo".[17]

Esses comentários foram feitos em retrospectiva. De acordo com Bob Wooler, os Beatles se irritavam com os fracassos de Brian: "John perdia a paciência com ele de vez em quando, o que não ajudava em nada". John reconheceu isso: "Tivemos umas briguinhas com Brian. Dizíamos que ele não fazia nada e todo o trabalho sobrava para nós. A gente só falava isso da boca para fora, na verdade. Sabíamos que ele trabalhava duro. Era *Nós contra Eles*".[18]

Como sempre, tudo acabava com uma boa risada. Em sua autobiografia, Brian relatou a história de uma noite tristonha no Joe's, quando já tinham recebido um "não" de todas as gravadoras e todas as ideias já tinham sido exploradas. "Beleza. Tente a Embassy", disparou John de repente. Embassy era a gravadora mais bagaceira de Woolworth, especializada em versões cover de sucessos da parada, executadas no estilo dos originais, por cantores e músicos de estúdio com pseudônimos. Os discos da Embassy vendiam bem, mas não se qualificavam para as paradas, e o selo era artisticamente moribundo: não assinava com talentos criativos. Deram muitas risadas – mas em que pé estavam? "A situação era meio *Que diabos vamos fazer*?", resume Paul.[19]

John e Paul não escondiam o pessimismo em relação a suas chances de sucesso. "Já não acreditávamos que íamos conseguir", lembrou-se John dois anos depois... antes de acrescentar que *nem todos* eram tão sombrios: "Só duas pessoas nos diziam que iríamos conseguir: Brian Epstein e George Harrison".[20] Os aparentemente infatigáveis Lennon e McCartney estavam jogando a toalha, enquanto o caçula da banda, George, permanecia otimista. Ele os estimulava, mostrava que *eles* podiam estar pensando no pior, mas *ele* permanecia esperançoso. O mantra dos Beatles não era "Algo vai acontecer"? Essa era a profundidade, e a força, das personalidades nessa banda.

As rejeições atrapalharam os planos de Brian de se expandir como empresário. Em meados de março, escreveu às outras bandas que havia prometido gerenciar (entre duas e cinco delas, incluindo Gerry and the Pacemakers e The Remo Four) e retirou sua oferta. Primeiro, tinha que obter um contrato de gravação para os Beatles. Essa ramificação de suas atividades de empresário ficaria para mais tarde. Nesse meio-tempo, contudo, resolveu criar uma empresa separada para seus interesses empreendedores – a atuação como empresário dos Beatles, as ideias em desenvolvimento para se tornar um *promoter* de eventos e, por fim, a ampliação para se tornar empresário de outros artistas. Seria um negócio adequado em um modelo de negócio adequado, com escritório próprio, além de funcionários, parte financeira e papelaria. A ideia dele era envolver Clive o máximo possível: Brian considerava seu irmão "o homem de negócios da família: calmo, descolado e eficaz", e trabalhar em dupla seria uma camada de proteção contra a oposição paterna.[21]

Dessa vez, existia uma diferença crucial na mensagem de Brian ao pai: estava sendo transparente em seu comprometimento. Tencionava fazer *exatamente isto*: ser um empresário de bandas. Portanto, isso reduziria seu envolvimento nas lojas. Clive permaneceria na ativa, mas Brian, nem tanto; Peter Brown, que trabalhava na loja da Great Charlotte Street, seria promovido a gerente de compras de discos da Whitechapel, assumindo as responsabilidades a que ele estava renunciando. As objeções de Harry foram entendidas e anotadas, mas Brian foi em frente. Mandou seu advogado entrar com um pedido no Conselho de Comércio para formar uma empresa chamada BC Enterprises Ltd. – BC de Brian e Clive, estilizada assim, sem espaços ou pontos. Esperava que tudo já estivesse funcionando no momento

"Nós contra eles" (9 de março a 10 de abril de 1962)   863

em que voltasse de Hamburgo, após ter supervisionado a primeira semana dos Beatles por lá...

...viagem que quase não aconteceu. Súbito, durante o mês de março, se materializou para Paul e Pete a necessidade de obter cartas oficiais de liberação individuais para voltar à Alemanha. O legado da extradição deles em 1960, naquele incidente maluco do Bambi Kino, voltava a render desdobramentos. A liberação da polícia, que obtiveram à custa de muita luta no último momento em março anterior, para conseguirem tocar no Top Ten, durava apenas 12 meses e expiraria em 28 de março de 1962, duas semanas antes de voltarem de Hamburgo. Assim como Allan Williams antes dele, Brian de repente se viu obrigado a fazer malabarismos burocráticos junto ao consulado alemão em Liverpool, preenchendo formulários, implorando e suando para levar os problemáticos senhores McCartney e Best de volta à Deutschland. Obteve sucesso, mas com restrições futuras ainda mais rígidas: os pedidos de permissão teriam que ser feitos na base de viagem por viagem.

Estavam prestes a ver Astrid, Klaus e Stuart novamente. Em 3 de fevereiro, pouco antes da visita de Stuart a Liverpool, esses amigos íntimos foram fotografados juntos numa celebração na Hochschule, onde Stuart estudava. Foi uma festa à fantasia: Klaus, em camisa de veludo com babados medievais; Stuart, em calças justas de couro preto, botas pretas *winkle-pickers*, de cano baixo e bico fino, camisa preta amarrada abaixo do peito, mostrando o umbigo. Aparentava estar bem de saúde, confiante, o mesmo indivíduo descolado de sempre, desde a sua chegada a Hamburgo, 18 meses antes. Uma de várias fotos recentes e boas. Stuart andava adoentado, mas melhorava de saúde em interlúdios breves, e Astrid conseguiu fotografá-lo. Poderia andar ao lado de John a qualquer momento. Franja penteada para a frente, botas, camiseta preta, colete e gravata *skinny*, aos 22 anos incompletos, ele era o Beatle de Altona, o bairro mais ocidental de Hamburgo. Astrid tirou fotos do noivo no estúdio de Reinhart Wolf e também no ateliê de Stuart, o sótão na casa da sra. Kirchherr-Bergmann, com Stu ao lado do cavalete e de uma nova tela de intenso brilho. Numa dessas fotos, a claridade entra pela janela do sótão e ilumina a face esquerda de Stuart, deixando a direita na penumbra.

A câmera amava e mentia tragicamente. Stuart não estava nada bem. Em meados de março, suas dores de cabeça tornaram-se drasticamente mais violentas – ele sofria com ataques brutais e debilitantes, que duravam horas, às vezes dias. É Astrid quem recorda: "Ele não tinha nem ideia do que estava acontecendo com ele. Consultou médico após médico e nenhum foi capaz de ajudá-lo. Quando ia escrever uma carta, a letra dele ficava muito estranha se o ataque estivesse em seu ponto mais alto. Não largava a caneta, mas só escrevia linhas e rabiscos. Era uma pessoa muito, mas muito controlada mesmo, e estava se esforçando para controlar a dor".[22]

Nielsa Kirchherr pagava as contas médicas, que incluíam uma série de massagens nas costas. Após uma sessão, Stu e Astrid passaram pela vitrine de uma funerária, que mostrava caixões: Stuart comentou que não queria o tradicional, mas sim em madeira branca lisa. Nielsa o repreendeu por falar essas coisas. Para sua própria mãe, Stuart iniciava cartas, mas não as terminava, praticamente ilegíveis, conforme mencionado por Astrid. Entre rabiscos e garranchos, ele se autodescreveu "um menininho muito doente".

Nesse meio-tempo, a nova casa noturna do rock'n'roll de Hamburgo, prestes a ser inaugurada, ganhou um nome: Star-Club. A escolha do nome foi natural – as maiores estrelas trabalhariam em seu palco, e Manfred Weissleder faria bom uso da gigantesca estrela de cinco pontas em neon amarelo erguida na entrada do antigo Stern-Kino (Cinema Estrela). Ficava na 39 Grosse Freiheit, no coração do agito, e Peter Eckhorn soube: seu reinado à frente do rock de St. Pauli estava com os dias contados. Metade de sua banda residente no Top Ten já tinha sido seduzida pela concorrência, primeiro Roy Young e depois Tony Sheridan. Eckhorn até pôde contar a grana da multa contratual – mas admirando um palco vazio.

A banda nova precisava de um baterista, e Sheridan voltou a entrar em contato com Ringo. Ofereceram-lhe um ano de contrato, até abril de 1963 – receberia cerca de £ 30 por semana, apartamento e carro à disposição. A melhor proposta de sua vida até então. A decisão teria sido fácil, caso duas coisas não o tivessem levado a deixar Hamburgo em fevereiro: a enchente e a morte da vovó Annie. Caso contrário, é bem provável que tivesse trocado de clube, seguindo o exemplo de Sheridan e Young – e *alley oop!* Na situação atual, já tinha voltado para casa e recebido outras ofertas, novas aventuras nas quais embarcar, em vez de repetir as antigas. Divertiu-se muito em Hamburgo e ficou tentado a voltar, mas disse que

"Nós contra eles" (9 de março a 10 de abril de 1962)

não. Essa decisão instintiva de Ringo foi crucial para seu futuro, pois, a partir desse ponto, Sheridan e Young permaneceram em St. Pauli de modo quase contínuo, ano após ano, até perto do fim da década de 1960.

Em três semanas, a proposta de Sheridan foi apenas uma entre as quatro ofertas que Ringo recebeu. A segunda foi participar da turnê com a banda Howie Casey and the Seniors. A terceira foi a que ele aceitou – voltar aos Hurricanes. Nem foi tanto pela companhia ou musicalidade deles, embora ainda fossem amigos, mas sim porque achou a missão interessante: tocar na França por um mês e pouco, entretendo os soldados numa base do exército dos EUA.

Quatro meses após o relutante abandono de seus planos de emigrar para Houston, Ringo estaria no coração de pequenos enclaves americanos que pontilhavam a paisagem europeia do pós-guerra e, de quebra, desfrutando do acesso às lojas das bases, repletas de incríveis produtos americanos. Retornando da França, os Hurricanes emendariam a terceira temporada de verão seguida no acampamento de férias Butlin's, do começo de junho a meados de setembro. Para Ringo, isso representava mais um semestre com Rory antes de considerar seu próximo passo.

O contrato com o exército dos EUA estipulava que os Hurricanes tinham que trazer uma cantora. Os soldados não queriam ficar olhando para os caras a noite toda, queriam *um broto*. Richy não convenceu Swinging Cilla a fazer a viagem (o pai dela proibiu), mas Vicky Woods topou. Essa atraente loira cantava, em parceria com a mãe dela, em outro próspero campo de entretenimento de Liverpool – os clubes trabalhistas, paroquiais, sociais e políticos, um ambiente que corria paralelo ao negócio dos bailes e shows de rock, e os dois raramente se entrecruzavam. Com Vicky a bordo, Rory e companhia estavam prontos mais uma vez para carimbar seus passaportes em alto estilo, e o retorno de Ringo era o impulso que faltava desde que ele havia saído – em seu anúncio no *Echo* para o show na New Brighton Tower em 23 de março, Sam Leach anunciou que a banda estava "de volta à boa forma". Ringo estava na crista da onda, o cara da hora, respeitado e requisitado por outros músicos... Dias depois, recebeu sua quarta oferta. A principal banda de Liverpool o queria.

Os Beatles tinham semanalmente de oito a dez shows marcados e, às vezes, alguém ficava doente e não podia tocar. Uma vez, Gerry Marsden substituiu

George numa sessão no horário de almoço; Gerry era 15 centímetros mais baixo, então John e Paul pegaram um caixote de laranjas vazio no mercado de frutas e o obrigaram a subir em cima dele. Bonachão, Gerry conhecia as canções e tinha competência para oferecer uma contribuição adequada. Na segunda-feira, 26 de março, os Beatles tinham uma sessão no horário de almoço no Cavern e um show noturno no Kingsway Club, em Southport. Eis que, no finzinho da manhã, Pete ligou avisando que estava doente. Um nome veio à mente deles: o cara com quem gostaram de tocar na festa de Natal, três meses antes. Os Beatles instruíram Brian: dê um jeito de buscar o Ringo.

Já era meio-dia, hora de começar o show no Cavern, quando Brian apareceu na 10 Admiral Grove. Elsie o deixou esperando lá fora, subiu e bateu à porta do quarto de seu Richy. Ele ainda estava deitado. Desceu e Brian falou que os Beatles o queriam, mas eles tinham que ir imediatamente. Ringo respondeu que ficaria mais do que feliz em tocar com os Beatles, mas não iria a lugar nenhum até colocar a calça e tomar um chá. Ciente do horário, Brian ficou, sem dúvida, prestes a explodir, mas teve que esperar. Nas últimas semanas, os dois tinham se cumprimentado uma ou duas vezes, quando Ringo apareceu para assistir ao show dos Beatles, mas seu primeiro encontro propriamente dito foi no carro de Brian, enquanto ele acelerava com o baterista colina abaixo, rumo ao Cavern. Mais tarde, Ringo recordaria: "Eu não sabia muita coisa sobre ele, exceto quão estranho era o fato de os Beatles terem um empresário, porque nenhuma outra banda tinha um empresário propriamente dito".[23]

Não era comum, mas os Beatles estavam atarantados – Cavernites gritavam que logo precisariam voltar ao trabalho. Quando é que iam começar a tocar? Enfim, começaram a tocar. Enquanto isso, a bateria foi sendo montada ao redor de Ringo (por Neil, presumivelmente). Vinte minutos depois, o kit estava completo. A partir desse instante, o quarteto formou uma sólida unidade musical, exatamente como havia acontecido em dezembro. É o próprio Ringo que explica: "Na época estavam tocando faixas incríveis... Canções das Shirelles, canções de Chuck Berry... [e eles] faziam isso tão bem. Tinham um bom estilo. Pulsava toda uma atmosfera ao redor de Paul, George e John. E Pete Best... não é ofensa, mas nunca o considerei um grande baterista. Tinha um certo estilo, que foi ótimo para eles naqueles anos, eu imagino, mas sentiram, acho eu, que precisavam evoluir um pouco".[24]

"Nós contra eles" (9 de março a 10 de abril de 1962)

Ringo não estava familiarizado com *todas* as músicas, mesmo assim, os seus colegas de banda ficaram mais do que contentes com o seu jeito de tocar. Paul mostrou-se especialmente encantado com o trabalho de Ringo em "What'd I Say"; John adorou a maneira como ele "atacou o tom-tom" no contraste de "Rock and Roll Music", e George simplesmente gostou da experiência completa, comentando: "Sempre que Ringo tocava conosco, tínhamos a sensação de 'É isso'".[25] George admirava Ringo: gostava de seu jeito de tocar bateria, sua atitude, sua química e o fato de que ele não ia embora depois dos shows e se enturmava para curtir bons momentos. "Pete ia embora sozinho, e nós três saíamos juntos. Mas quando Ringo estava por perto, era como uma unidade completa, dentro e fora do palco. Quando formávamos um quarteto com Ringo, era bom demais."[26]

À noite ainda fariam o show em Southport. Pete teria ido para casa por algumas horas, mas John, Paul, George e Ringo passaram a tarde juntos, tomando uns drinques no Colony Club, o perigoso estabelecimento de Lord Woodbine, na Upper Parliament Street. Ficava bem na esquina da fábrica de playgrounds infantis onde Richy, aos 16 anos, tinha sido aprendiz para se tornar um montador. E a conversa então enveredou por outro rumo e eles passaram a falar sobre um trabalho diferente. "George indagou: 'Gostaria de entrar na banda?' Respondi: 'Sim, eu adoraria, mas vocês já têm um baterista'. Ele, no entanto, começou a instigar os outros dois, dizendo: 'Por que não colocamos o Ringo na banda?'"[27]

Os Beatles não eram só os melhores, eram os mais bem pagos: Ringo embolsou £ 9 por esses dois shows. Com a insistência constante de Brian, agora ganhavam £ 12 por uma sessão no horário de almoço no Cavern e £ 24 em Southport, cachês fora dos padrões se comparados com o de outras bandas: o cachê normal de uma banda considerada "top" em Liverpool, no primeiro semestre de 1962, variava de £ 5 a £ 7 por noite, e os Hurricanes ganhavam em torno disso, talvez um pouquinho mais. Esse montante era dividido entre todos os músicos e um roadie, e poucos rapazes embolsavam mais de uma libra por noite – às vezes, insuficiente para quitar a prestação da guitarra ou da bateria. Ringo ficou muito impressionado ao receber £ 9 por dois shows.[28]

O número de vezes que Ringo foi chamado para substituir Pete na bateria dos Beatles se tornaria exagerado. "Pete costumava faltar o tempo todo, era normal ele ficar doente e não aparecer", alegaria George. Já Pete jura de pés juntos que foram apenas duas vezes.[29] A verdade é que foram quatro shows: o primeiro, em 27 de dezembro de 1961; dois aqui em 26 de março, e outro, uns dias depois, quando Ringo tocou no horário de almoço na sessão de quarta-feira do Cavern, mas Pete reapareceu à noite. Seja lá qual for esse número, porém, o relevante é que George começou a tirar Pete e a incluir Ringo. "Fui o principal responsável por trazer Ringo à banda", revelaria Harrison. "Toda vez que Ringo tocava conosco, as estruturas balançavam. Conspirei para que Ringo entrasse... Bati na tecla com Paul e John até eles aceitarem a ideia. Os dois também tinham lá seus motivos [para se livrar de Pete]."[30] Pete sempre alegou que não sabia nada disso, e como ele só os via no palco e nos bastidores, eram poucas as oportunidades de notar sussurros ou olhares.

Nesse meio-tempo, George e Ringo compartilharam um momento do qual nunca se esqueceram. Durante os drinques na segunda-feira à tarde, George mencionou que ia comprar um carro e precisava buscá-lo em Warrington, a 27 quilômetros de Liverpool. Na mesma hora, Ringo ofereceu uma carona a George. Dito e feito. Um ou dois dias depois, antes de Ringo partir para a França, foram buscar o veículo.

O primeiro Beatle a comprar um carro foi George. Paul frequentava a autoescola, mas ainda não tinha realizado o teste de direção, e ninguém sequer imaginou que John pilotaria um carro – as estradas em Liverpool teriam ficado bem menos seguras se ele resolvesse fazer isso. Como seus irmãos e seu pai, George tinha grande interesse por motores; fez aulas de direção e passou no teste na primeira tentativa, por volta de março. Tão ansioso estava para dirigir que comprou um carro imediatamente, apesar de os Beatles estarem de malas prontas para ir a Hamburgo. Quem agenciou a transação foi Terry Doran, amigo de Brian, que trabalhava em uma revenda em Warrington – era um Ford Anglia 105E "Deluxe", azul, de duas portas. De segunda mão, mas *com rádio*. George fechou a compra "sem pensar duas vezes" – deu uma entrada e parcelou o restante em pagamentos semanais –, Terry cobrou um precinho camarada e em troca pediu a George que fizesse propaganda de onde ele havia comprado.

Fã de Fórmula 1 desde pequeno, George em poucos meses recebeu duas advertências por excesso de velocidade (na terceira, poderia perder a carteira por um ano). Nesse primeiro dia, ele se safou. No trajeto de volta de Warrington a Liverpool, George e Ringo fizeram um pega, Ford Anglia contra Ford Zodiac,

"Nós contra eles" (9 de março a 10 de abril de 1962)

Beatle contra Hurricane. Quando um carro lento os retardou, George colocou o pé na tábua, fez uma ultrapassagem arriscada e escapou por um triz. Ringo, por sua vez, foi obrigado a reduzir e ficou "grudado na traseira" do veículo. De repente, um cachorro atravessou a estrada e o motorista do carro da frente pisou no freio. Mais tarde, Ringo descreveria: "Abalroei a traseira dele e destruí a frente do meu carro". Tinha uma oficina logo adiante e ele estacionou no pátio. Como não tinha licença ou seguro, ficou numa situação incômoda. George chispou para casa, o campeão, olhando pelo retrovisor e imaginando onde é que Ringo tinha ido parar. Ele só o veria de novo quatro meses depois, mas Ringo nunca saiu de sua mira.[31]

Satisfeito por saber que os Beatles o queriam, Ringo viajou para o exterior com os Hurricanes, mas logo pôs o assunto de lado. O destino deles: a base USA6, em Fontenet, no departamento Charente-Maritime, sudoeste da França, a 90 quilômetros do litoral atlântico. Rory, Johnny, Ty, Vicky e suas bagagens encheram um carro, então Ringo e Bobby Thompson (o substituto de Lu Walters) foram de trem. Foi uma maratona de viagens arrastando o kit da bateria – trem a Londres, através de Londres, trem a Dover, balsa a Calais, trem a Bordeaux, e mais o táxi local. Em Paris, quase foram confundidos pela polícia com terroristas pró-independência argelina. Chegaram à base militar na noite de domingo, 1º de abril, exaustos e arrependidos por terem vindo. Mas lá estavam com seus instrumentos e cintilantes trajes vermelhos. Durante um mês, no mínimo – três horas por noite, seis noites em cada sete –, seriam os músicos ingleses bombeando rock'n'roll de volta ao povo que o exportou, sua plateia americana no *Enlisted Men's Club* (Clube dos Homens Alistados).[32]

Os Beatles usaram seus ternos pela primeira vez em Liverpool, no dia 29 de março, no estreitinho porão do Odd Spot, bar-cafeteria na Bold Street. Brian deixou claro que essa e outras três datas próximas eram muito importantes e eles precisavam estar elegantes. Porém, ele e os Beatles ainda planejavam a revelação triunfal do novo look: o evento no Cavern, *The Beatles For Their Fans*, dali a uma semana. Brian pediu a um amigo, Alan Swerdlow, para tirar fotos da banda tocando ao vivo no Odd Spot, mas elas não ficaram boas. No fim de março, Harry Watmough, de 28 anos, por encomenda de Brian, fotografou os Beatles em seu estúdio, em Moorfields, distrito comercial de Liverpool.

Watmough achou os Beatles, e Brian, clientes difíceis de lidar, muito opiniosos em relação ao que desejavam obter. Trabalhou em preto e branco e deve ter gasto vários rolos de filme, mas só seis fotos restaram. Brian escolheu três fotos para serem distribuídas de graça aos fãs. Watmough adicionou no rodapé a legenda "The Beatles" na fonte Gill Sans Bold e mandou imprimir mil em papel-cartão. O grande salto na disponibilidade de autógrafos dos Beatles na primavera/verão de 1962 se deve não só à sua crescente popularidade e acessibilidade, mas também a esse milhar de fotos impressas em papel reforçado, além de outras mil com os Beatles em trajes de couro – com as melhores fotos de Albert Marrion. John, Paul, George e Pete levavam algumas em cada show para distribuir de brinde, oferecendo seus autógrafos, mesmo se não pedissem. Desde maio de 1960, davam autógrafos como "estrelas", mas não com muita frequência. E a partir desse ponto, no primeiro semestre de 1962, dar autógrafos tornou-se algo corriqueiro em suas vidas.

Levaram essas fotos impressas com eles quando, em 31 de março, tocaram em sua primeira data propriamente dita no sul da Inglaterra, organizada por Brian com a ajuda do *promoter* e músico londrino Jack Fallon. Tocaram em Stroud, a 240 quilômetros de casa, onde os Beatles eram forasteiros: sotaque de Liverpool e roupa italianizada. O público sulista assistiu aos nortistas, mas os nortistas avaliaram os sulistas, especialmente *as* sulistas, formando opiniões expressas sucintamente na van, a caminho de casa. As gatinhas e os rapazes dali falavam com sotaque de Gloucestershire, mas não eram caipiras em se tratando de rock. Stroud ficava fora de mão, e seu grandioso salão de baile, no edifício Subscription Rooms, era um local improvável para eventos. Mas, graças aos esforços de Fallon, os dançarinos de sábado à noite geralmente agitavam ao som de atrações "de renome". Os Beatles receberam cachê de £ 30 pelo show noturno e, de quebra, estrearam num novo circuito, atraindo o mesmo público de costume – 466 pessoas – porque o pessoal ia ao "baile", seja lá qual fosse a banda que ia tocar.[33]

Uma dessas 466 pessoas, Bob Lusty – experiente DJ local, aficionado por música e vendedor numa loja de discos – não trabalhava nos bailes do "Subs", mas todas as semanas ia lá para conferir as bandas. A área nas redondezas de Stroud abrigava um número considerável de migrantes europeus, e a loja de discos onde Lusty trabalhava era especializada em selos continentais, como a Polydor. Ele co-

"Nós contra eles" (9 de março a 10 de abril de 1962)

nhecia "My Bonnie" e, quando leu que os Beatles estavam chegando, fez uma aposta: encomendou duas caixas de 25 compactos, levando-os ao baile na esperança de vendê-los. Chegou mais cedo e ouviu falar que os Beatles estavam num café do outro lado da rua.

> Contei quem eu era e o que eu fazia, e perguntei se podia falar com eles. Sentei-me ali à mesa deles um tempão, e é uma pena que eu não tivesse um gravador ou um bloquinho para tomar notas. Logo percebi que eram muito experientes e diferenciados. Eu não conhecia uma banda parecida, já eram rodados e pareciam ser macacos velhos no ramo. Ficaram muito surpresos que alguém naquele fim de mundo sabia sobre eles e disseram: "Vai vender todos esses discos hoje à noite?". Eu disse que ia tentar.
>
> Vendi *tudinho*. (O gerente da loja ficou pasmo.) Os Beatles provocaram uma intensa empolgação – a maioria das bandas que vinham a Stroud só cantava o que bombava nas paradas, mas os Beatles variavam o repertório. Tocaram hits do momento, mas incluíram também Little Richard e coisas como "The Honeymoon Song" e "Besame Mucho", que eu sabia que eram canções da Europa continental, com aquelas *harmonias vocais*. Muita gente parou de dançar e ficou lá, só assistindo. Pensei comigo mesmo: "Eu *gosto* dessa banda".[34]

A grande noite do fã-clube, em 5 de abril, foi tão agitada e memorável quanto Brian e os Beatles poderiam desejar. O burburinho começou logo na mesa de entrada do Cavern – 500 pessoas chegavam a um show e um clube novo e empolgante. Muitas já haviam preenchido o formulário de inscrição, impresso no verso do ingresso, e Brian estava lá para ajudar a distribuir as fotos gratuitas dos Beatles, em trajes de couro, impressas em papel brilhante. Aproveitou para explicar que, em poucos dias, todos receberiam a carteirinha do clube, um boletim informativo dos Beatles em Hamburgo e avisos sobre outras ofertas exclusivas. Bob Wooler (anunciado como o apresentador favorito dos Beatles) foi o DJ nessa noite especial, e os Beatles escolheram os divertidos Four Jays para abrir o show e dar o pontapé inicial nas risadas.

Tão logo os Four Jays abriram os trabalhos, os Beatles abriram outro show, bem particular, no minúsculo camarim. O Cavern era "seco", mas eles levaram bebidas escondido e começaram a se embriagar. Para Bobby Brown, após tanto detalhamento e trabalho, a noite do fã-clube estava prestes a ir por álcool abaixo. "Eu estava assistindo ao show lá na frente com Mike [McCartney], então fomos ao camarim. Eu era uma moça bem calada, e John sempre tentava a todo custo me deixar mais falante. Ele sabia que eu não bebia, mas ficou dizendo: 'Vamos lá, Bobby, tome um drinque!'. Daí tomei. Nem sei o que era, mas ele continuou me atiçando a beber."

Os Beatles tocaram a primeira parte com a roupa que todos conheciam e amavam, o que John chamava de "ternos de couro". Em meio à atmosfera de alegria, a bebida começou a fazer efeito e o evento foi concluído de modo festivo, embora um pouco festivo demais para Bobby em sua grande noite.[35]

> Mike sabia que eu gostava de verdade de Paul e me desafiou a beijá-lo na saída do palco. Eu já estava meio alta, por isso atirei os braços em volta do pescoço dele e nos beijamos na boca. Metade das outras meninas queriam arrancar meus cabelos, e Paul só ficou olhando para John, como quem diz: "O *que é* que você fez com ela?".

> Logo depois, senti um enjoo e tive que ir ao banheiro, onde vomitei e chorei com a cabeça perto do vaso sanitário. Paul foi tão adorável – veio conferir se eu estava bem, foi pegar meu casaco e a minha bolsa e cuidou de mim. Minha mãe teria enlouquecido se eu aparecesse em casa naquele estado, então fui à casa de uma amiga e liguei para dizer que eu tinha passado mal... E eu tinha mesmo.

Os Beatles trocaram de roupa durante o intervalo e Bob Wooler antecipou o retorno deles ao palco com um grande anúncio: "Os Beatles vão aparecer de *ternos novos!*". O momento da mudança foi este. Quatro meses antes, John e Paul ousaram tocar suas canções próprias para a multidão do Cavern, sabendo que o pouso ali seria mais suave. Agora, novamente, testavam a lealdade dos fãs. Mais tarde, entre as 650 testemunhas da noite histórica, algumas deram a seus pensamentos um quê de sensação universal. "Quando apareceram de terno, *ninguém* parava de gritar, porque estavam tão elegantes", recorda Barbara Houghton. "Eu ainda curtia eles com roupas de couro, mas os ternos eram legais." Por sua vez, Bernadette Farrell se decepcionou: "Foi uma surpresa, para dizer o mínimo... Parecia que não se sentiam bem neles, e todo mundo pensou: 'Estão chiques, mas não parecem os *nossos Beatles*'".[36] Nem mesmo os Beatles conseguiam agradar todo mundo o tem-

"Nós contra eles" (9 de março a 10 de abril de 1962)

po todo – mas esse público era especial, e esse público especial não foi correndo para a saída.

Lou Steen trouxe uma câmera de casa e tirou as primeiras fotos do novo vestuário no Cavern... e, de quebra, capturou o instante em que Pete Best se apaixonou. Ele veio à linha de frente cantar "Peppermint Twist" e fez uma dancinha no palco com a Catherine (Kathy) Johnson, uma das Kingtwisters, grupo de dançarinas organizado e incentivado por Bob Wooler. Kathy morava em Walton, um bairro residencial de Liverpool. John, Paul e George estenderam a canção, transformando os oito compassos do contraste em 80 compassos, e Pete e Kathy foram levados pelo tornado do amor. Foi a noite mais feliz de Pete na banda, e a câmera de Lou o registrou de microfone em punho.

Lou também fotografou o xodó dela tocando bateria – Paul, meio desfocado ao fundo, cabelo empastado de suor, sem casaco, gravata solta, botão superior da camisa desabotoado... Ele sorri de orelha a orelha, porque está se divertindo muito e é sua amiguinha Louey tirando a foto. Ela congelou um momento decisivo na vida de Paul McCartney: pela primeira vez em um terno no Cavern, com as coisas *realmente acontecendo* para ele.

Quando a incrível noite chegou ao fim, e todo mundo já pensava em pegar o último ônibus para casa, os Beatles pediram silêncio à plateia. Pronunciaram uma mensagem especial de despedida, elaborada com antecedência e transmitida ansiosamente: "Não se esqueçam de nós". Esse foi o penúltimo show do Cavern antes da partida. Uma semana depois, foram embora, para retornar em junho. Nada abalava os Beatles, o pessoal dizia, mas sempre havia uma certa vulnerabilidade. Receavam que a avalanche de boa vontade acumulada a partir de julho de 1961 se derretesse em sua ausência. A fã Lindy Ness recorda: "Os Beatles avisaram: 'Vamos ficar sete semanas tocando em Hamburgo. Não queremos que se esqueçam de nós enquanto estivermos fora. Seria ótimo se vocês nos escrevessem'. E deram o endereço da casa noturna. Pensavam que os esqueceríamos e migraríamos para outra banda! Minhas amigas e eu nos organizamos para escrever aos Beatles: Suzy escreveu a George; Louey, a Paul; escrevi uma cartinha a George e muitas a John, e todas nós recebemos cartas de resposta".

Em seguida, os Beatles desceram do palco, e essa noite fantástica – indiscutivelmente a melhor do ano, descrita na edição seguinte do *Mersey Beat* como

874 Ano 5, 1962: *Always be True*

"a maior performance dos Beatles de todos os tempos"[37] – terminou com um tumulto. Engolfados pela multidão, cercados por fãs sequiosas, entre beijos, tapinhas nas costas e autógrafos, essa banda fenomenal foi avançando, centímetro por centímetro.

Nessa época, Lindy Ness foi se aproximando de John cada vez mais. Duas noites depois, os dois foram fotografados juntos, fora do Cavern, e ela voltou a Woolton com ele na van, dirigida por Neil. O interesse de John não era romântico, nem sexual – tanto melhor, visto que ela havia completado apenas 15 aninhos. Só gostava da personalidade, do aguçado senso de humor e da companhia dela. Literalmente, pois quando Lindy desceu na Menlove Avenue, perto de casa, John a convidou para, junto com Lou, ir tomar o chá da tarde dominical com ele e Mimi. Isso foi algo inédito.

Em 8 de abril, o diário de Lindy tem no cabeçalho: HAPPY DAY, registrando o dia em que ela foi a Mendips para tomar chá com John, o primo dele, de 14 anos, David Birch, Mimi e Lou. O próprio John serviu para Lindy o que chamou de "*a tup of twee*" (jogo de palavras com "*a cup of tea*", ou xícara de chá). Ela se surpreendeu ao vê-lo de óculos. Conversaram, comeram bolo, bebericaram o "*twee*" e assistiram à TV. No diário se lê: "A tia dele é estranha", mas Lindy lembra apenas que Mimi foi uma anfitriã gentil e envolvente. Lou lembra-se de estar "muitíssimo empolgada. Lembro-me de passar pela varanda envidraçada e achá-la escura por dentro, embora lá fora o sol estivesse radiante. Eles tinham xícaras e pires adequados, Mimi era pequena e não muito falante".

Foi o primeiro encontro real de Mimi com as fãs dos Beatles, e sua opinião duradoura sobre o caráter coletivo delas se baseou nas visitantes dessa tarde de domingo primaveril. Ao escrever, em 1977, "Há uma grande diferença na inteligência e na vivacidade das meninas que gostam de John e aquelas que preferem os outros Beatles. Desde o começo, isso ficou bem claro para mim", ela estava (a) sendo tipicamente esnobe; (b) acertando em linhas gerais; e (c) pensando em Lindy e Lou.[38]

A primavera de 1962 no Hemisfério Norte, junto com outros desdobramentos importantes, marca o ponto na vida de John, Paul, George e (em menor grau) Pete em que as moças começaram a rondar as imediações de suas casas, batendo à porta, telefonando para pedir músicas no Cavern, tentando roubar

"Nós contra eles" (9 de março a 10 de abril de 1962)

um momento *tête-à-tête*. E quando os objetos do desejo não estavam em casa, quem precisava lidar com esse comportamento eram Mimi, Jim, Louise e Harry e Mona. Esse *negócio* que seus filhos vinham fazendo todos esses anos, essa música "que não vai durar" e os mantinha ocupados a maior parte das noites da semana, começava a dar resultado e a adquirir novos contornos – fato com o qual eles também tinham que lidar.

Naquela noite dominical, Lou foi ao Casbah conferir o que o pôster caseiro, feito com técnica de estêncil, corretamente denominou de ÚLTIMO SHOW DOS BEATLES EM LIVERPOOL ANTES DE IREM À ALEMANHA. Ironicamente, George apareceu infectado com rubéola (também chamada de "sarampo alemão"), e Brian não o deixou tocar para não prejudicar sua convalescença. Em geral, os sintomas passam rápido, mas logo ficou evidente que George não estaria em condições de voar dois dias depois. Brian orientou John, Paul e Pete a embarcarem com as passagens reservadas. Ele ia esperar um dia ou mais, até que George estivesse forte o suficiente para viajar.

John e Paul compareceram à casa de Pete, na 8 Hayman's Green, na manhã de terça-feira, 10 de abril. No domingo à noite, tinham deixado os instrumentos ali, e agora os carregaram na van, com a bateria de Pete; John levou a gaita de boca no bolso. Então, Neil levou o trio ao Ringway Airport, em Manchester. Não havia voos diretos a Hamburgo: era preciso voar a Amsterdã e fazer uma conexão. Em 1960, a bordo de van e barcos, a viagem durou mais de 36 horas; em 1961, a bordo de trens e barcos, 26 horas. Agora, com o moderno milagre das viagens aéreas, chegaram a Hamburgo no meio da tarde. Pete resumiu a empolgação inicial deles em uma carta para casa: "Do aeroporto, pegamos um táxi ao clube e fomos nos acomodar em nossos quartos. São OK, e temos banheira, chuveiro e água quente só para nós. Depois, os três fomos conhecer o clube e, pode acreditar, é realmente de cair o queixo. É um cinema antigo adaptado, com palco enorme e fantástico sistema de iluminação. Tem um mezanino para a galera se sentar...".[39]

Naquela noite, foram mimados com drinques e rosbifes pelo novo chefe, o vistoso Manfred Weissleder, que usava cabelo bem curtinho, em base reta. Recusar o convite seria uma tolice. Aparentemente, John ainda não tinha tentado entrar em contato com Stuart – mas, seja como for, teria sido tarde demais.

Não tinham ideia de que, nesse mesmo dia, por volta do meio-dia, Stu havia sofrido convulsões violentas. Em meio à síncope, que durou 35 minutos, ele entrou em coma. Nielsa Kirchherr chamou Astrid, que estava no trabalho. Às 16h30, na ambulância que o conduzia às pressas ao hospital, nos braços da noiva, Stuart morreu.

27
"Ele facilmente poderia ter sido *o Beatle*"
(10 a 13 de abril de 1962)

Em Liverpool, a notícia chegou invertida: um telegrama de Astrid a Millie Sut-cliffe, comunicando a tragédia, chegou antes de outro dizendo que Stuart estava muito doente e correndo risco de morte. A verdade era translúcida e estarrecedo-ra. Ele tinha apenas 21 anos e 10 meses.

Millie ficou em frangalhos. Stuart era o primogênito de seus três filhos, o único rapaz. As coisas tinham começado a dar errado no dia em que se tornou um *menestrel itinerante*, dedilhando seu rock'n'roll, abandonando seu último ano no Liverpool College of Art para tocar com os Beatles na Alemanha, noivando com Astrid Kirchherr e fazendo de Hamburgo sua casa. Havia 20 meses, Millie mal o via. E agora, o filho dela estava *morto*.

Charles Sutcliffe, pai de Stuart, não pôde ser avisado na ocasião. Segundo oficial de máquinas, havia embarcado rumo à América do Sul dois dias antes. "Ele tem coração fraco, por isso não podemos avisar pelo rádio a bordo", afirmou Joyce Sutcliffe (aos 20 anos, a mais velha das duas irmãs de Stuart) ao *Liverpool Echo*. Por sua vez, o *Prescot & Huyton Reporter* informou que um padre o encontraria quando o navio atracasse em Buenos Aires, dali a três semanas. A morte de Stuart saiu em toda a imprensa local, não porque ele era Stuart Sutcliffe (não tinha, ain-da, qualquer reputação pública), ou porque tinha tocado nos Beatles (o jornalista do *Echo* escreveu: "Stuart foi para a Alemanha há 18 meses com um grupo de skiffle de Liverpool"), mas simplesmente porque era um caso trágico, digno de virar notícia.[1]

Allan Williams ficou transtornado. Também recebeu a notícia direto de As-trid. Allan e Beryl haviam fornecido um refúgio para ela e Stuart durante as tem-pestuosas visitas do casal a Liverpool – e novamente seriam fundamentais para apaziguar as partes em litígio. De acordo com as lembranças de Allan, foi ele quem deu a notícia a Millie, antes da chegada dos telegramas. "Ela ficou com o coração partido. Amor de sua vida, sempre o chamou de 'meu pequenininho Stuart'. Em seguida, comuniquei Brian Epstein. Sabia que ele ia voar a Hamburgo e perguntei: 'Pode acompanhar Millie?'. Paguei a passagem dela e os dois viajaram juntos."[2]

Conforme as recordações de Millie, o primeiro Beatle a saber da notícia foi George, que havia ficado em Liverpool – os outros tinham ido primeiro. "Brian disse que ia me levar ao aeroporto de Manchester no carro dele, com George. Vieram me buscar, e foi aí que George caiu em prantos, na porta da minha casa. Chorou como uma criança. Ao que parece, Brian telegrafou aos Beatles para confirmar a chegada dele e pedindo para esperarem o voo. Avisou que eu estaria no grupo, mas não contou o porquê. Deve ter presumido que já sabiam da notícia."[3]

John, Paul e Pete compareceram ao aeroporto de Hamburgo para recebê-los. Manfred Weissleder lhes emprestou um motorista e seu espaçoso carro americano, um Chevrolet Impala, com toca-discos embutido e bar de coquetéis. No trajeto de ida ao aeroporto, a sensação era de que estavam no topo do mundo; no de retorno, de que o mundo havia desmoronado. No terminal, esperando por George e Brian, avistaram Astrid e Klaus, que tinham ido buscar Millie. "Cadê o Stu?", indagaram – e foi nesse instante que Astrid lhes contou que Stu estava morto. "Paul tentou me reconfortar, colocou o braço em torno de mim e expressou seus sentimentos. Pete chorou... limitou-se a sentar-se lá e deixou as lágrimas aflorarem. John beirou a histeria. Nem deu para perceber direito, no estado em que [Klaus e eu] estávamos, se ele estava rindo ou chorando, porque ele ficou fazendo isso tudo ao mesmo tempo. Não me esqueço da imagem dele sentado no banco, todo encolhido, tremendo da cabeça aos pés, balançando o corpo para a frente e para trás."[4]

John ficou descontrolado, exatamente como já havia acontecido antes, na morte do tio George, o pai de criação, quando John tinha 14 anos, e no atropelamento da mãe, aos 17. Todas as pessoas que John amava *morriam*. "John não deu risada ao saber da morte de Stuart, como o pessoal insinuou", garante Paul, sugerindo uma reação psicologicamente bem mais complexa.[5]

Para o próprio Paul, processar a morte de Stuart foi difícil, mas de um jeito diferente. Ficou triste, chocado, mas também teve que se resignar com sua posição nesse novo cenário. De modo impiedoso, ele tinha insultado, provocado, irritado

"Ele facilmente poderia ter sido *o Beatle*" (10 a 13 de abril de 1962)

e ridicularizado Stu, ao longo de dois anos ou mais, sem esconder os ciúmes da amizade de Stu com John. A última vez que viu Stuart, de tanto o alfinetar, Stuart enfim foi instigado a brigar com ele, no palco, diante da plateia. A luta resultou em empate técnico, mas todo mundo se impressionou com a força surpreendente de Stuart; Paul tinha começado a briga, mas não a venceu. Quando Stuart foi a Liverpool, em fevereiro, fez questão de evitar Paul. Essa viagem foi citada por John, George, Pete e Mike McCartney, mas não por Paul; Mike trocava cartas com Stuart e nessa ocasião fez declarações ao *Echo*, falando sobre ele, e Paul permaneceu calado.

Por conta disso, à exceção dos outros Beatles, quem amava Stuart não gostava de Paul – ou seja, Astrid, Klaus e a família de Stuart. A morte dele jogou uma pá de cal nesse assunto. Como Paul admitiria: "Foi muito triste para mim, porque eu não gostava muito dele, mas quando a pessoa morre, é tarde demais... Não tem como você voltar [e dizer], 'Ei, Stu, eu só estava brincando'. A mãe e a irmã dele nunca se sentiram muito bem em relação a mim".[6]

Em 1970, Millie Sutcliffe declarou que John teria desviado o olhar quando ela entrou no saguão de desembarque. Porém, raramente existiu muito afeto entre os dois e menos ainda quando ela fez essa observação. Por isso fica difícil estabelecer a verdade.[7] Uma coisa é certa: foi um momento terrível para todos. Millie e Astrid, as duas pessoas que mais estavam sofrendo, tinham a pior relação de todas, mas lá estavam elas, unidas pela dor e com mil questionamentos amargos.

A Millie coube a formalidade de identificar o corpo do filho. Essa cena privada e dolorosa aconteceu no necrotério, o suficiente para aumentar a polarização entre Millie, de um lado, e Astrid e Klaus do outro. Foi Millie também quem providenciou o traslado do corpo à Inglaterra, para o funeral. Enterrar o filho na Alemanha, jamais. Nos últimos 20 meses, ela deixara os sentimentos antigermânicos a dominarem. Como Allan Williams observou, ela defendia a opinião, compartilhada por muitos na Grã-Bretanha, nessa época em que as lembranças das duas Guerras Mundiais continuavam bem vívidas: "Alemão bom é alemão morto". Primeiro, a Alemanha bombardeou a Grã-Bretanha de Millie, quase levando a nação britânica à bancarrota. Agora, o filho dela havia morrido lá, sem um médico que impedisse. Ela pensava o pior de todos e de tudo.

880 Ano 5, 1962: *Always be True*

O resultado da necropsia concluiu: a *causa mortis* foi um coágulo sanguíneo cerebral. O patologista forense requisitou o cérebro para exames mais aprofundados e acrescentou que Stuart havia sofrido uma hemorragia cerebral. Também informaram Astrid de que Stu sofria de uma condição rara, na qual o cérebro gradativamente se expande, causando pressão intracraniana. Ainda não existiam equipamentos capazes de diagnosticar esses sintomas. Ela ainda ficou sabendo que, se Stuart tivesse sobrevivido ao ataque convulsivo que o fez entrar em coma, "ele teria perdido a visão ou se tornado quase um zumbi, e não teria cura alguma para isso. Para ele, teria sido pior do que a morte".[8]

Em Liverpool, vários amigos de Stuart da época da faculdade de artes testemunharam que ele nunca tinha sido robusto – é lembrado, entre outros termos, como pálido, delicado, frágil, anêmico, propenso a levar tombos, alguém que vividamente previa sua morte precoce. Vinte anos depois, uma ideia adicional também ganhou terreno: a de que teria havido uma ligação entre a hemorragia cerebral de Stuart e a fatídica noite, no fim de janeiro de 1961, em que ele foi atacado por valentões, os chamados Teddy Boys, aquele incidente em Lathom Hall, no extremo norte de Liverpool, em que John fraturou um dedo ao socorrer Stu. A associação desses dois eventos acabou se tornando uma verdade tácita, mas é meramente hipotética.[9]

Na Chapel of Ease (Capela da Paz) de St. Gabriel, em Huyton, no dia 19 de abril de 1962, na Quinta-feira Santa que dava início ao fim de semana de Páscoa, teve lugar o funeral de Stuart Fergusson Victor Sutcliffe. Fora ali que a família Sutcliffe tinha se estabelecido após deixar a Escócia, três anos após eclodir a Segunda Guerra. Stuart participara do clube de jovens da igreja e, a partir dos 9 ou 10 anos, cantou no coral, até sua voz mudar.

John, Paul, George e Pete ficaram em Hamburgo, não enviaram flores nem condolências. Cynthia marcou presença, assim como Rod Murray, o amigo mais próximo de Stuart na faculdade de artes. Louise Harrison foi representando George. Pouca gente compareceu: Astrid e Klaus; Allan Williams e sua esposa, Beryl; Dick, o pai de Allan; e alguns membros da família. Rod Murray relata que havia apenas "uma salinha repleta" de pranteadores. Stuart foi enterrado no pacato cemitério atravessando a estrada, defronte à igreja. De acordo com as especificações do transporte aéreo, o caixão branco que ele queria não era permitido. O aviso fúnebre da família, publicado no *Echo* e na

"Ele facilmente poderia ter sido *o Beatle*" (10 a 13 de abril de 1962)

imprensa local, afirmava que Stu morreu "Após muito sofrimento bravamente suportado" e concluía com as palavras de Jó 1:21: "O Senhor o deu, o Senhor o levou".[10]

Astrid buscou apoio moral e físico em Beryl Williams – embora, por alguma razão, ela tenha se hospedado com Millie e as filhas dela, no apartamento da família Sutcliffe, em Sefton Park. Todos enfrentavam um período de alta turbulência que, revela Astrid, culminou com Millie acusando-a de ter *assassinado* Stuart. Como já havia feito anteriormente, Astrid soou o alarme, Allan e Beryl acorreram para resgatá-la das águas revoltas e a hospedaram em Liverpool 8, ao sul da cidade, onde Klaus já estava alojado.

Em todos os sentidos, a morte de Stuart Sutcliffe foi de partir o coração.

Deixou uma obra artística de tirar o fôlego, em variedade, quantidade e qualidade. Aos 21 anos, estava morto, mas condensou o trabalho de uma vida em poucos anos: um prodigioso legado de pinturas com paisagens, telas que retratam pessoas e motivos abstratos, além de colagens, desenhos com carvão, desenhos em monotipia, tudo executado numa diversidade de estilos e com o maior comprometimento. Nos últimos meses, trabalhara de modo prolífico, intenso e deslumbrante. Ele era, sob todos os aspectos, um talento.

Logo se tornou impossível descolar a vida e a obra de Stuart Sutcliffe da sombra pantanosa *dos Beatles* – mas, anos antes, os críticos de arte já tinham percebido seus dons: ele era o estudioso da faculdade de artes que, com apenas 19 anos, havia exposto uma obra na *The John Moores Exhibition Liverpool 2* (Segunda Exposição John Moores, ocorrida na Walker Art Gallery), elogio incontestável, ainda mais levando em conta que o próprio Moores arrematou a peça. Eduardo Paolozzi, pintor e escultor britânico que orientou Stuart em Hamburgo, refletiu em 1968: "Se tivesse sobrevivido, ele facilmente poderia ter sido *o Beatle*. Era imaginativo, ultrainteligente, aberto a tudo, não apenas à pintura ou ao pop, mas a todas as mídias e experiências possíveis".[11]

Todas as experiências possíveis – essa foi a dimensão da perda de Astrid, um fardo devastador para ser suportado aos 23 anos. "Stuart era uma pessoa muito, mas muito especial. Tinha uma sabedoria só dele, e uma habilidade de se entregar de corpo e alma, no que tange ao sentimento e ao amor. Éramos jovens e inocentes, e Stuart dava tudo o que tinha... Não era o tipo de pessoa capaz de esconder algo. Em tudo ele se entregava por inteiro, não só a mim, mas em sua devoção à arte. Conosco foi paixão à primeira vista, e ele é o único homem que, ao conhecer, tive certeza de que seríamos 'um só': ele seria eu e eu seria ele."[12]

Na formatação dos Beatles, Stuart teve um papel crucial. Como revelou em seu pseudônimo, Stuart de Staël tinha uma compreensão intuitiva da imagem, essencial para o desenvolvimento dos Beatles no biênio 1960-61. Juntos, ele e John elaboraram o nome dos Beatles, e sem Stuart talvez não tivessem adotado os cortes de cabelo de Paris, com suas características franjas, jaquetas sem colarinho e os compridos cachecóis pretos. O fato de que essas influências também vinham de Astrid foi outra contribuição fulcral: ele foi a ponte que lhes transmitiu a inspiração e o estilo de Astrid, Klaus e Jürgen. O visual dos Beatles não teria ficado continental sem seus "amigos angelicais".

Por muitas razões, esse trio de alemães os amava, e os Beatles eram artísticos e receptivos o suficiente para, por si sós, entrarem em sintonia com eles. Porém, tudo foi desencadeado pelo fascínio inicial dos amigos por aquele moço cuja habilidade tocando baixo havia começado vacilante, mas acabou se tornando boa, e cuja presença de palco era *magnética* – o frágil James Dean de óculos escuros, o rapazola franzino de roupas em couro preto, grande baixo elétrico e expressiva interpretação de "Love Me Tender". Stu havia sido um Beatle porque sua alma gêmea, John, o quis ali ao seu lado, e só saiu porque sua vida já não pertencia a Liverpool, não porque o expulsaram. Em várias ocasiões, tinha sofrido enxovalhamentos, inclusive de John, mas *a vida é assim...*

Para John, a perda foi incalculável. Ele e Stu tinham compartilhado afinidades e um grau de honestidade exclusivo. Cinco anos depois, ele declarou: "Eu admirava o Stu. Confiava que ele ia me dizer a verdade, como confio em Paul hoje. Quando Stu me dizia que algo era bom, eu acreditava nele".[13] Afora isso, John nunca falou mais nada sobre Stu – mas se, por um lado, isso parece indicar um desejo quase único de manter seus sentimentos guardados e íntimos, na verdade, foi porque ninguém perguntou.* Sobre a amizade entre John e Stuart, Klaus Voor-

---

* Não era do feitio de John Lennon se esquivar de uma pergunta, mas nunca, nas centenas de entrevistas que ele deu, jornalistas ou radialistas trouxeram à tona o tema de seu melhor amigo, o Beatle tão talentoso que morreu jovem, aos 21 anos.

"Ele facilmente poderia ter sido *o Beatle*" (10 a 13 de abril de 1962)

mann observou que John se contentava em abrir mão do controle: "John nutria admiração por Stuart. Passava meio despercebido, mas era isso que eu sentia. E Stuart tratava John com condescendência... Não de um modo negativo, mas natural. John gostava mais do lado engraçado da vida, fazia piadas o tempo todo. Stuart também era divertido, mas levava as coisas mais a sério. Pude ler as cartas que os dois trocavam, e a sensação que temos é a de um sábio falando com alguém meio perdido: Stuart e John, respectivamente".[14]

Na temporada dos Beatles no Star-Club, ao longo das sete semanas, ficaria evidente o quanto a morte de Stuart afetou John. Esse evento terrível deu um quê de melancolia ao retorno deles a Hamburgo; mas, para os locais, o rock estava prestes a rolar de novo na Grosse Freiheit, e como nunca antes. Os Beatles estavam no lugar ideal para superar a difícil experiência da temporada anterior. Na última vez ali, Stuart era um deles; agora, ele estava *morto*, e não havia nada a fazer senão seguir em frente.

"Stuart morreu amando os Beatles, pondo fé e esperança em tudo o que eles fizeram", afirmaria Millie.[15] Na sexta-feira, 13 de abril, com o amigo ainda insepulto, só havia um jeito de honrar essa fé e esperança. Plugaram os instrumentos de novo e o público alemão ouviu mais uma vez os Beatles gritarem *one-two-three-four!*

28
É melhor virar a página
(13 de abril a 2 de junho de 1962)

O relato "Os Beatles na Alemanha", escrito por Brian Epstein sobre a inauguração do Star-Club, foi enviado pelo correio aos membros do fã-clube e reimpresso, palavra por palavra, no *Mersey Beat*. Em 250 palavras, o boletim definiu a cena como "uma temporada emocionante"... e Brian arrematou com notícias de última hora: a primeira apresentação britânica dos Beatles pós-Alemanha seria em 9 de junho, no Cavern. Estavam voltando para casa.

O comunicado não mencionava Stuart. Desde março passado, ele não tocava em Liverpool e, já que poucos fãs o conheciam, parecia inútil entristecer a primeira circular do clube com notícias tão chocantes.[*] Em Hamburgo, claro, isso não pôde ser evitado. Astrid foi incapaz de comparecer à estreia, ficou em casa, fazendo companhia a Millie, mas Klaus marcou presença. Isso foi na sexta-feira. Na tarde seguinte, decolaria o avião com Klaus, Millie, Astrid – e o caixão. Fazia nove meses que Klaus não assistia a um show dos Beatles, e o quinteto tão amado por ele havia encolhido para um quarteto. Algumas coisas, porém, nunca mudavam: era impossível desviar os olhos de um Beatle em particular.

Nessa noite de estreia no Star-Club, John subiu ao palco vestido de faxineira, imitou um deficiente arrastando uma longa tábua de madeira. Atravessou o palco, derrubou os microfones e parte do kit da bateria, voltou e começou a limpar os microfones. Espanou a axila de Paul e a de George. O clube veio

---

[*] Seja lá como for, os boatos correram soltos na imprensa. Consta no diário de Lindy Ness, em 12 de abril de 1962: "Fui à Caverna. Juntas de novo. Um grupo chamado Dakotas. Kate nos contou que Stu dos Beatles tinha morrido".

É melhor virar a página (13 de abril a 2 de junho de 1962)

abaixo de tanto rir – ninguém sabia que Stuart tinha morrido. Stuart era um desconhecido. Aquilo me deu calafrios, mas é isso que os palhaços fazem: dão um toque de humor à tragédia. Foi hilário.[1]

Novos incidentes com Lennon aconteceriam, o suficiente para formar a impressão de um jovem descarrilado pelas mortes que insistiam em afligir o seu caminho. Em 1962, ninguém conhecia o termo "estresse pós-traumático", caso contrário, John talvez tivesse recebido esse diagnóstico. Na época, não havia uma terapia para isso e os únicos comprimidos eram os branquinhos chamados *prellies*. Teve a sorte de estar num dos poucos lugares do mundo (o único em *seu* mundo) onde poderia ser *Lennon* sem enfrentar muitos problemas. Em três meses, Brian fez os Beatles rodarem muitos e muitos quilômetros, cada vez mais longe de Liverpool. Nas semanas seguintes, porém, exceto por uma ou outra excursão rápida, John e os outros passariam suas vidas – tocando, dormindo, comendo, bebendo, urinando, defecando, gritando, amando, apregoando e vomitando – nesse pequeno trecho da Grosse Freiheit.

O essencial era a constância – constância movida a Preludin, álcool, trabalho árduo e desempenho. Geralmente isso era lembrado da maneira mais difícil. No Indra e no Top Ten, os Beatles atuaram como atração única, tocando a noite toda, e no Kaiserkeller tinham sido uma entre duas atrações. Ali no Star-Club, se revezariam com outras duas e, às vezes, três bandas. No início, como John explicou numa carta para Cyn, tocaram três horas uma noite e quatro na outra, "coisa que na verdade não parece tanto", mas, com o passar do tempo, começaram a tocar só uma hora antes da meia-noite (no período anterior às 22h, para que menores de 18 anos pudessem assisti-los) e uma hora após a meia-noite. Sejam lá quais fossem as exigências, os Beatles as encaravam com força máxima, martelando suas cordas vocais e instantaneamente sofrendo da "garganta de Hamburgo". Uma carta escrita por Pete, três dias após o começo da temporada, dizia que John, Paul e George já tinham perdido a voz.[2]

De vez em quando, seria útil ter um quinto homem para os apoiar. Roy Young cantava, tocava piano e órgão elétrico na banda residente. De quebra, fazia participações nos shows de outros artistas, incluindo os Beatles. Tinha o seu valor – tocava em pé, quase sempre sorrindo, e a lateral de seu piano de cauda ostentava seu nome em letras garrafais e cintilantes. Como Pete não trazia o nome "The Beatles" no bumbo, era como se fossem a Roy Young Band.[3]

Horst Fascher se encarregava de coordenar a entrada e a saída no palco e de garantir a pontualidade, dia após dia. Conta que, na primeira noite, bebeu até altas horas, em companhia de John e Brian. Após uns drinques, Brian ficou sonolento e acabou cochilando na mesa. John, que engolira mais *prellies* do que qualquer outro e não estava apenas acordado, mas *com a corda toda*, derramou um copo de meio litro de cerveja na cabeça e no pescoço de Brian. Brian acordou atordoado, ele e John se digladiaram verbalmente, com vozes exaltadas, e então Brian escapuliu para o hotel dele, humilhado, enquanto John rugiu por mais umas horas, tagarelando histericamente. Brian fez questão de não mencionar esse fato em seu relatório para o fã-clube.

Desde a noite de inauguração, o Star-Club havia se tornado o local de eventos de rock número um de Hamburgo. O Top Ten permaneceu aberto, dando oportunidade a bandas interessantes por muitos anos, mas o Star-Club sempre roubava as manchetes e os astros. Não era um bar, nem um clube de dança com música ao vivo, era um salão de rock – ou, no vernáculo de 1962, rock'n'twist (em Hamburgo, como em tantas partes do mundo, qualquer música beat era "twist", mesmo que não fosse). Antes não havia um local como este. Por isso o Star-Club – dominado por grupos de rock de Liverpool, Inglaterra – lançou as sementes da mudança na cultura juvenil da Alemanha Ocidental. Isso não teria sido possível sem clubes como o Kaiserkeller, o Indra e o Top Ten, e tudo isso poderia ser rastreado até o dia em que, dois anos antes, Allan Williams apareceu no bar de Bruno Koschmider com uma fita que não tocava. Além disso, no que diz respeito aos Beatles, esses clubes anteriores foram mais cruciais para a evolução da banda. Contudo, o destinatário final de todas as honras de Hamburgo nos anos 1960, visto em panorama histórico, seria o Star-Club.

Do outro lado da rua, na diagonal, erguia-se o Kaiserkeller, ambiente da grande *punkfest* dos Beatles em 1960, e pertinho dali, na esquina, ficava o alojamento dos músicos, no segundo andar de um clube de striptease, na 30 Grosse Freiheit. Aos Beatles, coube um quarto com dois beliches – Paul e John num (Paul no alto), George e Pete no outro. Dessa vez, tinham um banheiro disponível, fato inédito em se tratando de Hamburgo, evitando a necessidade de ir tomar banho

É melhor virar a página (13 de abril a 2 de junho de 1962)

na casa de Astrid ou em banheiros públicos. Mesmo assim, logo o mau cheiro empestou o quarto.

Nas primeiras semanas da casa noturna, os Beatles foram os artistas mais bem pagos, a atração principal. Toda semana assinavam o recibo, e cada um embolsava DM 425 em dinheiro, cerca de £ 38. Isso era ainda melhor do que seus cachês em Liverpool, sem falar que as despesas de viagem e de acomodação eram por conta do contratante. Todos os quatro enviaram dinheiro para casa, ficando só com o suficiente para se sustentar. A maioria dos drinques era por conta da casa, mas as refeições eram caras. O dono do Star-Club, Manfred Weissleder, descontou na fonte a comissão de Brian Epstein, ou seja, 15% (os DM 425 dos Beatles originalmente seriam DM 500). Assim, Brian, enquanto esteve com eles em Hamburgo, também assinou e recebeu contracheques, quatro diárias de DM 75, um total de DM 300 na semana. Quando não esteve por perto, o valor se acumulou e foi pago depois, numa bolada só.

Os funcionários de Weissleder desfrutavam de um nível de proteção raro em St. Pauli. Para os músicos britânicos – jovens, longe de casa, em uma turma, usando e abusando de álcool, sexo e pílulas e, às vezes, se metendo em confusão –, esse detalhe era inestimável. Quem ousasse ameaçá-los de violência tinha que enfrentar represálias imediatas de Horst, Uwe e Fredi – os irmãos Fascher. Um dos orgulhos de Horst era ser capaz de nocautear as pessoas, e Fredi adorava dar cabeçadas. O fato de ser baixinho e ter que ficar na ponta dos pés não o impedia de acertar o alvo. As vítimas (que talvez só tivessem discordado de uma conta de bar levemente inflada) eram expulsas, cambaleantes, numa barafunda de sangue. No entanto, os três irmãos eram todos bons filhinhos que amavam a mamãe deles, e contam que Mama Fascher lavava as cuecas e as camisas dos Beatles fervendo tudo num caldeirão.[4]

Cabia aos Fascher resolver as situações periclitantes criadas por John Lennon. Fredi acalmava os clientes que não curtiam serem chamados de *nazistas malditos*. Ou, na delegacia, Horst pagava a fiança para evitar que John visse o sol nascer quadrado. "Era difícil passar um dia sem acontecer algo bizarro", revela Horst, "mais do que em todos os anos anteriores juntos".[5] Com o tempo, algumas histórias seriam floreadas e "romantizadas", mas o fato é que John se aproximou, de modo alarmante, das fronteiras da (in)sanidade mental. Logo atrás de John no consumo de *prellies*, George sabia, melhor do que a maioria, das sequelas de tomar muitos, por muito tempo, e como a combinação de pílulas, bebida alcoólica e vários dias de insônia causava alucinações e conduta extrema. Certa ocasião, George conta que ele, Paul e Pete, deitados em seus beliches, tentavam dormir quando John entrou no quarto, em estado alterado. "Uma noite, John entrou e, ao ver que Paul estava na cama com uma mina, pegou uma tesoura, cortou todas as roupas dela e começou a desferir tesouradas no guarda-roupa. Todo mundo ficou deitado na cama pensando: 'Puta merda, tomara que ele não me mate'. [Ele] Espumava pela boca, como um doido... sabia como se 'divertir'."[6]

Os amigos de John já estavam bem acostumados a lidar com ele. Afora o risco de serem mortos em suas camas, não havia amigo melhor. Receavam por suas vidas, mas ainda o amavam. De jeito nenhum sairiam dessa para outra banda. John era apenas *John*, e a "adoração ao herói", que Paul e George nutriam por ele, continuava plenamente intacta.

Qualquer influência calmante que Cynthia pudesse exercer estava fora de alcance (embora ela também ficasse perdida na hora de controlar esses excessos). Naquele ano, as namoradas não foram convidadas a visitar os Beatles em Hamburgo. Doze meses antes, três casais tinham subido à plataforma da imponente torre esverdeada em Hauptkirche St. Michaelis e gravado seus nomes na balaustrada de madeira: *John + Cyn, Paul + Dot, Stu + Astrid*. Agora, Stu estava morto, Astrid estava no funeral dele, e Cyn e Dot não eram bem-vindas. Entretanto, boas-novas chegavam. Quando John deixou Liverpool, Cyn se preparava para seus exames finais do quinto ano da faculdade de artes, procurando ativamente um lugar para morar, talvez uma quitinete. Queria deixar a cômoda segurança da casa da tia para o que seria seu primeiro lugar de independência: John sabia que na volta dele, no início de junho, ela estaria esperando por ele num espaço tão confortável quanto permitiriam os austeros móveis de quartos alugados de 1962. Seja onde fosse, nenhuma proprietária os deixaria morar juntos solteiros; por isso, ele continuaria morando com Mimi. Mesmo assim, o apartamento alçaria a relação dele com Cyn a um novo patamar, após três anos. Logo na semana seguinte à viagem dele a Hamburgo, ela escreveu para dizer que tinha alugado um quarto numa casa na Garmoyle Road, perto da Smithdown Road, e que Dot poderia morar com ela, para fazer companhia e dividir os custos.

É melhor virar a página (13 de abril a 2 de junho de 1962)

Todos os quatro Beatles escreviam para casa e também para as fãs que mandavam cartas a eles. Três ou quatro dias após chegar a Hamburgo, começaram a receber cartas de algumas fãs, correspondência cortejada abertamente no palco do Cavern na noite do fã-clube. Trouxeram a Hamburgo um maço das fotos publicitárias daquela noite e as usaram como cartões-postais, escrevendo ao redor de seus nomes impressos. Também trouxeram papel de carta e envelopes. Muitas dessas epístolas sobrevivem até hoje e transmitem a imagem vívida dos Beatles – especialmente de Paul – sentando-se todos os dias para, pacientemente, escrever cartas que se tornariam bens preciosos para suas empolgadas destinatárias em Liverpool. As cartinhas dele eram devidamente polidas e engraçadas. Começavam com agradecimentos e em seguida davam um instantâneo (censurado) sobre a vida dos Beatles em Hamburgo (à primeira vista, informativas, mas nunca diziam muita coisa). Por fim, um ou dois desenhos, e terminavam com algo tipo "é isso por enquanto. Com amor, Paul xxx". Essas cartas – para Louey, Suzy, Lindy, Anne, Susan e outras – têm um temperinho extra: "O clube em que estamos tocando é bom, mas não tão bom quanto Liverpool. O chefe é bom, mas vamos ficar contentes quando voltarmos... O dinheiro é a melhor parte... George está se sentindo bem agora. Acho que em breve vamos fazer uns discos e lançá-los em Liverpool assim que possível... Não vou me casar com nenhuma garota daqui, nem os outros".

Brian Epstein veio para a inauguração do Star-Club e passou uma semana em Hamburgo. St. Pauli também foi seu prazeroso jardim, a primeira chance para desfrutar de uma cidade europeia desde que assumira como empresário dos Beatles. Deve ter conferido as atrações culturais – galerias de arte e concertos de música clássica –, além dos botecos ordinários nas imediações da Reeperbahn.

Negócios a fazer em Hamburgo não lhe faltavam. Embora não fosse o empresário de Gerry and the Pacemakers, Brian marcou uma temporada para eles no Star-Club, em meados de maio, espécie de gesto de boa vontade, a uma comissão nominal de DM 50 por semana. E se encontrou com Bert Kaempfert para tratar do acordo de gravação com os Beatles, assinado em julho de 1961. Em março, Brian tinha formalizado por escrito o aviso prévio da rescisão. A partir desse aviso, estariam liberados após três meses. Brian pediu que Kaempfert antecipasse essa liberação, pois o contrato alemão poderia dificultar a realização de outro na

Inglaterra. Kaempfert aceitou isso, com uma condição: que fizessem novas gravações com Tony Sheridan antes de deixar Hamburgo, no início de junho. Porém, existe uma prova de que, nessa reunião entre os dois empresários em Hamburgo, também foi discutida a possibilidade de os Beatles gravarem um álbum inteiro, só deles, sem a participação de Sheridan.[7]

Um documento sobrevivente indica um plano para que gravassem 12 faixas num estúdio de Hamburgo, em 28/29 de maio, datas marcadas no finzinho de abril ou início de maio, após Brian deixar Hamburgo. Nesse papel, consta a assinatura de Kaempfert, indicando, presumivelmente, seu envolvimento como produtor: alguém tinha que fazê-lo, e, afinal de contas, ele já era uma estrela nos EUA. O custo da sessão foi estimado em DM 1.500 e, como o contrato de Kaempfert estava expirando, é provável que Brian pretendesse financiá-lo do próprio bolso e se tornar o proprietário das gravações, embora isso não esteja especificado. A correspondência dos Beatles em Hamburgo confirma que eles sabiam que um projeto de gravação estava em andamento e que Brian havia lhes garantido que faria tudo a seu alcance para que as faixas fossem lançadas na Grã-Bretanha. Não há registro de quais canções iam gravar.[8]

Na primavera de 1962, o mundo de George Martin estava mudando. Caiu fora de seu casamento fracassado e firmou relacionamento com Judy Lockhart Smith, sua amante de longa data e secretária na Parlophone. Entretanto, não havia perspectivas de amenizar o estresse – Sheena Martin se recusava a assinar o divórcio, ele ficou com o coração partido por abandonar os dois filhos pequenos, e seu salário na EMI, em vez de aumentar, pareceu diminuir, pois agora ele precisava pagar pensão à ex-mulher e aos filhos e, ao mesmo tempo, manter um apartamento de solteiro em Londres. A união de George e Judy continuou na surdina, não foram morar juntos porque coabitar antes do casamento não era aceitável. Diariamente os dois se viam no local de trabalho, o quarto andar da EMI House, e aproveitavam ao máximo as raras oportunidades de proximidade que surgiam.

Em seu trabalho, George também havia chegado a um momento decisivo. O contrato de três anos com a EMI estava prestes a expirar e talvez fosse hora de mudar de ares. Desde 1950, dedicara-se à Parlophone como funcionário, até que, em 1955, foi promovido a um dos gestores do selo. Não escondia, porém, sua insatisfação com a recusa da empresa em pagar royalties aos produtores, por mínimos que fossem. George começou a abrir o leque de atividades para ampliar a renda. Compôs vinhetas e jingles, e enfim realizou um sonho de infância: trabalhar na indústria do cinema. Atividades muito interessantes e envolventes, mas que não o remuneravam o suficiente para ele abandonar seu emprego na EMI.

Na tarefa de gravar discos, George primava pela excelência e originalidade. Todos os discos "pops" da Parlophone – o mercado de singles cujo público-alvo eram os adolescentes – eram produzidos por seu assistente Ron Richards, ou o colega gerente de A&R, Norman Newell, e o assessor dele, John Burgess; George já não lidava com isso, exceto como chefe do selo. Concentrava o foco numa gama exótica de gravações com sucesso consistente. No início de 1962, o destaque nas paradas era "The Hole in the Ground", do ator de cinema e teatro de revista Bernard Cribbins, que desbancou muitos twists e chegou ao seleto grupo das dez canções mais tocadas.

George dedicou semanas de trabalho a "The Hole in the Ground", e o resultado foi uma produção de primeira classe, amada por aficionados e ouvintes de todas as gerações: concisa (1 minuto e 50 segundos), cativante, inteligente e rítmica, um número moderno de *music hall* que aproveitava o gosto, tipicamente britânico, de ridicularizar a guerra de classes, uma sátira do operário de boina oitavada dando uma lição no executivo de chapéu-coco. Sir Joseph Lockwood, o presidente da EMI, ficou encantado: "O disco é magnífico! Por onde eu ando, o pessoal só comenta isso, em especial no centro financeiro", declarou ele num memorando de 21 de março a seu diretor da divisão de Discos, concluindo: "Devemos fazer um LP com esse artista". Mas o desejo de L. G. Wood de satisfazer o chefe foi bloqueado pelo produtor de Cribbins. Uma enxurrada de memorandos foi trocada, culminando com a afirmação de George Martin de que não deveriam ter pressa, pois o LP "deve florescer ao natural, como uma flor rara no deserto". Produtores que colocavam a arte antes do lucro comercial eram anátemas em um negócio voltado a capitalizar rapidamente o sucesso.[9]

A Parlophone, em razão de um mito já arraigado, era o empobrecido alvo de piadas da indústria fonográfica, perenemente a carta fora do baralho. Apesar disso, havia muito tempo vinha sendo (e, na primavera de 1962, claramente era) a gravadora mais eclética, diversificada e fascinante da Grã-Bretanha e do mundo. Para artistas com imaginação e originalidade, não havia lugar melhor que a Parlophone. Isso era um reflexo do homem que recrutava sua lista de artistas e do tipo de trabalho que ele queria fazer – George Martin contratava dissidentes, bobos da corte, doidos, magos, bons cantores e músicos talentosos. Também fez um compacto próprio, lançado sob o pseudônimo de Ray Cathode. No lado A, "Time Beat" mesclava um ritmo latino com a batida automatizada de um sinal de relógio da BBC-TV, criado no laboratório da Oficina Radiofônica. A maioria dos instrumentos da gravação era convencional, mas a reportagem da *NME* sobre o disco ganhou a manchete "SONS ELETRÔNICOS". Para enfatizar esse ângulo futurista, na hora de tirar as fotos de publicidade da EMI, George posou ao lado de um computador. Focado em impulsionar seu projeto, declarou à *Disc*: "A música eletrônica ou 'concreta' não chega a ser algo novo, propriamente dito. Ela está presente em discos pop. É música concreta reforçada pelos músicos... Por isso a estamos chamando de música concreta reforçada".[10]

A bancada do *Juke Box Jury*, que votou em "Time Beat a Miss", estava certa, mas nem sempre o caso era esse. A canção tornou-se um sucesso na estação Light Programme da BBC, merecendo igual tempo de rádio que "Double Scotch", "The Niagara Theme" e os discos de Cribbins, Drake, Bentine, Milligan e Sellers. O público britânico estava apreciando muito as ideias e a criatividade de George Martin, como compositor, produtor e criador de sonoridades.

Paralelamente, George concluiu suas duas primeiras trilhas sonoras para o cinema. O filme de baixo orçamento *Take Me Over* mesclava uma criatividade pitoresca com a música do Temperance Seven, já *Crooks Anonymous* é uma comédia criminal britânica com bom roteiro e elenco. Nenhum dos contratos pagou muito bem, £ 100 e £ 200, mas permitiram a George explorar uma nova mídia, compondo música incidental e frases musicais, bem como as canções-título. Tudo isso era um indicativo de uma influência maior de Judy – ela não só dava confiança a George, como também tinha contatos: os projetos chegaram até ele por intermédio do pai dela, Kenneth Lockhart Smith, que trabalhava na indústria cinematográfica britânica desde o fim dos anos 1920 e então presidia o *Film Producers Guild* (Sindicato dos Produtores de Filmes).[11]

Esses projetos eram peixes pequenos, no entanto, comparados às atividades extramuros de Norrie Paramor. George criticava seu colega da EMI de forma con-

É melhor virar a página (13 de abril a 2 de junho de 1962)

tundente por se envolver em tantas coisas ao mesmo tempo e por se esconder atrás de nada menos que 36 identidades falsas em canções que ele obrigava os artistas a gravar nos lados B dos compactos. Isso não era justo do ponto de vista moral, na opinião de George. A capacidade de Paramor alcançar o número 1 em quase todos os discos que ele lançava e o modo como a EMI alardeava os sucessos do colega também despertavam ciúmes em George. Os dois colegas recebiam salários parecidos na EMI, mas enquanto George mal e mal mantinha a cabeça acima da água, Norrie tinha casa na praia, em Sussex, uma lancha no píer e um novíssimo Jaguar E-Type na garagem. Além disso, contava com agente de publicidade próprio e um imóvel recém-adquirido na Bishop's Avenue, uma das vias residenciais mais badaladas de Londres, a caminho de Hampstead Heath.[12]

Em março, ao ser procurado por um jovem repórter de TV que buscava informações de bastidores sobre o funcionamento do negócio de discos, George não se conteve. Aos 22 anos, David Frost, recém-formado em Cambridge, trabalhava no programa de atualidades *This Week*, da AR-TV de Londres – sua mais recente tarefa era investigar uma possível reportagem sobre os LPs. George Martin era o principal produtor musical conhecido por todos os cérebros aguçados que emergiam das universidades, então Frost conseguiu o número dele, telefonou e o convidou para um modesto almoço de £ 1 1s 6d, e não parou de fazer perguntas. Até aprendeu algumas coisas sobre a produção de álbuns... Porém estava mais interessado em ouvir como certas pessoas, e um produtor da EMI em particular, se locupletavam por meio dos discos de seus artistas. George sentiu que havia chegado a hora de expor seu colega. A matéria a respeito de LPs acabou não sendo veiculada no programa *This Week*, mas Frost guardou as denúncias para um possível uso futuro.[13]

No primeiro semestre de 1962, primavera no Hemisfério Norte, George Martin sentou-se com L. G. Wood. O assunto: renovação de contrato – ou não. "*Sempre* achei que os produtores deveriam receber royalties", conta ele. "Eu estava disposto a receber um salário menor se pudesse ganhar uma proporção do que vendíamos, como os vendedores ganhavam. Isso me deixou muito irritado. Pensei até em não renovar contrato."[14]

Em geral, George nutria respeito por seu diretor administrativo, mas a relação deles era complicada. Eficiente e sagaz guardião das regras, Len Wood, o diretor da EMI, era um cordial ex-soldado que andava sempre na linha, não entendia os rebeldes e não apreciava desafios a um sistema que estava claramente funcionando. Na mesa dele repousava um novo contrato trienal para George Henry Martin, 36 anos, e, no que lhe dizia respeito, certos elementos eram inegociáveis. O salário beirava as £ 3.000, e no decorrer desse triênio superaria tal montante. Numa batalha ferrenha, George se esforçou ao máximo para ganhar royalties, mas Wood permaneceu firme, fazendo seu trabalho a bem da empresa. Ceder seria abrir um precedente – as gravadoras americanas até podiam pagar "pontos", mas nenhuma empresa britânica desejava abrir essa caixa de Pandora. Dar o braço a torcer agora significava fazer novas concessões mais tarde.

Quando George deu sua última cartada – "Vou ter que sair, então" –, Len Wood respondeu friamente, como George relataria: "Se prefere assim, fique à vontade".[15]

George *não podia* sair. Precisava de cada libra do seu salário. Tinha muitas obrigações, e mesmo um curto período sem emprego teria sido desastroso. "Renovei contrato com a EMI por mais três anos", conta ele, "ou seja, até 1965".[16]

No fim de semana de 23 a 25 de março, em meio a todos esses eventos, George tinha um compromisso inusitado: representar a EMI num "festival de música ao vivo e gravada", em que o público assistia a palestras sobre discos de gente ilustre do ramo. O evento teve lugar no Norbreck Hydro, grandioso resort e hotel nas falésias sobre Blackpool. Naquela semana, George estava com três hits nas paradas da *NME* (Bernard Cribbins em 7º, Matt Monro em 15º e "The Dr Kildare Theme", de Johnnie Spence, em 19º). Excelente, exceto pelo fato de que Norrie Paramor tinha quatro, incluindo os dois primeiros lugares.[17] George subiu ao púlpito e, com o apoio de um gramofone à mão, fez a palestra "O Humor em Disco", detalhando seus projetos com gente espirituosa, como Michael Bentine e Peter Ustinov. A palestra rendeu a George sua primeira cobertura de primeira página no *Eminews*, o jornal interno da EMI; o texto mencionava que ele também discorreu sobre como a embaixada da Índia o ajudara a encontrar um tocador de cítara para *Songs for Swingin' Sellers*. Um detalhe que o jornal *não* relatou: essa foi uma das raras ocasiões em que George sentiu que era legítimo trazer junto sua secretária. Assim, os dois desfrutaram de uma intimidade difícil de obter em Londres. De uma forma ou de outra, L. G. Wood ficou sabendo e não gostou nem um pouco. Aos 51 anos, frequentador da igreja, levava uma vida de princípios. Ficou

É melhor virar a página (13 de abril a 2 de junho de 1962)

chateado com o caso extraconjugal de George e Judy e ofendido porque acontecia bem debaixo de seu nariz. Um de seus colegas do departamento de A&R lembra que foi "um escândalo".[18]

Nas últimas semanas, o sr. Martin tinha causado muitos incômodos ao sr. Wood. O diretor administrativo andava contrariado com várias coisas. Com a insistência para mudar a política de não royalties. Com todo o processo de renovação de contrato. Com o solene desdém de Martin no caso do LP de Bernard Cribbins, decepcionando até o presidente da empresa. Mas a contrariedade virou ira ao descobrir o caso de Martin com a secretária; não é improvável que tenha ficado sabendo disso por meio do sr. Paramor.[19]

Demiti-lo não era uma opção – George Martin era brilhante em seu ofício e pessoalmente respeitado por Sir Joseph –, mas Wood pelo menos encontrou um jeitinho de mostrar seu desagrado. A oportunidade surgiu durante uma reunião rotineira com Sid Colman, gerente-geral da Ardmore & Beechwood, a editora musical da EMI. Colman indagou novamente por que Wood não os havia autorizado a fazer a gravação – concebida por seu divulgador musical, Kim Bennett – com a banda de música beat de Liverpool, aquela que compunha suas próprias canções. Wood, como era do seu feitio, continuou irredutível sobre isso... mas um pensamento alternativo, um meio-termo, começou a amadurecer em sua mente, como Bennett explica:

> Passou um bom tempo desde que tive a ideia de contratar os Beatles. Semanas. Então, um dia, Sid apareceu na porta do meu escritório, sorriso no rosto, esfregando as mãos. E me disse: "Acabei de falar com Len Wood ao telefone: enfim, vamos fazer o nosso disco". Um breve e aturdido silêncio depois, perguntei: "É mesmo? E quem vai produzir isso então?". [E ele disse] "George Martin."
>
> O disco dos Beatles seria feito em *deferência* a Sid, um gesto de boa vontade para com Sid Colman. Até que enfim, Len se curvaria aos nossos desejos.[20]

O motivo de Wood, como Bennett observou, não era dar um contrato de gravação aos Beatles, mas sim conceder à Ardmore & Beechwood os meios para obter a sua meta, ou seja, os direitos autorais sobre "Like Dreamers Do", a canção de Lennon-McCartney que, na opinião de Bennett, tinha potencial de sucesso. Disso resultou que os Beatles assinariam um contrato com a EMI, e um dos gerentes de A&R da EMI teria de gravar o disco deles – e justo quem Wood escolheu para a tarefa? George Martin. Independentemente de quem os contrataria na EMI, os custos ainda caberiam à empresa, não ao homem de A&R pessoalmente, mas seria um valor mínimo, com o possível benefício da receita sobre a publicação musical e a venda de discos.

Algo um pouco constrangedor para George, mas nada de mais. Não conhecia pessoalmente os Beatles e o pouco que ouviu deles o deixou "nem um pouco entusiasmado". Mas, ao receber a ordem "Contrate essa banda", não lhe restou alternativa. Ron Richards estava ciente da situação: George foi compelido a aceitar os Beatles "em razão do caso dele com Judy". Foi isso, também, que chegou aos ouvidos de Norman Smith, o engenheiro de som em Abbey Road. "L. G. Wood não aprovava que as pessoas tivessem casos extraconjugais, e com certeza não aprovou o fato de George estar saindo com a secretária. De jeito nenhum. Era uma ofensa a seus padrões morais. Na prática, a ordem para George gravar um disco com os Beatles partiu de L. G."[21]

Nada disso teria acontecido se Brian não tivesse ido a Londres, segundo John Lennon, "tentando bajular e agradar todo mundo". Nesse caso em específico, a visita dele à loja da HMV, onde converteu a fita em discos de acetato, e suas reuniões de esperançosa polidez com Sid Colman e George Martin. Mas se, por um lado, Brian continuava focado em fazer *algo* para conseguir um contrato de gravação para os Beatles, por outro, esses esforços agora ficaram em segundo plano – já estavam no fim de abril, início de maio, e desde fevereiro muita água tinha passado embaixo da ponte.

Mesmo assim, em decorrência de toda essa fantástica e fortuita combinação de fatores – sobre a qual Brian possivelmente nunca ficou sabendo, e os Beatles com certeza nunca souberam –, a porta da Parlophone Records, antes fechada para eles uma vez, talvez até duas vezes, agora se entreabria.

Ao voltar de Liverpool e do calvário que foi o funeral de Stu, Astrid recebeu a visita de John e George na imponente e espaçosa residência na 45a Eimsbütteler Strasse, em Altona, bairro suburbano de Hamburgo. Pete não foi porque não ia a lugar nenhum com eles e nunca tinha visitado a casa, Paul não foi porque *não pôde* ir.

Esta maravilhosa foto, uma das primeiras coloridas da banda, captura provavelmente a primeira apresentação de George com John e Paul. Tirada em 8 de março de 1958 por Mike McCartney, de 14 anos, na festa de casamento do primo Ian, em Huyton. George, com 15 anos recém-completos, é oito ("nove") meses mais novo do que Paul; John tem 17 anos e, conforme Paul, estas bochechas coradas indicam um estado *etílico*.

John e Cynthia na Hope Street, primeiro semestre de 1960, o cabelo castanho-escuro de Cyn pintado de loiro dourado, à moda Bardot. O Ford Model Y, do colega da faculdade de artes Jon Hague, sustenta o peso de quatro pessoas. Ele está ajoelhado atrás de Cyn; atrás de John está Tony Carricker.

The Hurricanes em vermelho flamejante, Rory em turquesa-choque. Rumo à segunda temporada no Butlin's, fazem uma parada no Duncan's, os "Classic Tailors" de Liverpool, na London Road, em 29 de maio de 1961.

Hamburgo, finzinho de maio de 1962 – única foto conhecida que vincula os Beatles explicitamente às drogas. Paul, George e particularmente John divulgam um profundo conhecimento sobre o Preludin, anfetamina de emagrecimento – *prellies* para os conhecedores de Hamburgo e Liverpool.

Hamburgo de novo (agora, primeiro semestre de 1961), e o novo visual está completo: chapéus *twat* cor-de-rosa ornando topetes untados, jaquetas de couro pretas, calças de couro pretas enfiadas em botas texanas com detalhes prateados e dourados. "Três Gene Vincents" no terraço do Top Ten Club.

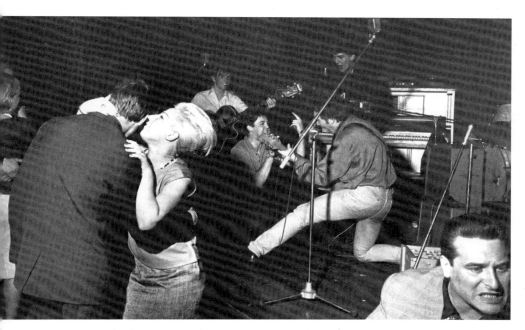

Lennon *und* McCartney *mach Schau*, casais trocando carícias e um osso duro de roer. À direita, Wilfrid Schulz: *Der Pate von St Pauli* (O Poderoso Chefão de St. Pauli), o rei do submundo de Hamburgo, que sempre escapava das garras da polícia. Top Ten Club, abril-junho de 1961.

Brian Epstein em 1961, meses antes de oferecer aos Beatles seus préstimos de empresário, protetor, incentivador e amigo.

Kim Bennett, incansável e persistente divulgador da Ardmore & Beechwood, editora musical da EMI, cujas novas ideias renderam aos Beatles seu contrato de gravação na Parlophone.

George Martin, desfrutando de um 1962 extremamente criativo, quando recebeu ordem para contratar os Beatles.

Dick James (aqui, de peruca, em seus primeiros dias de cantor na Parlophone), aguçado editor musical que assinou com Lennon-McCartney quando, no final de 1962, os direitos autorais ficaram subitamente disponíveis.

Pessoal de Hamburgo, 1961

Stuart e Astrid, enamorados e noivos, fotografados por Jürgen Vollmer (à direita), o jovem alemão apaixonado por Paris e prestes a se mudar para lá, enquanto o outro "amigo angelical", **Klaus Voormann** (foto de Astrid), compra o baixo de Stuart quando ele sai dos Beatles em junho.

Tony Sheridan, músico britânico talentoso, mas de pavio curto, que fez de Hamburgo sua casa e contou com os Beatles como seu grupo de apoio, no palco e nos discos... discos de verdade, feitos com o produtor **Bert Kaempfert**, o líder de orquestra que alcançou seu próprio número 1 nas paradas dos EUA, mas, de acordo com John, nunca entendeu os Beatles.

No modo *crip* total. "Les" Nerk Twins em Paris, outubro de 1961.

Unidos desde o início: Ringo e George no Tower Ballroom, New Brighton, 24 de novembro de 1961, durante um dos épicos eventos de rock promovidos por Sam Leach.

Agosto de 1961. Jovens secretárias, colegiais, balconistas, lojistas e cabeleireiros estagiários de Liverpool assistem aos Beatles na hora do almoço duas ou três vezes por semana, e duas ou três noites por semana. As plateias crescem rapidamente.

Paul, com a saída de Stuart, retoma claramente o mais elevado *status* nas atenções de John, aprofundando ainda mais a íntima amizade de quatro anos.

A câmera de Lou Steen também capturou o ápice de Pete – 5 de abril de 1962, durante a extraordinária Noite do Fã-Clube promovida por Brian. Os outros três tocam uma versão estendida de "Peppermint Twist" (com Paul na bateria e George no baixo de Paul). Pete vem à frente do palco, assume o microfone e dança o twist com Kathy Johnson, sua futura esposa.

Solo e subsolo: Mathew Street, Liverpool 2. Em 1961, pouca coisa mudou em relação ao cenário de 1925. Caminhões e os detritos do Mercado das Frutas (Fruit Exchange) fazem a ponte entre as décadas. O Cavern fica à esquerda, no subterrâneo, dezessete escorregadios degraus abaixo, única entrada – e única saída. É ali que os Beatles estão abalando os alicerces da cidade... e tirando um tempo para sua primeira sessão de fotos em Liverpool.

Casuais para a câmera, os Beatles no Cavern, julho de 1961, quando o fuliginoso porão de Liverpool se tornou a segunda casa da banda.

Agosto de 1961: Paul e John com Bob Wooler, o DJ local favorito deles, companheiro de bebida, compartilhador de pílulas e importante incentivador inicial. Wooler era o decano do ramo, um catalisador perpétuo dos jovens talentos musicais de Merseyside. Agora existiam mais de cem bandas, com os Beatles bem à frente.

Ringo e Johnny Guitar no segundo verão dos Hurricanes na rede Butlin's, Pwllheli, 1961. Com as noitadas no chalé – gatinhas em camas adjacentes – acabaram expulsos do acampamento.

John, George, Paul e Pete em sua primeira sessão de fotos em estúdio, 17 de dezembro de 1961. Iniciativa de Brian Epstein, o novo empresário da banda, que entrou em cena na hora "H" para impedir a separação dos Beatles. No início, o visual em couro era essencial para a estratégia de Epstein... mas quando chegou a hora de mudar, todos concordaram.

Mudança de traje, do couro para o *mod*: os Beatles exibem os novos ternos cujo design ajudaram a fazer. Março de 1962.

Ainda se recuperando da morte chocante de Stuart aos 21 anos, Astrid registra a visita de George e John à sua casa em Hamburgo, no sótão, onde Stu pintou de modo tão prolífico. Astrid escreve para Millie Sutcliffe, a mãe de Stuart: "Acho que George ainda nem acredita. John me pergunta: 'Por que não podemos nos encontrar com as outras pessoas no céu?'... e me disse que, por Stuart, ele iria para o céu, porque Stuart era um menino maravilhoso, e ele não é nada".

John e Lindy Ness do lado externo do Cavern, 7 de abril de 1962. "Ele se exibia para os outros rapazes dizendo que eu era sua 'chave de cadeia', mas na verdade ele era protetor. Eu estava em boas mãos." Foto de Lou Steen, colega de escola de Lindy e grande fã de Paul.

Rory and the Hurricanes na França, tocando rock para militares americanos, maio de 1962 – com Vicky Woods, acréscimo temporário porque os soldados exigiram colírio para os olhos. A essa altura, Ringo já tocou com os Beatles, adorou, e George o convidou para entrar na banda permanentemente. O período de Pete na banda está acabando.

Bailinho de sábado à noite no Hulme Hall, em Port Sunlight. É 7 de julho de 1962 e tudo está evoluindo com rapidez. No próximo show aqui, em 18 de agosto, os Beatles serão John, Paul, George e Ringo.

Pete da maneira como a maioria o descreve: cabeça baixa, pouco ou nenhum contato visual com os três vivazes companheiros de banda nem com suas plateias animadas. Foto tirada em 21 de junho de 1962 no Tower Ballroom, New Brighton, durante o primeiro grande evento promovido por Brian, quando ele fez dos Beatles a principal atração de apoio à estrela dos EUA Bruce Channel (do sucesso "Hey! Baby").

Terceira e última temporada de verão de Ringo, agora em Skegness. Ele parece entediado – e está. Já havia abandonado os Hurricanes uma vez e está prestes a abandonar de novo, agora de modo definitivo.

George e Paul no palco em Bootle e em New Brighton, março e junho de 1962. As roupas de couro ficaram no passado, e os artistas simplesmente seguiram em frente.

Outra das inestimáveis fotos de Lou Steen na primeira fileira do Cavern – John canta a plenos pulmões na inesquecível noite de Bem-vindos ao Lar, 9 de junho de 1962. Dos muitos fãs dos Beatles, vários gostaram do novo visual, outros não, mas ninguém arredou pé.

Se uma imagem vale por mil palavras, esta aqui vale por um milhão. Os meninos, fotografados por Brian Epstein na pista do aeroporto de Liverpool, em 4 de setembro de 1962, a caminho de gravar seu primeiro single em Londres.

Ensaio vespertino no estúdio Número 3. Mais tarde, em uma torturante sessão, no Número 2, vão gravar "How Do You Do It" e "Love Me Do". George tenta esconder o olho roxo (esquerdo).

28 de setembro de 1962, uma semana antes do lançamento de "Love Me Do" – com a história sob seus pés. Os Beatles numa faixa de terra entre a Saltney Street e a Dublin Street, subindo a estrada das docas. John não tem ideia de que está exatamente onde os Lennon se estabeleceram em Liverpool, três gerações atrás, outra família atingida pela fome generalizada na Irlanda.

É melhor virar a página (13 de abril a 2 de junho de 1962)

Astrid lhes mostrou o ateliê de Stuart e a foto que ela tirou do noivo ali, uma face iluminada pela janela do sótão, a outra na penumbra. John perguntou: "Pode tirar uma foto minha ali?". E Astrid tirou. Ficou em pé, na mesma posição que seu falecido amigo; ela o orientou a virar a cabeça até ficar no mesmo ângulo e, então, acionou o obturador. O resultado é a mais comovente das fotos, um instantâneo revelador, que dizia e sempre dirá muito.[22]

Nessa tarde, foram tiradas outras fotos memoráveis – John sentado, sozinho, o rosto em meia-sombra; outra igualzinha com George; John e George em pé, lado a lado; e uma de George em pé, com John sentado, o corte de cabelo e o estilo Beatles muito nítidos. Hoje, Astrid investiga essas fotos e enxerga verdades. John era "um mocinho solitário" e George, aos 19 anos, "mostrava tanta força em seu semblante que parecia estar dizendo a John: 'Vou cuidar de você'". Ela os presenteou com gravuras que, segundo John, "deixaram Paul morrendo de inveja".[23]

Astrid só voltou ao trabalho dois meses depois, mas George e John a incentivaram a passar no Star-Club para vê-los tocar. "Na primeira vez que os vi no palco sem Stuart, fizeram tudo o que podiam para me fazer rir", lembra-se ela. "Naquela noite, foi John quem cantou 'Love Me Tender', que Stuart sempre cantava."[24] Nas profundezas de sua dor compartilhada, John e Astrid conversaram mais agora do que em qualquer outro momento, e ela encontrou em Lennon outras qualidades que a aspereza dele tendia a esconder.

> Conversamos longamente sobre a vida, sobre relacionamentos, sobre ele e Stuart, sobre a nossa perda. Ele me disse: "Você tem que decidir: ou morre junto com Stuart ou toca a sua vida em frente. Seja honesta e decida. Não pode só ficar chorando o tempo todo, precisa reagir". Quem me falou isso foi o verdadeiro John – não em tom suave e doce, mas muito franco, com a voz forte, e me fez pensar no assunto. Realmente me ajudou a me recompor. Foi a primeira vez que mostrou que me amava.[25]

Astrid também ansiava pelo afeto de Millie Sutcliffe. Depois do funeral, uma luz de esperança bruxuleou na escuridão que era o relacionamento delas. Astrid escreveu cartas a Millie e suas filhas, com desculpas pelo inglês precário (na verdade, os progressos dela eram admiráveis, levando em conta que só começou a ter

Ano 5, 1962: *Always be True*

contato com a língua um ano antes). Fazia desenhos, descrevendo-se para Pauline e Joyce como "irmã mais velha de vocês" e chamando Millie de "mãe"; numa carta, ela escreveu: "Então, mãe, espero que não esteja com raiva de sua pequena Astrid. Não fiz nada de errado".

> John... Ah, mãe, ele anda com o humor péssimo, simplesmente não consegue acreditar que o nosso amado Stuart nunca mais vai voltar. Vive aos prantos. Os Beatles, em especial John e George, são grandes amigos de Stuart. Fazem de tudo para me alegrar um pouco. Eu nem sabia que tinha tantos e bons amigos. Cynthia me escreve o tempo todo cartas muito bonitas, mas John é maravilhoso para mim. Diz que conhece tanto Stuart e o ama tanto que consegue me entender. Klaus ainda cuida de mim no lugar do amigo dele Stuart. Nunca me deixa sair sozinha.

> A mãe do George contou a ele tudo sobre o funeral e mandou os jornais. Acho que George ainda nem acredita. Por que não podemos nos encontrar com outras pessoas no céu? John me pergunta isso... e me disse que, por Stuart, ele iria para o céu, porque Stuart era um menino maravilhoso, e ele não é nada.[26]

John não mencionou Stuart em suas inúmeras cartas a Lindy Ness. Ela enviou a primeira carta e recebeu uma resposta imediata, e a amizade deles rapidamente adquiriu outra – e interessante – dimensão por meio da correspondência. As cartinhas dela eram repletas de trocadilhos espirituosos, e John respondia na mesma moeda, rabiscando o tipo de mensagem que costumava enviar a seu falecido amigo. Isso deu a ele continuidade, só moderando ligeiramente o palavreado para uma menina de 15 anos, embora ela fosse esperta o suficiente para entender sem reclamar, nem se ofender. John enviou a ela divagações em formato epistolar, repletas de afirmações ilógicas, piadas, frases engraçadas atribuídas a negros, judeus e deficientes, desenhos deformados e imagens de crucificação. Um desses desenhos a lápis mostrava uma pessoinha numa cruz enorme, e um vendedor olha para cima e pergunta: "Prefere um tamanho menor, senhor?". Embaixo da cruz, havia uma porta.

Em sua primeira carta, John também escreveu: "Essa Terra dos Hunos é um saco... Quer dizer, não é tão ruim assim. Posso apostar que, quando voltarmos, dificilmente ainda existirá alguma fã dos Beatles... Talvez você *und* (e) Lu (Louy?

É melhor virar a página (13 de abril a 2 de junho de 1962)

Louie? Louey? Lauta)". Como sempre, ele estava angustiado com a possibilidade de que as meninas se dispersassem na ausência deles, e Lindy garantiu que não fariam isso. Relatou inclusive que algumas fãs dos Beatles tinham criado um grupo de reunião informal e se encontravam todas as quartas-feiras à noite, no Odd Spot, um bar-cafeteria, para trocar fotos, comparar as cartas e os cartões-postais que tinham recebido. Coletivamente, todas elas, como membros do fã-clube, recebiam um boletim de Hamburgo; individualmente, escrutinavam as cartas umas das outras para obter informações extras, comparavam o número de beijos e se esforçavam para atrair o máximo de afeição de seus ídolos. "Transmita meu amor às Odd Spotters", disse John em um de seus inúmeros cartões-postais. "Espero que consiga ler isso... Dei uma escapada para escrever." A Odd Spotter (frequentadora do Odd Spot) Margaret Douglas resume o sentimento de todas elas: "Achávamos fofo que os Beatles nos escrevessem assim, desenhando rostinhos engraçados e tudo mais. Foi muito atencioso da parte deles. A gente trocava ideias sobre as cartas e os cartões que enviávamos aos Beatles, discutíamos o que iríamos dizer a eles quando chegassem em casa e imaginávamos o quanto eles deveriam estar adorando Hamburgo. Presumíamos que estavam vivendo no luxo por lá, e só muito tempo depois descobrimos que se hospedavam em cortiços".[27]

As semanas foram passando no pecaminoso bairro St. Pauli. Aos poucos, os Beatles se reconectaram à velha sensação de estarem fartos – e à ocasional escapadela rumo à praia. Manfred Weissleder lhes emprestou seu terceiro carro, um Fiat. Não fazia calor suficiente para tomar banho de mar, por isso só perambulavam na areia e tiravam o cheiro de Hamburgo das narinas. "George vai dirigindo, às vezes eu", explicou Paul numa carta a Bobby Brown. Resumindo: os dois brigavam pela chave do carro; Paul ainda não tinha sido aprovado no teste de direção, então George geralmente vencia e acelerava o carrinho italiano emprestado, com quase todos a bordo, nas rodovias alemãs.

Pete nunca participou dessas excursões e continuou vivendo de forma independente. Na primeira visita dos Beatles a Hamburgo, talvez os outros tenham imaginado que o novo componente, Pete, queria se isolar e fazer suas próprias coisas. Na segunda viagem, ele já estava na banda tempo suficiente para saberem que esse era o jeito dele. Um ano depois, na primavera de 1962, o padrão se consolidou com a rigidez de uma rocha. Até mesmo seus interesses em comum fora do palco – bebidas e mulheres – eram perseguidos separadamente. À exceção de ocasiões excepcionais, Pete bebia com gatinhas, não com os Beatles.

Era fácil obter sexo. Pete chamava o Star-Club de "um bom lugar para afogar o ganso", mas sempre com três preocupações em mente. Primeira preocupação: doenças venéreas. Comentou isso abertamente numa carta a um amigo de Liverpool: "Por aqui o cara deve ter muito cuidado na hora de trocar o óleo. O problema é que, do jeito que elas se atiram em cima da gente, é impossível resistir... Ainda mais depois de tomar umas e outras. Seja como for, no momento estou me esforçando ao máximo para não levar pra casa nenhuma 'você sabe o quê'... Pensando bem, até que vale a pena correr o risco, porque sinto calafrios só de pensar em voltar a Liverpool e ter que encarar aquelas 'coisas' que se autodenominam garotas nos clubes".[28]

Segunda preocupação: gravidez. Tinham medo de engravidar as moças, mas tomavam pouco ou nenhum cuidado para evitar isso. Durante essa viagem a Hamburgo, Paul brincou com fogo ao ficar íntimo de uma garçonete do bairro St. Pauli, Erika Wohlers, também de 19 anos. Diga-se de passagem, um fogo lento: em dezembro de 1962, ela deu à luz uma filha, Bettina, e, dois anos depois, ela insistiu que Paul era o pai, dizendo que a menina tinha nascido dois meses prematura. Mais tarde, ficou provado que Paul não era o pai, mas facilmente poderia ter sido. *

Terceira preocupação: Horst Fascher. Apesar de toda a suposta liberalidade do bairro St. Pauli, a legislação alemã ainda tinha a *Kuppeleiparagraph*. Essa antiga lei dava aos tribunais o poder de punir qualquer cidadão flagrado em ato de facilitar a relação sexual antes do casamento, inclusive locadores e donos do prédio onde isso ocorria. Só muito esporadicamente isso era fiscalizado, mas um desses períodos foi justamente o primeiro semestre de 1962. Uma noite, Fascher, revestido do cargo de sentinela sexual, flagrou John transando com uma moça no apartamento dos Beatles. Incapaz de separar a dupla horizontal por qualquer outro meio, abriu o zíper e... fez pipi em um *Piedel*. Só parou de urinar em cima deles quando John,

---

* Nos anos seguintes, vários desses casos espocariam, em sua maioria, repelidos com convicção, outros, contestados com mais cautela. Devido à forte possibilidade de a reivindicação de Erika Wohlers ser legítima, o dinheiro da pensão foi pago (sem julgamento de mérito ou admissão) a partir de 1966. O acordo permaneceu confidencial até a filha vir a público em 1981, buscando uma recompensa muito maior. Ela exigiu que Paul McCartney fizesse exames de sangue – ele fez e foi constatado que Paul não era o pai.

É melhor virar a página (13 de abril a 2 de junho de 1962) 901

furioso, se ergueu num pulo. Mas, até mesmo no calor do momento, achou melhor não enfrentar um cara que já tinha sido preso por homicídio culposo.[29]

O principal ponto de encontro de músicos e garotas que *davam* era uma pequena área do Star-Club, demarcada pelas próprias garotas. "Éramos umas 20, 25 meninas", diz Marga Bierfreund. "Ficávamos num lugar perto do palco que a gente chamava de *Ritzenecke*, ou 'Cantinho da Fenda'. As bandas trocavam todos os meses e, antes que soubessem o que estava acontecendo, já tínhamos feito a divisão entre nós – 'Este é meu, aquele é teu.'"[30] Marga não se interessou pelos Beatles – ela os achou grosseiros e desarrumados e não captou o senso de humor deles –, mas muitas se interessaram.

Sem falar nas garçonetes do Star-Club, que ficavam em sua própria zona e se mantinham longe da *Ritzenecke*. Várias delas eram íntimas dos Beatles. Paul ficava com Heike Evert, conhecida como Goldie (Dourada), e John teve um rolo com Bettina Derlien. Chamada pelos músicos ingleses de Big Betty, era linda, de carnes fartas: por razões que ninguém sabe, seu peso tinha aumentado para 127 kg. Pete conta que ela colocava a cabeça dele entre os seios colossais – "Excelente maneira de ficar surdo por alguns segundos" –, e a própria Bettina sempre falou que Paul a fazia pentear o cabelo dele, todas as noites, sem parar. Mas o amor da vida dela era John, seu preferido, e corriam boatos sobre eles na cidade. O pessoal tinha a impressão de que a relação era unilateral, com Bettina tentando seduzir John, mas ninguém sabia ao certo. Como Tony Sheridan diz: "Nunca pensei que eram amantes, mas a verdade é que ninguém descobriu. O pessoal me indagava: 'O que é que ele está *fazendo* com ela?'".[31]

Opulenta em todos os sentidos, assim era Bettina: cabeleira em gigantesca colmeia, inglês instrumental, personalidade vasta, aguçado senso de humor e voz que ribombava do bar ao palco, surfando por cima de todos os outros sons. Quando o assunto era presentear John, dinheiro não lhe faltava: roupas, sapatos e *prellies*... De vez em quando, a voz dele ecoava no microfone do Star-Club, um rouco, sujo, esfumaçado e insinuante grito de "BETTINAAAHHHH!".

Não há nenhum guia confiável sobre as canções que estavam tocando em Hamburgo. Numa extensa carta a Bobby Brown – incorporada no Boletim Informativo nº 1 do fã-clube –, Paul relatou que "os alemães gostam principalmente de rock:

'What'd I Say', 'Say Mama', 'Dizzy Miss Lizzy', 'Hey! Baby' etc."; a última indica que John tocava harmônica para o público de Hamburgo. Pela primeira vez em suas três visitas, os Beatles tiveram o benefício de uma "corda de salvamento" musical – toda semana, Brian enviava de Liverpool a *NME*, e quinzenalmente o *Mersey Beat*, além dos mais recentes lançamentos em discos. Como de costume, os Beatles pretendiam se atualizar com todos os novos lançamentos perdidos, se acotovelando nas cabines de audição da Nems quando voltassem, mas no caso de dois novos compactos de 45 rpm, Brian achou que iam gostar, então já os enviou: Shirelles e Joe Brown and the Bruvvers.

Aproveitando a deixa, os Beatles introduziram "A Picture of You" no setlist. Era a quinta música de Joe Brown que eles tocavam, embora não fosse um disco de comédia, mas uma cativante e rítmica canção de country & western. Claro, o vocalista era George, e ficou emocionado ao saber que logo se encontraria com seu herói musical: na carta que acompanhou o disco, Brian revelou que os Beatles fariam dois shows com Brown and the Bruvvers em Merseyside, em julho.

O outro compacto enviado de Liverpool também era uma aposta certa – o novo e dinamitado compacto das Shirelles, produzido e coescrito por Luther Dixon, um 45 rpm com dois lados (*double-sided*). John, na ânsia por algo novo, pegou as duas canções: o lado A, "Soldier Boy", em que a moça canta e promete ser fiel ao namorado em missão no exército (os Beatles não fizeram adaptações ao gênero da letra), e o lado B, um embalo ao estilo de Ray Charles, "Love is a Swingin' Thing".

Dia após dia, a chegada do correio era um momento importante, trazendo aos Beatles não só discos, jornais e notícias de Brian, como também cartas e mensagens de pais, namoradas e fãs. Quem acordasse primeiro ia ao clube buscar a correspondência e, no meio da tarde de quarta-feira, 9 de maio, George se encarregou da tarefa. Trouxe um telegrama com a notícia mais fantástica de todos os tempos: *tinham conseguido um contrato de gravação.*

Com a ausência dos Beatles em Liverpool, Brian se concentrou, de modo ininterrupto, no futuro deles.

Colocou em prática sua ambição de se tornar o *promoter* de seus próprios shows. As duas noites de julho com Joe Brown e os Beatles seriam precedidas,

É melhor virar a página (13 de abril a 2 de junho de 1962)

cinco semanas antes, por seu primeiro empreendimento: um baile no dia 21 de junho, no vasto salão da New Brighton Tower, com a participação do cantor Bruce Channel, um astro nos EUA. De novo, os Beatles seriam a segunda maior atração do evento, e o nome deles ganharia quase o mesmo destaque nos materiais de publicidade. Ele também estava recheando a agenda dos Beatles com shows em junho e julho, seis ou sete noites por semana, e esboçando um itinerário até outubro – e fez tudo isso sozinho, porque seu assistente pessoal, Alistair Taylor, deixou a Nems em abril.[32]

Numa carta a Neil Aspinall na segunda-feira, 7 de maio, Brian deu duas notícias auspiciosas. Primeira: conseguiu para os Beatles uma nova gravação na BBC em Manchester, ou seja, apareceriam no rádio, em rede nacional, pela segunda vez. Segunda: estava a caminho da capital de novo. "Estou indo a Londres esta semana. Tenho horário na EMI e espero, com toda a sinceridade, ter boas notícias para contar quando nos vermos na sexta-feira."[33]

O escritório da Parlophone tinha entrado em contato, sugerindo que Brian descesse para uma reunião, e as palavras dele indicam uma expectativa favorável (embora fosse apenas uma intuição). George Martin o receberia na quarta-feira, 9 de maio, às 11h30, na Abbey Road.

Três meses antes, os dois tinham se conhecido. George não se comoveu com o som dos Beatles e, a certa altura, sentiu-se um pouco incomodado com Brian – mas não antipatizou com ele.

Dessa vez, George tinha boas-novas: daria aos Beatles um contrato para gravar na Parlophone.

Os fatos por trás dessa reunião de 9 de maio seriam enfeitados com tanta eficácia que nenhum dos dois tocou muito no assunto, mas alguns elementos do que aconteceu podem ser reunidos com exatidão.[34]

Primeiro, é evidente (e crucial para tudo o que aconteceria depois) que George Martin pensava coisas boas de Brian Epstein e Brian Epstein pensava coisas boas de George Martin. Havia um apreço mútuo e permanente, em termos de propósitos, métodos, ética e articulação, e isso começou nesse encontro. Posto isso, George não pensava no *futuro*. Não foi dele a decisão de assinar com os Beatles e ele queria repassá-los diretamente a Ron Richards. Na breve reunião, com menos de 45 minutos, explicou várias coisas.

Na maior parte do tempo, George resumiu a Brian a essência dos termos. Seria o contrato de gravação da EMI – o mesmo assinado com Cliff Richard, The Shadows, Adam Faith, Helen Shapiro e quase todos os outros, muito semelhante ao padrão adotado pelas demais gravadoras.

- No primeiro ano, a EMI se comprometia a gravar um mínimo de seis "lados" (canções), em geral, para serem lançados no formato de três singles. A EMI seria a proprietária das gravações, com direitos exclusivos de produção e reprodução.

- Todos os custos de gravação, inclusive o tempo de estúdio, seriam arcados pela EMI.

- Não haveria "adiantamento" de royalties. A taxa de royalties era de um *penny* por "disco de dois lados" (single), sobre 85% das vendas, paga trimestralmente.[*] Os LPs, calculados proporcionalmente, equivaliam a cerca de seis ou sete singles.

- O contrato de quatro anos só vinculava a EMI no primeiro ano. Se a empresa optasse por renovar, os royalties teriam aumentos gradativos, em quartos de *penny*, até o teto de um *penny* e meio.

- O contrato valia no mundo inteiro. Metade dos royalties predominantes seria paga por vendas de discos fora da Grã-Bretanha.

Se George não avisou Brian que "ninguém fica rico com um contrato de gravação", é porque seria chover no molhado. Todos no ramo sabiam disso, e um simples cálculo poderia confirmar. No caso dos Beatles, esse *penny* que receberiam em 85% das vendas teria que ser dividido em cinco partes: 15% para Brian, e o restante, dividido entre John, Paul, George e Pete. Se vendessem mil discos, receberiam 15 xelins cada um. Se conseguissem vender um milhão de cópias – façanha só alcançada por artistas no auge da fama e da carreira –, cada um receberia £ 750. Se isso acontecesse nos EUA – o que era, obviamente, um improvável *absurdo* –, seriam £ 375.

---

[*] Os 15% restantes seriam destinados "a cobrir discos devolvidos e/ou danificados em trânsito e/ou usados para fins de demonstração ou publicidade".

É melhor virar a página (13 de abril a 2 de junho de 1962)

Concluídos os esclarecimentos sobre o contrato, os dois compararam agendas e definiram a primeira data de gravação dos Beatles para dali a 28 dias, quarta-feira, 6 de junho. Das 19h às 22h, sessão padrão de três horas, e era recomendável chegar um pouco antes. Brian invadiu as férias dos Beatles, mas sabia que eles teriam aceitado a oferta de George Martin sem hesitar. Poderiam até ensaiar com uns dias de antecedência, para estarem na ponta dos cascos.

Esse trabalho de base seria essencial, porque George avisou a Brian que gostaria de avaliar as habilidades vocais dos Beatles individualmente. Até agora, tudo o que tinha ouvido deles era o acetato com "Hello Little Girl" de um lado e "Till There Was You" do outro. Os rótulos, na caligrafia de Brian, atribuíam a primeira canção a John Lennon & The Beatles, e a segunda, a Paul McCartney & The Beatles, e George Martin precisava determinar para qual lado os Beatles iriam. Afinal de contas, todas as bandas vocais eram "Alguém e os Alguma Coisa". Se ele explicou esse pensamento a Brian, ninguém sabe, mas Brian deixou a reunião sabendo que George queria testar, um a um, os vocalistas da banda. Parece que George também pediu para ouvir outras canções, diferentes das que já tinha ouvido, que – como ele afirmaria – não o deixaram nem um pouco entusiasmado.

Por fim, discutiram como o material seria promovido. Morando em Liverpool, os Beatles estavam muito distantes da divulgação da EMI. Por isso George disse a Brian que ia chamar um ou mais fotógrafos para ficarem à disposição no dia 6 de junho e tirar umas fotos durante as gravações.

E fim de papo. Reunião encerrada. Um aperto de mãos entre Brian e George selou o fim da reunião. George falou que ia encaminhar os trâmites burocráticos. Em duas semanas, Brian receberia o contrato pronto para ser assinado.

Até que enfim! Brian não conteve a empolgação. A primeira promessa dele aos Beatles estava cumprida. Obter um contrato de gravação era o passo mais importante rumo a torná-los as mais grandiosas das estrelas que, Brian sabia, eles se tornariam. A data era 9 de maio de 1962. Exatos seis meses antes, em 9 de novembro de 1961, ele assistira, pela primeira vez, a um show deles no Cavern. Meio ano depois chegaram a esse momento. O contrato, Brian escreveria, era "o suprassumo, para nós, a melhor coisa que poderia acontecer".[35]

Ansioso para dar a notícia, saiu dos estúdios, atravessou a faixa de segurança da Abbey Road e rumou direto à agência dos correios de St. John's Wood, na

Circus Road. Telefonou aos pais dele e enviou dois telegramas. Um para Bill Harry noticiar no *Mersey Beat*:

GARANTIDO CONTRATO PARA BEATLES GRAVAR COM EMI NO SELO PARLAPHONE DATA DA 1ª GRAVAÇÃO MARCADA PARA 6 DE JUNHO. BRIAN EPSTEIN

Se os erros textuais foram causados pela empolgação de Brian ou um telegrafista atrapalhado, não sabemos; a outra mensagem foi para o Star-Club em Hamburgo, aos cuidado dos Beatles. Esse telegrama se perdeu logo depois, mas, cinco anos mais tarde, sua redação seria lembrada por Pete assim:

PARABÉNS MENINOS EMI SOLICITA SESSÃO DE GRAVAÇÃO POR FAVOR ENSAIEM MATERIAL NOVO[36]

Foi um dia movimentado para os entregadores de telegramas. De acordo com as lembranças de Brian, ele recebeu mensagens de ao menos três Beatles.

[John] QUANDO VAMOS FICAR MILIONÁRIOS

[Paul] POR FAVOR ENVIE DEZ MIL LIBRAS DE ROYALTIES COMO ADIANTAMENTO

[George] POR FAVOR ENCOMENDE QUATRO GUITARRAS NOVAS[37]

George revelou os sentimentos deles em algumas cartas que enviou às mocinhas de Liverpool, fãs que escreveram para ele e foram recompensadas com respostas expressivas. Numa carta de três páginas a Margaret Price, ele contou: "Todos estamos muito contentes com a Parlophone, pois é uma grande oportunidade para nós. Vamos ter que trabalhar duro e torcer por um sucesso, seja lá o que formos gravar (ainda não sabemos o que o produtor vai querer)".

George tocou no ponto crucial. O fato de terem conseguido um contrato com a Parlophone, mesmo sabendo que outros selos da EMI já os tinham recusado, já era algo enigmático. Seja lá por qual motivo, agora tinham um contrato... Mas seriam direcionados a qual tipo de canção? Até onde os Beatles sabiam sobre o

É melhor virar a página (13 de abril a 2 de junho de 1962)

negócio de gravação londrino, com base no que liam nos semanários e ouviam nas conversas com outros músicos, eram sempre as gravadoras que escolhiam o material. Qual seria a preferência da Parlophone para os Beatles? Gravar as canções que melhor executavam no palco? Aprender uma canção de outro compositor? Uma velharia escolhida pelo gerente de A&R? Ou material *novo*, composto por alguém do A&R ou, quem sabe, por um compositor da Tin Pan Alley?

Se dependesse deles, John e Paul estavam decididos a tomar as rédeas desse assunto. "Por favor, ensaiem material novo", indicava o telegrama de Brian. Interpretaram isso como "por favor, *componham* material novo", e foi aí que a parceria Lennon-McCartney para a composição de letra e música efetivamente renasceu.

As três canções de autoria própria que John e Paul enfim tinham começado a tocar – de modo relutante e inseguro – no fim de 1961 eram coisas antigas, de 1957-59. Recentemente, tinham feito novas composições – Paul, "Pinwheel Twist", John, "Ask Me Why" –, mas todo o restante era antigo. Não compunham juntos havia dois anos e a maior parte do material deles era mais antiga ainda: foi em 1958 que preencheram um caderno de exercícios escolares com palavras e letras de acordes formados "olho no olho", na sala de estar de Paul e na varanda envidraçada de John. Eles chamaram essas canções de Composições Originais Lennon--McCartney, mas, desde então, elas escassearam.

Em maio de 1962, na segunda semana do mês, tudo isso mudou. Nesse instante, John Winston Lennon (21 anos, 7 meses) e James Paul McCartney (19 anos, 11 meses) se entreolharam, e o que viram? Ambição, determinação, ousadia, anseio, personalidade, talento e ego, e se *atiraram*.

Três semanas depois, ao deixarem Hamburgo, tinham duas canções prontinhas para levar a Londres em 6 de junho, canções não só rabiscadas no papel, mas ensaiadas – esperavam que uma delas, ou quem sabe as duas, fossem boas o suficiente para que a Parlophone as incluísse no primeiro compacto dos Beatles.

Voltaram aos trabalhos de composição revisitando uma das antigas. John e Paul sentiam que "Love Me Do" era a melhor entre suas primeiras canções, embora só agora tivessem decidido revivê-la. A canção tinha sido composta principalmente por Paul, em 1958, sob a mágica influência de Buddy Holly. Em 1962, Paul e John tinham outro corpo de canções de amor para inspirá-los – o ritmo do selo Tamla e a alma de Smokey Robinson, as melodias alegres de Goffin e King, o *groove* das Shirelles de Luther Dixon, e, algo decisivo nesse caso em particular, o blues de Arthur Alexander e o som das harmônicas de James Ray e Bruce Channel. Em 1958, "Love Me Do" era puro Holly, em 1962, pura gaita de boca; não deixou de ser EUA, mas migrou do campo à metrópole.

Originalmente composta em Lá, um tom alto, "Love Me Do" foi remodelada em Sol, o que conferiu a ela, instantaneamente, um quê de blues – embora (à exceção de sua linha de baixo de três notas) a canção permanecesse acústica. A letra simples, em primeira pessoa – basicamente, "por favor, me ame, porque sempre vou te amar" – foi embelezada com um novo contraste, "*Someone to love, somebody new/ Someone to love, someone like you*" (Alguém para amar, alguém novo/ Alguém para amar, alguém como você), e ao ser indagado sobre a canção, nove anos depois, John lembrou-se vagamente de ter contribuído com essa parte.[38] Também elaboraram um singelo arranjo vocal: Paul e John cantaram em harmonia, cabendo a Paul o registro mais agudo.

Em uma entrevista à *Melody Maker*, em 1963, John explicou que havia um método claro em seu pensamento quando o assunto era harmônica: "Foi pouco depois de lançarem 'Hey! Baby'... [e] esperávamos ser o primeiro grupo britânico a usar a gaita de boca num disco".[39] O instrumento alterou radicalmente a sonoridade de "Love Me Do".

O andamento da canção foi outra diferença importante: antes, o ritmo animado, ao estilo de Buddy Holly, agora, mais cadenciado, condizente com sua atmosfera de blues. Optaram também por outra pequena mudança, sugerida por Pete. O trabalho em "Love Me Do" foi desenvolvido nas horas vagas, no alojamento dos Beatles. Era importante que todos aprendessem e Pete estava lá. Deu uma sugestão e os outros acataram. "A ideia era criar um contraste (*middle-eight*) para a canção", lembra Pete, "e eu disse 'Que tal colocarmos a batida ricochete?'".[40] Essa batida (*skip beat*) era uma flutuação no andamento, uma acelerada que conduzia à ponte vocal e, mais tarde, de novo, antes do contraste instrumental. Apesar de estranha, a ideia deve ter soado boa o suficiente. John e Paul a aceitaram.

Uma semana depois de "Love Me Do", surgiu outra nova canção: "PS I Love You". Essa foi uma criação de Paul... "mas", qualificou John, "acho que nós ajudamos um pouco. A intenção dele era compor uma 'Soldier Boy', a faixa das Shirelles". A influência de "Soldier Boy" se cristalizou no formato: "PS I Love You" é

É melhor virar a página (13 de abril a 2 de junho de 1962)

uma carta cantada em voz alta – o remetente está viajando e envia uma mensagem de amor à namorada que ficou em casa.[41] Talvez Paul tenha inspirado o seu verso de abertura, "*As I write this letter*" (No momento em que escrevo esta carta), na balada de Pat Boone, o sucesso "I'll Be Home", canção favorita da família McCartney ao se mudarem para o novo lar (20 Forthlin Road) em 1956: o verão feliz que precedeu o horror do outono em que a mãe dele faleceu. Do ponto de vista instrumental, "PS I Love You" é levemente latina, ritmo em muita evidência na música pop nessa época, já utilizado por Paul em outras canções com ele no vocal, como "Besame Mucho", "The Honeymoon Song" e "Till There Was You". John também gostava: foi uma influência em "Ask Me Why", que – com "Love Me Do" e "PS I Love You" – lhes deu três novas canções para tocar na Parlophone.

Parte dessa atividade foi testemunhada por Gerry and the Pacemakers ao chegarem de Liverpool para começar sua própria temporada de sete semanas no Star-Club ("São 24 músicos dormindo no mesmo quarto, mas somos ingleses", escreveu John num cartão-postal a uma fã). Vieram de van e trouxeram com eles Bernie Boyle – o jovem amigo dos Beatles havia largado o emprego no Mercado das Frutas para passar umas semanas em Hamburgo, não sem antes perguntar a Brian Epstein se poderia trabalhar na Nems quando voltasse – Brian disse que podia. A presença de mais liverpudlianos em Hamburgo só aumentou a diversão e aguçou o espírito competitivo dos Beatles – induzindo John a sentir que precisava se tornar ainda mais ultrajante. Ele protagonizou mais duas histórias malucas nas últimas três semanas de maio – uma delas é o incidente em que ele teria "urinado em freiras".

Onze anos depois, John tocou no assunto numa carta: "(...) alguns incidentes em Hamburgo concernentes a urinar em público e algo semelhante... [sobre os quais] não vou entrar em detalhes, porque os 'mitos' são mais interessantes (e histórias não faltam por lá)".[42] Falar desses acontecimentos, já bastante magnificados em 1973, a ponto de John os descrever como "mitos", se tornaria um clichê nos anos seguintes, tendo como maior vítima a verdade. Mas que *algo* aconteceu, aconteceu.

Todos eles já falaram nisso. Paul reconhece alguma exatidão na história mais ampla, mas refuta sobretudo a manchete principal. "A história de que os 'Beatles urinaram em freiras' está longe de ser verdadeira. Estávamos hospedados nesse lugar em que você tinha que descer uns cinco lances de escada para ir ao banheiro, então às vezes mijávamos pela janela... O bom e velho hábito medieval inglês! E um dia, bem na hora em que estávamos mijando, umas freirinhas estavam subindo a rua. Elas nem nos viram, mas alguém as viu, os jornais se aproveitaram, e a coisa de piada virou fato."[43]

George concordou em parte, dizendo: "John não mijou nas freiras... Nós mijamos por cima da sacada, na rua deserta, às 4h30 da madrugada". Mas acrescentou, espirituosamente: "Éramos livres para mijar em qualquer pessoa que quiséssemos, se quiséssemos, mas na verdade nunca fizemos isso".[44]

Pete – ou, é claro, seu escritor-fantasma da Fleet Street, quartel-general da imprensa britânica – focou na participação de John e ajudou a transformar o caso em lenda. Comentou sobre a "manifestação anticlerical" de John contra "quatro adoráveis freirinhas", concluindo que "Lennon abriu o zíper e borrifou sobre as quatro irmãs um minidilúvio de um céu sem nuvens". Licença poética.[45]

Outros relatos são numerosos, mas raramente de alguém que de fato presenciou o ocorrido. Uma dessas testemunhas oculares foi Bernie Boyle: "Eu estava lá nesse incidente do 'mijo nas freiras', mas não tenho ideia se John acertou uma freira ou não... Ele só estava mijando na rua, lá da sacada do apartamento deles, em plena manhã de domingo, na hora que o pessoal estava indo à missa. Talvez a história tenha sido enfeitada, mas algo aconteceu, porque eu vi".[46]

Em 1971, John entrou em pormenores durante uma entrevista. "Há um grande exagero nas histórias de Hamburgo, como aquela em que nós 'urinamos em freiras' e coisas assim. O que realmente aconteceu foi que tinha uma sacada no apartamento e nessa manhã dominical todos nós apenas mijamos na rua enquanto o povo ia pra missa. E umas freiras vinham subindo a rua, a caminho da igreja. Bairro das boates, manhã de domingo, o povo circulando e três ou quatro caras mijando na rua. Nada além disso."[47]

Embora "três ou quatro" deles tenham aliviado a bexiga, reza a lenda que foi só *Lennon*, e esse detalhe parece ter se consolidado com rapidez. O xis da questão deixou de ser "ele fez isso ou não fez?" e se tornou "quem prestou queixas"? Horst Fascher, que alega ter estado presente, explica que as freiras chamaram a polícia. Manfred Weissleder colocou panos quentes e "pagou 500 marcos para as pessoas limparem suas roupas" (onde se lê "pessoas" e "roupas", leia-se "freiras" e "hábi-

É melhor virar a página (13 de abril a 2 de junho de 1962)

tos"). Pete garante que o problema se resumiu a dois policiais com sorrisinhos nos lábios enquadrando John com "a mais branda das repreensões".[48]

Na realidade, não houve nada. Só mais tarde, o incidente chegou aos ouvidos do sacerdote Albert Mackels, da paróquia de St. Joseph, cuja ordem de freiras de St. Elizabeth já havia sofrido perseguições outrora. Em seu devido tempo, ele tomaria as providências necessárias.

A outra história selvagem está envolta em menos dúvidas ou contradições. Para Bernie Boyle, foi só parte do entretenimento: "Uma noite, no Star-Club, John subiu ao palco trajando capa, chapéu e um assento de privada no pescoço. Estava fora da casinha". Segundo o próprio John, isso aconteceu "na presença de Gerry and the Pacemakers e de toda a galera de Liverpool. A gente não queria *nem saber*. Eu subia ao palco de cueca, ou com um assento de privada em volta do pescoço, e tudo que é tipo de apetrecho, todo alucinado. E eu fazia um solo de bateria, instrumento que eu não dominava, com Gerry Marsden tocando".[49]

À luz dessa descontração toda, alguém pode facilmente esquecer que os Beatles eram uma banda profissional. Recém-contratados por uma gravadora, estavam em Hamburgo cumprindo outro contrato assinado, fazer um trabalho de primeira qualidade, como a principal atração da noite, por duas ou mais horas, coisa que fizeram. E, apesar de todos os contratempos – vômito, pílulas, bebidas e garotas –, eles eram melhores do que bons. Les Maguire, dos Pacemakers, admite: "Quando você assistia aos Beatles, sabia que estava vendo algo especial, mesmo se não soubesse definir bem o que era. Eles eram *diferentes*. Sempre havia uma competição entre os grupos, e sabíamos que existia um abismo entre eles e nós". Os Beatles deram muito lucro a Manfred Weissleder, mais do que suficiente para ele afirmar que os queria de volta em breve (responderam que isso era com o empresário deles).

Alguns talentos promissores também estavam de olho. A primeira banda de música beat de Hamburgo, The Bats (com a qual Stuart Sutcliffe tinha tocado), foi seguida por uma segunda, The Rattles. No nome e no estilo musical – guitarras e harmonias vocais –, a influência era óbvia. Frank Dostal, que mais tarde se tornou guitarrista dos Rattles, entrou em sintonia imediata com os Beatles. "No palco, eram descontraídos e, ao mesmo tempo, enérgicos e bem-humorados. Sua mescla especial de rock'n'roll com música negra era uma novidade para as plateias alemãs.

Na Alemanha, era impossível comprar discos de bandas negras como as Shirelles, então ninguém as conhecia."

Outro futuro Rattle, o baterista Reinhard "Dicky" Tarrach, salienta que os Beatles "foram os primeiros caras que eu vi conversando com o público. As outras bandas só diziam: 'Obrigado, a próxima música é', mas os Beatles contavam piadas no palco. Eram inteligentíssimos e, como tinham namoradas alemãs, misturavam alemão e inglês na fala. John Lennon colocava um assento de privada no pescoço. Divertiam-se com essas coisas, e isso nos inspirou a contar historinhas e a interagir com o público".[50]

Tarrach achava que os Beatles tocavam bem com Roy Young, mas não com Tony Sheridan. "Para mim, não funcionava", frisa ele. "Sheridan era como o Velho Mundo, e eles estavam a caminho do Novo." Só metade da velha e impressionante combinação ia avançar. Antes disso, porém, tinham um compromisso final a cumprir. No estúdio.

As últimas gravações de "Sheridan e Beatles" foram feitas nessa época, em 24 de maio. O outro plano de Brian Epstein foi abandonado – os eventos em Londres indicavam que não havia necessidade de os Beatles gravarem um LP independente em Hamburgo – mas Bert Kaempfert não abriu mão de aproveitar sua última chance antes de liberá-los de seu contrato de 1961.

SESSÃO DE GRAVAÇÃO

Quinta-feira, 24 de maio de 1962.
Studio Rahlstedt, Wandsbek, Hamburgo.
GRAVAÇÃO: "Swanee River"; "Sweet Georgia Brown".
Somente faixas de apoio a Tony Sheridan; ordem de gravação desconhecida.

Tirando uma ou outra noite avulsa em 1967 ou 1968, nunca houve sessão mais descartável ou esquecível dos Beatles do que essa, o último suspiro de um contrato expirando, bizarro último tango em Hamburgo, com o líder de orquestra, o alemão de 38 anos, arranjador-produtor Bert Kaempfert.

Os Beatles tinham se empolgado com as gravações de junho de 1961, mas agora não havia motivo algum para estarem ali. Por sua vez, Kaempfert tomou

É melhor virar a página (13 de abril a 2 de junho de 1962)

decisões tão estranhas que, das duas, uma: ou não sabia o que fazer com eles ou foi persuadido a não fazer quase nada. Não há provas disso, mas talvez ele tenha discutido a sessão com Brian Epstein, com Brian expressando o desejo de que nada substancial fosse gravado – porque isso resume, de modo enfático, o que realmente aconteceu. Em 1962, Kaempfert usou menos os Beatles do que em 1961, embora fossem a atração principal do programa do Star-Club, e a EMI tivesse assinado contrato com eles.

John e Paul não mostraram a Bert suas novas canções, e Bert só mostrou clássicos aos Beatles: deveriam *dar o ritmo* às históricas canções americanas, "Sweet Georgia Brown" e "Swanee River", com Tony Sheridan no vocal principal. Curiosamente, porém, Kaempfert e Sheridan já tinham gravado esses números – estavam no recém-lançado álbum *My Bonnie* – e não tinha lógica regravá-las podendo ter feito outra coisa. Kaempfert morreu em 1980 sem que ninguém tenha solicitado uma explicação para o raciocínio dele por trás disso. Para complicar, documentos mostram que as duas faixas seriam lançadas num compacto de 45 rpm, mas isso não aconteceu: a fita de "Swanee River" foi perdida antes mesmo de ser lançada, e "Sweet Georgia Brown" com os Beatles, embora tenha sido lançada, se tornaria dificílima de encontrar – apareceu num EP na Alemanha Ocidental e em formato de 45 rpm na Grécia.

A sessão foi no Studio Rahlstedt, novas instalações para gravação de som no bairro de Wandsbek, perto do centro da cidade. Por razões hoje esquecidas, é quase certo que Sheridan não estava presente (gravou os vocais em *overdub*, duas semanas depois, em 7 de junho), mas mesmo assim a gravação foi feita por um quinteto: John, Paul, George, Pete e Roy Young – e Bernie Boyle como espectador. "Swanee River" não pode ser avaliada, porque a fita está perdida, mas "Sweet Georgia Brown" dá uma indicação das atividades: os músicos fizeram o acompanhamento musical da faixa, com Paul no baixo, John na guitarra base, Roy no piano e Pete na caixa. George não tocou, mas ele e Paul fizeram os vocais de apoio.

O som da sessão foi quase idêntico ao obtido em junho de 1961 e nas gravações posteriores que Kaempfert fez com Sheridan: era *Bertbeat* – nítido, cortante, ordenado, clinicamente limpo. Os músicos entregaram uma faixa de acompanhamento de competência perfeita... mas novamente Kaempfert negou a Pete a maior parte de seu kit de bateria. Dessa vez ele nem sequer chegou a tocar nos pratos, só na caixa (apesar disso, saiu-se bem e manteve o ritmo).

Desde o dia em que trabalhou com Pete, em 1961, Kaempfert também fez valer a disciplina com outros bateristas – na maioria das gravações dos "Beat Brothers", a percussão foi limitada, e ele obviamente não queria bumbo em seus discos. Mas o que ele fez com Pete – obrigá-lo a usar somente a caixa – foi algo inédito, coisa que ele não tinha feito com mais ninguém. Em três compromissos de estúdio, essa era a terceira vez que o trabalho de Pete não era apreciado nem considerado confiável. Segundo Roy Young, "Pete realmente não conseguia satisfazer as expectativas como baterista de estúdio". E acrescenta que John, Paul e George já tinham sondado a opinião dele sobre Ringo, sabendo que os dois tinham tocado juntos na banda do Top Ten, no início do ano. "Uma noite sentamos para tomar uns drinques e me perguntaram o que eu achava do Ringo. Claro, eu respondi que era um baterista excelente. Ringo era um metrônomo."[51]

No dia seguinte, 25 de maio, cinco assinaturas foram firmadas à tinta numa folha única datilografada: Kaempfert, J. P. McCartney, G. Harrison, J. W. Lennon e R. P. Best. Era o último documento que os Beatles assinariam sem a presença do empresário... E em Liverpool, nesse mesmo dia, ou perto, Brian Epstein empunhou a caneta e assinou um *novo* contrato de gravação, que se tornaria mais histórico e mais vigoroso: o acordo com a EMI.

George Martin teve pouco tempo ou razão para refletir muito sobre sua iminente contratação: "The *Beattles*". Com Matt Monro, supervisionava novas e excelentes sessões, e voltou a trabalhar arduamente, dando a Bernard Cribbins a continuação ideal a "The Hole in the Ground". Planejava mais gravações envolvendo o programa *Beyond the Fringe*; agendou para 23 de maio a gravação de um LP conceitual, com Spike Milligan, Peter Sellers, Peter Cook e Jonathan Miller, uma sátira do filme de guerra *A ponte do rio Kwai*, projeto épico por si só. De quebra, após um bom tempo, fazia sua primeira incursão na música "pop", tentando imitar o sucesso de "Johnny Remember Me", do ator John Leyton, que alcançou o número 1 nas paradas, pegando carona em sua participação em uma novela de TV. George apostou as suas fichas em Leo Maguire, de 24 anos, da novela *Compact*, da BBC. No enredo, o personagem dele se tornava uma estrela pop; o hit de Maguire seria "Crying for the Moon", cuja gravação foi produzida por George no Estúdio Abbey

É melhor virar a página (13 de abril a 2 de junho de 1962)

Road Número 2, em 15 de maio. Nas telinhas, o momento estelar seria nos dias 5 e 7 de junho, com o 45 rpm da Parlophone lançado no dia seguinte. Justo na época da primeira sessão dos Beatles, no dia 6, George Martin parecia pronto para conquistar a única coisa que escapava dele em cinco anos, um verdadeiro sucesso pop.

Em meio a tudo isso, na sexta-feira, 18 de maio, ele requisitou um contrato de gravação para os "Beattles" – sim, o nome foi grafado no contrato com dois "t", conforme aparecia em outra correspondência. Seis dias depois, o setor administrativo da EMI em Hayes enviou um documento de quatro páginas recém--datilografado para que ele encaminhasse a Liverpool. As partes do contrato eram a Parlophone Company Ltd. e Brian Epstein – empresário de "uma banda de instrumentistas conhecidos profissionalmente como THE BEATTLES".

O texto confirmava o esboço que Brian havia recebido verbalmente duas semanas antes, embora ele talvez tenha achado graça ao ver que os discos especificados ainda eram de 78 rpm, que permaneceu a terminologia contratual padrão por vários anos, mesmo após o formato ter saído de linha. O acordo dos Beattles entraria em vigor em 6 de junho de 1962 e expiraria em 5 de junho de 1963. A EMI tinha a opção de três prorrogações, com as mesmas datas, em 1963-64, 1964-65 e 1965-66. Os royalties deveriam ser pagos durante a validade do contrato e "posteriormente, durante a vida do Empresário ou por 25 anos a partir da data deste documento, o que for mais longo" – ou seja, nenhuma verba seria paga após 1987, se Brian Epstein estivesse morto até então; caso contrário, seriam pagos até sua morte (essa cláusula acabou sendo removida).

Brian pegou a caneta-tinteiro, riscou o segundo "t", transformando BEATTLES em BEATLES, e após sua assinatura à página final, aquele floreado Epstein através do selo de postagem mínima da rainha. Precisando de uma testemunha, não recorreu ao seu irmão ou a Beryl Adams, mas sim a Bob Wooler – e, de tão histórico que foi o momento, o DJ assinou com sua inicial raramente revelada, F. Wooler, completada com seu característico sublinhado, imitando um relâmpago. Brian devolveu o contrato à EMI (onde o documento receberia a data de 4 de junho de 1962) e depois enviou outro telegrama sem pontuação aos Beatles:

CONTRATO COM EMI SELADO E ASSINADO TREMENDA IMPORTÂNCIA PARA TODOS NÓS MARAVILHOSO[52]

Embora o contrato tenha sido elaborado em nome de Brian, a empresa que ele formava para abranger sua vida de empreendedor estava prestes a render frutos. A junta comercial rejeitou o seu pedido para chamá-la de BC Enterprises Ltd., pela semelhança com o nome da C&B Enterprises Ltd. Ao retornar de Hamburgo, Brian repensou o nome e por volta de 13 de maio decidiu-se por Nems Enterprises Ltd. Os sucessos da nova empresa só poderiam aumentar o bom nome, havia muito estabelecido, da Nems. Agora, o único conflito de nomes seria com a Nems Ltd., resolvido com a autorização de Harry Epstein.

Em 24 de maio, Harry assinou uma carta formal, autorizando o novo nome. Deve ter sido mais um momento difícil para a família, mas, desse dia em diante, as coisas começaram a entrar nos eixos. A Nems Enterprises Ltd. seria uma empresa padrão, com capital de £ 100, propriedade de Brian e Clive, metade para cada um. Os dois também eram os diretores, e Clive acumulava o cargo de secretário da empresa. Abriram uma conta bancária: o Midland Bank, em Kirkdale, Liverpool, estava captando os negócios dos Beatles. Uma elegante linha de artigos de escritório foi elaborada e impressa, não apenas papéis timbrados, mas contratos de compromisso e planilhas contábeis para as bandas de Brian – os Beatles e outros que logo seriam assinados. Também nomearam, como primeira funcionária, Beryl Adams, que deixou a Nems Ltd., atravessou a rua e foi trabalhar na nova empresa, com funções idênticas: secretária, datilógrafa, responsável pela folha de pagamento. O escritório registrado era o mesmo que o da Nems Ltd., a loja matriz, em Walton Road. Afora isso, as empresas funcionavam completamente separadas; toda a burocracia cotidiana seria realizada na 12-14 Whitechapel. Foi a partir dessa base – conjunto de escritórios de médio porte acima da recém-construída fileira de lojas provincianas – que a Nems Enterprises Ltd., sob o comando de Brian Epstein, planejava ajudar os Beatles a se tornarem maiores do que Elvis.

Ciente de todos os planos, Bob Wooler mal esperava para desempenhar seu papel. Representando o dono do Cavern, Ray McFall, firmou acordos para que os Beatles se apresentassem exclusivamente no Cavern por quase duas semanas após retornarem de Hamburgo: começariam em 9 de junho, com uma noite comemo-

É melhor virar a página (13 de abril a 2 de junho de 1962)

rativa de "Bem-Vindos ao Lar", e depois tocariam mais seis noites e cinco sessões no horário de almoço, para só então aparecerem em outro lugar. Após 12 shows em *fervura máxima* no caldeirão do Cavern, a data seguinte seria a grande noite promovida por Bruce Channel, na New Brighton Tower. Instantaneamente, os cartazes de Brian passaram a anunciar os Beatles como "Artistas da Parlophone" e informavam que o show teria "Apresentação de Bob Wooler". Com Horst Fascher, os caras no palco e fora dele andavam na linha por intimidação; com Wooler, bastava o indicador em riste e o respeito de todos.

O evento promovido por Channel foi anunciado num classificado do *Echo*, em 1º de junho; as datas no Cavern – chamadas de "temporada quinzenal" –, em 19 de maio. Outros acordos não foram divulgados: ao retornarem, os Beatles teriam uso privado do Cavern por duas tardes, com o objetivo de ensaiar para a EMI, e Ray McFall tinha aceitado reajustar o cachê dos Beatles novamente. A volta dos Beatles em junho era a plataforma de que Brian precisava para catapultar os ganhos da banda, aumentando ainda mais o abismo financeiro entre eles e a concorrência. Ficou combinado que o cachê da residência habitual no Cavern, quartas-feiras à noite, seria de £ 25, e o da nova residência, aos domingos à noite, começando em 1º de julho, seria de £ 30. A intenção de Brian era que os Beatles auferissem coletivamente £ 200 por semana logo após seu retorno; a maioria das bandas ganhava no máximo £ 20.

Quem convenceu Rory Storm and the Hurricanes a deixar a França antes da hora foi Bob Wooler. Após seis semanas no *continent*, de repente, preferiram largar tudo e voltar correndo a Liverpool, desesperados para não perder a chance de tocar na mesma noite com Jerry Lee Lewis. O descomedido roqueiro da Louisiana retornava à Grã-Bretanha pela primeira vez desde 1958, quando foi expulso do país em meio ao escândalo de ter se casado com a prima de 13 anos. Quem poderia perder *uma ocasião dessas*?

Em Liverpool, esse não foi o único retorno inesperado, porque Allan Williams – um ano após perder os Beatles – estava voltando à promoção de eventos de rock, e, seguindo a dica de Wooler, agendou um show com Jerry Lee Lewis em uma noite na New Brighton Tower. Williams conhecia o famoso cantor, mas lembrar de nomes não era o seu forte. Continuou a chamá-lo de Jerry Lewis; Wooler se encarregou de reunir uma vasta programação, nada menos que 18 bandas de apoio, no que seria um verdadeiro entra e sai nos palcos da Tower. Já resignado em ficar sem os Beatles, contentou-se com Rory Storm and the Hurricanes. Estavam em Orléans (centro-norte da França) quando foram convidados para participar do show, e ato contínuo mandaram um telegrama dizendo que estavam indo para casa, *tout de suite*.

Ficaram na França de 1º de abril a 14 de maio. Um sufoco. Ringo sempre falou desse período de sua vida com uma série de reclamações. "Franceses não gostam de ingleses. Ao menos, eu não gostei deles", resumiu cinco anos depois. Para ele, a viagem tinha sido um fracasso, alegando que as bases do exército dos EUA ficavam "no meio do nada" e que "não eram pagos", paravam em "albergues de baixo custo" e a comida custava "uma fortuna". Mas o diário de Johnny Guitar descreve com bons olhos essa estadia de seis semanas.[53]

O primeiro mês deles foi na USA6, Fontenet. "NÃO OS MAIORES MAS OS MELHORES", gritava a placa nos portões do acampamento; há uma foto meio embaçada de Rory and the Hurricanes no local, tirada pela adorável Vicky Woods. O público de 400 pessoas no Clube dos Homens Alistados apreciava rock dançante e colírio para os olhos: a loirinha Vicky, que só cantava cinco números por noite, era obrigada a ficar no palco durante o show inteiro. Tocavam seis noites por semana, das 19h às 22h45, com quatro intervalos de 15 minutos, e recebiam dos americanos tratamento cordial. Um soldado alegou que tinha contatos com boates em Miami e prometeu agendar shows lá, mas isso ficou só no campo das ideias.[54]

Dormiam em hotéis da cidade e só à noite iam ao acampamento da base Fontenet – mas muitas vezes entravam de dia, tentando driblar a polícia do exército que deveria expulsá-los. Conforme o diário de Johnny Guitar, eles se divertiram no boliche e na sala de cinema, e Ringo tem como melhor lembrança o dia em que os membros da banda se esbaldaram com barras de chocolate Hershey e hambúrgueres originais dos EUA, infinitamente superiores às flácidas imitações inglesas. E quando Rory publicou um anúncio no *Echo* sobre o retorno surpresa dos Hurricanes, prometeu uma novidade: "fabulosos ternos fluorescentes americanos" – então parece que também fizeram uso imaginativo da loja do mestre quarteleiro. A sina dos Hurricanes sempre foi se revestir conforme os desejos de Rory de causar deslumbre.[55]

É melhor virar a página (13 de abril a 2 de junho de 1962)

O aspecto negativo: poucas mulheres por perto (ninguém sabe se alguém se envolveu com Vicky). E o lado bom é que Fontenet ficava a 90 minutos de carro do litoral. Foram pegar um bronze na praia de Royan e curtiram dias de folga em La Rochelle, Rochefort, Saintes e na velha e pitoresca Cognac, onde Ringo, contumaz consumidor de uísque, desenvolveu um gosto por conhaque.[56]

Mas um mês disso foi suficiente. Recusaram a extensão de seu contrato em Fontenet e se bandearam para outra base do exército do EUA, 325 quilômetros ao norte, em Orléans, onde tiveram altos e baixos antes de sua partida repentina. Consta no diário de Johnny que três veteranos do comitê os expulsaram por tocarem rock'n'roll e, ainda por cima, com volume alto. Foram tocar numa base próxima, em Saran. Em massa, os soldados de Orléans os seguiram. Resultado: foram autorizados a voltar a Orléans. Duas semanas depois, porém, ficaram sabendo que Jerry Lee ia se apresentar em Liverpool e voltaram para casa com sebo nas canelas. Valeu a pena. Bob Wooler registraria outra noite grandiosa na poderosa Tower, com público recorde de "quase quatro mil". Querendo aprender os meandros da promoção de eventos, Brian Epstein marcou presença, e – em meio à caótica multidão que desrespeitou até mesmo o indicador em riste de Wooler – Mike McCartney fotografou Jerry Lee Lewis gritando para que *todos saíssem da porra do palco* para ele começar o show.[57]

Os Hurricanes não dispunham do planejamento adequado de um bom empresário, mas Rory e Johnny sempre tiveram faro para criar e aproveitar as oportunidades. Após o show de Jerry Lee, rapidamente marcaram mais quatro datas na Tower antes de partir para sua terceira temporada de verão consecutiva no Butlin's. Dessa vez, já sabiam, não seria no acampamento de Pwllheli, mas no de Skegness, na revigorante costa leste da Inglaterra; o pagamento seria de £ 100 por semana, menos £ 10 de comissão para o agenciador, ou seja, cada um deles receberia £ 18 por semana. Partiram em seus carros próprios no sábado, 2 de junho. Ringo, em seu Zodiac – recém-saído da oficina após o acidente no racha com o Anglia de George Harrison –, percorreu 267 quilômetros através da Inglaterra com seu kit de bateria Premier, enquanto o avião dos Beatles sobrevoava o solo britânico, voltando de Hamburgo para casa. Os Beatles queriam Ringo, mas outra vez ele havia partido e só retornaria em setembro.

920 Ano 5, 1962: *Always be True*

★

O mesmo sujeito que enviara Jerry Lee Lewis à Inglaterra – Don Arden, importante empresário/*promoter* – também atraiu Little Richard direto de uma igreja do Alabama para uma turnê britânica outonal e uma breve temporada no Star-Club, além de agenciar a ida de Gene Vincent a Hamburgo. Em 28 de maio, Gene Vincent, o explosivo – e de pavio curtíssimo – cantor de Virgínia, chegou ao Star-Club para a temporada de duas semanas. Houve uma sobreposição de quatro dias com a temporada dos Beatles, que ficaram radiantes pela chance de conhecer, pela primeira vez, um de seus ídolos estadunidenses. A *Disc*, com propriedade, intitulou Vincent de "o astro que não precisa de hits" – ele era "Be-Bop-A-Lula", "Ain't She Sweet", "Summertime", "Over the Rainbow", "Say Mama", "Dance in the Street", "Bluejean Bop" e outros tantos. Como John expressou: "As pessoas têm dificuldade para entender o quanto nós quatro ficamos emocionados só por ver, em carne e osso, um grande astro do rock'n'roll americano. Quase paralisamos de tanta veneração".[58]

John Lennon continuava sendo um "cara dos discos". Não se importava muito com apresentações ao vivo, nem mesmo de seus ídolos. Por isso não estava muito empolgado em assistir a Vincent nos palcos. A chance de conhecê-lo e de andar com ele é que seria empolgante. E ali no Star-Club, os Beatles jamais se esqueceriam dos momentos passados na companhia de Vincent.

Logo de cara, descobriram que ele gostava de entornar umas e outras e raramente era visto sem uma garrafa de uísque nas mãos. Ansiosos por sua companhia – e seu uísque –, os Beatles faziam questão de que ele não bebesse sozinho. Dando um passo maior que a perna, Bernie Boyle também marcou presença: "Don Arden, Gene Vincent e o gerente de turnês, Henri Henriod, tinham uma cabine exclusiva no Star-Club, onde todos se espremiam, incluindo os Beatles e eu. Havia um ar de Vincent em John, algo no estilo e na personalidade. Incorrigível ébrio de destilados, Vincent passava a garrafa de uísque ao redor, sem gelo, sem água, uísque puro".[59] Enquanto os Beatles ainda conseguiram subir no palco e tocar, Boyle acabou desmaiando. "Fiquei *completamente* bêbado e acabei apagando em plena rua. Fui carregado até o apartamento e eles reorganizaram os móveis. Como se não bastasse eu acordar cheio de vômito em cima de mim, ainda fiquei transtornado, porque não sabia onde eu estava.

É melhor virar a página (13 de abril a 2 de junho de 1962)

Paul relanceou um olhar em minha direção e disse: 'Pelo amor de Deus, vai se limpar, você está péssimo.'"

Os Beatles eram menos entusiasmados em relação a outros aspectos do caráter de Vincent. Por alguma razão, ele ficou alugando Paul e se oferecendo para deixá-lo inconsciente pressionando dois pontos na nuca dele, truque aprendido por Vincent na Marinha. Paul não curtiu essa ideia nem um pouco. Gene insistiu: ele só ficaria inconsciente por uns segundinhos. Mas Paul preferiu deixar o seu pescoço a uma distância segura, fora do alcance do americano.[60]

E o que dizer do fascínio de Vincent por armas de fogo? Nos EUA, ele brincava com armas de verdade; na Inglaterra, onde quase não havia armas, eram armas de brinquedo; em Hamburgo, armas reais podiam ser compradas facilmente, e Gene logo voltou à sua estranha zona de conforto. Um dia, George estava com Vincent no Star-Club e, no momento seguinte, a bordo de um táxi, aceleravam na Reeperbahn rumo ao hotel de Vincent. O cantor suspeitava que a mulher dele estava trepando com Henri Henriod. É George quem descreve: "Abriu o casaco, me entregou um revólver e disse: 'Segura isto aqui'. Começou a bater na porta, aos gritos: 'Sei que você está aí!' (...) Lá estava eu, segurando a arma com a qual ele estava prestes a atirar nela. *Que situação*. Você está de boa ali na sua e cinco minutos depois... Na mesma hora devolvi a arma a ele e disse: 'Não, obrigado, a gente se vê por aí, meu senhor', e dei no pé".[61]

As facas eram outra paixão de Vincent (será que *todos* os ídolos americanos deles eram assim?). De modo intrigante, John se lembraria de como "todo mundo estava sempre dando facadas por aí, todo mundo tinha facas... a coisa era realmente selvagem, e como era".[62] Há fotos dos Beatles e Vincent dessa época, e uma delas mostra John e Pete brandindo facas. Pete está rindo, mas John está com o olhar esbugalhado, a língua pressionando com força a parte interna da bochecha, em outra de suas *crip faces*. Finge ser o arquivilão da pantomima, prestes a cravar a adaga bem fundo no peito de Vincent. O americano, certamente sob o efeito de pílulas e uísque, aparenta indiferença; John parece um trem descarrilado, e é essa imagem que ele passa noutra foto, com os quatro Beatles e dois tubos de Preludin. Pete aponta entusiasticamente para um dos tubos (embora nunca tenha tomado as pílulas), enquanto Paul, George e especialmente John transmitem um conhecimento íntimo delas.

Única fotografia conhecida que vincula explicitamente os Beatles ao "consumo de drogas", pertence a um conjunto de 15 fotos, suas primeiras fotos coloridas, provavelmente tiradas por Manfred Weissleder. Numa delas, fazem pose ao lado de um sorridente Horst Fascher, e oito fotos excelentes os mostram em ação no palco. Com a alegria estampada no rosto, Pete e os outros três divertem o público do Star-Club, que aparece dançando na pista ou em pé próximo ao palco – jovens casais de Hamburgo vestidos para uma noitada no novo clube de St. Pauli. Após uma temporada de inauguração em alto estilo, os Beatles agora estavam indo embora – não sem antes adicionar cerca de 144 horas à sua experiência de palco no bairro St. Pauli.*

Nas ocasiões anteriores, tinham saído de Hamburgo com guitarras e amplificadores melhores, mas agora nada parecido. Na bagagem, nada além de roupas novas, a câmera Rollei que Paul comprou para o irmão dele e o item que John ganhou de Astrid, o cachecol que Stuart usava na faculdade de artes, único pertence de seu falecido amigo que ele aceitou levar. Também estava contrabandeando tantos *prellies* quantos se atreveu a camuflar em sua bagagem, ou seja, um montão. Em casa, encontrariam configurações desconhecidas: John ia encontrar Cyn instalada em sua quitinete; Paul ia se deparar com Dot no quarto ao lado de Cyn; Pete, uma situação doméstica entre a vida e a morte – a mãe dele, no sétimo mês da gravidez, e a mãe dela, avó de Pete, que sempre morou com a família e esteve presente na maior parte da vida dele, derrotada pelo câncer no dia 29 de maio, quatro dias antes de seu retorno.

Acima de tudo, os Beatles deixavam Hamburgo com a sensação tangível de estar à iminência de algo. Antes disso, Klaus Voorman, Paul e George fizeram um último passeio ao litoral. Klaus contaria que George comentou sobre ganhar muito dinheiro: "Falou que ia comprar casa com piscina e um ônibus para o pai dele, que era motorista de ônibus".[63]

---

* A duração dos shows dos Beatles variou nessa temporada e os detalhes de cada noite são desconhecidos. Por isso é impossível calcular as horas de palco com exatidão. Se esse cálculo de 144 horas ao longo de 48 noites estiver quase certo, o total de horas no palco em Hamburgo alcançou 1.062 horas em 34 semanas, o equivalente a pouco menos que quatro horas e meia, todas as noites, durante quase oito meses.

É melhor virar a página (13 de abril a 2 de junho de 1962)

Voariam a Liverpool como *artistas* da EMI. Quatro dias após a chegada, teriam uma sessão de gravação em Londres e não queriam pisar na bola. Mais cinco dias, nova gravação para ser transmitida na BBC. Para todos eles, era um momento decisivo, a hora da virada – em especial para John Lennon e Paul McCartney, cujas canções novas e exclusivas, prontas para serem lançadas, iriam colocá-los pela primeira vez em plena evidência. Enfim terminava a "temporada empolgante" de Hamburgo. Mais uma vez, eles precisavam se acalmar para então acelerar o ritmo.

29
A ordem é avançar (2 a 6 de junho de 1962)

Dessa vez foi tão diferente. Na primeira vez que retornaram de Hamburgo, foi um verdadeiro caos para os Beatles: dois expulsos, dois enviados para casa, sem baixista, com metade do equipamento, o líder vacilando se continuava ou não. Na segunda vez, voltaram com um homem a menos para retomar o circuito de bailinhos no violento norte de Liverpool, ambiente que já tinham conquistado. Agora, na terceira vez, a volta foi marcada por organização, ordem e promessas.

Fim de noite, sábado, 2 de junho. Neil foi buscá-los no aeroporto de Manchester e entregou a cada Beatle um grande envelope pardo de Brian. Esses envelopes continham o mais recente número do *Mersey Beat* (com a novidade sobre o contrato deles com a EMI) e duas folhas datilografadas, listando, linha por linha, a agenda de shows nos próximos 40 dias e noites. Boletins semanais trariam instruções detalhadas, essa era só uma visão geral: 31 compromissos (lacunas aqui e ali seriam preenchidas por mais oito shows) e mais uma lista extra com quatro importantes datas à vista. No Natal, Brian os presenteara com despertadores portáteis; esse documento, como John o descreveria, serviu como outro tipo de alerta: "Com essa lista de instruções no papel, Brian fez tudo parecer real. Antes de ele aparecer, estávamos sonhando acordados. Não tínhamos nem ideia do que estávamos fazendo, nem onde. Ao vermos no papel que a ordem era avançar, isso ficou oficializado".[1]

Encabeçava a lista um ensaio privado de dois dias no Cavern – três horas e meia na tarde dominical e tempo liberado na noite de segunda-feira, dia que o clube não abria. Foram à Decca sem ensaio adequado, exceto shows; dessa vez, houve uma preparação focada.

Brian não sabia que John e Paul traziam de Hamburgo composições novas, originais de Lennon-McCartney que desejavam colocar no alto da pilha – mas,

A ordem é avançar (2 a 6 de junho de 1962) 925

como defensor ansioso desse material, ele ficaria encantado e igualmente interessado ao vê-lo ganhar destaque. Com um misto de orgulho e diversão, Paul sempre imitava a reação exata de quando John ou ele tocavam para Brian algo recém-composto. Brian deixava escapar um discreto "Uau!", as palavras eram insuficientes para expressar o seu prazer. Talvez esse tenha sido o primeiro de muitos desses grandes momentos.[2]

Brian também trocou ideias com John, Paul e George sobre quais outras canções poderiam tocar na Parlophone. A intenção era impressionar, então montaram uma lista consistente de 33 canções, que definia o melhor dos Beatles em junho de 1962 e destila seus gostos na época em que Lennon-McCartney voltaram a compor letra e música. A lista abrange pop, rock, R&B, rockabilly, números dançantes e cômicos, baladas, com predominância de harmonias vocais, além de seis canções com raízes bem antes da era do rock; no total, músicas de autoria de 19 artistas dos Estados Unidos, dois da Grã-Bretanha e um da Itália.

Brian tomou notas de todos os títulos e o resultado foi uma lista de duas páginas, datilografada em papel timbrado, que foi entregue ou enviada rapidamente ao escritório de George Martin. O produtor avisou que gostaria de avaliar individualmente as habilidades vocais dos Beatles. Por isso, a lista mostrava quem cantava o quê e tinha um "Medley de abertura", com "Besame Mucho", "Will You Love Me Tomorrow" e "Open (Your Lovin' Arms)" – Paul, John e George se alternando no vocal principal, em suas canções mais fortes.[3] Além desse medley, os números mais ensaiados nessas duas sessões do Cavern foram "PS I Love You", "Love Me Do" e "Ask Me Why".

Partiram para Londres na terça-feira, 5, um repeteco da jornada de Ano-Novo, com uma diferença – escuridão e nevascas deram lugar à claridade do verão e à rara onda de calor em junho. Outra vez, rumo ao sul. Sete horas sufocantes nas rodovias principais da Inglaterra, desacelerando a cada obstáculo urbano. Brian foi de trem e se encontrou com eles no Royal Court Hotel, onde reservou para a banda, por duas noites, dois quartos com duas camas. Ninguém se lembra de como se dividiram, mas a ideia funcionou tão bem que os quartos com duas camas seriam, a partir de então, a solução para a maioria das viagens dos Beatles. O hotel ficava na Sloane Square, área de Londres que ainda não conheciam, com

Belgravia atrás deles e Chelsea à frente, começando na parte oposta da praça, na King's Road. Ainda não era a afamada King's Road de anos depois, mas a essência já estava ali, o suficiente para atiçar olhares provincianos: lojas de sapatos sob medida, restaurantes, pubs e boates, além de uma ou duas butiques sofisticadas para patricinhas. A Bazaar, onde Mary Quant vendia roupas de grife, ficava pertinho dali, no lado direito. Um pouco adiante, à esquerda, ficava o Chelsea Manor Studios, refúgio de artistas e fotógrafos.

A sessão da EMI só aconteceria às 19h de quarta-feira, então tinham mais de 24 horas (um dia e duas noites) para explorar "a Fumaceira", apelido da capital inglesa. No dia de Ano-Novo, passaram o tempo livre na capital se abrigando de um frio siberiano. Agora, de 5 a 7 de junho de 1962, Londres se descortinou diante dos Beatles em cores vivas: táxis pretos, ônibus vermelhos, árvores frondosas em praças verdejantes, ruas ensolaradas e livres do típico *smog* londrino (aquele misto de neblina com fumaça), secretárias em vestidinhos de verão – a capital em toda a sua glória. Londres vivenciava uma onda de prosperidade jamais vista em Liverpool; eram poucos os vestígios dos bombardeios da Segunda Guerra – não eram feridas abertas em prédios residenciais, mas novos escritórios, casas e apartamentos, muitos mobiliados com itens de luxo. Não existe cidade livre de pobreza, e a maior parte das habitações em Londres era precária, mas o povo – em sua maioria, de acordo com a histórica frase do primeiro-ministro Macmillan – nunca estivera tão bem.

Para os Beatles, havia a promessa de algo novo no ar. A primeira visita deles a Londres sabendo que tinham um contrato, pelo qual retornariam à capital, no mínimo, mais duas vezes... e, se Brian atingisse seus objetivos, em outras ocasiões também. O começo, porém, foi intimidante. Os Beatles nunca foram caipiras, mas eram minoria, e isso já era suficiente para gerar uma proximidade ainda mais intensa do que a habitual. Como Paul se lembraria: "Não conhecíamos Londres e não conhecíamos ninguém *em* Londres, por isso realmente andávamos em bloco. Parecíamos nortistas numa excursão à capital". John se lembraria das primeiras visitas dos Beatles a Londres como "bastante irritantes... a gente adotava a postura 'somos de Liverpool e somos durões' [e ao falar isso se aprumou, com ar convicto], mas levamos uns tombos em Londres".[4]

Os Beatles sempre queriam ficar por dentro do que andava rolando, e eles e Brian eram boêmios, não do tipo que gosta de ficar em casa. O que Londres tinha

A ordem é avançar (2 a 6 de junho de 1962) 927

a oferecer a eles? Sobre essas primeiras visitas, Paul conta que estavam ansiosos para explorar lugares que só conheciam pelo nome – Kensington, Chelsea, Soho, Tottenham Court Road e, em especial, as imediações da Tin Pan Alley: "Chegando a Londres, sempre íamos à Charing Cross Road olhar as lojas de instrumentos musicais. Era como ir à gruta do Papai Noel".[5] Afora isso, os locais que visitaram e o que fizeram nesses dias 5, 6 e 7 de junho seriam obscurecidos por tudo o que estava prestes a acontecer.

Com certeza, rock não encontraram, porque não havia – só se por acaso alguém estivesse tocando no 2i's Coffee Bar, o único local desse tipo na cidade. Londres não tinha nada como o Cavern, nenhuma tradição de música ao vivo como Liverpool. Londrinos burgueses dançavam o twist embalados por uma banda empertigada no clube Saddle Room, perto de Park Lane; londrinos ricos dançavam o twist embalados por uma banda empertigada no Peppermint Lounge, imitação do clube noturno nova-iorquino em plena Trafalgar Square; e a plebe *hoi polloi* londrina dançava o twist embalada por bandas empertigadas em seus *palais de danse* locais.

Mas a cena musical de Londres dava sinais de mudança. Na La Discotheque da Wardour Street, os pés de valsa dançavam não só com bandas ao vivo, mas às vezes com música tocada por DJs – uma ideia nova. E embora os clubes de jazz do pós-guerra tenham resistido ao rock, no verão de 1962, cediam cada vez mais tempo de palco ao R&B. No início de maio, novos sons chegaram ao West End, quando o Marquee, que se autodenominava o Centro do Jazz em Londres, deu espaço ao grupo Alexis Korner, Blues Incorporated, nas quintas-feiras à noite. Ronan O'Rahilly, o empresário da banda, irlandês original e empreendedor de 22 anos, atuava no Soho e convidou, para atuar como vocalista nessa primeira noite, um jovem varapau sugestivamente autoapelidado de Long John Baldry. Duas semanas depois, a *Disc* relatou que um aluno de 19 anos da London School of Economics, Mick Jagger, entrou na banda para cantar e tocar harmônica.[6]

Tudo acontecia muito rápido. Em agosto, a *Melody Maker* estampou – talvez prematuramente – a retumbante manchete "EXPLOSÃO DE R&B ATINGE OS CLUBES NOTURNOS DE LONDRES". O artigo citava os principais músicos (incluindo o baterista Ginger Baker e o baixista Jack Bruce) e uma frase de Korner, prevendo que "até o fim do ano vamos ter um número infernal de bandas de R&B".[7] Uma

928   **Ano 5, 1962:** *Always be True*

dessas, fundada por Brian Jones, já ensaiava com Mick Jagger e seu parceiro Keith Richards.

A chegada dos Beatles à EMI também coincidiu com o desenvolvimento oportuno da indústria fonográfica. Em junho de 1962, a supremacia do single de 45 rpm foi confirmada quando EMI e Decca tiraram de catálogo todos os últimos bolachões de 78 rpm. A goma-laca – único formato dos anos 1920 aos anos 1950 – estava morta e enterrada, e o rei agora era o vinil. E em 6 de junho, dia da primeira sessão de gravação dos Beatles, a *NME* lançou sua primeira parada de álbuns.

A *NME* não fez muito alarde e, nesse quesito, estava um passo atrás da *Melody Maker* e da *Record Retailer*. Porém, a chegada dos LPs ao jornal musical mais vendido destacou o crescimento, embora lento, desse formato, e uma ligeira mudança no mercado – não muita, mas um tremor perceptível. "Por aqui, adulto nenhum compra singles", confessou Dave Dexter Jr., da Capitol Records, numa de suas centenas de cartas individuais rejeitando fitas máster britânicas da EMI nos Estados Unidos – e, mundo afora, o inverso também era verdadeiro: adolescentes raramente compravam álbuns. A mesada era insuficiente para comprar um álbum, e o conteúdo tinha como público-alvo principal os adultos. Mas novos tempos chegavam: na primeira parada de álbuns da *NME*, o primeiro número 1 foi Elvis.

Um novo lançamento não abalou as paradas de ambos os lados do Atlântico: o álbum de estreia de Bob Dylan (*Bob Dylan*), lançado no finzinho de março nos Estados Unidos e em 29 de junho na Grã-Bretanha. Mas foi notado: a coluna semanal da *NME* nos EUA, a *American Airmail* de Nat Hentoff, deu a Dylan sua primeira menção pública na Grã-Bretanha em 25 de maio: "os fãs da música folk estão de olho no lançamento de um álbum da CBS, do cantor Bob Dylan. Ele é o mais surpreendente de todos os cantores de folk urbano dos EUA".

Qualquer um – ou nenhum – desses assuntos passou pela mente de George Martin, no horário de almoço, na quarta-feira, 6 de junho, passeando pela quente e seca Oxford Street com as mangas arregaçadas, ao lado de Ron Richards. O tópico da conversa também poderia ser as perspectivas do disco de Leo Maguire, prestes a aparecer na TV. É certo que falaram nos Beatles, a banda de música beat de Liverpool que George tinha discretamente contratado para a Parlophone e faria uma sessão naquela noite. Ron afirma que George delegou a sessão a ele, mas avisou que ia passar para dar uma olhada. Era mesmo preciso estabelecer como iriam reestruturá-los, qual dos dois rapazes seria o vocalista principal. É George quem afirma: "Eu queria desesperadamente meu próprio Cliff. Eu estava tão focado em Cliff Richard and the Shadows que eu buscava uma voz que os liderasse".[8] Ron se lembra mais vividamente desse diálogo ao sol, com os paletós nos ombros. "Nessa caminhada, George e eu fomos trocando ideias sobre o nome da banda. 'John Lennon and the Beatles' ou 'Paul McCartney and the Beatles'? Não tínhamos bem certeza. George comentou: 'Nome bobo esse, Beatles. É possível ser mais brega que isso?'"[9]

A banda de nome brega estava a caminho. Neil conduziu a van do elegante bairro Chelsea ao arborizado St John's Wood. O porteiro da EMI, John Skinner, com sua postura irretocável e uniforme impecável em lã penteada e reluzentes medalhas de guerra, os orientou na entrada. "A velha van branca estacionou numa das vagas", recordaria ele. "Todos pareciam muito magros e franzinos, quase desnutridos. Neil Aspinall, o *road manager* da banda, disse que eles se chamavam The Beatles, e tinham vindo fazer uma sessão no estúdio. Pensei com os meus botões: 'Que nome mais *esquisito*.'"[10]

Sessão de gravação

Quarta-feira, 6 de junho de 1962. Estúdio Número 2, EMI, Londres.
Gravação: **"Besame Mucho"; "Love Me Do"; "PS I Love You"; "Ask Me Why".**

A entrada principal era na frente, mas os Beatles ajudaram Neil a carregar o equipamento pela entrada lateral, atrás do antigo pavilhão. Dobraram à direita, depois à esquerda, e chegaram ao Estúdio Número 2, espaçoso ambiente de 18 metros por 11 metros, com pé-direito alto, sem janelas, piso de parquet (em alguns lugares, coberto por tapetes), com todos os requisitos técnicos para uma sessão de gravação. Paul voltou a sentir a instável ansiedade que experimentou na Decca. E até certo ponto, os outros também. Uma sensação não bem-vinda. "Grandes chapas brancas de estúdio, como aparatos de uma partida de críquete, delimitavam a interminável escada para a sala de controle. Era como o *paraíso*, a morada dos grandes deuses, conosco lá embaixo. Meu Deus, que nervosismo."[11]

Trajavam os terninhos de Beno Dorn, mas a aparência deles conseguiu desconcertar a equipe. Norman Smith, engenheiro de som escalado para a sessão, espiou pelo vidro da sala de controle a movimentação lá embaixo e murmurou: "Nossa senhora, o que temos aqui?". Tempos depois, ele recordaria: "Não dava para disfarçar o espanto. Era olhar e ser obrigado a olhar de novo". Seu colega Ken Townsend, engenheiro técnico, lembra de como "se vestiam de maneira fora do comum e tinham vastas cabeleiras em nossa opinião. Sem falar no forte sotaque de Liverpool. Gente de Liverpool gravando no Abbey Road era algo raro".[12]

Embora George Martin tenha dito que um ou mais fotógrafos compareceriam para tirar fotos publicitárias, isso não aconteceu e, até onde se sabe, não existem registros fotográficos da sessão. Uma pena, pois nesse caso os fatos dessa noite seriam mais claros, porque os detalhes continuam nebulosos, como muitos aspectos dos primórdios dos Beatles na EMI. Esse relacionamento começou de modo obscuro, e assim continuaria, e há uma relação entre esses dois fatos; só cinco meses depois tudo se tornaria transparente e direto.

Entre os vários e duradouros debates sobre essa sessão de 6 de junho, o primeiro tem a ver com o tipo de audição – teste de artista ou teste comercial? Diversas partes envolvidas garantem que o teste seguiu um formato e várias o outro. Aparentemente, os dois pontos de vista se embasam na papelada afixada no quadro de avisos da equipe de Abbey Road. Mas os documentos pertinentes esclarecem, sem sombra de dúvida, e dissipam qualquer informação enganosa decorrente de qualquer motivo: não se tratou de teste coisa nenhuma – os Beatles estavam na EMI porque já tinham um contrato. George Martin, por razões compreensíveis, considerou a sessão pouco mais do que um "pagar para ver", a chance de conferir a banda com quem tinha assinado às cegas. Entretanto, os Beatles e Brian tinham fé de que estavam ali para fazer seu primeiro disco, e o estúdio estava pronto para isso – lá no mezanino, os deuses da sala de controle enviariam o som dos Beatles a dois gravadores de rolo com fita de um quarto de polegada.[13]

Até que ponto George Martin se envolveu nessa noite? Esse tópico também está sujeito a controvérsias. Uma coisa é certa: quem deu início à sessão foi Ron Richards. Não se sabe se Brian foi informado de que George estaria ausente, então isso pode ter causado certa decepção – e, com ela, a sensação de ser menosprezado.

Pouco após o início, a sessão teve de ser interrompida. Os Beatles tinham bons instrumentos – John e George tocavam suas guitarras de boa qualidade, de marcas estadunidenses, Rickenbacker e Gretsch, Paul tinha seu baixo Hofner

A ordem é avançar (2 a 6 de junho de 1962)

alemão baratinho em forma de violino, e Pete, sua bateria Premier perfeitamente adequada –, mas o equipamento de palco dos Beatles era surrado, os mesmíssimos amplificadores que a Decca havia reprovado no dia de Ano-Novo. Brian, mesmo ciente da necessidade de equipamentos melhores, não tomou providências. A razão para isso não está clara. É possível que, como os amplificadores fossem da alçada dos Beatles já muito antes de ele aparecer, tenha imaginado que iam resolver o assunto sozinhos, à medida que começassem a ganhar mais dinheiro... só que não. O velho amplificador Truvoice de Paul e seu poderoso alto-falante de baixo – o "caixão" de 1,5 m de altura, que Pete e Neil carregavam resmungando, para cima e para baixo, nos degraus do Cavern, várias vezes por semana – simplesmente eram inadequados para gravação, e isso ficou claro no instante em que Paul dedilhou as primeiras notas para que Smith captasse o nível de gravação. O estúdio não tinha amplificadores de guitarra sobressalentes, mas o engenheiro técnico Ken Townsend, em seu jaleco branco de laboratório, solucionou o problema: foi buscar, na câmera de eco do porão, um pesado alto-falante Tannoy.

Fazer o primeiro single dos Beatles: era esse o objetivo da sessão. Ninguém tomou nota de quantas canções ensaiaram antes de a luz vermelha acender e as fitas serem acionadas. Ou será que tocaram o tão ensaiado "medley de abertura"? O fato é que Ron Richards selecionou quatro números para serem gravados: "Besame Mucho", "Love Me Do", "PS I Love You" e "Ask Me Why" – depois seria feita a escolha final de duas. Eis um detalhe estranhíssimo. O fato de que três, ou talvez todas as quatro músicas correspondessem com as próprias escolhas dos Beatles só realça ainda mais o inusitado da situação. Na indústria de gravação de discos, os artistas eram *sempre* obrigados a cumprir ordens, tocar só as músicas que outros tinham escolhido e feito o arranjo para elas – mas ali estavam os Beatles, em plena sessão de estreia, propondo seu material preferido e vendo a escolha coincidir com essa proposta. Não só tinham sido contratados a distância: foram trazidos a uma sessão sem receber canções para aprender e sem o envolvimento de um arranjador ou músicos de estúdio. Desconsiderando o R de A&R, George Martin estava tratando aquilo como o teste que não era, embora com uma ressalva...

Algo que os Beatles nunca souberam e ninguém comentou: a pressão exercida nos bastidores por Sid Colman e Kim Bennett. A editora musical Ardmore & Beechwood esperava publicar um ou os dois lados desse disco dos Beatles – e esse foi o motivo primordial para incentivarem a Parlophone a fazer a contratação. Embora a canção que despertou o interesse deles, "Like Dreamers Do", tenha acabado em segundo plano antes ou ao longo da sessão, uma coisa ficou bem clara: ao menos uma canção de Lennon-McCartney *precisava* estar entre as que seriam gravadas. Discretamente, George Martin avaliava o que esses dois rapazolas de Liverpool eram capazes de lhe fornecer.

Documentos revelam que "Besame Mucho", "Love Me Do", "PS I Love You" e "Ask Me Why" foram gravadas nessa ordem. O procedimento padrão entre os produtores era gravar primeiro o número mais promissor. Assim, Ron Richards claramente indicava uma preferência: a velha canção espanhola se tornaria o primeiro lado A dos Beatles. A fita da sessão, que incluiria os *takes* alternativos e o revelador bate-papo entre as músicas, não foi preservada, mas duas dessas gravações de 6 de junho – "Besame Mucho" e "Love Me Do" – sobrevivem em forma de discos de acetato. A primeira é uma performance apenas mediana, pouco surpreendente.* Richards cortou os vocais de apoio de John e George, omitindo até mesmo seus habituais "tcha-tcha-bum", e ficou espantado com a bateria de Pete, em que um tom-tom desnecessariamente implacável se intercalava com tímidas viradas de caixa e levadas básicas de *shuffle*, em vez do *ataque* necessário. "Pete Best não era lá muito bom", Richards sempre se lembraria. "[Mais tarde] comentei com George Martin: 'Não tem condições, temos que trocar esse baterista.'"[14]

George Martin não curtia muito "Besame Mucho" dos Beatles. Os relatos são contraditórios, mas parece que chegou à sessão quando estavam tocando "Love Me Do" – possivelmente após ter sido chamado por Chris Neal, que estava operando as máquinas de fita. Conforme Neal: "Tocaram umas canções que não nos impressionaram muito, nem a Norman, nem a mim. De repente, soou aquela levada atrevida que acionou um acorde em nossas cabeças. Era 'Love Me Do'. Norman me disse: 'Ei, desça lá na cantina e traga o George para ver o que ele acha disso'". George entrou na sala de controle do mezanino (os Beatles não podiam enxergá-lo e nem sabiam que ele estava lá) e logo foi atraído por uma coisa que eles estavam fazendo. "Um detalhe me chamou a atenção em 'Love Me Do'. O som

---

* Em 1995, as duas canções foram lançadas em *The Beatles Anthology 1*.

A ordem é avançar (2 a 6 de junho de 1962)

da gaita de boca", ele se lembraria. "Eu adorava a rusticidade da harmônica e tinha lançado os discos de Sonny Terry e Brownie McGhee."[15]

Embora George apreciasse a gaita de boca, não se apaixonou por "Love Me Do" e, logo de cara, percebeu um probleminha no arranjo. Com seus ensaios em Hamburgo e no Cavern, os Beatles deveriam estar preparados para toda e qualquer eventualidade, mas em quatro pontos durante a canção, um momento estranho se repetia. John cantava o verso do título e, ao concluir a última palavra, na mesma fração de segundo emendava o sopro da gaita. O chefe da Parlophone saiu da sala de controle, desceu os degraus, cumprimentou os Beatles pela primeira vez e explicou o problema. Como recorda Paul:

> George Martin falou: "Aqui temos uma sobreposição. Outra pessoa tem que cantar o trecho 'Love me do', caso contrário vocês vão ter uma canção chamada "Love Me *Waahhh*". Paul, que tal você cantar o refrão 'Love me do'?"
>
> Meu Deus! Eu, que já estava nervoso, fiquei com calafrios. Estávamos gravando aquilo ao vivo e de repente me deram essa missão colossal em nossa primeira música, em que tudo parava e, sem vocal de apoio, os holofotes me focalizavam e eu entoava [imitando tons trêmulos] *"love me dooooo"*. Ainda escuto o tremor em minha voz.[16]

O nervosismo de Paul é certamente perceptível, constringindo a voz dele não só nessas quatro vezes, mas em toda a gravação. Esses calafrios em momentos importantes não eram novidade: o mesmo tinha acontecido na Decca e na BBC, e em sua primeira apresentação com os Quarry Men, e, antes disso, sempre que recebia prêmios da escola. E, além do vocal trêmulo, a gravação oferece outras percepções. A essa altura, "Love Me Do" tinha um arranjo mais lento, com ênfase no blues. Para John e Paul, isso significava *integridade*, e o fato de terem escolhido "Love Me Do" em vez de, por exemplo, "Hello Little Girl" ou "Like Dreamers Do", que soavam mais claramente "comerciais", revela a abordagem inicial deles em relação à indústria de fazer discos. Tinham como objetivo fazer algo cativante e *digno*.

Porém, um aspecto nessa "Love Me Do" – a primeira gravação de uma "nova" música de Lennon-McCartney – perturbava os ouvidos. A batida-ricochete de

Pete foi um desastre. Desencadeava mudanças de andamento excêntricas que faziam os Beatles parecerem hesitantes e até amadores. Estranho, pois seus companheiros de banda, em especial John e Paul, tinham considerado a ideia boa. Talvez Pete a tenha executado melhor no Cavern. Na EMI, a sua incapacidade de manter o ritmo certo forçou os outros a acelerarem com ele. No início do contraste, ele deu uma vacilada: começou a tocar normal e de repente deslizou no tal ricochete. Não se sabe quantos *takes* os Beatles gravaram para cada música, mas é um pensamento convincente que a "Love Me Do" preservada, completa e com falhas, tenha sido a melhor de várias – era costume prensar apenas a "melhor" gravação de cada música num disco de acetato. George Martin e Ron Richards definitivamente ficaram incomodados. Estavam acostumados a trabalhar com bateristas de muita precisão, que marcavam o tempo e davam parâmetros ao som de seus colegas músicos. Os dois técnicos decidiram que Pete não tinha condições de fazer uma gravação e não seria usado em ocasiões futuras. Pela quarta vez em quatro sessões, Pete tinha sido avaliado como insuficiente – e isso já estava passando dos limites.

"PS I Love You" e "Ask Me Why" estão indisponíveis para estudo, mas de acordo com Richards, ele não se impressionou muito com ambas. A opinião sobre a primeira era que ele não a consideraria um lado A porque compartilhava o título de uma canção bem conhecida. A última e interessante análise de Norman Smith sobre as gravações foi: "Vinte minutos de tormento... Fizeram um som terrível!... E depois subiram à sala de controle".

Galgando os 20 degraus torturantes da escadaria em madeira, os Beatles chegaram, pela primeira vez, à sala de controle de um estúdio de gravação. Na Decca não tinham ido tão longe. Ficando o mais à vontade possível, em pé, apoiados em máquinas grandes e desconhecidas, se espremeram com mais sete pessoas na salinha empestada de fumaça de cigarro – todos ali eram fumantes inveterados. Pete conta que ouviram um playback das gravações e que ele as achou boas. Pelo menos, ele. Em seguida, George Martin tomou a palavra, explicitando o que lhes seria exigido como artistas da Parlophone e esclarecendo detalhes técnicos.[17] Segundo Ken Townsend: "Conversou numa boa com eles, explicando que os microfones de estúdio eram de figura oito, ou seja, de padrão bidirecional. Em outras palavras, você poderia ficar nos dois lados deles, ao contrário dos microfones de palco, que eram unilaterais". Conforme Norman Smith, dessa vez os Beatles ficaram quietos o tempo inteiro. "Não disseram uma só palavra, nada mesmo. Nem sequer fizeram sim com a cabeça. George concluiu dizendo: 'Estou falando com vocês há um bom tempo e ninguém disse nada. Por acaso tem algo de que não gostam?'. Os quatro se entreolharam por um bom tempo, arrastando os pés. Nisso George Harrison avaliou o xará detidamente e disparou: "Sim. Eu não curti sua gravata".

Na hora, George Martin não gostou da piada (ele tinha, como afirmou, muito orgulho de sua gravata, preta com cavalo vermelho, comprada na Liberty's), e o jovem George se lembraria de uma fugaz tensão: "Houve um momento de óóóó, mas depois caímos na risada, e ele também. Quem nasce em Liverpool é um comediante nato". Paul se lembra de "instantes um pouco tensos e então todos riram", e o relato de Smith prevaleceria: "Isso quebrou o gelo e, pelos próximos 15 a 20 minutos, os Beatles foram puro entretenimento. Quando foram embora, George e eu ficamos sentados dizendo: 'Ufa! Mas, então, o que você acha dessa turma?'. Chorei de tanto rir".[18]

Duas partes, unidas por uma combinação de fatores nunca antes discutidos, convergiram aqui pela primeira vez e acharam a experiência inspiradora. Quando Brian Epstein conheceu os Beatles, ficou impressionado com a música e o magnetismo deles; George Martin ainda não apreciava a primeira, mas foi fisgado pelo segundo. Como diria mais tarde: "Realmente achei que eles tinham um talento enorme, mas não pela música, e sim pelo carisma deles. No tempo que passamos juntos, eles me deram uma sensação de bem-estar, de estar feliz. A música era praticamente incidental. Pensei: 'Se exercem esse efeito em mim, vão exercer esse efeito em suas plateias'".[19]

Em várias entrevistas, os Beatles declararam que sempre se sentiram intimidados pela voz culta de George Martin – a elocução cristalina de Londres que vinha de berço e moldava a personalidade dele. Sendo britânicos, e mais ainda, oriundos de Liverpool, estavam propensos a se sentirem inferiores na comparação. Como Paul descreve: "Realmente não tínhamos conhecido nenhum desses londrinos antes, esse pessoal que falava um pouco diferente. George Martin era muito bem articulado, um pouco acima de nosso patamar. Isso nos intimidava um pouquinho, mas ele parecia um cara legal".[20] Nas palavras de George Harrison: "Ele nos pareceu um sujeito muito elegante... Falava num tom amigável de professor, inspirava respeito, mas ao mesmo tempo nos dava a impressão de que não era rigoroso... Que aceitava brincadeiras".[21] E o próprio George Martin acrescentaria: "Foi amor à primeira vista. John, George e Paul... eu os achei ótimos. Tinham personalidades excelentes e fizeram questão de me deixar fascinado por eles. Acho que George tinha as opiniões mais contundentes. Pete Best era o cara do fundão... Não falava muito, só ficava lá no canto dele, com olhar soturno, aparentando estar mal-humorado".[22]

Enquanto três Beatles efervescentes se descontraíam contando piadas, Pete ficava em silêncio. "Nunca conversei com ele [George Martin]", conta Pete em sua autobiografia, e Norman Smith confirmou: "Pete Best não falava *uma palavra sequer*. Tive a sensação de que havia um descompasso entre eles... Algo que ia além das críticas de George e Ron a ele como baterista".[23] George Martin teve a impressão de que Pete era "quase intratável", mas essa opinião pessoal não teve influência em seu julgamento profissional, ou seja, usar um baterista de estúdio (músico contratado) na próxima vez que os Beatles viessem gravar. Ao cabo da sessão, com Pete fora da sala, George Martin abriu o jogo com Brian, John, Paul e George.[24]

E lá se foi a van dos Beatles se afastando de Abbey Road. O que passava pela cabeça dos Beatles? Estariam com receio de ver o trabalho daquela noite sendo lançado? Ou animados com a expectativa de que duas daquelas quatro canções logo se tornassem seu primeiro single? Nenhum deles jamais tocou nesse assunto. Brian tinha dito ao *Mersey Beat* que o disco seria lançado em julho, então qual canção seria escolhida pela Parlophone? Mais tarde, John diria à *Melody Maker*: "Queríamos nos tornar a primeira banda britânica a usar gaita de boca num disco". Isso indica o desejo de ver "Love Me Do" se tornando seu primeiro compacto de 45 rpm, o íntegro e modesto número de R&B de Lennon-McCartney.[25]

Obviamente ainda não sabiam de muita coisa. Primeiro, George Martin e Ron Richards não tinham chegado a um consenso sobre qual Beatle seria o vocalista principal. Com base no som gravado, parece que a escolha recaiu em Paul, pois ele cantou duas músicas e meia na sessão, e John, uma música e meia. Seja lá qual foi a canção que ouviram de George, isso foi o suficiente para descartá-lo. Quem explica é George Martin: "Eu *ainda* estava em dúvida: 'John Lennon and the Beatles' ou 'Paul McCartney and the Beatles'? Eu já sabia que o George não era. Súbito me ocorreu que eu tinha que aceitá-los como eram, e eles eram uma novidade. Eu estava pensando de modo muito convencional... Mas a verdade é que eu nunca tinha escutado nada parecido com eles antes".[26]

E ninguém tinha. Os Beatles quebraram os paradigmas da indústria fonográfica. No início de julho de 1962, a *NME* – sempre ávida por analisar o seu próprio top 30 – descreveu a "corrida nas paradas" no primeiro semestre do ano. Elvis ficou em 1º, Cliff em 2º, Chubby Checker em 3º. Além deles, solistas, duos, trios, orquestras e afins. No top 75, as únicas "bandas" eram Karl Denver Trio em 5º, The Shadows em 8º e B. Bumble and the Stingers em 15º – respectivamente, um trio country da Escócia com influências do canto tirolês, um quarteto instrumental inglês e uma nova banda instrumental dos EUA. Bandas de rock como os Beatles sequer apareciam nas paradas.

Bandas como os Beatles *não* existiam. Duas guitarras, baixo e bateria, o trio da linha de frente se revezando na voz principal e nas harmonias, cantando composições próprias – algo simples, direto e inédito. A decisão de George Martin de aceitá-los assim, como uma unidade sem um líder, foi, comparativamente, também inédita – e exatamente o que os Beatles queriam e o que Brian sempre os ajudou a encontrar. A sorte os conduziu ao único produtor em Londres que compartilhava de sua resistência às convenções, o único com reputação de fazer experiências sonoras e de ter uma forte queda pelo incomum... e a sorte o conduziu aos Beatles.

Mas tanto melhor que os Beatles já estavam sob contrato. A depender do impacto dessa primeira sessão, George Martin não os teria contratado, pelo menos em termos de desempenho musical. Insatisfeito – não só com o baterista, mas também com o material –, decidiu varrer a sessão para baixo do tapete e não lançar nenhuma dessas primeiras gravações. Em outra oportunidade, poderiam começar de novo, com uma importante ressalva: o contrato deles exigia que a Parlophone gravasse seis "lados" e eles já tinham gravado quatro.

Como George Martin dissera à *Disc* em dezembro de 1961: "Uma banda de música beat representa um desafio bem maior do que um artista solo. (...) Existe o obstáculo de encontrar o material certo". George também conhecia a condição imperativa da Ardmore & Beechwood – o primeiro disco deles precisava incluir no mínimo uma canção original de Lennon-McCartney, de preferência o lado A. Mas nem a melhor deles foi considerada boa o suficiente por George. "Eu buscava uma canção para se tornar um sucesso, e 'Love Me Do' não me despertou essa sensação. Não achei que os Beatles tivessem *alguma* canção de

938   **Ano 5, 1962: *Always be True***

algum valor. Não me deram qualquer prova de que poderiam compor material de sucesso."[27]

Essa banda de Liverpool precisava de uma canção. George Martin instruiu Ron Richards para que mantivesse os ouvidos bem abertos na Denmark Street, Tin Pan Alley. Se encontrasse algo promissor, deveria consultá-lo primeiro, para então enviar a canção a Brian Epstein para que os Beatles a aprendessem. "Love Me Do" poderia ser o lado B dessa música que Ron ficou incumbido de encontrar, seja lá qual fosse. O processo podia levar semanas, ou meses até. Tanto faz: George Martin não tinha pressa nenhuma.

30
O componente indesejável
(7 de junho a 18 de agosto de 1962)

Tudo se reacendeu no sábado, 9 de junho, com o evento "Bem-Vindos ao Lar". Quatro bandas abriram para os Beatles em um show de quatro horas e meia que custou aos membros do Cavern 6s 6d e aos não membros 7s 6d – se é que algum conseguiu entrar. Junho sempre tinha sido o mês mais tranquilo para os clubes de música de Liverpool, mas não mais. "Parecia que tinha mil pessoas lá dentro", disse Barbara Houghton, uma das garotas alegremente comprimidas na plateia. "O lugar estava *apinhado* de gente e a atmosfera era mais do que elétrica. Que noite, *que noite!*"[1]

Nessas ocasiões, a caixa de fusíveis do Cavern sempre explodia – único momento em que Bob Wooler perdia o poder da fala. A multidão efervescente ficou encaixotada em meio às parcas luzes de emergência, mas sabia que não devia entrar em pânico, pois só uma portinhola estreita dava acesso aos degraus escorregadios da escada. Tudo aconteceu quando os Beatles tinham acabado de sair do palco; levaram o público ao frenesi e ali estavam eles, de volta ao camarim, com os inúmeros presentes trazidos pelas fãs, incluindo um bolo de várias camadas, feito por Lindy Ness, Lou Steen e a amiga delas, Susan Woolley. "John abriu um sorrisão", anotou Lindy no diário dela, e completou: "Escrevi o texto acima na casa de Paul porque passamos a noite lá".

Tudo continuava inocente – e muito empolgante. Quando deixaram o Cavern, George partiu sem os outros, ansioso para testar a atração que o seu novo Ford Anglia exercia nas gatinhas; Pete saiu com sua namorada, Kathy; e John e Paul deixaram Lindy e Lou voltarem com eles na van de Neil, rumo ao extremo sul de Liverpool. Em vez de serem deixadas em casa, as meninas ficaram com eles, foram à casa de Paul e os viram compor uma canção.

"Please Please Me" era uma cria de John, concebida nas 48 horas após chegarem a Liverpool, vindos de Londres. Era justo dizer que "Ask Me Why", "Love Me Do" e "PS I Love You" não tinham agradado muito o pessoal da EMI – e ali estava uma que poderiam tocar para eles na próxima vez. Ele se lembraria de como letra e a melodia surgiram "no outro quarto da casa de minha tia, na Menlove Avenue: eu recordo o dia e o edredom rosado na cama".[2]

A motivação foi a EMI, a musa onipresente. A inspiração para a letra veio de uma música chamada "Please", número 1 nos EUA com Bing Crosby, oito anos antes de John nascer. Ele era fascinado pelo jogo de palavras no verso de abertura – *"Please, lend your little ear to my pleas"* (Por favor, permita que sua orelhinha atenda ao meu apelo) – e se inspirou nisso para dar o título à sua música e compor a letra. Do ponto de vista musical, a principal influência de "Please Please Me" foi Roy Orbison. John disse que escutou Orbison "cantando 'Only the Lonely' ou algo assim" – mas provavelmente não usou uma canção específica como referência, apenas o estilo de Orbison e seus dramáticos crescendos nas oitavas.[3] Era uma canção de amor, mas não daquelas adocicadas, com "luar à beira-mar", que soterravam as paradas ao longo da adolescência de John e até há pouco tempo. Era uma canção de amor ao estilo Liverpool-Lennon: vai além da polidez da palavra inicial ("*please*") e pede à garota dele que o agrade *como ele a agrada.* *

John sempre declarou que a música era inteiramente dele, e Paul confirma isso, mas assim mesmo os dois estiveram envolvidos. Era 9 de junho, tarde da noite. Na presença de Lindy e Lou, os dois aprimoraram a canção, sentados, lado a lado, ao piano vertical de Jim Mac, na sala de estar de Paul. Lindy se lembra deles "trabalhando principalmente na mudança dos acordes, entre muitas piadinhas e brincadeiras". As duas meninas de 15 anos passaram a noite ali (as respectivas mães achavam que uma estava na casa da outra). Mais tarde, caíram no sono, ali mesmo no tapete da sala, enquanto Lennon-McCartney exploravam acordes acima de suas cabeças. "Perguntaram o que achamos da música", lembra Lou, "e dissemos que era ótima. Foi maravilhoso vê-los compondo e saber que não se

---

* Analistas se deleitam em afirmar que se tratava de um apelo por sexo oral. Pode ser, mas não precisa ser, e John nunca tocou no assunto.

O componente indesejável (7 de junho a 18 de agosto de 1962)

importaram com a nossa presença. Mas sempre foram bastante despreocupados em relação a essas coisas."[4]

"Please Please Me" ficaria no limbo por um tempo, mas, seis dias depois, uma canção de Lennon-McCartney foi transmitida pela rádio BBC, alcançando a marca inicial de 1,8 milhão de ouvintes. Foi "Ask Me Why", abrindo a segunda apresentação dos Beatles no *Here We Go*, gravada em Manchester em 11 de junho, com transmissão nacional na sexta-feira, dia 15. Dessa vez, refletindo o repertório deles nos palcos, miraram conscientemente em projetar a ideia de *banda eclética* – John cantou a primeira música, com harmonias de Paul e George; Paul cantou a segunda, com John e George nas vozes de apoio; George entoou a terceira, apoiado pelo coro de John e Paul. Novamente, aquilo era algo nunca antes ouvido no rádio, impressionante o suficiente para que o produtor Peter Pilbeam os mantivesse em sua lista de artistas para remarcar.[5]

Aproveitaram também para envernizar e dar brilho à sua versatilidade. "Besame Mucho" pulsou de energia no que o locutor chamou de "clássico espanhol". "A Picture of You", cantada por George com brilhantismo e confiança impressionantes, era um sucesso do momento, do top 5 daquela semana, prestes a conceder a Joe Brown seu primeiro e único número 1 – e talvez a transmissão dos Beatles tenha dado um empurrãozinho para isso acontecer.

A melhor de todas foi "Ask Me Why". George Martin encontrou motivos para desdenhá-la, mas sua opinião estava envolta em visões mais amplas e pessimistas. Na verdade, havia muita coisa interessante acontecendo ali, e a inclusão dela indicava uma mudança crucial nos Beatles entre março e junho de 1962. Em sua primeira transmissão na BBC, os Beatles tinham sido responsáveis pela primeira exposição ao grande público britânico de uma canção da Tamla (Motown). Três meses depois, foram a primeira banda a tocar sua própria e original canção *inspirada* num disco da Tamla. Mas, embora "Ask Me Why" tenha sido desencadeada por Smokey Robinson, não se tratava de um clone: passou pelo filtro Lennon--McCartney e surgiu na forma de música folk melodicamente complexa, uma canção atraente e intrigante, com suave ritmo latino, cantada por John e apoiada por fortes harmonias de Paul. A frivolidade passou longe: nenhum falso sotaque americano ou médio-atlântico, apenas dois rapazes de Liverpool entoando uma melodia interessante com sinceridade e qualidade em suas vozes. Mesmo que isso não tenha sido registrado por boa parte dos 1,8 milhão de ouvintes, o momento pode ser visto como um marco no desenvolvimento da música do século XX.[6]

Há provas de que o público no Playhouse Theatre curtiu muito os Beatles. A gravação que subsiste revela muitos aplausos e gritinhos entre as músicas e, pouco antes de "A Picture of You", uma vibração nitidamente audível, quando um dos Beatles fez algo que não deveria na rádio BBC. Há também risadinhas da plateia durante a parte instrumental, como se John, Paul e George tivessem feito uma de suas pequenas palhaçadas. Em sete minutos, foi como dar uma espiadela em Liverpool, transportada 50 quilômetros até Manchester – e, de fato, pelo menos 20% da plateia eram membros do fã-clube dos Beatles, trazidos em um ônibus fretado por Brian. Ele e Jim McCartney acompanharam os fãs a Manchester. Na volta, John, Paul e George também subiram a bordo.

Nessa noite, Pete, em especial, teve uma experiência interessante, e ele costumava falar sobre isso. Na saída do auditório, ele foi cercado por fãs frenéticas. Os outros três Beatles conseguiram se desvencilhar, mas ele ficou preso, envolto por um mar de admiradoras. Por sua vez, Jim Mac considerou que Pete provocou a situação – ao que parece, ele teria comentado: "Por que você quis atrair toda a atenção, por que não chamou os outros rapazes de volta? Acho que foi muito egoísta da sua parte". Pete alega que mais tarde levantou essa questão com Brian, que prometeu verificar o assunto com o sr. McCartney, mas ficou por isso mesmo; faltou apenas Pete contar que ele não ia pegar o ônibus, de qualquer maneira. Também já foi escrito em algum lugar (embora sem dar nome aos bois) que alguém se aproximou de Pete nessa mesma noite e disse: "Estão pensando em se livrar de você, sabe, mas não têm coragem".[7]

Esse(a) informante, seja lá quem tenha sido, estava 50% certo(a). Estavam prestes a se livrar dele *e* tinham coragem para isso. A trajetória de Pete nos Beatles estava chegando ao fim.

A gota d'água foi a EMI. Uma coisa era o fraco desempenho de Pete na Decca, mas tinham *assinado* com a EMI, e agora George Martin também não o achou bom o suficiente. Muitas vezes, o produtor seria questionado sobre isso, sempre respondendo de forma consistente com a declaração oficial, escrita em meados de agosto de 1965:

O componente indesejável (7 de junho a 18 de agosto de 1962)   943

> Comuniquei ao sr. Epstein que estava insatisfeito com a performance do baterista deles, sr. Peter Best. No que tange às minhas gravações, avisei que eu preferiria substituí-lo por um baterista de estúdio.
>
> Pete Best parecia estar "deslocado". Enquanto os outros três eram muito unidos em seu desempenho e entusiasmo, parecia que Pete não fazia parte do grupo de verdade.

Os Beatles tinham a mesma sensação. Se mantivessem Pete, teriam um baterista contratado não só na próxima sessão, mas em todas as sessões posteriores, em todas as suas gravações. Teriam que fazer música com sujeitos desconhecidos, "profissionais" (palavra enunciada com uma cuspidinha de nojo), gente cínica, de idades variadas, que desconheciam as canções e, provavelmente, não curtiam o estilo e o som, não eram de Liverpool e não tinham qualquer vínculo emocional com eles. Queriam olhar nos olhos uns dos outros com confiança, compreensão e ambição, já ensaiados e coordenados, *uma banda* (expressão que George costumava usar). E, seja como for, qual era o sentido de usar um baterista de estúdio? Tocariam essas canções em shows ao vivo – em salões de baile, talvez até auditórios, no rádio e na TV. Por isso, o baterista deles tinha que tocar as faixas como nos discos, e o ideal seria que tocasse igual justamente porque ajudou a criá-las. Paul explicaria mais tarde: "Chegou ao ponto em que Pete começou a nos travar. O que é que podíamos fazer... fingir que ele era um baterista maravilhoso? Sabíamos que ele não era tão bom quanto desejávamos".[8]

A dispensa de Pete exigiria um confronto "a machadadas" que John, Paul e George – por mais verbalmente aguçados que pudessem ser – relutavam a encarar havia 18 meses. E nem agora conseguiriam enfrentar a situação. Na explicação de George: "Incapazes de lidar com a parte emocional disso tudo, fomos até Brian Epstein e dissemos: 'Você é o empresário, faça isso'". O cartão de visitas de Brian dizia que ele detinha a gestão exclusiva sobre os Beatles, mas esse nunca foi o caso. Se dependesse dele, poderiam manter Pete: "Fiquei muito chateado quando os três me procuraram uma noite e me disseram que não o queriam. Havia muito tempo isso era uma possibilidade, mas eu esperava que não fosse acontecer".[9]

A ideia de Ringo substituir Pete também não agradava a Brian. "Eu o achava muito barulhento... eu não o queria", refletiria dois anos depois.[10] Essa primeira impressão datava de março, quando foi correndo buscar Ringo na Admiral Grove Street para que substituísse Pete, de última hora, na sessão de almoço do Cavern – e, ao chegar à casa de Ringo, foi obrigado a esperar uns minutos extras, pois o baterista se recusou a sair antes de tomar o seu chá.

Mas os protestos de Brian, se é que foram verbalizados, não surtiram efeito. Mostrando a força que sempre tiveram, John, Paul e George não deixaram dúvidas sobre os méritos de Ringo. Ao ver a firmeza deles, Brian se persuadiu e também mostrou firmeza: "Gostavam de Ringo e eu confiei na avaliação dos rapazes. Se eles ficassem felizes, eu também ficaria".[11]

A maneira como fizeram Brian dispensar Pete ecoou o modo como fizeram Nigel Walley se livrar do guitarrista Eric Griffiths, quatro anos antes. A diferença é que aquela havia sido uma conversa dolorosa, mas breve e simples. E essa não foi. A situação de Pete Best tinha um complicador – os contratos assinados – mutáveis por sua própria natureza, mas com implicações. Brian tinha um contrato com John, Paul, George e Pete: o compromisso por escrito de lhes assegurar trabalho remunerado. Estava prevista a rescisão do contrato na íntegra após um ano por qualquer uma das partes, mas não a destituição repentina de um dos signatários. O contrato até podia conter elementos passíveis de gerar uma anulação geral (as fraquezas deliberadamente inseridas por Brian), mas posteriormente assinou por eles, na condição de seu empresário, o contrato de gravação com a Parlophone. A situação era delicada, e desconsiderar possíveis ações legais parecia uma evidente tolice.

Por volta de 18 de junho, Brian levou suas preocupações a David Harris, da Silverman, Livermore & Co, firma que redigira o contrato de gestão. Depois de analisar a situação, Harris respondeu a Brian por escrito no dia 22 – e como a confidencialidade era necessária, ele se referiu a Pete não pelo nome, mas (de um modo lógico, apesar de infeliz) como "o componente indesejável".[12]

Harris explicou que, do ponto de vista legal, os Beatles eram uma parceria. Qualquer grupo de pessoas associadas em torno de um propósito comum, e compartilhando lealdades comuns, são sócias, e Lennon, McCartney, Harrison e Best eram sócios no empreendimento de serem Beatles. Já que o contrato de gestão não permitia a expulsão de um único membro, Harris só via uma solução realista: os Beatles deveriam se separar e depois se reagrupar sem o componente

O componente indesejável (7 de junho a 18 de agosto de 1962)

indesejável, assinando um novo contrato de gestão que o excluísse. Brian ainda estaria vinculado a Pete sob o acordo original, no entanto, e continuaria obrigado a lhe fornecer trabalho remunerado. Se não o fizesse, Pete poderia tomar medidas contra lucros cessantes, ou coisa pior.

Pete não sabia nada disso, mas tudo que é tipo de conversa estava subitamente acontecendo nas suas costas. Como Paul explica: "Conversamos entre nós e conversamos com Brian e pedimos muitos conselhos sobre tudo isso... Dissemos: 'Ah, meu Deus, não sei como vamos fazer isso'". Mesmo assim, não foi nada fácil para Brian estancar o desejo deles de tomar *medidas instantâneas*, ali e agora. Por que Eppy simplesmente não foi em frente e *terminou* com aquilo? Na opinião de Paul: "Foi um período muito tenso".[13]

Acima de tudo, um verão de segredos e mentiras – e enquanto as opções eram debatidas e analisadas, exploradas e reprimidas, tudo se manteve inalterado. Ringo estava em Skegness com os Hurricanes, Pete continuava nos Beatles, e o melhor amigo dele, Neil, os levava a todos os lugares, carregava seus equipamentos, atuando como guarda-costas e parceiro. Ele também não sabia de nada e seria outro problema para o qual não havia solução óbvia – John, Paul e George queriam se livrar de Pete, mas esperavam manter Neil.

Consideradas as circunstâncias, foi justo terem parado de tocar no Casbah. Ainda tocaram lá um domingo ou outro, mas a última vez foi em 24 de junho. Logo depois, o lugar fechou as portas, talvez até mesmo nessa noite – grávida de oito meses, Mo Best tinha acabado de perder a mãe e andava sem tempo para gerenciar uma boate para adolescentes. Aquele ambiente acanhado, mas mágico, ajudara a salvar o relacionamento musical de John, Paul e George em agosto de 1959, quando fizeram o show de inauguração. Agora, menos de três anos depois, os Beatles fizeram o show de encerramento das atividades. Eles se lembrariam do Casbah com carinho, mas isso seria tudo: uma memória.

De cabo a rabo em sua exclusiva temporada de 12 shows no Cavern, os Beatles espargiram várias canções novas e quentes em seu setlist. Brian tinha lhes enviado uns compactos de 45 rpm quando estavam em Hamburgo e agora eles, aglomerados nas cabines de audição da seção pop da Nems Whitechapel, no canto esquerdo do movimentado porão, escrutinavam mais novidades, escolhendo principalmente

946   **Ano 5, 1962: *Always be True***

selos britânicos que lançavam som dos EUA. Obstinadamente peneiraram nove semanas de lançamentos em vinil, e o resultado foi meia dúzia de pepitas direto para o setlist.

"Don't Ever Change" foi uma dessas novas canções que marcaram a evolução do som dos Beatles em meados de 1962, e os reconectou com os Crickets, que inspiraram seu nome e por quem tinham uma afeição permanente. A morte de Buddy Holly na prática não diminuiu a sua popularidade na Grã-Bretanha. A fiel base de fãs teve acesso a novos lançamentos e relançamentos, mas "Don't Ever Change" não tinha nada a ver com o ex-líder dos Crickets e tudo a ver com seus compositores, Gerry Goffin e Carole King. Era mais um excelente número do casal nova-iorquino – radiante canção de amor pop, com melodia rica e inspiradora, interpretada pelos Crickets com vocais semelhantes aos dos Everly Brothers. Poderia ter sido composta diretamente para os Beatles, sem adaptação ou rearranjo, abarcando uma alegre combinação de acordes maiores e menores na guitarra – o acorde Mi aumentado, do qual fariam bom uso repetidas vezes. Também se mostrou um veículo perfeito para as harmonias vocais dos Beatles: enquanto George cantava, Paul com talento segurava os agudos o tempo todo, concretizando um dueto de força impressionante.

Outro número novo, "Sharing You", era da mesma cepa – composição da parceria Goffin-King, com produção de Snuff Garrett para o selo Liberty, de Hollywood, lançado na Grã-Bretanha pela EMI, mas dessa vez não foi gravada pelos Crickets e sim por Bobby Vee. Todos andavam trabalhando na mesma vibração: Vee já fizera sucesso com "Take Good Care of My Baby", de Goffin-King, que George tinha cantado nos Beatles. George também pegou "Sharing You" (Compartilhando você), e, de novo, Paul fez o coro, com um detalhe: cantavam "Shaving You" (Depilando você), provocando muitas risadas.

Na 1650 Broadway, o famoso prédio que reunia compositores em Nova York, distante um ou dois cubículos do de Goffin e King, trabalhava outro casal, também marido e mulher: Barry Mann e Cynthia Weil. Era deles a composição "Where Have You Been", que arrebatou os Beatles em junho de 1962. Era o segundo compacto de 45 rpm de Arthur Alexander para o selo Dot (na Grã-Bretanha, saiu no selo London), e John voltou a assumir o vocal principal. A canção, com forte pegada R&B, ascendia lentamente até o final apoteótico, e George adaptou o solo de piano em sua guitarra.

O componente indesejável (7 de junho a 18 de agosto de 1962)

O lado B desse compacto eles tocavam ainda melhor. A partir de junho de 1962, "Soldier of Love" tornou-se um grande sucesso no repertório dos Beatles, canção de integridade que mostrou a evolução da banda tanto melódica quanto harmonicamente.[14] Composta por dois jovens músicos de Nashville, James "Buzz" Cason e Tony Moon, a letra fundia habilmente romance com jargão militar, um rapaz implorando para sua namorada baixar a guarda, depor as armas e se render pacificamente ao seu amor. Alexander a cantava como um blues cadenciado, mas os Beatles aceleraram o ritmo e trocaram o sax pela guitarra. Novamente, John se encarregou do vocal principal, com Paul na harmonia, e George dava um passo à frente de vez em quando para se juntar a Paul no microfone, como no coro feminino das Shirelles ou Marvelettes. O resultado dessa combinação foi uma música de muita verve e emoção, que funcionava à perfeição com as plateias.

Outra canção animada era "Mr Moonlight", tempestuoso ritmo latino garimpada num lado B de uma banda estadunidense bizarramente batizada de Dr. Feelgood and the Interns. Embora Paul a tenha revestido com uma robusta harmonia vocal, a canção brilhava na voz de John, em especial, no começo explosivo. "Mr Moonlight" abria com um vocal forte e vigoroso que, por cinco segundos, ecoava no ar: a deixa para os instrumentos entrarem em ação. Um burburinho de expectativa eletrizava o público, que ficava se perguntando se John acertaria a nota. Abriam o show com ela, ou seja, chamavam a atenção do público antes mesmo de dedilharem o primeiro acorde – recurso vantajoso, como Neil Aspinall recordaria: "Pulsava uma tensão na plateia na hora de 'Mr Moonlight', era um efeito incrível. Bastava ela ser anunciada e todo mundo já sabia que John ia começar com *aquela* nota – '*MISTER!* Moonlight'. Não havia acorde para precedê-la, ele tinha que acertar *do nada*".[15]

Dessas novas canções, porém, uma define os Beatles de 1962, mais do que todas as outras: "Some Other Guy", de Richie Barrett. Mais envolvente até do que "Soldier of Love" e "Don't Ever Change" (e imbativelmente dançantes como elas), essa canção resumia o rock dos Beatles por excelência, fantástica para fãs homens e mulheres, explosão do começo ao fim, canção particularmente poderosa para estimular a competição entre os Nerk Twins. Como Paul explicaria: "John e eu queríamos cantá-la, então acabamos fazendo *juntos*, como uma faixa dupla".[16] Noite após noite – e nas sessões no horário de almoço – esse par de fanáticos do R&B

dos EUA ficava diante de seus microfones adjacentes, por dois minutos, fazendo o vocal principal em uníssono, a plenos pulmões, cada um se esforçando para ser o primeiro a alcançar o maravilhoso ápice de Barrett na palavra "Some", mas sem nunca conseguirem.

Também adicionaram canções próprias ao setlist. "Please Please Me" continuava ainda sem ter sido testada em shows, mas "Ask Me Why" continuou no repertório após a apresentação para a BBC e, às vezes, tocavam "Love Me Do" e "PS I Love You". Porém, um grau de hesitação permaneceu. Geoff Davies, grande fã dos Beatles e frequentador do Cavern, lembra como o público continuava preferindo "material de R&B" a qualquer canção original: "Quando tocavam 'PS I Love You', pensávamos 'que música piegas é essa?!', mas depois nos acostumamos e fomos conquistados".[17]

No dia 15 de junho, John conversou várias horas com Lindy Ness, madrugada adentro. A ambição e a necessidade de "novos desafios" foram temas recorrentes. "Ele falou em *dar o fora*", conta ela, "em não ficar restrito a um lugar a vida toda. Não se enxergava ficando em Liverpool para sempre. Falou um tempão sobre isso. Eu me lembro de John dizendo que precisava 'estar num lugar maior, menos provinciano.'"[18]

Os dois estavam a sós, num banco do quiosque do Sefton Park, iluminados pelo céu noturno. A pouca distância dali, George e uma nova conquista embaçavam os vidros de seu Anglia – e mesmo assim, apesar da óbvia oportunidade de iniciar um encontro próprio, John não fez nada além de falar e ouvir, enquanto Lindy, 15 anos e 3 meses, conversava com ele. "As pessoas achavam que estávamos tendo um relacionamento sexual", conta ela, "e ele se exibia para outros rapazes dizendo que eu era sua 'chave de cadeia', mas na verdade ele era protetor. Eu estava muito nervosa (não sabia *o que* ia acontecer comigo), mas eu estava em boas mãos, ele me tratou muito bem. Foi interessantíssimo, uma curva de aprendizado íngreme".

> Conversamos sobre as nossas infâncias em Woolton e onde costumávamos brincar, mas nem precisávamos explicar, porque ficava subentendido. Como John, eu tinha lido a série de livros *Just William* quando criança. Falamos sobre Deus, religião e desenhos. Ele gostava de meus desenhos... Eu era uma artista

O componente indesejável (7 de junho a 18 de agosto de 1962) 949

iniciante e ele parecia ter se arrependido por ter meio que abandonado esse caminho. Falou que eu devia entrar na faculdade de artes e comentou algo como 'E vê se não estraga tudo como eu fiz'. Mas nem tudo era conversa séria... A gente também ria, contava piada, imitava pessoas. Eu era muito irônica, então tínhamos isso em comum também.

Nessas horas, Cynthia raramente via John. É com precisão matemática e também figurativa que Lindy reflete: "Acho que ela não sabia nem metade do que estava acontecendo na vida dele". Só de vez em quando Cyn ia aos shows dos Beatles – e quando ela o fazia, ele basicamente a ignorava, as pessoas lembram. Além disso, ela e John raramente dormiam juntos à noite. Eles queriam, mas, antes de se recolher, a senhoria trancava a porta da frente. Em geral, John aparecia durante o dia e nos fins de semana – e mesmo assim, o tempo inteiro, Cyn tinha que agir furtivamente. Receber um homem no quarto transgredia o código das senhorias britânicas de "manter a casa *respeitável*" e, se descoberta, Cyn poderia ser despejada.

Quando escolhiam seus momentos, porém, a casa na 93 Garmoyle Road enfim rendeu a Cyn e John as chances de intimidade que escasseavam nas noites da Gambier Terrace, dois anos antes. Como sempre, sem tomar quaisquer precauções contra uma gravidez, aproveitavam as oportunidades que tinham, apesar do ambiente precário. Por fora, o imóvel era a típica casa geminada, feita em tijolo à vista, em um bairro da classe trabalhadora, no sul de Liverpool, relativamente agradável aos olhos. Pelo aluguel de £ 2 e 10 xelins por semana, Cyn tinha direito a um quarto no andar de cima, com janela lateral. A decoração de interiores incluía cama de solteira, cadeira corroída pelas traças, aquecedor elétrico de uma barra e fogareiro de uma boca. Havia um banheiro por andar (água quente com hora marcada e dedos cruzados).

A namorada de Paul, Dot, se mudou para o quartinho ao lado, um pouco menor que o de Cyn. No caso de Cyn, havia sólidos motivos para estar ali (a mãe dela, recém-chegada de uma longa temporada no Canadá, em breve voltaria à América do Norte, e a casa delas, em Hoylake, continuava alugada). A casa dos pais de Dot, porém, ficava a menos de dois quilômetros da Garmoyle Road; ela se mudou para fazer companhia a Cyn e pela expectativa de maior intimidade com

Paul. Os dois também namoravam havia três anos, mas tiveram apenas oportunidades limitadas para dormirem juntos.

Foi assim que, ao longo de algumas semanas nesse verão de 1962, Lennon e McCartney podiam visitar as namoradas em quartos vizinhos, longe das regras dos pais. Quando não estavam sendo Beatles juntos no palco, ou indo aos locais dos eventos a bordo da van, ou vasculhando os expositores de discos, ou indo ao escritório de Brian ou a cinemas, cafés, bares-cafeterias, pubs e antros de bebidas alcoólicas, ou sentados em algum lugar compondo canções juntos, desciam até a mesma casa e se refugiavam em quartos adjacentes para desfrutarem prazeres mundanos. Esses garotos eram *chegados um ao outro*... tanto que, nessa mesma época, também se associaram a um empreendimento fotopornográfico. Suas modelos de quarto não eram suas namoradas, mas duas moças prestativas que não precisavam sair correndo de volta ao trabalho após a sessão do horário de almoço no Cavern; uma deles morava num apartamento de último andar em um casarão na Prince's Road, perto do Rialto Ballroom – as casas construídas pelo avô paterno de George. John e Paul as fizeram ficar de topless (ou ainda melhor) em poses romanescas e "artísticas", enquanto operavam a câmera que Paul havia acabado de dar a seu irmão... para logo a pedir emprestada.

A câmera de Mike também viu muita ação dos Beatles, adicionando uma diversidade de fotos novas ao seu já inestimável arquivo. Uma sessão sob medida aconteceu na entrada do Allerton Golf Course – atalho entre as casas de John e Paul para quem passava a pé ou de bicicleta. É hora dos Beatles no subúrbio de árvores frondosas: John, Paul e George, os três de jaquetas de couro e jeans, reunidos em volta do Anglia. A oficina e revenda de carros usados de Terry Doran, em Warrington, a Hawthorne Motors, escolheu a melhor foto como propaganda. Esse foi o acordo que George tinha feito para conseguir um desconto na compra de seu carro. O anúncio foi veiculado no *Mersey Beat* de 12 de julho: "FAÇA COMO GEORGE HARRISON DOS BEATLES: TORNE-SE UM ORGULHOSO DONO DE UM CARRO DE PRIMEIRA CLASSE". A fotografia também conta outra história: Pete. A ausência dele aqui é uma ilustração perfeita de três Beatles andando por Liverpool sem ele; são o mesmo trio unido de antigamente, os *Japage 3*, um quarteto apenas no palco.

Mike tirou outra ótima foto de John e Paul com Gene Vincent, quando o descomedido herói de Hamburgo dividiu o programa do Cavern com eles no do-

O componente indesejável (7 de junho a 18 de agosto de 1962)   951

mingo, 1º de julho. Também tirou várias fotos a bordo do *MV Royal Iris* quando, cinco noites depois, os Beatles atuaram de novo como banda de apoio para o astro de jazz tradicional, Mr. Acker Bilk, em mais um *Baile na Balsa*.[19]

Esse período foi importante para Mike McCartney, agora com 18 anos: encontrou em poucas semanas uma profissão e um novo e revelador modo de vida. Começou um aprendizado de três anos como cabeleireiro, seguindo o conselho da matriarca da família, a tia Gin, ela mesma cabeleireira antes da guerra. O estilo de vida era o surrealismo, inspirado num programa de TV sobre Dalí e Buñuel. Mike começou a se comportar de forma curiosa, por exemplo, andar em Liverpool com um lenço enfiado na boca. O irmão mais velho o aconselhou a "parar com isso", pois estava causando constrangimentos, mas Mike continuou. Com esses pensamentos, somado ao estímulo da câmera que Paul lhe trouxera de presente, súbito Mike se tornou um segundo jovem McCartney em Liverpool a ser produtivo e criativo, e as ambições de ambos se encaixaram à perfeição quando Paul pediu a Mike: "Vê se me faz parecer famoso". Mais tarde, Mike refletiria, sem rodeios: "Ele não dava a mínima para mim e minhas fotografias, só queria fotos de si mesmo", mas mesmo assim obedeceu. Nas semanas que antecederam o aniversário de 20 anos de Paul (18 de junho), encenaram uma série de tentativas de arte pictórica, dentro e fora de casa; Paul buscava uma imagem forte que pudesse usar com as recentes fotos de meia-sombra de Astrid com John e George – a sessão que ele perdeu e ainda estava mordido por isso.[20]

O show no *Royal Iris* caiu no quinto aniversário do encontro de John e Paul, um jovem de 17 anos cantando "Come Go With Me" para um rapazola de 15 anos recém-completos. Não se lembravam da data (talvez nem mesmo do ano), mas ainda estavam juntos, evoluindo e agora compondo letra e música outra vez, como Lennon-McCartney, ou, como Paul chegou a pensar seriamente, Lennon-James. Com os Beatles claramente à beira de *algo* – prestes a lançarem o primeiro disco, prestes a serem citados na imprensa –, Paul pensou em adotar um nome profissional. Quase toda estrela tem um. "Eu me lembro de estar no banco traseiro do Zodiac de Brian Epstein (seu elegante e pomposo Ford) e me perguntar se Paul McCartney era o nome certo. Brian achava meio difícil de pronunciar e eu também. Ficamos imaginando se o público ia memorizar um nome assim. Na escola, o pessoal não conseguia falar o meu nome direito. Então eu ia me tornar Paul James, de James Paul."[21]

Ninguém se lembra por quanto tempo avaliaram o assunto, mas foram dias ou semanas, não minutos – até que por fim optaram por deixar o nome inalterado. Como Paul explica: "No final, pensamos apenas: 'Não, o pessoal que dê um jeito de lembrar de nossos nomes'". Foi só mais uma pequena decisão entre tantas grandes nesse verão de 1962, mas o desfecho viria a ser de fundamental importância: esses três Beatles lutavam pelo sucesso sendo eles mesmos, com seus nomes autênticos e cotidianos.

Também teriam equipamentos melhores. John e George – desde o início, pioneiros em termos de progresso em seu equipamento musical – compraram novos amplificadores de guitarra, da marca Vox, fabricados na Grã-Bretanha: George adquiriu um AC-30 (de 30 watts) e John, um AC-15. O de John custou £ 133, o de George ainda mais, e Brian foi seu fiador para as prestações semanais na Hessy's, com prazo até junho de 1964.[22] Também escolheram guitarras novas e fizeram seus maiores investimentos até então. Encomendaram duas guitarras idênticas, a Gibson J-160E eletroacústica, carinhosamente chamada de "Jumbo Gibson", que poderia ser tocada acústica ou plugada a um amplificador. Fizeram uma encomenda especial aos EUA, por intermédio da Rushworth & Dreaper (principal concorrente da Hessy's), ao enorme custo de £ 161 1s cada uma, incluindo os juros da compra a prazo. Novamente, Brian assinou como fiador, e Paul não contribuiu para a aquisição – pegaria emprestado deles.

Brian também providenciou uma "van" nova para os Beatles. Com Pete prestes a ser descartado, o cargo de Neil permanecia em xeque, mas o fato é que não queriam ficar sem condução própria. A indicação de Terry Doran – um Ford Thames 800 Express Bus, cor creme – parecia satisfazer todas as necessidades da banda. Com oito lugares e banco rebatível na parte traseira, tinha espaço mais do que suficiente para acomodar cinco pessoas e o equipamento deles sem estardalhaço. A Nems Enterprises desembolsou o dinheiro e foi descontando da renda semanal dos Beatles; a coluna "Despesas da Banda", que consta em seus Extratos de Contas semanais datilografados, trazia uma dedução de £ 4, além do salário de £ 8 de Neil. Esse Ford Thames 800 seria o transporte dos Beatles no futuro, levando-os a todos os lugares do país, seja lá onde surgissem as oportunidades.

Uma delas, esperava Brian, seriam os estúdios da Granada Television, em Manchester. Ele entrou em contato com essa emissora da conceituada rede ITV,

O componente indesejável (7 de junho a 18 de agosto de 1962)   953

que orgulhosamente se declarava "do norte" em seus programas, e a primeira pessoa que viajou a Liverpool foi Dick Fontaine. Aos 23 anos, era um dos proficientes egressos de Cambridge com a oportunidade de apresentar ideias interessantes para filmes e depois realizá-los. Uma noite, combinou de se encontrar com os Beatles no Cavern. Não era um dia de show. Depois saíram para beber juntos. Para surpresa dele, a impressão inicial foi muito boa.[23]

Enquanto Fontaine formulava uma ideia para encaixar os Beatles num programa de TV, seu colega na Granada, Leslie Woodhead, também formado em Cambridge, estava trabalhando em *Know the North*, série de curtas-metragens de TV sobre as diferentes particularidades locais. Um dos curtas era sobre música, e ele já havia filmado, a céu aberto, a Brighouse and Rastrick Brass Band – música vigorosa e tradicional de Yorkshire. Agora, procurava um contraponto quando Fontaine mencionou os Beatles em seu subterrâneo de Liverpool. Woodhead marcou um encontro com Brian Epstein no saguão do Adelphi Hotel. Ao chegar, não viu ninguém por ali com a aparência de um empresário de rock'n'roll. Um tempinho depois percebeu que um jovem meticulosamente arrumado, "de uma elegância tão improvável que com certeza não poderia ser ele", era o anfitrião da noite. Brian o levou ao Cavern, onde Woodhead ficou abismado com o barulho, e depois foram tomar um drinque com os Beatles.

> Ficou claro que eles tinham algo diferente. Eram charmosos e cáusticos como só quem cresce na classe trabalhadora de Liverpool consegue ser. Paul, jovem alegre com olhos de um spaniel, implacavelmente confiante em seu charme, e John sempre soltando suas farpas. Obviamente, ele era engraçado de um modo perverso, mas parecia o tipo de cara que é melhor não provocar. George era uma presença bem acanhada, e não tenho recordação alguma sobre Pete, nem mesmo se ele estava lá. E Brian mostrou todo o seu charme e afabilidade, calmo, mas muito proativo... Ele ia fazer essa coisa dos Beatles "acontecer".[24]

Mas o trabalho essencial dos Beatles sempre foi o palco. O rádio e a TV eram atalhos para o público; para ganhar dinheiro e recomendações boca a boca, só com trabalho cotidiano. Antes de Brian, atuavam somente em Merseyside; agora, a agenda de shows dos Beatles era uma colcha de retalhos de lugares novos. Após voltarem de Hamburgo, nas primeiras sete semanas, só tiveram seis dias de fol-

Ano 5, 1962: *Always be True*

ga. O descanso costumava ser na terça-feira, mas quando surgiam compromissos especiais, eram escalados nesse dia. A agenda estava com shows marcados com meses de antecedência, algo que o dono do Star-Club, Manfred Weissleder, sabia perfeitamente ao escrever para Brian em 10 de julho. Contratos foram elaborados para mais duas breves temporadas no Star-Club, antes do fim de 1962: duas semanas no início de novembro e nos últimos 14 dias do ano, concluindo na véspera de Ano-Novo. Em novembro, dividiriam o line-up com um de seus maiores ídolos de todos os tempos, o grande deus Little Richard.

Brian não agendou só os Beatles no Star-Club – fez o mesmo com The Big Three, a segunda banda que ele assumiu como empresário. Sufocadas na primavera, suas ambições de expansão floresceram no verão, começando com o trio que tocava o rock mais pesado de Liverpool. O baixista Johnny Gustafson diz que foram contratados por recomendação de John Lennon; no início de junho, ficaram sob a "gestão exclusiva" de Brian, depois assinaram um contrato de cinco anos com a Nems Enterprises Ltd., que vigorou a partir de 1º de julho.

Por que Brian estava assinando contratos com outros artistas além dos Beatles? Porque Liverpool estava repleta de talentos que mereciam um público mais amplo e ele decidiu criar uma estrutura para que isso pudesse acontecer. Porque pretendia ficar em Liverpool e o fato de ser empresário de vários artistas lhe daria certa influência ao enfrentar as forças de Londres – gravadoras, *promoters* e agentes – a 320 quilômetros de distância. Porque ter uma lista de talentos lhe permitiria montar line-ups dominados ou mesmo plenamente preenchidos por eles. E porque isso fazia muito sentido em termos comerciais: os Beatles eram os precursores, a atração principal, e, doravante, quando precisasse responder a *promoters* ansiosos que os Beatles já estavam ocupados em uma data solicitada, poderia oferecer uma banda alternativa e manter tudo internamente.

O contrato do The Big Three refletiu uma questão que se tornou premente desde que Brian assinou com os Beatles em janeiro: a remuneração dele, acumulando as funções de empresário e agente, na base de 10% subindo para 15%, mal era suficiente para arcar com os custos, que dirá proporcionar uma renda capaz de lhe sustentar. Por enquanto, estava preso aos termos do contrato dos Beatles, mas não cometeria o mesmo erro – a comissão da Nems Enterprises sobre a renda do The Big Three seria de 15% se ganhassem até £ 50 por semana cada um, e, a partir

O componente indesejável (7 de junho a 18 de agosto de 1962)

daí, aumentaria para 25%. Levando em conta o potencial de Brian para catapultar a renda deles, a banda ainda estaria em condição bem melhor do que antes. O guitarrista solo Adrian Barber (o mesmo que construiu o famoso "caixão", o alto--falante de Paul McCartney) lembra: "Quando Eppy surgiu no cenário local, todo mundo quis saber o que é que um empresário fazia, e então vimos que em vez de 30 xelins por noite, ganharíamos £ 25. Uma diferença muito grande mesmo. Isso é indiscutível".[25]

Mas discutir era algo habitual para eles. The Big Three e Brian viviam discutindo. Uma das cláusulas do contrato dava a Brian o poder de os orientar sobre suas roupas de palco, mas eles o detestaram por isso. Fora de curso, sem a coalizão de trabalho que tinha com os Beatles, Brian cometeu erros de avaliação. The Big Three eram ossos duros de roer, tão obstinados em *mostrar* firmeza que brigavam com ele por tudo, principalmente no caso das roupas, e se já não fossem difíceis o suficiente, a primeira viagem deles a Hamburgo, em julho, fez tudo degringolar ainda mais. Voltaram a Liverpool sem Barber, que, diz Gustafson, *mergulhou fundo* no mar de sexo, drogas e bebidas – ficou em Hamburgo e conseguiu um emprego como técnico de som no Star-Club. "Voltamos a Liverpool com guitarrista novo, Brian Griffiths, ainda mais barulhento e mais estridente", conta Gustafson. "A banda com a qual Brian assinou mudou de cara com muita rapidez."[26]

Brian enviou The Big Three a Hamburgo para substituir Gerry and the Pacemakers, que voltaram a Liverpool no fim de junho e prontamente se tornaram a terceira banda a assinar contrato com ele como empresário. Também assinaram um contrato de cinco anos com a Nems Enterprises a partir de 1º de julho. Assim, em poucos dias, Brian passou de uma banda para três – e teria sido quatro se The Four Jays não tivessem relutado em abandonar seus empregos diários para se tornarem profissionais. É difícil imaginar Paul satisfeito com tudo isso – temia que Gerry and the Pacemakers ultrapassassem os Beatles e se tornassem a principal banda de 'Pool, de que fizessem um sucesso estrondoso antes que eles. E agora, talvez, Brian os apoiaria com o mesmo ímpeto com que estava apoiando os Beatles. Mas Paul nada tinha a recear: Brian sempre foi claríssimo quanto à hierarquia de seus contratos.

Ser o empresário de três bandas era suficiente para Brian conseguir o domínio local. Em 13 de julho, a prova da força da Nems Enterprises apareceu pela

Ano 5, 1962: *Always be True*

primeira vez no *Echo*, na forma de um anúncio para a primeira grande noitada de rock no Grafton Ballroom, na sexta-feira, 3 de agosto – todas as três atrações eram representadas por Brian, listadas na ordem que confirmava sua importância: The Beatles, Gerry and the Pacemakers, The Big Three. Ingressos antecipados estavam disponíveis na Nems e vouchers de desconto foram enviados aos membros do fã-clube dos Beatles. Brian começou a costurar a cena de Liverpool – a parte superior, ao menos – gerando ressentimento nos *promoters* que, havia pouco tempo, operavam muito felizes sem ele. Agora fazia parte do jogo, administrava os melhores talentos, inflacionava os cachês das bandas a um nível recorde e organizava promoções, atraindo clientes e vendendo ingressos em suas próprias e bem frequentadas lojas no centro (o maior movimento nas lojas também beneficiou os negócios da Nems Ltd.).

Um desses rivais, Sam Leach, presenciou uma demonstração da força do recém-chegado. No fim de junho, Don Arden fechou um acordo para promover uma turnê britânica em outubro, estrelada por Little Richard, antes de sua temporada no Star-Club. A estrela americana nunca estivera na Grã-Bretanha, e tudo indicava um sucesso de bilheteria. Leach ligou para Arden de uma cabine telefônica pública e fez um acordo verbal para apresentá-lo no salão de festas da New Brighton Tower, em 12 de outubro, por £ 350. Embora faltasse a confirmação por escrito, Leach instantaneamente publicou no *Echo* um anúncio para a venda de ingressos, ainda não impressos, para o show, ainda não contratado. Brian já tinha contatos com Arden e provavelmente já o conhecia; ele ofereceu (de acordo com Leach) £ 500 pelo show de Little Richard e Arden deu o show a Brian, deixando Leach a ver navios. No amor e na promoção de eventos, vale tudo – esses fatos aconteceram dias após o casamento de Leach, em que Brian foi um convidado VIP e inclusive propôs um brinde com um discurso cordial e afetuoso, desejando felicidades aos recém-casados.[27]

Para Brian, Little Richard tinha mais valor do que *apenas um show* – seria o supremo coroamento de seus planos promocionais para o segundo semestre do ano, a noite perfeita para deixar sua marca particular de prestígio. Contratou Bob Wooler para ajudar a organizar, gerenciar o palco e atuar como mestre de cerimônia. Em vez do elenco de apoio habitual da turnê, Brian agendaria todos os seus artistas locais favoritos. Os Beatles, é claro, encabeçariam essa lista em particular,

O componente indesejável (7 de junho a 18 de agosto de 1962)

o nome deles escrito em letras tão-grandes-quanto-alguém-ousaria para ficar lado a lado ao de seu fabuloso ídolo dos EUA.

Foi assim também quando tocaram como segunda maior atração no show de Joe Brown and the Bruvvers, no dia 26 de julho, no Cambridge Hall em Southport, e no dia 27, no salão de baile da New Brighton Tower. Apesar do anúncio "Nems Enterprises apresenta...", essas promoções foram uma parceria 50-50 com Allan Williams: o segundo empresário dos Beatles trabalhando em harmonia com o primeiro. Nesse período cooperativo, a velha e duradoura rusga entre Williams e os Beatles se evaporou a ponto de ele suspender a proibição que impedia a entrada deles em sua boate Blue Angel. De acordo com Williams: "Brian veio e me implorou, e eu cedi. Falei: 'Avise-os de que podem vir amanhã à noite', e ele disse: 'Bem, estão na porta agora'. Então entraram, me encheram de abraços e isso pôs um fim em nossas controvérsias".[28]

Está comprovado: a noite em Cambridge Hall foi *grandiosa* e atraiu a nata da sociedade. Leslie Woodhead, da Granada TV, voltou para dar mais uma conferida; Queenie e Harry Epstein assistiram aos Beatles pela primeira vez nesse evento, que também marcou outra estreia: os Beatles tiveram a inédita proteção de Mal Evans, o novo leão de chácara da banda. Aos 27 anos, casado, com filho pequeno, o engenheiro de telefonia de Mossley Hill comparecia às sessões do Cavern e ficava impressionado, nunca tinha chegado tão perto das estrelas do palco. Aos poucos, acabou fazendo amizade com eles. Dias antes, George o convidara para visitar a casa de sua família em Speke, onde ouviram discos, e foi então que Harrison teve a brilhante ideia: Mal deveria se tornar um dos porteiros do Cavern. Mal faz o relato: "George disse: 'Olha só, Mal, você é grandalhão e mal-encarado, por que não tenta um emprego como segurança? Vai ser pago, ter acesso ao camarim *e* conhecer as bandas'". Foi exatamente isso que Mal fez. Ele se classificaria como "um segurança de classe média... um covarde ardoroso", mais focado em tirar as pessoas da encrenca do que em erguer os punhos, mas seu enorme corpanzil – em altura e largura – já afastava da cabeça da maioria das pessoas a ideia de causar confusão. Foi por isso que Brian lhe ofereceu o emprego de "chefe da segurança" em seu evento noturno com Joe Brown, em Southport.[29]

Havia muito tempo, o formato de apresentação estabelecido era que o artista mais bem cotado concluísse a noite, e o "segundo melhor" tocasse pouco antes do intervalo. Em Southport e New Brighton, porém, Brian colocou os Beatles como penúltima atração, pouco antes de Brown subir ao palco e fechar a noite. "A ideia por trás disso", explica Brown, "é fazer o público ficar animado e gritar tanto que obrigava o artista principal a se superar. Tocar depois dos Beatles era dificílimo, mas conseguimos, por nossos méritos". Aqui, pela primeira vez, John e George estrearam os seus novos amplificadores Vox, e em New Brighton George conseguiu manipular, por um tempinho, uma guitarra que nunca tinha visto, mas que despertou sua cobiça instantânea: a Slim Gibson de Joe Brown, com design de corte duplo (acima e abaixo do braço, o que facilitava tocar as notas agudas). Brown precisou ir ao banheiro e George aproveitou para empunhar a guitarra do astro e posar com ela para a câmera de Mike McCartney. Brown não desconfiou e só descobriu o fato 20 anos depois.[30]

No pós-show, os Beatles (menos Pete) e Joe Brown, com alguns Bruvvers, escapuliram para o Blue Angel, onde a licença para beber até tarde se estendia além da meia-noite, e foi durante essas horas que Brian convidou o baterista do Bruvvers, Bobby Graham, para se juntar aos Beatles. Ele não podia oferecer a posição em caráter permanente – John, Paul e George tinham sido bem claros: queriam Ringo –, mas Ringo estava no Butlin's até o início de setembro, e Leslie Woodhead tinha informado Brian que a Granada enviaria uma equipe técnica com cinegrafista ao Cavern, no dia 22 de agosto, para filmar a banda em ação. Esse seria um elemento complicador – a situação contratual com Pete já era suficientemente espinhosa antes de ele aparecer em imagens para a TV, especialmente porque já teria sido dispensado quando fosse ao ar. Brian se perguntou se Graham gostaria de preencher a lacuna entre a saída de Pete e o retorno de Ringo, mas o baterista recusou: "Não topei deixar os Bruvvers para participar de uma banda da qual ninguém nunca tinha ouvido falar. Além disso, eu tinha 22 anos e morava em Chingford, não queria me mudar para Liverpool".[31]

Quando a banda The Big Three voltou de Hamburgo, Brian fez a mesma oferta a Johnny "Hutch" Hutchinson, e ele também agradeceu, mas recusou. Por outro motivo: desprezava os Beatles desde que os conhecera, na audição de Larry Parnes em 1960, quando, mesmo relutante, atuou como baterista deles. *Frescos*. John, Paul e George sabiam que Hutch era uma pessoa difícil de lidar, mas uma força atrás do kit, o único baterista em Merseyside que fazia solos. John afirmava que ele

O componente indesejável (7 de junho a 18 de agosto de 1962)

era o melhor baterista de Liverpool, com Ringo em segundo lugar. Paul diz que curtia Hutch porque ele falava num jargão louco e descolado, do tipo "Cara, você me deixa *tresloucado*". O problema é que Hutch também era propenso a atos de violência: recentemente havia espancado o jovem amigo dos Beatles, Bernie Boyle, que foi parar no hospital. Mesmo com opiniões divergentes, deixaram Brian lhe oferecer a chance de entrar na banda por um tempo – e faz todo o sentido que a única observação publicada de Hutch sobre o assunto tenha sido: "Disse a Brian que eu não entraria nos Beatles nem por um relógio de ouro".[32]

Nessa mesma época, lá no finzinho de julho, ocorreu – provavelmente – um estranho incidente, quando John e Paul fizeram uma viagem de 535 quilômetros, ida e volta, para conversar com Ringo no Butlin's. Recém-aprovado no teste de direção, Paul ainda não tinha comprado um carro, então foram na van – Neil se lembraria de ter feito essa jornada com eles e testemunhas confiáveis os avistaram no acampamento, incluindo Johnny Guitar e a mãe de Rory Storm, Vi Caldwell, que estava tirando uns dias de férias por lá nessa época. Mas tudo isso não está bem claro. Paul poderia ter ligado para Ringo de casa, mas a sugestão é que ele e John (que atuou como "navegador") fizeram uma jornada misteriosa pelas serpeantes rodovias da Inglaterra, da costa oeste à costa leste, algo como "Os Nerk Twins vão a Lincolnshire". Também não há explicação para outro fato. Por que George, que instigou Ringo a entrar nos Beatles, não levou os dois a Skegness em seu carro? E embora as testemunhas insistam que tudo aconteceu, a história não tem confirmação das partes principais: Ringo nunca mencionou isso, John também não, enquanto Paul (indagado sobre o assunto em 2011) tem apenas "uma vaga lembrança".[33]

No fim de julho, Rory Storm and the Hurricanes tinham feito dois terços da temporada de três meses, tocando seis dias por semana no Rock Ballroom (menos sábados), das 20h às 23h ou 23h15, todas as noites, e das 15h30 ou 16h até as 17h, todas as tardes. O pagamento semanal de £ 18 por 25 horas ou mais de palco já não era tão atraente quanto antes – cada Beatle ganhava, limpo, o dobro dessa quantia –, mas as vantagens de costume do Butlin's estavam disponíveis, como o fluxo de garotas em férias e loucas para aprontar. Pela primeira vez, uma foto de Rory and the Hurricanes estampou o programa semanal impresso do Butlin's, embora, à medida que a temporada foi avançando, o baterista tenha mudado o visual: Ringo agora tinha uma barbicha que se conectava às suas longas costeletas.[34]

Ano 5, 1962: *Always be True*

Nesse verão de 1962 no Hemisfério Norte, fatos inusitados e dignos de notícia não faltaram no acampamento de férias Butlin's – a elefanta do acampamento, Gertie, entrou na piscina externa e se afogou (fato que respingou nação afora) e o mestre-cuca recebeu um choque elétrico fatal na cozinha. Uma coisa não virou notícia: o baterista de rock do acampamento aceitou um convite para se juntar ao King-Size Taylor and the Dominoes. A banda tocou no Star-Club, mas ao retornar a Liverpool, no início de setembro, perdeu o baterista e o guitarrista, então Ted Taylor escreveu a Ringo e Bobby Thompson sugerindo que trocassem de banda e eles concordaram. Não era a primeira vez que Ringo abandonava os Hurricanes, não teve remorso algum em repetir a dose. Rory e Johnny Guitar se resignaram em encontrar substitutos permanentes.[35]

Não está bem claro por que Ringo disse sim aos Dominoes mesmo após George já o ter convidado para entrar nos Beatles. Talvez insegurança, ou não. Com certeza, ainda não sabia *quando* seria chamado pelos Beatles, enquanto a posição dos Dominoes estaria vaga tão logo terminasse a temporada do Butlin's. Mas isso talvez explique por que dois dos Beatles tenham ido de repente até Skegness, para deixar tudo apalavrado com o escolhido. O guitarrista dos Hurricanes se lembraria da chegada deles. Depois de terem sido flagrados com garotas em seu chalé, Johnny Guitar e Ringo estavam dividindo um trailer na parte externa do acampamento, e foi ali que John e Paul apareceram, em torno das dez horas da manhã.[*]

Com base no que viria à tona, é justo supor que Ringo teve a convicção de que os Beatles o queriam, e o quanto antes, e que telefonariam para convocá-lo quando chegasse o momento... agora, isso só dependia de uma definição de Brian e do advogado dele sobre como executar a dispensa de Pete. Seria *realmente* necessário primeiro separar os Beatles e depois uni-los sob nova organização? Seja lá qual fosse o método, agora que a Granada viria filmá-los no

---

[*] Havia poucas lacunas na agenda dos Beatles para encaixar uma viagem dessas. Tanto melhor que Davie Jamieson, amigo dos Hurricanes e eventual roadie da banda, afirma com convicção que isso aconteceu em um domingo. Os Beatles atuavam como banda residente do Cavern aos domingos, mas nesse domingo em especial, 29 de julho, os Beatles não tocaram no Cavern, nem em qualquer outro lugar. Como Johnny Guitar afirma que bateram no trailer em torno das dez da manhã, John e Paul provavelmente viajaram na noite de sábado. O próximo show deles estava agendado para segunda-feira, no horário do almoço, em Liverpool.

O componente indesejável (7 de junho a 18 de agosto de 1962)

Cavern, o prazo estava correndo – Pete deveria sair e Ringo entrar até 22 de agosto, a data da filmagem.

Quanto mais a coisa se arrastasse, maior a chance de que o homem ainda chamado indiretamente de "o componente indesejável" descobrisse o seu destino. Algo parecido com isso aconteceu quando Joe Flannery – "empresário e produtor" de seu irmão Lee Curtis e sua banda de apoio All Stars – visitou a casa de Pete e mencionou que corria o boato de que em breve Pete estaria disponível no mercado. Flannery e Brian eram velhos amigos, e Brian havia compartilhado seu dilema Best sob a promessa do mais estrito sigilo. Porém o autodenominado "Coronel Joe" apostou alto e, na esperança de que Pete entrasse no All Stars, não resistiu e deu com a língua nos dentes. Pete não confrontou John, Paul e George sobre o assunto, mas questionou Brian: "Estão planejando me substituir nos Beatles?". Brian, certamente odiando cada segundo daquela saia justa, corou e tentou desconversar.[36]

Em meio a essas fofocas, Pete convivia com uma revolução doméstica. Em 21 de julho – ali mesmo na casa da Hayman's Green Street – sua adorada mãe Mo deu à luz um menino. Aos 38 anos, Mo tinha filhos de 20 e 17; prestes a se tornarem adultos, Pete e Rory ganharam um irmãozinho. Cada um dos três meninos tinha um pai diferente. Na certidão de nascimento do bebê constava como pai "John Best, promotor de eventos de boxe profissional", sem qualquer indicação de que John não morava mais com a família. A verdade é que ele tinha ido embora havia muito tempo, e o pai da criança era Neil Aspinall. Eles tinham – eram – uma família. A grande e isolada casa em West Derby já escondia sua cota de segredos e ali estava o maior deles – e novas intrigas aflorariam quando o bebê, com sete semanas de idade, teve o nome registrado por Mona: Vincent Rogue Best. O tabelião do cartório pediu para ela soletrar o nome do meio, e ela lhe assegurou que era assim mesmo.*

Quando todos achavam que ia arrefecer toda essa borbulhante excitação, outra bomba explodiu: a gravidez de Cynthia. Havia três anos, ela e John confiavam

---

* A criança cresceu usando o nome Roag, ainda pronunciado como "Rogue". Desse modo, foi mantida a tradição dos Best de ter um nome do meio: Pete era de fato Randolph Peter (Scanland); Rory, John Rory; e Mona, Alice Mona.

na sorte, mas tudo tem limites. Ela sentiu enjoos matinais, a menstruação não veio. Receava "a horrível verdade" quando sua melhor amiga, Phyllis McKenzie, marcou uma consulta com a ginecologista dela. A recompensa de Cyn por enfrentar o momento e desabafar os sintomas em meio a uma cortina de lágrimas foi confirmar a sua condição... e, em seguida, ouvir um sermão moralista. Mais tarde, nesse mesmo dia, Cyn ficou sabendo também que havia sido reprovada num de seus exames finais da faculdade de artes. Aquela decisão importante – refazer o teste ou abandonar os planos de se tornar professora – perdeu importância comparada à nova e agora principal preocupação. John. Um John Lennon prestes a ser pai. *Como* ele reagiria?

Ela deu a notícia no local da concepção: o quarto dela, na 93 Garmoyle Road. "O rosto dele empalideceu, e eu vi o medo e o pânico rastejarem em seus olhos. Ficou sem palavras por um tempão. 'Só há uma coisa a fazer, Cyn: vamos ter que nos casar.'"[37]

A conversa teve lugar no comecinho de agosto, e o bebê deveria nascer no fim de março de 1963. Não havia tempo a perder: Cyn não queria estar barriguda no dia do casamento. Já bastava a aritmética que o pessoal ia fazer depois que ela desse à luz. Em suas próprias palavras, John disse: "Não lutei contra isso", mas com orgulho "fiz dela um útero honesto".[38] Precisava contar a Mimi, mas – convicto de que ela daria um de seus rigorosos sermões – adiou a ocasião o máximo que pôde.

Se marcassem a data certa, a mãe de Cyn faltaria ao casamento. Quando esses fatos se precipitaram, Lil Powell tinha acabado de chegar do Canadá. Em 22 de agosto embarcaria de volta. Ao longo de três anos infernais, ela se opusera incansavelmente ao relacionamento de Cyn com John – e apesar disso, para a surpresa de Cyn, recebeu bem a novidade. Talvez soubesse que não estaria por perto; de qualquer modo, o neto seria bem-vindo pela futura vovó.

Brian também precisava ser informado. Os Beatles já haviam concordado com a sugestão dele de manterem as namoradas em segundo plano, e certamente não fazia parte de seus planos que um deles se casasse justo agora. Onde e quando John deu a notícia? Esses detalhes são desconhecidos. Mas não havia nada que Brian pudesse fazer quanto a isso: a situação teria que ser acomodada – e mantida em sigilo, coisa que combinava perfeitamente com John e Cyn. Quaisquer outros sentimentos que Brian tivesse, obscurecidos pela complexidade de suas próprias

O componente indesejável (7 de junho a 18 de agosto de 1962)

afeições por John, prevaleceu o fato de ser seu empresário e amigo: ofereceu-se para providenciar a certidão de casamento e fazer o registro em cartório. Em consulta com os noivos, organizou o casamento para 23 de agosto, um dia após o embarque de Lil Powell e o primeiro encontro dos Beatles com as câmeras de TV. A essa altura, Pete já seria carta fora do baralho e Ringo estaria no lugar dele... Tudo prometia uma semana insanamente agitada.

Paul e Dot também poderiam ter se casado, mas, em vez disso, romperam o namoro – não pela primeira vez, mas de maneira definitiva. Cyn escreveria sobre uma discussão acalorada que os dois tiveram, quando Paul chegou a Garmoyle Road sem avisar, e encontrou Dot aparentando estar menos glamorosa do que ele esperava. As lembranças de Dot são mais cautelosas: "Paul me disse que estávamos saindo havia tanto tempo que ou nos casávamos ou nos separávamos. Ele disse: 'Não quero me casar, por isso, apesar de meu amor por você, vamos ter que terminar'. Notei que Paul aos poucos foi se afastando de mim. Eu soube o que ia acontecer. Todos aqueles anos ele tinha pulado a cerca e isso estava ficando muito fácil para ele. Era jovem e não resistiu".[39]

No início de seu romance com Paul, Dorothy Rhone tinha 16 anos, um fiapo de menina no Casbah; agora, prestes a completar 19 anos, continuava um fiapo de menina. Publicamente, pouquíssimas informações circularam sobre esse relacionamento de dois anos e meio, mas que chegava ao fim. Ela voltou a morar com os pais e Paul ficou ainda mais livre para avaliar suas alternativas.

Nesse meio-tempo, George estava desfrutando de um relacionamento estável, que durou todo o verão. Marie Guirron era uma fã – ela andava com Lindy Ness, Lou Steen e seus amigos, indo à casa dos Beatles e ocupando quase toda a primeira fileira do Cavern.

> Por influência dos Beatles, só usávamos roupa preta. Jaqueta preta, suéter preto de gola alta, jeans pretos, totalmente beatniks. Fiquei apaixonada por George desde a primeira vez que vi os Beatles, em Birkenhead, então sempre me sentava na extrema esquerda do Cavern, porque era onde ele ficava. Lou ficava no meio com Paul, e Lindy na outra ponta com John. Algumas vezes, quando alguém pegava esses lugares, John dizia: "Dá licença? Esse lugar não é seu". Eles prestavam atenção *em tudo*.[40]

George prestou atenção em Marie. Aos 18 anos, essa loira atraente e longilínea era obviamente mais velha que as outras. Lindy e Lou ainda eram estudantes, mas Marie já trabalhava. "Onde?", quis saber George, numa das sessões na hora de almoço no Cavern. Quando ela respondeu "Na Cotton Exchange", ele disse: "É mesmo? Não conhece Jim McCartney?". Ela o conhecia do trabalho e de uma visita informal à casa de Paul. Os dois continuaram conversando e George avisou que iria buscá-la em seu carro quando ela saísse do trabalho naquela tarde, às cinco e meia. Marie explica: "Foi assim que tudo começou, e simplesmente começamos a sair. Logo eu estava caidinha por ele. Para mim, ele era a última bolacha do pacote. Lindo, carismático e muito gentil". Nos três meses e meio seguintes, George e Marie passaram a maioria das noites juntos. "Foi tudo muito divertido", conta ela, "e uma tremenda introdução, para mim, ao mundo adulto e a uma nova era musical".

Marie tornou-se a primeira beneficiária de longo prazo do Ford Anglia. "George estava entusiasmado por ter carro próprio... Queria ser independente, ir de A até B sem depender de ninguém." Ele a levava aos shows dos Beatles e dava a ela as chaves quando chegavam; depois, ela esperava no carro enquanto ele dava autógrafos e os dois saíam para comer algo ou jogar boliche. Ela morava numa bela casa em Prenton, no distrito de Wirral, mas os pais a tinham liberado do toque de recolher. Ele a deixava em casa de madrugada e depois chispava pelo túnel Mersey o mais rápido que o Anglia permitia, acelerando pelas ruas desertas de Liverpool como seu ídolo argentino, o grande Juan Manuel Fangio, ou o britânico Graham Hill, que se sagraria campeão mundial de Fórmula 1, em dezembro daquele ano.

John não fez menção ao relacionamento de George e Marie em suas cartas a Lindy Ness, nem aos muitos e significativos acontecimentos em sua própria vida. Lindy foi passar o primeiro mês de suas férias escolares de verão visitando familiares na Noruega, e os dois trocaram cartas até o fim de julho e agosto. Para começo de conversa, as cartas foram rabiscadas na onipresente caneta-tinteiro de John ("Para você, tristonha Lindy, eu arranho esse dedo plástico com ponta metálica..."), mas em agosto conseguiu emprestada uma máquina de escrever portátil de Bobby Brown – disse a ela que tencionava datilografar música novas – e então Lindy recebeu uma carta paciente e lennonescamente datilografada no verso de um dos "Detalhes dos compromissos" semanais de Brian.

O componente indesejável (7 de junho a 18 de agosto de 1962) 965

Máquinas de escrever sempre despertaram o interesse de John. Desde o início da adolescência, gostava de catar as teclas, martelando, bem-humoradamente, letra por letra, para formar e deformar palavras. Em sua primeira visita a Mendips, Paul ficou muito impressionado ao ver John datilografando. Sua "Imperial" modelo original andava havia muito tempo indisponível ou avariada. Por isso, John aproveitou a oportunidade de pegar emprestada a de Bobby, e a máquina de escrever trouxe (e provavelmente inspirou) uma nova e contínua onda de criatividade poética. Quando escrevia em casa, John trazia as folhas na van ou no carro a caminho dos shows – para o grande deleite de Paul e George, que prontamente davam seus pitacos. Com John Lennon, era uma risada por minuto; o material criado na estrada depois era datilografado em seu retorno (o melhor que ele conseguia se lembrar).

Duas dessas histórias batidas a máquina foram publicadas imediatamente no *Mersey Beat*, mas só duas. A primeira, *Small Sam*, trazia a marca do humor repetitivo de John, e a segunda atualizava *On Safairy With Whide Hunter*, peça que John e Paul escreveram "conjugalmente" em 1958, um dos primeiros trabalhos originais de Lennon-McCartney. No ritmo em que estavam sendo produzidos, os textos de John poderiam ter aparecido em cada edição do *Mersey Beat* dali em diante, mas ele parou de entregá-los. Ficou aborrecido porque um maço com cerca de 250 artigos que ele havia entregado a Bill Harry no ano anterior acabou descartado por engano, durante uma mudança de escritório – Bill diz que a noiva dele, Virginia, jogou tudo no lixo. Como só dois foram publicados, outros 248 textos originais e insubstituíveis de Lennon se perderam para sempre. "Tínhamos que avisar John e fomos nos encontrar com ele naquela noite no Blue Angel", revela Bill. "Quando contamos, ele desandou a chorar no ombro de Virginia."[41]

Nessa época, a criatividade estava restrita ao humor. Como compositores, a parceria Lennon-McCartney estava temporariamente paralisada. Criaram quatro novos números, dois cada um, mas até a Parlophone dar vazão a essa válvula criativa, não havia lá muito incentivo para compor mais. Nesse meio-tempo, o repertório dos Beatles continuava evoluindo, abarcando um lote de músicas novas – performances vistas, ouvidas e apreciadas pela primeira vez por seu público em êxtase no fim de julho, comecinho de agosto de 1962.

No alto da pilha, "I Remember You", que Paul cantava enquanto John sopra-va a gaita – quarta combinação desse tipo no setlist dos Beatles. Composta em 1941, a canção virou um sucesso contemporâneo na voz de Frank Ifield, cantor australiano nascido na Inglaterra. Com seu cabelo ondulado à escova e aparência de galã de matinês, era o homem ideal para ser orientado pelo produtor Norrie Paramor. A mescla de harmônica e canto tirolês com música country (copiado de Slim Whitman) agradou em cheio o público britânico, que manteve "I Remember You" no número 1 da *NME* por oito semanas consecutivas. O público a recebia "incrivelmente bem", diz Paul, mas também foi um golpe para os Beatles. Espera-vam ser a primeira banda britânica a usar gaita de boca num disco; como Ifield era um cantor solo, isso ainda era possível. A eles, só restava esperar que a Parlophone os chamasse ao estúdio para não deixarem a oportunidade escapar.

As paradas daquele verão mostravam que o twist perdia o fôlego: a dança em si duraria por muito tempo, mas em disco o modismo já estava desaparecendo. O último grande sucesso do gênero nos EUA foi "Twist and Shout", dos Isley Brothers, família musical de um bairro negro pobre de Cincinnati. Na Grã-Bretanha, vendeu um número baixíssimo de cópias, mas, combinando o pedigree do selo nova--iorquino Wand (situado na 1650 Broadway, subsidiário da Scepter) com a impecável produção de Luther Dixon, conquistou os Beatles na primeira audição. Energia máxima em ação: banda completa com grande naipe de metais, um crescendo que empolga e faz a música decolar, o forte vocal principal de Ronnie Isley com o apoio dos irmãos Rudy e Kelly – os *uuuhs* em falsete cantados em uníssono.

A linha de frente dos Beatles mergulhava fundo. John assumia o vocal princi-pal com toda a força, *rasgando* o verso "*Shake it up, baby!*" (Estremece, baby). Paul e George dobravam a harmonia no segundo microfone e davam tudo nos agudos *uuuhs*. As guitarras de John e George colocavam músculos no lugar dos metais. Criaram um arranjo próprio, simples, mas empolgante, para enfatizar o crescendo de vozes – John começava sozinho, George adicionava sua voz e então Paul se juntava a ele. Melhor ainda, onde o original dos Isley tinha apenas um crescendo, os Beatles inseriram um segundo, pouco antes de concluir a canção. "Twist and Shout" era Medley-Russell com arranjo de Lennon-McCartney-Harrison, Estados Unidos com arranjo de Inglaterra. Os Beatles não a tocavam todas as noites, mas quando tocavam, os salões *estremeciam*.

O componente indesejável (7 de junho a 18 de agosto de 1962)

O intenso impulso dos Beatles para ficar um passo à frente de todos os rivais (e já estavam no mínimo a 50 passos de vantagem) foi levado ao extremo por Paul em julho/agosto de 1962, ao pinçar canções desconhecidas ou desconsideradas por outros. Um belo achado foi "Nobody But You", lado B de um grupo de Towson, Maryland, chamado Lafayettes. Apesar da introdução piegas, era um forte número ao estilo de chamada e resposta de Kansas City. Paul também resgatou canções interessantes dos velhos tempos – "Hey! Ba-Ba-Re-Bop", o swing blues da orquestra de Lionel Hampton que chegou ao topo das "Mais tocadas em jukebox" da *Billboard* em 1946; e a ardente canção de Marlene Dietrich, "Falling in Love Again" (1930), que ele rearranjou em formato de valsa rock, lembrando um pouco "If You Gotta Make a Fool of Somebody". Paul criou uma letra nova e a cantou de forma impressionante, mas o sucesso da canção dependia de como George executava o solo da parte do contraste, podendo acertar na mosca ou errar longe.

Até o último ou penúltimo dia de julho, George Martin ficou em silêncio sobre os Beatles. Não tinha pressa para chamá-los de volta ao estúdio. Contra seu próprio julgamento, tinha sido obrigado a contratar aquela banda de música beat, com equipamento de palco precário e um baterista a ser substituído. (E uma banda que vinha justamente de onde? Liverpool!) Mesmo considerando insuficiente a qualidade das composições próprias da banda, estava sendo compelido a lançar ao menos uma delas. Gostou de suas personalidades. Talvez, no fim das contas, aquilo resultasse em algo proveitoso, mas outras – e mais urgentes – coisas o preocupavam.

Uma era a paródia de Spike Milligan ao épico filme de guerra *A ponte do rio Kwai*, gravada com a mais completa e decorativa paisagem sonora de George. Após a gravação, os produtores do filme ficaram sabendo e ameaçaram processar a EMI caso o LP fosse lançado. Tudo parecia sombrio até George sugerir que a ação mudasse da Birmânia para o País de Gales. A canção se chamaria então "Bridge on the River Wye" (A ponte do rio Wye). Para isso, ele e um engenheiro tiveram que percorrer a fita máster e atorar, com lâminas de barbear, o K de cada Kwai. O álbum resultante (com péssimo retorno comercial) foi quase tão trabalhoso quanto a construção da infame ponte.

Uma no cravo, outra na ferradura. Em 29 de junho, a Parlophone lançou o novo compacto de Bernard Cribbins, o sucessor de "The Hole in the Ground". Eis novamente o problema perpétuo de George: o que vem depois de uma comédia de sucesso? Os discos de variedades só eram bem-sucedidos se os ingredientes estivessem certos, o que significava, a cada vez, recomeçar com novas ideias. Nesse caso, a velha e criativa equipe tirou da cartola *Right, Said Fred* – outra crítica à luta de classes da Grã-Bretanha, outro duradouro sucesso nas rádios e outro sucesso de vendas, chegando ao número 10 nas paradas (*Record Retailer*) no início de agosto.

Apesar disso, continuava – às vezes, embaraçosamente – óbvio que George Martin fracassava ao seguir as fórmulas. A tentativa de transformar o ator Leo Maguire em estrela pop deu com os burros n'água, em poucos dias... Mas, quando trabalhava com originalidade, os triunfos de George superavam os de qualquer outro produtor do ramo. Justamente quando o seu desafeto Norrie Paramor (para ele, uma espécie de *bête noire*) comemorava o titânico sucesso de seu cantor australiano Frank Ifield com "I Remember You", George trabalhava com o eclético artista australiano Rolf Harris na gravação da extraordinária "Sun Arise".

Outro exemplo da incomparável inventividade de George no estúdio: na falta de um didjeridu, ancestral instrumento de sopro dos australianos, ele replicou seus tons com dois violoncelos, contrabaixo, piano e os sons da própria boca de Harris. Com hábil manipulação na fita de um quarto de polegada e dois canais, fez Harris dobrar e triplicar sua própria voz, conferindo a ela riquezas tonais e impressionantes harmonias. Por fim, na mixagem final, George pintou uma paisagem sonora tão admirável quanto uma das telas de Harris. Vinte anos antes de surgir a expressão "world music", uma peça aparentemente autêntica de som aborígene do sertão da Austrália foi gravada (junto com seu lado B), numa breve e vibrante sessão de quatro horas no bairro St. John's Wood. Mais uma vez, o público respondeu com um sonoro "sim". O disco cresceu aos poucos: em dezembro de 1962, só havia Elvis entre George Martin e o seu segundo número 1.

Nesse tempo inteiro, deixou os Beatles em banho-maria. Dois meses tinham se passado desde a sessão em Abbey Road. Em maio, Brian Epstein esperava que o primeiro disco dos Beatles fosse lançado em julho. No fim de junho, a previsão mudou para "fim de agosto", e agora se via obrigado a torcer para que fosse em setembro. Esses atrasos não ajudavam em nada – queria montar uma estratégia de

O componente indesejável (7 de junho a 18 de agosto de 1962)

marketing e agendar shows após o lançamento do primeiro disco. Para isso, tinha que saber a data certa.

Então, no apagar das luzes de julho, um disco de acetato de sete polegadas, de um lado só, chegou à Nems Enterprises, enviado pelo escritório da Parlophone em Londres. Na etiqueta, o título da canção: "How Do You Do". Simpático, mas incorreto: deveria ser "How Do You Do It". A história dessa canção encapsula os dois componentes inseparáveis da indústria fonográfica na época em que os Beatles tentavam fazer seu primeiro disco: o negócio das canções, comandado pelas editoras, e o dos discos, domínio das gravadoras.

Nesse cenário, o protagonista era um confiante londrino de 22 anos, Lionel Stitcher. No verão de 1961, ele comprou um uquelele, aprendeu a tocar sozinho esse instrumento típico dos havaianos e começou a compor canções pop (letra e música). Adotando o nome profissional de Mitch Murray, rapidamente conseguiu uns lados A e B insignificantes e malsucedidos. Em 4 de maio de 1962, na casa de seus pais, no subúrbio de Golders Green, parte norte de Londres, compôs a canção intitulada "How Do You Do What You Do to Me", o verso principal da letra. Gravou uma versão demo cinco dias depois, e após três meses ela estava sendo retrabalhada pelos Beatles e definida para se tornar o primeiro disco da banda. Foi assim que aconteceu...

Os negócios da indústria fonográfica tinham um procedimento padrão de camada tripla: (1) o compositor tentava vender os direitos autorais de sua canção a uma editora musical; (2) a editora tentava despertar o interesse pela canção junto a alguém da equipe de A&R (Artistas & Repertório) da gravadora; (3) o homem de A&R fazia que a canção fosse gravada por um de seus artistas. Astúcia não faltava a Murray, porém: ele só entregava os direitos autorais quando a gravação estava garantida, preferencialmente, como lado A, e ele mesmo tratava da parte comercial – antes de compor letra e música, havia trabalhado como caixeiro-viajante, então tinha lábia de vendedor. "How Do You Do It" foi recusada por Adam Faith (pelo empresário dele, Evie Taylor) e por Brian Poole and the Tremeloes (pelo produtor Mike Smith). Mas quando Murray visitou a EMI House em 7 de junho, Ron Richards, da Parlophone, gostou da canção e, uma semana depois, confirmou sua intenção de gravá-la. No dia 19, Richards tocou a demo para Dick James, ex-cantor da Parlophone que se tornou editor musical e rotineiramente passava no escritório; o diário de Mitch Murray menciona que, em 20 de junho, James fez um telefonema entusiasmado, mas Murray resistiu – só cederia os direitos autorais após ter certeza sobre o destino de sua canção. A partir desse ponto, porém, Dick James continuaria envolvido.

Um mês se passou, e foi então que os Beatles entraram em cena. James voltou à sede da EMI na sexta-feira, 27 de julho, o mesmo dia em que George Martin decidiu dar "How Do You Do It" à sua banda de Liverpool ("Avaliei que a canção era boa", diz ele, "não uma obra de arte, mas bem comercial"). Em um tipo de conversa que ele teria que repetir inúmeras vezes no futuro, James respondeu: "Liverpool? Deve estar brincando comigo. Quem é que vem de *Liverpool*?".[42] Em seguida, George fez o que todo mundo precisava fazer com o nome Beatles – soletrar. Explicou a James que eram "tipos incomuns", excêntricos, com cabelos compridos. Na segunda-feira, 30 de julho, James transmitiu a boa notícia a Mitch Murray: a canção seria gravada por uma banda nova. "Disse a ele: 'Como assim, *banda*?'. Eu não sabia o que era 'uma banda'. Banda vocal? Banda instrumental? Em 1962, a palavra *banda* não significava bulhufas. Dick me explicou que cantavam e tocavam ao mesmo tempo."[43]

Cantavam e tocavam, mas não coisas como "How Do You Do It". Brian entregou o acetato aos Beatles com a mensagem: enfim, tinham nova data de gravação – 4 de setembro, terça-feira – e essa canção seria o lado A de seu primeiro disco. Baixaram a agulha e ficaram horrorizados com o som que saía dos sulcos: o tipo de pop inglês leve, branquela, execrado por eles em brutais vereditos nas cabines de audição. "Abominamos a música", lembra Paul, "e não queríamos tocá-la. Estávamos formando um estilo, o estilo dos Beatles, pelo qual éramos conhecidos em Hamburgo e Liverpool, e não queríamos estragar tudo mudando de repente nosso estilo e nos tornando um lugar-comum."[44]

Podiam bater pé, gritar e reclamar para Brian – ao menos esse último é certo que fizeram –, mas era inútil resistir. Tinham que aprender a canção e, mais do que isso, trabalhar para melhorá-la. Dar mais substância a ela. Em seu âmago, havia a semente de uma canção agradável – como George Martin, Ron Richards e Dick James perceberam –, mas se os Beatles *iam ter* que gravá-la, primeiro precisariam dar um trato nela. "Dissemos: 'Certo, mas o que é que vamos fazer com *isto*?'", relembra Paul.[45]

O componente indesejável (7 de junho a 18 de agosto de 1962)

O acetato tinha sido gravado com Adam Faith em mente, então era uma saltitante cantiga na tonalidade de Fá sustenido. John e Paul mudaram para Sol; também compuseram uma introdução nova, cujo acorde de Ré final se repetia no fim de cada verso, como uma transição; Paul adicionou uma harmonia vocal que acompanhava, aguda e constantemente, a voz de John; George contribuiu com linhas da guitarra principal e um solo na parte do contraste que não tinha nada de espetacular, mas era no mínimo bem pensado; fizeram ajustes na letra; e descartaram a modulação em semitom no verso final da demo. Essa técnica, em que o tom subitamente se elevava (nesse caso, para Sol sustenido), era muito usada no tipo de pop que os Beatles odiavam. Mesmo com todas essas mudanças, a canção continuava sem ter a cara do que gostariam de fazer, em especial no primeiro disco, mas, se faltou paixão, ao menos sobrou polimento.

Todo esse rearranjo de "How Do You Do It" foi obra de John e Paul, com uma pequena contribuição de George nas linhas de guitarra. Escolheram não envolver Pete. Era inútil – ele seria substituído antes da sessão de gravação, e mesmo que não fosse, não estaria lá.

O tempo todo, o problema de Brian era seu contrato em vigor, pelo qual assumia o compromisso de dar a Pete emprego remunerado. Descumprir isso o deixaria exposto à possibilidade de ser processado, e, talvez, conter o progresso dos Beatles. Brian decidiu sua estratégia no início de agosto – seis semanas após debater as opções com seu advogado, David Harris. Colocaria Pete em outra banda e se ofereceria para ser empresário deles. Se ele assumisse a vaga, tudo certo; se a rejeitasse, quem estaria quebrando o contrato seria *Pete*, não Brian.

Como tanto The Big Three quanto The Pacemakers tinham bateristas próprios em suas formações, a solução não era óbvia. Brian precisava criar uma situação para alcançá-la – e em parte foi com isso em mente que ele organizou a primeira turnê da Nems Enterprises. Começando em 26 de agosto, com duração de oito dias, aconteceria inteiramente no norte da Inglaterra e teria como estrela Mike Berry, sucesso nas paradas. Brian deixou tudo organizado, incluindo os locais e as bandas de apoio, uma delas escalada para um propósito específico.

Novos no pedaço, The Mersey Beats eram ainda muito jovens – os dois líderes, Tony Crane e Billy Kinsley, tinham 17 e 15 anos, respectivamente –, mas eram

Em 14 de agosto, tudo se precipitou. Brian ligou para o Butlin's, no balneário de Skegness, e pediu que "Ringo Starr" fosse chamado pelo sistema de som. Era o sinal que Ringo esperava, e o detalhe permaneceu vívido em sua memória. Dois anos depois, em Nova York, relatou o fato. "Brian Epstein me ligou numa terça-feira e disparou: 'Quer entrar nos Beatles?'. Respondi: 'Sim'. Ele disse: 'Bem, pode voltar a Liverpool hoje à noite?'. Mas ponderei: 'Não posso largar a banda assim, preciso de *um tempinho* para comunicá-los'. Então declarei: 'No sábado estarei aí.'"[46]

bons e já começavam a entrar no circuito de shows e boates. Não escondiam sua admiração pelos Beatles, que claramente influenciaram seu estilo e repertório. Por sua vez, os Beatles eram cordiais e prestativos com eles. Brian começou a agendar alguns shows locais, não como empresário oficial deles (ainda não existia um contrato e ele não recebia comissões), mas para mostrar boa vontade – coisa que costumava fazer para alguns artistas locais. O plano dele era transformar Pete Best no baterista dos Mersey Beats, já conhecido no ramo e mais experiente, um líder de fato. Já tinham um baterista, um rapazola que trabalhava em um açougue, mas ele estava prestes a ir para outra banda e não ia ter tempo para fazer a turnê. Quando Brian tivesse a *difícil reunião* com Pete – planejada para dali a poucos dias –, poderia oferecer a ele essa posição alternativa, com a turnê representando um emprego imediato. Estratégia que, embora pouco brilhante, tinha lá seus méritos (mas tudo isso parecia um exagero. O tempo todo, as outras bandas contratavam e demitiam pessoas, na maior normalidade, sem qualquer espalhafato).

Em 14 de agosto, tudo se precipitou. Brian ligou para o Butlin's, no balneário de Skegness, e pediu que "Ringo Starr" fosse chamado pelo sistema de som. Era o sinal que Ringo esperava, e o detalhe permaneceu vívido em sua memória. Dois anos depois, em Nova York, relatou o fato. "Brian Epstein me ligou numa terça-feira e disparou: 'Quer entrar nos Beatles?'. Respondi: 'Sim'. Ele disse: 'Bem, pode voltar a Liverpool hoje à noite?'. Mas ponderei: 'Não posso largar a banda assim, preciso de *um tempinho* para comunicá-los'. Então declarei: 'No sábado estarei aí.'"[46]

O companheiro Bobby Thompson, dos Hurricanes, tomava café com Ringo na cantina do Butlin's quando o sistema de som deu a mensagem. Ele lembraria que eram "The Beatles" ao telefone, não especificamente Brian, e isso pode estar relacionado com um telefonema que, segundo Brian, John teria feito, para dar outro importante aviso: "Pode entrar na banda, Ringo, mas tire essa barbicha. Deixe as costeletas se quiser".[47]

Até esse momento, Thompson ainda tinha esperança de que Ringo o acompanhasse na migração aos Dominoes, mas isso não se concretizou. "Ringo se virou para mim e disse: 'Vai me desculpar, Bob, mas não posso recusar essa oferta'. E eu falei: 'Tudo bem... eu só queria que fosse comigo'. E foi isso... No final das contas, Ringo acabou não entrando no grupo do King-Size".[48]

O componente indesejável (7 de junho a 18 de agosto de 1962)

Com a chegada de Ringo marcada para sábado, Brian tirou a quinta-feira para se reunir com Pete. Não era justo prolongar a situação ainda mais. Os Beatles teriam mais três shows nesse interregno, mas Brian imaginava que Pete honraria esses compromissos. Caso não o fizesse, a opção seria atuar com um baterista convidado. Longe de ser o ideal, mas eram circunstâncias excepcionais. Na quarta-feira, tocaram duas vezes no Cavern, no horário de almoço e à noite. Entre as duas apresentações, Brian ligou à casa dos Best na Hayman's Green Street e comunicou que precisava falar com Pete e Neil no escritório, às 11 da manhã de quinta-feira. Nenhum dos dois pensou mais nisso, e a testa de Neil só franziu perplexa após deixarem o Cavern naquela noite. Pareceu normal o pedido para que ele deixasse os amplificadores no palco – era um desvio da velha prática, mas agora isso acontecia com frequência, por causa dos ensaios. Enquanto acondicionava o kit da bateria de Pete, Neil pediu para John confirmar o horário que devia passar para apanhá-lo na tardinha do dia seguinte. Tinham um show em Chester. John disse que não ia precisar de carona, daria um jeito de chegar lá sozinho, deu meia-volta e se afastou rapidamente. Neil desconfiou de algo no ar.[49]

Os detalhes da reunião no dia seguinte sempre seriam enviesados por serem relatados publicamente por apenas uma das partes. Pelo resto de sua vida, Pete seria indagado sobre isso, enquanto os Beatles e Brian tinham motivos de sobra para *não* tocar no assunto. Um foi que logo viraram a página, outro foi que Pete, como temia Brian, contestou juridicamente sua dispensa, o que abafou de modo instantâneo uma discussão aberta.

A transcrição a seguir, a partir do áudio de uma reunião entre Pete e seus advogados nova-iorquinos, em 1965, é um relato direto, embora incompleto, do que aconteceu quando ele e Neil chegaram ao gabinete da Nems Enterprises, na Whitechapel Street, Liverpool, na quinta-feira, 16 de agosto de 1962.

> Daí, na manhã seguinte, nós dois entramos no escritório. Epstein estava sentado atrás da mesa, mexendo nos papéis e ajeitando os tinteiros. Não foi capaz de me encarar, olho no olho. Falou sobre como a banda estava indo e perguntou o que eu achava sobre como a banda estava indo, e eu disse a ele "Fabulosamente". Então, como um raio em um dia de sol, ele se virou e disparou: "Tenho más notícias para você: os meninos e eu decidimos que eles não querem mais você na banda, e que Ringo vai entrar no seu lugar".

Fiquei atônito. Eu quis saber: "Qual é a razão por trás disso?". E ele respondeu: "Principalmente porque acham que você não é um baterista bom o suficiente" e também porque na EMI George Martin disse "o baterista não é bom o suficiente".

Perguntei: "O que vai acontecer comigo, então?". Ele me ofereceu opções de negócios. Garantiu que, enquanto eu estivesse sob contrato com ele, continuaria me pagando o salário que eu estava ganhando, cerca de £ 50-60 por semana. Também me colocaria em outra banda e me tornaria o líder dela.[50]

Não está claro por que Brian quis a presença de Neil – o emprego dele com os Beatles não foi abordado, e a estratégia de Brian foi justamente não tocar no assunto e sim observar a reação de Neil, ver para qual lado ele iria. Brian *se deu ao trabalho* de sondar um possível substituto caso Neil pedisse para sair. Mas esse sujeito (Johnny Booker, o roadie dos Undertakers e, às vezes, do Mersey Beats) alega ter recusado em nome de sua amizade com Neil.[51]

Neil tentava absorver tudo aquilo. Ficou chateado ao ver Pete ser tratado daquela maneira e admirou o modo como ele aceitou a notícia: "Falou que se os outros três Beatles não o queriam mais na banda, ele sairia. Ele tinha um contrato com eles e poderia ter insistido em ficar". Neil também se compadeceu pelo próprio Brian, que claramente foi compelido a cumprir um papel detestável: "Brian não teve culpa alguma. Acho que ele não queria se livrar de Pete. Foi uma decisão de John, Paul e George, mas os três lavaram as mãos e o obrigaram a fazer o trabalho sujo por eles".[52]

Por fim, Brian perguntou a Pete se ele ficaria até sábado, fazendo os três shows dos Beatles, de quinta e sexta-feira, e Pete disse que sim. Então ele e Neil foram embora e, ao fazê-lo, cruzaram com Billy Kinsley e Tony Crane, do Mersey Beats. Estavam ali para uma reunião com Brian – para discutir a turnê com Mike Berry, pensaram eles, embora muito provavelmente Brian fosse aproveitar para sugerir que Pete entrasse no grupo como líder, com Brian assumindo como empresário da banda. Mas, esgotado emocionalmente, Brian avisou a secretária que não receberia mais ninguém. Os rapazes foram instruídos a voltar outro dia.[53]

Lá se foram Pete e Neil ao pub. Além de tomar umas e outras, não havia muito a fazer: Pete se entorpeceu e Neil, quando ruminava um assunto, emudecia

O componente indesejável (7 de junho a 18 de agosto de 1962)

por períodos extraordinários. Mais do que tudo, um detalhe incomodava Pete. Ficou nos Beatles por quase dois anos – desde 13 ou 14 de agosto de 1960 até 16 de agosto de 1962 –, então certamente deveria existir *outra* justificativa para ser sumariamente dispensado, um motivo que não quiseram contar. Caso contrário, por que levaram tanto tempo para lhe dizer que não era bom o suficiente?

Essa dúvida atroz, o momento inoportuno, a covardia dos outros três: tudo isso fazia Pete sofrer. "Eu sabia que os Beatles iam fazer sucesso, eu sabia que nos tornaríamos uma banda das paradas. Ser expulso à beira de concretizar tudo isso me deixou muito chateado. E o fato de que estiveram ausentes na hora da dispensa me magoou mais ainda. Foi cruel e desleal, me deu vontade de amarrar uma pedra no pescoço e pular do Pier Head."[54]

Durante a tarde, Brian de alguma forma se recompôs e foi tratar da parte burocrática. Falou com David Harris pelo telefone e em seguida ditou uma carta para confirmar a conversa. Do ponto de vista formal, estava encerrada a trajetória de Pete nos Beatles. A mesma porta que se fechou para Pete se abriu para Ringo. A carta estabeleceu também o arcabouço de um novo e mais robusto contrato entre ele e os Beatles, abrangendo todas as atividades até 1967.

16 de agosto de 1962.

Caro David,

Confirmando nossa conversa telefônica de hoje, providencie por gentileza o novo contrato com THE BEATLES em bases semelhantes ao contrato anterior, com as seguintes alterações:

1. Que o nome Richard Starkey[*] substitua o de Pete Best. Ao que consta, ele já completou 21 anos de idade.
2. Que você providencie a assinatura dos pais de Paul McCartney e George Harrison.
3. Que o contrato seja de cinco anos e possa ser rescindido por qualquer uma das partes ao fim de cada ano contratual.

---

[*] Foi datilografado "R. Starkey", e Brian substituiu o R. por RICHARD, usando uma caneta.

Ano 5, 1962: *Always be True*

4. Que você inclua a Cláusula Quatro, conforme os contratos assinados com THE BIG THREE e GERRY & THE PACEMAKERS.*

5. A taxa de comissão será progressiva, ou seja, o empresário receberá 20% quando os ganhos totais de um artista individual excederem £ 100 por semana, e o empresário receberá 25% se os ganhos de cada artista, individualmente, superarem £ 200 por semana.

Eu ficaria agradecido se o senhor pudesse providenciar quatro minutas desse contrato para submetermos à aprovação da banda.

Sinceramente,
Em nome da NEMS ENTERPRISES LTD.
Brian Epstein, Diretor

Pete e Neil voltaram para casa e encontraram Mo em pé de guerra. Ela ficara sabendo da notícia por Neil, que ligou de uma cabine telefônica pública, e estava pronta para sair em defesa de seu primogênito, com todas as armas disponíveis. Embora Pete no futuro afirmasse que fez o possível para convencer Neil a continuar trabalhando para os Beatles, o próprio Neil se lembraria de uma versão diferente dos fatos: "Quando Pete foi demitido, ele quis beber comigo a tarde toda, mas falei: 'Não posso, tenho que dirigir a van esta noite'. Pete retrucou: 'Mas acabei de ser demitido!', e respondi: 'Você foi demitido, Pete, mas eu não. Tenho um trabalho a fazer'".[55]

No fim das contas, Pete acabou não tocando naquela noite – simplesmente não ia mais conseguir encarar os outros e já não fazia mais sentido trabalhar com eles. Neil seguiu trabalhando, mas pôs a boca no trombone. "Todos os três me encararam e disseram: 'Hã, como Pete está se sentindo?', e rebati: 'Não importa como Pete está se sentindo. Como *vocês* estão se sentindo?'".[56]

John, Paul e George temiam nunca mais ver seu "Nell" novamente, então a chegada dele a Chester naquela noite de quinta-feira foi um grande alívio. Ele era,

---

* Cláusula 4 (parafraseada): O empresário é responsável pela coleta de todas as verbas e deve repassá-las após a dedução das despesas e comissões, e os Artistas terão sempre o direito de exigir a apresentação de extratos de conta.

O componente indesejável (7 de junho a 18 de agosto de 1962)

já sabiam, um sujeito em quem podiam confiar, e o fato de estar ali só confirmava sua extraordinária fortaleza mental: continuou a ser o braço direito dos Beatles e, ao mesmo tempo, equilibrou tudo isso com seu relacionamento diário e doméstico com os Best. O pragmatismo em pessoa, discreto como só ele, com invejável maleabilidade, Neil permaneceu leal aos dois lados, a vida toda. Em razão disso era, cada vez mais, tido em alta conta, e seus laços pessoais, em especial com John e George, se fortificaram. A fidelidade dele também foi recompensada financeiramente: recebeu um aumento de salário. De £ 8 por semana passou a ganhar £ 10 (Neil era contratado diretamente pelos Beatles, nunca pela Nems Enterprises, mas Brian pagava o salário dele e fazia a dedução sobre os valores auferidos).

O line-up de Chester, a primeira de três quintas-feiras consecutivas, foi reunido por Brian: Beatles, The Big Three e Bob Wooler. No camarim, quando Wooler perguntou incisivamente a John, Paul e George o que deveria falar se o pessoal indagasse onde estava Pete, não responderam, cabisbaixos. Nesse meio-tempo, a presença do The Big Three no line-up significava que Johnny Hutch seria o baterista dos Beatles outra vez, tocando atrás de um véu de desprezo, batendo com força e ruminando que era um grande favor, e era mesmo. No apagar das luzes, Neil levou os amplificadores de guitarra dos Beatles para a casa da família Best e, por segurança, os guardou no hall, como sempre fizera e sempre continuaria fazendo.

Na noite seguinte, repetiram a dose: os Beatles tinham dois shows promovidos por Sam Leach, um em Birkenhead e outro em New Brighton, e Hutch voltou a preencher a lacuna. A noite dele foi tresloucadamente movimentada, porque The Big Three também fizeram um show, do outro lado do canal, e ele precisou correr entre os três salões de eventos. "Fui sincero com Eppy: 'Não consigo mais fazer isso, está me matando!'"[57] E nem precisaria.

Ringo saiu dos Hurricanes exatamente conforme prometido. No Butlin's, a sexta-feira terminou como de costume, às 23h15, com os animados turistas entoando "God Save The Queen", "Auld Lang Syne" e o hino do camping: "Afogue as mágoas de sua vida e amanhã traga mais bebida". O amanhã chegou, Ringo saiu do trailer, saltou em seu Zodiac e chispou rumo a Liverpool. Deixou para trás o terno vermelho flamejante ao próximo baterista, esperando ser ressarcido por isso. O futuro? Desconhecido. Mas voltar ele não ia.

Ano 5, 1962: *Always be True*

✳

Em Merseyside, o mês de agosto de 1962 foi desbotado e deprimente, e este sábado, 18, nublado com chuva leve à noitinha. Elsie adorou o fato de ter seu Richy de volta com três semanas de antecedência. E a partir daquele momento, anunciou ele, ajudaria nas despesas da casa com £ 5 por semana em vez de 25 xelins. Ela ficou encantada com a notícia. Esse valor era muito significativo. Em seguida, Richy parou na pia da cozinha da casinha geminada em Liverpool 8 e fez o que John havia pedido: raspou a barba e tentou alisar o cabelo. Com a bateria no porta-malas do carro, desceu a colina até a cidade para um primeiro ensaio particular no Cavern.[58]

O show dos Beatles daquela noite seria na Península Wirral, no belo e estiloso bairro de Port Sunlight. A exposição anual da *Horticultural Society* (Sociedade de Horticultura) aconteceu à tarde, no elegante Hulme Hall, com salão em formato de L, e culminou no baile. Brian fechou com os organizadores: os Beatles tocariam entre 60 e 80 minutos, por £ 30; seriam a atração principal e a abertura caberia a seus amigos, The Four Jays. Em meados de junho, época dessa negociação tranquila e polida, seria apenas a segunda apresentação dos Beatles nesse local, mas a vida interveio para torná-la *um marco*.[59] O ambiente de Hulme Hall parecia adequado à ocasião especial: enfeitado com lindas flores, a fumaça de cigarro entremeada ao aroma dos buquês.

Cercados por tantas pétalas, nem tudo eram flores para os Beatles. Ringo estava em alerta máximo, esperando bater de frente com Neil. Não se conheciam direito, mas Ringo sabia que Neil era amigo de Pete. Quando Neil aparentemente se recusou a montar a bateria, Ringo deu um chilique, acusando Neil de ser mesquinho e mal-intencionado. Mais tarde, Neil explicaria que Ringo não interpretou bem a situação:

> Eu não sabia montar um kit de bateria. Pete sempre montava o seu próprio kit, porque ele sabia como queria. Então, quando Ringo entrou na banda, eu o deixei se virar sozinho, mas ele achou que eu estava pensando "Que se foda", porque ele tinha substituído Pete.
>
> Na banda de Rory Storm, Ringo não tinha ninguém para montar sua bateria, mas foi só chegar aos Beatles, isso lhe subiu à cabeça e ele achou: "Temos um

O componente indesejável (7 de junho a 18 de agosto de 1962)

road manager, ele vai fazer isso". Mas ele não tinha intenção de me explicar *como* fazer.[60]

Enfim montado, o kit mostrava RINGO STARR no bumbo, não THE BEATLES. Havia muito tempo, Pete não tinha nada impresso em seu bumbo e (surpreendentemente) ninguém parecia se importar muito com aquilo.

Não há fotos dessa noite e ninguém pode imaginar com que roupa os Beatles tocaram – algo que combinasse, mas Ringo ainda não tinha um terno igual ao deles. Além disso, ninguém se lembra de quais canções foram tocadas, mas se lembram de que se tornaram, desde o início, uma banda melhor e mais forte do que antes. Em maio, quando os Shadows substituíram o baixista Jet Harris, Hank Marvin assegurou aos leitores da *Melody Maker* que "isso não vai alterar em nada a banda". Mas, ao dispensar Pete e chamar Ringo, os Beatles *queriam* que Ringo os alterasse – em especial, o som deles – e foi isso que ele fez. O baixista do Four Jays, Billy Hatton, conta: "Os Beatles nos perguntaram: 'O que vocês acham?'. Falei que soava melhor do que antes. Já não era mais o som que tinham com Pete, era diferente. Pete tinha a tendência de acelerar e desacelerar. Ringo não tinha essa tendência e, além disso, tinha carisma. Mesmo assim, ficamos com pena de Pete".[61]

A empolgação tomou conta de Bobby Brown, ao perceber que seus adorados Beatles tinham adquirido uma nova dimensão. "Desde o primeiro dia, em Hulme Hall, gostei muito de Ringo. Foi só ele pisar no palco, deu pra sentir que era um cara fantástico. Esbanjava personalidade. Não era um mal-humorado clone de James Dean enfurnado lá atrás. Pete nunca abria um sorriso, e Ringo *sempre* ostentava um sorriso no rosto."[62]

Sábado, 18 de agosto de 1962: essa data marca o início dos famosos anos 1960 de Liverpool. À tarde, o Liverpool Football Club voltou a jogar na primeira divisão, após oito temporadas de ausência, iniciando um período de inesquecível domínio nacional e internacional. À noite, os Beatles se tornaram o quarteto que o mundo conheceria e amaria.

Mais do que John e Paul, foi George quem trouxe Ringo aos Beatles, e ele sempre soube a dimensão de seu acerto. "Ficamos todos felicíssimos com a vinda dele. Daí em diante, a banda deu liga: os Beatles subiram de patamar."[63]

Neil Aspinall, mesmo em detrimento de seu melhor amigo, não tapou o sol com a peneira. "Ao longo dos anos, tiveram uma série de bateristas. Enfim encontraram um que se integrou, alguém que se encaixou. Até esse ponto sempre tinha sido 'John, Paul, George e um baterista' – de agora em diante, seria John, Paul, George e Ringo."[64]

31
"Some Other Guy"
(19 de agosto a 4 de outubro de 1962)

> *Por que de repente mandaram o Pete Best embora?*
> Porque ele não sabia tocar muito bem.
> *Só por isso?*
> Claro. Por que mais seria?

A réplica de John Lennon a um radiouvinte durante um telefonema em um programa de rádio ao vivo, em Nova York, em 1971, respondeu com sinceridade a pergunta que pairava no ar havia nove anos e continuaria persistindo: por que *realmente* os Beatles se livraram de seu baterista?[1]

Sentimentalismo não era o forte de John, Paul e George. Tomaram essa decisão e conviveriam com ela. Uma pena se alguém não gostou e *azar* de quem detestou. Motivos para silenciar não faltavam. Se alguém entrasse em detalhes, Pete sofreria ainda mais com os reflexos disso; além do mais, a posição essencial de Neil Aspinall e de sua família exigia discrição no presente e no futuro. Mas a relutância em explicar até mesmo a razão básica para a dispensa de Pete criou um vácuo que atraiu uma onda de fofocas e boatos.

Vinte e quatro horas após o show em Port Sunlight, os Beatles fizeram sua habitual apresentação de domingo à noite no Cavern e o porão crepitava com a notícia quentinha. Mandaram Pete embora! *O quê? Por que será?* Por décadas a fio, meias-verdades e falsidades floresceram sobre o assunto, muitas semeadas nessa noite, tendo como base nada mais concreto que os mexericos de adolescentes do sexo feminino. Conforme o testemunho de Liz Tibbott-Roberts: "Era uma boataria só. Uma das coisas que circulavam era que Pete 'não era bom o suficiente para eles'. Outros diziam que ele era tão bonito, que os outros tinham se livrado dele por ciumeira. Boatos simplesmente começam, mas nunca ocorreu às meninas de 15 anos pararem e se questionarem: 'Certo, mas como você sabe disso?'. A gente só absorvia tudo como esponja e depois espalhava involuntariamente".

Ouvimos falar que se livraram de Pete porque Paul tinha ciúmes da adulação que o baterista recebia. (Joan McCaldon)

O pessoal comentou que Paul quis trocar de baterista porque Pete não se encaixava, nunca saía com eles, como no Blue Angel e assim por diante. (Beryl Johnson)

Minhas amigas e eu ouvimos "Brian se livrou dele", então passamos a odiar o Brian por isso. O motivo era que Pete era tão gato que os outros tinham inveja. Era isso que se falava à boca pequena... e poderia muito bem ser invenção de uma fã de Pete. Não distinguíamos um baterista do outro, se um era bom e outro não era. Por isso automaticamente supomos que era ciúme. (Margaret Chillingworth)

Fofocar não era prerrogativa só dos mais jovens. Mal Evans ouviu falar que Pete foi descartado porque não abria um sorriso sequer. Outros disseram que foi porque ele não quis trocar seu cabelo à Tony Curtis pela franja Beatle.

O pessoal dizia que John Lennon era o culpado, que ele tinha brigado com Pete. (Thelma Wilkinson, gerente da lanchonete do Cavern)

Sempre me levaram a acreditar que os Beatles mandaram Pete embora para se livrar da sra. Best. (Margaret Kelly)[2]

Muito ocasionalmente, quando pressionados, os Beatles responderam a mais persistente dessas alegações, de que trocaram de baterista porque Paul sentia ciúmes da atenção recebida por Pete (embora resposta alguma aquietasse os teóricos da conspiração).

John: Tentaram construir esse mito de que ele [Pete] era ótimo, e Paul tinha ciúmes de Pete porque ele era bonito e toda essa lenga-lenga. Não se davam lá muito bem, mas em parte foi porque Pete era meio devagar.

"Some Other Guy" (19 de agosto a 4 de outubro de 1962)

Paul: Eu não tinha ciúmes dele porque ele era bonito. Ele simplesmente não sabia tocar! Foi por esse motivo que nós quisemos que ele saísse.

Paul: Qual é a verdade sobre a saída de Pete Best? Foi dispensado porque George Martin não o queria, o que já é uma boa razão. E Ringo era melhor, a outra razão primordial.[3]

Na visão de Pete, mantida ao longo dos anos, teria de haver motivos extras para a sua dispensa, uma ou mais causas que permaneceriam eternamente desconhecidas, tanto para ele quanto para todos os outros. Assim, ele preservou seu amor-próprio e ganhou espaço de manobra. Milhares de vezes foi interpelado sobre o assunto. E, milhares de vezes, respondeu com variações de "Disseram que minha habilidade como baterista não era boa o suficiente, mas a verdadeira razão é um mistério". Neil, que tinha as informações certas, sempre esteve por perto, mas ninguém se lembrou de interrogá-lo. Um fato revelador é que Pete e Mona desafiaram só as pessoas que rodeavam John, Paul ou George, nunca os próprios Beatles. Mo inclusive chegou a telefonar a George Martin. Mesmo perplexo, ele confirmou sua decisão de não usar Pete nas sessões de gravação dos Beatles. Mas disse que não era da conta dele se a banda quisesse, ou não, mantê-lo fora do estúdio.

Mona, desconsiderando afirmações tão contundentes sobre a falta de destreza de seu filho na bateria, para sempre sustentaria que os Beatles tinham feito "um golpe sujo" contra seu filho, e disse a Brian que sabia o motivo:

Eu disse a ele: "É inveja, Brian, pura inveja. Só porque Peter tem o maior número de seguidores... Ele construiu a base de fãs dos Beatles em Liverpool".

Deve ter sido por isso que se livraram de Pete, nessa fase... Caso contrário, quando fizessem sucesso nacional e internacional, Peter teria se tornado o Beatle principal, e os outros, meros adereços.[4]

Toda essa raiva teve um resultado: Pete rejeitou a oferta de Brian para se tornar líder dos Mersey Beats. Como seria de se esperar, o jovem de 20 anos recém-saído dos Beatles não quis entrar numa banda de pirralhos, com hierarquia "júnior" na cena local. Brian nem deve ter ficado muito surpreso. Mais tarde, Bob Wooler especularia que Brian já contava com isso. O problema é que a rejeição deixava Pete livre para tomar medidas jurídicas, e Brian também sabia disso.[5]

Nada nessa situação foi ideia de Brian, mas na hora de destilarem o fel, o empresário se tornou um alvo conveniente. Por uns dias, o ambiente do Cavern ficou pesado. Numa visita de Brian ao local, Ray McFall teve de oferecer a proteção de um segurança ao empresário dos Beatles e ele aceitou. Derramaram solvente de tinta no reluzente Ford Zodiac de Brian, ato que ele associou com a dispensa de Pete Best, mas não há nada que comprove isso.

Outra parte inocente nessa confusão foi Ringo. Trocas de componentes entre bandas era uma coisa rotineira. Simplesmente obteve o melhor assento da casa, como era seu direito. Trinta anos depois, ao ser indagado se algum dia teve pena de Pete, Ringo abriu o jogo e endossou o discurso de seus então novos companheiros de banda: "Não. Por que eu deveria ter pena dele? Eu era um baterista melhor do que ele. Foi assim que consegui o emprego".[6]

A maior parte do público dos Beatles não conhecia Ringo. Alguns se lembravam dele – quem assistiu a qualquer uma das quatro vezes em que ele substituiu Pete –, mas a maioria nunca o tinha visto antes. Os Beatles eram metropolitanos, os Hurricanes, ainda suburbanos: o Cavern não os contratava desde junho de 1960; atuavam principalmente nos bailinhos da zona norte de Liverpool, que os Beatles já tinham deixado para trás. Além disso, até essa altura, Ringo tinha passado a maior parte de 1962 em Hamburgo, na França e em Skegness. A partir de dezembro de 1961, tocou em Merseyside no máximo 17 vezes.

> Achei o Ringo um cara durão, um moço de Liverpool 8, do tipo que, se não virasse um Beatle, poderia muito bem ter se tornado um vigarista. Tiraram um deus e colocaram aquilo no lugar dele. (Margaret Chillingworth)

> Naquela primeira vez no Cavern, a galera começou a gritar: "Pete é demais, Ringo jamais". E batiam os pés em uníssono como nas sessões de cinema aos sábados de manhã. O pessoal gritava isso bem na frente de Ringo. Os Beatles começaram a tocar "Some Other Guy" (Um outro cara), mas os cânticos continuaram por um bom tempo e ninguém pareceu se importar se aquilo ia ou não deixar Ringo chateado. (Brenda Murphy)[7]

"Some Other Guy" (19 de agosto a 4 de outubro de 1962)

Tudo isso aconteceu mesmo. Um grupo de meninas descontentes protestou, mas a situação não foi tão inflamada quanto esse olhar em retrospectiva pode sugerir. Pete tinha muitos fãs, mas não a maioria. O próprio Ringo fez sensacionalismo, alegando que houve "motins nas ruas" por sua contratação, mas essa tempestade passou rápido. Um amplo consenso confirma que tudo arrefeceu em uma ou duas semanas.

> Apesar do rosto bonito, Pete Best nunca pareceu pertencer aos Beatles. Não me importei muito com a saída dele. Ringo não era muito bonito, mas tinha a personalidade certa. Consegui entender por que eles fizeram a troca. (Sue Wright)

> Beatles com novo baterista – Ringo Starr. Um cara legal. Um doce... melhor que o coitado do Pete Best. Paul quis saber se gostamos do Ringo e todas nós dissemos que sim. (Anotação no diário de Sandra Marshall)

> Pete era só um cara bonitão. Nunca tinha nada a dizer e não combinava com as personalidades dos outros. Ele ia para casa, sumia de vista, emburradíssimo. Por sua vez, Ringo era o "Mr. Showman", o homem-espetáculo. (Marie Guirron, namorada de George)

> Eu adorava o Pete e o meu coração se partiu quando ele foi mandado embora. Na época, tive uma sensação horrível... *Como puderam fazer isto com ele?* Mas esse sentimento logo passou, e era como se ele nunca tivesse estado lá. Ficaram muito melhores com Ringo, não há dúvida. Com Ringo, os Beatles ganharam aquela sólida batida de fundo. É um ótimo baterista de rock'n'roll... e se encaixou brilhantemente. (Elsa Breden)[8]

Como aconteceu com os ternos, agora cada jovem tinha uma voz, uma opinião, "pró" e "anti", competindo por atenção – "Pete é demais, Ringo jamais" ou "Ringo é demais, Pete jamais" –, mas ninguém deixou de acompanhar a banda. Os Beatles não perderam seguidores ao dispensar Pete e, na realidade, a base de fãs só aumentava.

Três dias depois, na sessão ao meio-dia, na quarta-feira, 22 de agosto, os Beatles se apresentaram, pela primeira vez, diante das câmeras de TV. Foi praticamente desnecessário o incentivo de Eppy para caprecharem na roupa: coletinhos de veludo escuro, calças de terno, gravatas de tricô e botas Chelsea, tudo combinando. As filmagens foram toscas. O Cavern estava tão escuro que a câmera só mostrava os lugares mais bem iluminados, e as luzes artificiais tornaram o porão ainda mais quente. O som era tão alto que o único microfone da TV Granada sofria distorções; o filme era em preto e branco; as tomadas de corte – *close-ups* dos Beatles e múltiplas imagens da plateia – foram obtidas com uma filmadora manual, que funcionava com mecanismo de corda, cuja carga durava apenas 24 segundos, e depois era preciso dar corda de novo. Mas, em meio a tudo isso, restou um filme, que seu criador Leslie Woodhead descreve evocativamente como "parecido com algo contrabandeado da Europa Oriental".[9]

Do ponto de vista factual, é o segundo filme dos Beatles – contando aquela curta e silenciosa sequência a cores filmada em 8 mm, no semestre anterior –, mas essa é a primeira filmagem adequada dos Beatles, a primeira com som sincronizado, a primeira cobertura de TV e o único filme deles no Cavern. Duas tomadas completas de "Some Other Guy" (tocada a pedido de Woodhead) sobreviveram, com um trecho mudo do finzinho de "Money" – música de Nova York e Detroit cantada a plenos pulmões num porão de Liverpool.

Ali estão eles – em filme, com som, enfim, *os Beatles*. Não nos decepcionam. Ringo ergue fieiras sólidas de tijolos sonoros por detrás do poderoso front triplo de baixo e duas guitarras; John e Paul se atiram com todo o ímpeto, dividindo os vocais principais, lado a lado, com grande intensidade e harmonia. Exatamente como todo mundo fala: são *eles mesmos*, artistas carismáticos e dinâmicos, sem fingimento. À exceção da mudança no vestuário e da troca de baterista, foi isso que Brian Epstein viu nesse mesmo horário, nove meses antes, e eis o motivo pelo qual ele foi fisgado. John canta com franqueza, forte e verdadeiro, a mão direita imprimindo o ritmo, o público mero borrão a curta distância. Paul canta com igual e total comprometimento, um pouco mais autoconsciente, fixando o olhar principalmente no teto, fazendo contato visual com o público apenas de modo ocasional. George, no canto do palco, a mais pura solidez na guitarra, não reprime um sorrisinho irônico e tímido. Na penumbra, Ringo faz seu trabalho, mas os

---

* A implementação da TV a cores na Grã-Bretanha começou em 1967, mas os dois principais canais só concluíram a mudança no fim de 1969.

close-ups o flagram rindo e se divertindo. Trocam olhares, confiantes de quem são, de onde estão e do que são, prontos para alçar voo.

A captura do contexto é perfeita. Gritos de entusiasmo e prazer ecoam no início de "Some Other Guy" e logo acabam soterrados pelo som. As introduções de Bob Wooler se destacam pela nitidez da voz. Numa das tomadas, ele se esgueira para dentro de seu minúsculo nicho junto ao palco e deixa os Beatles continuarem o show. E num instante de perfeita transparência, o áudio captura um grito de "Queremos Pete!" – é a voz de um rapaz, não de uma garota.

Embora a câmera não o tenha registrado, Pete *esteve* no Cavern nessa ocasião. "Entrei e saí de fininho", escreveu ele em sua autobiografia.[10] Leslie Woodhead se lembra de ter visto "uma dúzia de fãs de Pete Best protestando, indignadas, por ele ter saído e Ringo ter sido colocado em seu lugar", e a câmera mecânica da Granada flagrou um rapaz lendo o *Mersey Beat* de 23 de agosto, recém-saído do forno, com uma "reportagem exclusiva": *BEATLES CHANGE DRUMMER!*" (BEATLES TROCAM DE BATERISTA!). O artigo, escondido na página oito, dizia: "Os Beatles comentam que 'Pete deixou a banda por mútuo acordo. Não houve brigas ou desentendimentos, foi uma decisão totalmente amigável'" – o que, insiste o editor Bill Harry, não era jornalismo independente, mas uma citação datilografada entregue por Brian, que ele não contestou. Algo escrito para dourar a pílula – uma bobagem, do ponto de vista de Pete – e surtiu pouco efeito. Partes do texto também condiziam com a realidade: que Ringo "admira os Beatles há anos... [e] está superanimado com o futuro". A reportagem concluía com a notícia de que a banda decolaria rumo a Londres, em 4 de setembro, "para fazer gravações nos estúdios da EMI".

Horas depois, os Beatles estavam de volta ao Cavern – noite de quarta-feira, como de costume –, não sem antes serem tomadas as providências finais para o discreto casamento de John e Cyn no dia seguinte. Ela estava no cais para se despedir da mãe, que embarcara rumo ao Canadá novamente. John foi para casa e enfim deu a notícia a Mimi: "Contei a ela que Cyn estava esperando um bebê e íamos nos casar no dia seguinte. Ela gostaria de comparecer?". Mimi esbravejou "Você é jovem demais!" para o menino que sempre foi maduro para a idade. Jurou que não ia aparecer na cerimônia, nem ela e nem qualquer outro membro da família.[11] Não houve nenhum Stanley presente e, naturalmente, nenhum Lennon. Fazia 16 anos que John não via o pai. Presumia que ele ainda estivesse navegando os sete mares, como marinheiro mercante; não sabia que Alf Lennon vagueava pelos meandros da Grã-Bretanha como andarilho e trabalhador itinerante, em seu mundo feliz e despreocupado, desde quando foi solto da penitenciária, em 1950.

Quinta-feira, 23 de agosto, meio da manhã. Brian foi buscar Cyn na Garmoyle Road e a levou ao casamento em grande estilo – até onde isso era possível em se tratando de um Ford Zodiac sobre o qual alguém, de modo traiçoeiro, havia derramado solvente no capô. O destino deles era o cartório em Mount Pleasant, onde se depararam com John todo encolhido no cantinho da monótona sala de espera, em companhia de Paul e George, cada qual em seu terno preto, camisa branca e gravata preta, como se estivessem num funeral (Ringo e Neil não tinham sido convidados e nem sabiam de nada). *Ninguém* escondia o nervosismo, escreveria Cyn. Além dos já citados, na sala só estavam o irmão dela, Tony, e a cunhada Marjorie. Assim, os participantes desse casamento, incluindo os noivos, totalizavam sete. Ninguém se lembrou de trazer uma câmera e não há uma foto sequer da cerimônia.

Tão solene foi a postura do escrivão que podia até mesmo se tratar de um funeral – e, para piorar, logo após o início do casamento, uma britadeira pneumática foi acionada no quintal adjacente e ninguém conseguiu escutar mais nada. O casal mal captou os votos que precisava repetir – "Estar ao seu lado e lhe causar mal, até que nos separe o dever mortal" –, e John só foi perceber que havia se tornado marido quando Brian (o padrinho escolhido por Lennon) o cutucou, avisando: pode beijar a noiva. Em seguida, assinaram a certidão. John Winston Lennon, 21, "Músico (guitarra)", tinha se casado com Cynthia Powell, 22, "Universitária (faculdade de artes)". O documento traz as assinaturas dos noivos e das testemunhas James Paul McCartney e Marjorie Joyce Powell. Terminado o evento, saíram do prédio debaixo de chuva e caíram na gargalhada.[12]

Tony e Marjorie foram embora depois da cerimônia, então só os cinco desceram a Mount Pleasant debaixo de chuva para celebrar o casamento: almoço no Reece's. No caminho, passaram em frente à Vines, a enorme cervejaria onde Alf e Julia Lennon tinham celebrado seu casamento no civil, 24 anos antes (também sem registro fotográfico).

Nenhum Beatle dava presentes a outro Beatle: esse hábito já estava bem estabelecido. Brian, porém, cedeu aos recém-casados, sem custos, seu aparta-

*"**Some Other Guy**" (19 de agosto a 4 de outubro de 1962)

mento privado, pelo tempo necessário. O sr. e a sra. Lennon começariam sua vida de recém-casados na 36 Falkner Street – e onde, se tudo desse certo, Cyn passaria os últimos sete meses de sua gravidez. Esse gesto pegou de surpresa John e Cyn, e o casal soltou um grande suspiro de alívio: não tinham providenciado um lugar. Não fosse a generosidade de Epstein, os dois iam dormir separados por enquanto, ela de volta a seu mísero quartinho, ele à casa da tia, em Mendips. Agradecida, Cyn deixou sua emoção transbordar, e Brian ficou vermelho até a raiz dos cabelos.

Dois anos antes, John fora morar um tempo no apartamento na Gambier Terrace. Agora novamente deixava a casa de Mimi e, pela primeira vez, se transferia para um endereço próprio. Parecia perfeitamente adequado: ele e Cyn ocupavam o primeiro piso de uma casa elegante, com acesso ao pequeno jardim murado nos fundos. Como pontos negativos, o banheiro no corredor, compartilhado com os demais ocupantes da casa, e a janela do quarto, por onde muitas vezes entravam os barulhos ameaçadores da rua. A Falkner Street era uma zona violenta. John e Cyn se instalaram, convenientemente, a poucas quadras da faculdade de artes. Porém, além do limiar da porta, a realidade era decadência, mal-estar social, tumultos espocando aqui e ali ao longo da rua – a Falker Street profunda se estendia até entrar no distrito de Liverpool 8.

Era estranho para um homem começar a vida já com esposa para sustentar. Um mês antes, casamento nem passava pela cabeça de John. Agora tinha uma dependente, com um segundo a caminho, e nada mais seria como antes, mesmo que ele fingisse ser. Ajustes consideráveis seriam necessários em razão de seu novo *status*: "Estar casado realmente me deixava constrangido. Era como andar na rua com uma meia diferente da outra ou com a braguilha aberta".[13]

John imaginou que poderia ser o fim da linha para ele e os Beatles se o pessoal descobrisse – todo mundo o alarmava com isso, e ele acreditava. Nem o próprio Ringo sabia o que estava rolando. Em 1965, John explicou: "Eu não queria que a notícia se espalhasse e eu não sabia o quanto Ringo era confiável para guardar um segredo".[14] Também não contaram a Neil. Ele percebeu a mudança de endereço, afinal, todas as noites, buscava e deixava John na Falkner Street, e não mais na Menlove Avenue. Mas John nunca falou em casamento, apenas que estava vivendo em pecado.

Nos últimos tempos, muito raramente Cyn comparecia aos shows dos Beatles. Agora esse ciclo havia se encerrado por completo. A qualquer custo, perguntas incômodas deveriam ser evitadas, e com certeza ela não queria aparecer ao lado de John com a barriguinha crescendo a olhos vistos. Apesar dessas precauções, porém, boatos sobre o casamento começaram a correr. Ao que parece, uma das moças da lanchonete do Cavern viu John e Cyn saindo do cartório...

Recém-chegada da Noruega, Lindy Ness fez questão de ir à sessão ao meio--dia de 24 de agosto. John tinha pedido uma lembrancinha e ela lhe trouxe um ogro entalhado em madeira, com as calças arriadas nos tornozelos, sentado num penico. Visitou o camarim, onde se encontrou com John e George, e em voz baixa entabulou uma conversa intimista. "Eu tinha ouvido rumores de que John tinha se casado. Ele estava desembrulhando meu presente quando George falou: 'Vai colocar junto de todas as torradeiras?'. John retrucou: 'Cala a boca!'. Quando viram o que era, George disse: 'Ah, pensei que fosse outro presente de casamento', e John repetiu: 'CALA A BOCA!', e então olhou para o presente e indagou: 'O que é isto? Madeira norueguesa (*Norwegian Wood*)?'"[15]

John e Lindy retomaram sua amizade no ponto onde a tinham deixado, no início do verão. Nas semanas seguintes, tiveram altos papos e ele admitiu que os rumores eram verídicos. Havia se casado. "Falou que Cynthia estava 'esperando'. Não me lembro bem o que ele disse, mas tive a clara sensação de que não estava feliz em se tornar pai. Também tive a impressão de que amava muito Cynthia."

Amava mesmo, e John tinha outra maneira para impedir o povo de pensar que ele tinha se casado: agir como se nada tivesse acontecido. Por mais um tempinho, manteve a aventura com a garota que posou para suas fotos sensuais. Além disso, engatou um caso com Ida Holly, beldade morena ao estilo de Juliette Gréco. Com 16 anos recém-completos, Ida era uma raridade: moça solteira que não morava "em casa", mas dividia um apartamento com uma amiga em (justamente!) Gambier Terrace. A ligação entre John e Ida durou até 1963, e John, de modo surpreendente, nunca a escondeu: quase todo mundo em Liverpool sabia disso.

Agora, todos os Beatles estavam em relacionamentos estáveis. Após terminar com Dorothy Rhone, Paul atiçou fagulhas novas e reavivou antigas, na filosofia de "o que cair na rede, é peixe". A partir de agosto de 1962, porém, também encontrou uma "namorada fixa", nova e especial. Estamos falando de Thelma Pickles –

"Some Other Guy" (19 de agosto a 4 de outubro de 1962)

amante de John na faculdade de artes, antes que ele começasse a namorar Cynthia. Paul sempre teve uma atração por Thelma, e por acaso a avistou em Liverpool enquanto pilotava o seu carro novo – o imponente e suntuoso Ford Consul Classic, que, no comecinho de agosto, havia comprado novinho em folha (com prestações "a perder de vista").[16] Ela havia se casado, dado à luz um garotinho e agora estava separada do marido. Perto de completar 21 anos, Thelma morava, na condição de mãe solteira, numa quitinete na Prince's Avenue. A jovem talentosa tentava retomar seus estudos na faculdade de artes, e foi nesse momento que Paul McCartney ressurgiu em sua vida.

> Já não era mais um estudante rechonchudinho, mas sim o jovem que ele mesmo desejava ser. Eu só gosto de artes visuais, não curto música. Então eu só tinha uma vaga noção da trajetória de John e sua banda. Paul falou que ia me pegar mais tarde para vê-los tocar no Cavern. Na última vez que eu tinha ido lá, ainda era um clube de jazz.
>
> Energia bruta pulsante. Meninas gritavam e os rapazes também gostavam. Eu já tinha assistido ao *Six-Five Special*, o programa de rock'n'roll na BBC, mas isso era diferente. Quando Paul comentou sobre a fama crescente deles, nem acreditei muito... Naquela época, quem vinha da classe trabalhadora era levado a crer que a "nossa laia" não era destinada a fazer sucesso.[17]

Nesse meio-tempo, George continuava de namoro firme com Marie. Nas raras noites em que os Beatles não estavam tocando, eles iam jogar boliche ou pegar um cineminha. Às vezes, faziam passeios de longa duração, como até o País de Gales. E, claro, ela também frequentava a casa da família Harrison, onde o namorado mostrou sua coleção de álbuns de Chet Atkins.[18] Essas visitas coincidiram com os últimos dias dos Harrison na 25 Upton Green.

A família sempre odiou Speke desde o instante em que se mudaram, no dia de Ano-Novo de 1950. Enfim, o pedido de realojamento foi deferido, e, no fim de agosto, esse núcleo familiar, agora com quatro moradores – Harry (53), Louise (51), Peter (22) e George (19) –, mudou-se para a 174 Mackets Lane, a fim de ocupar uma das habitações municipais planejadas para o "excedente populacional", na fronteira entre Hunt's Cross e Woolton. Ficava relativamente perto da Menlove Avenue, e a família Harrison sempre afirmava que "era em

Woolton". Essa era a casa mais bonita que já tiveram: espaçosa, geminada, com rampa de acesso à garagem. Assim, Peter e George, pela primeira vez, podiam estacionar os carros em terreno seguro e próprio. Não chegava a ser uma residência luxuosa – o piso do quarto de George era de linóleo, frio e duro, mas abençoadamente distante dos problemas sociais e alcoólicos de Speke, dos quais, após quase 13 anos, já estavam saturados.

Poucos dias após entrar nos Beatles, Ringo começou a namorar uma moça que também era fã da banda. Mary "Maureen" Cox, Cavernite que já tinha saído com Paul após aceitar o desafio de uma amiga e lascar um beijo nele. "Maureen foi minha namorada antes de ser do Ringo", conta Paul. "Saímos juntos algumas vezes. Moça simpática, divertida, mas não ia ser nada sério, daí Ringo me disse que gostava dela pra valer, então tirei o time de campo."[19]

Maureen fazia um curso para se tornar cabeleireira e estudava à noite. Saindo da faculdade, ela e a amiga Jackie resolveram cortar caminho pela Mathew Street, quando Ringo saiu do Cavern, entrou no carro e deu a partida. Maureen bateu no vidro do motorista e pediu um autógrafo. Ela nunca soube por quê – sempre foi calma e descontraída, não do tipo fascinada por astros –, mas Ringo assinou como ela pediu, e ao acelerar, gritou: "Vem ao Cavern domingo?".

Os dois eram filhos únicos, os dois tinham uma cornucópia de apelidos. Batizada Mary, alguns a chamavam de Maureen ou carinhosamente de "Mo". A maioria a conhecia como Mitch. Foi assim que Ringo a chamou pela primeira vez (ortografia não era bem o seu forte, pois ele escrevia "Mich"). Ela, por sua vez, o chamou de Ringo até ele pedir para ser chamado de Richy, que era como a família dele e seus entes queridos o chamavam. O romance floresceu entre Richy e Mitch, mas no começo isso exigiu persistência dela: os Beatles tinham muito mais fãs do que os Hurricanes, e Ringo estava decidido a aproveitar o leque de oportunidades. Maureen, porém, continuou se impondo e, no fim dos shows noturnos do Cavern, sempre pedia a Ringo uma carona para ela e sua amiga Jackie. Como ele recordaria: "Sempre tinha aquela coisa típica de Liverpool: 'Eu te dou uma carona, amor'. 'Ótimo. Pode levar minha amiga também?' 'Err... Claro.' Um dia, então, você indagava: 'Que tal sairmos sozinhos?'".[20]

O relacionamento deles começou a esquentar nas tardes de segunda-feira, quando ela tirava folga do trabalho. Ele a apresentou a Marie Maguire, amiga e

"Some Other Guy" (19 de agosto a 4 de outubro de 1962)

mentora da Madryn Street, e a levou à casa dos pais, para apresentá-la a Harry e Elsie. O festivo Harry continuava a cantar nos pubs e clubes locais. "Night and Day", de Cole Porter, uma de suas favoritas, acabou se tornando a "canção especial" de Richy e Mitch.*

Ter um relacionamento estável ajudou Ringo a baixar a poeira, porque o salto para os Beatles – conquistar uma vaga na banda mais afiada e brilhante – foi um desafio formidável. Desde os tempos escolares, John, Paul e George eram superunidos, compartilhando tudo, desde perspectivas até renda. Adotavam uma postura unânime em relação à vida, e essa unanimidade era ainda mais fortalecida por ter sido alcançada com base em suas perspectivas individuais. Ringo sabia que precisava entrar em sintonia com eles e vice-versa. Declarou à *Melody Maker*, dois anos depois:

> Tive a sorte de estar no mesmo comprimento de onda que eles quando entrei na banda. Eu tinha que estar, caso contrário não ia dar certo. Todos têm personalidades fortes, e se você não acompanha o ritmo, está em apuros.
>
> Eu já tinha tocado com eles antes de me oferecerem o cargo, então eu já os conhecia. Mas essas participações foram descontraídas, na função de substituto. Quando enfim entrei na banda, tinha que ser para valer, não só como baterista, mas como pessoa.[21]

O trio de Beatles estava ansioso para ser um quarteto de verdade. Não seria moleza, mas quiseram assim e o escolheram. Estavam trazendo não só um baterista, mas uma atitude, uma novidade na mistura. Gostavam do que sabiam sobre Ringo. Aventureiro, franco, ávido por novas experiências, sem medo de se posicionar, engraçado e corajoso. E é claro, o ego grandioso, revelado em sua

---

* Mary Cox, assim mesmo, sem nome do meio, nasceu em 4 de agosto de 1946 no Walton Hospital. Os pais dela eram naturais de Liverpool: Joseph, o popular Joe (nascido em 1912, barman em navios mercantes que, como Alf Lennon e Harry Harrison, passava longas temporadas em viagens marítimas) e Florence, vulgo Flo (nascida Barrett, também em 1912, que trabalhava como empacotadora na enorme refinaria de açúcar de Liverpool). Católica devota, ao se casar com Joe, em fevereiro de 1946, já estava grávida. Quando Mary nasceu, o casal morou com a mãe de Joe, que era viúva, perto da rua das docas, e quando Mitch conheceu Richy, a família morava num apartamento de esquina, na 56a Boundary Street.

briga com Neil, logo na primeira noite (foram necessárias algumas semanas até Neil "superar", afirma Ringo). Com Pete, a química dos Beatles nunca funcionou. Precisavam de ousadia, atrevimento, sinceridade, alguém com pontos fortes e vulneráveis semelhantes aos deles: um indivíduo determinado, um músico de personalidade, que trabalhasse em equipe. Uma carga pesada para ombros franzinos, mas, aos poucos, Ringo foi se firmando: "Emocionalmente, tive de conquistar meu espaço".[22]

Nessas primeiras semanas, levou um amigo com ele, alguém para apoiá-lo enquanto explorava o terreno. Um passo à frente, Roy Trafford, seu melhor amigo desde a época em que os dois foram menores aprendizes na H. Hunt & Son: Richy, o montador; Roy, o marceneiro. As trajetórias deles se bifurcaram, mas a amizade perdurou. Por coincidência, na época em que o amigo entrou nos Beatles, Roy e a noiva tinham rompido o noivado, por isso ele estava com as noites livres. Richy grudou nele.

> A minha presença foi útil para Richy. Novo na banda, ele se sentia um pouco nervoso, por causa da situação do Pete Best. Pete era um cara boa-pinta e Richy teve dificuldades (consigo mesmo, eu acho) para ser aceito. Queria que os fãs o aceitassem, mas por um tempo se sentiu desconfortável. Não é que ele fosse tímido... Era mais velho que eles, e, de certa forma, os outros Beatles o admiravam. Também não sabiam para qual lado conduzi-lo: embora Ringo fosse muito engraçado, também podia ser um pouco mal-humorado às vezes, e não deixava ninguém o fazer de trouxa.[23]

Roy estava no banco do carona do Zodiac quando Maureen Cox bateu na janela de Richy e pediu autógrafo. Acompanhou os Beatles – de carro ou na van, com eles e Neil – por algumas semanas, a partir do finzinho de agosto. "Antes disso, eu não os conhecia muito. Não tinha contato com eles desde os tempos dos Quarry Men, e, mesmo naquela época, não convivíamos muito. Eu achava Paul um cavalheiro, eu mal escutava George falar e John era uma simpatia... A gente ficava no banco traseiro do carro e ele gostava de ler seus poemas. Um cara engraçadíssimo, mudava o nome das coisas a seu bel-prazer. Algumas tiradas eram hilárias."

"Some Other Guy" (19 de agosto a 4 de outubro de 1962)

A mãe dele, Elsie, o padrasto, Harry, e seus familiares (tias, tios e primos) o chamavam de Richy. O mesmo acontecia com Roy e agora com Mitch. Mas, para os outros Beatles, ele era Ringo. Com o passar do tempo, às vezes o chamavam de Richy, mas não foi um processo fácil. Quando precisavam escrever o nome, não prestavam atenção e usavam Richie ou Ritchie (a maioria pensava que se escrevia assim). Para pegar no pé de Ringo, chamavam-no de "menino do Dingle" (*Dingle Boy*), só para provocar se ele estivesse irritadiço, mas sempre em tom carinhoso, não acusativo. Como eles, Ringo era da zona sul de Liverpool e, até certo ponto, podiam conversar sobre as mesmas ruas, lojas, pubs e parques, o que não tinham conseguido fazer com Pete.

Mesmo assim, ele era *diferente*. Antes, os Beatles eram quatro meninos com Ensino Médio, agora eram três e outro que mal tinha ido à escola. Onde antes havia quatro músicos, todos usando seus nomes verdadeiros, agora havia três e outro com nome artístico. Onde antes havia quatro rapazes com altura beirando 1,80 m, agora havia três rapazes altos e um anão (pelo menos uma vez John o chamou assim) – Ringo tinha pouco mais de 1,70 m. Pete destoava dos Beatles em alguns aspectos e não permitia uniformidade. Porém, trocá-lo por Ringo lhes deu uma característica distinta e mais interessante – *contraste*.

Sem demora, Brian Epstein ficou 100% a favor disso. "A entrada de Ringo na banda foi uma das jogadas mais brilhantes dos Beatles", reconheceu em 1965. "Foi ideia deles e eu levei a cabo. Por vários motivos, foi uma decisão brilhante."[24]

George foi o catalisador da mudança, por isso seu vínculo com Ringo se tornou visceral. "O relacionamento de Ringo com George sempre foi muito diferente do que ele tinha com Paul ou John", explicou Neil Aspinall. "Ringo se sentia em débito com George."[25]

Neil defendia que, para entender a psicologia dos Beatles, em 1962 e no século XXI, é preciso entender os elos da "corrente". John trouxe Paul, que trouxe George, que trouxe Ringo. Neil afirmava (às vezes, de modo incisivo): essa ordem, *John, Paul, George e Ringo*, além de soar bem aos ouvidos, era (e ainda é) uma ordem natural, intricadas conexões serpenteiam dentro e fora desses elos.

Para o recém-chegado, era fundamental entender rapidinho John Winston Lennon – o temperamento, as caretas, o humor requintado ou brutalmente jocoso. Na realidade, porém, o líder da gangue encarava Ringo com admiração.

A paciência de ambos com os tolos era igualmente tênue e seus rompantes verbais igualmente bruscos. Os dois tinham sobrevivido ao trauma do pai ausente. Na parte escolar, John passou pelo sistema de Ensino Médio e saiu do outro lado sem qualquer recompensa tangível, mas ficou impressionado com a inteligência inata de Ringo e a sagacidade que desmentia seus anos de evasão escolar. De acordo com John: "Ver alguém *tão consciente*, com estudo tão reduzido, é enervante para quem foi à escola desde que era um maldito bebê de 2 anos".[26]

Em pouco tempo, Ringo seguiu o exemplo de Paul e George: reverenciou, respeitou e amou John. Era um quarteto unido, mas a cola era John, o cara com quem cada um tinha seu melhor relacionamento. Paul era bem mais ligado a John do que a George, e George era um pouco mais unido a John do que a Paul. A namorada de George, Marie Guirron, percebeu isso. "Um elo forte unia George e John. Paul sempre foi um cara animado, mas a relação de John e George era mais profunda."[27]

"No começo, Ringo se sentiu intimidado pelos outros Beatles", conta Paul.[28] Um fator importantíssimo: Paul nutria uma grande admiração pelo tipo de homem que Ringo era e por tudo que ele havia conquistado, sem falar no fato de já ter 22 anos (os Beatles ficaram com idades sequenciais quando Ringo entrou: John, 21, Paul, 20, e George, 19). A idade era um critério importante para Paul, e a primeira impressão sempre é a que fica. Paul admirava John porque era mais velho. Mas em relação a George, o caçula da banda, Paul o tratava com certo ar de superioridade. Ringo era três meses mais velho que John, e Paul sempre o encarou assim: "Ringo é adulto... É e sempre foi. Suspeito que já era adulto quando tinha uns 3 anos".[29] Se, por um lado, venerava a idade e a experiência de Ringo, por outro, Paul desfilava o orgulho de ser um Beatle, por ostentar seu diploma de Ensino Médio e suas qualificações escolares, enquanto a trajetória estudantil de Ringo tinha sido arruinada pela doença. Anos depois, Paul explicaria: "Quando Ringo entrou na banda, eu costumava me achar o tal com ele, porque eu estava no ramo havia mais tempo e me sentia superior. Eu era um sabe-tudo. Tinha concluído os dois anos finais do Ensino Médio e me achava um literato, sabe. Comecei a me a afastar dele e a me afastar de mim mesmo".[30]

Relatos e episódios das semanas de estreia de Ringo nos Beatles têm datas incertas: flutuam indefinidas entre sua entrada e o fim do ano, vislumbres de uma

*"**Some Other Guy**"* (19 de agosto a 4 de outubro de 1962)

história mais ampla que nunca será conhecida. Por exemplo, em algum momento desse período ele mostrou aos outros sua primeira canção. John e Paul compunham canções, e agora Ringo apareceu com uma – o terceiro compositor dos Beatles. Mostrando grande coragem, revelou para a aprovação deles uma cantiga country & western chamada "Don't Pass Me By".

De modo involuntário, Roy Trafford a inspirou. Ele e Richy sempre foram grandes fãs de música country, compartilhando vários ídolos, como Hank Snow, Buck Owens, Ernest Tubb e Merle Haggard. Devagarinho, Ringo foi apresentando esses nomes aos outros Beatles, que conheciam mais C&W do que o country puro. Roy tinha um álbum dos EUA chamado *Midnight Jamboree*, de Ernest Tubb and His Texas Troubadours, astros do festival Grand Ole Opry. Entre os vocalistas convidados, Linda Flanagan cantava uma inédita chamada "Pass Me By". Era acompanhada pela banda de Tubb, incluindo um violinista country. Roy gostou tanto que a aprendeu e a tocou numa festa na casa de Richy na Admiral Grove.

Em "Pass Me By", uma garota pede ao seu ex-namorado que nem mesmo lhe diga "oi" – *"don't you stop and make me cry"* (não pare na rua e me faça chorar) –, porque o coração dela se partiria de novo. O refrão de "Don't Pass Me By" era na mesma linha: *"Don't pass me by/ Don't make me cry/ Don't make me blue"* (Não passe por mim/ Não me faça chorar/ Não me deixe triste). A canção de Ringo durava um minuto, no máximo, e sua melodia era country puro; ele a compôs ao piano (sabia uns acordes e conhecia a técnica do *boogie-woogie*). Talvez isso explique seu comentário de que, ao mostrar a canção, John, Paul e George caíram na gargalhada, afirmando que era uma roupagem nova para um lado B de Jerry Lee Lewis.

Ringo fazia John, Paul e George darem boas risadas, e isso foi essencial para consolidar sua posição. Gostavam de esquisitões excêntricos, e Ringo com certeza era um deles. Nem sempre sabiam para que lado o conduzir, mas não davam bola para sua rispidez nem para seu semblante sorumbático ("Estou contentíssimo por dentro, é só o rosto que não sorri"). Pegavam no pé dele por causa do narigão e daquela estranha mecha grisalha no cabelo. Ficaram fascinados com sua dieta estritamente simples e todas as coisas que seu frágil estômago não tolerava; divertiam-se com as consequências de seu ensino fragmentado, como sua ortografia fonética e a paixão pelas tiras infantis semanais; riam quando ele assinava LOVE

AND LUCK (AMOR E SORTE) acima de seu autógrafo – sua mais recente frase de efeito; e *sempre* riam de seu jeito estranho de se expressar, como quando pedia "Um pão leve" ao garçom do restaurante, referindo-se a uma porção pequena. Passaram a chamar esses bordões de "ringoísmos", como descreve Paul: "Nós os monitorávamos, era quase como tomar nota deles: eram utilíssimos".[31]

Ringo também tomava *prellies* com eles, fumava com eles, praguejava junto com eles, paquerava as garotas com eles e apreciava esticar a noite com eles, indo após o trabalho a locais como o boliche, Blue Angel, Joe's ou Ma Storm's. A religião deles era diferente – John, Paul e George tinham sangue irlandês e eram frutos de casamentos católico-protestantes, algo não muito comum. Por sua vez, Ringo era protestante puro – mas seu descaso por ir à igreja era idêntico. Enquanto Pete era um esportista nato, com seu passado de boxeador e talento no rúgbi, em Ringo os três encontraram o único outro homem em Merseyside totalmente indiferente a isso. Os Beatles agora venciam o esporte de goleada: 4 a 0.*

Mas, embora fossem indiferentes ao futebol, todos os quatro começaram a fazer apostas futebolísticas após a entrada de Ringo. Toda semana, ao longo do campeonato, de agosto de 1962 a maio de 1963, cada um dava 5 xelins ao padrasto de Ringo, Harry, que preenchia os cupons e os enviava.[32] Faziam isso de brincadeira (nunca ganharam nada), símbolo da rapidez com que a nova formação dos Beatles adquiriu o hábito de compartilhar tudo. Enfim, o trio se transformou em quarteto. Estavam estabelecendo laços fraternais íntimos – e Ringo, o filho único, o doentinho que espiava pela janela, querendo sair e brincar com alguém, não se cansava disso.

Desde o início, foi acolhido e tratado como igual, recebendo uma quarta parte do dinheiro, assim como Pete. Antes de Ringo entrar, tinham estabelecido reservatórios de boa vontade. Além disso, tinham um empresário, um contrato de gravação e cachês dignos de Londres em plena Liverpool. Mas isso não fazia diferença: Ringo estava na banda, era um deles e recebia o mesmo valor.

---

* Boliche de dez pinos e o interesse de George pelo automobilismo, de alguma forma, não contavam – os próprios Beatles diziam que eram totalmente não esportivos. A maioria dos caras das outras bandas curtia futebol – Rory Storm torcia para o Liverpool (assim como o *promoter* Sam Leach) e Gerry Marsden, pelo Everton. Isolado no campo dos Beatles, Neil Aspinall amava futebol e sempre foi torcedor do Liverpool FC.

*"**Some Other Guy**" (19 de agosto a 4 de outubro de 1962)

Foi a primeira experiência de Ringo em uma banda com empresário. O recente e caótico episódio na França era um bom exemplo das aventuras dos Hurricanes. Agora Brian organizava tudo para ele, um nível de organização impecável sob quaisquer padrões. Com o pagamento contabilizado honestamente e com transparência, vinham instruções claras para Ringo sobre onde e a que horas deveria estar, como caprichar na aparência, o que fazer e, às vezes, o que não fazer. Itinerários de curto e longo prazo mapeavam as crescentes e empolgantes oportunidades para todos eles. O sonho de tocar no London Palladium – em 1957, algo impossível – podia agora se tornar realidade. Na companhia de Brian Epstein e dos Beatles, tinha mais chances de chegar lá.

Ringo sabia que no começo Brian não havia gostado dele, mas logo os dois superaram a cautela inicial e moldaram um relacionamento mutuamente colaborativo, causando em Ringo uma profunda e duradoura impressão. Embora fosse tão econômico em elogios quanto seus novos companheiros, um comentário positivo como "Brian era ótimo: você podia confiar em Brian" já diz muito.[33]

Por um tempo, Ringo ainda descreveria os quatro como "três + um", tamanha a natureza da insegurança e a complexidade dessas relações. Sob vários prismas, contudo, a integração dele ocorreu com rapidez extraordinária, e John, Paul e George claramente investiram pesado para isso acontecer. Um deles raciocinou com peculiar sabedoria: George. Foi ele quem trouxe Ringo ao grupo, mas optou por não ficar no mesmo quarto com ele nos hotéis, a fim de evitar uma possível divisão dos Beatles em duas duplas, com eles em uma e John e Paul na outra. Sugeriu que Ringo dividisse o quarto com Paul e, após um período, com John.[34] Todos aceitaram e tiveram convívios fantásticos em todas as combinações. O segredo da força e da durabilidade dos Beatles seria essa coesão no cerne dos relacionamentos, e cada permuta de lealdade os deixava mais unidos.

E foi George também quem ficou de olho roxo pelo prazer de ter Ringo na banda. Ao menos os dois foram levados a acreditar prontamente nisso. O Cavern (sem bebidas alcoólicas de 1957-70) era um lugar livre de tumultos. Desavenças eram tratadas de forma silenciosa e não violenta por um dos porteiros. Na sessão do horário de almoço, sexta-feira, 24 de agosto, seis dias após a entrada de Ringo, porém, um bate-boca nas imediações do camarim terminou com George sofrendo uma agressão que lhe rendeu hematomas multicoloridos na ponte do nariz e no olho esquerdo.

Testemunhas viram e ouviram a briga, e os detalhes principais diferem conforme o relato. O próprio George conta que perdeu a paciência com um grupinho na plateia que *ainda* gritava "Pete é demais, Ringo jamais" e retrucou "Cai fora" (ou coisa parecida). Depois, ao sair do camarim, levou uma cabeçada, agressão muito popular em Liverpool. Segundo Paul, o próprio George já teria aplicado esse golpe em pleno playground do Liverpool Institute. Outros testemunhos são duvidosos. "Quem acertou George no Cavern foi um cara enciumado", diz Paul, e ao menos uma segunda pessoa concorda. Mas tudo indica que o agressor – Denny Flynn, de 19 anos – não fez aquilo por Pete, e sim porque gostava de se meter em confusão. Dave Spain, frequentador do Cavern, tem certeza de que o caso não teve nada a ver com bateristas: "Denny Flynn não era parente, amigo nem fã de Pete Best. Provavelmente só queria alongar os músculos. Tinha fama de encrenqueiro em Liverpool".[35]

George *foi ou não* agredido por defender Ringo? Para os dois, isso não importava – estavam convictos do vínculo, e essa história se tornou mais uma entre as mil e uma camadas da afinidade entre eles. "George brigou por mim!", orgulhava-se Ringo com um sorriso.[36]

Nesse período, os Beatles trabalharam arduamente, sem tempo para descanso – e George ostentou seu olho roxo, chamativo como um farol. De 28 de agosto a 17 de setembro, pisaram em cidades e condados onde nunca estiveram antes, onde o conceito de quem eles eram e do que estavam tentando alcançar era estranho não só para os clientes pagantes, mas também para os *promoters* que os contratavam. Às vezes, acontecia de um só microfone ser providenciado, porque era isso que a maioria das bandas precisava. Em Londres, os Beatles não estavam tocando: as experiências de Brian para introduzi-los na capital eram tão consistentemente desoladoras que resolveu só agendar shows em Londres após estarem na parada de sucessos e quando a procura fosse garantida. O foco dele era essa irradiação contínua a novas regiões no entorno de Liverpool. Aonde quer que fossem, o público esperava ouvir ou dançar músicas que conheciam e estivessem nas paradas. "Don't Ever Change" e "I Remember You" eram pontos altos, mas os Beatles enfrentavam resistência ao enveredar em seus obscuros números de R&B dos EUA. O público de Liverpool aprendeu a curtir esse som, e ninguém mais conhecia. É Neil quem

"Some Other Guy" (19 de agosto a 4 de outubro de 1962)

comenta isso: "A galera gritava por canções de Cliff Richard, como se os Beatles fossem só mais uma banda de covers, mas queríamos mostrar à plateia coisas de que ela nunca tinha ouvido falar. Querem Cliff Richard? OK, mas o que temos hoje é 'If You Gotta Make a Fool of Somebody', de James Ray".[37]

A situação complicava ainda mais quando um deles – quase sempre Paul – dava um passo à frente e anunciava: "Agora vamos tocar uma canção de nossa autoria". Seja lá qual fosse a recepção, John e Paul voltaram a compor e nunca mais pararam. Fizeram outro ensaio no Cavern, na tarde de segunda-feira, 3 de setembro, na véspera do esperado retorno à EMI, e Paul trouxe uma nova composição para a banda aprender. John compôs "Please Please Me" com foco nesse dia de gravação, e Paul, "Tip of My Tongue". Nessa canção animada e dançante, com letra em primeira pessoa, o herói enfrenta a timidez e abre seu coração para conquistar sua garota e levá-la ao altar. Afora um interessante recurso verbal – a última palavra de um verso, "*lonely*", rimava com a primeira do próximo verso, "*only*" –, "Tip of My Tongue" era uma criação frágil, com ganchos que não funcionavam.

Mesmo assim, a canção foi ensaiada – e, num caso inédito, John não tocou guitarra, mas sim as maracas do kit de Ringo. Foi adicionada ao catálogo de canções prontas para a EMI e tocada nos palcos: "Tip of My Tongue" esteve no setlist dos Beatles durante algumas semanas, a partir do início de setembro.* Outro acréscimo ao setlist, em shows avulsos, foi "How Do You Do It", que ensaiaram aqui uma última vez, prontos para sua (argh!) gravação no dia seguinte.

Chegou o grande dia. Na aurora úmida e tomada pela ventania, os Beatles acordaram, saíram de casa e se encontraram em Speke. O momento era histórico: sua primeira decolagem do Liverpool Airport. Tratava-se da mesmíssima pista não melhorada em que Paul (e provavelmente George) tinha avistado aeronaves quando criança, e onde John trabalhou, nas férias de verão de 1958, como ajudante

---

* A narração a seguir é de Sue Houghton, Cavernite de carteirinha. "Uma garota chamada Kathy trouxe um grande sombreiro e o entregou a John. Ele pôs aquilo na cabeça e tocaram 'Tip of My Tongue', e John deixou a guitarra pender a tiracolo e balançou as maracas, na altura dos ombros. Naquela parte da letra, '*to think of things I want to say to you, oooh-oooooohh*', às vezes eles cantavam 'Yabadoo!'"

1002 Ano 5, 1962: *Always be True*

de cozinha, cuspindo nos sanduíches. Brian prometeu um relato ao *Mersey Beat* sobre a sessão de gravação e começou tirando uma foto dos Beatles na pista do aeroporto. Aquela mescla – de vento, chuva, horário assustadoramente cedo (8h10), ao fundo o velho avião a hélice Viscount em que estavam prestes a embarcar, estranho penteado com mecha grisalha de Ringo, exuberante olho roxo de George, cujo corte de cabelo malfeito realçava suas orelhas de abano, e quatro rostos nitidamente sérios, esperando que Eppy *apertasse logo o maldito obturador* – resultou numa das menos lisonjeiras, porém mais intrigantes fotos da história dos Beatles. Se uma imagem vale mais que mil palavras, essa valia mais que um milhão.[38]

Neil tinha viajado à noite com a van, então Brian os guiou até o Royal Court Hotel, na Sloane Square. Em junho, tinham se hospedado ali por duas noites, agora estavam de volta para mais uma diária, repetindo a filosofia de dois quartos com duas camas de solteiro. A postura deles foi a de se vestir bem para um compromisso, então trocaram de roupa e colocaram os ternos de palco, camisas brancas e gravatas escuras, fizeram uma refeição leve e partiram rumo à EMI, onde se encontrariam com Neil.

SESSÃO DE GRAVAÇÃO

Terça-feira, 4 de setembro de 1962.
Estúdio 2, EMI, Londres.
Gravação: "How Do You Do It"; "Love Me Do".

Pelas janelas do táxi preto londrino, a banda de Liverpool esquadrinhou as elegantes avenidas dos bairros Maida Vale e St. John's Wood, chegando pontualmente às 14h. Como aconteceu em junho, as coisas se repetiram: por onde passavam, atraíam todos os olhares. Em sua primeira visita, os quatro rapazes nortistas da banda de nome bizarro, com cortes de cabelo estranhos, foram considerados rústicos – agora tinham um baterista diferentão e narigudo, com uma mecha grisalha na lateral da cabeça, e o guitarrista solo mostrava sinais de ter se envolvido numa briga feia.

Estavam agendados para duas sessões, não uma. Três horas de ensaio não gravado no estúdio menor (número 3), entre as 14h e as 17h; três horas de gra-

"Some Other Guy" (19 de agosto a 4 de outubro de 1962)

vação no Estúdio 2, entre as 19h e as 22h – período no qual, de acordo com o *red form* (formulário vermelho) do estúdio EMI, a banda precisava gravar quatro "lados", ou seja, quatro másters completas. Duas seriam escolhidas para o disco de estreia da banda, um compacto de 45 rpm com lançamento programado para um mês depois, na primeira sexta-feira de outubro.

Duas sessões consecutivas era algo incomum, mas o relacionamento inicial dos Beatles com a EMI foi tudo *menos* normal. Com a sessão de 6 de junho mentalmente riscada, esse foi um recomeço para todos os envolvidos. Os ensaios ao longo da tarde deram a George Martin e Ron Richards – que desta vez atuaram em dupla – a oportunidade de reavaliar essa banda de música beat que agora fazia parte do catálogo de artistas da Parlophone; foi a chance de avaliar o repertório e os músicos, incluindo o novo baterista. Brian notificou a troca para Judy Lockhart Smith, então nenhum baterista de estúdio estava presente; mas o substituto daria conta do recado?

O principal relato dos eventos do dia é o texto de Brian Epstein para o *Mersey Beat*. Não escreveu tudo, e nem tudo o que escreveu estava certo, mas em linhas gerais parece confiável. Conta que seis canções foram ensaiadas em "uma longa e penosa tarde de trabalho". Não especificou os títulos e nenhum documento da EMI os preserva, mas – a julgar por todas as indicações – a lista a seguir (em qualquer ordem) provavelmente está correta: "How Do You Do It", "Tip of My Tongue", "Ask Me Why", "PS I Love You", "Love Me Do" e "Please Please Me". Se essa lista estiver certa, fica óbvio que o impulso dos Beatles e de Brian às canções de Lennon-McCartney não poderia ter sido mais forte. Dar preferência a cinco novas canções, preterindo outras que eles tocavam maravilhosamente bem – "Soldier of Love", "Some Other Guy", "Baby It's You", "Twist and Shout" e similares –, é a mais forte indicação de que almejavam um novo tipo de sucesso: conquistado em seus próprios termos, com seu próprio som e sua música.

Do ponto de vista da Parlophone, a canção mais importante era "How Do You Do It": George Martin e Ron Richards precisavam ouvir como a demo de Mitch Murray havia progredido. Apesar da rejeição inicial, os Beatles realmente fizeram um bom trabalho com ela, transformando um acetato discreto numa canção cativante, apesar de ainda muito levezinha e branquela para o gosto deles. O pessoal de A&R da Parlophone não teve dúvidas: seria o lado A, com boas chances de se tornar um hit. Eles a gravariam na sessão noturna.

George e seu assistente estavam menos impressionados com as outras canções, mas teriam que escolher uma delas como lado B. Em seguida, talvez, outras duas seriam selecionadas como a terceira e a quarta gravações da noite. Sentiram que o arranjo de "Tip of My Tongue" precisava ser retrabalhado (John de novo tocou maracas nela); "PS I Love You" e "Ask Me Why" já tinham ouvido antes, sem despertar muito interesse; e, embora a "batida ricochete" em "Love Me Do" fosse coisa do passado, George permanecia impassível quanto aos méritos da canção. Gostava da gaita de boca, mas isso era pouco. Também não se empolgou com "Please Please Me": "Tocaram 'Please Please Me' para mim, mas era lenta demais e meio tenebrosa. Comentei com eles que se dobrassem a velocidade poderia ficar interessante".[39]

Outra crítica de George Martin ajudaria a remodelar a canção de John e deixá-la mais dinâmica: "Orientei como iniciar e como terminar". Disse que precisavam fazer essas melhorias sem pressa, no ritmo deles, não no da EMI. "Ficamos meio envergonhados porque ele descobriu um andamento melhor para a nossa canção", revela Paul. Mas esse não foi o único constrangimento a surgir, pois durante o ensaio de "Please Please Me", Ringo de repente perdeu o controle. "Eu estava acionando o bumbo e o chimbal, um pandeiro na mão, maraca na outra, e tocava os pratos também, [tipo] um estranho leproso espasmódico querendo dar conta de todos aqueles instrumentos ao mesmo tempo".[40]

Foi demais para ele. Pressionado para superar seu antecessor e não decepcionar seus companheiros de banda, Ringo estreava num estúdio de verdade. Não ia a Londres fazia dois anos. Além disso, foi seu primeiro encontro com George Martin, cuja voz de professor parecia ainda mais sofisticada e intimidadora do que a de Brian. Num raro momento de descontrole, Ringo perdeu a cabeça e começou a bater tudo com tudo. O fato não passou despercebido. Ninguém da equipe do estúdio fez declarações a respeito, mas devem ter ridicularizado tamanho amadorismo. O último baterista dos Beatles não abria o bico, e o novo era doido de pedra. Cinco anos depois, medindo cuidadosamente seu vocabulário para delinear sua visão inicial, George Martin admitiu: "Não tive uma impressão muito boa de Ringo".[41] Sua opinião foi formada por ao menos outra razão: o produtor notou que Ringo não sabia a técnica de fazer rulos (*drum roll*). Isso teria uma triste repercussão.

"Some Other Guy" (19 de agosto a 4 de outubro de 1962)   1005

A gravação começou às 19h no Número 2. Ron Richards tinha ido embora, e George Martin foi auxiliado pelo engenheiro de som (Norman Smith) e um operador de fita. Segundo o formulário vermelho, a sessão seria gravada em mono e estéreo, mas só mono foi usado. George decidiu por uma abordagem de segurança, com os Beatles gravando uma boa faixa rítmica antes de adicionar os vocais; isso foi conseguido "renderizando" de fita para fita – sobrepondo as vozes, à medida que a fita era copiada de um deck ao outro. Os Beatles gravariam assim na EMI só mais uma vez.[42]

Primeiro gravaram a faixa mais importante. A luz vermelha se acendeu dentro e fora do estúdio. A voz rouca de Norman Smith soou em seus fones dizendo: "'How Do You Do' – Take 1". Agora era tudo com eles. As informações são escassas, mas parece que não tiveram dificuldades para acertar. John tocou uma guitarra acústica emprestada; Paul, o baixo; George, a Gretsch (mais audível no solo vibrante criado por ele, que foi aprovado, mas pouco revelou sua habilidade), e Ringo tocou bem, desde o efeito chuveirinho (*sizzle*) dos pratos na abertura até a derradeira batida. Dois takes de menos de dois minutos. Em seguida, enquanto a fita era transferida a um segundo carretel, John cantou o vocal principal e Paul a harmonia, e bateram palmas na parte do contraste. Não foi difícil, só desagradável... estavam à beira de lançar uma canção indesejada por eles. Até aquele momento, não se sabe se, nem como, já tinham revelado isso – mas estavam prestes a revelar.

Para o lado B, George Martin selecionou "Love Me Do". Das cinco canções de Lennon-McCartney, era a mais bem trabalhada, com som mais atraente, principalmente pelo riff de harmônica. Não via muito mérito nela, tampouco a considerava material de lado A ("Eu achava 'Love Me Do' meio fraquinha"), mas servia como lado B.[43] Os *flip-sides*, como também eram chamados os lados B, quase nunca tocavam nas rádios, e muitos compradores de discos os ignoravam por completo, tocando só a canção que conheciam e de que gostavam. Os Beatles pensavam de forma diferente, sabendo que os lados B às vezes escondiam preciosidades.

A gravação acabou se tornando mais difícil do que qualquer um poderia imaginar. Algo os tirou do prumo, não está bem claro o que, mas a gravação se estendeu por horas a fio. A sessão deveria terminar às dez da noite, horário em que o estúdio costumava fechar, mas passou longe. Segundo o formulário vermelho, os trabalhos encerraram às 23h15; de acordo com Brian, à meia-noite. Justamente quando pareciam estar pegando o jeito no estúdio, os Beatles voltavam a tropeçar.

Porém, apesar das dificuldades, o resultado foi *bom*. Comparado com tudo o que se seguiu, "How Do You Do It" e "Love Me Do" inevitavelmente soariam como "primeira sessão" – um pouco simplistas e até mesmo pitorescas. Entretanto – levando em conta o contexto, setembro de 1962 –, ali, inegavelmente, havia algo de novidade. Além de todos os seus outros atributos, os Beatles cantavam e tocavam os instrumentos gravados na fita. Assim, seriam capazes de tocar as canções ao vivo, diante das plateias, igualzinho ao disco, e isso os tornava uma raridade em pleno 1962. Com "Love Me Do", se tornaram um dos *pouquíssimos* artistas a arriscarem um embalo de blues num estúdio britânico. Esse não era o som de rock'n'roll que definia os Beatles em Merseyside ou em Hamburgo, mas um elemento singular de seu espetáculo ao vivo, escolhido a dedo para os representar em disco. Tudo o que precisavam fazer era relaxar e entrar em sintonia com o ambiente do estúdio, estabelecer o que desejavam alcançar e progredir a um nível mais proficiente...

Com um detalhe: não queriam que "How Do You Do It" fosse lançada. E alguém precisava contar isso a George Martin – ali, naquele momento, última chance.

De acordo com a maioria dos relatos, os Beatles foram juntos registrar seu protesto. Todas as citações sobre o assunto (e, dada a relevância, são muitas) começam com "Nós dissemos" – mas George Martin tem certeza de que só John falou. "Na hora do trabalho sujo, eu tinha que ser o líder", explicaria John. "Seja qual fosse o cenário, na hora do vamos ver, era eu quem tomava a palavra."[44]

Eis a versão de George Martin: "John se aproximou e me fez um pedido. 'Olha só, acho que podemos fazer melhor do que isso.'"[45]

Doze anos depois, o próprio John se lembrou do momento numa entrevista (falando "nós" o tempo todo): "Fomos obrigados a gravar uma versão de 'How Do You Do It'. Não queríamos que a gravadora a lançasse. Dissemos: 'É melhor perder o contrato do que lançar esta porcaria'... e fincamos pé. Achávamos que ela era uma droga comparada com 'Love Me Do'. Achávamos que a nossa tinha mais significado".[46]

"Imagino que éramos muito atrevidos para alguém em nossa posição", opina Paul. "Declaramos que íamos viver ou morrer com a nossa própria canção, 'Love

"Some Other Guy" (19 de agosto a 4 de outubro de 1962)   1007

Me Do'. Sabíamos que não era tão comercial [quanto 'How Do You Do It'], mas era esse caminho que precisávamos trilhar. Não podíamos encarar o público de Liverpool rindo da nossa cara. Tentávamos manter a integridade: um grupo de blues com harmônica em nossos discos."[47]

Situação para lá de extraordinária. Artistas não enfrentavam seus produtores, tinham que fazer e aceitar o que lhes diziam. Os Beatles não tinham hierarquia alguma para desafiar a autoridade de George Martin, e o risco era enorme. O futuro deles dependia da reação de George, e qual seria essa reação? Certamente não tinham como a pressupor; poderia até significar *o fim* de ganhar a vida com música e serem obrigados a ter "um emprego normal". John teve a força para dizer o que precisava ser dito.

Mas pareceu inútil. George Martin rejeitou os protestos dele na mesma hora. "Falei: 'Se compuserem algo tão bom, eu deixo vocês gravarem uma canção própria, caso contrário, é essa que vai ser lançada.'"[48] E como ele achava que os Beatles não tinham composto uma canção tão boa quanto a de Mitch Murray, o diálogo terminou ali, bem como a sessão, e os quatro Beatles, cabisbaixos, deixaram a EMI e mergulharam na noite do bairro St. John's Wood.

"How Do You Do It", cantada pelos Beatles, foi descartada entre a manhã seguinte (quarta-feira) e a tarde de sexta-feira. Sempre acreditariam que George Martin havia acedido graciosa e compassivamente ao seu pedido, aceitando que a canção *não era mesmo a cara deles*. Já desconfiavam que ele era um excelente sujeito, agora tinham certeza: não era teimoso nem cabeça-dura, era alguém com quem podiam trabalhar e para sempre teria a gratidão deles. Mas "How Do You Do It" foi abandonada por motivos que os Beatles desconheciam.

O primeiro opositor foi a Ardmore & Beechwood, a editora musical. Os Beatles sequer teriam um contrato de gravação não fosse a insistência de Sid Colman e Kim Bennett, a dupla cujo interesse profissional era obter direitos autorais de uma ou mais canções de Lennon-McCartney. Sem o mais remoto interesse em "How Do You Do It", os dois sinalizaram seu descontentamento ao serem confinados ao lado B.[49]

George Martin, em seu escritório, mostrou a Dick James o acetato de "How Do You Do It", dos Beatles, e ele torceu o nariz. Em face da objeção de Colman,

George então tocou "Love Me Do" e perguntou a James: concordaria que a canção de Mitch Murray se tornasse o lado B? O editor musical disse que não, "How Do You Do It" era boa demais para isso. Além disso, tinha certeza de que Murray não ia deixar a canção dele ser enterrada assim. Porém, ainda não havia garantido os direitos autorais e não queria ficar defendendo-a. E a própria "Love Me Do"? Não, a publicação já estava bloqueada.[50]

Na sexta-feira, Mitch Murray ouviu o acetato – e o pedido para que a canção fosse o lado B –, mas encerrou o assunto: desautorizou o lançamento. Não tinha dúvidas de que "How Do You Do It" se tornaria um hit. Havia uma editora interessada e um produtor musical interessado. Por que, então, desperdiçá-la em um lado B? Também não gostou de como os Beatles tinham deturpado a sua canção.

Inútil levar esse assunto adiante. George Martin permaneceu convicto de que a canção tinha potencial de sucesso e pretendia insistir com ela no segundo disco dos Beatles – mas, que pena, nesse primeiro ela não poderia ser o lado A, nem o lado B. Contrariado, deu o braço a torcer, mesmo contra seu melhor julgamento. Uma canção de Lennon-McCartney seria o primeiro single dos Beatles – na verdade, duas canções, uma em cada lado. Lavou as mãos. Não desistiria dos Beatles, mas não apostava em seu primeiro e problemático disco. Realizaram duas sessões, primeiro gravando quatro canções e depois duas, e tudo o que tinha a mostrar era um só lado de 45 rpm que ele não achava bom o suficiente. Agora, *teriam que voltar* ao estúdio para gravar o lado B, e Ron Richards poderia concluir o trabalho. O próximo dia livre dos Beatles seria na terça-feira seguinte, e ficou agendada meia sessão, das 16h45 às 18h30.

Os ensaios no Cavern ocorreram no domingo (antes do show noturno) e/ou na segunda-feira (após a sessão no horário de almoço), focados em alcançar sua melhor forma. Nesse meio-tempo, após a gravação na EMI e a chegada a Liverpool, John e George receberam suas guitarras novas Jumbo Gibson, caríssimas, enviadas a Liverpool direto de Kalamazoo, Michigan. A sonoridade desses instrumentos já seria notada na renovada "Please Please Me" com andamento acelerado. Os novos instrumentos também figuraram em outras canções que foram ensaiadas, talvez incluindo "PS I Love You". Uma única canção era necessária para o lado B, mas, como sempre, os Beatles tinham alternativas.

*"**Some Other Guy**"* (19 de agosto a 4 de outubro de 1962)   1009

A semana começou como a anterior. Na noite de segunda-feira, Neil pilotou a van rumo a Londres, e os Beatles estavam no aeroporto de novo, na manhã de terça-feira, agora em um voo mais tarde. Na pista do aeroporto, Brian tirou outra foto – não por algum propósito específico e sim para completar o círculo. John é o único que esboça um sorriso; George, ainda com vestígios do olho roxo, aparenta profundo descontentamento. Assim que o avião deles chegou a Londres, fizeram novo check-in no Royal Court, trocaram de roupa e partiram outra vez à Abbey Road. Duas vezes em uma semana, três vezes num trimestre – aquilo já estava se tornando familiar.

SESSÃO DE GRAVAÇÃO

Terça-feira, 11 de setembro de 1962.
Estúdio 2, EMI, Londres.
Gravação: "PS I Love You"; "Please Please Me"; "Love Me Do".

Ao entrarem no Estúdio 2, a surpresa: os quatro Beatles toparam com um kit montado e um baterista prontinho para tocar. Com a dispensa de Pete, acharam que tinham se livrado desse fantasma. E agora, o risco de serem forçados a trabalhar com "um músico de estúdio" voltou a assombrá-los – e a vítima foi Ringo. Ficaram chocados e ele ficou arrasado.

Na avaliação de George Martin e Ron Richards, os problemas da semana anterior eram, ao menos parcialmente, responsabilidade de Ringo. Não queriam mais correr riscos – a gravação desse primeiro single *precisava* ser concluída na próxima hora e quarenta e cinco minutos e seria feita por John, Paul, George e Andy. No caso, Andy White, proficiente em todos os estilos, baterista profissional propriamente dito, que segurava as baquetas entre os dedos e não se abalava com a luz vermelha do estúdio.[51]

Ringo não escondeu a frustração. "Fiquei muito chateado... muuuito chateado. Perdi o chão." Irritou-se com a falsidade de tudo aquilo: a indústria fonográfica era uma *farsa*, exatamente como tinha ouvido falar, com músicos anônimos criando os sons que outros fingiam ser deles. Jamais perdoaria nem esqueceria isso, e apontou George Martin como a causa de seu sofrimento. "Saber que [ele]

1010   **Ano 5, 1962: *Always be True***

tinha dúvidas sobre mim me deixou arrasado... Por anos odiei aquele cretino."[52] Sob a maioria dos aspectos, em pouco tempo Ringo e George Martin iniciariam uma relação de trabalho harmoniosa, duradoura e autenticamente afetuosa, mas – lá no fundo – Ringo nunca perdoou George por lhe causar tanto desgosto. Raramente perdia uma oportunidade de lembrá-lo disso. Nos anos seguintes, Ringo teria muitas experiências positivas que poderiam ter soterrado as dores de 11 de setembro de 1962. O fato é que – mesmo com todas as aceitações, desculpas e esclarecimentos – ele continuou a sofrer, e fazia questão de que George Martin soubesse disso.

Durante a sessão, Martin nem pareceu ser o responsável. Mexeu os pauzinhos nos bastidores, mas não estava no estúdio para infligir a humilhação pessoalmente: deixou o comando a cargo de Ron Richards, e mãos à obra. No formulário vermelho, consta que deveriam gravar "dois lados" em 105 minutos, embora – levando em conta o prazo curto e que só uma canção era necessária – talvez alguém tenha preenchido errado. Seja lá como for, o objetivo era gravar o lado B, e a canção escolhida foi "PS I Love You". Não se sabe quem a escolheu, mas a primeira parte da sessão foi destinada a gravá-la.

Pela segunda e última vez em Abbey Road, os Beatles gravaram só em mono, muito embora pareça que tocaram tudo ao vivo nessa sessão, instrumentos e vocais juntos. "PS I Love You" foi concluída no *take* dez (entre começos em falso e vacilos). A Jumbo Gibson de John plugada ao amplificador, George tocando sua Gretsch, Paul no baixo. E na bateria, Andy White. Ringo contribuiu com um par de maracas. Quem conta é Richards: "Ringo estava ali, sentado perto de mim, na sala de controle, sem dizer uma palavra. Então falei: 'Vai lá e toque as maracas', e ele fez o que eu disse. Ficou ao lado de Andy, e o microfone da bateria captou seu som".[53]

Fizeram um belo trabalho com "PS I Love You". O arranjo vocal especialmente imaginativo – Paul na voz principal, com John e George entoando um coro sofisticado em certos trechos – havia sido ensaiado no Cavern. Melodiosa, bem trabalhada e executada com confiança: um lado B eficaz e cativante. Estavam pegando o ritmo.

Isso ficou ainda mais evidente quando iniciaram o segundo número. A sessão começou às 17h, e não às 16h45, então o tempo estava especialmente apertado

"Some Other Guy" (19 de agosto a 4 de outubro de 1962)   1011

quando dedicaram suas atenções a "Please Please Me", agora em seu novo arranjo, mais animadinho. Durante um breve e concentrado ensaio, o engenheiro Norman Smith aproveitou para regular os microfones e fazer ajustes na mesa de mixagem, enquanto Andy White se familiarizava com o ritmo – a música exigia algumas viradas na bateria. Por sua vez, Ron Richards exerceu adequadamente suas funções de A&R, aprimorando a composição quando necessário. Fez uma dessas intervenções na guitarra solo que repetia a melodia e a linha vocal num riff constante. "George tocava a frase de abertura, repetidas vezes, ao longo da música", lembra Richards. "Avisei: 'Pelo amor de Deus, George, toque só nas lacunas!'"[54]

Essa primeira gravação de "Please Please Me" – preservada em disco de acetato – era de longe o trabalho mais emocionante e dinâmico dos Beatles em estúdio até aquele momento. Não se sabe quantos takes fizeram antes do rotulado como "melhor", mas no fluxo veloz de dois minutos encheram uma caixa de bombons com *hooks*, *licks*, *flicks* e *tricks* (ganchos, padrões melódicos, balanços e truques) de transbordante engenhosidade. Uma enxurrada de versinhos curtos cantada com ímpeto e em admirável harmonia por John e Paul. Acordes que sobem, acordes que descem, os vocais envolventes em crescendos e falsetes, tudo impulsionado por acordes de guitarra rápidos e duplicados. Densa, complexa, com ideias claras e bem executadas, "Please Please Me" trazia John novamente com a Jumbo Gibson plugada em seu amplificador Vox, George na Gretsch, Paul em uma linha de baixo inventiva e o bom trabalho de Andy White. Nessa gravação, Ringo não teve qualquer papel audível.

"Please Please Me" ficou tão boa que ali, naquele instante, surgiu a possibilidade de se tornar o lado B de "Love Me Do" – isso está comprovado pela existência do acetato. Apesar da potência, o novo arranjo tinha ainda muitas arestas a serem aparadas. Precisava de mais tempo de estúdio. Além do mais, pulsava nos gabinetes da Parlophone uma ânsia *avassaladora* para lançar o disco dos Beatles. Havia meses, esse assunto se arrastava, e já não existia margem alguma para novos dilemas, novos atrasos.

No apagar das luzes da sessão, Ron Richards sugeriu outro *remake* de "Love Me Do", imaginando que poderiam melhorar em relação à semana anterior. Foi concluído rapidamente. Nesse finzinho de tarde, John tirou a harmônica do bolso pela única vez, e Richards fez Ringo tocar pandeiro ao lado de seu usurpador – e de tanto monopolizar o microfone, suas batucadas soam mais altas que as batidas de Andy. Essa terceira versão de "Love Me Do" na EMI foi um trabalho impressionante, confiante e competente, mas (além de um ritmo um pouco mais rápido) praticamente igual à gravação da semana anterior. Como Ringo salientaria, de modo apropriado, Andy White não fez nada além do que *ele* já havia feito. Dessa vez, George usou sua Jumbo Gibson, não a guitarra emprestada. Tudo indica que foi gravada inteiramente ao vivo, porque não há palmas na parte do contraste. Ao cabo da sessão, tinham elaborado três canções em 105 minutos – menos tempo do que o investido para gravar "Love Me Do", sete dias antes.[55]

Até que enfim o primeiro disco dos Beatles na Parlophone poderia ser lançado. A dobradinha: "Love Me Do" e "PS I Love You". Mesmo a contragosto, George Martin viu-se obrigado a lançar o compacto. Não esperava que fizesse sucesso e não se esforçaria muito para isso. O lançamento ficou marcado para sexta-feira, 5 de outubro. Nas duas ou três semanas seguintes, chegou uma informação que deixou Ringo aliviado: a versão eleita de "Love Me Do" foi a com ele na bateria, não Andy White. Era a melhor das duas gravações, mas George Martin e Ron Richards nunca puderam se lembrar se foi selecionada de propósito ou por engano.*

Talvez os Beatles e Brian não tenham percebido, mas a obrigação da EMI com eles estava encerrada. O contrato exigia que a Parlophone gravasse no mínimo seis lados, e seis tinham sido feitos. Os títulos estão registrados num livro-razão, nos gabinetes da EMI, em Hayes: 1) "Besame Mucho". 2) "Love Me Do". 3) "PS I Love You". 4) "Ask Me Why". 5) "How Do You Do". 6) "Please Please Me". Ao lado desta última, na coluna intitulada "Saldo contratual a executar", lia-se a palavra "Concluído". Os Beatles queriam que "Love Me Do" fizesse sucesso, mas não se deram conta do quanto isto era importante: o primeiro disco deles poderia ser o último.

---

* As sessões de 4 e 11 de setembro de 1962 resultaram em cinco canções completas, todas disponíveis. A "Love Me Do" de 4 de setembro se tornou o single (e hoje está na compilação *Past Masters*), e uma versão editada de "How Do You Do It" está em *The Beatles Anthology 1*. Do dia 11, "PS I Love You" se tornou o lado B do single, e tanto esta quanto "Love Me Do" estão no álbum *Please Please Me*. Por sua vez, "Please Please Me", nesse take primordial com Andy White na bateria, está em *The Beatles Anthology 1*. A maneira mais segura de diferenciar as duas gravações de setembro de "Love Me Do" é prestar atenção no pandeiro. A versão com Ringo na bateria não tem pandeiro, enquanto a versão de Andy White tem, e Ringo o agitou com tanta força que é difícil não perceber.

"Some Other Guy" (19 de agosto a 4 de outubro de 1962)   1013

George Martin, ciente da situação contratual, *ficou ao lado deles*. Agora já os conhecia, gostava deles e acreditava que o "som grupal" dos Beatles, tão incomum, poderia torná-los um sucesso – desde que gravassem a canção ideal. Certamente o sucesso não aconteceria com "Love Me Do", mas logo isso ficaria para trás, e ele ia tomar todas as providências para garantir que se saíssem muito melhor no disco seguinte.

Prestes a galgar os degraus de uma nova escada, os Beatles sabiam que tinham um núcleo de popularidade no noroeste da Inglaterra, fato que lhes conferia uma boa vantagem. Também haviam conseguido usar suas canções próprias, números de Lennon-McCartney, nos dois lados do disco. Logo após a última sessão em Abbey Road, Brian recebeu da Ardmore & Beechwood o contrato de publicação de "Love Me Do" e "PS I Love You", de uma página.

Lavrado em nome de Brian Epstein – "por e em nome de 'LENNON/McCARTNEY'" –, concedia à empresa musical EMI, em perpetuidade, "todos os direitos autorais para todos os países". Não era um contrato mais abusivo do que qualquer outro, era um contrato padrão – o modelo sacramentado no setor, na proporção de "10:50:50" –, em que os detalhes específicos eram inseridos à máquina de escrever. A editora Ardmore & Beechwood concordava em pagar aos compositores 10% do preço de varejo nas vendas de partituras cifradas (após as primeiras 500 cópias), 50% das receitas da editora com a venda de discos que contivessem qualquer uma das canções (direitos conhecidos como "mecânicos") e 50% dos royalties recebidos de quaisquer acordos de subpublicação fora do Reino Unido. A soma simbólica usual, 1 xelim, foi paga como adiantamento pelos primeiros royalties; um acordo padrão como esse não dava aos editores opções sobre as composições futuras dos escritores; e, por razões desconhecidas, o documento foi antedatado como 7 de setembro de 1962.

Ao todo, eram dez cláusulas pré-impressas, mas Brian fez Beryl Adams datilografar uma décima primeira, em duas linhas espremidas no estreito espaço acima de sua assinatura (e ela depois assinou como testemunha):

11. Que em [*sic*] partituras cifradas, discos, publicidade etc., o crédito será dado a "LENNON/McCARTNEY".

Brian mostrou o contrato a John e Paul no apartamento dele, na Falkner Street, ainda usado por John e Cyn. Ali teve lugar uma reunião informal de grande repercussão, na qual John e Paul solidificaram seu antigo pacto adolescente de creditar suas canções em parceria, independentemente da contribuição de cada um – acordo que ganhou uma nova dimensão em pleno segundo semestre de 1962: também dividiriam o dinheiro. Em pouco tempo, a composição de letra e música começaria a gerar para eles um fluxo de receita à parte da renda dos Beatles como banda; não sabiam quanto, mas concordaram em dividi-lo em duas partes iguais. Historicamente, os acordos de parcerias de compositores listavam divisões de 90:10, 85:15, 80:20, 75:25, 67:33 e várias outras frações complicadas até chegar a 50:50, mas John e Paul optaram por 50:50 de cabo a rabo, intimidades e ambições compartilhadas e equiparadas. Decidido com base nos motivos mais puros e nas melhores intenções, esse acordo firmado em setembro de 1962 num apartamento da região conhecida como Liverpool 8 teria ramificações duradouras.

Uma ressalva apenas: ficou combinado que a ordem de crédito da música indicaria seu autor principal. Continuariam a trabalhar juntos na hora de compor as músicas, um trazendo suas ideias ao outro. Quando John fosse o compositor principal, o crédito seria Lennon-McCartney, mas quando Paul fosse o compositor principal, seria McCartney-Lennon. E como seria dado o crédito em caso de composições 50:50? Isso seria decidido mais tarde, se, e quando, houvesse uma composição assim (desde 1958, não havia nenhuma). Por isso, como "Love Me Do" e "PS I Love You" eram principalmente canções de Paul, Brian pegou uma caneta e fez uma emenda na cláusula inserida no contrato da Ardmore & Beechwood:

> 11. Que em [*sic*] partituras cifradas, discos, publicidade etc., o crédito será dado a "~~LENNON/McCARTNEY~~" "McCARTNEY/LENNON".

A pauta da reunião se ampliou, abrangendo um acordo de longo prazo, em que Brian se tornaria empresário e agente de John Lennon e Paul McCartney como compositores de letra e música. No afã do momento, os três combinaram todos os termos gerais. Em seguida, Brian deu instruções a David Harris para preparar o contrato. O advogado estava justamente formatando o contrato pelo qual Brian se tornaria empresário dos Beatles, a vigorar por cinco anos, a partir de

"Some Other Guy" (19 de agosto a 4 de outubro de 1962)

1º de outubro; esse segundo documento – o acordo tripartite, de John e Paul com Brian – entraria em vigor na mesma data e valeria por três anos.

Onze meses depois, entrevistado pela BBC-TV, Paul descreveu as composições dele e de John "como uma espécie de atividade paralela", mas sempre foi mais do que isso.[56] A realidade é que, a partir de 1º de outubro de 1962, energias gêmeas incontroláveis – os Beatles e Lennon-McCartney – fluíam com força, unidas e separadas, de mãos dadas, lado a lado, missões paralelas que se entrelaçavam e se reforçavam mutuamente.

Em 10 de setembro, Harris enviou três cópias da minuta do contrato de Lennon e McCartney (os nomes apareciam datilografados nessa ordem, mas isso não representava uma hierarquia), uma para cada uma das partes. Os termos praticamente não foram alterados até o contrato estar finalizado e pronto para ser assinado. John e Paul – "Os Compositores" – concordavam em nomear a Nems Enterprises Ltd. como único e exclusivo empresário e agente, até 30 de setembro de 1965, com a comissão de 20%. O documento nada mencionava sobre a ordem dos nomes – Lennon-McCartney ou McCartney-Lennon –, e isso nunca seria especificado por escrito.

Não está claro o quanto George e Ringo ficaram sabendo sobre esse segundo contrato, se é que sabiam de *algo* – nenhum deles jamais daria a entender publicamente qualquer conhecimento sobre o assunto. Ao assumirem as composições, John e Paul efetivamente os excluíram dessa fonte de renda. No esquema natural das coisas, sempre que traziam uma canção para a banda, todos contribuíam com sugestões, George em particular contribuía com solos e outras ideias, e isso continuaria – mas ele não receberia crédito nem recompensa por isso. Paul explicaria a decisão: "Tínhamos a opção de incluir George no time de compositores. John e eu chegamos a falar no assunto. Lembro-me de passar com John em frente à Igreja de St. Peter, em Woolton, e martelar a pergunta: 'Sem querer ser mesquinho demais com George, vamos compor nós três ou não seria melhor simplificar as coisas?'. Decidimos ficar só com nós dois".[57]

Justamente nessa época, George percebeu uma mudança sutil na química dos Beatles. No palco, ele ainda cantava o mesmo número de canções que John e Paul. E uma proximidade entre colegas de banda maior que a deles era inimaginável. Um por todos, todos por um. Mas George descreveria: "Senti que John e Paul adotaram uma atitude tipo 'Somos os caras e vocês só fiquem olhando'. Nunca verbalizaram isso, nem fizeram qualquer coisa, mas foi acontecendo ao longo do tempo".[58]

Em setembro, houve canções próprias no setlist dos Beatles como nunca antes. Ainda não tocavam "Please Please Me", mas apresentavam "Love Me Do", "PS I Love You", "Ask Me Why", "Tip of My Tongue" e mais duas novidades. A primeira, "I'll Be on My Way", um número à Buddy Holly, Paul tinha composto na safra de 1959. Naquela época, era uma doce melodia escrita em seu antigo violão Zenith, mas não muito mais do que isso. Agora, havia ganhado novo arranjo para ser tocada pelos Beatles, inspirada no som inovador das Jumbo Gibsons. Aqui, John tocou a guitarra nova, enquanto George, na parte do contraste, fez um solo em sua Gretsch e incorporou uma nova introdução com o mágico acorde Mi aumentado, inspirado em "Don't Ever Change", de Goffin-King. Lado a lado, John e Paul fazem os vocais principais, em dueto harmonizado, mas John nunca gostou de "I'll Be on My Way". Deixava isso bem claro ao chegarem ao verso "*This way will I go*" (Por esse caminho irei): fazia uma de suas *crip faces* e andava ao redor do microfone imitando Quasímodo. Paul não tinha escolha a não ser cair na risada.[59]

A segunda novidade, "Hold Me Tight", era outra parceria McCartney-Lennon – Paul tinha dado a contribuição maior. Ele se recorda que a canção foi composta em parceria, na sala da Forthlin Road e, nas palavras dele, foi "a tentativa fracassada de criar um single". "Please Please Me" e "Tip of My Tongue" foram compostas pensando em uma *sessão* da EMI, mas tudo indica que "Hold Me Tight" foi a primeira vez que um deles compôs especificamente para um compacto de 45 rpm. A canção nunca se tornou um compacto. Não há informações sobre como ela soava neste momento, mas provavelmente era semelhante à gravação feita meses depois: um número frenético, com linha de baixo pulsante, cujo andamento combinava com a recém-acelerada "Please Please Me" e um arranjo vocal que, na descrição de Paul, era "um pouquinho à Shirelles".[60]

Em 1958, a ideia da parceria "Lennon e McCartney" teve como inspiração Rodgers e Hammerstein, Lerner e Loewe e outras duplas de compositores de renome. Em setembro de 1962, porém, era muito mais Goffin e King, a jovem equipe de marido e mulher de Nova York, cujas canções, todas pós-1960, John e Paul reverenciavam com devoção. Tinham quase a mesma idade que eles: o letrista Gerry Goffin, nascido um ano antes que John; a musicista e cantora Carole King,

"Some Other Guy" (19 de agosto a 4 de outubro de 1962)   1017

nascida quatro meses antes de Paul. Goffin e King dominavam o raro equilíbrio entre o artístico e o comercial, compondo canções que alegravam os ouvintes e os deixavam com a alma leve, mesmo quando a letra não abordava temas animados. Nesses aspectos fundamentais, a influência deles na música de Lennon e McCartney – em especial nas canções dos próximos dois anos – seria evidente. John tornou essa conexão bem clara ao declarar (em 1971): "Quando Paul e eu começamos a compor, sonhávamos nos tornarmos os Goffin e King britânicos".[61]

Em setembro, os Beatles incluíram a sexta canção de Goffin-King no setlist. "The Loco-Motion" alcançou o topo das paradas nos Estados Unidos e o 2º lugar nas paradas britânicas, na voz da cantora Little Eva. Sucesso na pista de dança, a canção era um convite para o pessoal fazer um trenzinho nos salões de baile. O legado do twist, que fez a indústria fonográfica e grande parte do público dançar doidamente, perdurava. John e Paul cantavam o vocal principal em uníssono, como fizeram em "Some Other Guy", e George dava um passo à frente, juntando-se a Paul no segundo microfone, para, lado a lado, entoar o coro que na versão original era feminino – mas não existe gravação, nem informações extras, para saber como retrabalharam o arranjo.

Outros novos números do setlist eram entoados por George, mantendo, ao longo desse ano, o revezamento no vocal principal da banda nos palcos. Os três da linha de frente se alternavam no vocal principal, cada um cantava uma, até completar o ciclo e assim por diante, até acabar o show. Em setembro, George acrescentou duas canções ao setlist e, de um modo estranhamente oportuno, a primeira era de Buddy Holly e a outra, ao estilo de Holly. A segunda, "Sheila", lembrava muito "Peggy Sue", de Buddy Holly, mas era composta e cantada por Tommy Roe, natural de Atlanta; o single alcançou o número 1 nos EUA e o 2º lugar na Grã-Bretanha (onde, como "The Loco-Motion", foi impedido de chegar ao topo por "Telstar", número instrumental do The Tornados em clima de "era espacial"). Os Beatles não remodelaram o arranjo. Em vez disso, apegaram-se ao disco e o fizeram praticamente em duo: George cantava e tocava guitarra, enquanto, do início ao fim, Ringo imprimia um ritmo de velozes batidas no tom-tom. Ringo ainda não cantava com os Beatles, mas – a cada canção, a cada show – o setlist da banda evoluiu até se tornar um setlist exclusivo de seu estilo de bateria, ou seja, com canções que Pete nunca havia tocado.

"Reminiscing", a nova canção de Buddy Holly, representou para os Beatles uma alegre fusão de dois estouros do passado: a incrível musicalidade de Holly, para os fazer lembrar de quem eles eram e *por que* eram, e também o som dos Coasters. King Curtis – que tocou saxofone em "Yakety Yak", "Besame Mucho", "Three Cool Cats" e "Young Blood" – repetiu a dose em "Reminiscing", gravada em 1958, cinco meses antes de Buddy Holly falecer aos 22 anos, e só lançada agora. George a anunciava como "Reminiscing-ing-ing-ing", o que sempre provocava risadas, e replicava em sua guitarra Gretsch o solo de saxofone de Curtis, usando as cordas da parte de baixo do braço (com as notas mais agudas) para produzir um som mais estridente do que de costume para os Beatles.[62]

Durante todo esse período, Brian enfrentava percalços com a TV Granada. O objetivo dele, fazer uma promoção em torno da transmissão das filmagens no Cavern, empacou na indecisão da empresa em marcar uma data. Brian sentiu que suas consultas estavam sendo respondidas de modo evasivo. O problema da Granada, abafado por enquanto, era que o elemento contrastivo essencial nessa edição de *Know The North* – as filmagens da Brighouse and Rastrick Brass Band – tinha um custo alto demais para ser exibido. Tardiamente, a Granada se deu conta de que para mostrar o filme teria que pagar cachê, estipulado pelo Sindicato dos Músicos, a cada um dos 30 componentes da banda! Uma exigência muito além do orçamento previsto. Sem esse elemento comparativo, não havia outro veículo para mostrar os Beatles, e quando Brian insistiu para saber o que estava acontecendo, Leslie Woodhead foi obrigado a confessar o problema. "Angustiado, eu prometi: 'Vou tentar encaixar os meninos em um programa de estúdio. Uma espécie de prêmio de consolação', e foi assim que os Beatles estrearam no *People and Places*."[63]

Embora as filmagens no Cavern tenham sido engavetadas por tempo indeterminado, Woodhead pediu a seu colega David Baker – produtor do citado programa de variedades da Granada, que ia ao ar no fim da tarde – para assistir aos Beatles. Em 3 de outubro, ele veio de Manchester para ver o show no Cavern. Ali mesmo deixou agendada a participação deles no programa, duas semanas depois, no dia 17. Seria outra reviravolta crucial: a primeira apresentação dos Beatles na TV, divulgando seu novo disco, em plena hora do chá, em todo o norte da Inglaterra.

"Some Other Guy" (19 de agosto a 4 de outubro de 1962)

Parecia impossível que Brian pudesse intensificar seus esforços ainda mais. Porém, agora que o lançamento do compacto de "Love Me Do" estava programado, foi exatamente isso que ele fez. Na mira, a data fundamental: sexta-feira, 5 de outubro. Até a segunda quinzena de setembro, tratou de construir a pista para a grande decolagem.

Focou na publicidade – fotografias, comunicados de imprensa e promoções. O próprio Brian (anonimamente) redigiu a primeira biografia dos Beatles, duas páginas impressas no mimeógrafo e distribuídas a granel. Não conhecia muito bem a história e confiou neles para lhe contarem os fatos básicos – e como eles nunca se lembravam direito dos detalhes, parte da história continha lapsos (por exemplo, que tinham se conhecido em 1956, quando na realidade se conheceram em 1957), que foram replicados por jornalistas e continuariam equivocados durante, no mínimo, as duas décadas seguintes. Como apenas dois tipos de banda – instrumentais e vocais – eram familiares no mundo da música ou aceitos pela mídia, Brian teve que moldar uma frase para descrever o que os Beatles faziam: "Em essência, formam uma banda vocal, mas ao mesmo tempo são instrumentistas de primeira categoria".

Também pediu para Beryl Adams datilografar mais duas páginas intituladas ESCRITOS DE JOHN LENNON, três textos que mostravam os Beatles não só como banda de música beat, mas que ia *além* da batida musical. Brian colocou no topo o artigo que explicava a origem do nome que todo mundo ainda achava muito estranho e repugnante, nome que, poucas semanas atrás, o pessoal de Londres o aconselhara a descartar, caso contrário, nunca seriam bem-sucedidos ("Muita gente pergunta: 'Beatles? O que é isso? Por que Beatles? Beatles?! Como surgiu esse nome?'. Espere que já vamos contar a vocês. Esse nome veio numa visão – um homem apareceu a eles numa torta flamejante e disse: 'A partir de hoje, vocês são Beatles, com uma letra A'. Eles lhe agradeceram dizendo: 'Obrigado, Senhor Homem.'")

Os releases de imprensa traziam quatro questionários, semelhantes aos perfis da coluna *Life-lines* (Linhas da vida), do semanário *NME*, em que os Beatles se apresentavam individualmente, detalhando seus dados pessoais, do que gostavam e não gostavam, hobbies e interesses.

Tudo já estaria ótimo, mas Brian sentiu que precisava fazer ainda mais. Toda semana, a EMI, a Decca, a Pye, a Philips e as gravadoras menores lançavam pilhas

1020   Ano 5, 1962: *Always be True*

e mais pilhas de vinis, poucos destinados a se tornarem sucessos. Em 1962, de janeiro ao início de setembro, a *Record Retailer* – a revista do ramo de atuação de Brian, o varejo fonográfico – listou 4.500 novos singles, uma média de 128 por semana (o número de LPs, quase 80 por semana, subia com rapidez). Assim, "Love Me Do" corria o risco de afundar sem ser notado. Mais uma vez, Brian se aproximou do afável Tony Barrow, que combinava jornalismo freelance com o emprego em tempo integral na Decca, escrevendo textos para encartes de álbuns e EPs.

> Em sua estratégia para lançar os Beatles, Brian foi meticuloso e abrangente. Ele me disse: "Fiz isso e aquilo... como resenhista de discos, tem mais alguma coisa em que você consegue pensar e que eu ainda poderia fazer?". Respondi que, além do material enviado pelas gravadoras, eu recebia material de um ou dois RPs independentes, entre eles, o decano Les Perrin. Sugeri que Brian contratasse um relações-públicas independente para divulgar informações à imprensa. Então ele perguntou: "*Você* pode fazer isso para mim?". Respondi que sim.[64]

Aos 26 anos, recém-casado, prolífico e ambicioso, Barrow morava e trabalhava em Londres, mas permanecia intimamente ligado à sua cidade natal. Desde os 17 anos, com o codinome "Disker", assinava uma coluna publicada aos sábados no *Liverpool Echo*. Não podia trabalhar abertamente para Brian, divulgando um disco da EMI detrás de uma escrivaninha da Decca, mas faria isso de modo anônimo: concordou em escrever um comunicado de imprensa independente sobre os Beatles, um produto de primeira categoria. Contava que poderia obter uma lista de correspondência com todos os críticos e resenhistas de discos do país. Seu fornecedor era Tony Calder, que recentemente havia deixado o cargo de assessor de imprensa da Decca para se estabelecer como publicitário e *promoter* independente, com sede no Soho. Barrow acertou em cheio: Calder levou com ele uma cópia da lista de correspondência principal da Decca. "Fiz uma proposta: ele me passava a lista e eu colocava o endereço dele no comunicado de imprensa: Tony Calder Enterprises, 15 Poland Street, London W1. Em seguida, escrevi, fiz o design, mandei imprimir, e ele se encarregou de enviar a todos da lista. Brian me pagou £ 20, dei uma parte a Tony, e ele me repassou todas as solicitações resultantes."

Essa afiliação com Calder seria uma mão na roda, porque ele também era DJ e animava os salões de baile mais movimentados de Londres. Se gostasse de

"Some Other Guy" (19 de agosto a 4 de outubro de 1962)   1021

"Love Me Do", ele a tocaria, efetivando a primeira investida dos Beatles na capital. Por enquanto, tratou de enviar a mala direta de Tony Barrow, um impressionante documento de cinco páginas intitulado "Apresentando THE BEATLES", cuja capa fotográfica em papel-cartão cor-de-rosa se destacava em qualquer pilha – truque aprendido com o decano Perrin.

Todos os meios de comunicação relevantes receberam a primeira, segunda ou até terceira mala direta anunciando a chegada dos Beatles. A terceira, da EMI, consistia numa biografia de três páginas, que trazia informações das outras duas, mas também material inédito, em especial, citações interessantes de Brian Epstein. Aqui veio à tona a primeira versão simplificada de como os Beatles conseguiram seu contrato com a Parlophone: Brian explicou que foi converter o som de fita para acetato na loja de discos HMV. "O pessoal ouviu as fitas, e fui aconselhado a entrar em contato com George Martin". Era provável que Brian não tivesse ciência dos fatos mais completos e, além disso, essa história era mais fácil de entender.

Como Brian fizera antes dele, novamente o assessor de imprensa da EMI, Syd Gillingham, salientou o que tornava os Beatles musicalmente diferentes de todos os outros – e sublinhou que eles eram "cantores e instrumentistas". Em outra parte interessante, dois deles – John e Paul – especificavam suas ambições: a de John era "dinheiro e tudo o mais", a de Paul era "dinheiro etc.". Eis uma honestidade raramente – ou nunca – vista em um folheto de relações públicas de um artista pop, em que a ambição mais comum era "tornar-se um artista completo". Por fim, Gillingham enfatizou outro aspecto incomum dos Beatles – eram do norte. Nas três páginas, mencionou Liverpool 12 vezes.

Esse esforço conjunto para ser diferente – somos de Liverpool: sim, de *Liverpool* – ficou realçado com fotos publicitárias que mostravam os Beatles nas docas, em meio a um ambiente industrial sombrio, fotos que os mostravam como eram: quatro rapazes inteligentes e espontâneos da classe trabalhadora. Nessa época, praticamente todas as fotos de publicidade pop eram estereotipadas e limitadas ao estúdio – aspirante a estrela todo arrumadinho fingindo estar ao telefone, aspirante a estrela todo arrumadinho conferindo a gravata no espelho, aspirante a estrela todo arrumadinho segurando um disco ou um microfone desconectado – mas, de repente, estabelecendo um contraste inconfundível, ali estava um conjunto de imagens em preto e branco que mais pareciam instantâneos da novela *Coronation Street*, cujo cenário era Manchester, ou um filme realista do norte da Inglaterra.

O fotógrafo Les Chadwick, do estúdio fotográfico de Peter Kaye, escolheu três locações em Liverpool. A primeira foi a Sefton Street, perto da Brunswick Dock, melancólica zona afetada pelos bombardeios da Segunda Guerra Mundial, ainda não recuperada, chamada de "Bally". O acaso gentilmente providenciou um carro incendiado, e os Beatles o rodearam, munidos ou não de seus instrumentos. Foi uma experiência nova e estranha – ficar em pé na chuva, tirar fotos, fazer poses –, mas definitivamente se sentiram em casa. Enquanto faziam a série de fotos, a molecada saindo da escola (assim como eles próprios tinham feito em outra época) atirou pedras neles detrás de um muro. "Ficamos gritando para aqueles malditos irem embora", conta Chadwick.[65]

Escolheu a locação puramente por seu impacto visual, mas as conexões históricas estão em toda a Liverpool. Bally ficava ao lado de onde Paul tivera um emprego no Natal retrasado, como auxiliar no caminhão de entrega de encomendas da SPD Ltd. Pouco adiante ficava o prédio da empresa de reparos navais J. W. Pickering & Sons Ltd., onde havia trabalhado Johnny Starkey – o amado e saudoso avô de Ringo, que emprestou a seu neto, a quem costumava chamar carinhosamente de "a criança que só dorme", o dinheiro para sua primeira bateria de verdade, e cujo anel de casamento, por ocasião de sua morte, se tornou o terceiro recebido pelo rapaz, instigando o nome artístico com o qual ganhou a vida.

A próxima locação seria o Pier Head, mas Chadwick parou antes, próximo ao *SS Salvor*, que estava atracado. O tipo de embarcação usada pelo falecido avô de John, George Stanley: um barco de salvamento. Chadwick queria fotos com o Liver Building assomando imponente em meio à névoa. Subiu a bordo e pediu permissão ao capitão para tirar umas fotos ali com os quatro rapazes. E lá subiram eles e se debruçaram na amurada, escrotos congelados pelo vento implacável do rio Mersey. Posaram no convés enquanto, ao fundo, musculosos marujos do *Salvor* – pândegos escrachados trajando macacões manchados de óleo – questionavam o gênero deles.

A última das três paradas foi num terreno baldio, em frente a um imenso armazém de tijolos e alvenaria, perto da Clarence Graving Dock. Fotos para Londres, tiradas 300 quilômetros ao norte, em ternos justos, numa faixa de

"Some Other Guy" (19 de agosto a 4 de outubro de 1962)

cascalho frio, entre a Saltney Street e a Dublin Street. Sensação de estar bem longe do glamour.

John desconhecia o significado do local. Não tinha ideia da história sob seus pés: estava exatamente onde os Lennon fixaram residência em Liverpool, pouco mais de um século antes; para onde o bisavô James Lennon, do condado de Down, mais um entre a multidão de irlandeses infestados de doenças, fugiu da fome e da morte em seu país natal. Os Lennon se estabeleceram *ali*, nos centros habitacionais recendendo a merda e infestados de cólera, doença que só agora Liverpool tinha enfim erradicado.

Brian estudou o copião, disse que as fotos estavam excelentes e marcou várias com lápis de cera, esperando que Chadwick – que nunca tinha feito esse tipo de coisa antes – imprimisse cartões para brinde às centenas. Também teve que fazer cartões para brinde com os quatro Beatles em separado, e Paul e Ringo foram chamados para sessões especiais – por si só, um negócio demorado.[66]

No meio de toda essa efervescência, Brian parou de resenhar discos em sua coluna no *Mersey Beat* e teve um desentendimento sério com Sam Leach. Simbolicamente, foi como cortar o cordão umbilical. O *promoter* pioneiro de Liverpool continuava fazendo jus à reputação de pagar as dívidas de seu último show com os rendimentos do próximo, e Brian se cansou daquela situação. Os Beatles fizeram um show por £ 35 em um evento promovido por Leach, no Rialto Ballroom, em Toxteth, em 6 de setembro. Porém, quando a noite acabou, Leach pagou à banda apenas £ 16; como Brian prestava contas integralmente aos Beatles todas as sextas-feiras, teve que cobrir do próprio bolso – Leach empurrou com a barriga e o deixou a ver navios. Eis que Leach havia contratado os Beatles para um novo show em New Brighton no dia 14. Brian, no camarim, exigiu a quitação das £ 19 ainda em aberto, mais o cachê de £ 35 daquela noite adiantado. Quando Leach disse que não tinha como pagar, Brian avisou que os Beatles não iriam tocar. Odiava decepcionar o público e tentaria compensá-lo, mas o problema não era culpa dele. Leach lançou um olhar de súplica aos Beatles, para ver se os rapazes o defenderiam, mas isso não aconteceu – ao menos, não a ponto de alterar a situação.

Brian estava pronto para assumir essa e outras broncas. Em 25 de setembro, chegou pelo correio uma Notificação Pré-Judicial. Veio em envelope timbrado da Fentons, antiga firma de advogados de Liverpool, e dizia: a menos que seu cliente

Ano 5, 1962: *Always be True*

recebesse uma indenização de valor não especificado, ele processaria Brian por "dispensa indevida e injustificável". Mais de um mês após ser expulso a baquetadas, Pete Best preparava uma ação judicial.[67]

A Fentons alegou que o contrato de gestão, assinado em 1º de fevereiro de 1962, vinculava Epstein ao seu cliente, sr. Best; que Epstein era legalmente responsável por fornecer ao seu cliente compromissos pagos; que violava o contrato ao dispensar o seu cliente; e que, se não pagasse os danos ao cliente, medidas seriam tomadas.* Brian entregou a carta a David Harris, e o advogado respondeu à Fentons de bate-pronto: "O fato é que o seu cliente não foi dispensado. A empresa sempre se prontificou a fornecer trabalhos a seu cliente e ele foi informado sobre isso. Com efeito, o sr. Epstein estava apto a tomar as providências necessárias para que seu cliente fosse colocado em outra banda (...)".

Esse primeiro voleio (que fazia alusão à tentativa de Brian de colocar Pete no Mersey Beats) logo vinha seguido por mais duas linhas de ataque. Uma delas (citando as objeções de George Martin) era a de que Pete "não havia provado ter o talento necessário para cumprir suas obrigações", a outra era que, "com relação aos Beatles, não houve dispensa nenhuma. O cliente de vocês concordou em sair e o grupo teve de se recompor".

Ali estava, enfim, a posição de recuo tão cuidadosamente planejada entre junho e agosto, quando o tema de como dispensar Pete havia sido avaliado. Os Beatles tinham se separado para depois se reformatarem. Foi um momento estranho, do ponto de vista legal, um piscar de olhos, mas, conforme os argumentos desse advogado, *aconteceu*: os Beatles se separaram, anularam o contrato de gestão, então acrescentaram Ringo e instantaneamente refizeram a banda.

A sincronia de tudo isso foi bizarra: aconteceu logo após Pete entrar em outra banda, Lee Curtis and the All Stars, cujo empresário era Joe Flannery, amigo de Brian. Foi esse Coronel Joe que deu com a língua nos dentes em junho ou julho, insinuando a Pete sobre sua iminente dispensa dos Beatles, embora tivesse ouvido a notícia em sigilo. Concretizados os fatos, voltou e ofereceu um emprego a Pete.

---

* Com possível influência sobre a situação legal, Pete também ficou se perguntando se as gravações de "Love Me Do" e "PS I Love You", a serem lançadas em breve pela Parlophone, não seriam da sessão de 6 de junho, em que ele tocou bateria. Só ficaria sabendo dos detalhes desses fatos no começo de outubro.

*"**Some Other Guy**"* (19 de agosto a 4 de outubro de 1962)

Pete fez sua estreia no All Stars tocando no Majestic Ballroom, Birkenhead, em 10 de setembro, e não escondeu o entusiasmo nessa declaração publicada no *Mersey Beat*: "Nunca me diverti tanto ao tocar", afirmação tão inacreditável quanto a de que ele havia saído dos Beatles numa boa. Na verdade, nunca sentiu muito prazer nessa função. Lee Curtis adorava os holofotes – era o cantor, o astro, anunciado por seu irmão Joe como "o maior galã de Merseyside!" – e não curtiu quando seu nome ficou em segundo plano, com a ênfase no baterista, conforme os novos anúncios de Joe:

Temos Best, o melhor!
Sim – o grande ex-baterista dos Beatles.

Essa foi a primeira vez que alguém seria mencionado na imprensa como "ex-Beatle", algo que causou aborrecimentos a Pete: "Muitas vezes falei com Joe Flannery sobre isso. De jeito nenhum eu queria ser rotulado como *ex-Beatle*".[68]

Com o tempo, descobriu que era impossível se livrar desse rótulo. Além do Majestic e do Cavern, os All Stars tocavam no circuito de bailinhos (o famoso *jive circuit*) que os Beatles tinham deixado para trás. Locais como Blair Hall, Holyoake Hall e Litherland Town Hall anunciavam sua presença com um "Bem-vindo ao lar, Pete".[69] Como o Coronel Joe, Pete esperava a fidelidade da parcela de fãs dos Beatles que tinham preferência por ele. Lee Curtis recorda tê-lo ouvido dizer: "'Curtis', ele costumava me chamar de Curtis, 'agora vamos ver quem consegue mais fãs'. Achei que ele queria dizer entre mim e ele, mas depois analisei e pensei que talvez quisesse dizer entre os Beatles e os All Stars".[70]

Essa migração de fãs não aconteceu. Muita gente que amava Pete nos Beatles ficou chateada quando ele foi embora, mas essa turma não foi atrás dele – preferiu ficar com os Beatles. Pete se tornou um baterista qualquer, em um grupo qualquer. Vivien Jones, uma dessas fãs que amavam Pete, nunca mais o viu: "Fiquei triste quando os Beatles mandaram Pete embora (correu o boato de que ele era 'bonito demais'), mas depois esqueci o assunto. Na verdade, não fez muita diferença: continuamos assistindo aos Beatles, e eu não acompanhei mais a carreira de Pete, nem minhas amigas".[71]

Brian aprendeu a lição com o problema jurídico de Pete. O contrato entre empresário e artistas, em sua versão revisada, incluiu uma cláusula não considerada em janeiro – a qual permitia a exclusão de um ou dois membros dos Beatles pela vontade de dois ou mais outros membros dos Beatles, mas somente mediante aprovação de Brian. Foi necessário incluir essa cláusula, embora ninguém tivesse planos de usá-la. Afora isso, o novo contrato era em essência igual ao acordo original de 1º de fevereiro, com as alterações instruídas na carta de 18 de agosto, que Brian ditou logo após a dispensa de Pete.

O contrato envolvia duas partes: a Nems Enterprises Ltd., "doravante chamada de 'Empresário'", e os quatro Beatles, "doravante chamados de 'Artistas'". Paul e George tinham 21 anos incompletos, então seus pais eram partícipes dos Artistas. Os "Artistas" nomeavam o "Empresário" por cinco anos, a partir de 1º de outubro de 1962. Essa nomeação poderia ser rescindida por qualquer uma das partes, mediante aviso prévio, por escrito, de três meses.

Para continuar o trabalho que já havia começado, o Empresário receberia 15% de comissão, caso os Artistas ganhassem coletivamente até £ 400 por semana, 20% entre £ 400 e £ 800, e, acima disso, 25%. Ficava subentendido que, como Brian também estaria exercendo os deveres de um agente, nenhuma outra comissão seria devida a mais ninguém – essas porcentagens seriam o desembolso total dos Beatles, e nada mais.

O documento claro e conciso de seis páginas encerrava com espaço para as assinaturas. Esse grande momento aconteceu em uma reunião no escritório da Whitechapel, em volta da escrivaninha de Brian. Na parede de trás, ele havia pendurado um enorme mapa da Grã-Bretanha. Parecia que estava planejando uma campanha nacional – e estava mesmo.

Não há fotos da cerimônia de assinatura. Cópias do contrato encadernado começaram a circular, contendo as assinaturas de Brian Epstein e C. J. Epstein, diretor e secretário da Nems Enterprises Limited, o segundo atuando como testemunha do primeiro; e também de John W. Lennon, George Harrison, James Paul McCartney e Richard Starkey, além de Harold Hargreaves Harrison e J. McCartney, todas essas seis assinaturas testemunhadas por Beryl Adams.

Seja nessa sessão ou em particular, o acordo separado entre Nems Enterprises, John Lennon e Paul McCartney – que abrangia a "atividade paralela" de composição

"Some Other Guy" (19 de agosto a 4 de outubro de 1962)

de letra e música – também foi assinado e testemunhado. Tudo isso – o disco, os contratos, o pacote inteiro – acontecia exatamente um ano após a estada exclusiva dos Nerk Twins em Paris. Doze meses fantásticos, mas o futuro acenava ainda mais brilhante.

Porém, uma coisa ainda incomodava Brian. O iminente lançamento do primeiro compacto dos Beatles estava sendo divulgado por nada menos que três comunicados de imprensa enviados a todos os ramos da indústria fonográfica e seus consumidores. Porém, na mídia geral, ele ainda não tinha um relações-públicas, alguém para estampá-los nas manchetes dos jornais diários. Uma noite, no finzinho de setembro, na boate Blue Angel, mencionou esse detalhe a Allan Williams, e Williams comentou que talvez tivesse a solução. Ofereceu-se para apresentar Brian a seu amigo William (Bill) Marshall, correspondente nortista do *Daily Mirror*.

Encrenqueiro e beberrão inveterado, Bill Marshall era figurinha carimbada no Liverpool Press Club, o melhor estabelecimento para tomar umas e outras nas altas horas da noite, bem em frente à estação de Lime Street. Só homens frequentavam esse local abafado e, em tese, só jornalistas – escribas locais e correspondentes provincianos dos jornais nacionais. Mas outros personagens cujos perfis se encaixavam também marcavam presença, como Allan Williams e o chefe de polícia de Liverpool (garantindo a ausência de batidas policiais no recinto). Pisar no Press Club era muito arriscado para Brian. Havia policiais ali, assim como jornalistas que cobriram a galeria do tribunal quando Epstein foi espancado e teve o carro roubado, no processo em que a vítima foi chamada de "Sr. X". Mas Brian gostava de correr riscos e se aventurou a entrar. Numa estupeficante noite de bebedeira com Marshall e Len Ford, fotógrafo do *Daily Mail*, discutiu a possibilidade de fundar uma empresa que Marshall sugeriu batizar de Publicity Ink (Tinta publicitária). Anos depois, Brian relembrou o momento em sua autobiografia, citando os "dois rabelaisianos" que fariam "acrobacias, truques, brigas, cenas – tudo só para colocar o nome de meus artistas nos jornais".

A Publicity Ink seria um raro desvio do habitual estilo íntegro de Brian. Ainda bem que o café preto na manhã seguinte o deixou sóbrio. Aquele estilo envolvia sensações falsas, boatos falsos, mentiras, golpes e "outras picaretagens". Era o velho estilo, o estilo de Larry Parnes e sua laia; um estilo que teria degradado os Beatles.

O estilo de Brian era a verdade e a integridade, e ele jamais se arrependeria. Como citou seu escritor-fantasma, Derek Taylor, em 1964, fixando artisticamente a voz de seu mestre: "Agora me sinto feliz. Agi certo e posso dizer que nunca fiz um truque para divulgar nenhum de meus artistas".[72] E, nesse ponto, Brian sabia claramente que estava em sintonia completa com seus meninos: os Beatles também não queriam esses fingimentos ou bobagens artificiais.

O delírio de fundar a Publicity Ink morreu com o amanhecer. Se fosse para ganhar fama nacional, os Beatles alcançariam isso a seu modo, como ninguém antes: com seu próprio som, suas próprias canções, sua própria classe e aparência, suas próprias personalidades – desafiando o estilo em voga e fazendo as coisas a *seu estilo*, honestamente, como eles mesmos.

32
5 de outubro de 1962: começam os anos 60

1. A MÚSICA POP NÃO É DESPREZÍVEL, É APENAS IMATURA.

A pragmática tia de 56 anos que falou a John Lennon que ele jamais ganharia a vida tocando guitarra ouviu "Love Me Do" e não mudou de ideia. John levou o compacto a Woolton e o tocou para sua ex-tutora: "O que você acha, Mimi?". Ela sempre fez questão de mencionar a resposta: "Falei pra ele: 'Se acha que vai fazer nome com isto, está redondamente enganado!'". Mimi tinha gostado de "My Bonnie", mas *por acaso* foi um sucesso de vendas?[1]

Em outros lares do extremo sul de Liverpool houve parabenizações a Paul, George e Richy, e orgulho familiar – agora os meninos estavam no caminho certo. Entretanto, o ceticismo persistiu na residência dos Epstein. Pais e filhos se reuniram no lounge decorado com cristais de Queenie, e Brian colocou "Love Me Do" no gramofone. A canção terminou, e ele pôs o coração na ponta da língua e bateu na tecla em que martelava havia um ano: seus meninos "seriam maiores do que Elvis" e "Love Me Do" era o primeiro e gigantesco salto rumo a isso. Até mesmo Clive, seu apoiador incondicional, teve que reconhecer: tudo isso parecia muito improvável.[2]

Para John, Paul, George e Ringo, foi um momento de satisfação *singular*. Naquela sexta-feira, 5 de outubro, ali estava um single de sete polegadas de diâmetro em que se lia Beatles e tocava Beatles: plástico preto, etiquetas vermelhas, inscrições prateadas e aquele símbolo – aparentemente patriótico – de "£", marca registrada da Parlophone. De tanto admirarem o disco, memorizaram o número de catálogo: R4949. Claro, para os fãs, essa experiência também foi superespecial. Elsa Breden tinha acabado de investir em sua preciosa compra quando topou com George na rua. "Exclamei: 'Nem acredito que vocês gravaram um disco!'. Ele respondeu: 'Nem eu!'"[3]

Ano 5, 1962: *Always be True*

Para Ringo, foi "*O momento* mais momentoso... Tínhamos um disco lançado, um pedaço de plástico com a gente nele. Só a ideia de estar num pedaço de plástico já era algo incrível, após tantos anos tocando. Meu Deus, não era um disco amador, fabricado numa cabine em algum lugar... você *nem imagina* como isso foi ótimo".[4]

Em maio, quando firmaram o vínculo com a Parlophone, os Beatles esperavam ser a primeira banda a gravar com harmônica ao estilo R&B. De maio a outubro, muita água passou embaixo da ponte, e nesse ínterim Frank Ifield e Brian Hyland lançaram seus hits. Apesar disso, a intenção dos Beatles se concretizou. E a reação de Ringo também foi um suspiro de alívio. Em "PS I Love You", só tocou maracas, mas em "Love Me Do", o lado mais importante, o lado A, ficou comprovado: *era ele* na bateria. Os rótulos da Parlophone tinham um erro, no entanto, um grave erro, que jogou por terra a decisão recém-tomada sobre as identidades dos compositores. Ao contrário das instruções de Brian que constavam no contrato de publicação, "Love Me Do" e "PS I Love You" não tinham sido creditadas a McCartney-Lennon, mas sim a Lennon-McCartney.

De quem terá sido esse intrigante erro? Dos escritórios da Parlophone? Do setor de impressão de etiquetas da EMI, na fábrica de Hayes? De Brian, por não ter devolvido o contrato a tempo? Da Ardmore & Beechwood, por não avisarem a Parlophone a tempo? Esse ponto não está claro e, provavelmente, assim continuará. Seja como for, Paul teve que engolir em seco (afinal, as duas canções eram basicamente dele) e aceitar o crédito em segundo lugar. Pelo menos foi poupado de um erro ainda pior: nas 250 cópias promocionais do disco, ele havia sido creditado como "McArtney" (sem dúvida, Paul James teria sido *bem* mais fácil).

Com o lançamento de seu primeiro disco, os Beatles faziam, aos trancos e barrancos, sua aterrissagem no ramo fonográfico – para ser exato, em dois negócios: edição (publicação) musical e discos. Os dois negócios já estavam definidos e moldados muito antes do surgimento da guitarra elétrica, e a existência de uma "indústria do rock" ainda não havia sido catapultada. Esse tipo de showbiz ainda era muito antigo, uma bizarra centopeia com uma perna leprosa: o pop. Nas palavras de Norman Jopling, office-boy e, aos 18 anos, repórter principiante do *New Record Mirror*, "o pop era encarado como um ramo do show business a partir do

5 de outubro de 1962: começam os anos 60

qual o artista ou fã deveria 'evoluir'. Era desdenhado em termos de talento artístico ou criatividade". Judith Simons, redatora de pop/entretenimento do *Daily Express*, reflete: "Realmente, todo mundo desprezava o pop. Pensavam que eram desordeiros cantando para desordeiros".[5]

George Melly chegou a uma conclusão semelhante, em texto publicado na *New Society*. Lançado na hora certa para analisar uma década sísmica – o jornal sociológico semanal teve sua primeira edição em 4 de outubro de 1962. Em sua terceira edição, o cantor de jazz nascido em Liverpool escreveu um perspicaz artigo sobre o funcionamento do pop. De acordo com ele, artistas e consumidores eram *desprezados* pela indústria fonográfica que lucrava com eles – fato negado em público, é claro, mas comentado à socapa. Melly anunciou que estavam errados em pensar assim, observando com argúcia: "A música pop não é desprezível, é apenas imatura".[6]

A divisão de discos da EMI era apenas uma parte de seus negócios globais, e o pop, uma parcela de sua divisão de discos, e "Love Me Do", um de seus dez novos lançamentos de 5 de outubro. Se nessa dezena de lançamentos dois ou três se tornassem hits, o sucesso comercial da gravadora estaria garantido. Todos os discos recebiam marketing, alguns mais, outros menos – e os Beatles não receberam qualquer tipo de prioridade.

"Love Me Do" não teve apoio nem da própria EMI House. George Martin diz que, ao mencionar o nome "Beatles" aos colegas – pessoal de A&R, gerentes de vendas e a equipe de promoção –, soaram gargalhadas. "Era", admitiria ele, "um nome *bobo*. Todo mundo ficou achando que era mais uma de minhas piadas ao estilo *goon*, um disco de humor, uma paródia. Ninguém acreditava nem um pouco nele [o compacto de 'Love Me Do']".[7] Essa apatia se estendeu ao próprio George. Não moveu uma palha para promover esse disco de que não gostava e que só lançou porque foi obrigado pela Ardmore & Beechwood.

Sucesso exigia exposição e, para isso, "Love Me Do" teria que tocar na TV e no rádio. Na Grã-Bretanha, havia dois canais de TV. Um deles, a BBC, concedia à música pop 30 minutos por semana, em horário nobre: o programa *Juke Box Jury*, no começo das noites de sábado. A missão de conseguir espaço para os discos da Parlophone nesse programa cabia a Alma Warren, única mulher em toda a indústria fonográfica que atuava como "gerente de divulgação". Não obteve sucesso na empreitada e também não conseguiu incluir "Love Me Do" em nenhum programa de rádio da BBC. A estação Light Programme, da BBC, tocava pouco menos de 13 horas de "discos populares" por semana – a maior fatia da cota do *needletime* da BBC, conforme fixado pelas gravadoras e pelo Sindicato dos Músicos.* Esses discos, em sua maioria, abrangiam o formato melódico e orquestral que viria a ser chamado de "música do meio da estrada" (ou *middle of the road* – MOR). Warren visitou produtores de vários programas e, em todos os lugares, obteve a mesma reação. Nas palavras de Alma: "O próprio nome dos Beatles se tornou um repugnante anátema na BBC. '*Beatles*? O que supostamente significa *isso*?'"[8] Não era só a BBC que pensava assim – Warren também recebeu um "não" do único programa pop da TV comercial: *Thank Your Lucky Stars*.

Só restava um modo de levar "Love Me Do" ao público de massa: uma rádio comercial – ou seja, a Radio Luxembourg. O serviço britânico da estação tinha como política (havia alguns anos) ceder a maior parte de seu tempo de radiodifusão a "programas patrocinados", em que as gravadoras contratavam DJs famosos para apresentar novos lançamentos. Só a EMI fazia 23 desses programas por semana, gravados em Mayfair e enviados a Luxemburgo para serem transmitidos de lá. O volume das canções começava a baixar antes da hora, para desencorajar gravações domésticas e incentivar as vendas reais.

Cabia ao departamento de promoções da EMI decidir o número de vezes semanais que cada canção seria tocada na Radio Luxembourg, no máximo de sete vezes; a divulgação de "Love Me Do" recebeu o quinhão de duas execuções semanais, ao longo de três semanas, seis no total. Depois disso, se não flutuasse por conta própria, era porque havia afundado. Do fim de outubro em diante, a EMI deixaria de bombear o coração de "Love Me Do". Apesar disso, uma decisão interessante poderia virar o jogo: na segunda semana, uma das duas transmissões na Radio Luxembourg aconteceria num programa em que os Beatles seriam entrevistados.

---

* Em outubro de 1962, a BBC estava negociando uma flexibilização das restrições do *needletime*, partindo das 28 horas semanais em serviços de rádio domésticos (22 horas em rede com seis horas regionais) para impressionantes 75 horas, o que teria permitido à emissora repensar totalmente sua abordagem na execução de discos. O Sindicato dos Músicos não quis nem ouvir falar sobre isso. Em novembro de 1963, a BBC fechou acordo, pagando mais, sem qualquer hora extra. A situação permaneceria assim até novas circunstâncias forçarem mudanças em 1964 e 1967.

5 de outubro de 1962: começam os anos 60

Ninguém registrou a hora exata em que um disco dos Beatles foi tocado pela primeira vez nas rádios, mas na família de George Harrison houve uma história digna de nota. Foi justo na semana concluída em 5 de outubro, sexta-feira; George avisou sua mãe e seu pai que o compacto dos Beatles talvez tocasse e perguntou se podiam ficar ouvindo, porque tinha um show a fazer. Esperaram horas a fio, inevitavelmente experimentando o calvário de todos os ouvintes da Luxembourg, quando a frequência 208 das ondas médias oscilava para 207 ou 209, às vezes parando para fumar um cigarrinho no momento que o dial marcava 212. Harry precisava dormir cedo (tinha um turno cedo no ônibus) e foi para a cama, seguido pela esposa Louise. Nisso George chegou, ligou o rádio e ato contínuo irrompeu no quarto dos pais, gritando com o rádio na mão: "Estamos no ar! Estamos no ar!". "Quem trouxe esse gramofone barulhento aqui?", resmungou Harry. Para George, foi uma das melhores sensações da vida. Como diria mais de 30 anos depois: "A primeira vez que ouvi 'Love Me Do' no rádio eu tremi da cabeça aos pés. O maior barato de todos os tempos".[9]

Também houve repercussão na imprensa. Na Grã-Bretanha, a revista semanal especializada do ramo fonográfico, focada tanto na parte musical quanto nas vendas, era a *Record Retailer*. De repente, do nada, a EMI mandou publicar um anúncio de página inteira para divulgar a chegada dos Beatles. Era uma iniciativa praticamente inédita... e Brian tinha investido nisso, não com os fundos da Nems Enterprises, mas da própria Nems, a empresa de varejo que tinha com a EMI uma próspera via de mão dupla. Mas, se Brian não injetasse dinheiro da Nems, a EMI não se dava ao trabalho de ajudar. "Love Me Do" não constava no anúncio da empresa, em posição privilegiada (lado a lado com o top 30 da *NME*), e tampouco foi resenhada na revista mensal da EMI, a *Record Mail* – omissão particularmente estranha. Afora isso, o compacto dos Beatles só foi anunciado pela EMI em outra revista: *The World's Fair*, visando os operadores de jukebox. Em toda a Grã-Bretanha, havia 11 mil jukeboxes espalhadas em cafés e bares-cafeterias, e "Love Me Do" ganhou destaque nesse quesito. O jornal resenhava os discos para auxiliar os administradores das jukeboxes a fazer suas escolhas, e duas das melhores apreciações de "Love Me Do" foram publicadas ali.

Disco de estreia muito promissor de uma banda de Liverpool. Já tinham me perguntado sobre ele em Liverpool, e é um prazer poder comprá-lo com base apenas em seus próprios méritos. Boa sorte, meninos.

Folk comercial, não muito diferente do som da famosa banda Springfields. A melodia cativante traz um forte riff da hoje quase inevitável gaita de boca. Está me parecendo que vem por aí um novo e grande sucesso.[10]

Na semana em que o disco de estreia dos Beatles foi lançado, as paradas não traziam algo nem de longe parecido com eles, nada que soasse como "Love Me Do". A parada das Trinta Mais Tocadas da *NME* (*NME Top Thirty*) trazia a vívida instrumental "Telstar", dos Tornados, como número 1, seguida por artistas solo até o 23º lugar, outra instrumental do The Shadows. Buddy Holly estava em 18º, com a póstuma "Reminiscing"; a música country de Karl Denver despontava em 30º, e nada mais. Sob esse prisma, "Love Me Do" – com harmonias melódicas, guitarra acústica, baixo, bateria e gaita de boca, melodia de amor com atraente levada de blues, nem alegre, nem triste – se destacava na multidão.

O público de Londres não *os entendeu* de imediato, mas os Beatles nunca se declararam surpresos com isso. Os quatro semanários musicais, que todos eles liam e folheavam desde os tempos de escola, demoraram um pouco para entrar em sintonia. Apesar de terem recebido o disco e até três comunicados de imprensa, a *Melody Maker* e a *NME* não resenharam "Love Me Do"; as outras duas o fizeram, afinal, resenhavam todos os novos discos.

Disc. Os Beatles soam como os Everlys ou os Brooks [Brook Brothers], dependendo de qual dos lados você esteja. Mas, em "Love Me Do", nos brindam com uma batida enganosamente simples e um riff de harmônica contagiante. "PS I Love You" traz elementos latinos; os meninos cantam, em ritmo de balada, uma carta com sentimentos cotidianos. (Resenha publicada na seção "Encontro com Don Nicholl", na parte dos comentários breves, intitulada "Curto e cortante". Avaliada com duas estrelas, ou seja, "Comum".)

New Record Mirror. Em "Love Me Do", de novo, a gaita de boca dá a tônica enquanto essa banda de nome esquisito entoa suas letras. Bastante contidos em sua abordagem, arriscam combinações excêntricas nas harmonias vocais.

5 de outubro de 1962: começam os anos 60

Muita coisa acontece ao mesmo tempo, mas a canção perde o ritmo no meio, enquanto a gaita de boca tenta nos enfeitiçar. Mas não é uma canção ruim. No lado B, a banda nos entrega uma abordagem bem direta de um arranjo fraco. A canção até que se sustenta, mas as coisas não acontecem com a frequência suficiente para nos despertar o interesse. (Resenhista não identificado. Cotação de três sinos, ou seja, "Mediano".)[11]

A crítica mais positiva e favorável a "Love Me Do" foi a de Tony Barrow, no *Liverpool Echo*. Sob o título DATA IMPORTANTE PARA OS BEATLES, ilustrado com uma foto promocional, Barrow se empolgou com os dois lados, apontando a "refrescante abordagem do faça você mesmo" – o disco era composto, tocado e cantado pelos Beatles. A crítica mais indecisa saiu no *Mersey Beat*. Havia pouco tempo, Brian tinha parado de escrever resenhas no jornal de Bill Harry, e estas palavras foram publicadas anonimamente: "Embora 'Love Me Do' seja bastante monótona, é o tipo de número que gruda na gente. Fiquei decepcionado ao ouvi-la na primeira vez, mas a cada nova audição fui gostando mais e mais. Apreciei mais o lado B, 'PS I Love You'".[12]

A resenha mais criteriosa foi publicada na *Record Retailer*, que (graças aos comunicados de imprensa) sinalizou que os Beatles "já têm uma forte base de seguidores".[13] Com certeza, é uma informação digna de nota. No pós-guerra, os Beatles eram os primeiros artistas a terem um disco lançado com vendas garantidas. Isso havia acontecido poucas vezes no período entreguerras. Esse ramo nunca tinha sido direcionado assim – em geral, cantores eram sempre "descobertos" e então promovidos com táticas estereotipadas. Disparado o maior astro da Grã-Bretanha, Cliff Richard era um intérprete novo, com nome desconhecido, ao gravar seu primeiro disco em 1958; não tinha uma base de fãs já formada e quase nenhuma experiência de palco. A diferença não poderia ser maior: ao longo de vários anos, os Beatles tocaram em tudo que é palco, de todos os tamanhos, e em Liverpool contavam com um núcleo de apoio de causar inveja a qualquer um, um batalhão de fãs apaixonados e fiéis que logo mostrou a sua força. Com um leve exagero, Ringo sempre lembrava: "Liverpool em massa correu para comprar. A cidade ficou orgulhosa: uma banda local. Foi fantástico... Isso é típico de Liverpool, somos muito próximos".[14]

Ano 5, 1962: *Always be True*

Com o pé atrás, alguns fãs decidiram não comprar. E se os Beatles ficassem famosos e os deixassem? A grande maioria, porém, não se conteve e se precipitou às lojas. Bobby Brown relata: "Comprei o compacto na Nems. Uma grande emoção comprar 'um disco dos Beatles'. Queríamos que *todo mundo* o comprasse". Membro do clube, recém-nomeada secretária da Nems Enterprises, Freda Kelly foi uma das primeiras da fila: "Cavernites em peso compraram 'Love Me Do'. Eu nem tinha toca-discos, mas fui comprar. O pessoal comprava para colocar o disco nas paradas".[15]

"Love Me Do" começou a vender assim que os caixotes foram abertos – não só na rede Nems, mas em todas as lojas de Merseyside, e não só em Merseyside, mas em bolsões do noroeste, em locais onde os Beatles tinham tocado e onde não tinham tocado. Essa grande notícia foi transmitida a Brian por John Mair, o representante comercial da distribuidora de discos Lugton's.

> No dia em que o compacto de "Love Me Do" foi lançado, eu estava em Liverpool e, por acaso, caminhava pela Whitechapel quando Brian saiu do carro dele. Eu sabia que o disco estava vendendo bem, mas ele ainda não sabia, então dei a notícia. O rosto dele *se iluminou*... O disco ia ser um sucesso! Contei a ele que estava vendendo no noroeste – até mesmo em Lancaster, Morecambe, Barrow-in-Furness e Kendal –, e estava mesmo, e ele ficou encantado ao ouvir. "Sério? Que *maravilha*!" Ficou muito animado. De repente, não era o Brian indiferente, mandão e arrogante que eu conhecia. Parecia um colegial. A reação dele foi a de "Ai, meu Deus, eu *tinha razão*". Foi um dos momentos mais legais de minha carreira.[16]

Nessa primeira sexta-feira e sábado, as vendas do noroeste – com epicentro em Liverpool – alçaram "Love Me Do" direto ao Top Fifty, a parada com os 50 discos mais vendidos compilada para a *Record Retailer* da quinta-feira seguinte. Despontou na 49ª posição. Grande no âmbito local, pequena em nível nacional – mas o suficiente para aparecer e ser notada. Causou impacto e constituiu uma vitória: os Shadows não entraram nas paradas com seu primeiro disco, nem os Tornados. Brian chamava todos esses momentos de *algo definitivo*, e a frequência deles só aumentava... o contrato, o disco, entrar nas paradas.[17]

Aquilo era tão bizarro que logo correu o boato de que Brian estava *turbinando as paradas*, comprando caixas de "Love Me Do" para falsificar sua posição. De

5 de outubro de 1962: começam os anos 60

acordo com a história mais marcante, ele teria comprado dez mil discos! O boato perdurou, embora Brian tentasse se livrar dele – ninguém acreditava que ele não tinha feito, e suas refutações só alimentavam as suspeitas. Em pouco tempo, o assunto estaria circulando em toda a indústria fonográfica, lançando uma injusta nódoa sobre a integridade de Brian. Não era verdade. Como John Lennon explicaria: "O disco ['Love Me Do'] vendeu muito em Liverpool nos primeiros dois dias. Isso aconteceu porque os fãs queriam ver o nosso sucesso. Vendeu tanto que os revendedores em Londres pensaram que tinha mutreta. 'Aquele tal de sr. Epstein lá de cima está trapaceando.' Mas ele não estava".[18]

Muita gente em Liverpool também apostava que havia caroço naquele angu. À medida que os Beatles começaram a ganhar fama nacional, Brian foi descobrindo que tinha menos amigos locais do que pensava. As fofocas sobre "os dez mil discos" circulavam à boca pequena, sem provas, instigadas por pessoas invejosas do sucesso de Brian ou ansiosas por reivindicar o *status* de "infiltrado". Ninguém levou em conta o fato de que Brian participava de um comitê (no âmbito da Associação do Varejo de Discos – *Gramophone Record Retailers Association*) que investigava suspeitas de manipulação das paradas; nem de sua resistência em incluir falsamente "My Bonnie" até mesmo no top 20 de sua própria loja; tampouco – o fato mais revelador de todos – que, em 1962, não fazia diferença quantas cópias uma loja vendia de qualquer disco, porque não era assim que as paradas eram computadas. Havia anos, a Nems fornecia dados às paradas da *Melody Maker* e, recentemente, também às da *Record Retailer*. Mas essas publicações, em seus telefonemas ou questionários impressos semanais, não solicitavam números de vendas, apenas os discos mais vendidos de cada loja, classificados de 1º a 30º; os semanários atribuíam 30 pontos ao disco em 1º lugar e um ponto ao 30º, e assim calculavam o total nacional geral. Todas as paradas eram geradas assim, da mesma forma como acontecia nos Estados Unidos. Brian Epstein não precisava comprar dez mil cópias de "Love Me Do" para forçar sua entrada nas paradas; não precisava comprar uma cópia sequer. *Realmente* encomendou duas mil cópias, porque a maioria dos fãs dos Beatles queria comprar o disco nas três lojas da Nems e ele era o empresário e agente dessa banda – e porque a EMI havia lhe enviado uma cópia gratuita.[19]

À parte de toda essa difamação, porém, restava um dado importante, o que mais contava: os Beatles estavam nas paradas. Um pequeno passo rumo à fama nacional.

1038 Ano 5, 1962: *Always be True*

2. NUNEATON, NORTH CHEAM E NOVA YORK –
ACONTECEU EXATAMENTE AQUI

No dia em que os anos 1960 estouraram, os Beatles estavam em Nuneaton, tocando no Co-op Ballroom, com seus interiores em estilo *art déco*. Mais exatamente, em Midlands, 160 quilômetros ao sul de Liverpool: sotaques diferentes, outro ponto no mapa de campanha de Brian Epstein. De acordo com o formato padrão, um artista local teria que abrir o show, no caso, Mighty Avengers, banda sediada em Rugby. O baterista deles, David "Biffo" Beech, relatou que os Beatles pareciam ter vindo de outro planeta. "Fizemos nosso showzinho (covers de Cliff e coisas assim), mas logo que eles começaram, todo o lugar parou. Para um pessoal como nós, que sempre fazia a mesma coisa, eles soaram muito diferentes. A galera ficou lá pensando: 'Puxa vida, quem são *esses caras*?'"[20]

Naquele mesmo instante, 195 quilômetros ao sul, um grupo de rhythm & blues chamado Rolling Stones fazia seu décimo show. Nesse que seria apenas o primeiro show deles fora de Londres, tocaram duas horas para uma plateia de duas pessoas, em North Cheam, Surrey – na sala dos fundos de um pub chamado Woodstock. O cachê deles, no valor de £ 15, foi dividido entre os cinco músicos, e a apresentação foi agendada por Brian Jones, porque a banda não tinha empresário.

Os semanários musicais só escreviam sobre artistas que constavam nas paradas, então os Beatles não conheciam os Rolling Stones – ou os Rollin' Stones, como Jones preferia –, mas os Stones estavam prestes a escutar os Beatles e sofrer um choque. Um quarto de século depois, em uma noite de gala em Nova York, Mick Jagger fez o discurso por ocasião da entrada dos Beatles no Rock and Roll Hall of Fame (instituição ridiculamente improvável em 1962):

> A Inglaterra era uma vastidão desértica. Quando o assunto era música pop, a Inglaterra não tinha mesmo nada a oferecer. Os Stones tocavam em pequenos clubes em Londres – canções de Chuck Berry, blues e coisas assim – e nos considerávamos fora do comum, [que] não havia ninguém como nós. E então ouvimos falar que existia uma banda em *Liverpool*. Com cabelos compridos,

5 de outubro de 1962: começam os anos 60

roupas desalinhadas e um contrato de gravação. Com um disco nas paradas e uma levada blues na harmônica, uma canção chamada "Love Me Do" – quando ouvi a combinação disso tudo, quase tive uma síncope.[21]

Ao longo de 1962, a popularidade do R&B vinha crescendo de forma constante em Londres e em alguns salões ao sul e oeste – área que logo seria chamada de "Campos de algodão do Vale do Tâmisa", em alusão às raízes do blues nas lavouras de algodão estadunidenses. O som tinha raízes tão negras quanto esses meninos brancos ingleses eram capazes de tocar, não música de Nova York, nem de Detroit, mas dos tradicionais estados do Delta do Mississippi. Jovens nortistas e sulistas da Inglaterra compartilhavam sua afinidade por Chuck Berry, Arthur Alexander e Bo Diddley. A partir daí, entretanto, as preferências se bifurcavam entre as duas definições aceitas de R&B, exatamente as que Brian Jones havia debatido em público na *Disc*: o tipo que os Beatles faziam e o tipo que os Stones faziam. Os Beatles divergiram para a Motown, os Stones para a Chess; os Beatles para Goffin-King, os Stones para Howlin' Wolf; os Beatles para Richie Barrett, os Stones para Jimmy Reed; os Beatles para Luther Dixon, os Stones para Willie Dixon.

O ponto focal do R&B era Alexis Korner. Um ano após Peter Cook abrir The Establishment (clube de comédia satírica), a edição de 5 de outubro de sua revista de artes, *Scene*, fez um perfil de Korner e sua banda, concluindo: "Estão, digamos, à beira de uma tendência. O que vai acontecer agora? Isso vai depender do público fora da área central de Londres. Alexis acha que o pessoal vai gostar desse tipo de música – assim que se acostumarem. Se for assim, a banda tem à frente um caminho promissor".

Mas quem se destacaria não seria a Blues Incorporated, e sim a banda que surgiu para preencher a ausência deles num show. Em 12 de julho, Korner e Blues Inc fizeram sua estreia no rádio, numa sessão ao vivo no Jazz Club, transmitida pela estação Light Programme, da BBC. Era noite de quinta-feira, noite do clube Marquee, por isso essa semana outra banda tomou o lugar deles, uma banda que o jornal do clube, *Jazz News*, para a provável irritação de Brian Jones, chamou de "Mick Jagger and the Rolling Stones".

A *Jazz News* continuava a ser o único meio de divulgação do R&B, e foi essa revista que anunciou o nascimento dos Rolling Stones. No artigo de 11 de julho, intitulado "MICK JAGGER FORMA SUA BANDA", o cantor e gaitista de boca instantaneamente dissipava qualquer medo que o nome deles pudesse despertar em relação ao estilo musical. O resultado é que a primeira citação publicada de Mick Jagger sobre os Rolling Stones é: "Espero que o público não vá pensar que somos uma banda de rock'n'roll".[22]

Nessa mesma sexta-feira, 5 de outubro, a EMI lançou o primeiro disco dos Beach Boys, anunciado na *Record Retailer*, na página oposta à propaganda de "Love Me Do", que Brian Epstein mandou publicar em página inteira. A canção era "Surfin' Safari", um embalo animado com riffs de guitarra à Chuck Berry involucrados em harmonias vocais raras e atraentes. Oriundos da Costa Oeste, cada qual em seu país, os Beach Boys, de Los Angeles, e os Beatles, de Liverpool, faziam progressos simultâneos. Também compartilhavam influências e eram autossuficientes: tocavam instrumentos próprios, cantavam músicas próprias. "Surfin' Safari" tinha sido composta por Brian Wilson e Mike Love. Wilson – talento excepcional aos 20 anos – era o mais velho dos três irmãos no âmago do quinteto, e o pai deles era o empresário da banda. Murry Wilson assinou o contrato dos Beach Boys com a Capitol Records em 10 de maio, um dia após George Martin, em Londres, ter oferecido a Brian Epstein um contrato da Parlophone aos Beatles.

Nos Estados Unidos, o primeiro compacto de 45 rpm dos Beach Boys na Capitol foi lançado com capa colorida. Os cinco rapazes, de cabelos limpos e bem escovados, um pouco mais curtos que os dos Beatles, trajavam uniforme: camisa xadrez azul, camisetas brancas e calças jeans; e os cinco carregavam embaixo dos braços a mesma e enorme prancha de surfe. Nenhum valor de propaganda ou publicitário era percebido nas guitarras elétricas, e o "som de surfe" – junto com a música para ouvir ao volante de carros Hot Rod, antigos veículos customizados – virou mania no sul da Califórnia: rock de guitarra (principalmente instrumental) na medida certa para o idílico estilo de vida de rapazes adolescentes, em meio a sol, surfe, praias, carros e garotas.

"Surfin' Safari" fez muito sucesso nos EUA, alcançando o 10° lugar na *Cash Box* e o 14° na *Billboard*, e a EMI a cooptou para lançamento britânico. Na imprensa, obteve resenhas semelhantes às de "Love Me Do" – em geral, positivas, mas sem entusiasmo – e enfrentou as mesmas batalhas para ser ouvida. Com

5 de outubro de 1962: começam os anos 60

raras execuções na Radio Luxembourg, a canção não emplacou e nem chegou às paradas. Porém confirmou uma mudança no vocabulário. A *Record Retailer* tinha os Beatles em mente quando comentou que os Beach Boys eram "outra banda que nos parece inovadora".[23] Era como olhar na bola de cristal e constatar: as *bandas* estavam chegando...

Voando alto (em 13º lugar) no top 100 da *Cash Box* de 6 de outubro de 1962 estava "If I Had a Hammer", de Peter, Paul e Mary, trio vocal de guitarras acústicas. No entanto o som deles, em essência, era direcionado a outro mercado, um público--alvo mais velho, com dinheiro para comprar álbuns. Pela segunda semana, o primeiro LP do trio estava no topo das paradas da *Cash Box* – e um estilo musical que sempre existiu explodia no mainstream com um dedilhar retumbante. Em breve, uma palavra entraria na moda, *"hootenanny"*, com o significado de encontro para cantar e dançar música folk. À parte essa denominação esquisita, tal momento seria reconhecido como a grande reviravolta da música folk nos EUA. Nem pop, nem rock, nem R&B, nem nada elétrico: apenas canções de protesto, com letras poéticas e guitarras acústicas, para um público que lia muito e tinha consciência social. Canções de dissidência contra os males e injustiças do mundo, articuladas com perspicácia em *campi* universitários e bares-cafeterias. A onda musical do folk explodiu em São Francisco e em Greenwich Village, Nova York; música para beatniks – agora, inevitavelmente, *folkniks*. Peter, Paul e Mary foram os primeiros a ter os hits, mas outro artista (como eles, representado por Albert Grossman, empresário nascido em Chicago) já caminhava para ser ídolo desse novo estilo: um moço de 21 anos chamado Bob Dylan.

Na sexta-feira, 5 de outubro, Dylan foi a atração principal em um de seus primeiros shows importantes em Nova York, *The Traveling Hootenanny*, no Town Hall da West 43rd Street. Alguém pode até mencionar as diferenças de fuso horário, o fato é que Nuneaton, North Cheam e Nova York estavam em sincronia nessa noite, unidas por voz, guitarra e harmônica, tocadas em cada arena de forma diferente, mas, nas três cidades, um som que vinha do coração, um tipo de música que o público jovem ainda não tinha, embora soubesse que a desejava. A última das quatro canções de Dylan era nova e ainda não gravada: "A Hard Rain's a-Gonna Fall". Seu futuro biógrafo, Robert Shelton, estava presente e escreveria:

1042 Ano 5, 1962: *Always be True*

"Aqueles que duvidaram dos dons poéticos de Dylan começaram a enxergar o motivo de todo aquele rebuliço".[24]

Na Grã-Bretanha, o folk já estava em ascensão. Quase tudo que saía nos EUA era lançado na Inglaterra, e as novas gravações americanas revigoravam uma cena local centenária e sempre ativa. Aliás, um bom número de canções tinha raízes no Velho Mundo. A *Melody Maker* de 13 de outubro registrou um amplo crescimento no circuito folk britânico, com cerca de 150 clubes país afora. De um lado e de outro dos microfones, de um lado e de outro do Atlântico, a primeira geração do pós-guerra – agora, jovens adultos – estava pronta para se manifestar, trocar ideias, pensar na vida e respirar liberdade.

33
"Chegamos aqui e agora vamos detonar"
(6 a 31 de outubro de 1962)

> RINGO: Primeiro fomos visitá-los, não fomos?
> JOHN: Fomos e dissemos: "Somos uma banda e lançamos este disco. Vocês poderiam..."
> GEORGE: E então batiam a porta em nossa cara.[1]

Sulistas não morrem de paixão por *scousers*. É um fato, e muitas vezes a recíproca é verdadeira. Perambulando pelos escritórios de jornais e revistas de Londres para tentar promover "Love Me Do", os Beatles encontraram uma negatividade desdenhosa da qual jamais se esqueceriam. Não bastassem as dificuldades que Brian enfrentou para obter um contrato para eles, agora tinham de suportar aquela recepção. Iam mostrar a esses molengas malditos...

> JOHN: Quando descemos a Londres, fomos tratados como provincianos pelos *cockneys*... menosprezados como animais. Como se fôssemos uns *caipiras*.

> PAUL: Disseram para nós: "Se ficarem em Liverpool, nunca vão fazer sucesso. Precisam se mudar para Londres". Ficamos em Liverpool um bom tempo só para contrariar essa regra.

> GEORGE: O pessoal de Londres dizia: "De Liverpool? Ah, sim, da Cazilândia!"*

> RINGO: O pessoal dizia: "O nome de vocês é Beatles? De Liverpool? Nunca vão conseguir. Sumam daqui".[2]

---

* Palavra derivada de *khazi*, "banheiro" na gíria dos ingleses.

Ano 5, 1962: *Always be True*

Nos dias 8 e 9 de outubro, ficaram em Londres por 36 horas, celebrando o aniversário de 22 anos de John. Era a primeira vez dos Beatles na "fumaceira" para fazer algo além de gravar, e como Eppy ainda não conseguia marcar shows em Londres até garantir a procura de ingressos, eram desconhecidos ali e podiam andar livremente nas ruas e parar em lojas, pubs e restaurantes. Após o check-in no Royal Court Hotel, foram a Marylebone, na Manchester Square, para gravar uma participação personalizada em *The Friday Spectacular*, um dos programas da EMI na Radio Luxembourg.

Em se tratando de 1962, ninguém achava estranho um programa de artistas dublando as próprias músicas no rádio. Pouco tempo antes, os maiores espetáculos dos EUA e da Grã-Bretanha eram estrelados por ventríloquos e seus fantoches. O formato do programa *The Friday Spectacular* era bem claro: as gravações aconteciam todas as segundas-feiras à noite, no auditório do térreo da EMI House. Oitenta a cem jovens londrinos – principalmente moças, a maioria com cadernos de autógrafos na bolsa – recebiam ingressos e acesso gratuito a um bar de Coca-Colas (garrafinhas com canudos) e incentivo para dançar. Um piso temporário poupava o *parquet* dos saltos agulha. O público participava de números de competição e aplaudia quando dois ou três artistas convidados "dublavam" seus discos no palquinho.

Quase todas as apresentações eram protagonizadas por um cantor solo, por isso o uso de playback era inevitável. Como é que os Beatles se apresentaram sem instrumentos, e o que fizeram quando a canção foi baixando, só quem esteve lá sabe, e não contou para ninguém. Mas lá estavam eles: surrealmente, a primeira apresentação dos Beatles em Londres foi dublada, sem instrumentos. Foi também seu primeiro programa em rádio comercial, chegando a quase três milhões de ouvintes. Quando a canção terminou, um dos dois principais apresentadores, Muriel Young ou Shaw Taylor, anunciou: "E, agora, vamos conhecer os Beatles pessoalmente!". Porém a gravação não sobreviveu. Não se sabe quem falou, nem o que foi dito, nessa primeira vez que o povo lhes deu ouvidos.

Após o show, enquanto as fitas eram editadas para serem mandadas via aérea a Luxemburgo, adolescentes de ambos os sexos cercaram os artistas com cadernos de autógrafos e os novos cartões dos Beatles, brindes promocionais da Parlophone. Nessas ocasiões, dar autógrafos era o padrão e, embora fosse uma experiência nova

"Chegamos aqui e agora vamos detonar" (6 a 31 de outubro de 1962)

para os Beatles em Londres, havia muito tempo estavam acostumados a fazer isso em Liverpool. Pelo menos um deles escreveu "Para_____"; os meninos recebiam um simples "De...", as meninas recebiam "Com amor, de..." e três beijinhos; o primeiro a assinar também escrevia The Beatles – lembrete para as pessoas de quem e do que eles eram – e um ou dois deles também rabiscavam o desenho de um besourinho. Tudo isso ficava amontoado numa só página, de fundo pastel, em cada caderno. Eram *uma banda*.

O mesmo ponto foi enfatizado na terça-feira, quando divulgaram "Love Me Do" para a imprensa. Pelas ruas e escritórios de Londres, os Beatles tiveram como guia Tony Calder – DJ de bailinhos e publicitário e divulgador independente do ramo fonográfico, 18 anos, franzino, mordaz, de óculos, com escritório compartilhado no último andar de um prédio no Soho. Marcou para eles uns compromissos com jornalistas, de hora em hora, permitindo 30 minutos em cada sessão e um intervalo para a corrida de táxi ou a caminhada até o próximo. "Brian Epstein me pediu para fazer isso", conta ele, "e fiquei feliz em me envolver, porque curti o disco".[3]

O itinerário do dia se perdeu, mas três compromissos são conhecidos: um muito amistoso, um amistoso e um muito inamistoso. Encontraram-se com colunistas nos diários nacionais da Fleet Street – *Mirror*, *Sketch*, *Mail*, *Express* e *Herald* –, esforço que não resultou em matéria alguma. "Naquele dia, muitos jornalistas trataram mal os Beatles", revela Calder, que teve uma boa impressão deles.

> Em tudo o que faziam, os Beatles eram uma lufada de ar fresco. Besteirol não era com eles. Vestiam jaquetas de couro, não ternos, e pareciam estar sob o efeito de anfetaminas, pois tinham uma energia que eu nunca tinha visto antes. Aonde quer que a gente fosse, Paul e John assumiam a liderança e tomavam a palavra; o olhar de George faiscava, mas ele falava pouco; e Ringo não dizia nada. O mais ríspido era Lennon, enquanto McCartney articulava e articulava o dia todo. Tinha uma verve fantástica... Eu nunca tinha ouvido um artista ir direto ao ponto assim; seja lá qual fosse a pergunta, sabia exatamente o que ia dizer e com a mesma coerência em todas as reuniões. Foi fenomenal – e se o papo começava a ficar furado eles davam uma olhadela para mim e diziam "Temos que ir andando, não é, Tony?". E os quatro se levantavam juntos. "Desculpe, só temos um dia em Londres..."

Ringo ficava quieto, mas não ao estilo de Pete – e sim porque a história dos Beatles, por enquanto, era dos três, e não dele. Mais tarde, constatou: o preço do silêncio foi ganhar a fama de mal-humorado.

> O pessoal ficava fazendo perguntas sobre o começo dos Beatles, [e] eu não estava em uma posição de falar sobre isso. Eu não estava com eles o tempo suficiente. Eu conhecia a história direito, mas não queria cometer erros; era como ser novo na escola, numa turma em que todos se conhecem. Pensei então: "Fique de bico calado e vai dar tudo certo. Jogue limpo e com segurança". E todo mundo dizia: "Olhe só para ele, não é tristonho? Ele não fala com ninguém".[4]

Ringo não dizia nada, George absorvia tudo e formava opiniões silenciosamente, mas o Beatle com a palavra – Paul ou John – falava por todos eles. De modo consistente, a mensagem deles era de uma banda unida, principalmente em dias assim, em que esperavam conhecer revistas e publicações especializadas.

A imprensa musical nunca esteve comercialmente tão bem. A *NME* (muitos ainda a chamavam de *Musical Express*) tinha uma circulação de 217 mil exemplares – mais do que todas as rivais juntas. A *Melody Maker* vendia cerca de 78 mil, mas tinha como consolo o fato de ter leitores mais exigentes. A *Disc* não ficava muito atrás, e a *New Record Mirror* (cujo dono secreto era a Decca) vendia apenas cerca de 25 mil, mas estava em ascensão. No geral, essas publicações forneciam uma cobertura abrangente sobre quase todos os artistas com discos gravados, seus lançamentos e a parte empresarial do ramo fonográfico. De fatos comprovados a fofocas quentes, quase nada lhes escapava, e as notícias semanais eram relatadas obsessivamente numa cobertura sólida. Os leitores tinham todas as ferramentas para ficarem plenamente informados – e os historiadores, o mais rico dos repositórios.

Faltavam a esses veículos crítica, ceticismo, sarcasmo, fel e mordacidade. Encontrar tais elementos nessas publicações não era algo impossível, como alguns historiadores sugerem, mas *raro*. Naturalmente, o tom desses periódicos refletia o seu tempo – em muitos aspectos, ainda enérgicos, educados, positivos, tudo apoiado, todo mundo incentivado. Esse era (ao menos superficialmente) um mundo mais inocente, descrito com gracejos e pontos de exclamação, bem menos

"Chegamos aqui e agora vamos detonar" (6 a 31 de outubro de 1962)   1047

sarcástico do que se tornaria.* Leitores assíduos da imprensa musical, os Beatles desenvolveram uma sensibilidade aguçada para detectar falsidades. Quando Cliff Richard dizia que "não podia ter namoradas porque as fãs não iam gostar", e quando ele e outras estrelas anunciavam que não fumavam nem bebiam, os Beatles sabiam que era conversa para boi dormir. "A gente pensava que os caras eram frouxos", disse John – aos olhos deles, "frouxo" era sinônimo de lixo, porcaria, ninharia, o PIOR dos piores. Como George explicaria, nunca tiveram a intenção de trilhar esse caminho batido e ilegítimo: "Sempre detestamos a falsa 'imagem de estrela'. Preferíamos ser nós mesmos. Sempre saímos como nós mesmos e pensávamos: 'Se não gostarem de nós como somos, então azar', mas gostavam. As pessoas gostam mais do que é natural, eu acho".[5]

Os Beatles esperavam conhecer Melody Maker, Disc e New Record Mirror, mas, como nenhum artigo foi publicado, talvez a visita deles tenha sido evitada. Um mês depois, porém, em uma segunda visita promocional, foram recebidos na redação das duas últimas. Nesse primeiro dia promocional, Alan Smith deu aos Beatles as mais calorosas boas-vindas quando entraram no escritório da NME, na 23 Denmark Street. Para os Beatles, ele era o repórter de Liverpool-em-Londres, um jornalista conterrâneo atuando em campos distantes; para ele, era a chance de apresentar pessoalmente a banda que tinha apoiado, só para ser ridicularizado e virar alvo de piadinhas sobre "Os Baratas" e de gracejos "nortistas".

Como se verificou, seja lá o que Smith tenha escrito sobre a sessão não foi usado – os Beatles ainda não estavam no top 30 da NME, e o foco do periódico, em sua bem-sucedida política editorial, incluía "somente artistas nas paradas". Um relato da visita apareceu em duas edições de novembro do Mersey Beat, do qual Smith agora havia se tornado "correspondente em Londres". Os Beatles lhe disseram que não apreciaram muito os londrinos, e o comentário concluía citando:

---

* Nos Estados Unidos, a Billboard (na época, Billboard Music Week) e a Cash Box, as duas principais revistas semanais da indústria fonográfica, alegavam números de circulação de 20.265 e 10.258 exemplares, respectivamente. Ainda não havia imprensa para os consumidores de música – a única cobertura sobre artistas era feita em fanzines adolescentes hollywoodianos, impressos em papel barato com fotografias ao estilo pin-up e matérias publicitárias pouco verossímeis sobre artistas como (em outubro de 1962) Bobby Vee, Bobby Rydell, Frankie Avalon, Fabian, Rick Nelson, Richard Chamberlain, George Maharis, George Chakiris, Troy Donahue, Paul Anka, Paul Petersen, Patty Duke, Annette Funicello, Ann-Margret, Brenda Lee, Connie Francis e uma artista britânica – a atriz e cantora mirim Hayley Mills.

Ano 5, 1962: *Always be True*

"Se ficam sabendo que você é do norte, eles encerram o assunto". Smith recorda como "Os Beatles adotaram a postura de 'Vamos mostrar a vocês!' em relação a tudo isso... Mas, em outro nível, eu tive a avassaladora sensação de que os botões tinham sido pressionados e a banda estava *prestes a decolar*. Algo como 'Chegamos até aqui e agora vamos detonar'".[6]

Se a *NME* era o Everest da imprensa musical, a *Pop Weekly* era uma pequena colina, ferramenta de uso desenfreadamente promocional por seus coproprietários Albert Hand e Robert Stigwood. Hand era fã de Presley, dono da *Elvis Monthly* e de outras revistas pop curiosas publicadas, inusitadamente, em Derbyshire.* Australiano radicado em Londres, Stigwood tinha experiência em contratar jovens atores, encontrar canções para eles, colocá-los no estúdio e produzir, licenciar e às vezes publicar seus discos. As "estrelas" de Stigwood dominavam as páginas da revista *Pop Weekly*, mas bandas não figuravam em seus pensamentos. Era bem mais fácil ser empresário de cantores solo; ele os esculpia em bustos de gesso e os enviava aos jornalistas em busca de publicidade favorável.

Com tudo isso e uma linguagem moderna e descolada ("Lembrem-se: agora todas as semanas a gente vai-vai-vai a Digsville, tipo Uau!"), a *Pop Weekly* era mesmo um caso à parte... E o fato é que ela publicou um anúncio para "Love Me Do". Repetia-se a situação da *Record Retailer*: a EMI não tinha verba para isso, então a Nems pagou. Brian respondeu positivamente a uma abordagem direta do gerente publicitário da *Pop Weekly*, Sean O'Mahony, que recorda: "A EMI me deu o número de Brian e eu liguei para ele. Eu estava acostumado a lidar com empresários broncos e avarentos, mas Brian era muito diferente. Tivemos uma extraordinária conversa telefônica. Ele foi tão simpático, tão maleável, tão charmoso".[7]

"Love Me Do" passou a figurar no top 30 da *Pop Weekly*, mas, pela primeira vez, a publicação de um anúncio não lhes rendeu espaço editorial. Poderia ter rendido, no entanto a visita pessoal dos Beatles aqui os confinou à seção das paradas. A revista era redigida numa pequena seção do escritório de Robert Stigwood, na sobreloja de um trecho movimentado, mas decadente, da Edgware Road, perto de Paddington.[8] O jovem jornalista que entrevistou os Beatles, segundo Tony Calder,

---

* Os Beatles não compravam a *Elvis Monthly*, mas Mal Evans sempre tinha a última edição no bolso, e os quatro filavam a dele.

"Chegamos aqui e agora vamos detonar" (6 a 31 de outubro de 1962)

"era um sujeito horrível, de camisa branca de bri-nylon, cheio de acnes, supostamente empoderado por trabalhar numa revista em que 'as pessoas queriam aparecer'. Deixou claro que não estava com vontade de perder seu valioso tempo com os Beatles e logo de cara disparou: 'As bandas de guitarras acabaram. Já eram. Isso não tem mais volta'". Após minutos de respostas ásperas a perguntas suaves, John Lennon, em iniciativa unilateral, deu por encerrada a entrevista. "Teve uma hora em que John simplesmente não suportou mais. Só olhou para mim e disse: 'Mas que fdp. Vamos dar o fora daqui'. E, ao se levantar, deu um jeito de, sem querer querendo, trombar na mesa do cara, que virou e caiu, quebrando um dos bustos de gesso de Stigwood. Aqueles bustos resumiam o estado dos negócios na época em que os Beatles chegaram... Foi um momento simbólico."

A presença deles no *Pop Weekly* também foi importante de outras maneiras. Nos semanários musicais, os Beatles já tinham lido o nome Robert Stigwood; ele era um dos principais empresários do ramo. Mas, ao chegarem ao QG da Edgware Road, um acesso com degraus de madeira conduzia a um gabinete no segundo andar de uma loja. O empresário *deles*, além de ter uma sala dessas, *era dono* da loja – então, em que sentido Robert Stigwood era mais importante do que Brian Epstein? Só porque um estava em Londres e o outro em Liverpool? Pelo jeito, o tal do "glamoroso pop biz londrino" não valia grande coisa, e não precisavam se espantar com isso.

A certa altura na breve visita foi sugerido que os Beatles fossem conhecer o sr. Stigwood – mas então veio a notícia de que ele estava muito ocupado. Os Beatles não gostaram, e pelo menos um deles (talvez todos os quatro) mentalmente o colocou, por tempo ilimitado, em sua lista de *personae non gratae*. Como Paul disse à *Melody Maker*, dez anos depois: "Chegando a Londres, a primeiríssima coisa que fizemos foi visitar o escritório de Robert Stigwood... E ele não quis nos receber. Desde então, nunca mais nos encontramos".[9] Esse episódio insignificante voltaria como um bumerangue, mas a vingança é um prato que se come frio.

Na realidade, o único texto que resultou desse trabalho de um dia inteiro de estreia dos Beatles em Londres foi na divertida *Dance News*, publicação semanal focada no ramo de bailes de salão, com sede na Southwark Street, na margem sul do Tâmisa. O redator, Derek Runciman, gostou dos Beatles e do que tinham a dizer, e foi nessa revista (na edição de 1º de novembro) que foram citados pela

Ano 5, 1962: *Always be True*

primeira vez em um veículo de circulação nacional. No texto impresso, John, identificado como "líder e fundador da banda" (coisa que tinham combinado falar, caso alguém perguntasse), tomou a palavra, em pleno dia de seu aniversário de 22 anos.[10]

Quando Runciman se empolgou com os Beatles, elogiando "Love Me Do" (disse aos leitores: "Se você não ouviu, não sabe o que está perdendo"), John deixou escapar a primeira indicação impressa da marca registrada de sua banda – a rapidez com que trocavam o disco, deixando para trás rapidamente as conquistas atuais, optando até por desdenhá-las, em busca da próxima: "Não esperávamos muito de 'Love Me Do', na realidade nem gostamos tanto dela agora. Já gravamos o próximo single e o achamos excelente".[11]

Observando isso tudo e também suas "roupas de estilo diferente e não inglês", Runciman viu o suficiente nos Beatles para arriscar o pescoço. O artigo dele, publicado sob uma foto de bom tamanho da banda em frente ao Liver Building, inclui duas coisas – o primeiro reconhecimento de Londres de que a ação migrava *pras bandas do norrrte* e outras previsões ousadas: "Esses quatro cavalheiros da capital britânica da música beat, Liverpool, são uma grande ameaça aos maiores nomes do mundo instrumental e vocal. Sei que é fácil para os críticos dizerem: 'Sim, esses caras vão fazer muito sucesso' e depois corrigirem: 'É, ninguém acerta sempre'. Mas vou prever que os Beatles, em seu devido tempo, se tornarão grandiosos, uma das principais atrações do país!".

A *Dance News* tinha seu próprio top 10 semanal, registrando os discos mais tocados no circuito de 40 salões de baile da Grã-Bretanha afora. Um grande número de pessoas, maior até do que o de radiouvintes ou telespectadores, tinha contato com os lançamentos nas pistas de dança, tocados nos intervalos da música ao vivo. Era um cenário efervescente, e só alguém como Tony Calder pensaria em trazer os Beatles à *Dance News*, porque era o veículo de seu ramo: ele era o DJ mais jovem de Londres. No Lyceum e em mais três salões nos subúrbios (Ilford Palais, Streatham Locarno e Tottenham Royal), tocava, entre outros compactos, "Love Me Do".

Calder e seus associados – Jeff Dexter e o líder da matilha, Ian "Sammy" Samwell – também ajudaram muito a divulgar "Love Me Do", enviando o compacto a outros DJs com o custo por conta de Brian Epstein. "As gravadoras não forneciam discos para os salões de baile", conta Calder. "Os gerentes dos salões

"Chegamos aqui e agora vamos detonar" (6 a 31 de outubro de 1962)

tinham que comprar os discos que tocavam. Para isso, abriam uma conta numa loja local. Enviamos 'Love Me Do' a todos os salões de nosso circuito. Não era comum fazer isso, mas sabíamos que, como os Beatles eram de Liverpool e tinham um som diferente, ninguém ia tocar o compacto deles, a menos que fizéssemos alguma coisa."

De acordo com Dexter, a primeira execução pública de "Love Me Do" (ao menos na capital) aconteceu no Lyceum, por Sammy Samwell, uma ou duas semanas antes do lançamento oficial do compacto. O sujeito que compôs o grande single original do rock britânico, *Move It!*, de Cliff Richard, foi o primeiro a tocar Beatles em Londres. "Foi numa terça-feira. Levamos a nossa cópia inicial de 'Love Me Do' (disco promocional de um lado só e etiqueta branca) direto ao Lyceum", relata Dexter. "Naquela noite, Sammy tocou a música três vezes, e o pessoal veio nos perguntar o que era."[12]

Em Londres, nas noites de terça e domingo, Samwell fazia dois mil jovens dançarem ao som de "Love Me Do". Além disso, também tocava o disco nas "sessões musicais no horário de almoço" no Lyceum, todo dia útil, menos um. Em Liverpool, colaboradores/as de escritórios e lojas tinham som ao vivo no horário de almoço. Em Londres, um público semelhante podia curtir uma hora diária de dança ao "som mecânico". Os Beatles estavam começando a migrar.

Por enquanto, o compacto de "Love Me Do" só havia sido lançado na Grã-Bretanha. Primeiro, os Beatles tiveram que sair de Liverpool para alcançar o resto do país. Agora, teriam que sair da Grã-Bretanha para alcançar o resto do mundo. Nos Estados Unidos, a Capitol Records rechaçou qualquer possibilidade de lançá-los. Se os Beatles e Brian soubessem dos bastidores, certamente teriam se magoado. George Martin não esperava outra resposta. Já era rotina a Capitol desdenhar dos produtos de sua proprietária inglesa. A música que vendia bastante na Grã-Bretanha, e muitas vezes em vários outros países, continuava a ser rejeitada por Dave Dexter Jr., que, aos 47 anos, comandava a equipe de A&R internacional da Capitol. Em 1962, George sentiu isso na pele: "Dex" escolheu só *meia dúzia* de compactos britânicos para serem lançados pela Capitol, nenhum produzido por ele.

O primeiro desembarque dos Beatles nos EUA aconteceu por meio de um caixote de papelão, carimbado com "London W1", um entre 18 discos enviados direto da EMI House, em Manchester Square, com destino à Capitol Tower, em Hollywood and Vine. "Love Me Do" ficou pouco tempo na escrivaninha de Dex. Vinte e dois anos depois, entrevistado em um radiodocumentário dos EUA chamado *From Britain With Love* (Da Grã-Bretanha com amor), o outrora executivo da Capitol, agora aposentado, comentou brevemente o fato de ter recusado os Beatles nos EUA: "O som da gaita de boca não me chamou atenção. Cresci ouvindo os velhos discos de blues, com gaitistas desse estilo, então aquilo não me impressionou... Descartei o disco sem pensar duas vezes".[13]

Na época, o selo Vee Jay de Chicago alcançou grande sucesso nacional, com "I Remember You", de Frank Ifield – disco com harmônica que Dex havia reprovado meses antes. E a Capitol tinha lançado, também com estrondo, outra banda vocal-instrumental, os Beach Boys. Mas Dexter foi incapaz de ler os sinais. Não morria de amor pelos britânicos e fazia questão de deixar isso bem claro, inclusive com as exceções. Rejeitou Beatles, Shadows, Cliff Richard, Adam Faith, Helen Shapiro e Matt Monro, *mas* lançou "Bobbikins", música instrumental da pianista sra. Mills. A dona de casa Gladys Mills, a mais britânica das descobertas, 43 anos, corpo rotundo, papadas no queixo, tocava ao piano melodias festivas, para o ouvinte cantar junto, como no bar de um saloon. No finzinho de 1961, ganhou fama repentina ao aparecer na TV. Em seguida, assinou contrato com a Parlophone, por iniciativa de Norman Newell. O single de estreia foi um estouro, mas os seguintes não tiveram a mesma sorte – e foi exatamente um desses compactos fracassados na Inglaterra que Dex aprovou para lançar nos EUA.

A julgar por suas palavras desdenhosas em relação à EMI em 1961 – "Por aqui, adulto nenhum compra singles" –, das duas, uma: ou Dexter achava que a criançada estadunidense iria, em peso, comprar "Bobbikins", da sra. Mills, ou isso era um modo de erguer o dedo médio à *EMI da Inglaterra* – política com a qual todos os níveis gerenciais dentro da Capitol, inclusive a presidência, eram coniventes.[14] O disco vendeu apenas 72 cópias nos EUA, fracassando quase tão inexoravelmente quanto as outras cinco escolhas de Dexter em 1962. Uma delas, o cantor escocês Andy Stewart, usava o tradicional kilt de xadrez tartã vermelho – longe de ser material com apelo adolescente. Ao longo dos nove meses seguintes, Dexter ignorou *tudo* (com mais uma única e pequena exceção) que lhe foi enviado da Inglaterra, inclusive após entrar no intenso e bombástico ano de 1963.

"Chegamos aqui e agora vamos detonar" (6 a 31 de outubro de 1962)

Os fatos que se seguiram continuam meio nebulosos, mas "Love Me Do" não teve a chance de ser lançado nos Estados Unidos. Os discos rejeitados pela Capitol eram repassados pela EMI à Transglobal Music, Inc., recém-inaugurada empresa de Nova York, propriedade secreta da EMI. Em essência, consistia na EMI britânica nos Estados Unidos, com a dupla tarefa de: (a) licenciar bons compactos de 45 rpm de gravadoras independentes estadunidenses para lançamento no Reino Unido e (b) encontrar gravadoras dos EUA interessadas nos discos recusados pela Capitol. Nos arquivos da EMI, um documento indica que o presidente da Transglobal, Joseph E. Zerga, recebeu amostras de "Love Me Do" para serem divulgadas entre algumas gravadoras. Porém, afora uma movimentação tardia da Liberty Records, em dezembro, nada indica quais outras empresas o rejeitaram.[15] É provável que tenha despertado pouco interesse, porque nunca recebeu apoio de Londres.

O foco exclusivo dos Beatles era a Grã-Bretanha, e o mais importante era progredir... coisa que "Love Me Do" proporcionou. Algo naquele novo som que estava rolando – na Radio Luxembourg, nas jukeboxes e nos salões de baile – grudava na cabeça de quem ouvia. Em pouco tempo, surgiria a tentação de exagerar, com as pessoas dizendo que "logo perceberam" que os Beatles eram especiais, mas muitos *realmente* acharam "Love Me Do" interessante em 1962. Mesmo para quem não o comprava, aquele disco ficava nos ouvidos: era cativante, envolvente, incomum, nitidamente distinto de tudo o mais ao redor.

No estúdio, em 4 de setembro, tiveram dificuldades para controlar o nervosismo e a tensão. Por isso é fácil entender por que (como George disse) tocavam "Love Me Do" melhor nos palcos do que em disco.[16] Em todos os shows, eles a tocavam, e também "PS I Love You", sempre frisando que era seu novo lançamento e que o público poderia comprá-lo. Ao mesmo tempo, como de costume, os Beatles faziam questão de atualizar seu setlist com uma novidade ou outra. O setor de música pop no porão da Nems, na Whitechapel, vendia um grande número de compactos de 45 rpm dos Beatles, mas a própria banda ainda era cliente da loja: após a sessão no horário de almoço no Cavern, os quatro lotavam uma das cabines de audição para se atualizarem com os mais novos sons dos EUA – discos que, pela primeira vez, por ironia, agora eram seus concorrentes.

Foi aí que ouviram um grupo de adolescentes negras de Michigan e sua doce e enfeitiçante "Devil in His Heart". The Donays só gravaram esse único single e se

1054 Ano 5, 1962: *Always be True*

separaram. A canção não fez sucesso nos Estados Unidos nem na Grã-Bretanha, mas os Beatles ouviram, amaram, cantaram e ainda fizeram algo incomum para eles: trocaram o gênero do eu lírico. Tornou-se "Devil in Her Heart", número vocal de "dois contra um", ou seja, George enaltecia todas as qualidades de sua namorada maravilhosa, enquanto John e Paul recomendavam precaução nos vocais de fundo ("*She's got the devil in her heart/ She's gonna tear your heart apart*", em tradução livre, No coração dela mora o diabo/ O seu coração será dilacerado).

Outra canção nova foi "A Taste of Honey", melodia melíflua que não obteve aprovação unânime nos Beatles. Paul ouviu a canção (de Lenny Welch), percebeu que gostaria de cantá-la, comprou, aprendeu e quis introduzi-la no set, mas houve resistência. John vociferou que era água com açúcar, o tipo de coisa que deveriam evitar. Esse tipo de situação se tornaria uma discórdia constante entre eles, mas decidiram arriscar e ver a reação da plateia. Em vez de baquetas, Ringo usou vassourinhas, Paul variou ligeiramente as palavras do refrão e, como fez em "Till There Was You", introduziu uma estranha afetação vocal, cantando "*sweeter than wine*" (mais doce que o vinho) como "*schweeter than wine*".

Rialto Ballroom, 11 de outubro. Essa foi uma das primeiras vezes que os Beatles a tocaram. O show de abertura ficou por conta dos Mersey Beats, e esse line-up foi repetido cinco noites depois, em um baile da Nems Enterprises, em Runcorn. John e Paul continuavam o debate sobre "A Taste of Honey", então Paul saiu em busca de uma segunda opinião. Para isso, consultou o baixista e cantor do Mersey Beats, Billy Kinsley:

> Paul se aproximou de mim e perguntou: "O que você achou daquela música que tocamos na outra noite, 'A Taste of Honey'?". Respondi: "Ela me arrebatou. Magnífica". Paul me agarrou pelo braço e disse: "Vá lá e diga isso aos outros". Levou-me ao camarim, e John falou: "Vá em frente e nos diga: o que acha?". Eu só tinha 15 anos e fiquei muito nervoso. O grande John Lennon queria saber o que eu achava de uma canção de que ele não gostava. Paul me cutucou: "Vamos, fale a verdade". Falei a ele que achava "A Taste of Honey" soberba. Paul completou: "Ah, ah, eu não disse?!".[17]

Outra nova canção, inédita nos palcos, emergia. Parceria Lennon-McCartney, mas composta (em grande parte ou na íntegra) por John no apê da Falkner

"Chegamos aqui e agora vamos detonar" (6 a 31 de outubro de 1962)

Street. A fagulha era uma preciosa recordação da infância, a mãe dele fazendo serenata para ele com a canção "I'm Wishing", da trilha sonora do filme *Branca de Neve e os Sete Anões*, da Disney. "*Want to know a secret?/ Promise not to tell?/ We are standing by a wishing well*" (Quer saber um segredo?/ Promete não contar?/ Estamos ao lado de um poço dos desejos).

"Do You Want to Know a Secret" era a primogênita canção da iniciativa paralela de John e Paul, o contrato de composição com Brian (o qual, sugestivamente, continuava um segredo para George e Ringo). Se antes já tinham motivos de sobra para compor, agora, com o contrato em vigor, Lennon e McCartney tinham um estímulo extra para se tornarem compositores e criarem canções para os Beatles gravarem no estúdio. Se produzissem um excedente de composições, Brian, como empresário, as ofereceria para gerentes de A&R da gravadora, na esperança de fazer sucessos para outros artistas.

John deu à sua criação uma introdução vagarosa e fácil que não se repetia na letra ("*You'll never know how much I really love you...*" – Nunca saberás quão verdadeiramente eu te amo...), recurso básico em várias de suas canções favoritas dos anos 1930 e 1940 e dispositivo usado também por Goffin-King. Então, logo após compô-la, John percebeu que ela combinava mais com o alcance vocal de George do que com o dele, e a repassou.[18] Ainda não estava claro se, e como, ela funcionaria – os Beatles propositalmente mantiveram a música em segredo por um bom tempo (não a tocaram nos palcos nesse ano), então não houve oportunidades para George cantá-la. Talvez tenham pensado que ela poderia ser o lado B de seu próximo compacto na Parlophone, mas não há nada que confirme que foi uma opção. A canção foi apenas deixada de lado para uso futuro – tornando-se a primeira de muitas.

Com sincronia quase divina, um ídolo dourado aterrissou no mundo dos Beatles exatamente em sua transição de estrelas locais para o primeiro passo nacional. Em maio, passaram horas insanas em Hamburgo com Gene Vincent; em setembro, respiraram o frescor de uma revisita a Buddy. Mas agora um grande herói estava ao alcance deles para complementar seu tesouro de rock. Em outubro, em Merseyside, os Beatles dividiram os bastidores com Little Richard por duas vezes. Em novembro, passariam quase duas semanas juntos em Hamburgo.

1056 Ano 5, 1962: *Always be True*

O pequeno Richard Penniman era uma lenda viva, e bem viva. Em sua turnê britânica, o público nunca sabia ao certo se ouviria as incríveis canções antigas que pagaram para ouvir, ou o repertório gospel que não despertava o interesse dessas jovens mentes agnósticas. Desde que renunciara ao rock em 1957 para se tornar pastor e evangelista, Richard só cantava números religiosos, sem novos hits pós-1959. A julgar pelo acompanhante musical que ele trouxe, a Grã-Bretanha receberia a palavra de Deus: Billy Preston, organista de 16 anos de Los Angeles, menino-prodígio imerso na Igreja e na música gospel. Ao longo dessa turnê europeia – Inglaterra e Hamburgo –, Richard foi o responsável legal de Preston.

Don Arden promoveu a turnê com as bases contratuais de que o astro cantaria ROCK. Richard disse sim, mas avisou que Deus puniria Arden por colocar tentações em seu caminho: "Sempre acreditei que alguém *malévolo* me faria voltar".[19] Arden – que gravou discos religiosos em hebraico até meados da década de 1950 – receberia xingamentos muito piores, mas de bobo não tinha nada: com bom senso, trouxe uma forte estrela de apoio, o cantor de soul Sam Cooke, e marcou a primeira noite da turnê no teatro Gaumont, em Doncaster. Totalmente fora da Broadway e do mainstream.

Richard abriu com uma canção gospel, a segunda também foi gospel, assim como a terceira. Só então fez um rápido medley de hits de rock. Entre um show e outro, o camarim deve ter fervido com as chamas do inferno. Eis que, no segundo horário daquela mesma noite, o pastor deu a seus discípulos o que eles queriam *de verdade*. Não foi totalmente rock, não foi totalmente sagrado, mas contou com versões completas e emocionantes dos clássicos – "Long Tall Sally", "Lucille", "Rip It Up", "The Girl Can't Help It", "Tutti Frutti" e outros – e nesse modelo a turnê prosseguiu. Quem ficou em estado de choque foi o garoto Billy Preston. Ele só havia tocado em duas turnês, com Mahalia Jackson e o reverendo James Cleveland. Agora, subiu ao palco (com a banda de apoio britânica de Richard, a Sounds Incorporated) para assistir, de olhos arregalados, ao estridente renascimento do Penniman pré-clero, uma erupção de movimento em seu terno branco folgado, lunático amante da vida, uivando aquela música diabólica com maquiagem de mulher, saltitando diante do piano de cauda e assustando o público com um falso colapso fatal... para então, em meio ao silêncio aflito, gritar "Good Golly Miss Molly" e saltar como um demônio

"Chegamos aqui e agora vamos detonar" (6 a 31 de outubro de 1962)

desfibrilado. Fora da curva e fora da casinha, Little Richard fez um show que deixou o resenhista da *NME* tão impressionado que admitiu sua incapacidade de transmitir suas sensações: "Como descrever o show mais fantasticamente empolgante e arrasadoramente dinâmico que você já viu?".[20]

Brian Epstein trouxe Little Richard a Merseyside exatamente cinco anos após o cantor ter renunciado ao rock e arremessado quatro vistosos anéis de diamante no rio Hunter, em Sydney, declarando: "Se quiser viver para o Senhor, você não pode fazer rock'n'roll também". Estaria o Bom Deus olhando para New Brighton naquela noite de sexta-feira, 12 de outubro de 1962, no grande salão de baile litorâneo, ao lado da roda-gigante, das balsas, do estádio de futebol, do tobogã em espiral tipo *helter-skelter*, das tendas de *fish and chips*, das cabines de quiromancia? Não era exatamente *O pequeno rincão de Deus*. Little Richard assumiu o risco e fez o lugar vir abaixo, espargindo suor sobre seus irmãos. "Cara, eu os eletrifiquei!", exclamou ele, mais tarde, a Alan Smith, do *Mersey Beat*.[21]

O evento "Little Richard at the Tower" foi uma festa de arromba de cinco horas e meia, com 11 bandas. O astro veio em sétimo, e depois o público começou a dispersar. Não queria perder o último transporte para casa. Brian organizou o espetáculo e escalou Bob Wooler como apresentador. Os Beatles tocaram em sexto, um pouco antes do ápice, então Little Richard teria que superar a reação provocada por eles. Ele os espiou por uma brecha nas cortinas, e os Beatles e Brian ficaram ansiosos para saber o que Little Richard tinha achado. Brian ficou sem jeito para indagar. Por isso pediu a Ted Knibbs, o afável empresário de Billy Kramer, para fazer a sondagem. A resposta foi citada em peças publicitárias: "Excelente, para lá de excelente". Furo de verdade obteve Alan Smith, que rabiscou em seu caderno o elogio incondicional de Little Richard: "Cara, esses Beatles são fabulosos! Se eu não os tivesse visto com meus próprios olhos, não teria nem sonhado que eram brancos. O som deles é autenticamente negro".[22]

Enquanto Richard fazia suas peripécias no palco – acompanhado por Billy Preston e a banda Sounds Incorporated –, cada Beatle, por sua vez, perto da cortina, na extremidade dos bastidores, fazia pose enquanto Mike McCartney tentava registrar uma foto da ação no palco com um Beatle ao fundo. Não teve como. Acontece que Richard toda hora se virava e abria um sorriso para Ringo. Era um sorriso do tipo "Você me atrai", explica Mike. Foi um tremendo choque para os

1058   **Ano 5, 1962: *Always be True***

músicos de Liverpool (e uma decepção esmagadora para alguns) perceber que seu grande ídolo do rock não era tão-homem-quanto-a-maioria. Little Richard realmente *soltou a franga* nos bastidores, fazendo comentários lascivos sobre meninos e rabiscando em sua bíblia gigantesca (que ele não deixava ninguém ver).[23]

Em meio a 50 rapazes do rock, tudo que é tipo de diversão rolava nos bastidores. Os reis eram John, Paul, George e Ringo, profissionais com disco nas paradas, e foi aqui que tiveram seu primeiro encontro cara a cara com Pete Best desde sua dispensa, em agosto. Subiram ao palco quando Lee Curtis and the All Stars estavam saindo, e Pete conta que nenhum olhar ou vocábulo foi trocado entre eles. Bob Wooler também circulava, fazendo apostas de que em seis meses os Beatles seriam maiores que os Shadows, enquanto Paul importunava Les Chadwick para que ele tirasse uma foto decente deles com Little Richard. O fotógrafo foi até o camarim do astro e perguntou se ele topava. Richard respondeu: "Mas é claro!". Ele havia *adorado* os Beatles e ficou muito feliz em atender ao pedido.[24]

É uma foto importante – John, ajoelhado, segurando a mão esquerda de Little Richard; George, Ringo e Paul tocando a mão direita do astro, todos muito sorridentes. Não o conheciam havia muito tempo, mas agora o conheciam – e logo se conheceriam bem melhor em Hamburgo. É a última foto em que os Beatles aparecem com alguém mais famoso do que eles, agrupando-se em torno do ídolo como o mundo se agruparia eternamente em torno deles. Mais tarde, John refletiria: "Desde Little Richard, todos os artistas que já vi tocando... Sempre me decepcionei; eu preferia o disco". Mas mostrou ser um fã incondicional: estendeu um folheto da programação a Richard e pediu um autógrafo. O grande astro dos EUA assinou e acrescentou seu endereço residencial – algo que costumava fazer a meninas e meninos, afinal, todos eram bem-vindos ao "Mundo de Little Richard": *Para John, com a bênção eterna de Deus, Little Richard. 1710 Virginia Rd, Los Angeles, Calif.*[25]

Foi uma grande noite para Brian, seu principal evento do ano, organizado com detalhismo invejável. O objetivo principal da noite – atrair os holofotes para os Beatles e catapultar a carreira deles – tinha prioridade sobre os possíveis lucros. Que não se concretizaram. O público fez muito barulho, mas não lotou o local. O cachê de £ 500 de Little Richard, mais os cachês dos dez artistas de apoio, aluguel

"Chegamos aqui e agora vamos detonar" (6 a 31 de outubro de 1962)

do salão, publicidade ampla, design e impressão de dois mil folhetos da programação, levaram Brian a aumentar o valor do ingresso para 10 xelins e 6 pence, comparado aos 6 xelins no evento com Joe Brown. Como previsto, o preço salgado espantou parte do público.

Será que teria retorno financeiro 16 noites depois, ao repetir a dose no suntuoso Empire Theatre? Esse novo evento, anunciado pela primeira vez no dia seguinte à festa no Tower, não teve espaço para as bandas menores de Liverpool: Brian encaixou os Beatles e Little Richard em um line-up com outros nomes das paradas, incluindo Craig Douglas, Jet Harris e Kenny Lynch. Mais uma vez, a prioridade de Brian era proporcionar aos Beatles o máximo de prestígio e experiência nesse que seria o primeiro show deles numa grandiosa sala de teatro. Esses grandes auditórios costumavam receber shows do tipo *twice-nightly*, ou seja, em dois horários na mesma noite, por exemplo, às 18h30 e 21h, com line-up (programa) hierárquico. O futuro deles estava nesse tipo de local e configuração.

Na semana do lançamento de "Love Me Do", Frank Ifield era a atração principal no Empire, e Brian compareceu para conferir como esses shows eram administrados e obter dicas sobre o circuito de turnês. Ifield o aconselhou a entrar em contato com Arthur Howes, que promovia a maior parte das turnês e tinha um acordo exclusivo com vários artistas de primeira linha, incluindo Ifield. Logo depois, como ele sempre gostava de relatar, Howes recebeu uma ligação em sua casa, em Peterborough. Era Brian Epstein, perguntando se ele tinha espaço para os Beatles em algum espetáculo. "Assim que escutei o nome *Beatles*, pensei 'Minha nossa!'"[26] Mas, levando em conta que "Love Me Do" estava nas paradas, prontificou-se a encaixá-los num show de Frank Ifield, em Peterborough; seriam duas apresentações na mesma noite, no domingo, 2 de dezembro, sem cachê, mas com despesas pagas, e Brian aceitou.

Em meio a tudo isso, o planejamento de Brian para os Beatles seguia uma estrutura cíclica – intensa participação no presente; estratégia de médio prazo em evolução para objetivos distantes e maiores; e a necessidade constante de solucionar pepinos.

Não está claro o quanto os Beatles sabiam, em julho, sobre as duas temporadas que Brian tinha acertado com o Star-Club, uma na primeira quinzena de novembro, a outra nas duas últimas semanas do ano. Talvez tenham sido informados sobre elas, mas pareciam tão distantes. Agora estavam perto – e os Beatles avisaram que não iriam. "Love Me Do" estava nas paradas e com certeza começaria a despencar caso se afastassem. Além disso, *já tinham tocado* no Star-Club, não gostavam de ficar se repetindo e não conquistariam nada ao voltar lá. Paul teimou e não foi tocar em um show agendado em fevereiro, na Liverpool University, causando grande constrangimento a Brian. Dessa vez, a revolta foi do grupo, liderada por John e George: simplesmente não queriam mais tocar nos clubes de Hamburgo. O sentimento era tão forte que nove anos depois John ainda pôde resgatá-lo: "Se dependesse apenas de nós, teríamos desistido do compromisso. Tínhamos a sensação de que não devíamos a eles porra nenhuma".[27]

Não dependia só deles. Brian deve ter entendido, mas também precisava se impor. Se rompessem os contratos, no curto prazo, a reputação deles ficaria manchada, com possíveis reflexos no longo prazo. Durante o mês de outubro, de tanto tentar convencê-los, conseguiu. Sob protestos, eles acabaram concordando, reconhecendo a necessidade de honrar os acordos. Os Beatles até podiam ser imperialmente teimosos, mas sempre de pés no chão. Mas será que o *quarteto* inteiro empreenderia a viagem? Outra coisa preocupava Brian: a possibilidade de que Paul, de um modo ou de outro, fosse proibido de ir a Hamburgo, obrigando John, George e Ringo a contratar um baixista interino para as duas temporadas do Star-Club.

Dois anos depois, as consequências da brincadeira no Bambi Kino continuavam a atormentar Paul. Após sua deportação, seus dois pedidos de reentrada na Alemanha foram aprovados com muita dificuldade, e isso se repetia agora. No consulado alemão em Liverpool, Brian pegou quatro formulários para a obtenção do visto e da permissão de trabalho. A papelada foi devidamente datilografada e enviada, com apresentação impecável. Resultado: o consulado carimbou os passaportes de John, George e Ringo, mas o de Paul foi recusado. Já era 9 de outubro e Brian pediu uma explicação ao consulado. Só então ficou sabendo que Manfred Weissleder teria que encaminhar uma solicitação especial em benefício de *Herr* McCartney em Hamburgo, para ser mais exato, no Bundeskriminalamt. Em carta enviada a St. Pauli em 17 de outubro, duas semanas antes do início da nova temporada dos Beatles no Star-Club, Brian explicou a situação urgentíssima. O assunto ficou sem solução até que, pouco antes da viagem, Paul obteve a aprovação.

"Chegamos aqui e agora vamos detonar" (6 a 31 de outubro de 1962)

Ninguém disse que era fácil ser empresário. Nesse meio-tempo, Brian também concluiu que The Big Three causavam mais problemas do que vantagens – continuavam a desafiar suas instruções e ele também se viu obrigado a se desculpar pelo comportamento do grupo. Curiosamente, *conseguiu* despertar o interesse das gravadoras por eles.[28] No Natal, após voltarem de outra temporada em Hamburgo, fariam um teste na Decca. Gerry and the Pacemakers também estavam na fila para uma audição na Decca depois de retornarem de Hamburgo. Brian continuou mexendo os pauzinhos para que, até o início de 1963, as suas três bandas estivessem com contrato assinado com alguma gravadora.

Por enquanto, relutava em assinar com mais talentos, mas ficava de olho nos candidatos mais fortes. O principal era o cantor Billy Kramer, apelidado de "Golden Boy" por causa do traje dourado que ele usava no palco. Outro era Thomas Quigley, que cantava sob o nome artístico de Tommy Quickly. Nos dois casos, Brian monitorou o progresso deles e deixou clara a intenção de, em ocasião propícia, assinar um contrato de longo prazo como empresário. Incentivou Bob Wooler a marcar shows com eles no Cavern e os escalou para eventos da Nems Enterprises nos últimos meses de 1962. Não havia contratos, nem comissões, mas Brian garantia o aumento gradativo de experiências, perspectivas e rendimentos desses novos talentos.

Toda essa efervescência acontecia numa cidade só estampada nas manchetes nacionais por motivos errados. De acordo com um relatório do Ministério do Interior, Liverpool tinha os mais altos índices de embriaguez da Inglaterra. Em 1962, houve aumento de 30% nas prisões por consumo de bebidas alcoólicas em relação a 1961; o número de jovens desempregados era maior na cidade nortista que em qualquer outro lugar fora de Londres, e o maior desde 1940. Em uma projeção, 200 mil pessoas – quase um terço da população – deixariam Liverpool nos próximos 20 anos em busca de uma vida melhor. Em meio à decadência trágica e visível, Liverpool clamava por investimentos do governo federal, mas era solenemente ignorada. Com pobreza endêmica, 50 mil casas não tinham banheiro ou possuíam apenas banheiro externo; por todos os lugares, a fuligem cobria as superfícies. Tão vultosas eram as áreas degradadas de Liverpool – locais bombardeados na Segunda Guerra Mundial ainda não recuperados e zonas com remoção de favelas – que a heroína da cidade, a parlamentar Bessie Braddock, ergueu-se na Câmara dos Comuns e implorou uma visita do ministro da Habitação, "pois não há palavras para descrever a situação da área central de Liverpool". O jornal universitário local, o *Guild Gazette*, resumiu um fato perene: "Sejam quais forem as causas de suas favelas e angústias, Liverpool merece mais do que é obrigada a tolerar no momento. A cidade tem suas virtudes, mas só as enxerga quem está ou já esteve envolvido emocionalmente com ela".[29]

Embora excluídos da política nacional, os habitantes de Liverpool preservaram sua paixão intensa pela vida e, durante 1962, essa vitalidade e esse humor floresceram em outras formas de expressão artística. Além do cenário do rock, agora também prosperavam os cenários da pintura, da poesia e da arte performática, surgidas quase simultaneamente nos últimos meses do ano, com uma nítida ligação com os Beatles. O centro da boêmia de Liverpool, a Hope Street, tinha numa ponta a colossal Catedral Anglicana e, na outra, tomava forma uma estranha catedral católica romana, que mais parecia uma plataforma de lançamento espacial, em plena construção. Começando em Liverpool 1 e se estendendo Liverpool 8 adentro, a Hope Street era o antigo playground de John, Paul e George: perto do Liverpool Institute, da faculdade de artes, da Gambier Terrace, além dos pubs Phil (Philharmonic) e Ye/The Cracke... E agora uma novidade acontecia ali.

Em 5 de março de 1962, a segunda edição do *Jazz to Poetry* foi realizada no Crane Theatre, em Liverpool. O evento contou com as apresentações de Adrian Mitchell e do saxofonista Graham Bond (ambos de Londres) e do poeta local Roger McGough, cujos versos eram ricos em argúcia, cor e ritmo. McGough estabeleceu conexões com vários habitantes da Hope Street, incluindo o ousado e original poeta-pintor Adrian Henri, o pintor Sam Walsh, o poeta Brian Patten e John Gorman, engenheiro dos correios durante o dia e louco de pedra à noite. Foi ele o responsável pelo Festival de Artes de Merseyside, que aconteceu no último trimestre de 1962 em vários locais, principalmente no porão de um cinema na Hope Street. O lugar se chamava Everyman, mas os locais o conheciam por seu antigo nome, Hope Hall – ou, carinhosamente, "o Hopey".

Com uma forte sensibilidade inglesa-irlandesa-galesa-judaica com filtro de Liverpool, os poetas de Mersey se inspiravam em Allen Ginsberg e no cenário original de São Francisco: a recitação simples deu lugar à ação direta e ao en-

"Chegamos aqui e agora vamos detonar" (6 a 31 de outubro de 1962)

volvimento com o público. Henri chamava os programas do grupo de "Eventos", semelhantes aos "*happenings*" tão em voga no meio intelectual metropolitano dos EUA – "acontecimentos" de arte performática multimídia, com poesia, peças teatrais, música, pinturas e dança, de estrutura maleável, muita improvisação, mas com a cara de Liverpool.

O Festival de Artes de Merseyside estava em andamento quando Mike Weinblatt – artista, saxofonista, amigo de Gorman e cabeleireiro da equipe de André Bernard – disse ao seu colega no salão, Mike McCartney: "Você curte esses lances artísticos, não é? Vai ter um evento no Everyman. Gostaria de ir?". Mike foi e logo entabulou conversa com McGough e Gorman, que o convidaram para fazer um esquete de comédia. "Eu achava que um exibido na família já era suficiente e disse: 'Obrigado, não faço esse tipo de coisa'. Insistiram: 'Também não fazemos, só queremos dar umas boas risadas'. Levei o roteiro para casa, voltei e fiz o papel de um idoso. Gostei e, o mais incrível, o público logo caiu na risada e no fim todo mundo aplaudiu. Fui fisgado. Agora a família tinha dois exibidos."[30]

Em meio a poetas e pintores, Mike se sentia em casa. Sua paixão pelo surrealismo, despertada por Dalí e Buñuel, recebeu o impulso dos novos amigos. Roger McGough, com seu palavreado espirituosamente evocativo; John Gorman, com sua imaginação desafiadora. O caçula da família McCartney adentrava um cenário totalmente novo, cheio de cérebros inteligentes e de ingleses alegres e malucos... mas, sensível à crescente reputação de "nosso garoto" (seu irmão mais velho, Paul), decidiu não usar o sobrenome da família. Quando Gorman começou a planejar um segundo festival de artes a ser realizado em 1963, Mike foi elencado como Michael Blank, dando início a um longo período de semianonimato como talentoso artista de palco com méritos próprios.

John Gorman diz que um dia Mike sugeriu: que tal se a banda do irmão dele tocasse num dos eventos? Afinal, já tinham participado de um recital com o poeta beat Royston Ellis. Quando Gorman perguntou que tipo de banda eles eram, Mike respondeu "rock'n'roll". Então Gorman disse: "Pare com isso, Mike, somos artistas... Não queremos nos envolver com músicos assim". O acompanhamento preferido dos poetas de Liverpool não era rock ou jazz, mas R&B do binômio Mississippi-Mersey, mais exatamente, a banda The Roadrunners – músicos, cantores, artistas, poetas, a turminha descolada e inteligente de Birkenhead. Começaram tocando música pop, com o nome Tenabeats, explicou Mike Hart, o líder da banda, anos depois, mas alguns shows abrindo para os Beatles tiveram um impacto profundo e inspirador. Segundo ele, os Beatles "provocaram uma reviravolta na abordagem, uma corrida louca pelos discos de Chuck Berry e a tendência de arriscar um pouco de humor".[31]

Em outubro de 1962, os Roadrunners se tornaram profissionais. Seu primeiro show pago foi o baile de sábado à noite na faculdade de artes, e se tornaram a atração dominical no "porão" Hopey, tocando Muddy Waters entre (e, às vezes, durante) esquetes de poetas e artistas. "Tudo mudava com uma rapidez muito grande", relata o baterista deles, David Boyce. Ele tinha sido, e ainda era, um grande fã dos Beatles no Cavern, e agora os Beatles – ou alguns deles – apareciam para assisti-lo. "Em algumas noites de domingo, George e Paul marcavam presença no Hope Hall. George sempre se deu bem com Mike Hart, e Paul vinha conferir o que o irmão dele andava fazendo."[32]

O outro poeta residente de Liverpool 8 não teve qualquer envolvimento na formação do cenário ao seu redor – e estava prestes a deixar a área. John Lennon ainda criava seus versos espirituosos em suas idas e vindas dos shows noturnos, e agora também escrevia no papel de rascunho, timbrado, disponível nos quartos de hotel. Nesse período, escreveu vários textos, inclusive *No Flies on Frank* (Sem moscas em Frank), breve conto de seiscentas palavras sobre um homem em que moscas nunca pousavam. Quando, porém, "agrediu a esposa a pauladas compassivamente até ela cair morta no chão", uma nuvem de moscas cobriu o cadáver.[33]

Os textos cômicos de John sempre faziam Cyn rir, e ela sabia, com base em vasta experiência, que não deveria levar as coisas para o lado pessoal. Na verdade, na vida dela, esses momentos lúdicos ficavam cada vez mais limitados. Casada havia dois meses e grávida de quatro, Cynthia Lennon parou de estudar, lecionar e sair para assistir aos Beatles. Passava o dia em repouso no apartamento da Falkner, vendo a barriga crescer; lavando, passando e consertando as camisas de John; devotadamente cozinhando refeições fora de hora quando ele voltava dos shows noturnos. Um dia, Cynthia serviu a sua especialidade (picadinho de carne bovina ao curry, com guarnição de banana fresca fatiada) para Ringo, sem saber de seu estômago sensível. Ele disse não, obrigado, e ela ficou arrasada. John ainda não tinha

"Chegamos aqui e agora vamos detonar" (6 a 31 de outubro de 1962)

contado a Ringo que havia se casado nem que Cyn estava grávida. Ela escondeu isso e conta que Ringo a ignorou e a encarou com reservas por um tempo.[34]

Cada vez mais ausente, John viajou com os Beatles para serem esnobados em Londres nos dias 8 e 9 de outubro, enquanto Cyn ficou em Liverpool, onde teve um sangramento. Pegou um ônibus para o consultório médico e foi informada de que poderia estar sofrendo um aborto espontâneo. Assustada, pegou o ônibus, voltou ao apartamento e ficou lá, sozinha, o penico ao lado da cama, pois o banheiro ficava muito longe. Não perdeu o bebê, mas descansar no piso térreo da 36 Falkner Street não era algo fácil. A violência do bairro a deixava com os nervos à flor da pele. Para aliviar a tensão, ao menos parcialmente, contava com a companhia de Dot Rhone. A ex-namorada de Paul deu sua última e surpreendente – porém, malsucedida – cartada para voltar à vida de Paul, instalando-se no apartamento do porão. Mesmo quando John estava em casa, as duas andavam sempre apavoradas. Certa vez, tarde da noite, bandidos quase arrombaram a porta da frente, convictos de que inimigos tinham se escondido na casa.[35]

A Falkner Street sempre foi conturbada, mas o pior vinha em ondas e, em outubro de 1962, uma delas levou tudo de roldão. "FALKNER STREET UNIDA EM PROTESTO", estampou a primeira página do *Liverpool Weekly News*. De acordo com a reportagem, dois meliantes quebraram uma garrafa e agrediram o leiteiro; noite após noite, vidraças eram estilhaçadas; um menino foi assaltado e ameaçado por um ladrão que portava uma navalha. A criminalidade era facilitada pela escuridão noturna, porque as lâmpadas dos postes da rua estavam destruídas. "A área vive sob a égide do medo da violência e do vandalismo", relatava o jornal. Obviamente, um lugar assim era inapropriado para uma mulher grávida ficar sozinha. Mas era isso que aconteceria com Cynthia Lennon quando, na primeira quinzena de novembro, John estaria na temporada em Hamburgo.[36]

Por isso, no finzinho de outubro, John perguntou a Mimi se ele e Cyn poderiam ir morar em Mendips. Mimi concordou, mesmo levando em conta as circunstâncias desagradáveis que levaram ao término da última estadia de Cynthia ali, 12 meses antes. Agora, estavam casados e poderiam ficar no térreo. Por sua vez, Mimi transferiu a maior parte de seus afazeres ao segundo piso. Essa seria a solução provisória até o Natal, período em que Mimi ainda estaria hospedando três estudantes. Depois, haveria mais espaço para acomodá-los melhor, sobretudo se John fizesse uma contribuição substancial para as despesas da casa. Assim, John agradeceu a Eppy por ter cedido seu apartamento, e o casal se mudou para a Menlove Avenue... onde Cyn já não temia ficar sozinha, mas tinha que lidar com o temperamento inconstante de Mimi. Também receava que os inquilinos notassem sua barriga e descobrissem que ela havia se casado grávida – então, mesmo ali, "em casa", achou melhor continuar disfarçando.[37]

Para John, retornar a Woolton era voltar à casa perto de onde, quatro anos atrás, Julia tinha morrido; aos gatos de Mimi, às refeições decentes e às roupas bem lavadas, aos hábitos e amigos locais. Após um período sem contato, Lindy Ness pôde desfrutar de uma conexão mais próxima com John, a ponto de acompanhar suas primeiras aulas de direção, que não duraram muito, aliás. Paul, George e Ringo tinham carros, e John – tecnicamente descoordenado e desastrado como só ele – não queria ficar para trás. Resolveu treinar com a van dos Beatles, tendo Neil como instrutor. Lindy explica: "Ele passava para me pegar e depois seguia dirigindo pela Menlove Avenue, no trajeto para apanhar o Paul. Ficava de óculos, mas não era bom motorista, não era bom aluno e com certeza eu não me sentia segura com ele ao volante. Para ser sincera, ele era *péssimo* motorista. Neil mostrava o que fazer e o que não fazer, mas John só ficava gritando 'Vai se foder!' o tempo todo. 'Pare de me dizer o que fazer, Nell, porque já estou FAZENDO ESSA PORRA!'"[38]

Os outros Beatles estavam com a vida pessoal bem ocupada. Havia meses, Ringo e Maureen (Richy e Mitch) estavam juntos. De namoro terminado com Marie Guirron, George continuou amigo dela. Às vezes, ela ainda ia com eles na van a shows na região noroeste.[39] Admiradoras não faltavam a George, e ele começou a namorar outra Cavernite, Bernadette Farrell, loira de 17 anos, que trabalhava como cabeleireira num salão, no andar de cima da filial da Nems da Great Charlotte Street. Bernadette saiu uma noite com Paul, então George agiu com mais determinação e a conquistou. Nos shows do Cavern, ela ficava no primeiro arco.

Por sua vez, o relacionamento de Paul e Thelma Monaghan também havia esfriado: agora ele tinha tantas opções. Sua vida era um constante entra e sai de mulheres. Nas últimas semanas de 1962, namorou duas moças ao mesmo tempo, e uma não sabia da outra. Celia Mortimer, 17 anos, ruiva incrivelmente atraente, grande fã dos Beatles e aluna da faculdade de artes, desenhava suas próprias roupas.

"Chegamos aqui e agora vamos detonar" (6 a 31 de outubro de 1962)

Atraente, inteligente, artístico... tudo em Paul me atraía. Além disso, era uma boa companhia: gentil, autêntico e fazia o máximo para me agradar. Rabugento, ranzinza e, ao mesmo tempo, incrível e incisivamente engraçado, John era o oposto de Paul, o bom moço. Paul e eu começamos a sair, mas tudo ainda era bem inocente. Como eu morava meio longe de Liverpool, não havia muitos lugares para ir, exceto sentar na sala da casa do pai dele ou na sala da casa de minha amiga, ou pegar um cineminha... assistimos ao primeiro filme de James Bond.[40]

A outra namoradinha de Paul era Iris Caldwell – a espirituosa, bonita e loira irmã de Rory Storm; o primeiro amor de George; a filha de 18 anos de Ma Storm, cuja casa, Hurricaneville, na 54 Broad Green Road, era importante no cenário social noturno dos Beatles. "Tinha uma voz linda e olhos de cachorrinho", conta Iris, "e estava muito mais interessado em mim do que eu nele. Eu queria bem mais do que um baixista pobretão de uma banda de Liverpool. A carreira de Iris como bailarina profissional estava em alta, e ela andava tão ocupada quanto Paul, trabalhando em temporadas de verão, shows em Londres e também em turnês país afora. O casal de pombinhos só se encontrava quando suas agendas permitiam. Da mesma forma que Paul ficava com Celia quando Iris estava fora da cidade, Iris também tinha um namorado secreto: o cantor Frank Ifield.

Paul era engraçadíssimo... Costumava me chamar de Harris, embora eu nunca descobrisse o porquê, e ele se autodenominava Pool McCooby ou "nosso filho". Falou que eu não deveria aparecer em nenhum show dos Beatles, porque Brian Epstein não ia curtir se nos visse juntos... Era importante que os astros estivessem aparentemente "disponíveis". Seja lá onde estivéssemos, porém, Paul gostava de ser o centro das atenções. Estava sempre fazendo imitações, e, como ele gostava de aparecer nas fotos, sempre sentávamos na primeira fileira da plateia alta. Uma noite, ele me levou ao Empire para assistir ao pianista Joe Henderson. O show se chamava *Sing Along With Joe*, mas a única pessoa na plateia que cantava junto era Paul – e a plenos pulmões, no mais alto alcance de sua voz.[41]

Iris sempre soube: grande parte da atração para quem saía com ela ou Rory era a chance de passar mais tempo em Hurricaneville, de curtir a companhia do pai deles, Ernie, e, em especial, da mãe, Vi. Personagem folclórica de Liverpool, Ma Storm divertia os visitantes com as loucuras que falava e fazia. Não tentava ser engraçada. Não contava piadinhas. Mas o pessoal quase morria de rir com seus comentários de improviso. A ligação dela com George e Paul era muito próxima, e os dois nem sempre a chamavam de Ma Storm – Paul a apelidou de Val-e-Vi, enquanto George a chamava de Violenta Vi, e a dupla a amava do fundo do coração. Às três da manhã, qual era o melhor lugar da cidade para ir? A casa de Vi. Um papinho, um chazinho, um cigarrinho, pãezinhos caseiros com queijo, sanduíches de batata frita... "Minha mãe nunca expulsava ninguém", lembra-se Iris. "Todos nós éramos boêmios, menos meu pai, que os Beatles chamavam de 'o Triturador', porque tinha pesadelos exóticos e comia objetos domésticos. Ele ia dormir cedo e, quando o pessoal chegava, gritava lá de cima: 'Estão todos lá embaixo queimando a minha eletricidade'."

Paul tinha perdido a mãe havia seis anos, e senhoras como Vi Caldwell tentavam preencher essa lacuna. Preparava comes e bebes para ele, pegava suas camisas encharcadas de suor do palco e as devolvia lavadas e passadas, compartilhava intimidades na maior descontração. "Ela penteava as pernas dele, e Paul adorava", conta Iris. "Ele chegava do Cavern esgotado e arregaçava as calças, mostrando as pernas hirsutíssimas. E lá vinha ela pentear as pernas dele. Não é ridículo? Mas ele adorava a minha mãe, e a minha mãe o adorava."

Com seu avental, Vi, dona de casa "*scouse*", liverpudliana até o tutano dos ossos, fumante inveterada, falava abertamente com Paul. Dava-lhe o tipo de apoio genuíno e afetuoso que ele só aceitava de uma ou duas tias e primas. Ela desafiava certos pontos de vista que ele tinha sobre vários tópicos; Paul era um ateu inflexível e Vi era agnóstica, então a religião era um dos assuntos em pauta. Ela o repreendeu inúmeras vezes por nunca ter cigarros e sempre filar os dela – no começo, era divertido, mas depois se tornou irritante ("Ele *nunca* dava cigarros a ninguém, era terrivelmente sovina com eles"). E ela percebeu que, de vez em quando, Paul chegava a Hurricaneville com o humor alterado, deixando todos incertos sobre o motivo.[42]

O segredo que os Caldwell escondiam de Paul – que Iris também estava saindo com Frank Ifield – veio à tona em circunstâncias incomuns. Um dia, Paul apareceu com dois ingressos para o show de Frank no Empire. Aquele mesmo show

"Chegamos aqui e agora vamos detonar" (6 a 31 de outubro de 1962)

que Brian foi conferir para obter informações gerenciais. Iris não tinha como revelar a Paul que se encontrava com Ifield às escondidas. Muito menos que o próprio Paul era o espetáculo secundário de um astro internacionalmente famoso, de 24 anos, bronzeado, com um topete no cabelo e um sucesso retumbante nos EUA. Saiu na *Hit Parade* que Frank tinha um novo Ford Capri, versão cupê do Ford Classic de Paul. Os carros não tinham comparação, nem eles.[43]

Para variar, em vez de se sentar na primeira fila da plateia alta, Paul comprou ingressos para a segunda fileira da plateia baixa, pertinho do palco. Mudar o look seria a única salvação de Iris. "Frank gostava de mim toda feminina quando saíamos, cabelo cacheado e vestidinho colado. Paul curtia mais saia reta e cabelo preso num coque. Foi isso que fiz, torcendo para o Frank não me reconhecer." Tudo corria bem até Ifield voltar para o bis. A canção escolhida: o hit de Jim Reeves, "He'll Have to Go" (Ele vai ter que vazar). Parou além dos holofotes e cantou para o jovem casal de mãos dadas se contorcendo na segunda fila, e a letra terminava assim: "*And you can tell your friend there with you, he'll have to go*" (E pode dizer ao seu amigo aí com você, ele vai ter que vazar). É Iris quem nos conta: "Paul saiu indignado: 'Sacana atrevido! Sacana atrevido!', mas eu disse a ele: 'Não adianta ficar com ciúmes, Paul, você não entende... É show business, tem a ver com profissionalismo'". Nenhum dos pretendentes sonhava que, graças à visita de Brian aos bastidores naquela noite, logo participariam do mesmo line-up em outro evento.

Na noite de quarta-feira, 17 de outubro, os Beatles se refugiaram em Hurricaneville para devorar sanduíches recheados com batatas fritas regados a chá e ver a reação de Vi à primeira participação deles na TV. Oportunidade única: foram vistos de costa a costa, em todo o norte da Inglaterra, no programa *People and Places* da Granada, apresentado por Gay Byrne, dublinense bonachão. Ou, na jocosa descrição de John, *Peckle and Braces*, da Granarthur, apresentado por Gray Burk.[44] Em 1962, para os Beatles, "chegar lá" significava carro novo, disco nas paradas, transmissões no rádio e na TV. Fizeram barba, cabelo e bigode. E como os britânicos tinham "olhos quadrados" de tanto assistir à televisão, estar "na telinha" os marcava como estrelas – fama em preto e branco, no sistema padrão de 405 linhas, bruxuleantes, mas eternas.

Ficaram cerca de cinco minutos no ar, envolvendo-se em brincadeirinhas com Byrne e tocando "Some Other Guy" e "Love Me Do". Tudo feito ao vivo, e como não era filmado nem gravado no estúdio, a primeira aparição dos Beatles na TV se evaporou no éter da transmissão, para nunca mais ser vista novamente. Não é que tenha sido "perdida", na verdade, nunca existiu. Foi preservada apenas em fita de áudio amador e num texto do álbum de recortes que Jenny, a fã moradora de Birkenhead, mantinha sobre os Beatles: "Estiveram fabulosos, com sua peculiar naturalidade (fazendo brincadeiras), mas a parte dos efeitos sonoros deixou a desejar".[45]

A brincadeira veio no fim de "Some Other Guy", quando, por uma combinação doida, John e Paul jogaram as mãos para cima e deram gritinhos animados. Tocaram e cantaram a música com uma força impressionante, escolhendo-a porque as filmagens do Cavern não tinham sido exibidas, e essa ainda era a canção que eles queriam mostrar. A performance de "Love Me Do" foi confiante e boa, incluindo uma ponte ruidosa em que a forte batida de Ringo dialogava com as guitarras e servia de gancho ao próximo verso. É bem possível que esse arranjo um pouco mais animado estivesse sendo utilizado no palco.

A menção de Jenny sobre "efeitos sonoros" precários se referia à qualidade geral do áudio. Era assim para todos os artistas desde o início do rock'n'roll – e antes. Devido à "infância" tecnológica da televisão, dublar as músicas diante das câmeras (mímica) era a prática usual: as instalações de mixagem de som de estúdio eram tão rudimentares que se tornava quase impossível alcançar um balanceamento decente, e os técnicos ainda não tinham descoberto como microfonar um amplificador de guitarra. Como se tudo isso não bastasse, na outra ponta, a da recepção, os televisores domésticos ficavam alojados em armarinhos de madeira com alto-falante de baixa fidelidade, em mono, e o som era transmitido céu afora com isso em mente. Os Beatles chegaram algumas décadas cedo demais para a TV estéreo e sempre odiariam seu som na tela pequena e fariam tudo ao seu alcance para melhorá-lo, sentimento moldado nessa primeira vez em Manchester.

Afora esse átimo de tolice planejada, a apresentação dos Beatles foi em grande parte contida. Essa estreia na TV aconteceu no momento em que a linha de frente mudava suas práticas de palco, tornando-se visivelmente mais estática. Não foi sugestão de Brian, foi ideia deles. Tinham deitado e rolado nos shows em Hamburgo, zoado por um longo tempo. Agora, tentavam fazer algo diferente. Na

"Chegamos aqui e agora vamos detonar" (6 a 31 de outubro de 1962)

explicação de John: "Gradativamente, fomos esfriando, esfriando... Poupando a nossa energia. Tínhamos que escolher entre dançar, criar confusão e tocar direito. Decidimos nos concentrar em tocar".[46]

Ainda faziam palhaçadas entre os números, e John continuava imitando um corcunda, mas, durante as canções (exceto pelo vaivém diante do microfone), Lennon agora ficava com as pernas abertas, fixas no chão, movendo roboticamente seu torso e pescoço; George permanecia imóvel, exceto pelo bater involuntário de um pé ou outro no chão – coisa que ele chamava de sua "perna de Liverpool"; Paul seguia o ritmo batendo os pés no chão e se mexia um pouco, mas não muito. A personalidade era transmitida com atitude, aparência, humor e carisma natural: ainda se divertiam muito e ainda se exibiam, mas de maneira diferente. No entanto, sendo um programa de TV, pouco familiarizados com as câmeras girando em torno deles e fazendo close-ups, atuaram discretamente demais. Com certeza, a mudança foi um choque para Leslie Woodhead, da Granada, o responsável por agendar a participação deles na TV (pela qual conta que Ringo fez questão de lhe agradecer) – ele achou os Beatles "incrivelmente domesticados" em comparação com o que viu no Cavern.[47]

A data foi agendada na Granada porque o produtor do programa *People and Places* tinha ido ao Cavern e se impressionado, mas Brian ainda não havia movido uma palha para colocá-los na BBC-TV. Não havia alternativa exceto entrar na fila das audições – tentar, esperar, torcer –, mas tudo parecia meio inútil, porque não havia programa para aparecer. Isso não era conhecido nem considerado por David John Smith, músico e fã de 16 anos. Esperto, teve a iniciativa de organizar uma campanha postal para popularizar os Beatles em especial e as bandas de Liverpool em geral. Até hoje ele não sabe direito o que o levou a fazer isso: "Não costumava escrever nem enviar cartas, mas acho que eu só queria dar aos Beatles alguma exposição... Se bem que, como muitos fãs, eu estivesse com medo de perdê-los".[48] Smith escreveu a dois produtores da BBC em Londres, pedindo que dessem uma chance aos Beatles na TV – "Acreditem em mim, se vocês se interessarem por essa banda de rapazes muito talentosos, não vão se arrepender nem um pouco". Em quatro dias, obteve uma resposta: a carta dele havia sido encaminhada ao Departamento de Audições da BBC-TV... E, assim, outra engrenagem foi posta em funcionamento.

Ano 5, 1962: *Always be True*

Os Beatles foram rápidos em reconhecer a contribuição de David John Smith para seu progresso – John o apelidou de "Cartinha", e Paul pediu a Brian que desse um emprego ao moço na Nems Enterprises –, mas também havia outra pessoa divulgando o trabalho deles, um homem sobre o qual nunca tinham ouvido falar, mas a quem deviam bastante. Kim Bennett – um dos gerentes da editora musical Ardmore & Beechwood, responsável pela *"exploitation"* (termo que, no jargão do ramo, equivale a "explorar" as opções comerciais e de divulgação) – fazia das tripas coração para promover "Love Me Do". Por sua persistência, havia conseguido o contrato da Parlophone para os Beatles. E agora tinha um motivo forte para continuar persistindo. Em Londres, Bennett e o chefe dele, Sid Colman, foram os primeiros a acreditar em Lennon e McCartney; disseram "sim" quando todos no entorno deles (incluindo colegas da empresa-mãe na EMI) diziam "não". Agora Bennett estava batalhando para confirmar suas convicções.

A divulgadora musical da Parlophone, Alma Warren, não tinha conseguido nada com "Love Me Do". Obteve seis execuções rápidas nos programas da EMI na Radio Luxembourg e nada mais. Deixou a canção de lado e focou em outros lançamentos. Bennett também tinha outras canções para divulgar, mas ainda trabalhava com diligência para que "Love Me Do" tivesse o máximo de oportunidades, ligando para os seus contatos e falando com muita gente. O sucesso parecia incerto, mas ninguém no ramo era mais infatigável do que esse ex-cantor romântico de 31 anos, com atuações no Crystal Palace, a quem todos chamavam de Kim, só para confundir: seu nome verdadeiro era Tom Whippey. Laborioso, ele persistia, persistia – e persistia de novo – quando os outros desistiam.

> Fazer as rádios tocarem "Love Me Do" era *complicado*, porque ninguém queria saber disso. Eu acreditava nela – para mim, o som era diferente e precisava ser ouvido –, mas tudo que consegui foi: "Não, obrigado, não vou rodar essa coisa barulhenta em meu programa". Recebi essa atitude em *tudo que é lugar*. "Ah, dá um tempo, Kim, não vou tocar essa porcaria." Quando chegou às paradas, liguei pros caras e disse: "A canção está subindo, fiquem ligados". Mas recebi as mesmas cortadas verbais de antes. "Não vai falar *de novo* sobre 'Love Me Do', vai?" Mas achei necessário persistir, porque era o único jeito de provar que estava certo. Eu falava: "Olha, vou ser sincero, vocês subestimaram a qualidade desse disco. Ele é bem melhor do que vocês pensaram. O que me dizem? Que tal escutar de novo?".[49]

"Chegamos aqui e agora vamos detonar" (6 a 31 de outubro de 1962)

Bennett não conseguiu espaço para "Love Me Do" no *Juke Box Jury* nem no *Thank Your Lucky Stars*, mas obteve uma execução no *Lunch Box*, programa de TV com temática musical muito escutado pelas donas de casa de Midlands. Ele se dava bem com o produtor, Reg Watson, que costumava tocar um disco por dia e deu uma chance a "Love Me Do" como um favor pessoal.[50] Bennett também convenceu um de seus companheiros de almoço, o produtor da BBC Brian Willey, a dar aos Beatles sua primeira gravação num programa de rádio londrino. Ficou combinado com Brian: gravariam uma participação no *The Talent Spot*, dez dias após voltarem de Hamburgo.

Entre todas as conquistas de Bennett, a melhor foi persuadir o produtor Jimmy Grant a tocar "Love Me Do" no *Saturday Club*. Era a vitrine ideal para o público-alvo dos Beatles, com média de dez milhões de ouvintes por semana. Poucos dias antes da transmissão, porém, o disco foi subitamente excluído, por suspeita de manipulação de pedidos. Uma enxurrada de cartões-postais estava chegando à BBC, oriundos de Liverpool, todos pedindo "Love Me Do". Grant farejou um truque publicitário. Tinha que ser. Era impossível uma banda recém-lançada ser tão popular assim. Bennett "voltou à prancheta" e reestudou a situação. O que mais poderia fazer para divulgar "Love Me Do"? Mais tarde, refletiria: "Foi tipo, 'E agora, aonde é que eu vou?'".[51]

Enquanto Bennett analisava o caso, Paul McCartney esperava por seu passaporte – a 800 metros dali. Um Beatle solo na cidade de Londres. Sem a companhia dos outros, mas com a de Celia Mortimer... e uma nova canção. Terça e quarta-feira, 23 e 24 de outubro, única folga de dois dias dos Beatles no ano. Paul resolveu deixar o carro em casa e se aventurar: ele e Celia foram a Londres pegando carona. A meta: fazer uma visita a Ivan Vaughan. Paul adorava pegar carona, mas só tinha feito isso com George ou John, nunca com uma namorada. Por si só, Celia – ruiva inteligente, chique e bonita – já tornaria o passeio emocionante e significativo. E o objetivo era rever o brilhante Ivy, colega dele no Institute e amigo de infância de John. Depois de ter apresentado Lennon a McCartney em Woolton, cinco anos antes, agora morava em Londres e interagia com gente como Peter Cook, Dudley Moore, Barry Humphries e Lenny Bruce. Durante o dia, Vaughan estudava obras clássicas no University College. À noite, embolsava uma grana trabalhando como porteiro do Establishment Club.

1074 Ano 5, 1962: *Always be True*

A nova canção era "I Saw Her Standing There", embora ainda não tivesse título. Sua melodia e estrutura deslizaram na cabeça de Paul na segunda-feira, quando retornava de um show de dança promovido pela Nems Enterprises, em Widnes. Nunca tinha visto tanta sofisticação de estilo. Ficou tão inspirado e empolgado que, chegando a Hurricaneville, pegou o violão e pôs mãos à obra. Tinha uns acordes, variações e os dois primeiros versos: *"She was just seventeen/ She'd never been a beauty queen"* (Ela só tinha 17 anos/ Nunca venceu um concurso de beleza, em tradução livre). Para Rory Storm, realmente foi um momento mágico: nunca tinha visto alguém compor uma canção antes. Vi e Iris sempre sustentariam que testemunharam ele perguntando a Paul se poderia cantá-la, com exclusividade. Paul teria dito que sim – mas, como Rory não tinha um contrato de gravação, não está bem claro por que ele pediu, e talvez Paul tenha dito sim só para recuperar um pouco de paz e sossego.[52]

No dia seguinte, ele e Celia pegaram carona rumo a Londres – um ônibus até a estrada mais movimentada, depois vários caminhões. "Foi uma verdadeira aventura para nós dois", conta ela. "Uma coisa insana e criativa. Falei a meus pais que ia me hospedar na casa de um amigo da faculdade, e lá fomos nós. Jantamos no Blue Boar, em Watford Gap, e só fomos chegar ao Soho bem depois da meia-noite."*

Já havia terminado o cabaré do Establishment – foi uma pena ter perdido Eleanor Bron, John Bird e John Fortune –, mas Paul comprou para Celia um coquetel de limão amargo, e uísque com Coca-Cola para ele mesmo, então... *they danced into the night* (dançaram noite adentro). Foram dormir no apê de Ivan, minúsculo quarto de um apartamento bem equipado na Great Portland Street. A mobília do quarto se limitava a uma cama de solteiro, e os pombinhos dormiram no chão, o que foi incrivelmente desconfortável. Mas Celia conta que a melhor parte ficou para o dia seguinte.**

---

* Blue Boar, primeira estação de serviço de autoestrada da Grã-Bretanha. Situado em Midlands, marcava o início (na época) da estrada M1 para Londres.

** Ivan morava no apartamento 6, em Seaford Court, 220-222 Great Portland Street. Como sempre, esse era um mundo fantasticamente interconectado. Paul poderia ter passado a noite em qualquer um dos vários milhões de endereços de Londres, mas estava justamente no prédio onde George Martin tivera aulas de oboé com Margaret Asher, 15 anos antes. Ela e o dr. Richard Asher moravam no apartamento 2 em Seaford Court na época em que os filhos do casal nasceram. Peter, Jane e Clare foram criados ali até 1957, quando a família se mudou para 57 Wimpole Street.

"Chegamos aqui e agora vamos detonar" (6 a 31 de outubro de 1962)   1075

Foi superdivertido. Perambulamos pelas ruas ensolaradas, conhecendo Londres, de mãos dadas e dando risada. Paul ficou cantarolando a melodia do que se tornou "I Saw Her Standing There" o dia inteiro, tentando elaborar a letra. Andamos em praças lindas e elegantes (se não me engano, a Fitzroy Square foi uma delas) enquanto ele bolava as rimas e me perguntava o que eu achava. Ele disse: "O que é que rima com '*We dance through the night*' (Nós dançamos pela noite)?". E eu sugeri "*We held each other tight*" (Nós nos abraçamos bem forte). Rima bobinha, mas ele aproveitou. Até o fim do dia, a letra evoluiu bastante.[53]

"I Saw Her Standing There" seria concluída por Paul e John na sala da Forthlin Road após o retorno dos Beatles de Hamburgo, mas o tema foi mantido, o eu lírico dançando a noite toda com uma menina de 17 anos. "Parecia que a canção era sobre nós", reflete Celia, "mas isso nunca foi verbalizado. Ficou implícito, mas difícil de declarar abertamente, porque tornaria as coisas assustadoramente íntimas. Mas fiquei superlisonjeada, e essa se tornou uma lembrança permanente de nossa viagem a Londres. Foi só um bate e volta, retornamos a Liverpool naquela noite, porque eu tinha aula na faculdade e precisava dar satisfação a meus pais. Além disso, cada vez mais, os Beatles tinham compromissos."

Durante todo esse tempo, "Love Me Do" continuou em ascensão – lenta, mas constante –, agora, em várias paradas de sucesso. A canção ainda não tocava no rádio. Essa falta de radiodifusão teria matado por inanição qualquer outra música. Mas "Love Me Do" tinha foguetes auxiliares: a forte base de fãs dos Beatles no norte do país; os 23 shows ao vivo em outubro; suas divulgações na Radio Luxembourg e na Granada TV, o sucesso da canção nas pistas de dança em Liverpool e Londres, bem como em salões país afora, sem falar nas execuções em jukebox. Após o compacto estrear no 49º lugar do top 50 da *Record Retailer*, foi melhorando nas semanas seguintes, para 46º e 41º. No top 50 da *Melody Maker*, apareceu na 48ª posição, enquanto no top 100 de Canções Executadas em Jukebox da *World's Fair*, despontou em 51º (abaixo da 5ª posição, essa parada era suspeita, mas são listas fascinantes). Em termos locais, as vendas também continuavam sólidas: o top 5 de Liverpool, no *Echo*, trouxe "Love Me Do" no topo em sua primeira semana; na segunda semana, ficou empatado em 1º lugar com "Telstar", dos Tornados;

Ano 5, 1962: *Always be True*

na terceira, dividiu o 2º lugar com "Loco-Motion", de Little Eva. Tudo beleza, mas de repente "Love Me Do" deu um novo e inesperado salto: apareceu no top 30 da *NME* – em 27º, e essa foi a hora da virada.

Experiências inéditas brilham para sempre. George disse que ouvir "Love Me Do" no rádio pela primeira vez foi "o maior barato de todos os tempos". Ringo definiu o lançamento do primeiro compacto como "*o momento* mais momentoso". Por sua vez, Paul nunca se esqueceu da alegria que sentiu ao ver os Beatles nas paradas da *NME*. Quinta-feira, 25 de outubro. Tinha acabado de voltar de Londres, pegando carona. Nas palavras dele: "Eu me lembro exatamente onde eu estava quando percebi de verdade que *a nossa vez tinha chegado*".

> Naquela manhã, eu estava em casa, sozinho. Abri a *NME* e lá estávamos nós, em 27º lugar. Fiquei eufórico. "Aí está! Chegamos lá!" Meu corpo inteiro *tremia*. Havia anos acompanhávamos as paradas... O vaivém e o sobe e desce dos hits... E enfim havíamos conquistado um lugarzinho na escada. Tive que sair no meu Ford Classic. Passei na frente do Grafton Ballroom e me deu vontade de baixar os vidros do carro... E gritar bem alto, para todo mundo ouvir: "*Somos o número 27! Conseguimos! Sou um sucesso! Um sucesso! Número 27 na* NME*!*". Eu tinha certeza de que entenderiam. Vinte e sete era a nossa *posição*.[54]

Brian instantaneamente usou essa informação para alavancar sua busca por turnês nacionais e para aumentar o cachê dos Beatles por noite – o valor padrão, para tocar em festas durante 45 ou 60 minutos, sofreu reajuste de 66% (de £ 30 para £ 50). Agora, pela primeira vez, um interesse em âmbito nacional se desenvolvia. Negociou também outro aumento no Cavern, para £ 35 à noite e £ 15 no horário de almoço, com a garantia por escrito de "não solicitar reajuste até janeiro do próximo ano".[55]

Com o sucesso de "Love Me Do", George Martin entrou em contato com Brian. O objetivo: trazer os Beatles de volta à EMI para gravar o segundo single da banda. Marcaram a sessão para segunda-feira, 26 de novembro, das 19h às 22h, em Abbey Road. Com o hit, David Baker, produtor do programa *People and Places*, os convidou para uma nova apresentação. Ele os queria em 2 de novembro, mas, como os Beatles estariam em Hamburgo, a pré-gravação ficou marcada para

"Chegamos aqui e agora vamos detonar" (6 a 31 de outubro de 1962)

29 de outubro. Voltariam ao estúdio da Granada em Manchester apenas 12 dias após a sua estreia.

Sob vários prismas, constar nas paradas da *NME* foi um fato desencadeador. Em outras palavras, isso indicava que os Beatles poderiam enfim aparecer na própria publicação – o primeiro artigo, de Alan Smith, saiu nessa mesma semana, um texto informativo com a manchete "BEATLES: A BANDA DE LIVERPOOL QUE COMPÔS O PRÓPRIO HIT", ilustrado com quatro retratos individuais, dos ombros para cima. Isso também indicava que as atividades deles agora virariam notícia. Desse ponto em diante, um abrangente serviço de informações sobre os Beatles passou a circular nos quatro semanários musicais, uma luz reveladora, precisa e confiável sobre todos os tipos de eventos que se desenrolavam. Nessa mesma semana, retransmitindo o que Brian lhes enviou, a *NME* e a *Melody Maker* informaram aos leitores em toda a Grã-Bretanha que os Beatles passariam a primeira quinzena de novembro no Star-Club. No dia 18, seriam recebidos em uma noite de "Bem-Vindos ao Lar" no Cavern. E marcariam presença, pela terceira vez (a primeira de Ringo), no programa *Teenagers' Turn* (A vez dos adolescentes), da BBC. Além disso, subiriam ao palco na mesma noite que Little Richard, no Liverpool Empire, no domingo seguinte.

Duas semanas após a grande noite no Tower, os Beatles voltariam a dividir o line-up com seu ídolo americano. Trouxeram um presente: uma ampliação emoldurada com a foto deles juntos, com dedicatória e tudo. Little Richard declarou ao jornalista da *New Record Mirror* que a foto ganharia um lugar "no salão dourado" de sua casa (na realidade, o banheiro), e que ele queria uma segunda foto para acompanhar: "Vou tirar uma foto com o pessoal da Sounds Inc. de um lado e os Beatles do outro. Da próxima vez que o Elvis me visitar, vou mostrar a ele e dizer que são as duas melhores bandas da Grã-Bretanha". Little Richard elogiando os Beatles para Elvis? Papo furado, talvez, mas a realização de um sonho, sem dúvida. Conforme a reportagem, Richard teria dito aos Beatles: "Acho ótimo o disco de vocês, 'Love Me Do'. Não se ofendam, por favor, mas acho que vocês parecem um grupo negro. É raríssimo um artista branco com esse tipo de som. Devem ir aos EUA para serem famosos... Vão fazer muito sucesso por lá".[56]

A turnê de Richard tinha sido muito bem-sucedida, mas essa seria a data final, e ele já estava farto: não cantava assim, duas vezes por noite, todas as noites, havia cinco anos, e suas cordas vocais estavam doloridas. Ainda tinha Hamburgo pela frente, mas estava pronto para abandonar o rock pela segunda vez e se dedicar ao gospel. Chegou a pensar em cancelar a sua participação nesse show do Liverpool Empire, e não estava em seu melhor momento, mas ainda assim foi poderoso o suficiente para Jim McCartney. Presente no Empire para assistir à maior noite dos Beatles até então, percebeu que a voz gritada de Paul, que ele sempre considerou ridícula, era na verdade uma grande imitação.[57]

Havia exatamente um ano, Raymond Jones entrara na Nems e indagara se a loja tinha o compacto de "My Bonnie". Agora, Brian acumulava as funções de empresário, agente e *promoter*, e os Beatles tinham um contrato de gravação e um disco nas paradas. Ainda assim, isso era só o começo. De repente, uma turnê por toda a Inglaterra, em grandiosas salas de teatro, estava engatilhada para o início de 1963 – Brian entabulava negociações com três *promoters* com alcance nacional. E o objetivo verdadeiro do show no Empire era proporcionar aos Beatles sua estreia em grandes palcos, apresentá-los a um modelo de negócios e a uma estrutura de muita tradição, que logo teriam que abraçar. Todos os astros faziam turnês assim, dos maiores aos menores – não havia alternativa.

A programação dessa noite no Empire incluía oito artistas; os Beatles, a terceira atração a subir ao palco, tocariam por 12 minutos, mais tempo que o normal nesses casos. No ensaio da tarde, o representante de outro artista – "londrino de dialeto *cockney*, empresário de uma das ditas estrelas", como Ringo o descreveria de forma ácida – queria cortar o tempo deles ou eliminá-los por completo do show. "Em peso, fomos reclamar com Brian", conta Ringo. Brian havia nomeado Bob Wooler como gerente de palco e deixou a critério dele resolver o problema, mas com uma instrução clara: "Os Beatles *vão* cumprir o tempo integral de 12 minutos, nem que para isso você tenha que cortar o espetáculo de Little Richard".[58] Também permaneceriam no palco para atuar como banda de apoio ao quarto artista do line-up, o cantor Craig Douglas – que, ranqueado como segundo melhor, concluiu a primeira etapa.

Nervosos antes da maioria das novas etapas de sua carreira, os Beatles estavam inquietos só de pensar em tocar para um público tão grande (em potencial, 2.348 pessoas em cada um dos dois horários da noite, embora nenhuma sessão estivesse com os ingressos esgotados) e também por tocar só 12 minutos em vez

"Chegamos aqui e agora vamos detonar" (6 a 31 de outubro de 1962)

de uma hora. Ainda precisavam decidir quais números apresentar e quem cantaria o primeiro – e, mais uma vez, Bob Wooler testemunhou uma situação particular. "No camarim dos Beatles, a discussão era 'Quem vai abrir o show?' – e então os dois [John e Paul] disseram em tom seco: 'George, *você* vai abrir o show'. Ao saber que cantaria a primeira música, a reação de George foi como a do Magro, do seriado *O Gordo e o Magro*, após ser avisado de que abriria um show. Isso raramente acontecia quando os Beatles tocavam em salões locais, e agora o pequeno George, o Beatle júnior, tinha que abrir o show."[59]

Haveria tempo para quatro, talvez cinco canções, sem falar em algum hesitante e nervoso gracejo de Paul entre um número e outro. George abriria com "Glad All Over", de Carl Perkins, depois engatariam "Besame Mucho", "PS I Love You", talvez alguma outra antes de fecharem com "Love Me Do". Mas, na primeira sessão da noite, o desempenho foi um desastre: a cortina subiu, os holofotes os iluminaram, mas ainda não estavam prontos: Ringo nem tinha terminado de montar sua bateria. Foi um momento horrível. Meses depois, respondendo a um questionário, ele apontou esse como o pior incidente de sua carreira profissional. George abriu o show "muito bem, mas terrivelmente nervoso", contou Wooler, "no entanto todos os fãs ficaram em êxtase". Esses fãs não estavam agrupados, mas dispersos nas várias seções do teatro. Quem estava nos lugares mais baratos, na galeria, batia palmas, e quem estava na plateia também expressava a sua adoração. Ainda assim, Cavernites se sentiam como peixes fora d'água. Freda Kelly, que assistiu ao show de um camarote fornecido por Brian à equipe dele, lembra-se de que "Paul entoou 'Besame Mucho' com os holofotes sobre ele: eu nem podia acreditar que estavam *no Empire*. Mas o fato é que, no Empire, os Beatles não eram *os Beatles*".[60]

Algumas coisas continuaram familiares. Quando Paul, hesitante, anunciou ao público, "Na próxima canção, podem acompanhar batendo palmas", John entrou fazendo sua imitação de deficiente, agora adaptada para um palco maior. Braços esticados num espasmo, olhar loucamente dardejante, língua pressionando a bochecha e berros de "*clapppp-yerandz*" ("*clap your hands*", batam palmas). E quando Paul acrescentou: "Ou podem bater os pés no chão", John estacou uma das pernas e a jogou convulsivamente contra o palco repetindo "*stammpyeerfeet*" ("*stamp your feet*", batam seus pés). Era o maior show de suas vidas – mas isso não importava. John só ampliou o que sempre fez, se expressou naturalmente, manteve as coisas sob controle, elevou a tensão e provocou risinhos nervosos. E o que descobriu no imponente Empire em 1962? Como em qualquer lugar, ninguém disse que ele *não podia*.

Em 12 minutos, tudo acabou, e as coisas transcorreram mais suavemente no segundo horário da noite. Também apoiaram Craig Douglas. Os Beatles não chegavam a ser fãs dele, mas já tinham entoado dois sucessos do cantor, "Time" e "When My Little Girl Is Smiling", e conheciam o material suficientemente. Talvez Douglas não tenha percebido que em Liverpool existia uma forma de bairrismo, diferente de outros lugares. No fim, quis fazer um comentário generoso, mas não agradou. Quem explica é a fã dos Beatles Joan McCaldon: "Ele falou à plateia: 'Uma salva de palmas para minha banda de apoio, os Beatles', e pensamos: '*Banda de apoio?*'".[61]

No entorno do Empire, não havia dúvidas de quem eram as estrelas. Na Pudsey Street, Bernie Boyle testemunhou um incidente de tirar o fôlego. "Os Beatles saíram pela porta dos fundos e a van não estava muito perto. De repente, a multidão saiu correndo atrás deles, e eu junto com eles. Tinham se tornado estrelas pop. Agora a comoção em nossa comunidade era grande mesmo: as coisas começaram a acontecer de verdade."[62]

Seria o último show dos Beatles antes de partirem, com relutância, para as duas semanas no Star-Club. Na véspera da última viagem, tinham tocado no evento mais incrível e fervoroso, a apresentação para o fã-clube, numa das noites mais inesquecíveis no Cavern. Preocupados em não serem esquecidos, no fim do show pediram em pleno palco que os fãs escrevessem cartas a eles. Isso foi em abril; agora era outubro. Cartas chegavam com rapidez cada vez maior. Os últimos compromissos pré-Hamburgo foram o Empire Theatre e uma segunda participação na TV.[63] Em seis meses, muitas conquistas tinham sido alcançadas: a Parlophone, o renascimento de John e Paul como compositores, a saída de Pete, a entrada de Ringo, dois novos e sólidos contratos, um disco despontando nas paradas. Uma busca incessante pelo próximo progresso, com um único dia de folga, sempre pisando fundo.

E agora iam "descansar carregando pedras": nova temporada no distrito das luzes vermelhas de Hamburgo.

34
"E mostre-me que estou errado"
(1° a 15 de novembro de 1962)

Nas viagens anteriores a Hamburgo, os Beatles somaram 918 horas de palco espremidas em apenas 27 semanas. Por isso, nessa quarta vez, tocar algumas horinhas por noite durante duas semanas parecia uma tarefa simples... e dela se desincumbiram com o maior desprezo. Fizeram isso sob coação, e o mesmo aconteceu na temporada seguinte, no Natal. John resumiu a atitude coletiva da banda: "Sobrevivemos aos palcos de Hamburgo e queríamos deixar aquilo para trás. Odiamos voltar nas duas últimas vezes... mas Brian nos obrigou a cumprir o contrato".[1]

Certos aspectos foram bem-vindos. Foi a primeira temporada em Hamburgo com Ringo na formação. Em 1960, ele havia tocado na cidade com os Hurricanes, ocasião em que estabeleceu laços de amizade com os atuais companheiros de banda. Agora, John, Paul e George enfim tinham um baterista que andava com eles e não escapulia furtivamente para tratar de seus próprios assuntos. Rever as velhas amizades também valeu a pena. Jürgen tinha se estabelecido em Paris, mas Astrid e Klaus, de braços abertos, deram as boas-vindas aos Beatles. Stuart tinha falecido havia seis meses. Emoções ainda pulsavam à flor da pele, mas o pior já tinha passado. Puderam rever os cordiais semblantes de Icke Braun e Kathia Berger; matar as saudades do restaurante Gretel und Alfons, da British Sailors' Society e, nas manhãs dominicais, do *Fischmarkt*; voltar a conviver com os irmãos Fascher, a cerveja com colarinho e os *prellies;* voltar à brutalidade, aos seios nus, ao sadismo e ao comércio sexual.

A maior mudança foi na parte financeira. Nessa temporada, os Beatles receberam seu melhor cachê em Hamburgo. Por semana, cada um deles embolsou DM 510 (pouco menos de £ 46) – mesmo padrão do cachê na Inglaterra, só que com muitas despesas pagas.[*] Também receberam acomodações melhores: dois quartos com duas camas no Germania, hotelzinho na Detlev-Bremer-Strasse, a cinco minutos a pé da Grosse Freiheit. O rodízio idealizado por George foi mantido: John ou Paul deveriam ficar no quarto com Ringo; Paul já tinha feito isso por um tempo, agora era a vez de John. As instalações eram bem modestas, mas Weissleder pagou a conta e cedeu à insistência de Brian em relação a acomodações adequadas para artistas respeitados, descartando a velha e incoerente prática de quartos quádruplos.

Nessas duas semanas, vários artistas ganharam cachê mais baixo que o dos Beatles: Tony Sheridan, Roy Young, Davy Jones (cantor americano que, em dezembro de 1961, em Liverpool, subiu ao palco tendo os Beatles como banda de apoio) e os conterrâneos Gerry and the Pacemakers e King-Size Taylor and the Dominoes. O protagonismo coube a Little Richard. Mais uma vez, os Beatles fizeram companhia ao rei (com trejeitos de rainha) e à sua comitiva itinerante, o tecladista Billy Preston e a banda Sounds Incorporated.

Esse foi o verdadeiro ponto alto da viagem: John, Paul, George e Ringo tiveram uma visão privilegiada do ritual do grande ídolo, em seus dois horários por noite. Os quatro ficavam na lateral do palco ou outro lugar à escolha. "Ele gostava de se exibir um pouquinho em nossa frente... Gostava de saber que estávamos nos bastidores", conta Ringo, mas é difícil de imaginar como Little Richard poderia ter se exibido mais do que o normal, porque seu espetáculo no Star-Club era ultrajante em grau máximo.[2]

Três semanas antes, esse adventista do sétimo dia, nascido no Alabama, prometeu se limitar à música gospel e nunca mais tocar rock'n'roll. Voltou a prometer isso em Hamburgo. Mas, em dois horários por noite, na Grosse Freiheit, o pároco tocava rock de energia ilimitada. O ápice do show de alta voltagem era quando ele subia na tampa do piano de cauda e fazia um frenético striptease: peça após peça, ia tirando a roupa até ficar apenas com um volumoso calção de banho. Descartava o smoking, a gravata-borboleta, a camisa branca, e, aos poucos, tirava quase tudo, arremessando os itens na plateia.

---

[*] O cachê bruto era de DM 600, mas Manfred Weissleder deduziu na fonte os 15% da comissão gerencial de Brian.

"E mostre-me que estou errado" (1º a 15 de novembro de 1962)   1083

Os Beatles o acompanhavam por onde ele andasse. Nos bastidores, assistiram às suas preleções de estudos bíblicos, edição particular das "escrituras Penniman": a selvagem oratória revivalista dos estados do Sul dos EUA, salpicada com um temperinho de Lancashire e pitadas de lágrimas de riso. Mais tarde, Richard diria ao seu biógrafo que gostou dos Beatles, mas não curtia quando John peidava, espargia o cheiro no ambiente e ainda comemorava ao conseguir um duplo,[3] mas Billy Preston não mencionou essas queixas.

> Com os Beatles, foi paixão à primeira vista. Provavelmente fui o primeiro fã e amigo deles nascido nos EUA. John era sensacional... Engraçado, inteligente e mordaz. Minha admiração por ele foi instantânea, por seu humor espirituoso e sua conduta. Você notava que ele era especial, simples assim. Um gênio, suponho, que se destacava até mesmo naquela época, e até mesmo para mim, um rapazola para lá de ingênuo.
>
> Dedicou um tempo para me ensinar a tocar gaita de boca. Aprendi "Love Me Do" e retribuí providenciando comida boa para ele, George, Paul e Ringo. O *promoter* não pagava as refeições deles, mas Little Richard (sendo a atração principal vinda direto dos EUA) todas as noites ganhava um jantar fabuloso, à base de rosbifes ou costeletas de porco. Dei um jeito para que eles [os Beatles] estivessem bem alimentados e hidratados.[4]

Para Preston tocar, Manfred Weissleder precisou usar toda a sua persuasão com as autoridades de St. Pauli. As regras do *Ausweiskontrolle* não tinham mudado: qualquer pessoa com menos de 18 anos tinha que sair do clube às 22h. Em 1960, George infringiu essa lei, quando tinha 17 anos; Billy tinha 16 anos (e "parecia ter uns 10", segundo John), mas lá estava ele, tocando órgão Hammond no palco com um artista maluco fazendo striptease na mais endiabrada das ruas europeias, às três horas da manhã. Porém, ele era vulnerável, e os Beatles o protegeram sob suas asas. Conferiam se tudo estava bem com ele. Dedicavam "Love Me Do" e "A Taste of Honey" a ele (as canções prediletas de Billy), e George o convidou para subir ao palco com eles e tocar órgão numa parte do show dos Beatles. Preston teria adorado, mas não se atreveu: se Little Richard ficasse sabendo, "ele ia ficar fulo da vida".[5]

No finzinho da primeira semana, Brian Epstein veio de avião prestigiar uns dias da temporada dos Beatles e de Gerry and the Pacemakers. Equacionar dificuldades e reclamações era uma *constante* na vida do empresário dos Beatles. Sempre que um dos meninos tinha uma queixa, ele ficava sabendo. Se *todos* estivessem descontentes, ele era acometido por uma forte dor de barriga. Brian aproveitou para conferir outros talentos que subiram ao palco do Star-Club – em especial, gostou da sempre impressionante Sounds Incorporated – e entabulou negociações com Weissleder. Porém, quando o alemão quis agendar os Beatles para 1963, notou Brian evasivo na hora de firmar compromissos. Brian também desfrutou de um tempo privado no bairro boêmio – como os Beatles, não teve férias naquele ano –, mas foi um breve interlúdio. Deixou Hamburgo por volta de 9 de novembro e voou a Londres, onde o trabalho burocrático de gestão só crescia.

Para citar as palavras do próprio Brian Epstein, ele procurou deixar os Beatles "com agenda livre" em janeiro de 1963.[6] A partir do Ano-Novo, quis encaixá-los em turnês de âmbito nacional. E as datas ainda vagas seriam preenchidas em grandes salões de baile – novamente país afora. Só era possível alcançar isso limitando os shows em Liverpool a poucos por mês. Quando Bob Wooler e Ray McFall o abordaram para agendar os Beatles no calendário de 1963 do Cavern, o empresário quis manter as opções dele em aberto. Entenderam e apoiaram: também tinham se dedicado à causa de fazer dos Beatles estrelas nacionais... mas o Cavern seria a principal vítima.

O padrão dos Beatles no Cavern em 1962 era coisa do passado: Brian não quis nem ouvir falar sobre datas fixas, as chamadas "residências" – nem domingo, quarta ou outra noite da semana – e abandonou a já estabelecida premissa de ao menos duas sessões semanais ao meio-dia. Foi obrigado a fazer isso, porque não estariam em Liverpool. Agendou quatro shows no Cavern em janeiro (dois ao meio-dia e dois noturnos), mas só duas noites em fevereiro. Esses seis shows no primeiro bimestre de 1963 contrastam com os 39 do mesmo período em 1962.[*]

---

[*] No fim das contas, os Beatles acabaram tocando seis vezes no Cavern em janeiro (três sessões no almoço e três à noite) e três em fevereiro (uma sessão no almoço e duas à noite).

"E mostre-me que estou errado" (1º a 15 de novembro de 1962)

"Love Me Do" não avançou no top 30 da *NME* – sua fugaz presença no 27º lugar só durou uma semana –, mas continuou subindo em outras paradas, e essa conjuntura geral foi suficiente para viabilizar tudo. Antes de voar a Hamburgo, Brian organizou a turnê que pode ser considerada a primeira dos Beatles – cinco datas nos salões de baile na Escócia, na primeira semana de 1963: uma hora de palco por noite, dividida em duas etapas de 30 minutos. Por se tratar de um pacote de cinco datas, Brian deu um descontinho no recém-aumentado cachê dos Beatles. Em vez de £ 50 por noite, o empresário baixou para a bagatela de £ 42, totalizando £ 210.

Em 1962, os contratos eram descomplicados. Em uma página e nove cláusulas, o documento padrão que agendou a primeira turnê dos Beatles ganhou apenas dois acréscimos datilografados: Brian enviaria material publicitário com antecedência ao *promoter* – Albert Bonici, sediado em Elgin –, o qual teria "preferência para eventos na Escócia após esse compromisso". Brian introduziu uma política de "incentivo e recompensa", e basicamente as mesmas condições foram ofertadas em suas turnês nacionais. Por uma razão ou outra, a oferta foi rejeitada por três dos principais *promoters* do país, Don Arden, Larry Parnes e Tito Burns, o líder de banda agora empresário.

Quem chegou mais perto do acerto foi Parnes. Ele e Brian negociavam um espaço para os Beatles numa turnê de fevereiro/março de 1963, com Joe Brown and the Bruvvers como atração principal, mas não houve acordo. Brian não deu o braço a torcer, nem Parnes concordou em pagar um extra de £ 60 por semana (pouco mais de £ 4 por show). Poderia ter garantido a preferência de fazer uma nova turnê com os Beatles ao longo de seis semanas até maio de 1964, além de outras oportunidades. O rei dos anos 1950 poderia ter governado os anos 1960, mas o destino não quis assim. Tanto melhor. Afinal, em se tratando de rock'n'roll inglês, o estilo Parnes de fazer negócios era sinônimo indiscutível de tudo o que havia de suspeito: muita puberdade e pouca probidade. Os Beatles representavam a nova escola, e os velhos métodos da indústria fonográfica, satirizados no filme *Expresso Bongo* (1959), eram uma página quase virada.

Nesse perde e ganha, quem lucrou foi Arthur Howes. Aos 38 anos, tornou-se um magnata do cenário das turnês, graças à benevolência da Grade Organisation, agência de talentos dos irmãos Lew e Leslie Grade, que colocava artistas e oportunidades em seu caminho. Howes também atuava como agente de vários artistas, incluindo a jovem cantora Helen Shapiro, e estava justamente organizando uma turnê para ela em fevereiro/março de 1963. Uma situação complicada, pois seria uma turnê em três etapas. Nesse meio-tempo, ela voaria a Nashville para gravar um álbum. Brian já tinha ligado a Howes e garantido um show para os Beatles, em uma noite isolada. Em meados de novembro, os dois almoçaram em Londres para tratar de negócios. Nessa ocasião, os Beatles estavam nas paradas. Por isso Howes concordou em incluí-los em, no mínimo, duas das três etapas da turnê de Shapiro. Os Beatles foram a primeira atração extra que ele contratou e anunciou.[7]

Nunca tinha visto um show deles. Os Beatles também estavam agendados para tocar em outro evento de Howes, o show de Frank Ifield, em Peterborough, em 2 de dezembro. Ele marcaria presença para avaliar a chance de mais trabalhos – especificamente, outra turnê a ser promovida em março, estrelando os cantores americanos Chris Montez (do sucesso "Let's Dance") e Tommy Roe ("Sheila"). Se Arthur gostasse dos Beatles, fariam essa turnê; se não gostasse, ficariam com a última etapa de Shapiro. Uma coisa já estava certa: em fevereiro e março de 1963, os Beatles fariam turnês de âmbito nacional, tocando em salas de teatro desde Sunderland, no nordeste, até Taunton, no sudoeste, viajando de um show a outro no ônibus dos artistas, recebendo cachês de £ 30 por noite, com espaço para encaixar eventos mais lucrativos, como shows em salões de baile. Brian atraiu o interesse de Howes oferecendo-lhe um prazo de três anos com opção exclusiva para novas turnês. Seu objetivo de apresentar os Beatles à Grã-Bretanha inteira estava prestes a ser alcançado.

O mês entre essa temporada de Hamburgo e a seguinte – 16 de novembro a 17 de dezembro – se delineava diferente de qualquer outro. Londres requisitava a presença dos Beatles em quatro ocasiões: teste na BBC-TV (iniciativa do amigo deles, Smith "Cartinha"), transmissão na rádio BBC, participação na ITV em rede nacional (Pat Brady, fã dos Beatles, ajudou a fazer isso acontecer) e gravação de seu segundo single em Abbey Road, aproveitando, é claro, para embarcar no alegre carrossel de visitinhas à imprensa musical londrina. Súbito, um compromisso ainda mais intrigante surgiu: George Martin marcou uma reunião na EMI House.

"E mostre-me que estou errado" (1º a 15 de novembro de 1962)

A Ardmore & Beechwood tinha forçado George a contratar os Beatles e a lançar "Love Me Do". Ele não gostou da canção nem colocou fé nela, mas ficou surpreso ao vê-la nas paradas após o primeiro fim de semana e mais surpreso ainda com a ascensão posterior. Pessoalmente, gostava dos Beatles e de imediato notou o quanto eram diferentes e carismáticos. Tinham personalidade, originalidade, talento e um sólido núcleo de seguidores. Agora, em breve também fariam turnês e ganhariam mais espaço no rádio e na TV... Talvez estivesse na hora de começar a *planejar*. Os Beatles já sabiam que, no dia 15 de novembro, chegando da Alemanha, não seguiriam viagem a Liverpool. Em vez disso, ficariam em Londres. E agora esse itinerário em constante evolução de Brian incorporava um interessante acréscimo: reunião com George Martin, às 15h do dia seguinte, no escritório da Parlophone. Dez dias antes da sessão de gravação com os Beatles, George queria trocar ideias.

O cara que deu o pontapé inicial, o divulgador musical da Ardmore & Beechwood, Kim Bennett, ignorava esses desdobramentos. Ocupadíssimo no árduo trabalho de divulgar "Love Me Do", trilhava incontáveis quilômetros extras para justificar suas convicções – e, enfim, seus esforços renderam frutos. Bennett conseguiu que o disco dos Beatles chegasse a um vasto número de ouvidos. A primeira execução de "Love Me Do" na rádio BBC foi no programa *Twelve O'Clock Spin*, em 31 de outubro, por volta do meio-dia, horas após os Beatles decolarem rumo a Hamburgo. Essa espécie de "revelação" dos Beatles alcançou audiência de quase cinco milhões, na maioria donas de casa e operários da indústria, gente de todas as idades. Entre os dez compactos tocados no programa, três eram da Parlophone, produzidos por George Martin. Diga-se de passagem, um dia antes, no mesmo programa, outro artista estreava nas rádios da Grã-Bretanha com a velha e plangente canção *hillbilly* "Freight Train Blues": ninguém menos que Bob Dylan. Os anos 1960 batiam à porta da estação Light Programme da BBC.

Onze dias depois, "Love Me Do" ganhou espaço no programa *Two-Way Family Favourites* – e foi ouvida pela maior audiência semanal da rádio: mais de 17 milhões de ouvintes. E suas horas mais decisivas aconteceram no Domingo da Lembrança. Nesse dia, Kim Bennett foi recompensado por seus esforços. Havia duas semanas, ele tinha voado à Alemanha para fazer isso acontecer. Foi jantar e beber com Bill Crozier, da British Forces Network (Rede das Forças Armadas

Britânicas), apresentador civil que fazia a conexão militar da BBC. O programa *Two-Way Family Favourites* ia ao ar todas as manhãs de domingo, quando militares em serviço no exterior faziam pedidos às respectivas famílias na Inglaterra. Esse esforço extraordinário apenas para tocar um disco na BBC valeria a pena se criasse um hit: a Ardmore & Beechwood, como toda grande editora musical, tinha um orçamento para despesas com esse fim, e Bennett normalmente o utilizava uma ou duas vezes por ano. Porém, diferentemente de outras vezes, ele voou até lá para *implorar*.

> Falei a Bill, literalmente: "Nunca precisei rastejar antes, mas hoje estou rastejando. Dê um jeito de colocar esse disco no programa e mostre-me que estou errado. E se eu estiver errado, eu largo mão desse negócio maldito". Insisti nesse ponto. Sentia que, a menos que um programa de grande audiência provasse que eu estava errado, jamais saberia se eu estava certo. Bill disse: "Vou ver o que posso fazer", e voei de Colônia sem saber se tinha conseguido. Semanas depois, porém, Bill me salvou, e na hora certa.[8]

Não, Bennett não estava errado. Os Beatles temiam que, na ausência deles, "Love Me Do" despencasse nas paradas. Aconteceu o contrário. Após a canção tocar no *Two-Way Family Favourites*, as vendas cresceram e, assim, "Love Me Do" chegou ao 23º lugar nas paradas da *Record Retailer*. Na *Melody Maker*, ao 26º. Na *Disc*, ao 27º. E no top 100 do Jukebox da *The World's Fair*, ao 28º. Bennett jamais poderá ser considerado o único responsável pelo sucesso de "Love Me Do", mas deu uma contribuição decente e, por um tempo, foi o único homem em Londres que defendeu ferrenhamente o nome dos Beatles. Outras conquistas viriam, mas não por muito tempo: alguém estava prestes a puxar o tapete da Ardmore & Beechwood.

Kim Bennett foi à Alemanha para colocar os Beatles na BBC – mas os Beatles não puderam escutar porque estavam na Alemanha.[*] *Que droga* não estarem na Inglaterra e perderem tudo isso. Em suas cartas para casa, não escondiam a frustração.

---

[*] Na verdade, o programa *Two-Way Family Favourites* era retransmitido em Hamburgo pela BFN. Mas como um jovem inglês recém-desabado na cama, em pleno meio-dia, sob o efeito de um pesado consumo de pílulas, teria condições para ficar acordado e ouvir o rádio?

"E mostre-me que estou errado" (1° a 15 de novembro de 1962)

Paul escreveu várias. À namorada Celia Mortimer, contou que andava "cansado, cansado, cansado e mal consigo ficar desperto... Por aqui, nada acontece: uma semana de tédio puro se passou; para nós, Hamburgo morreu". Explicou à estudante de Huyton e fã devota de McCartney, Fran Leiper, que ele mal podia esperar para chegar em casa, pois em Hamburgo quase nada digno de nota acontecia. Mesmo disposto a escrever uma longa carta, "duvido que ia encontrar algo de interessante para colocar nela".

John se sentia meio paralisado. É bem provável que tenha escrito a Cynthia, mas só uma carta redigida por Lennon nessa viagem veio à tona: a que ele enviou para Lindy. Ela havia ido ao aeroporto de Liverpool para se despedir deles, e logo em seguida enviou a ele uma de suas divertidas missivas. Porém, a resposta dele (diferentemente das remetidas daquele mesmo lugar no primeiro semestre) soou mais que pessimista, quase beirando a depressão.

> Obrigado por sua carta adorável, você é bacana. Não tenho nada engraçado para dizer a você, estou tão irritado que poderia chorar de raiva. Odeio Hamburgo, eu queria mesmo é estar em casa. Adorei você ter ido ao aeroporto, foi muito atencioso e talicoisa, e o seu cabelo estava divinamente divino. Esta carta não vai ser longa porque estou cansado e sem ânimo para escrever, até mesmo para você. Não respondi a outras cartas porque estou farto. E podem achar que sou um babaca, não me importo.

Com o endereço "Casa de Bosta, Hamburgo", a carta trazia um "P.S.: Eu queria estar aí" e dois novos desenhos da série religiosa de John – um homem nu pendurado na cruz, com os genitais em forma de crucifixo, e uma guitarra crucificada.

Consciente de seu precário inglês escrito, Ringo sempre foi um correspondente mínimo comparado a seus colegas de banda. Assinando "Ringo-Richy" para abranger todas as eventualidades, enviou um cartão-postal a Roy Trafford e família: "Chegamos bem. Estamos nos divertindo. Bebida à vontade. Clima frio. Estamos com Little Richard – ele é fantástico. A gente se vê no domingo".*

---

* Em novembro de 1962, a temperatura média de Hamburgo ficou em 4,2 °C, o que já indicava um inverno especialmente rigoroso chegando ao norte da Europa.

George se correspondia com um número de fãs quase tão grande quanto Paul. Para Margaret Price, contou que tudo estava bem, mas Hamburgo permanecia "uma 'DROGA'... Ainda bem que só falta uma semana de trabalho para voltarmos à civilização". E enviou um cartão-postal calorosamente engraçado a Vi Caldwell (o destinatário era "sra. Violent Stubb"), pedindo para ela os esperar com a chaleira no fogo. "Outra vez acariciar seus dentes seria o paraíso... Abraçar os seus pulmões nos meus e sorver a tuberculose. John lhe envia todo o amor, digo, o almoço dele. O Paul e o Ring-anelídeo também mandam lembranças!"[9]

O contrato dos Beatles estipulava três horas de palco por noite, mas só duas foram necessárias – a primeira, no começo da noite, para que menores de 18 anos pudessem assisti-los, e a outra bem mais tarde, quando só havia adultos no clube e o barulho aumentava. Adrian Barber, velho amigo dos Beatles, guitarrista solo das bandas Cass and the Cassanovas e The Big Three, incrementou o sistema de som. Agora, os Beatles usavam os amplificadores de guitarra do estabelecimento, sem se preocupar em trazer os seus próprios, e embora Ringo tivesse trazido o seu kit, às vezes utilizava o que ficava no palco. Os Beatles eram de uma elegância casual – usavam os ternos só de modo esporádico, preferiam camisas ou suéteres de gola alta – e musicalmente versáteis.

Pela primeira vez, todos os quatro Beatles tocaram aqui sob a influência dos *prellies*. No quesito pílulas, John era o maior adepto, George e Ringo não ficavam muito atrás, e Paul era o mais contido. Já em se tratando de bebidas alcoólicas, todos consumiam generosas quantidades. Os músicos podiam se entregar a qualquer vício que bem desejassem, desde que estivessem prontos na hora marcada, e Horst Fascher deixava isso bem claro. "Você tinha que ir em frente, mesmo passando mal", conta Ringo. "Ouvi músicos dizendo: 'Me ponha a nocaute, não quero continuar' [só que] eles faziam você subir ao palco a pontapés."[10]

Essa temporada no Star-Club rendeu poucas fotos dos Beatles. Alguns registros desconexos mostram instantâneos de shows feitos no fim de 1962, mas é impossível definir em qual das duas breves temporadas. Por 12 dias, conviveram com Little Richard, mas não há fotos novas, e nenhuma com Billy Preston ou a Sounds Incorporated. Manfred Weissleder não trouxe sua câmera e não contratou nenhum fotógrafo para eternizar o momento em imagens. Porém, em outro lugar,

"E mostre-me que estou errado" (1º a 15 de novembro de 1962)   1091

os Beatles posaram para uma importante sessão de fotos, com Astrid sendo o olhar por trás da câmera.

Brian precisava de retratos para fins publicitários, feitos em estúdio – com boa iluminação e enquadramento ideal. Algo artístico. Grande admirador do trabalho de Astrid, ele a contratou para a missão. Aquela seria a única sessão de estúdio de Astrid com os meninos que ela amava. Dois anos antes (se não exatamente, quase), ela atraíra John, Paul, George, Stuart e Pete ao parque de diversões Hamburger Dom para criar as imagens definitivas dos Beatles, versão punk. Desde então, só havia fotografado John e George, em luto por Stuart, no sótão que servia de ateliê ao artista precocemente falecido.

Uma das especialidades de Astrid era escolher um cenário que combinasse com o tema. Ela não ficava tão à vontade em trabalhos no estúdio. Fotografou os Beatles, mas nunca se sentiu bem em relação a essas fotos. "Eu não tinha muita noção do que estava fazendo", ela reflete. "*Acho* que gostaram, mas nunca perguntei. Enviei as fotos direto a Brian... Ele gostou muito dos retratos."[11] Apesar das reservas de Astrid, o resultado foi um conjunto de belas imagens. Com certeza, cumpriram o papel pretendido por Brian. Para fins publicitários, ele mandou imprimir fotos da banda e individuais, que seriam amplamente visualizadas e sempre contribuiriam com a imagem artística e vanguardista dos Beatles.

Astrid, visitante noturna do Star-Club, ficou encantada (na segunda semana dos Beatles ali) com uma nova amizade: Bobby Brown, a secretária do fã-clube. Em 1962, poucos jovens de 19 anos eram muito viajados. Todas as manhãs, Bobby pegava a balsa no rio Mersey, de Wallasey a Liverpool, e voltava à noite, mas não muito mais do que isso. De repente, em um enorme choque cultural, eis ela ali, em plena Hamburgo, na Alemanha, no obsceno bairro St. Pauli. Mas só circulava bem-acompanhada. "Achei Hamburgo muito assustadora, mas eu só caminhava à noite com John e Paul, então me sentia segura. Toda hora, porteiros tentavam atrair os transeuntes a clubes e bares. John fingia que queria entrar, e nós fingíamos puxá-lo de volta: era como um esquete de Charlie Chaplin."[12]

Em abril, durante a incrível noite do evento *The Beatles For Their Fans* no Cavern, John incentivou Bobby a tomar uns drinques. Desacostumada, ela se embriagou rápido, lascou um beijo em Paul, vomitou no banheiro do Cavern e teve de deixar mais cedo o evento que ela mesma havia organizado. O segundo porre que ela tomou foi em Hamburgo, quando o vilão se transformou em cuidador.

> Na noite da véspera, John tinha se embebedado no palco e fora dele. Deprimido, não parava de se queixar. Só pensava em Liverpool. Só pensava em voltar para casa. Passei o braço em volta dele e tentei animá-lo.
>
> Na noite seguinte, tomei umas cevas alemãs com Astrid. Os Beatles terminaram o show e foram se sentar conosco. De repente, senti um mal-estar. Avisei Paul, e Astrid me levou para fora. Tive ânsia de vômito. Então foi a minha vez de me lamuriar, e John tomou conta de mim, dizendo o quanto eu era adorável e especial: "Você cuidou de mim ontem à noite, agora vou cuidar de você".

Bobby sabia que ela era apenas uma parte do divertimento de John e Paul no fim de noite. Eles a levavam para comer fora, vagavam pelas ruas, riam e depois a acompanhavam ao hotel para então, nas palavras dela, "sair em busca de outro tipo de vida noturna". Com a possível exceção de George, que dedicava a maior parte de seu tempo a tranquilos bate-papos com Astrid, os Beatles voltaram a marcar presença no *Barfrauen* do Star-Club. Paul ficou com a loirosa Ruth Lallemannd, Ringo arrastou a asa para Heike Evert – conhecida como "Goldie" (Dourada), a namoradinha de Paul na última visita deles – e John reatou seu caso com BETTINAAAHHHH. Mais tarde, Fat Betty (como George a chamava) afirmaria que John a convidou para subir ao palco com os Beatles para cantar "Blueberry Hill", de Fats Domino. A alegação é plausível, porque, de tempos em tempos, alguns "não músicos" eram chamados ao palco. Dois dos irmãos Fascher, Horst e Fredi, vez ou outra metralhavam um velho número de rock, para o divertimento do público local.

Bobby Brown voou para casa com lembrancinhas, incluindo um macaquinho agarrado numa vareta, que Ringo comprou para ela no Hamburger Dom; uma foto de Polaroid, tirada por Paul, com Little Richard abraçando Bobby; um autógrafo em seu livreto de membros do Cavern – "Para Bobby, moça lindíssima. Com a bênção de Deus, Little Richard"; e uma fotografia autografada, na qual ele escreveu em sua bela caligrafia seu endereço em Los Angeles. Diante de provas tão contundentes, a mãe de Bobby se sentiu no direito de a interpelar: "*Você teve um*

"E mostre-me que estou errado" (1º a 15 de novembro de 1962) 1093

caso com esse tal de Little Richard?". O voo de volta a Londres foi turbulento – Paul teve de usar o saco de papel –, e Bobby observou, no lado oposto do corredor, ele e John escrevendo numa folha avulsa, compondo algo. "Definitivamente, um precisava do outro", pondera ela. "Sempre pareciam estar rindo juntos, rabiscando em tirinhas de papel e rindo de novo."

Na Inglaterra, uma série de novas oportunidades aguardava os Beatles. Após aterrissarem no aeroporto de Londres, foram se hospedar no hotel de sempre, na Sloane Square, e saíram para comprar os semanários musicais. Os receios deles eram infundados – "Love Me Do" continuava a subir nas paradas, e agora era hora de acelerar novamente.

35
Visual novo, som novo
(16 de novembro a 17 de dezembro de 1962)

Findava o terceiro ano da década de 1960, ainda com muitos resquícios dos anos 1950. Porém, sempre que os Beatles pisavam em Londres para se encontrar com a imprensa, o caldo entornava. O repórter da *Dance News* comentou sobre suas "roupas de estilo diferente, não inglês". E de acordo com a *New Record Mirror*: "Os Beatles são um grupo muito fora do comum. Não usam sapatos de bico fino nem passam camadas e mais camadas de brilhantina nos cabelos. Botas Chelsea, casacos de camurça e cabelo comprido e liso fazem mais seu estilo".

Cabelo comprido e liso. O primeiro a mencionar isso numa publicação nacional foi o londrino Norman Jopling, morador do norte da capital, de apenas 18 anos, o mais jovem redator da imprensa musical. Notou isso logo que uma foto dos Beatles chegou ao escritório. "O visual deles era uma mistura de modernismo com faculdade de artes. A música não tinha acompanhado a evolução da moda e do cinema – todos os cantores pop e bandas instrumentais continuavam muito antiquados, com aqueles topetes. Quando vi uma foto dos Beatles, caiu a ficha. As coisas estavam mudando."[1]

A transformação se confirmou quando Jopling conheceu Paul McCartney. Na volta de Hamburgo, o principal compromisso dos Beatles no primeiro dia, 16 de novembro, seria às três da tarde na EMI House. O objetivo: descobrir por que George Martin de repente queria vê-los. Porém, no horário de almoço, compareceriam à *Disc* e, antes disso, no meio da manhã, fariam uma visitinha à sede da *New Record Mirror*, na Shaftesbury Avenue, para uma breve sessão de perguntas. John, George e Ringo nem se mexeram, mas Paul fez questão de comparecer. Cabia a *alguém* trabalhar para obter a publicidade desejada, e ele apreciava conhecer a outra ponta do negócio: "Eu adorava sondar esses caras [jornalistas] nos

Visual novo, som novo (16 de novembro a 17 de dezembro de 1962)

escritórios deles. Você os enxergava no território deles e tinha uma ideia melhor de quem eram".[2]

Dessa visita resultou um artigo com manchete inusitada: "TEMOS CERTEZA DOS APLAUSOS: LEVAMOS OS FÃS CONOSCO". Paul contou a prática de Brian de transportar os fãs dos Beatles a certos shows fora da cidade. Isso evocou uma imagem agradavelmente surreal: os Beatles não levavam os fãs e sim *a plateia inteira* a reboque. Paul declarou que os Beatles tocavam "coisas ao estilo rhythm & blues", mas, segundo Jopling, evitou ser categorizado: "Não se autodenominam banda vocal ou instrumental, nem de rhythm & blues. Simplesmente não sabem o que são".[3]

Paul e Brian se encontraram com John, George e Ringo no escritório da *Disc* na Fleet Street. Chegaram às paradas da revista e mereceram espaço editorial. June Harris – londrina perspicaz e, aos 24 anos, já experiente – se ofereceu para falar com eles, sugerindo uma entrevista durante o almoço num pub. O colega dela, o redator musical Nigel Hunter, juntou-se ao grupo, e caminharam juntos pela Fleet Street até a Ye Old Cock Tavern – situada diagonalmente oposta ao Royal Courts of Justice, o mais alto tribunal do país, onde as disputas comerciais mais complexas eram decididas.

Os gerentes do estabelecimento, Bert e Jean, barraram a entrada dos Beatles no restaurante do mezanino. A clientela normal abrangia advogados, escriturários e jornalistas, todos em ternos protocolares. Jaquetas de camurça, botas, sotaques de Liverpool e "cabelos compridos" perturbariam olhos e ouvidos. Por isso foram gentilmente convidados a ficar no térreo. Ao redor de uma mesa do pub – em meio a drinques, sanduíches, fumaça e ao antagonismo gerencial –, June Harris foi outra repórter a farejar originalidade.

> Novos em Londres, os Beatles ainda não tinham adquirido qualquer sofisticação ou experiência, mas com certeza me pareceram ter mais substância, e mais propósito, do que a maioria das pessoas que eu tinha entrevistado. George revelou ser muito doce e gentil, um jovem legal; Ringo não falava muito; Paul era sensato e conduzia tudo na maior calma; e John só mostrava convicção, ao estilo "Sei para onde vou e o que pretendo fazer com esta banda". Os outros eram respeitosos com ele... John era o líder e dava a eles um senso de direção, e quando tinha algo a dizer, ele dizia, por que não? Não ia aceitar merda de ninguém.[4]

Os redatores da imprensa musical usavam pseudônimos, além dos seus nomes verdadeiros, para que a equipe parecesse mais numerosa. O artigo resultante, assinado por "Jean Carol", trazia uma manchete trivial, bem ao estilo da *Disc* e da época: "BEATLES DESCOBREM QUE O SHOWBIZ NÃO É PURA DIVERSÃO". Esse conceito aflorou quando John explicou como se sentiam cansados. Tinham chegado de Hamburgo havia apenas 12 horas. George foi o mais citado, dizendo que John e Paul tinham composto "mais ou menos seis" canções para o próximo disco, mas provavelmente seria um remake de "Please Please Me" – e acrescentou que esse título ainda poderia mudar, porque Brian não gostava dele.

Esse foi um dos vários temas abordados na reunião das três da tarde na EMI House. Embora, inexplicavelmente, nenhum de seus participantes tenha parado para refletir sobre o assunto, essa foi provavelmente a reunião criativa mais importante de suas vidas. Ali e naquele momento, no escritório da Parlophone, no quarto andar da 20 Manchester Square, George Martin e os Beatles combinaram todos os fatores necessários para uma relação de trabalho intrépida e harmoniosa, que se tornaria bastante profícua a todos os envolvidos.

Em geral, a habilidade de George para detectar uma canção cativante era infalível. Porém, com "Love Me Do", ele tinha errado e sabia bem disso. Apesar do ceticismo e da falta de apoio do produtor, a canção entrou nas paradas e ali permaneceu – já estava na sexta semana, ainda subindo, vendendo aos milhares e chamando atenção no ramo ("Não achei que ['Love Me Do'] fosse tão brilhante assim, mas fiquei emocionado com a reação do público aos Beatles e ao som deles"[5]). Martin tinha contratado uma banda original que estava sendo comentada, e a combinação disso e seu fascínio por eles como pessoas, como personalidades, o deixaram plenamente motivado. Na letra fria do contrato, ele não precisava gravar os Beatles de novo – o compromisso da Parlophone estava concluído –, mas queria recomeçar, deixar para trás todas as historinhas histriônicas (sobre as quais os Beatles nada sabiam). Imagine só – e George Martin imaginou – o que poderia ser alcançado se trabalhassem juntos num disco de que *todos* gostassem.

Dali a dez dias estariam gravando o segundo single, e – só para colocar lenha na fogueira, sabendo a resposta que obteria – George Martin trouxe "How Do You Do It" à tona novamente. A canção seria um sucesso na voz de *alguém* e,

Visual novo, som novo (16 de novembro a 17 de dezembro de 1962)

como ainda detinham os direitos iniciais, gostariam de reconsiderar? A resposta veio curta e grossa. Rejeitaram um potencial sucesso... e George os respeitou ainda mais por isso. A visão que ele tinha dos Beatles como "muito opiniáticos" foi reforçada, mas isso não o desanimou.[6] Sabia lidar com gente assim, e ele mesmo, com seu estilo encantador e agradável, sempre expressava opiniões com firmeza e sem timidez. Essas personalidades difíceis só conseguiriam trabalhar juntas dando e recebendo, e a vontade para esse intercâmbio era mútua.

George concordou com o desejo dos Beatles de que seu segundo disco fosse "Please Please Me" – e, como ele pessoalmente gostava do título, a objeção de Brian a ele foi subjugada e esquecida. George estava confiante de que a canção poderia alcançar grandes façanhas: por dois meses, escutou o acetato gravado em 11 de setembro, com produção de Ron Richards, em seu gramofone. Sabia que era forte e cativante, um sucesso em plena formação. Havia lhes dito que a canção original era muito lenta, mas ficou impressionado com o rearranjo deles – e agora tinha uma nova sugestão para aprimorá-la ainda mais: por que John não tocava gaita de boca?[7] Os Beatles concordaram, mas não se sabe se aceitaram a ideia logo ou se foi preciso insistir um pouco. Tinham aversão por se repetirem, mas reconheceram que reutilizar o instrumento mais peculiar de "Love Me Do", aquele que grudou na mente dos ouvintes, seria um gancho útil.

George também declarou que deixaria Ringo tocar na gravação. Ele havia sido ao menos 50% responsável pela decisão que deixou Ringo arrasado da última vez, mas lhe daria uma nova oportunidade: certamente ele não pisaria na bola como na primeira sessão. Que John, Paul e George tinham plena fé na capacidade do novo baterista, isso era mais do que óbvio. Além disso, era Ringo quem tocava no single que seguia subindo nas paradas.

Precisavam de um lado B e escolheram "Ask Me Why". Era boa o suficiente, sobre isso não restavam dúvidas. Mas era outra canção que, até esse ponto, George não tinha em alta consideração, sem perceber nela as qualidades notáveis que os outros ouviam. Em seguida, ele e Brian conversaram sobre o lançamento do novo compacto. A data ficou combinada: segunda semana do ano novo, sexta-feira, 11 de janeiro. No primeiro dia de 1963, os Beatles voariam de Hamburgo de volta à Inglaterra, prestes a ter um novo e sólido single a divulgar em turnês nacionais, salões de bailes, transmissões e entrevistas que Brian estava agendando.

1098 Ano 5, 1962: *Always be True*

Notícias já muito promissoras, mas a nova sugestão de George Martin os deixou boquiabertos. Queria que eles gravassem um LP.[*]

Foi um anúncio acachapante, genuinamente atordoador. Agora o primeiro – *e único* – compacto deles estava em vários "top 30". Porém, muitos artistas com mais fama e sucesso do que eles nunca tinham sido convidados a fazer um álbum, e quase todos os cantores da Parlophone se limitavam a gravar singles. O LP não era o mercado natural dos Beatles: o formato de 12 polegadas, embora voltado à juventude, ainda era dominado por música direcionada a ouvintes mais maduros. Em 1961-62, os LPs mais vendidos na Grã-Bretanha – mais que Elvis, Cliff e Adam – eram da banda George Mitchell Minstrels, que dominava as paradas com três álbuns de antigas canções do programa de auditório de 1958, *The Black and White Minstrel Show*.

A decisão de gravar um LP soa desconcertante, mas tem a mais pura e óbvia das explicações. Um ano e uma semana após Brian Epstein ter sido arrebatado pelos Beatles, George Martin ficou igualmente impressionado – e também se tornou o receptor ideal, no lugar certo, na hora certa. Seu dom para reconhecer a arte não convencional e para cultivar esses talentos no estúdio fez dele o produtor mais ousado e inventivo do país. Seus métodos eram inovadores. Enquanto os outros ficavam no básico e obedeciam à cartilha, George Martin seguia seus instintos, era um experimentador independente. Criou um memorável banco de sucessos inusitados – discos de inteligência acima da média com apelo comercial indiscutível. Agora, investiria sua experiência nos Beatles, para descobrir o que poderiam fazer juntos.

A admiração dele foi anunciada. Em 24 de novembro, uma revista dos EUA, a *Cash Box*, publicou em sua coluna sobre música britânica o seguinte: "George Martin, gerente de A&R, vislumbra um futuro brilhante para os Beatles – uma nova banda vocal-instrumental". A sessão de gravação, que aconteceria dois dias depois, foi anunciada na *Disc* e no *Mersey Beat*, e a decisão de gravar um LP foi revelada pela *NME* no dia 30, sob o título "LP DOS BEATLES TEM DATA FIXADA".[8] "Os Beatles vão gravar seu primeiro LP no mês que vem. O gerente de gravações da

---

[*] Esse era o termo usado por George e os Beatles em 1962, "LP". Só anos depois o termo mudou para "álbum". Dois nomes diferentes para a mesma coisa.

Visual novo, som novo (16 de novembro a 17 de dezembro de 1962)   1099

Parlophone, George Martin, estuda gravar a banda – que recentemente despontou nas paradas com 'Love Me Do' – ao vivo, durante um show no Cavern Club, em Liverpool. A maioria das canções será de autoria da própria banda."

De acordo com a *NME*, seria um álbum ao vivo. Dez dias após essa reunião, na sessão para gravar "Please Please Me", George explicou suas ideias ao jornalista Alan Smith: "Estou pensando em gravar o primeiro LP deles no Cavern, mas obviamente vou ter que visitar o local antes de tomar uma decisão. Se não conseguirmos o som ideal, podemos fazer a gravação em outro lugar em Liverpool, ou trazer um público convidado para o estúdio em Londres. Eles me disseram que tocam melhor na frente de uma plateia".[9]

Ele tinha um pouco de pressa. Na agenda de George Martin de 1962, consta a anotação: "Domingo, 18 de novembro: 21h, Cavern, Liverpool". Seria o primeiro show pós-Hamburgo, o evento de "Bem-Vindos ao Lar". Com certeza, uma noite louca e abafada, a noite em que George faria o reconhecimento, não só do local. Avaliaria o desempenho dos Beatles artisticamente, analisaria seu relacionamento especial com o público e consideraria os aspectos técnicos de levar equipamentos de gravação móveis ao úmido porão. A frase continua na agenda, mas a viagem a Liverpool não ocorreu: foi adiada e remarcada para três semanas e meia depois, quarta-feira, 12 de dezembro. Ou seja, embora a *NME* tenha anunciado a gravação do LP para antes do fim do ano, isso só acabou acontecendo em 1963.[10]

Com esse "atraso", John e Paul ganharam tempo para compor novas canções, porque – como a *NME* deixou claro, com base no que George disse a Alan Smith – "A maioria das canções será de autoria da própria banda". No *Mersey Beat*, Smith entrou em mais detalhes: "George Martin acrescentou que todas as canções do disco provavelmente serão composições originais da banda, mas isso não foi decidido ainda".[11]

A ideia de George de gravar um LP com os Beatles era extraordinária. O fato de querer que o álbum fosse entremeado (ou talvez forrado) de canções de John e Paul é ainda mais extraordinário. Esse é o melhor indicador do quanto a postura dele havia mudado e do quanto estava curioso para ver aonde tudo isso os levaria. Nem parecia o mesmo homem que, ao ouvir "Love Me Do", "PS I Love You" e "Ask Me Why" pela primeira vez, havia refletido: "Não achei que os Beatles tivessem alguma canção de qualidade. Não me deram *qualquer* prova de que poderiam compor material de sucesso".[12] Depois ouviu também "Please Please Me" e "Tip of My Tongue" (preferindo a primeira) e nada mais... Agora havia mudado de ideia.

Sem dúvida, Brian estava incentivando as composições da parceria Lennon e McCartney, por conta de sua gestão paralela sobre os direitos autorais. Ainda assim, essa foi uma grande reviravolta, e *sem* contrapartida: essas canções não seriam de Lennon-McCartney-Martin. Não se tratava de uma tentativa para inserir seu nome nos créditos ou sua mão nos royalties, nem de empurrar suas próprias composições nos lados B de Lennon-McCartney, como outros produtores que ele poderia enumerar.

Aceitar as canções de Lennon e McCartney envolveria uma abordagem de trabalho completamente inovadora. Em se tratando de música pop, a produção de discos tinha uma estrutura rígida. O próprio George Martin explicou isso num artigo da *Record Mail*, a revista da EMI, publicada em julho de 1961. Envolvia encontrar um vocalista, uma canção e um arranjador; um trio trabalhava ao piano, no escritório, para escolher a tonalidade e o andamento certos. Em seguida, os três discutiam o tratamento musical, como deveria soar e a orquestração que deveria ter. Nesse ponto, ele agendava músicos de estúdio, mandava fazer partituras da canção para diferentes instrumentos e, por fim, fazia a gravação. Mas, em se tratando dos Beatles, essas funções arquetípicas de A&R não se aplicavam. Com eles, as sessões começavam com os Beatles (um ou dois, ou todos os quatro) mostrando a nova canção, George Martin fazia os aprimoramentos necessários e, em seguida, partiam para a gravação propriamente dita (junto com pelo menos outro título) nas três horas previstas. Ao deixar os Beatles trazerem canções próprias, George claramente não só os aceitou como banda independente, mas os respeitou como compositores – exatamente o que mais sonhavam. As canções eram deles, o som era deles, com um empurrãozinho.

"O título é outra coisa que nos preocupa", disse George Martin a Alan Smith. Que *nos* preocupa? Nunca antes os artistas tinham voz ativa em relação aos títulos de seus LPs. Nenhum contrato da EMI mencionava qualquer envolvimento deles em decisões criativas. Mesmo assim, George convidou os Beatles para dar ideias. Nesse ponto, ou logo depois, Paul sugeriu um possível título, *Off The Beatle Track*, e a ideia de um design para acompanhá-lo. Esboçou uma capa quadrada com uma fotografia dos quatro, cabeça e ombros, o título na horizontal, no meio, com

Visual novo, som novo (16 de novembro a 17 de dezembro de 1962)

duas antenas de besouro saindo do "B" da palavra "Beatle".[13] George Martin tinha todo o direito de ignorar a sugestão, e foi exatamente isso que fez, mas os Beatles mostraram que tinham ideias artísticas.

Ficaram tremendamente impressionados com o processo inteiro. Tinham um empresário dedicado a torná-los maiores do que Elvis e, agora, um gerente de gravação (era assim que o chamavam) para ajudá-los a conseguir isso. Mesmo a convicção errônea de que ele nunca havia gravado rock'n'roll era considerada uma vantagem. Como John explicaria, as produções de George Martin com Peter Sellers e Spike Milligan "o tornaram ainda mais aceitável"[14] – além disso, seu currículo de compactos de 45 rpm, incomuns e atraentes, embora recente, já estava enraizado na cultura popular britânica, desde "Goodness Gracious Me!" até "Sun Arise".

Também gostavam muito dele como pessoa, por sua elegância, presença, humor, talento e inglês gramaticalmente correto; George era o professor, o guardião da língua, mas podiam provocá-lo, ser rudes com ele e, ainda assim, respeitá-lo. Se alguém tivesse filmado esse encontro, o que veríamos? Um grupo de pessoas à vontade na companhia mútua, de riso fácil e aberto. A banda apreciando o humor e as impressões do produtor, e vice-versa. Cinco homens – seis, com Brian – com opiniões convergentes, focados em propósitos comuns, convictos de suas próprias ideias e, ao mesmo tempo, receptivos a outras. George experimentava "uma sensação de bem-estar, de estar feliz" na companhia dos Beatles; ele os achava cativantes, talentosos e engraçados, e fazia questão que pensassem bem dele. "Na verdade, pra mim, não deveria importar se gostavam de mim ou não", ele explicaria, "mas me agradava o fato de que pareciam gostar".[15]

Chamavam-no de Big George, para evitar confusão com o George deles, e também porque ele era grande mesmo. Os Beatles eram altos, mas o produtor era ainda mais alto: tinha bem mais de 1,80 m, era bem-apessoado, com postura de estadista. Tinha um quê de príncipe Philip, então também o chamavam de duque de Edimburgo, e ele considerava isso um elogio. George era mais jovem do que muitos de seus artistas. Entretanto, em relação aos Beatles, era nitidamente mais maduro, a figura de um tiozinho ou até mesmo de um paizão – embora, aos 36 anos, fosse bem mais jovem do que os tios e pais deles. Nasceu numa época diferente, em Londres, e combateu no front; era um adulto que se vestia bem, mas à moda antiga (calças com bainha). E agora adotara o familiar e afetuoso termo de Brian: para George Martin, os Beatles também se tornaram "os meninos".

Ou seja, tudo estava funcionando bem. Se tivessem assinado com a Decca, os Beatles não teriam nada disso. O mais provável era que estivessem às voltas com um produtor padrão, em um emprego padrão, resistente a seus pontos de vista, gravando canções estereotipadas, ao estilo Tin Pan Alley, em detrimento de suas próprias... E quem sabe o contrato deles nem fosse renovado. Mas não estavam *naquela* gigante multinacional, e sim em sua maior concorrente. Em 22 de outubro, quando a Decca divulgou um aumento saudável nos lucros, o presidente da EMI, Sir Joseph Lockwood, parabenizou em carta o colega, Sir Edward Lewis, e brincou, em tom de súplica: "Bem que você poderia nos mostrar como obter isso na EMI". Vinte e cinco dias depois, a resposta estava bem diante de seu nariz.[16]

Claro, nem *todos* os lucros seriam da EMI. Esse fato tornou-se evidente numa segunda etapa da reunião com os Beatles, realizada no fim da mesma tarde, ou nos dias que se seguiram. Eles não estavam presentes – só George Martin e Brian Epstein, moldando o futuro de todos. Em maio, quando se conheceram, um havia simpatizado com o outro. Desde então, haviam desenvolvido uma boa intercomunicação, um respeitando a integridade do outro. Agora se aproximavam cada vez mais, criando um relacionamento profissional e pessoal, verdadeira cola para manter unido esse extraordinário projeto.

O foco da reunião: como maximizar o potencial de "Please Please Me". George fez uma sugestão específica que ecoaria para sempre: Brian deveria dar a publicação do disco a outra editora musical, não mais à Ardmore & Beechwood. Eis que Brian já pensava nisso. Andava descontente com vários fatores relacionados à publicação de "Love Me Do" e "PS I Love You": primeiro, o lapso infeliz de as duas canções terem sido creditadas nas gravadoras a "Lennon-McCartney", mesmo após ter solicitado expressamente o crédito a "McCartney-Lennon"; em segundo lugar, o fracasso em incluir a canção nos programas de TV da BBC: "Love Me Do" não apareceu no *Juke Box Jury* e, na última hora, ficou de fora do *Saturday Club*. Para Brian, quem pisou na bola foi Kim Bennett.

Na verdade, Bennett era inocente no caso do *Saturday Club*, o *Juke Box Jury* era uma meta impossível (nem a própria divulgadora musical da Parlophone havia conseguido) e talvez a Ardmore & Beechwood não tenha sido a responsável

Visual novo, som novo (16 de novembro a 17 de dezembro de 1962)

pelo crédito errado da composição. Em essência, porém, Bennett e seu chefe Sid Colman não foram convidados a se defender, nem George Martin iria fazê-lo.

A afirmação de George foi assim transcrita: "A Ardmore & Beechwood não fez praticamente nada para o disco ['Love Me Do'] ser tocado", mas, se acreditava mesmo nisso, não estava familiarizado com os fatos disponíveis.[17] Kim Bennett havia feito de tudo para tornar "Love Me Do" um sucesso. Nenhum divulgador musical teria feito mais, e o próprio George fez muito menos. Os esforços extremos de Bennett estavam começando a dar frutos – mas, seja lá como for, Brian concluiria que a Ardmore & Beechwood tinha sido preguiçosa e inútil para os Beatles. Estava propenso a levar os negócios de John e Paul a uma editora musical disposta a realmente trabalhar duro para divulgar as canções.

Por sua vez, George Martin estava escanteando a Ardmore & Beechwood. Precisava traçar uma linha no passado e ficar livre para trabalhar com os Beatles, em seus próprios termos – porque ele os queria, não por ter sido obrigado a aceitá-los. E, de quebra, virar a página, deixando para trás as circunstâncias constrangedoras que o levaram a esse ponto. Na mente de Brian, fazia todo o sentido: a Ardmore & Beechwood *devia* ser uma nulidade, caso contrário, por que outro motivo um funcionário da própria EMI afastaria um contrato potencialmente lucrativo de uma afiliada da EMI? Kim Bennett percebeu a jogada. "Quando uma canção está estabelecida nas paradas, não há motivo para mudar de editora musical [no próximo compacto], a menos que exista algo por trás disso. George foi *muito maroto* ao afastá-los de nós."[18]

Foi uma manobra, nem mais nem menos, o tipo de coisa que acontece todos os dias no mundo dos negócios. Não é uma verdade absoluta que os direitos autorais de Lennon e McCartney teriam permanecido com a Ardmore & Beechwood de qualquer maneira. Mesmo que Brian tivesse lhes dado "Please Please Me" e "Ask Me Why", poderia ter trocado depois. Os contratos de publicação eram sempre para canções individuais, sem opções reservadas para trabalhos futuros, e só os executivos mais astutos tinham a visão de manter os compositores leais a uma empresa.

Brian pensava em levar as composições de John e Paul ao escritório londrino da Hill & Range, empresa dos EUA que (sob esse e outros nomes associados) publicava a maioria dos discos de Elvis. George Martin não o desencorajou exatamente, mas colocou outros três nomes na briga: Dick James, David Platz e Alan

Holmes. Todos eram bons sujeitos, egressos da Tin Pan Alley britânica, com anos de experiência, que publicaram as próprias composições de George. A diferença essencial era a propriedade: Platz e Holmes gerenciavam escritórios londrinos de corporações dos EUA – a Essex Music e a Robbins Music –, enquanto a empresa de James era britânica, com muito orgulho. Nascido no East End de Londres, filho de imigrantes, ele valorizava os compositores britânicos numa época em que a música dos EUA dominava Londres. Embora Brian estivesse livre para avaliar suas opções com qualquer editora, George claramente recomendou Dick James, e reuniu as duas partes por telefone antes de se conhecerem pessoalmente, em 27 de novembro – na manhã seguinte à gravação de "Please Please Me" e "Ask Me Why".

Desse dia até a próxima temporada hamburguense (segunda quinzena de dezembro), não tiveram folga – 31 dias de um trabalho frenético e incansável, país afora, cumprindo compromissos de toda sorte e fazendo constantes viagens de van e avião. Na prática, o calendário de 1963 começou em 17 de novembro de 1962... mas não da melhor forma. Brian havia insistido para que ficassem atentos em Hamburgo, prevendo as turbulências, mas permitiram que o cansaço e o tédio se enraizassem. No que tange ao palco, nem mesmo o encontro com George Martin os revigorou. O primeiro show dessa nova fase foi a festa de sábado, no grande salão de Coventry: o primeiro com cachê de £ 50. Paul sente arrepios só de se lembrar. Sempre cita essa noite para recordar que a coisa pode estar ruim, mas com trabalho árduo tudo se alivia. "Nem sempre éramos bons. Tem noites que são um desastre. Você desafina, não regula direito os amplificadores, se esquece de acertar o volume, canta muito perto ou longe demais do microfone. Nos salões de baile, foi uma semana assim até engrenar. Daí era só continuar infinitamente."[19]

Apesar de tudo, o impacto dos Beatles nessa noite ainda foi poderoso. Isso diz muito sobre o quanto o estilo deles era uma novidade. Pete Waterman, DJ júnior do Matrix Hall em Coventry, recorda: "Sempre recebíamos *estrelas*, mas aqueles caras chegaram praguejando, carregando o próprio equipamento, sem *estrelismo* algum. Com suas personalidades, simplesmente nos conquistaram de cara. Eram diferentes... Harrison tocava [os discos de] Chet Atkins no camarim e Lennon usava calça Levi's. Eu nunca tinha visto uma Levi's antes. O *promoter* do Matrix falou que os Beatles seriam a melhor coisa que o mundo já viu".[20]

Visual novo, som novo (16 de novembro a 17 de dezembro de 1962)   1105

A popularidade crescia em todos os lugares, impulsionada pelo sucesso contínuo de "Love Me Do". Até mesmo em Merseyside, onde tinham sido de longe o grupo mais popular por quase dois anos, uma nova onda de fãs se aglomerava para vê-los. Havia muitos meninos, mas principalmente meninas, uma garotada que não tinha feito parte do desenvolvimento dos Beatles e, com certo atraso, entravam em sintonia. Em geral, essas meninas se comportavam de maneira diferente ao redor deles: gritavam mais, respeitavam menos a distância e não tinham – nem poderiam ter – os mesmos relacionamentos íntimos e preciosos que os de suas antecessoras. Para algumas fãs, isso foi se tornando excessivo. Apesar de sua amizade especial com John, Lindy Ness decidiu procurar entretenimento em outro lugar: "Quando o compacto de 'Love Me Do' foi lançado, filas quilométricas se formavam, e Louey e eu começamos a ver nossas colegas de escola no Cavern. Justamente as garotas que sempre haviam desdenhado da banda agora entravam na onda. Quando vimos aquelas filas repletas de gente que antes não se interessava, simplesmente paramos de ir. 'A fila anda'... Éramos mesmo muito exclusivas!".[21]

Com as vendas da semana, "Love Me Do" subiu ao 21º lugar no top 50 da *Record Retailer*, posição mais alta até então; também sustentou posições anteriores nas demais revistas: *Melody Maker, Disc* e *The World's Fair*. Além disso, ficou o mês inteiro no top 5 de Liverpool. Kim Bennet nem desconfiava, mas o projeto dele estava prestes a soçobrar. Justo agora, que fazer a canção tocar nas rádios se tornava relativamente fácil! Antes, foi preciso voar à Alemanha e implorar para darem a "Love Me Do" a chance de aparecer pela primeira vez no programa *Two-Way Family Favourites*; agora, a canção voltara a ser tocada no programa, conquistando o que Tony Barrow descreveu (no comunicado de imprensa do lançamento de "Please Please Me") como "a mais rápida repetição de todos os tempos". Pesquisas da BBC indicam que essa transmissão em particular teve uma audiência de 18,8 milhões (quase 40% de todos os radiouvintes), sem falar no grande alcance do programa na Alemanha Ocidental. Além disso, 5,4 milhões ouviram a nova execução no *Twelve O'Clock Spin*, ocasião marcante, porque os Beatles surfaram, pela primeira vez, nas mesmas ondas que Elvis.[22]

E foi justamente para um compromisso na BBC que, em 23 de novembro, os Beatles correram de volta a Londres. No caso, a audição de TV promovida por seu jovem amigo, Smith "Cartinha", morador da cidade de Preston. Brian

Ano 5, 1962: *Always be True*

fazia o possível para minimizar as viagens dos Beatles, mas para uma banda de Liverpool bombando nas paradas, essas demandas eram consequências inevitáveis. Nesse ramo, praticamente tudo acontecia a 320 quilômetros de distância. O compromisso deles era perto do Hyde Park, num dos muitos pavilhões de igreja que a BBC alugava para audições e ensaios. Embora nenhum veredito tenha sido expresso na época, Brian logo recebeu uma carta dizendo que os Beatles poderiam receber a oferta de uma nova audição "em algum momento no futuro próximo", num estúdio de TV. O que soou como rejeição era, na verdade, uma resposta padronizada. Dias depois, os Beatles foram convidados para um seriado de novos talentos, *The 625 Show*, que estrearia em janeiro. Os programas seriam transmitidos ao vivo, a partir do estúdio da BBC, em Bristol – mas os Beatles já tinham compromisso nas datas disponíveis. Por um tempo, a exposição deles na TV permaneceria restrita ao canal comercial. Com agenda cheia, ficava cada vez mais difícil aproveitar as oportunidades de última hora. *Consequências inevitáveis* eram a marca registrada de Brian.

Norrie Paramor conseguiu a dele no dia seguinte, quando a BBC revelou sua nova atração de sábado à noite, *That Was The Week That Was*. Rápido, engraçado, contundente e escabroso, foi o primeiro programa de TV em qualquer lugar do mundo a expor e alfinetar desenfreadamente figuras públicas. Na edição de estreia, Paramor foi o principal alvo, iniciativa de ninguém menos que seu colega de A&R da EMI, George Martin. O apresentador do *TW3* (como o programa passou a ser conhecido) era David Frost, o mesmo jovem que, oito meses antes, como repórter do programa, havia oferecido a George um almoço barato e ouvido edificantes histórias sobre como Paramor trabalhava, particularmente sua tendência de colocar suas próprias canções em lados B ou A. Prestes a se tornar a face pública do "boom satírico" e a primeira estrela da TV dos anos 1960, Frost estava determinado a fazer história. Nessa primeira noite, perante a nação, bateu em Paramor sem dó nem piedade, com roteiro da própria lavra: "Norrie é um sujeito *comum* que compõe melodias *comuns* com letras *comuns*. Na última década, Norrie Paramor usou todo o seu poder e toda a sua influência e tornou tudo *comum*".

Quem não pôde assistir à estreia do programa – incluindo Norrie – ficou sabendo. "PARAMOR RIDICULARIZADO!", estampou a *Melody Maker*, dedicando uma página inteira a comentários e reações. Por meses a fio, esse foi o assunto do ramo,

Visual novo, som novo (16 de novembro a 17 de dezembro de 1962)   1107

e uma pergunta não queria calar: quem jogou tudo aquilo no ventilador? Teria sido uma fonte interna? A secretária de Paramor, Frances Friedlander, lembra-se do quanto a situação foi "horrível". Ela acha que Norrie nunca descobriu quem estava por trás disso.[23] Na segunda-feira, não se falou de outra coisa na EMI. Nos lábios dos representantes na estrada, na fábrica de prensagem de Hayes, na sede de Manchester Square ou nos estúdios de St John's Wood... E as fofocas ainda reverberavam quando os Beatles foram gravar seu segundo disco.

SESSÃO DE GRAVAÇÃO

Segunda-feira, 26 de novembro de 1962.
Estúdio 2, EMI, Londres.
Gravação: "Please Please Me"; "Ask Me Why".

Nas três sessões anteriores nos estúdios da Abbey Road, os Beatles sentiram um peso nos ombros. Trocando leves críticas, as partes envolvidas alteraram sob restrições, sem chegarem a um acordo sobre o material a ser gravado, atormentadas por nervosismos e frustrações. O resultado foi um trabalho meramente funcional.

Essa sessão marcou um recomeço. A impressionante ascensão de "Love Me Do" nas paradas e a reunião corporativa no dia 16 de novembro alteraram tudo – o trabalho fluiu com eficiência, força, empolgação e harmonia, a química deu liga, o bom humor prevaleceu e tudo se encaixou. Nas três horas, a linha de produção Beatles/George Martin começou a deitar e rolar. "Transcorreu belamente", disse George Martin. "A sessão inteira foi prazerosa."[24]

O objetivo era claro: gravar os dois lados do segundo compacto a ser lançado pela Parlophone em 11 de janeiro. Os títulos eram conhecidos, e a música, familiar: já não eram mais canções que necessitavam muito do "dedo do produtor". "Ask Me Why" seria refeita praticamente como gravaram em junho; "Please Please Me" já havia sido rearranjada para agradar a todos, bastava tocá-la da melhor maneira possível e depois acrescentar a gaita de boca. O Estúdio 2, que se tornou seu estúdio habitual, foi agendado das 19h às 22h, tempo suficiente – e combinaram de chegar às 18h, para ter uma hora de ensaios e preparativos técnicos.

Um baterista de estúdio não foi convocado. No chão do estúdio, no canto esquerdo, quatro jovens se organizavam: John, Paul, George e Ringo. Atrás do vidro, na sala de controle do mezanino, nem sinal de Ron Richards. George Martin era o "Produtor presente" (conforme especificado no formulário vermelho do estúdio). O engenheiro habitual dos Beatles, Norman Smith, comandava a mesa de mixagem, com um assistente à disposição para ativar, parar e rebobinar as fitas – e, é claro, preparar um chazinho. Brian Epstein e Neil Aspinall estavam presentes, com alguns convidados: Alan Smith, da *NME*, que ia fazer um relato escrito da sessão para o *Mersey Beat*, e Bobby Brown, que tinha vindo com Neil na van, enquanto os Beatles e Brian viajavam de trem.

Bobby os seguiu até o estúdio, sentou-se com eles no ensaio e recebeu um convite inesperado. Podia tocar piano em "Please Please Me"? Questão deveras pertinente – em junho, Lindy Ness e Lou Steen estavam deitadas ao pé do piano de Jim Mac enquanto John e Paul trabalhavam na canção. Agora, John queria que a moça os ajudasse a gravar. Seu pedido foi específico: que Bobby tocasse certos acordes em três junções, enfatizando a rápida escalada das guitarras em dobro em 0'12", 0'40" e 1'25". "John me mostrou esses acordes no piano e disse: 'Pois é, Bobby, você bem que podia tocar isso...' e eu respondi apenas: 'Está louco. Não consigo, de jeito nenhum'. Ele insistiu: 'Mas *você sabe* tocar piano', e retorqui: 'Sei, mas com partituras'. A coisa ficou assim por um tempo, e no final eu disse que simplesmente *não tinha como* fazer aquilo."[25] Seja lá como fosse, não poderia ter acontecido. Ela não pertencia ao Sindicato dos Músicos, e talentos não sindicalizados estavam proibidos de gravar.

George Martin pediu para todo mundo sair, menos os Beatles. A sessão propriamente dita estava prestes a começar. Fazia sentido gravar o álbum em estéreo e mono, mas George de novo evitou usar o gravador de quatro canais dos estúdios Abbey Road, optando pelo processo de dois canais: gravou todos os vocais em um dos canais mono e todos os instrumentos no outro, permitindo uma mixagem estéreo *a posteriori*, na melhor das hipóteses, rudimentar.

Gravaram primeiro o número mais importante. Quando a luz vermelha se acendeu para "Please Please Me", John estava em pé, com sua guitarra acústica Jumbo Gibson plugada no amplificador Vox; George, prestes a dedilhar sua preciosa Gretsch Duo Jet plugada em seu Vox respectivo; o baixo Hofner Violin de Paul estava plugado no amplificador Leak; e Ringo, sentado atrás de seu kit Premier de seis peças. O baixo e as guitarras estavam plugados a um amplifica-

Visual novo, som novo (16 de novembro a 17 de dezembro de 1962)   1109

dor com alto-falante e um microfone frontal de última geração. Dois microfones captavam os vocais da linha de frente. Além disso, a bateria de Ringo tinha dois microfones (um perto do bumbo, outro acima da cabeça). "Please Please Me" nunca tinha sido tocada nos palcos – era uma canção puramente de estúdio –, mas eles a tocaram como se estivessem em turnê, instrumentos e vocais ao vivo, em performance direta, em quantos *takes* George Martin considerou necessários: 15 no total.

As virtudes da canção ficaram evidentes na gravação de setembro – dois minutos de harmonias, melodias, riffs e levadas revigorantes. Dessa vez, porém, o desempenho foi muito melhor, com muito mais entrosamento. Pela primeira vez, sentiam-se à vontade no estúdio. A eletricidade corre no ritmo e nos vocais, fusão admirável do protagonismo de John com as agradáveis harmonias de Paul. John entoa os apelos quádruplos de "*Come on!*" e o coro de vozes agudas (Paul e George) ecoa modulando o tom e elevando a tensão. A habilidade instrumental de George é sólida, a de John fica soterrada, e o baixo (apesar de baratinho) prova que é ótimo para gravação e muito dinâmico nas mãos de Paul. É ele que dá à música sua pulsação cardíaca, ao tocar basicamente uma nota só, ágil e contínua, embora às vezes enveredando por uma melodia de contraponto, atraente e intuitiva. E Ringo mantém a batida de rock no tempo certo, repleta de viradas e floreios substanciais – um desempenho soberbo. Uma energia explosiva pulsa ao longo da canção toda, até que, em exatos dois minutos, com tudo ainda acontecendo simultaneamente, ela dá uma brecada e os vocais em falsete levam a emoção ao máximo, e a canção termina num ápice.

Em seguida, John gravou em *overdub* os riffs de harmônica – duplicando estrategicamente os motivos melódicos de George. Prontinho: a canção ficou ótima. Ninguém tinha gravado algo parecido com "Love Me Do", e agora "Please Please Me" pegou o bastão e levou essa iniciativa quilômetros adiante. No passado, nenhuma canção nem remotamente parecida havia sido feita, nem na Grã--Bretanha, nem nos EUA. As influências eram perceptíveis – Orbison, Everlys, Isleys, Smokey Robinson and the Miracles, Goffin e King –, mas desses pontos de partida os Beatles criaram algo visceral, alegre, cosmopolita, gutural, cativante e genuinamente inspirador. Pela segunda vez, tinham um som novo, só que *ainda mais novo*.

No mezanino, George Martin se aproximou de Norman Smith, abriu o microfone da cabine e sua voz ressoou no estúdio: "Cavalheiros, vocês acabam de gravar seu primeiro número 1 nas paradas".[26]

"Deram risada", contou ele à *NME*, seis meses depois – mas no fundo sabiam. "Please Please Me" já nasceu com o número 1 estampado. Com pequenos ajustes, a fita estaria pronta. No caso, uma edição nas partes em que John cantava a letra errada (problema comum dele). Mas isso seria feito outro dia, e não precisavam estar lá para isso. Ali, naquele momento, foram cortados bolachões de goma-laca (discos de acetato) em mono – Brian levaria uns para mostrar aos potenciais novos editores de John e Paul, na manhã seguinte.[27]

Todo mundo foi relaxar na cantina, e Alan Smith aproveitou a ocasião para fazer umas perguntinhas a George Martin. Após tomar notas durante a sessão, agora o repórter queria saber quais eram os planos e as perspectivas para a banda. Isso convenceu o produtor dos Beatles de que ele havia encontrado artistas vencedores. George revelou a Smith a ideia de gravar um LP ao vivo no Cavern, com a maior parte do repertório composta de canções escritas por John e Paul. Comparou os Beatles a um "Shirelles masculino" (coisa que os deixaria encantados) e, inevitavelmente, os elogiou como pessoas: "Os Beatles têm um grande senso de humor, e é isso que eu mais gosto neles... além do talento, é claro. Trabalhar com eles é mesmo prazeroso, porque não se levam muito a sério. São hábeis, mas quando erram sabem levar na esportiva. Acho que vão chegar longe no show business".[28]

Uma das piadas deles envolveu Norrie Paramor. Os Beatles não tinham assistido ao programa *That Was The Week That Was* – naquele sábado estavam tocando numa cidadezinha chamada Prestatyn, novo alfinete no mapa de parede de Brian. Mas debateram o assunto à mesa da cantina. John chamou o produtor musical mais importante da Grã-Bretanha de "Noddy Paranoid", provocando muitas risadas.[29]

E se, como George Martin disse, os Beatles quisessem "chegar longe no show business", teriam de acelerar para chegar rápido lá. John notou que Bobby Brown estava quieta demais – cansada e intimidada pela companhia e arredores – então ofereceu um remedinho. É Bobby quem conta: "Pegou uma pílula e disse: 'Experimenta isto'. Ingeri e não notei muita diferença. Para mim, foi como tomar uma

Visual novo, som novo (16 de novembro a 17 de dezembro de 1962)

aspirina". Mas não foi, é claro. Recém-chegado de Hamburgo, John tinha um novo suprimento de *prellies*, e trazia vários no bolso do terno. A experiência de Bobby sugere uma alta probabilidade de que John estivesse "acelerado" na sessão, o que indica também boas chances de que ele não fosse o único. Os Beatles podiam tocar "Please Please Me" maravilhosamente bem em todas as situações, sóbrios ou chapados, mas dessa vez o fizeram com tanto ímpeto que o efeito das pílulas de emagrecimento da Grosse Fräulein não pode ser descartado.

Isso não é perceptível em "Ask Me Why", o lado B gravado após o intervalo – os Beatles soam relaxados e seguros o tempo todo. É uma canção de andamento médio, trabalhada artesanalmente, decorativa, cativante, melódica, ao estilo do The Miracles. Termina com um raro e envolvente acorde em sétima menor. John dedilha sua Jumbo plugada e canta, Paul maneja o baixo e as harmonias vocais de modo cada vez mais eficiente, Ringo mantém constante a batida latina e George faz um solo discreto. Em comparação com o solo gravado em junho na BBC, omitiu pequenos fraseados, provavelmente por sugestão de George Martin. Levou apenas seis *takes* para encontrarem a "melhor".

Sábado seguinte, no *Liverpool Echo*, Tony Barrow – abastecido de informações por Brian – descreveu a sessão como "superbreve e tranquila", e certamente foi. Com o estúdio reservado por três horas, terminaram com 15 minutos de antecedência. Havia dez dias, os Beatles tinham dito a George Martin que trabalhavam melhor na frente de uma plateia do que no estúdio de gravação, mas no instante em que essas palavras foram retransmitidas a Alan Smith, já estavam desatualizadas. Em sintonia e de casa nova – o estúdio se tornou o segundo lar dos Beatles.

Para Ringo, a sessão foi um triunfo. Na última visita, levou um dolorido pontapé no traseiro e teve de engolir a ignomínia de ser substituído. Em vez de se conformar com aquilo, resolveu mostrar a George Martin. John, Paul e George sabiam do que ele era capaz – foi por isso que o escolheram, entre outros motivos. Em "Please Please Me" e "Ask Me Why", a bateria de Ringo pulsa com criatividade e habilidade, adquirindo uma autoconfiança que seria sua marca registrada no estúdio. Todos tocaram bem. E ainda por cima o produtor deles estava dizendo que tinham gravado uma canção que alcançaria o número 1 nas paradas.

Mirava também o mercado dos EUA, e é possível que também tenha falado a eles sobre isso. Pela correspondência da EMI, fica bem claro: George Martin acreditava que "Please Please Me" tinha ótimo potencial nos Estados Unidos. Em dezembro, Roland Rennie, gerente de Licenciamento de Repertório da EMI, enviou duas cartas sobre esse tópico a Joe Zerga, da Transglobal Music, em Nova York. No dia 11, escreveu: "George Martin, gerente de A&R responsável por gravar os discos dos Beatles, produziu uma canção que a nosso ver tem tudo para se tornar um sucesso. Pode fazer a gentileza de posicionar esse compacto em um selo que realmente vai apoiá-lo? Temos a certeza de que esse disco chegará ao top 5 da Inglaterra assim que for lançado". No dia 28, nova carta: "Depositamos muita fé nos artistas e no disco. George Martin está bastante ansioso para estabelecer os Beatles aí em seu lado do Atlântico".[30]

Isso deve ter soado como música aos ouvidos de Brian. Praticamente no instante em que viu os Beatles, vislumbrou os EUA. Agora, apenas um ano depois, estavam a um passo de chegar lá. Essas duas cartas também deixam bem claro: se, por um lado, "Love Me Do" contou com apoio irrisório em Manchester Square, "Please Please Me" contaria com apoio irrestrito.

Entretanto, primeiro os Beatles tiveram de controlar a ansiedade e acorrentar, por mais cinco semanas, seu sucesso certeiro. Grilhões que seriam rompidos nos primeiros dias de 1963, quando começariam a propagar "Please Please Me" a todo vapor, por todos os lugares, de cidade em cidade, país afora – e também pelas ondas de rádio.

A mais decisiva participação dos Beatles na TV – a que divulgaria seu nome, seu som, sua aparência, suas personalidades e "Please Please Me" a olhos e ouvidos de no mínimo nove milhões de potenciais compradores – foi marcada no dia seguinte, pelo novo editor musical de John e Paul. Brian tinha dois compromissos matinais na terça-feira, 27 de novembro: o primeiro às dez, o segundo às onze; este último, com Dick James, foi combinado num telefonema feito do escritório de George Martin. Quando Brian mencionou o nome do primeiro homem com quem ia falar, e que seria o primeiro a ouvir o acetato de "Please Please Me", James teve a ousadia de comentar que esse concorrente "aceitaria a canção, fosse ela boa, ruim ou mediana". Pediu e recebeu a oportunidade justa de fazer uma proposta, mesmo na condição de segundo compromisso do dia.

Visual novo, som novo (16 de novembro a 17 de dezembro de 1962)

Ele [Brian] me disse: "Prometo que não vou entregar a canção antes que você tenha oportunidade de a ouvir e avaliar... E já posso notar o seu entusiasmo por ela". Pareceu um homem de palavra, e aceitei isso. Bem, eu não tinha alternativa. Ficou combinado que ele viria ao meu escritório às 11 horas.

Por volta das 10h20, a minha secretária anunciou que Brian Epstein tinha chegado e o conduziu à minha sala. Falei: "Achei que íamos nos encontrar às 11?", e ele respondeu: "Bem, a concorrência perdeu a chance. Eu tinha hora marcada com eles às dez e compareci às dez, mas só havia [apenas] um office boy. Às 10h10, ninguém tinha aparecido e eu não ia tocar a canção para um office boy. Você é bom o suficiente para estar aqui pronto para me receber, então aqui estou e não vou voltar para aquela [outra] editora".[31]

Dick James já havia pesquisado opiniões sobre os Beatles, todas boas – de seu filho de 15 anos, Stephen; do produtor de rádio da BBC, Peter Pilbeam; e da recepcionista da Dick James Music, Lee Perry, que citou "Love Me Do" entre seus discos favoritos naquele momento.[32] Além disso, George Martin estava convicto de que a canção seria um grande sucesso. Por todas essas razões, ele já estava decidido a publicar "Please Please Me", só não estava pronto para quase cair da cadeira ao escutá-la. Ele e Brian estavam sentados em seu escritório com três janelas panorâmicas, situado a prumo na esquina com a Denmark Street, em frente à livraria Foyle's; Brian tirou o acetato de sua pasta executiva, entregou a James, que o colocou no prato, baixou a agulha e... a exuberância desenfreada dos Beatles explodiu na sala.

"*Last night I said these words to my girl...*" (Ontem à noite falei estas palavras para minha garota...).

James seria solicitado a recordar o momento mais vezes do que poderia contar. "Fiquei de queixo caído. Brian indagou: 'O que você acha?', e eu disse: 'Acho que vai chegar ao topo das paradas. Se aproveitarmos as oportunidades e conseguirmos exposição para o disco, há de alcançar o número 1.'"

Exposição era a chave, e James deu um golpe de mestre. Philip Jones, que produziu os programas dele na Radio Luxembourg na década de 1950, todas aquelas sessões melosas para cantar junto, agora era o produtor de *Thank Your Lucky Stars*, único programa pop transmitido em rede pela ITV. James ligou ao amigo e pediu para ele ficar quieto. Estava prestes a ouvir algo empolgante.

Ano 5, 1962: *Always be True*

Segurou o aparelho junto ao gramofone e o som viajou 180 quilômetros pelos fios até Birmingham.

Jones disse que sim, os Beatles poderiam ser uma das atrações do *Lucky Stars*. O programa era pré-gravado no domingo para ser exibido no sábado seguinte – qual seria a data de lançamento do disco? Sexta-feira, 11 de janeiro, disse Brian. A transmissão ideal seria no dia 12. Só que, no domingo anterior, os Beatles estariam na Escócia. Brian virou a página de sua agenda de 1963 (versão de bolso) e confirmou que estavam livres para gravar no domingo seguinte, dia 13, e a data foi marcada. Que conquista fantástica James havia acabado de tirar da cartola! A Ardmore & Beechwood não tinha colocado os Beatles no *Thank Your Lucky Stars*, Dick James tinha feito isso em cinco minutos. Provou o que era capaz de fazer, e o único caminho era seguir em frente. A reunião durou até o fim da manhã e o entusiasmo dele só aumentou.

Prestes a completar 42 anos, James tinha mais de 20 anos de ampla experiência profissional em divulgação, publicação, gerenciamento, composição e performances: continuava sendo um dos raros cantores britânicos a chegar ao top 20 nos EUA. Reconheceu a força de "Please Please Me" e também adorou "Ask Me Why". E tinha a informação de que George Martin planejava usar um lote de composições próprias dos Beatles no álbum ao vivo da banda. Com as que viriam, a dobradinha de agora e as duas que a Ardmore & Beechwood havia publicado, ele vislumbrava uma rica e inovadora fonte de canções. Brian confirmou: além de ser empresário dos Beatles, também representava a parceria de John e Paul como compositores, e a dupla tinha uma centena de canções na gaveta (como Paul gostava de afirmar).

Com essa revelação, os dois rumaram tranquilos até o restaurante francês La Maisonette, na Tottenham Court Road, e o bate-papo seguiu durante o almoço. Cada um deles resumiu sua respectiva trajetória até aquele ponto. James ouviu Brian com atenção e, à medida que foi se familiarizando com ele, ficou cada vez mais impressionado. "Ele me contou sobre os Beatles, como eles eram, seu senso de humor. A admiração dele saltava aos olhos, ficou evidente que estava 100% imerso na carreira deles e no que estavam tentando fazer... Percebi em Brian essa postura incrível, e ele também notou a minha atitude revigorante e genuína."

Outro elemento de conexão é que os dois eram judeus. Nenhum deles era especialmente "praticante", mas compartilhavam a herança comum, uma história de

Visual novo, som novo (16 de novembro a 17 de dezembro de 1962)   1115

orgulho e resistência à repressão brutal. Dick convidou Brian para ir à casa dele, conhecer sua esposa e seu filho, e todos compartilharem do "Jantar da Sexta-feira", em preparação ao Sabá, ou a qualquer hora que ele quisesse. O principal assunto da conversa, porém, foi como levar os Beatles ao número 1.[*]

Recém-chegado ao show business de Londres, Brian sabia que estava à mercê da picaretagem. Era fundamental envolver os Beatles somente com indivíduos que ele julgasse "os mais honestos entre os especialistas estabelecidos". George Martin era um, e por meio de George, agora havia encontrado um segundo. A secretária de Dick James, Rosalind (Linda) Duque, afirma: "Dick era conhecido por ser um homem de palavra. Honesto e transparente. Tinha visão nos negócios e sempre jogava limpo".[33]

Dezesseis meses depois, entrevistado para sua autobiografia, Brian declarou sobre seu novo aliado nos negócios: "Muito confiável, honesto e com um entusiasmo incrível. Dick é mais maduro que a maioria das pessoas que orbitam ao redor dos Beatles. Por isso, no começo, me deu bons conselhos. Foi útil ter por perto alguém mais velho e com muitos contatos. E eu gostava dele como pessoa".[34]

Mais que uma editora musical, Brian havia encontrado, em linhas gerais, um representante em Londres para os artistas que gerenciava. Degustando culinária francesa, a dupla formulou sua política. Era importante entender uma coisa: assim como produzir os Beatles exigiu uma nova rotina de trabalho para George Martin, publicar as canções dos Beatles exigiria abolir os métodos apáticos da Tin Pan Alley. O procedimento padrão era divulgar a canção, não o artista – era por isso que as paradas andavam entupidas com várias gravações diferentes da mesma canção –, mas Brian deixou claro que ninguém deveria gravar versões concorrentes das canções de John e Paul, a menos que todos concordassem. Publicar as canções dos Beatles

---

[*] O verdadeiro nome de Dick James era Isaac Vapnick. Nasceu em 12 de dezembro de 1920, em Whitechapel, no East End de Londres, caçula de cinco filhos de pais refugiados da Polônia (perto da fronteira russa) após terríveis sofrimentos com os *pogroms*, os violentos ataques de cunho étnico-religioso contra os judeus. Na Segunda Guerra Mundial, atuou no entretenimento das tropas, como vocalista da orquestra de Henry Hall. Nessa época, Isaac adotou como cantor o nome artístico de Johnny Sheridan (mais tarde, compôs músicas como Lee Sheridan). Em 1945-46, cantou ao lado de Geraldo, o famoso líder de banda inglês. Foi quando Issac mudou seu nome artístico para Dick James e, no dia a dia, formalmente para Richard Leon James. Sua carreira como artista na gravadora EMI começou nessa ocasião, e George Martin produziu seus discos solo para a Parlophone, a partir de 1953 até cessarem em 1959.

exigiria que Dick James registrasse e controlasse os direitos autorais, garantindo a inviolabilidade das gravações dos Beatles.

A missão usual de Dick, explorar os direitos autorais, agora significava divulgar os Beatles, expondo as canções ao conseguir que *eles* fossem vistos e ouvidos em todos os lugares certos. Brian deu carta branca para que ele marcasse algumas datas no rádio e na TV, mediante consulta à agenda, e desde que os contratos fossem enviados diretamente a ele em Liverpool. A participação em *Thank Your Lucky Stars* seria apenas o começo – Dick tinha fortes conexões em todas as mídias e, para começo de conversa, tentaria obter espaço no *Saturday Club*. Esse trabalho não seria pago em forma de comissão. A recompensa dele viria por meio da publicação – na venda de partituras cifradas, nos royalties sobre direitos autorais de execução pagos à Performing Right Society (PRS, Sociedade de Direitos Autorais de Execução) e nos royalties mecânicos. Quanto mais exposição na mídia e mais execuções nas rádios, mais ele ganhava; quanto mais discos vendessem, maior sua renda. Incentivo suficiente para esse homem batalhador ajudar os Beatles a alcançar seu grande potencial.

Em 11 dias, esse foi o terceiro grande avanço dos Beatles. Primeiro, a reunião com George Martin; depois, a gravação de "Please Please Me"; e agora, Brian fazendo uma parceria com Dick James... e tudo isso longe de Liverpool. Do finzinho de novembro em diante, os gabinetes da Dick James Music se tornaram a sede preferencial dos Beatles em Londres, um refúgio onde podiam utilizar o telefone e o banheiro, ficar de boa, se aquecer, beliscar algo, tomar um chá, dar entrevistas e bater um papo com as secretárias.

Após o almoço, os primeiros acordos foram assinados, documentos padrões em que os dados específicos de "Please Please Me" e "Ask Me Why" foram datilografados por Linda Duque; ela também assinou como testemunha embaixo das assinaturas de James e Epstein. Os termos do contrato seguiam o padrão "10-50-50", e os compositores seriam creditados como Lennon e McCartney, nessa ordem – corretamente, já que a autoria dessas duas canções era quase integralmente de John. Voltou à tona a confusão quando apareceram na "cópia da etiqueta" do disco da Parlophone (instruções para impressão) os dois números creditados a McCartney-Lennon. Das duas, uma: tratou-se de um erro pura e simplesmente, mera repetição do que deveria ter constado no primeiro disco, ou

Visual novo, som novo (16 de novembro a 17 de dezembro de 1962)   1117

foi algo intencional, na tentativa de compensar o erro anterior, para que ambos os compositores tivessem seu nome impresso primeiro... só que nos discos errados. Com uma diretriz por escrito, Brian teria esclarecido a situação, mas essa emenda não consta nos arquivos de Epstein, James ou EMI.

Ao explorar seus novos direitos autorais, Dick James teve uma vantagem: o trabalho prévio realizado por Kim Bennett para divulgar os Beatles. Poderia impulsioná-los com mais força e rapidez, em parte porque "Please Please Me" era uma canção mais forte, mas também porque os Beatles já estavam com todo o embalo, subindo nas paradas, com "Love Me Do" tocando bem nas rádios. Nessa mesma tarde e noite, os Beatles tinham um compromisso importante, ainda por mérito dos esforços de Bennett. Enquanto Brian assinava os contratos de "Please Please Me" e "Ask Me Why" na Dick James Music, John, Paul, George e Ringo estavam indo ao Paris Studio da BBC, na Regent Street, para ensaiar e gravar a participação no programa de auditório *The Talent Spot*, da estação Light Programme.[35]

Com "Please Please Me" guardada na manga, os Beatles entoaram "Love Me Do", "PS I Love You" e "Twist and Shout" – a primeira vez que gravaram a canção dos Isley Brothers. Embora indisponível para análise (uma das poucas transmissões dos Beatles que continuam perdidas), uma testemunha ocular atesta o quanto a performance foi arrasadora. Na plateia, Alan Smith fez companhia aos Beatles pela segunda noite consecutiva, cada vez mais fascinado. Não reconheceu a canção – primeiro achou que fosse "La Bamba", de Ritchie Valens –, mas ficou bem mexido com ela. O novo e brilhante arranjo ficou ainda mais dinâmico com Ringo.

Direto do Paris Studio, Smith tinha notícias quentes a seus camaradas de Merseyside. Na *NME* que acabava de sair do prelo, os Beatles tinham entrado na votação anual dos leitores – quinto lugar na categoria Banda Vocal Britânica Mais Popular e oitavo na categoria Quarteto Britânico mais popular.[36] Tudo isso com a força de um só single. Algo realmente impressionante. Onze meses após vencer a enquete do *Mersey Beat*, agora tinham fama nacional.

E nessa mesma edição de 30 de novembro que publicou esses resultados, a *NME* também anunciou os planos de gravar um LP. A estrela dos Beatles subia rápido... ponto enfatizado com alegria ao receberem da EMI seu primeiro relatório de royalties. Referia-se à venda de 36.868 cópias de "Love Me Do", no atacado e no varejo, nas primeiras oito semanas de vida do disco. Com royalties de um centavo por disco em 85% das vendas, Brian recebeu um cheque de £ 130 11s 6d. Deduziu sua comissão de 15% e distribuiu entre os quatro Beatles a pequena bolada de £ 111, ou £ 27 15s para cada um. Não chegava a ser um fundo de aposentadoria, mas foi comemorado como se fosse.[*]

Em meio a tão meteórica ascensão, até mesmo pequenas oscilações no radar seriam exacerbadas na narrativa da história. Domingo, 2 de dezembro. Um dos maiores reveses dos Beatles nessa época foi enfrentado diante de três mil cidadãos de Peterborough. Os Beatles tocaram para acompanhar a atração principal da noite: Frank Ifield. E fãs do sorridente e amável australiano vaiaram os Beatles na ribalta.

Essa noite representou um sinal dos tempos. Ray McFall e Bob Wooler ficaram sem os Beatles na costumeira apresentação dominical no Cavern. E o empresário da banda, Brian Epstein, sequer teve condições de lhes oferecer uma data alternativa. Os Beatles simplesmente abandonaram Liverpool e foram tocar no leste de Midlands, no palco de uma grande sala de teatro. O *promoter* Arthur Howes aproveitou o evento também para avaliar os Beatles. Se gostasse deles, a banda participaria da turnê promovida por ele, em março de 1963, com Tommy Roe e Chris Montez. Em Peterborough, os Beatles tocaram em dois horários, sempre como segunda melhor atração, fechando a primeira parte (em cada horário, o show era subdividido em duas partes). No folheto do espetáculo também ganharam uma página só para eles. Eis Ifield, o ídolo das matinês, aos 25 anos, em belas poses de estúdio; e ali estão os Beatles, quatro rapazes entusiásticos e cabeludos, sob o céu cinza-ardósia de Liverpool, debruçados na amurada de um barco de salvamento.

"Para nós, o fim da linha era 25 anos", recorda Paul. "Frank Ifield tinha 25 e servia como indicador. Pensávamos: 'Podemos fazer isso no máximo até os 25 anos.'"[37] A idade, e em qual ponto se tornava ridículo ainda tocar esse tipo

---

[*] A receita de John e Paul em royalties de composição viria em separado – só receberiam o primeiro extrato da Ardmore & Beechwood em 90 dias, contados a partir de 31 de dezembro. Porém, Brian já projetava, no mínimo, proventos na faixa de £ 325 – deduzindo 20% da sua comissão, sobrariam £ 130 para cada um, o que abria um abismo de riqueza entre eles e George e Ringo.

Visual novo, som novo (16 de novembro a 17 de dezembro de 1962)

de música, foi um dos temas das brincadeiras dos Beatles na van, enquanto Neil somava mais 258 quilômetros no hodômetro e no currículo. A conversa teve um quê de revanche, porque o velho Ifield e seus cabelos dourados tinham roubado a garota de Paul, Iris Caldwell, e todos sabiam disso. Bernie Boyle, que acompanhou a banda nessa viagem, dá uma palhinha do bate-papo:

> O caminho todo, John ficou batendo na tecla: "Paul, você está saindo com a namorada de Frank. O que vai acontecer quando entrarmos no camarim... Não vão ir às vias de fato, não é mesmo? Esse Frank é um baita fdp".
>
> Após chegarmos, já no camarim, imaginamos o que ia acontecer se Frank entrasse. Combinamos que íamos pular em cima dele e o encheríamos de porrada, antes mesmo de o show começar. Mas, claro, não foi preciso.
>
> Eu me lembro de que falei: "O Frank Ifield *que se foda*... Vocês vão ser maiores do que Elvis!". Mas o Paul me mandou calar a boca e disse: "Menos, Bernie, menos".[38]

Frank estava acima dessas picuinhas. Estava no topo, e os Beatles não tinham o poder de irritá-lo. Amadores na presença de um profissional, cabelos desgrenhados à sombra de um requintado topete. Fora de Liverpool, esse foi o primeiro show nas dependências de um teatro, e o segundo desde o começo da carreira. No show do Empire, promovido por Eppy, o inevitável constrangimento deles com o tamanho do palco foi perdoado por uma plateia composta de amigos. E nem mesmo Brian chegou a notar que, sem maquiagem de palco, eles eram os maiores caras-pálidas do ramo. Repetiram esse erro no primeiro horário da noite, até que o colega músico Ted Taylor deu umas dicas básicas sobre maquiagem *pancake*. Mostrou como se aplica "Leichner 27 g" com esponjinha úmida, como delinear olhos e lábios com lápis preto de ponta fina, garantindo uma boa definição sob a luz dos holofotes. Calcular a dose certa, porém, era complicado: Ringo se lembraria que, no segundo horário da noite, eles "mais pareciam peles-vermelhas de tanto creme".[39]

Quando as cortinas se ergueram, foi um barulho insuportável. A mesa de som era uma invenção ainda inexistente: os Beatles tinham seus próprios amplificadores para shows, os locais dos eventos forneciam microfones e sistema de som,

1120   **Ano 5, 1962: *Always be True***

e ponto final. O balanceamento do som estava ruim, tudo estava muito estridente e ninguém foi capaz de ajustar. "Ao que parece, o baterista pensou que o trabalho dele era ser protagonista, e não apenas dar o ritmo", escreveu Lyndon Whittaker no *Peterborough Standard*. "Um barulho infernal, e a canção que fechou o show, 'Twist and Shout', parecia uma competição para ver quem soava mais barulhento que o outro." Whittaker terminou sua resenha com uma frase que na época lhe agradou, mas pela qual os amigos para sempre o cobrariam: "Frank *I Remember You* Ifield é o único de quem vou me lembrar".[40]

Claramente, esse show está longe de ter sido um dos melhores dos Beatles, mas terá sido assim tão desastroso? Há controvérsias e lembranças conflitantes. Uns dizem que o público vaiou, outros que o tumulto foi de empolgação. Após o espetáculo, os Beatles tomaram um drinque com Arthur Howes – primeiro encontro deles com o profissional que tinha a opção exclusiva de promover suas turnês até o fim de 1965 – e a conversa fluiu à perfeição. Como aconteceu com Brian Epstein, a primeira impressão de Howes foi muito favorável. Afirmou que teriam muitas oportunidades para corrigir os detalhes errados, e uma delas seria a turnê com Tommy Roe e Chris Montez. Na verdade, a noite de Peterborough, que muitos registraram como um fracasso, foi um pequeno obstáculo na curva de aprendizado: passaram no teste. Quatro dias depois, a entrada dos Beatles no line-up da turnê foi mencionada pela *Melody Maker* e pela *Disc*.

Um dia após serem apresentados ao *promoter* de suas turnês, foram conhecer o novo editor musical de John e Paul. Os Beatles estavam explorando Londres por etapas, e essa área, WC2, era a mais familiar, 132 Charing Cross Road, perto das lojas de instrumentos e da *NME*, ao lado da famosa loja de calçados Anello & Davide. Com o dobro da idade deles, Dick James tinha a mesma altura de Ringo, só que era mais pesado. Usava óculos de armação preta, feito de osso de tartaruga e, na época em que subia aos palcos, a reluzente careca dava lugar a perucas luxuriantes. Não era sofisticado como Brian ou Big George Martin, falava com a pronúncia pesada do East End – não o sotaque iídiche ridicularizado no dia a dia britânico, mas, assim mesmo, nitidamente judeu. Se ainda não tinham percebido, agora os Beatles sabiam que um segundo judeu comandava suas carreiras. Não que tenha sido um problema (nada indica isso), só registraram esse pensamento de modo consciente. A mente dos Beatles era bem mais aberta do que a da maio-

Visual novo, som novo (16 de novembro a 17 de dezembro de 1962)   1121

ria das pessoas. Naquele tempo, contudo, observações racistas eram expressas sem medo e de modo casual; por mais que gostassem de Brian e o respeitassem, o empresário era, volta e meia, alvo de farpas.

Talentos não faltavam também no gabinete de Dick. A secretária e a recepcionista dele ficaram encantadas com o quarteto de Liverpool. Antes tranquilo, o ambiente de trabalho delas adquiriu um ar de irreverente indisciplina. Nas palavras de Linda Duque:

> De repente, os Beatles chegaram. Cabelo desalinhado, velhas jaquetas de camurça, para lá e para cá no escritório, *mortos* de fome. Desci ao restaurante italiano, encomendei quatro pratos feitos, daqueles bem servidos, e levei ao andar de cima. Rapazes legais, simpáticos, nunca grosseiros. Achei John e Paul os mais inteligentes e logo senti uma forte atração por John. Com o tempo, descobri que ele era casado, e além do mais, eu era "uma boa menina judia": nada poderia ter acontecido. Lee ganhou a melhor recordação de George de todos os tempos.[41]

"Desde o começo, George foi meu favorito", confirma Lee Perry. "Eu achava o John meio distante, então só falava com Paul, George e Ringo." George presenteou Lee com uma foto só dele (tirada por Astrid na recente sessão de estúdio), autografada e enviando beijinhos. Ela colocou a foto no porta-retratos de sua escrivaninha, ao lado da máquina de escrever e da central telefônica. George Harrison foi o primeiro Beatle em exposição em Londres.[42]

Os Beatles não passaram só para dar um oi. J. W. Lennon e J. P. McCartney assinaram contratos com a Performing Rights Society referentes às canções "Please Please Me" e "Ask Me Why" – tudo parte do processo administrativo e jurídico, com toda a transparência. Se as canções fossem bem-sucedidas, os compositores prosperariam, embora nem tanto quanto a editora. Mas essa ainda era a melhor alternativa. Era um negócio, e negócios existem para ganhar dinheiro, nesse caso, pegando os direitos autorais e os comercializando, assim como as gravadoras possuíam as gravações e as comercializavam. Mas para John e Paul uma coisa ficou clara: mesmo recebendo o crédito autoral de "Love Me Do", "PS I Love You", "Please Please Me" e "Ask Me Why", e mesmo que a atividade dessas canções sempre viesse a lhes trazer recompensa financeira, a propriedade dos direitos autorais passava de mão em mão, mas nunca pelas mãos deles.

Anos depois, olhando para trás, Paul concluiria que tinham se aproveitado da ingenuidade deles: "Na verdade, ao chegarmos a Londres, pensávamos que as canções pertenciam a todos, que estavam no ar e na prática você não podia ser dono de uma. Imagina só, então, os editores quando nos viram chegando! 'Bem-vindos, rapazes, sentem-se. Isso é o que vocês pensam, não é?'".[43]

Mais tarde, Paul lamentou a perda dos direitos autorais de suas canções. Mas essa afirmação retrospectiva, de que ele e John ignoravam certos fatos, é surpreendente. Desmente os anos que passaram lendo de cabo a rabo semanários musicais, encartes de LPs, álbuns de partituras e etiquetas dos discos, com todos aqueles nomes e detalhes, sem falar nas conversas de bastidores com músicos já publicados. Porém, *mesmo* que acreditassem que as canções estivessem "no ar", Dick James não "os viu chegando". Ter suas canções publicadas envolvia assinar contratos, e os contratos assinados por eles eram os mesmos que os compositores mais bem-sucedidos e bem-informados assinavam. Nada de subterfúgios: o texto deixa bem claro que a editora fica com os direitos autorais. Brian – como representante de John e Paul – não estava habilitado a reescrever as regras de um negócio que desde 1900 era mundialmente gerido dessa forma. E em 1962 os negócios fonográficos ainda estavam relativamente livres de advogados, coisa que foi mudando no fim do século XX. Aqui, em tempo real, ninguém levou vantagens indevidas, nenhuma das partes sequer pensou nisso, e todos estamparam sorrisos nos semblantes. Como Paul também declarou: "Amávamos Dick James... Era um editor musical como nos filmes, um editor realmente interessado em nós e em publicar nossas canções, então nos apaixonamos pela ideia".[44]

Por sinal, uns dias antes, o editor deles já havia feito uma jogada cinematográfica, colocando os Beatles no programa televisivo *Thank Your Lucky Stars*. E depois também conseguiu para eles uma participação no *Saturday Club*, o programa de rádio da BBC especializado em música pop. Efetivou, assim, um poderoso lançamento de cano duplo para "Please Please Me". Também na BBC, no mesmo dia, 22 de janeiro, teriam mais dois compromissos: uma entrada ao vivo no programa de rádio *Pop Inn* e uma nova participação gravada no *Talent Spot*. E no início do

Visual novo, som novo (16 de novembro a 17 de dezembro de 1962)   1123

ano, Dick conseguiu colocá-los na TV escocesa, durante a turnê local. Brian também enriqueceu a agenda com a visita a uma emissora de rádio de Manchester, em meados de janeiro, e uma nova transmissão na TV Granada, um dia antes de partirem rumo à temporada natalina em Hamburgo.

E agora tinham de ir andando para fazer um programa de rádio. O escritório da Dick James Music fechava todos os dias às 17h30 em ponto: Dick colocava chapéu e casaco, pegava o ônibus para Cricklewood e chegava em casa para ser o marido de Frances e o pai de Stephen. Os Beatles deixaram o prédio e seguiram pela Oxford Street até a EMI House, para a segunda participação deles no *The Friday Spectacular* na Radio Luxembourg.

No auditório, dublaram "Love Me Do" e deram autógrafos. Em seguida, escapuliram a um pub pertinho da Manchester Square, onde Brian havia marcado um encontro para conhecerem Tony Barrow. Tony havia escrito o comunicado de imprensa de "Love Me Do" e moldado a promoção do compacto. Agora, estava redigindo o boletim de imprensa de "Please Please Me", e logo teria um cargo fixo na Nems Enterprises como assessor de imprensa. Ainda nem sabia disso – foi ideia de Brian e por enquanto este só havia contado aos Beatles –, mas o apoio de Barrow para alcançar o que estavam tentando não parava de crescer em importância. Brian queria formar uma equipe seleta de profissionais dedicados e de primeira linha que fornecesse aos Beatles todo o suporte necessário para torná-los os melhores: Lennon-McCartney-Harrison-Starkey impulsionados por Epstein-Martin-James-Barrow. As conversas sobre o tema continuariam em 1963, mas Tony, ao menos teoricamente, estava a bordo. Por isso, era crucial estabelecer um vínculo pessoal com os Beatles. Aos 26 anos, ambicioso e trabalhador, era mais um liverpudliano em Londres. Alguém proveniente da mesma terra que os Beatles, educado em escola particular e universidade, e, sobretudo, disposto a catapultar a banda de sua cidade natal. George Martin e Dick James eram londrinos. Brian ou os Beatles não podiam fazer nada quanto a isso. Mas, sempre que possível, prefeririam trabalhar com gente de sua terra, com liverpudlianos, pessoas que entendiam a mentalidade, a linguagem e o modo de vida de Liverpool.

Tony Barrow registrou assim as primeiras impressões sobre o quarteto que passaria a conhecer muito bem:

1124   Ano 5, 1962: *Always be True*

O primeiro a socializar foi Paul. Aproximou-se e quis saber o que todos iam beber. Anotou os pedidos, incluindo os dos outros Beatles, e foi ao bar. Quando a atendente falou: "São 2 libras e 14 xelins", ele se virou e disse: "Bri! 2 libras e 14 xelins para as bebidas". Esse era Paul, o anfitrião generoso.

Em seguida, foi a vez de George causar ótima impressão. Mostrou-se muitíssimo interessado no que eu tinha a dizer. Tinha o hábito de se aproximar, ficar a poucos centímetros do seu rosto, quase nariz com nariz, e murmurar calma e confidencialmente. Para alguém que estivesse assistindo, parecia que estava contando um segredo. Também mostrou interesse nas outras pessoas que estavam comigo, um interesse genuíno, de nível pessoal. Paul só ficou interessado em mim porque Brian havia contado a eles que ia me contratar como RP da banda... Coisa que ele não havia me dito ainda.

De John, o que eu mais me lembro é sua observação: "Se você não é bicha e não é judeu, por que vai trabalhar na Nems?". Respondi: "Não sou, não sou e não vou!". O Ringo ficou na dele, então fui lá e puxei um papo.

Os traços mostrados nessa reunião inicial foram coerentes com o que veio depois.[45]

Chegaram ao ponto em que, dia após dia, acontecia algo de relevante. Passariam mais 24 horas em Londres antes de voltar para casa. Dessa vez, fizeram sua participação num programa televisivo de alcance nacional: *Tuesday Rendezvous*, direcionado ao público infantil. O programa, transmitido ao vivo de um estúdio de Wembley, era visto em todos os lugares, menos na Escócia. Espectadores de todo o país tiveram contato, pela primeira vez, com a imagem e o som dos Beatles. Um nevoeiro fumacento e congelante cobria a Grã-Bretanha, e o público, sem poder sair de casa, aumentou a audiência do programa.[46] Na maior onda de poluição dos últimos 12 anos, Londres impunha grandes dificuldades para a locomoção dos Beatles, em seu vaivém até Wembley em meio ao trânsito engarrafado e à melancolia. Essas condições climáticas permaneceram por três dias, e 340 pessoas morreram intoxicadas pela fumaça.

Recebendo um cachê de £ 25, os Beatles dublaram "Love Me Do" na íntegra, e 45 segundos de "PS I Love You", a única apresentação da música na TV, causando fortes impressões. Os espectadores nunca tinham visto uma banda cujos com-

Visual novo, som novo (16 de novembro a 17 de dezembro de 1962)

ponentes tocassem guitarra e ao mesmo tempo cantassem, e suas vastas cabeleiras morenas foram realçadas à perfeição nas imagens em preto e branco.[47] O resultado dessa exposição foi um novo pico nos negócios para "Love Me Do": a canção havia caído de 21º para 26º nas paradas da *Record Retailer*, mas as vendas dessa semana reverteram a tendência de queda. Na semana seguinte, a canção apareceu na posição 19, a mais alta até então. Segundo George, foi mais um marco na carreira: "A coisa mais importante em nossas vidas foi entrar no top 20".[48]

Em dezembro de 1961, no momento em que Brian se tornou empresário dos Beatles, John e Paul, relutantes, enfrentaram o desafio cada vez mais frequente de tocar composições próprias nos shows. Doze meses depois, estavam completamente motivados a compor novas canções e expô-las aos holofotes nacionais. Nos últimos dias de novembro, provavelmente, concluíram uma que Paul havia iniciado um mês antes. Ganharia o título de "I Saw Her Standing There", mas ainda não tinham bem certeza – também a chamavam de "Seventeen", "Just Seventeen" e por um tempo ficou sem nome. A fã dos Beatles Sue Houghton (eles a chamavam de Sue Betoneira, a identidade que ela adotava ao pedir músicas no Cavern) lembra que a canção entrou direto no setlist dos shows da banda, "mas ainda sem título. Uma vez, lá no Cavern, Paul anunciou: 'Vamos tocar uma composição nossa, aquela que diz que eu a vi parada lá'".[49]

Na letra, a inspiração de Paul foi o dia que passou em Londres com Celia Mortimer – a namoradinha de 17 anos com quem dançou a noite toda no Establishment Club. Porém, a canção só foi terminada numa sessão com John na sala da 20 Forthlin Road. Experimentaram pequenos trechos ao piano de Jim Mac, comprado na Nems, mas usaram principalmente violão e guitarra acústica, trabalhando "olhos nos olhos", exatamente como quando compuseram juntos ali pela primeira vez, como colegiais. Mike tirou fotos deles sentados junto à pequena lareira azulejada – imagens importantes e históricas, únicas fotos desse tipo já tiradas. Dois jovens inteligentes e ambiciosos em sintonia, espiando o surrado caderno de exercícios do Liverpool Institute, no qual Paul tinha rascunhado a letra, repleta de emendas. John, de óculos de aro preto, toca a Jumbo Gibson, Paul dedilha um violão espanhol barato de procedência desconhecida. Outra Composição Original da parceria McCartney-Lennon está tomando forma em tempo real.[50]

1126 Ano 5, 1962: *Always be True*

Quando Paul começou a cantar, John o interrompeu. O verso de abertura, "*She was just seventeen*" (Ela só tinha 17 anos), era bom. Mas o segundo, "*She'd never been a beauty queen*" (Nunca venceu um concurso de beleza), nem tanto. "John atalhou: 'Como é que é? *Temos* que mudar isso'... Então tentamos pensar em outro verso que rimasse com '*seventeen*' e tivesse algum significado. Por fim chegamos a '*You know what I mean*' (Você sabe o que eu quero dizer), o que não quer dizer nada, absolutamente nada".[51]

A partir daí a canção incorporou várias ideias. "John e eu costumávamos afanar muito. 'Vamos pegar *essa* partezinha das Marvelettes, *aquela* partezinha dos...' Afanar *de verdade* seria um desastre, mas [do jeito que fazíamos] funciona para deixar a canção mais envolvente, e no final você nem percebe de onde aquilo foi afanado. Você mescla tudo e fabrica algo original."[52]

Algumas afanadas são quase literais. "*I saw her standing on the corner*" (Eu a vi parada na esquina) é o verso de abertura de "Young Blood", dos Coasters. E "Little Queenie", de Chuck Berry, tinha o verso "*She's too cute to be a minute over seventeen*" (Ela é bonita demais para ter um minuto a mais que 17)... Duas canções que faziam parte do setlist dos Beatles. "*How could I dance with another/ Since I saw her standing there*" (Como eu poderia dançar com outra/ Depois que a vi parada lá) tem melodia e métrica semelhantes a "*I want to be in that number/ When the saints go marching in*" (Quero estar naquele número/ Quando os santos entrarem marchando) – canção que Paul aprendeu no trompete em 1955-56 e, mais tarde, tornou-se o lado B do compacto "My Bonnie", com Tony Sheridan e os "Beat Brothers". Outras afanadas são definitivas. Numa entrevista de 1964, Paul animadamente admitiu que o riff de contrabaixo que pulsa ao longo de "I Saw Her Standing There" foi praticamente plagiado da linha de baixo de "I'm Talking about You", de Chuck Berry: "Toquei exatamente as mesmas notas e se encaixou como uma luva em nossa canção".[53] O mais importante era o que Paul e John faziam com essas partes pinçadas. Embora o título não estivesse definido, a nova canção era dinâmica, cativante, atraente e esperta: não à toa, logo se tornou uma das prediletas do público.

Além dela, o setlist dos Beatles tinha outras três novas infusões oriundas da cadeia de suprimentos padrão – discos dos EUA lançados por gravadoras britânicas, disponíveis na Nems. Em perfeita sintonia com seus gostos atuais, duas delas

Visual novo, som novo (16 de novembro a 17 de dezembro de 1962)   1127

eram composições de Goffin-King – canções de amor melódicas e interessantes, com vocais atraentes e harmônicos, guitarras e ritmo envolvente.

George se concentrou em "Chains", do trio de moças nova-iorquinas The Cookies – que ele pronunciava com ênfase no "Cook", em seu inconfundível sotaque de Liverpool. O arranjo do produtor Gerry Goffin combinava tanto com os Beatles que, novamente, não precisaram alterá-lo. A linha de frente cantava – George no vocal principal; John e, em especial, Paul faziam o coro de alcance mais agudo, imitando Goffin até no uso de palmas para acompanhar o ritmo: Paul e George batiam palmas na altura da cabeça, John batia palmas e fazia suas imitações. Mais uma canção perfeita para o Cavern – embora as oportunidades de tocá-la no porão estivessem rapidamente se esgotando.

John assumia o vocal principal em "Keep Your Hands Off My Baby", de Goffin-King, gravada por Little Eva no lado B de "The Loco-Motion". Ringo os apoiava com levadas firmes, no andamento certo; Paul e George entoavam harmonias por trás do vocal principal de John e batiam palmas de novo; George fazia um solo vibrante para substituir o sax da canção original, e – ao menos no Cavern – havia uma variação na letra: a namorada de George, Bernadette Farrell, se lembra de John cantando "Keep Your Hands Off My Nigel".

John também pegou "Anna", gravada por seu cantor de R&B favorito, Arthur Alexander; fez certo sucesso nos EUA e nenhum na Grã-Bretanha... mas encantou vários conhecedores que se recusavam a apagar a chama. Homenagem a Ann Alexander (esposa de Arthur na vida real), "Anna" é um apelo apaixonado: ela quer ir embora com outro homem, ele implora para ela ficar... Mas conclui: se é isso *mesmo* que ela quer, entregue a aliança e vá. Alexander canta com alma, Lennon faz o seu melhor para soar parecido com um cantor negro e se entrega como de hábito. Na hora da transição para a ponte, ele intensifica o ardor, eletricamente próximo de gritar. A canção precisou de um bom grau de rearranjo – a original tinha piano, a versão dos Beatles, guitarras. Paul e George criaram e sustentaram um coro de "aaaah" para substituir a seção de cordas do arranjo original. Adoravam tocá-la e era uma das favoritas de George: Sue Betoneira entregava a John pedidos em que se lia: "Por favor, cantem 'Anna' para George".

Não se sabe se tocaram alguma dessas canções novas quando George Martin veio assistir ao show deles no Cavern e avaliar as condições para gravar o LP dos

Beatles ao vivo no porão da Mathew Street. Na quarta-feira, 12 de dezembro, George e Judy pegaram o trem a Liverpool. Jantaram com Brian e, mais tarde, Bob Wooler observou o bem-apessoado cavalheiro da EMI "perambulando no Cavern vazio, batendo palmas para testar o eco". A insatisfação com esse detalhe e a preocupação com a água brotando no teto e escorrendo nas paredes, somadas ao receio com a falta de segurança – enquanto os Beatles tocavam, uma moça desmaiou e teve de ser carregada de bruços por cima das cabeças de George e Judy –, o fizeram decidir que o Cavern era um local inadequado, como explicaria: "O Cavern teria sido um péssimo ambiente para gravar um disco. A acústica não era muito boa e o espaço não era lá muito confortável. Rudimentar demais".[54]

Na manhã seguinte, no escritório de Brian, confirmou a opinião dele... Mas foi nessa reunião que os planos de gravar o LP dos Beatles começaram a ganhar forma. Discutiram a segunda ideia de George, criar um show ao vivo, levando o público ao estúdio Abbey Road. Ficou imaginando: será que Brian conseguiria trazer a Londres uma multidão de Liverpool, talvez membros do fã-clube, em um comboio de vários ônibus? Transporte por conta da Nems Enterprises; bolos e Coca-Colas, cortesia da EMI.

Mas em breve, provavelmente ali mesmo, essa ideia foi posta de lado, e o álbum dos Beatles se tornou um projeto de estúdio, simples e direto. Em janeiro, as datas vagas em suas agendas não fechavam. A primeira que agradou a ambos, e também ao cronograma do estúdio Abbey Road, foi segunda-feira, 11 de feverei-ro, um intervalo da turnê com Helen Shapiro. Para gravar um LP, 14 faixas seriam necessárias. George já tinha quatro – "Love Me Do", "PS I Love You", "Please Please Me" e "Ask Me Why". Foi agendada uma sessão dupla, como sempre, no Estúdio 2 (das 10h às 13h e das 14h30 às 17h30), tempo suficiente para gravarem as outras dez. John e Paul sabiam que tinham dois meses para compor o maior número possível de canções.

Embora decepcionado com o Cavern, a noite de George Martin ainda foi produtiva: tendo Brian como guia, descobriu que Liverpool tinha outras bandas promissoras. Brian só o levou ao Cavern por volta das nove; primeiro, atravessaram o túnel Mersey para ver Gerry and the Pacemakers tocarem no Majestic Ballroom, em Birkenhead. Brian tinha providenciado para Gerry & Co serem vistos pela Decca, mas ali estava George Martin, pronto e disposto a dar uma olhada agora.[55]

Visual novo, som novo (16 de novembro a 17 de dezembro de 1962) 1129

Olhou, ouviu e gostou, e disse a Brian para trazê-los ao estúdio em Londres para um teste comercial. Ele gravaria uma fita e, se fosse o caso, o primeiro disco deles seria lançado, caso fechassem contrato. Ali mesmo, a sessão ficou marcada para 22 de janeiro de 1963, no Abbey Road. E enquanto esperava no Cavern para ver os Beatles, George também ficou impressionado com a banda que abriu o show, The Four Mosts, antiga The Four Jays. Ficaria contente em testá-los no estúdio, explicou. Um ou dois dias depois, Brian informou a banda e reafirmou sua oferta anterior para um contrato de gestão. Ainda receosos em abrir mão de empregos qualificados para viver de música, a banda recusou as duas oportunidades.

Mesmo assim, para Brian, tudo parecia dar certo. O disco dos Beatles fazia um sucesso crescente; a contratação de Gerry and the Pacemakers pela EMI parecia bem encaminhada; e The Big Three, ao retornarem do Star-Club, pouco antes do Natal, fizeram o teste de artistas na Decca e foram aprovados. Evoluíam também as tratativas para sua quarta contratação: o cantor Billy Kramer. Os Beatles apoiaram a decisão de Brian: John elogiou a voz de Kramer.[56]

Nesse tempo inteiro, Brian ainda enfrentava a situação de Pete Best, e ainda pairava a ameaça de um processo por sua "dispensa indevida e injustificável" dos Beatles. No começo, houve uma intensa troca de cartas, com as duas partes argumentando vigorosamente suas posições. Agora, a correspondência havia se tornado menos frequente, e o advogado de Brian, David Harris, a descreveu como "inconstante". A ameaça de uma ação na justiça não estava descartada. Ainda existia, mas não passava disso, mera ameaça. Era como se a pressão de Pete tivesse *arrefecido*.

O calor gerado quando ele entrou na banda Lee Curtis and the All Stars também se diluiu. Em linhas gerais, a popularidade dos All Stars aumentava. Porém, os anúncios dos *promoters* raramente lhes davam destaque. Pete inclusive instruiu o empresário Joe Flannery a não o anunciar como um "ex-Beatle", e a partir disso ele simplesmente deixou de ser mencionado. Oito meses depois, o porteiro do Cavern, Paddy Delaney, em entrevista ao *Mersey Beat*, resumiu a situação: "Quando Pete entrou no All Stars, os holofotes que ele recebia com os Beatles se apagaram".[57]

Ele e a banda nova estavam prestes a receber oportunidades – em novembro de 1962, teriam audições na BBC e na London, selo da Decca Records –, mas as boas expectativas não se confirmariam. Pete foi à Decca com os Beatles e voltou sem nada (isto é, quando John, Paul e George enfim lhe contaram); quando foi com Curtis, o produtor Peter Sullivan testou em separado o cantor e os All Stars e se interessou apenas por Curtis.

Os Beatles continuavam a superar a dispensa de Pete a seu modo característico e original. Por um lado, Brian tentava encobrir os problemas. Em 24 de novembro, quando Pete completou 21 anos, Brian enviou um telegrama ao salão Majestic, em Birkenhead, onde Lee Curtis and the All Stars estavam tocando, e Bob Wooler leu em voz alta perante Pete e a multidão: "PARABÉNS E MUITAS FELICIDADES – JOHN, PAUL, GEORGE, RINGO E BRIAN". Dava a entender que tudo estava bem entre eles todos. Por outro lado, John escreveu um texto intitulado *Randolf's Party* (A festa de Randolf). Nunca pediram a John explicações sobre esse miniconto, mas há indícios de que era sobre Pete, afinal, John sempre expressava seus sentimentos de modo artístico, escancarando-os para todos verem, e as palavras soam verdadeiras se tivermos Pete em mente. Além do título (o prenome de Pete era Randolph), temos a referência passageira a um pai que não mora em casa, e frases sem papas na língua, como "Nunca gostamos de você em todos os anos que convivemos. Na rael [*sic*] você nunca foi um de nós, sabe, seu panaca". Um biógrafo de Best concluiria: ali estava "o resumo da carreira de Pete nos Beatles, num só parágrafo".[58]

Sábado, 15 de dezembro, eles o viram na Noite de Gala de Premiação do *Mersey Beat*, evento ocorrido em Birkenhead. Desde a entrada de Pete na Lee Curtis and the All Stars, era a terceira vez que a banda tocava num evento conjunto com os Beatles. Pela terceira vez, se cruzaram sem trocar uma palavra sequer.[59] A banda de Curtis marcou presença porque tinha ficado em segundo lugar na enquete, atrás apenas dos Beatles. O comunicado de imprensa de "Please Please Me" dizia que a vitória foi "esmagadora", o que é bem provável.

Na enquete de 1961, não houve Noite de Gala de Premiação, mas essa compensou aquela. Produzida por Bob Wooler, começou após a meia-noite, então todas as bandas puderam cumprir primeiro seus compromissos habituais. Brian subiu ao palco para entregar um prêmio especial da Nems Enterprises ao Melhor Grupo Amador, Billy Kramer and the Coasters, e também fez um breve discurso antes de os Beatles entrarem. Ninguém registrou suas palavras, mas existe uma foto com ele falando algo engraçado, Paul pensativo, John simulando vergonha e

Visual novo, som novo (16 de novembro a 17 de dezembro de 1962)   1131

se escondendo atrás do ombro de George. Bill Harry, o anfitrião do evento, entregou os prêmios aos Beatles, que então concluíram a festa por volta das quatro da madrugada, tocando três números. Um deles foi "Please Please Me", que saiu da caixa-forte esta única vez. O público saboreou os primeiros gostinhos de 1963. Testemunhas garantem: foi um desempenho excelente. Mas logo a canção voltou a ser guardada a sete chaves, por mais três semanas...

Nesse meio-tempo, o primeiro compacto continuava sua surpreendente trajetória de sucesso, em todos os sentidos. Por três meses consecutivos, os Beatles curtiram a emoção de conferir as paradas semanais para ver em que posição estavam. Agora a canção mais parecia um curioso ioiô – para cima, para baixo – refletindo as participações no rádio e na TV, bem como as incursões noturnas a novas cidades, a bordo da van. As paradas eram todas independentes umas das outras. Apesar disso, na semana de 15 de dezembro, "Love Me Do" apareceu em 22º em quase todas. Na *Record Retailer* e na *New Record Mirror*, caiu para essa posição. No top 50 da *Melody Maker* e no top 100 de jukebox da *The World's Fair*, subiu a esse lugar, o mais alto até então, em ambas. Caiu fora de duas paradas: na *Disc* (após ter chegado ao 24º lugar) e também no top 5 do *Liverpool Echo*, mas em compensação entrou no top 30 da *Pop Weekly*, no qual continuou a subir.

Com toda essa atividade, naturalmente aumentou o volume de cartas recebidas pelo fã-clube. Isso começou a sobrecarregar Bobby Brown; então, para ajudá-la, Brian lhe cedeu a datilógrafa da Nems Enterprises, Freda Kelly, Cavernite de 17 anos – eficiente, prestativa e amiga de todos. Não precisou pedir duas vezes: Freda abraçou o desafio com alegria. Em uma jogada surpreendente e perspicaz, Brian incentivou a criação de um segundo clube para atender aos fãs dos Beatles no sul da Inglaterra – por enquanto, com ninguém a bordo, mas logo, logo, esse barco começaria a encher. A ideia partiu de Bettina Rose, 18 anos, moradora de Richmond, sudoeste de Londres. Depois de escutar "Love Me Do" na Radio Luxembourg, ela escreveu à EMI oferecendo seus serviços aos Beatles. Em meados de dezembro de 1962, em um encontro com Brian em Londres, concretizaram o novo empreendimento. Acostumado a colocar planos em prática, Brian definiu a estrutura de suporte ao clube, concordou em arcar com os custos e enviou à *NME* um classificado sobre o Fã-Clube dos Beatles (Filial Sulista) a ser publicado na primeira edição do ano.

Os últimos compromissos britânicos dos Beatles em 1962 foram no Cavern e na TV Granada, nos dias 16 e 17 de dezembro. Na Mathew Street, já era palpável uma atmosfera de fim de ano. O pessoal do fã-clube teve acesso à lista de shows deles em janeiro/fevereiro de 1963 e constatou: em 59 dias, os Beatles tocariam em Merseyside só em nove ocasiões. A agenda cheia incluía shows em locais como Escócia, Birmingham, Newcastle, Leicester e Oxford. Até mesmo o show de "Bem-Vindos ao Lar", em 10 de janeiro – pós-Hamburgo e Escócia –, seria realizado num espaço maior, o Grafton Ballroom. Mesmo assim, os Beatles anteciparam os festejos de Natal com os fãs, com direito a contrabando de bebida ao camarim. Resultado: subiram ao palco já bem alegrinhos. Pat Hodgetts, Cavernite de carteirinha do extremo sul da cidade (os Beatles a chamavam de Pat Polietileno, porque ela mastigava plástico), tem uma lembrança especial da última e grande noite de 1962 em Liverpool: "John cantou 'To Know Her Is to Love Her' e fez a primeira fila se emocionar. Quando terminaram, notei que se virou de costas e fingiu mexer no amplificador. Ele também ficou com um nó na garganta. Foi muito legal ver que ele estava tão emocionado".[60]

Na noite seguinte, os Beatles voltaram à Granada para nova participação no *People and Places* – um milhão e meio de pessoas os viram tocando "Love Me Do" pela terceira vez e "Twist and Shout" pela primeira – e então partiram mais uma vez, resignados com a tarefa de fazer sua última visita às históricas e gélidas ruas de Hamburgo.

36
Sabe-se lá!
(18 a 31 de dezembro de 1962)

A quinta temporada dos Beatles em Hamburgo teve um grande diferencial: sabiam que seria a última. Ao vislumbrar os novos horizontes de 1963, revisitar os antigos já não era uma opção – além do mais, estavam *fartos* do lugar e de toda a sua sórdida miséria. As duas semanas em novembro foram um verdadeiro fardo – "uma DROGA", escreveu George –, e essas duas últimas foram piores: ele contou a Sue Betoneira que "Hamburgo é um buraco fedorento".

Rendeu o melhor cachê até então: DM 3.000 (£ 268) por semana, pagos em dinheiro vivo. Deduzindo a comissão de Brian, isso equivalia a DM 637,50 (£ 57) para cada Beatle. Manfred Weissleder pagou a melhor hospedagem de todas as temporadas na cidade: quartos individuais no Hotel Pacific, na Neuer Pferdemarkt, a dez minutos de Grosse Freiheit. Precisavam de apenas dois ou três sets de 45 minutos por noite, e o clube abriria somente 13 noites nas duas semanas, fechando na véspera de Natal.

Foram colocados como segunda atração mais importante, acima dos conterrâneos The Strangers e King-Size Taylor and the Dominoes; de Tony Sheridan e Roy Young (da banda residente do Star-Club); e Carol Elvin, londrina que cantava e tocava guitarra elétrica em trajes pomposos. Como atração principal, a banda instrumental dos EUA Johnny and the Hurricanes, de Toledo, Ohio, ainda famosa na Alemanha, embora não mais tão popular nos EUA e na Inglaterra. Graças ao sistema de som implementado por Adrian Barber no clube, os Beatles só trouxeram suas guitarras, e Ringo usava o kit Trixon que permanecia no palco.

O mau tempo intensificou o ódio a Hamburgo ainda mais. Fez muito frio ao longo dessas duas semanas, disparadamente as temperaturas mais baixas que os Beatles enfrentaram ali – o lago Alster congelou e o rio Elba virou um cubo de gelo de meio metro de espessura. O tempo gélido pegou os Beatles despreve-nidos, e as temperaturas árticas paralisaram seu desejo de viajar: tediosamente se enfurnaram no hotel ou no clube. John e Paul precisavam compor talvez mais seis canções para o álbum (a ser gravado sete semanas depois), mas não fizeram nada, postergando a missão para janeiro, mês com a agenda já lotada. Receberam de Astrid um presente: longos cachecóis em lã preta, idênticos ao que ela havia feito para Stuart. O timing dela foi perfeito: havia começado a tricotá-los antes de o tempo encrespar. Ficaram encantados. Socializaram um pouco, mas não muito, com Astrid e Klaus, e também com Icke Braun. A bordo de seu fusquinha, Icke levou Paul a seu chalé, casa de campo a nordeste da cidade, onde viram canos de água congelada, sem aquecimento. No trajeto, um susto: o fusca em que estavam derrapou no gelo. Por um triz, escaparam de uma colisão frontal com o veículo que vinha em direção oposta.

Em Hamburgo, os Beatles sempre se envolviam em *incidentes* – dessa vez, menos do que o habitual, mas um acabou entrando para o folclore da banda. Subiram ao palco uma noite como um trio, sem John, então Horst Fascher foi ca-çá-lo. No primeiro semestre, teve de urinar em John quando ele *fickte ein Fräulein*; dessa vez, invadiu o banheiro dos bastidores e notou uma movimentação num dos cubículos. Uma garota fazia um boquete em John. *Incontinenti*, Fascher aplacou o fervor do casal jogando em cima deles água gelada de um chuveiro adjacente. John saiu do cubículo explodindo, e Fascher o mandou ir trabalhar, *zere & verk*. De raiva, John arrancou o assento do vaso sanitário e subiu ao palco encharcado, só com as botas dos Beatles, cueca e, no pescoço, o assento do vaso[*].

As cartas enviadas a Liverpool não mencionam incidentes, mas nem por isso deixam de ser interessantes. A melhor delas foi a que George enviou a Sue Beto-neira, depois que ela visitou os pais dele, levando flores e chocolates. Foi convida-da para o chá e se ofereceu para lavar o carro dele.

---

[*] Parece realmente que John subiu duas vezes ao palco do Star-Club só de cueca e com um assento de vaso sanitário no pescoço. Diversas testemunhas oculares, de modo persuasivo, situam o incidente aqui, no Natal de 1962, mas John alegou que isso ocorreu quando Gerry and the Pacemakers estavam em Hamburgo, dizendo que permaneceu com esse figurino e tocou bateria com os Pacemakers enquanto Gerry Marsden cantava. Esse momento também foi testemunhado por Bernie Boyle (que não estava aqui no Natal, nem em novembro). Portanto, deve ter sido em maio (ver capítulo 28).

Sabe-se lá! (18 a 31 de dezembro de 1962)

Uma carta chegou a minha casa vinda de Hamburgo e reconheci a letra de George. Pensei que ia dizer: "Por favor, não incomode meus pais", mas nada disso – ligou para casa, a mãe dele contou que Sue Betoneira fez uma visitinha, ela contou a ele a respeito de minha oferta, e ele me enviou uma carta com instruções detalhadas sobre como limpar seu Anglia. E quando limpá-lo – "por volta de 8 de janeiro", exatamente quando voltaria para casa da Escócia.

Era uma carta extensa, com três páginas e sete itens. Lavar o carro por dentro e por fora com água morna e sabão, polir com dois paninhos (em "movimentos circulares"), passar aspirador nos tapetes, limpar as duas faces dos vidros, tudo. No cronograma da lavagem, incluiu dois intervalos para tomar chá. Por fim, a sétima e última instrução era: "Leve os seis baldes cheios de água suja, lamacenta e gordurosa até a 20 Forthlin Rd. Vai se deparar com um reluzente Ford Classic. Cuidadosamente, derrame nele o conteúdo dos baldes, de modo a deixar uma uniforme película de lama sobre a superfície da lataria". Ele queria que eu jogasse a água suja no carro de Paul![1]

Em vez de descer, "Love Me Do" subiu na última temporada deles em Hamburgo – e agora, incrivelmente, o fato se repetiu. Na edição de 27 de dezembro, o top 50 da *Record Retailer*, que refletia as vendas entre 17 e 22 de dezembro, trazia os Beatles em 17º, posição mais alta até então. Na parada de execuções em jukebox, o top 100 da *The World's Fair*, subiram ao 19º lugar – outra vez, a melhor posição deles. Longevidade assim era algo excepcional. Discos que entraram nas paradas após "Love Me Do" e o ultrapassaram agora já tinham evaporado, enquanto o compacto dos Beatles continuava firme e forte. *Primeira* banda a fazer sucesso na estreia, os Beatles foram subindo nas paradas e agora já estavam no top 20. E tudo isso aconteceu sem exposição no *Juke Box Jury*, *Thank Your Lucky Stars* e *Saturday Club*. Até o fim de novembro, as vendas alcançaram a marca impressionante de 36.868, e em dezembro, o compacto vendeu mais 30 mil unidades. Nem mesmo Brian ou os Beatles esperavam por isso. O segundo relatório de royalties da EMI (previsto para 28 de fevereiro) seria melhor do que o primeiro, e agora parecia certo que "Love Me Do" ainda estaria nas paradas por ocasião do lançamento de "Please Please Me" – tudo indicava que teriam dois discos simultâneos nas paradas.

Nesse momento, a empolgação não estava em Hamburgo, com os Beatles; estava longe deles, em Londres, construída pelo eixo Epstein-James. Brian usava o escritório de James como sua base, e enquanto Dick estava ocupado ao telefone, batalhando para que "Please Please Me" ou para que o próprio grupo conseguisse espaço nas rádios, Brian, no telefone ao lado, tratava com *promoters* do ramo de bailes, país afora, preenchendo as lacunas entre as turnês de janeiro a março. Depois, para abril, começou a marcar shows de uma noite só – incluindo, pela primeira vez, shows em Londres, na condição de atração principal.

Dick James havia adotado o afetuoso termo com que George Martin chamava os Beatles – "os meninos" – e foi por orientação dele que o cachê da banda para shows noturnos subiu às alturas em pouco tempo. Em 21 de novembro, ao firmar um contrato para fevereiro, Brian pediu £ 50, recém-aumentado de £ 30. Esse já era um cachê competitivo, mas em 8 de dezembro, negociando uma data em março, ele obteve £ 75, com cláusula de acréscimo: se antes do show "Please Please Me" entrasse no top 5 da *Record Retailer*, esse valor subiria para £ 100. Por volta do fim de dezembro, o cachê dos Beatles estabilizou em £ 100, independentemente do desempenho nas paradas. Isso era praticamente o limite superior aceitável pelos *promoters* e os compelia a fazer os eventos com os Beatles em locais maiores. Dick encorajava Brian a ser cada vez mais ousado, e ele podia ser. Afinal de contas, a reputação dos Beatles entre o público claramente crescia com rapidez, na base do "boca a boca". De sua parte, Dick recebeu a promessa de que "Please Please Me" ganharia espaço no programa *Juke Box Jury* em 5 de janeiro, outro grande motivo para comemorar. "Desde o dia em que nos conhecemos em novembro, a empolgação só foi crescendo entre mim e Brian. Cooperamos com o maior entusiasmo e trabalhamos com muita proximidade".[2] Conhecia Brian e os Beatles havia menos de um mês e nunca esteve tão animado em sua carreira de editor musical.

Cinco meses antes, quando George Martin avisou Dick James que ia dar "How Do You Do It" a uma banda de Liverpool, Dick tinha retrucado, em tom de brincadeira: "Quem é que vem de *Liverpool*?". Ali estava a resposta. Com o talento de John Lennon e Paul McCartney, um catálogo de novas canções – sublimes, autênticas, britânicas – floresceu perante seus olhos. Publicar esse catálogo muito possivelmente seria a melhor oportunidade de sua vida, mas também um desafio. Essa dupla de jovens e prolíficos compositores já havia deixado a Ardmore & Beechwood para ir até ele. O que os impediria de, com a mesma facilidade, deixá-lo e buscar outro editor? Precisava bolar um modo de os seduzir a ficarem por perto.

Sabe-se lá! (18 a 31 de dezembro de 1962)

A solução dele foi propor uma nova editora musical, metade de propriedade de John, Paul e Brian, ou conforme decidissem, e metade da Dick James Music. John e Paul assinariam um contrato exclusivo com a nova empresa por um período predeterminado. Em vez de abrirem mão de seus direitos autorais, como todos faziam e como tinham feito até então, manteriam a propriedade conjunta. Além disso, continuariam assinando acordos individuais a cada nova canção, com base nos royalties padrão sobre vendas de partituras cifradas e também nos royalties mecânicos e sobre transmissões. A grande sacada, porém, era a oferta de 50% dos lucros da empresa. Em suma, Dick James estava cedendo metade de sua parte sobre os direitos autorais e metade de seus lucros, no intuito de manter Lennon e McCartney em seu catálogo. Essa configuração renderia a eles bem mais do que meros royalties e seria eficiente em termos fiscais. Pagariam menos tributos e teriam mais liquidez.

Para endossar a sua transparência, Dick sugeriu que o próprio advogado de Brian redigisse o contrato. David Harris iniciou esse processo logo após o Natal. A minuta ficou pronta em 1º de janeiro de 1963, fruto das negociações entabuladas em 1962. Nas primeiras semanas do ano, seria avaliada e ajustada, mas àquela altura especificava o seguinte:

- A nova empresa não tinha nome, mas as partes do acordo seriam, de um lado, a Dick James Music e, do outro, John Lennon, Paul McCartney e a Nems Enterprises, com a disposição contratual de que Jim McCartney assinasse por Paul, menor de idade.

- Com capital de £ 100 compreendendo 100 ações de £ 1 – 50 ações "A" para Dick James Music e 50 ações "B" assim divididas: 20 para John Lennon, 20 para Paul McCartney e 10 para a Nems Enterprises –, a empresa teria como diretores Dick James e Brian Epstein (as ações A e B não tinham hierarquia, essa denominação era só para facilitar o entendimento).

- Dez por cento das receitas brutas da nova empresa seriam direcionadas à Dick James Music, a fim de cobrir despesas de escritório, pessoal, contabilidade, papelaria e custos básicos de funcionamento, bem como a supervisão diária e gestão das atividades.

- Nos próximos três anos, John e Paul cederiam todos os direitos autorais de suas canções, perfazendo no mínimo 18 composições consideradas aceitáveis para a empresa.

Ano 5, 1962: *Always be True*

Não seria o primeiro empreendimento desse tipo – editoras conjuntas eram raras, mas não uma novidade. Porém, foi *a primeira* desse tipo oferecida a compositores cujo maior sucesso nas paradas era um 17º lugar. A velocidade com que Dick James vislumbrou a necessidade de implementar essa ideia foi surpreendente e, do ponto de vista de John, Paul e Brian, sensacional. Com esse acordo contratual praticamente encaminhado, terminavam 1962 com sua própria editora e a chance de, pela primeira vez, embolsar grandes somas de dinheiro.

É pouco provável que John e Paul já soubessem disso. Os Beatles estavam suportando uma temporada natalina que já gostariam de esquecer. Ao que parece, quem mais verbalizou sua intolerância foi George: sempre que algo o incomodava, não perdia a oportunidade de reclamar e desejar o fim de seu calvário. Em Hamburgo, isso compreendia inclusive a data em que o Natal foi comemorado. Numa cartinha a uma de suas amigas por correspondência, Margaret Price, do bairro Edge Hill, em Liverpool, George reclamou que os alemães faziam a celebração no dia 24 e concluiu: "Ainda faltam cinco dias para tudo acabar e então vamos poder ir embora deste lugar para sempre [ASSIM ESPERO]".

Foi justamente nesse ânimo que, pela única vez em suas cinco visitas à cidade, os Beatles foram gravados em ação no palco. Por acaso, Ted "King-Size" Taylor tinha comprado um gravador de rolo, e Adrian Barber o colocou na mesa, conectou o microfone e o deixou rodando várias noites em velocidade lenta (3¾ ips). Outras bandas também foram gravadas, mas os registros dos Beatles dominam. Em depoimentos posteriores no tribunal, afirmou-se que eles sabiam que estavam sendo gravados e não se importaram com isso. "OK, Ted, só providencie a cerveja" teria sido a autorização provavelmente apócrifa. As gravações não foram feitas para uso comercial, sobre isso não resta dúvida – o som é tosco e de baixa fidelidade, e os Beatles já estavam sob contrato mundial exclusivo com a Parlophone.[*]

Com 37 canções e cem minutos (talvez com partes ainda inéditas), essa é a única gravação ao vivo e substancial da "fase primordial dos Beatles" de que se tem

---

[*] Os muitos lançamentos "legítimos" da fita são de legalidade questionável. Em 1998, os Beatles enfim asseguraram seus direitos morais/artísticos. Porém as gravações eram lançadas mundo afora havia tanto tempo (desde 1977) que o maior valor delas agora não é monetário, mas histórico, e um valor colossal.

Sabe-se lá! (18 a 31 de dezembro de 1962)

conhecimento e, com certeza, a única em domínio público. Pelos esforços de Taylor e Barber, existe essa gravação histórica e altamente bem-vinda dos Beatles em ação no palco, marcando o exato instante em que terminava a sua primeira fase, um registro de última hora dos Beatles como banda de rock'n'roll que tocava em clubes.

O show mostra destreza e elevada energia, e o microfone capta muitos momentos relevantes. O valor da fita foi minimizado com a alegação de que os Beatles estariam desleixados e talvez até indolentes do ponto de vista musical, torcendo para acabar a temporada, mas é impossível ignorar as virtudes mostradas na gravação. Os Beatles até podem ter *odiado* tocar em Hamburgo nessa última vez... mas o que a gravação mostra é uma banda muito competente e profissional, que jamais deixa a peteca cair. Tocam com uma naturalidade que beira o desleixo, porque o ambiente permite. Estão longe de ser preguiçosos, mas não tomam cuidados extras porque estão sendo gravados: essa é uma espiadela autêntica no show do clube, não algo efervescente, feito especialmente para o gravador de rolo.

Pelo menos três setlists foram gravados e, como os Beatles em Hamburgo raramente tocavam as mesmas canções, há apenas cinco repetições entre as 37 músicas. O repertório é uma verdadeira surpresa. As únicas composições próprias são "Ask Me Why" e "I Saw Her Standing There" (duas vezes). Nada de "Love Me Do", "PS I Love You", "Please Please Me", "One After 909" ou qualquer outra das múltiplas possibilidades. Quase nada da espinha dorsal de seus setlists arrasadores de 1962 – nada de "Some Other Guy", "Soldier of Love", "Please Mr Postman", "Don't Ever Change", "A Shot of Rhythm and Blues", "Devil in Her Heart", "Baby It's You", "Will You Love Me Tomorrow", "If You Gotta Make a Fool of Somebody", "Hey! Baby", "A Picture of You" etc. etc. O que vemos aqui é uma seleção idiossincrática de antigos clássicos de rock, todos tocados em velocidade vertiginosa – no ritmo dos *prellies*. As noites em que transformavam "What'd I Say" em maratonas de meia hora eram coisas do passado. Tudo pulsa com máxima velocidade, e só três canções passam de três minutos. Estamos em Hamburgo 62, mas o som nos remete a Huyton 61.[3]

A formação é John na guitarra base, Paul no baixo, George na guitarra solo e Ringo na bateria, a linha de frente cantando às vezes sozinha, às vezes em harmonia. Por uma questão de pura sorte (o posicionamento do microfone), a guitarra rítmica de John soa estranhamente direta, o motor que conduz e singra as canções. É flagrante aqui, ao longo dos 100 minutos, a diferença entre Ringo e

Pete. Ringo é sólido e certeiro em todos os estilos, mesmo sendo a primeira vez que tocou essas canções com os Beatles, afinal, a banda não tocava a maioria delas havia *muito* tempo. Canções como "Red Sails in the Sunset", "Nothin' Shakin'" e "Hallelujah, I Love Her So" não constaram no setlist em Nuneaton, Peterborough ou Widnes, nem ultimamente no Cavern. Mas Ringo mostra que conhece o repertório, e a sinergia musical dele com John, Paul e George é completa. Eles faziam o avanço, ele fazia o balanço, e essa mescla tem nome: *entrosamento*.

Nem parecem os Beatles que calma e efetivamente se desincumbiram de uma sessão de estúdio em Abbey Road, havia apenas um mês – são os velhos "Beatles da Batida Boa", com um toque de desleixo e personalidades salientes. Com grande vigor, John e Paul cantam em dueto uma canção da primeira fase de Elvis, "I'm Gonna Sit Right Down and Cry (Over You)", e Ringo os acompanha no ritmo frenético. Paul canta "Long Tall Sally" e "Kansas City" com uma voz fantástica e não deixa por menos em "Red Sails in the Sunset". "Matchbox" é cantada por John, não por Ringo, muito menos Pete; na surpreendente "I Remember You" John toca sua *gob iron* (gíria para "gaita de boca"), e uma desconcertante interpretação de "Falling in Love Again", com Paul improvisando a letra e George fazendo um solo sem graça. Em "Twist and Shout" e "I Saw Her Standing There" as harmonias vocais funcionam à perfeição, esta última já confiante e forte, como se viesse do futuro – embora, inevitavelmente, John erre na letra quase sempre que entra junto no refrão. Não comete deslizes na escaldante "Sweet Little Sixteen", e George comanda as ações na ultrarrápida "Red Hot". Nenhuma outra gravação revela tanto suas qualidades de roqueiro completo: faz o vocal principal e depois alterna versos rápidos com John, Ringo toca sua bateria como se estivesse possuído, e esta é a primeira gravação dos Beatles com teclados, quando John passa a guitarra às costas e faz um solo no órgão elétrico de Roy Young.

O tempo inteiro, tudo isso borbulha numa bem temperadinha sopa de St. Pauli, o autêntico sabor hamburguense de assobios, aplausos e tagarelices ébrias. Os Beatles cedem os microfones aos irmãozinhos pugilistas e durões: "Be-Bop-A-Lula" é entoado pelo caçula Fredi, e "Hallelujah, I Love Her So" por seu irmão mais velho, Horst Fascher. Os dois cantam bem, e o inglês deles impressiona: fica claro que são grandes fãs de rock, curtindo a vida. Com voz rouca e áspera, Manfred Weissleder anuncia, antes de Horst cantar: "*Watte für die Ohren können Sie bei der Toilettenfrau haben*" (Algodão para os ouvidos está disponível com a senhora

Sabe-se lá! (18 a 31 de dezembro de 1962)

que cuida do banheiro). Temos aqui também o onipresente sotaque de Edimburgo de John e seu lascivo e másculo uivo chamando BETTINAAAAAAHH. A presença dela é sentida, mas não ouvida: Paul dedica "Your Feet's Too Big" a ela. Consta que ao ouvir a dedicatória ela teria passado a faca na espuma de uma caneca de cerveja, feito um aceno com sua cabeleira loira em penteado colmeia, sacudido o busto enorme e balançado as luminárias do bar.

Esse é um importante registro de John Lennon em Hamburgo. Não restam dúvidas de que ele está sob efeito de bebidas alcoólicas e/ou de *prellies*. Em seu humor, predomina a beligerância; em suas brincadeiras, entre uma canção e outra, uma provocação cínica. E se alguém na plateia faz uma gracinha, ele responde à altura. Como se fosse um disco riscado, várias vezes comenta com o público: "Não sei se conseguem me entender ou não", inclusive chegando a dizer isso duas vezes enquanto Paul está cantando "Your Feet's Too Big". Numa dessas ocasiões, conclui: "Mas vão se catar. Entenderam? Natal ou não Natal". Paul é bem mais educado: acalma as tempestades de John e durante o tempo todo se comunica em um alemão admirável, vocabulário ensinado nas escuras e dickensianas salas de aula do Liverpool Institute, aprimorado à força sob o neon de St. Pauli.

A fita serve como facho de holofote na química dos Nerk Twins. Enquanto Paul canta "A Taste of Honey", John subitamente esbraveja "CALA A BOCA!" para alguém na plateia, interrompendo Paul muito mais do que o tagarela. Paul nota isso e cai na gargalhada. Quando ele canta "Till There Was You", John – um compasso atrás – ecoa a maioria dos versos numa persistente tiração de sarro: por exemplo, quando Paul diz *"No, I never heard them at all"* (Não, eu nunca os ouvi nem um pouco), o eco de John é *"No, he never heard them"* (Não, ele nunca os ouviu). Paul dá risada e continua; é impossível conter o parceiro, mas não fica necessariamente zangado – sabe que isso vai acontecer, porque John é assim mesmo, e John é seu ídolo. O público presencia um show em dobro: tenta assistir ao cantor, mas não desgruda o olhar de cima de seu companheiro, que provavelmente também faz suas caretas e imitações. John não se arriscaria a fazer isso com mais ninguém sem levar porrada, Paul não aceitaria algo parecido de mais ninguém. Paul começa a entoar a canção, John começa a puxar seu tapete. Só mais uma faceta do complexo relacionamento entre irmãos sempre cultivado entre eles, uma das múltiplas razões que os tornam tão especiais juntos.

Ano 5, 1962: *Always be True*

✳

Enquanto isso, na Inglaterra, o foco se concentrava em lançar os discos dos Beatles no exterior. Na América do Norte, a primeira execução nas rádios de uma canção deles foi na estação CFRB AM, de Toronto, no programa semanal intitulado *Calling All Britons*. Há controvérsias sobre a data exata, mas foi no dia 8 ou no dia 15 de dezembro. O apresentador, Ray Sonin, emigrante *cockney* confiante, que ao longo de 18 anos (de 1939 a 1957) havia desempenhado a função de editor de semanários musicais como *Melody Maker* e *New Musical Express*, agora comandava um programa semanal de rádio cuja audiência era principalmente composta de imigrantes ingleses. Terá sido esse programa que despertou o interesse por eles? Talvez sim, talvez não. O fato é que em seguida a Capitol Records do Canadá decidiu prensar "Love Me Do" localmente e lançá-lo como compacto de 45 rpm, disponível sete semanas depois do início do ano.[4]

A Capitol do Canadá atuava independentemente da Capitol Records, sua controladora nos EUA – e, claro, essa empresa continuava ignorando todos os discos que a EMI enviava da Inglaterra na esperança de obter um lançamento estadunidense. Outra vez os Beatles estavam na berlinda. A ambição de George Martin de ver o compacto de "Please Please Me" ser lançado nos Estados Unidos o mais rápido possível, talvez de modo até simultâneo com o lançamento britânico, sofreu um previsível tropeço. A Capitol abriu mão de seu "direito de preferência".

Assim como a Decca rejeitou os Beatles ao anunciar uma campanha para novos talentos britânicos, a Capitol os recusou enquanto se vangloriava por mostrar um forte interesse por discos estrangeiros. Em 22 de dezembro, a *Billboard* estampou a manchete "CAPITOL AMPLIA OPERAÇÕES INTERNACIONAIS: EMPRESA MIRA O MERCADO GLOBAL". O texto explicava a meta de aumentar o fluxo de entrada e saída de discos, além de implementar "uma nova filosofia de negócios que encara o mercado internacional como via de mão dupla". Para Dave Dexter isso era um disparate. Tinha lançado discos da sra. Mills e de Andy Stewart, e os EUA os ignoraram.

Essa alegação de "novos rumos" da Capitol teve um gatilho óbvio: o inusitado sucesso nos EUA de produtos não americanos – em particular, ingleses – em 1962. O compacto mais vendido do ano foi da canção "Stranger on the Shore", de Acker Bilk, e o número 1 na época de Natal e Ano-Novo foi "Telstar", dos Tornados, gravada numa sobreloja ao norte de Londres, e agora fazendo o maior sucesso em

Sabe-se lá! (18 a 31 de dezembro de 1962)

Dakota do Norte. Em dois editoriais consecutivos, a *Cash Box* enfatizou a seus leitores corporativos nos EUA a importância do "mercado global", e os muitos parágrafos podem ser resumidos na singela previsão: "Esperamos que as empresas americanas fiquem de olho nos discos de sucesso no exterior".[5] Os gerentes da Capitol fizeram seu anúncio à imprensa, mas não mexeram uma palha. E quando *pegavam* um produto britânico, como o álbum *Beyond the Fringe*, de George Martin, renegavam as promessas de promoção. Esse fato enfureceu George, que reclamou ao diretor-gerente da EMI Records, L. G. Wood, num memorando de 31 de dezembro de 1962: "Essa é a prova cabal da incapacidade da Capitol de promover álbuns de artistas britânicos. Eu não recomendaria a Capitol Records a nenhum empresário que estivesse pensando em lançar um futuro espetáculo britânico nos Estados Unidos".

Os Beatles não eram um espetáculo, ao menos não no sentido da Broadway, e a raiva de George Martin também não era unidimensional: não recomendaria mais a Capitol a *ninguém*, e isso incluía Brian Epstein.

Mais uma vez, coube à Transglobal Music, a discreta sucursal da EMI em Manhattan, posicionar os Beatles em um selo americano e fazer isso acontecer agora. Em geral, o primeiro ponto de contato de Roland Rennie era o presidente da empresa, Joe Zerga, mas o grosso do trabalho era feito por Paul Marshall, advogado de renome, mas que nunca foi funcionário da Transglobal. Com escritório de advocacia próprio, em um endereço adjacente (56 West 45th Street), prestava consultoria jurídica à Transglobal (com o dobro do salário de Zerga) em todos os aspectos do negócio. Marshall obteve os contatos, fez os contratos e então pôs mãos à obra na tarefa de vender os Beatles a algum selo.

Eles estavam disponíveis sob os termos de um contrato padrão dos EUA:

- Adiantamentos não seriam pagos.
- A Transglobal teria direito a royalties de 10% sobre o preço de varejo dos discos vendidos.
- O número de discos a serem prensados seria definido mais tarde.
- A gravadora contratante teria direito de preferência sobre os produtos futuros do artista.

1144 Ano 5, 1962: *Always be True*

Em sua íntegra, o contrato de 14 cláusulas preenchia uma página de papel timbrado. Era um caso de *"Assine aqui" e leve os Beatles de graça*.

A primeira chance foi da Liberty Records. A gravadora *indie* de Hollywood estava em terceiro lugar em 1962 em matéria de singles bem-sucedidos nos EUA, duas posições acima da Capitol. A gestão da Liberty havia estreitado os laços com a EMI por meio de um contrato exclusivo para lançar o selo Liberty na Grã-Bretanha. Em novembro, a grande estrela da gravadora, Bobby Vee, enquanto excursionava na Inglaterra com The Crickets, ouviu "Love Me Do" e gostou. De volta aos EUA, deu um toque no pessoal da gravadora. O resultado foi um telegrama do chefe de A&R, Snuff Garrett, para a EMI, pedindo que uma cópia de "Love Me Do" fosse enviada para análise de licenciamento. Rennie sentiu que não poderia recusar, mas numa carta a Zerga (que enviou o disco a Garrett) deixou claro que a EMI já não queria mais lançar "Love Me Do" nos EUA, preferindo se concentrar em "Please Please Me". Por volta de 27 de dezembro, a Liberty também escutava uma cópia antecipada de "Please Please Me", analisando lançar um compacto dia 11 de janeiro com "Love Me Do" como lado B... Mas súbito veio a notícia de que não estavam mais interessados.[6] A decisão foi tomada por Snuff Garrett, que explica: "Cada vez mais, a Liberty era uma gravadora badalada e concorrida. O sucesso era tanto que nos perguntávamos como tínhamos conseguido. Gostei do som dos Beatles, mas há um limite de discos com que você pode lidar ao mesmo tempo e estávamos com as mãos cheias. Foi só 'mais uma decisão' sobre artistas, do tipo que eu precisava tomar todos os dias, e eu disse não".[7]

Por sua vez, a Laurie Records, pequena gravadora independente de Nova York (vigésima nona melhor gravadora de singles dos Estados Unidos em 1962), também recusou os Beatles.[*] Assim como a Liberty, tinha boas conexões com a EMI, ou seja, um contrato para lançar os produtos da Laurie na Grã-Bretanha com o selo Stateside. Mas o artista de maior sucesso deles, Dion, havia acabado de se transferir para a Columbia Records, e a Laurie estava abalada na época em

---

[*] O Departamento de Economia e Estatística da EMI compilou uma pesquisa sobre as gravadoras dos EUA e o desempenho delas nas paradas Hot 100 da *Billboard*, em 1962. Com folga, a RCA Victor foi a vencedora, seguida da Columbia e da Liberty. A Capitol ficou em 5º; a Vee Jay, em 10º; a Atlantic, em 17º; a Swan, em 20º; a Tamla, em 22º; a Laurie, em 29º; e a Motown, em 34º. Tamla e Motown juntas teriam ficado em 11º.

Sabe-se lá! (18 a 31 de dezembro de 1962)

que receberam a opção pelos Beatles; o escritório não recebeu o compacto de "Love Me Do", só de "Please Please Me", e o recusou. A documentação sobrevivente é escassa, mas inequívoca: uma carta (datada de 4 de janeiro de 1963) de Zerga a Rennie afirma: "e, como você sabe, a Laurie também decidiu não aceitar esse compacto". Outra explicação é que a gravadora havia acabado de assinar um acordo (com a Pye) para lançar Petula Clark nos EUA; talvez um artista inglês já fosse suficiente.[8]

Os próximos candidatos a assinar com os Beatles nos EUA seriam abordados simultaneamente por Paul Marshall, duas ótimas gravadoras *indie* de R&B: a grande Atlantic Records, de Nova York, e a Vee Jay, de Chicago. Mas essas seriam oportunidades de 1963, com base em contatos realizados nos primeiros dias do ano seguinte. O ano de 1962 terminou exatamente como havia começado, com rejeições. Em 1º de janeiro, os Beatles foram reprovados em seu teste comercial na Decca; 364 dias depois, foram recusados pela Capitol, Liberty e Laurie. Certo, a Decca os havia rejeitado com base em uma sessão medíocre, com uma formação que não deu liga no estúdio. Mas essas gravadoras dos EUA – duas em Los Angeles, uma em Nova York – se recusaram a contratar "Please Please Me" gratuitamente, um negócio com direito de preferência para os demais lançamentos desse novo som, um grande compacto com expectativas concretas de alcançar o número 1 na Grã-Bretanha. "Esperamos que as empresas americanas fiquem de olho nos discos de sucesso no exterior", projetou a *Cash Box*, concluindo com uma reflexão sobre 1962: "Este é o primeiro ano em que todos concordam: o rock'n'roll pode durar".[9] Certas coisas claramente pareciam ilógicas.

Em 1966, Brian Epstein, instado a relembrar desse período, refletiu: "O que a minha gestão teve de melhor foi a minha atenção aos Beatles. Como gestor, inovei ao me dedicar a fazer exatamente isto: ser o empresário deles".[10]

Nesses 12 meses, Brian tinha investido uma energia extraordinária nos Beatles, acelerando sua ascensão de rústicos heróis locais até a beira de um (aparentemente merecido) estrelato nacional. Fizeram jus ao comprometimento dele e seguiram seus planos até o fim, e a mistura de seus talentos combinou incrivelmente bem. Para coincidir com a segunda vitória na enquete do *Mersey Beat*, Brian elaborou um anúncio de uma página intitulado *1962 – Um Ano de Con-*

quistas para os Beatles. Não dava ponto sem nó: também mandou imprimi-lo em formato de pôster para distribuir como brinde, em papel colorido e chamativo (e, é claro, autografado pelos Beatles). Ilustrado com quatro das novas fotos artísticas de Astrid, a extensa lista detalhava as realizações dos Beatles desde a virada do ano: o contrato com a EMI, a posição nas paradas, as dez transmissões de TV e rádio, o sucesso nas enquetes, as viagens a Hamburgo, as grandes estrelas com quem dividiram o palco e algumas das cidades em que tocaram. No rodapé, uma impressionante lista de contatos: cinco pessoas que trabalhavam para torná-los um sucesso.* Mas o pôster não trazia só a lista com as conquistas dos Beatles, servia também como auditoria do primeiro ano de Brian no papel de empresário, uma prestação de contas nada menos que sensacional – porque em 1962 os Beatles foram geridos de forma brilhante por Brian Epstein.

Brian teve de fazer tudo pela primeira vez, e seria absurdo imaginar que não cometeu erros, que não pensou, disse e fez coisas ingênuas – mas isso era cada vez mais raro e acabou eclipsado por conquistas grandiosas. É verdade, os Beatles não queriam voltar a Hamburgo nas duas últimas vezes. É verdade, ele levou uma bronca por isso. Mas também sabiam em que pé estavam no fim de 1962 – em especial, se comparado com 1961, ano em que até pensaram em se separar. Desde o início, Brian vinha fazendo todas as jogadas certas, porque essa era, sob todos os prismas, a melhor das melhores parcerias. No segundo semestre de 1967, o próprio Brian explicaria: "Na minha experiência, esse relacionamento que existe entre mim e os Beatles é um dos mais perfeitos que já vivenciei. Se eu tivesse sido dominador ou ditatorial, jamais iam me aceitar e tudo daria errado. Você tem que dar liberdade".[11]

Em Brian, pulsava a mescla ideal de entusiasmo, inteligência e talento empreendedor instintivo, arrebatada por confiança, fé e amor. Amava os Beatles como pessoas e os amava como artistas: amava sua autenticidade, originalidade, atitude, talento, verdade, sarcasmo e animação, a alquimia em grau máximo que o

---

* Tony Calder ainda aparecia como "representante de imprensa", camuflando o maior envolvimento do funcionário da Decca, Tony Barrow; a lista trazia os endereços de Calder, Brian Epstein, George Martin e Bobby Brown, mas não (por razões óbvias) o de Neil Aspinall. Entre as façanhas realizadas em 1962, não teve lugar aquele *outro* primeiro disco dos Beatles: o distante e renegado "My Bonnie".

Sabe-se lá! (18 a 31 de dezembro de 1962)

conquistou 100% – a ele e a muitos outros. Amava-os por sua comunicação irredutivelmente franca, por estimular e desafiar seu modo de pensar. Amava a paixão que eles tinham pela vida, paixão que beirava a luxúria.

Em 1962, ele mais do que triplicou a renda semanal dos Beatles. Antes, o quarteto rachava cerca de £ 80 por semana. Agora, de um modo consistente, esse valor tinha subido para £ 250, já descontada sua comissão de 15% – quantia incrível para uma banda de Liverpool. Brian havia consolidado também um fundo de boa vontade, para além das questões monetárias, algo em pleno desacordo com a reputação anterior deles. Não aceitou nada por seus esforços. "No primeiro ano dos Beatles, tive perda de liquidez", admitiu em outubro de 1963. Poucos meses depois, contou que o máximo que arrecadou numa semana nesse período foi £ 18.[12] Sua renda no Ano de Conquistas foi dizimada por gastos pessoais, mas a visão dele sempre foi de longo prazo.

Também eram visíveis sinais de perigo. Freda Kelly resume: "Os Beatles eram o amor da vida de Brian. A vida dele era cuidar deles. Não tinha o hábito de mandar os outros fazerem, de delegar".[13] A carga de trabalho de Brian estava se tornando ridícula. Embora tivesse assistente, secretária e outros suportes, tomava todas as decisões, participava de todas as reuniões e ditava todas as cartas. Não abria mão de ser a única interface com seus artistas. Também tomava uísque com *prellies* e levava uma vida sexual compulsivamente imprudente com amantes do tipo "*rough trade*". Nada disso interferiu em sua carga de trabalho febril ou embotou seu comprometimento, mas nada garantia que sempre seria assim.

O passado de Brian consistia numa série de obsessões em que ele mergulhava e depois descartava. Isso voltaria a se repetir? Nem sinal disso. Ficou para trás aquele velho Brian eternamente insatisfeito. Dedicando-se a ser o "Empresário Exclusivo" dos Beatles e de duas outras bandas, administrando uma próspera Nems Enterprises, promovendo shows e agora, inevitavelmente, iniciando o processo de pôr à prova seu talento empreendedor em meio aos maiores agenciadores de Londres – esses desafios pareciam ser a essência de sua vida. A vida de Brian Epstein nunca foi tão completa. Isso valia para *todos* – John, Paul, George, Richy, Brian e a equipe construída por Brian em torno deles. Tudo era possível, novo e emocionante.

Ano 5, 1962: *Always be True*

*

Em 30 de dezembro, outra banda decolou de Londres rumo a Hamburgo. Cliff Bennett and the Rebel Rousers eram uma *banda sólida*, poderosa, com uma seção de metais, mistura de rock'n'roll com R&B. Joe Meek produzia os discos deles e a Parlophone os lançava, mas tinham gravado três singles que não chegaram nem perto das paradas. Invejosos dos Beatles por chegarem ao top 20 em sua estreia, assistiram ao show deles no Star-Club e não permaneceram tão impassíveis quanto pretendiam. Frank Allen, baixista e vocal de apoio, vislumbrou de cara a diferença entre as duas bandas: "Tínhamos quase a mesma idade, mas éramos garotos, enquanto os Beatles eram homens. Estavam bem cientes do que precisavam fazer para ter sucesso. Exsudavam uma força e um carisma naturais". Cliff Bennett diz: "Fiquei estupefato. Tocaram vários clássicos de rock'n'roll, mas em harmonia tripartida, com arranjos próprios. Fabuloso. Caí para trás na cadeira".[14]

A noite seguinte era véspera de Ano-Novo (na Alemanha, "Silvester"). Tudo estava acabado – adeus eterno à Grosse Freiheit. Os Fascher continuariam, BETTINAAAHHHH continuaria, St. Pauli continuaria, com seus bêbados, drogas, armas e *Beat-Gruppen*, e muita coisa boa ia rolar no Star-Club e no Top Ten Club ao longo dos anos 1960 – mas os Beatles já não fariam mais parte disso. Fecharam o ciclo em 31 de dezembro de 1962, tendo tocado mais de 1.100 horas em Hamburgo desde o dia em que Allan Williams os conduziu heroicamente de Liverpool a bordo de sua van.[*] Os Beatles se moldaram e se remodelaram em Hamburgo. Aprimoraram habilidades, fizeram por merecer e tornaram realidade uma centena de metáforas coloridas, chegando à maioridade em meio à selvageria permitida. Em cinco palavras, John resumiu tudo: "Entramos pirralhos e saímos velhinhos".[15] Era o fim dos Beatles como banda de clubes, por enquanto, e mais ou menos a última vez que tocaram sem todo mundo ficar assistindo.

Para Klaus e Astrid, foi *auf Wiedersehen*, e o mesmo vale para o fantasma de Stu. Numa das várias e longas cartas a Bobby Brown, Astrid falou que não espe-

---

* Tocaram cerca de 20 horas nessa visita, que se somaram às talvez 1.090 das quatro vezes anteriores. Por mais imprecisos que esses cálculos possam ser, o total de horas que os Beatles tocaram em Hamburgo foi aproximadamente 1.110, em temporadas que totalizaram 38 semanas – o equivalente a três horas todas as noites, ao longo de um ano inteiro.

Sabe-se lá! (18 a 31 de dezembro de 1962)

rava ver os Beatles de novo. No dia seguinte, ela os levou ao aeroporto, com Icke Braun. Naqueles dias, a Grã-Bretanha seria atingida pelo mesmo clima de inverno rigoroso que o resto do norte da Europa: uma nevasca fez o avião atrasar várias horas. Os Beatles estavam indo a Londres, onde Brian tinha reservado dois quartos para eles no Royal Court. Em 2 de janeiro voariam para a Escócia. Itinerário traçado, tudo certinho.

Não há fotos deste último voo Hamburgo-Londres, ou qualquer historieta para colorir o momento, mas eis os quatro viajantes – John Winston Lennon, 22; James Paul McCartney, 20; George Harrison, 19; e Richard Starkey, 22 –, todos de Liverpool, Inglaterra, voando rumo a um amanhã claro e brilhante. Às vezes, na vida, as coisas dão certo; só muito raramente *tudo* dá certo, e agora tudo dava certo – para eles e todos ao redor deles. As placas tectônicas estavam alinhadas para um terremoto cultural que começaria a sacudir as bases em 1963, um dos anos mais marcantes e emocionantes do século.

Aquele pôster do *Ano de Conquistas* organizado por Brian não só olhou para trás em 1962, como também antecipou as manchetes dos Beatles para os próximos três meses – "Please Please Me", TV, rádio, turnês, discos lançados em outros países. Cada um desses eventos, a seu tempo, seria o mais importante de suas vidas... Mas ainda era só o começo. Um degrau após o outro, não o ponto de chegada. Que emoções os esperavam após março de 1963? Brian borbulhou de expectativa em suas palavras de despedida – SABE-SE LÁ!

Eles sabiam. Sempre souberam. Era óbvio, e no íntimo sentiam isso. John Lennon, na condição de líder, explicaria: "Éramos a melhor banda do maldito mundo... E acreditar nessa porra nos tornou o que éramos. Prefere nos chamar de 'melhor banda de rock'n'roll' ou de 'melhor banda pop'? Tanto faz. Até onde me diz respeito, éramos os melhores. Em Hamburgo, em Liverpool, já nos achávamos os melhores... Para o mundo inteiro notar, era só questão de tempo".[16]

FIM DA PARTE UM

INTERVALO

Notas

18: Os Big Beat Boppin' Beatles (janeiro a março de 1961)

1 Entrevista realizada por Chris Hutchins, *NME*, 25 de setembro de 1964.

2 Entrevista ao autor, 3 de março de 2007. Jim Gilvey tem certeza de que Paul não assinou os papéis do estágio, embora isso teria acontecido caso ele ficasse mais tempo na fábrica.

3 Davies, *The Beatles*, p. 96.

4 Ibid.

5 Entrevista realizada por Janice Long no programa *Listen to What the Man Says*, BBC Radio 1, 22 de dezembro de 1985.

6 Entrevista realizada por Peter McCabe e Robert D. Schonfeld, setembro de 1971.

7 Entrevista ao autor, 15 de março de 2007.

8 Entrevista realizada por Spencer Leigh. The Phantoms se tornaram The Coasters em setembro de 1961, quando o vocalista principal Bill Ashton, que tinha adotado o nome artístico de Billy Forde, mudou outra vez de nome, agora para Billy Kramer.

9 Entrevista no programa de rádio *Pop Goes the Bulldog*, dezembro de 1969; "(...) Ficaram rindo da minha cara até me expulsarem do palco", contado ao autor, 12 de outubro de 1987.

10 Entrevista ao autor, 20 de julho de 2006.

11 Aspinall trabalhava na J. Oakley Worrall, no quarto andar do prédio da Prudential, líder nacional em seguros, na 36 Dale Street.

12 Entrevista ao autor, 21 de junho de 2007. Neste capítulo, todas as citações de Neil Aspinall são dessa entrevista.

13 Em vários clipes de TV, John aparece fazendo a sua piscadela – por exemplo, no documentário *Follow The Beatles* (BBC1, 1964), nas filmagens da gravação de "Jealous Guy" (1971) é no início de "Stand By Me", filmada para o programa *Old Grey Whistle Test* (BBC2, 1975).

14 Pete Best recortava os anúncios dos Beatles e os colava num álbum de recortes, e os pais de Ringo, Elsie e Harry, recortavam todos os anúncios de Rory Storm and the Hurricanes. Conferir a coluna "Jazz" do *Echo* era a melhor maneira de os pais dos músicos de Liverpool ficarem sabendo onde seus filhos estariam em determinada noite da semana. O matinal *Daily Post* permanecia ainda mais distante disso tudo. A

Notas

1151

única concessão do *Echo* ao pop era a ótima coluna de resenhas dos discos recém-lançados, assinadas por Disker, e as paradas locais, publicadas todos os sábados. O pseudônimo Disker ainda ocultava a identidade de Tony Barrow, que agora morava em Londres e enviava seus textos pelo correio.

15 DVD *Best of The Beatles*.

16 Entrevista ao autor, 4 de novembro de 2004.

17 Reproduzido em *Hamburg Days*, de autoria de Astrid Kirchherr e Klaus Voormann (Guildford, Genesis Publications, 1999), p. 126. *Hemd*, em alemão, significa "camisa"; Stuart escreveu *hempt*, que é como se pronuncia a palavra no dialeto de Hamburgo.

18 Entrevista ao autor, 12 de agosto de 2004.

19 *The Beatles Anthology*, p. 57.

20 Davies, *The Beatles*, p. 144.

21 Entrevista realizada por Paul Drew, rádio estadunidense, abril de 1975. As próximas duas citações de John Lennon sobre Pete Best são da mesma entrevista. A fonte da declaração de Lomax é a entrevista realizada por Spencer Leigh.

22 A fonte da declaração de Wooler é o jornal *Mersey Beat*, 31 de agosto de 1961.

23 John gravou uma cover de "Angel Baby" em 1973, com a fantástica produção de Phil Spector, e a homenagem a Rosie and the Originals virou faixa bônus na reedição de 2004 do álbum *Rock'n'Roll*.

24 *Love Me Do! The Beatles' Progress*, p. 34. Não era bem verdade. John e Paul gostavam de "Move It!" e "Living Doll", e Paul relatou que, em certa ocasião, assistiu a um show de Cliff and the Shadows no Liverpool Empire. Não se lembra se havia algum outro Beatle com ele.

25 *NME*, 28 de outubro de 1960.

26 20 de maio de 1961.

27 O trabalho de George Martin escolhido por Dexter em 1960 foi uma animada produção de "As Time Goes By", entoada pelo cantor da Parlophone Richard Allan, que soava como Frankie Vaughan. Comentário de Jack Good sobre Nadia Cattouse, extraído da revista *Disc*, 21 de janeiro de 1961.

28 Entrevista realizada por Spencer Leigh. O incidente aconteceu em 20, 21, 27 ou 30 de janeiro.

29 Millie Sutcliffe relembrou a situação numa entrevista realizada por Mike Ledgerwood na *Disc and Music Echo*, em 31 de outubro de 1970. "Eu não dormia antes de Stuart voltar para casa. Às três da manhã, enfim, ele chegou... sem os óculos. Ele me disse: 'Hoje você teve motivos para esperar acordada. Fomos agredidos. Fui nocauteado... APAGUEI. Me atingiram pelas costas. Meus óculos já eram. Não consegui nem juntar os pedacinhos. Mas o John deu uma lição ao bandido. Quebrou o pulso, mas deu ao valentão o que ele merecia.'" Millie também acrescentou que Stuart recusou um exame médico: "Meu filho disse que iria embora antes de o médico chegar".

Notas

Aqui um fato com certeza está errado: ao salvar o amigo, John fraturou o dedo, não o pulso. Além disso, o livro *Stuart: The Life and Art of Stuart Sutcliffe*, p. 154, descreve de modo convincente que Stuart permitiu ser examinado por um médico na manhã seguinte.

30 Entrevista ao autor, 11 de março de 2006.

31 Entrevista ao autor, 11 de agosto de 2004.

32 Entrevista ao autor, 10 de agosto de 2004.

33 Documento reproduzido em fac-símile em *The Beatles Anthology*, p. 55.

34 Entrevista a *Friends of the Earth*, 15 de dezembro de 1989.

35 Entrevista ao autor, 4 de julho de 2005.

36 Entrevista ao autor, 4 de agosto de 2005.

37 *Remember*, p. 33.

38 Entrevista ao autor, 21 de junho de 2007.

39 Entrevista realizada por Peter McCabe e Robert D. Schonfeld, setembro de 1971.

40 "Eu era uma negação", entrevista realizada por Chris Hutchins, *NME*, 25 de setembro de 1964. A carta de apresentação enviada com o pagamento final e os documentos de Paul está reproduzida em *Thank U Very Much*, p. 80. "Meu plano era continuar tocando nos clubes até chegar aos 25 anos e depois entrar na faculdade de artes e ficar lá por alguns anos", disse Paul a Ray Coleman e Chris Roberts na *Melody Maker*, 3 de agosto de 1963.

41 Entrevista ao autor, 26 de maio de 2004.

42 *Beatle!*, p. 118-120.

43 *The Best of Fellas*, p. 88.

44 Primeiras duas frases extraídas de *Stuart: The Life and Art of Stuart Sutcliffe*, p. 157; restante extraído de entrevista realizada por Richard Williams, *The Times*, 16 de dezembro de 1981.

45 Entrevista realizada por Spencer Leigh. Em geral, Astrid diz que, semanas depois, Stu usou a jaqueta pela primeira vez, no Top Ten Club, levando John a dizer: "O que é isso? Está com a jaqueta da sua mãe?". Se Stu realmente usou a jaqueta no Cavern, como lembra Mike McCartney, ele foi o primeiro a fazer isso em Liverpool após Astrid.

46 *The Best of Fellas*, p. 147.

47 Entrevista realizada por Spencer Leigh.

48 Paul com base na entrevista realizada por Jon Wilde em *Uncut*, julho de 2004; John, na entrevista realizada por Tom Snyder em *Tomorrow*, NBC-TV, 8 de abril de 1975.

49 John explicou isso na entrevista realizada por Peter McCabe e Robert D. Schonfeld, setembro de 1971. Bill Harry orientou e coproduziu *Blues for the Hitch-Hiking Dead*, primeiro concerto *Jazz to Poetry* do Norte, realizado no Crane Theatre, em 31 de janeiro de 1961, evento seminal no desenvolvimento da vibrante cena poética de Liverpool dos anos 1960, que tinha fincado raízes na 51 Mount Pleasant, no clube e

Notas

cafeteria Streates. O escritório da *Mersey Beat* ficava na 81a Renshaw Street. O investidor era Jim Anderson, funcionário público amigo de Dick Matthews; os dois, com Sam Leach, ajudaram Harry a lançar o jornal.

19: Os "Piedels" sob efeito de *prellies* (abril a junho de 1961)

1   Entrevista ao autor, 12 de março de 2006. Neste capítulo, todas as citações de Jürgen Vollmer são dessa entrevista.

2   Como foi mencionado no capítulo anterior, a decisão dos Beatles de não pagar a Allan Williams sua comissão foi, provavelmente, premeditada. Talvez Bob Wooler tenha avisado Williams sobre o que eles pensavam fazer.

3   *The Beatles Anthology*, p. 58.

4   Entrevista realizada por Ritchie Yorke, em setembro de 1969.

5   "(...) um pouquinho pão-duro", *de Beatle!*, p. 94; a citação de Paul, "Velhinho e ruim, aquele piano", foi extraída de *Many Years From Now*, p. 74-75.

6   Entrevista ao autor, 18 de março de 2006. Salvo indicação em contrário, todas as citações de Tony Sheridan neste capítulo são dessa entrevista.

7   20 de julho de 1961.

8   Prova apresentada no Royal Courts of Justice, Londres, 6 de maio de 1998. Horst Fascher estava presente quando George disse isso. A citação de Paul é de *Many Years From Now*, p. 63.

9   *The Beatles Anthology*, p. 58. As informações sobre Paul também são dessa fonte.

10   *Beatle!*, p. 95.

11   *The Beatles Anthology*, p. 50.

12   *"Mach Schau!"*, p. 138.

13   *The Beatles Anthology*, p. 50.

14   Ibid.

15   Entrevista realizada por Jon Wilde, em *Uncut*, julho de 2004.

16   *The Beatles Anthology*, p. 50.

17   Primeira parte, excerto da entrevista realizada por Paul Drew, rádio estadunidense, abril de 1975; o restante vem da entrevista realizada por Peter McCabe e Robert D. Schonfeld, setembro de 1971.

18   Entrevista ao autor, 7 de junho de 2006. Neste capítulo, todas as citações de Rosi Heitmann são dessa entrevista.

19   *The Beatles Anthology*, p. 54.

20   *Beatle!*, p. 96. Embora Pete a chame de garçonete em seu livro, ela é lembrada por todos como stripper.

21   *The Beatles Anthology*, p. 53.

22   *Beatle!*, p. 94. "Azar o seu", com base na entrevista realizada por Spencer Leigh. Embaixada britânica mencionada por Paul numa carta escrita em 4 de maio. Isso acabou não se concretizando.

Notas

23 Os parâmetros do agendamento são reais, mas tudo indica que a prorrogação não constou em contrato.

24 Winterhuder Fährhaus ficava perto da casa de Jürgen Vollmer em Tewessteg 3, onde John e George passaram a Sexta-feira Santa com Jürgen e alguns amigos.

25 Essa sessão de fotos de Astrid e Stuart foi na Hartungstrasse 12, outro local que Jürgen havia encontrado em pesquisas anteriores. Também tiraram fotos nesse dia na porta de um lugar qualquer no distrito de Eimsbüttel. Catorze anos depois, em 1975, John escolheu uma das fotos da Jäger-Passage para a capa de seu álbum *Rock'n'Roll*. As silhuetas em borrão, da esquerda para a direita, são: Paul, Stu e George. Foi o único "álbum solo" do período a apresentar uma foto dos Beatles em grupo e ninguém percebeu.

26 *Melody Maker*, 25 de agosto de 1951. A Deutsche Grammophon era uma subsidiária da empresa alemã de engenharia elétrica Siemens & Halske.

27 Entrevista ao autor, 22 de março de 2006.

28 5 de junho de 1961. A *Billboard* tornou-se *Billboard Music Week* a partir de 9 de janeiro de 1961 e só voltou ao seu título original de palavra única em 5 de janeiro de 1963. No entanto, por conveniência, será chamada aqui de *Billboard*. "Wonderland by Night" alcançou o número 1 nas paradas da *Billboard* e na *Cash Box*, foi um single número 1 e um álbum número 2. Embora tenha sido votado como um sucesso no *Juke Box Jury*, não se destacou na Grã-Bretanha.

29 Entrevista realizada por Spencer Leigh. O maior sucesso de Kent veio em 1959, aos 16 anos, com a adaptação para a língua alemã de "Susie Darlin'", o hit americano de Robin Luke.

30 4 de maio de 1961. A viagem também foi relatada na *Billboard*, 1º de maio de 1961.

31 Entrevista ao autor, 15 de março de 2011.

32 Entrevista ao autor, 1º de abril de 2008.

33 Entrevista ao autor, 25 de agosto de 2007.

34 Entrevistas ao autor. Piel, 7 de junho de 2006; Erichsen, 19 de março de 2006; Braun, 17 de março de 2006; Berger, 8 de junho de 2006. "Icke" Braun foi assim apelidado por causa de seu sotaque: ele era de Berlim, onde a palavra *ich* – que significa "eu" – é pronunciada com ênfase no final, um som de "k", em vez de um "ch" suave (em inglês, o apelido se pronuncia "Ikker").

35 *The Beatles Anthology*, p. 59.

36 Transcrição de entrevista realizada por autor desconhecido.

37 "Todos nós tomávamos Preludin", diz Cyn em *A Twist of Lennon*, p. 54.

38 *Beatle!*, p. 100. A casa-barco de Mutti provavelmente estava em Spreehafen, em Wilhelmsburg, a uma curta viagem de ônibus de St. Pauli.

39 John disse isso em uma entrevista realizada em 28 de março de 1975 por Frances Schoenberger para a revista alemã *Bravo*, mas só publicada na *Spin* em outubro de 1988. As estruturas de madeira na plataforma de observação foram removidas por

Notas

motivos de segurança, então os nomes entalhados foram perdidos. A igreja fica um pouco além da outra extremidade da Reeperbahn, partindo de Grosse Freiheit – perto do Krameramtsstuben, pátio do século XVII (preservado intacto no momento que escrevo) onde Astrid tirou algumas fotos etéreas de Stuart em 1960.

40 Davies, *The Beatles*, p. 107. Os membros do "Grupo Independente" incluíam Richard Hamilton. Peter Blake (então estudante do Royal College of Art) participou das reuniões.

41 Entrevista ao autor, 3 de novembro de 1994.

42 Carta, datada de 19 de junho de 1961, ilustrada no programa da *Paul McCartney World Tour* (1989-90), p. 39.

43 *Beatle!*, p. 109; declarações de Cynthia extraídas de *A Twist of Lennon*, p. 57.

44 Entrevista ao autor, 21 de julho de 2006.

45 *The Beatles Anthology*, p. 62.

46 Entrevista ao autor, 3 de novembro de 1994.

47 Entrevista realizada por Tony Webster, *Beat Instrumental*, setembro de 1964; "Na real, eu não queria gastar tanto", com base na entrevista realizada por Paul du Noyer, livreto da *Paul McCartney World Tour* (1989-90), p. 43.

48 Primeiro parágrafo extraído da entrevista realizada por Richard Williams, para *The Times*, 16 de dezembro de 1981; segundo parágrafo da entrevista realizada por Julia Baird, 1988.

49 A primeira frase foi extraída de entrevista realizada por Roger Scott na Capital Radio (Londres), 17 de novembro de 1983; segunda frase extraída da entrevista realizada por Mike Read, 13 de outubro de 1987, na BBC Radio 1. Declarações de Pete extraídas de *Beatle!*, p. 103 (cuidado com a linguagem hiperbólica do escritor fantasma); declarações de George extraídas de *The Beatles Anthology*, p. 69; declarações de Klaus extraídas da entrevista ao autor, 29 de março de 2006. Todas as citações de Klaus Voormann neste capítulo são dessa entrevista.

50 Entrevista de Hinze realizada por Ulf Krüger em *Die Beatles in Harburg* (Hamburgo, Christians Druckerei & Verlag, 1996), p. 99; declarações de Sheridan extraídas de *The Beatles: Fact and Fiction 1960-1962*, de Eric Krasker (Biarritz, Atlantica-Séguier, 2009), p. 128.

51 Em 1990, George tocou e cantou em uma regravação de "Nobody's Child", da banda The Traveling Wilburys, gravada para a Romanian Angel Appeal, instituição de caridade para órfãos.

52 Na biografia de Paul McCartney *Many Years From Now* (p. 208), o autor Barry Miles menciona que Bert Kaempfert sugeriu que fizessem uma gravação como Paul McCartney and the Beatles. Miles escreve que a banda rapidamente rejeitou a ideia (mas, é claro, John igualmente assumiu os holofotes). Esse detalhe deve ter sido fornecido pelo próprio Paul, já que não aparece em nenhum outro lugar.

53 Entrevista realizada por Paul Drew, rádio estadunidense, abril de 1975. Durante

Notas

uma sessão de gravação em julho de 1969, os Beatles emendaram casualmente uma *jam session* de três canções de Gene Vincent, incluindo "Ain't She Sweet", que tocaram mais ao estilo Vincent do que no som de "marcha militar" que eles tinham feito em 1961. A canção consta em *The Beatles Anthology 3*. "(...) tinha tudo pra ser melhor", de Davies, *The Beatles*, p. 107.

54 Entrevista para a rádio de Boston, WBZ, em Londres, 30 de maio de 1964.

55 Menção sobre o single "Ain't She Sweet" c/w "Beatle Bop" feita pelos Beatles, um ou dois dias mais tarde, a Bob Hardy, conterrâneo e amigo deles que, trabalhando como marinheiro mercante, estava atracado em Hamburgo naquela semana e foi vê-los tocar no Top Ten. Hardy informou sua namorada em uma carta enviada a Merseyside em 26 de junho, mostrada ao autor. Os comentários de Schacht sobre a decepção foram extraídos de entrevista realizada por Johnny Beerling, janeiro de 1972, na BBC Radio 1.

56 Entrevista realizada por Tony MacArthur, na cidade de Brisbane, 29 de junho de 1964.

57 Calcular royalties em 90% ou 85% em vez de 100% era padrão no mercado de discos em todo o mundo, pois isso se baseava na premissa de que os discos de goma-laca eram tão quebradiços que muitos deles se tornariam inúteis. A maior durabilidade dos novos discos de vinil só começaria a se refletir nos contratos uma década depois.

58 Davies (1985), p. 37.

59 Entrevista realizada por Elliot Mintz, 16 de abril de 1973.

20: **Sopa, suor e rock'n'roll** (julho a setembro de 1961)

1 Conforme a edição da *Disc Weekly* de 31 de julho de 1965, Ringo gravou seu dueto festivo com Cilla e guardou a fita. A gravação nunca veio a público.

2 Em sua biografia de Paul McCartney, *Many Years From Now* (p. 52), Barry Miles escreveu que Paul certa vez pegou carona para a Ilha de Wight, com John, para visitar a prima Bett Robbins e o marido dela, Mike, em seu pub – o casal gerenciava o popular Bow Bars, em Ryde. Mais tarde, ao ser entrevistado pelo locutor de rádio Geoff Lloyd, da Absolute Radio, Paul tocou nesse assunto, por ocasião do festival da Ilha de Wight, em 13 de junho de 2010. No calendário de Paul e John, não parece haver espaço óbvio para essa viagem ter acontecido, a não ser no começo de julho de 1961, mas John nunca mencionou isso. Em 6 de julho de 1961, Mike Robbins enviou uma carta a Mike McCartney (reproduzida em *Thank U Very Much*, p. 76) e não há qualquer menção a visitas recentes de Paul. Paul foi a Ryde sozinho em abril de 1963, e ele e John pegaram carona ao pub que os Robbins administravam anteriormente, em Caversham, visita realizada na Páscoa de 1960, quando se tornaram os Nerk Twins.

3 Casaram-se em 1965 e continuavam casados no momento da redação deste livro, cerca de 50 anos depois.

Notas

4 O arrependimento de Brian consta na transcrição bruta das entrevistas para a autobiografia de Brian Epstein, *A Cellarful of Noise*.

5 Conforme informado ao autor em 14 de março de 1989.

6 Davies, *The Beatles*, p. 122-123, em que Queenie Epstein acrescentou que Brian "também voltou a se envolver com teatro amador novamente". Informações adicionais sobre esse tópico ainda não foram encontradas. O relato a respeito de Barcelona consta em uma nota manuscrita por Brian Epstein, mostrada ao autor.

7 Artigo de June Harris na *Disc*, 8 de julho de 1961.

8 O impacto do álbum *Beyond the Fringe*, da Parlophone, reverberou por anos a fio: possibilitou ao público estudar o formato e decorar o programa na ponta da língua, da mesma forma que, uma década depois, os álbuns do Monty Python multiplicaram o impacto e a influência do programa de TV.

9 A parte de John vem das notas "canção por canção" feitas para seu álbum *Rock'n'Roll*, primeiro semestre de 1975; a parte de George consta no livreto que acompanha *The Beatles Anthology*, p. 73.

10 *The Best Years of The Beatles*, p. 99, e *Beatle!*, p. 126.

11 Com base na transcrição bruta das entrevistas para a autobiografia de Brian Epstein, *A Cellarful of Noise*.

12 Entrevista realizada por Scott Muni, WNEW-FM, 13 de fevereiro de 1975. John estava promovendo sua gravação nova para "Stand By Me", sucesso internacional naquela época.

13 *The Beatles Anthology*, p. 53.

14 O single "The Darktown Strutters' Ball", de Joe Brown, é de fevereiro de 1960; "I'm Henery the Eighth, I Am", de junho de 1961. Ele ainda não havia lançado "The Sheik of Araby", mas os Beatles o viram tocar na TV.

15 Às vezes, as sessões aconteciam das 12h às 13h, com intervalo até 13h15, e música ao vivo novamente até 14h15.

16 Entrevista ao autor, 1º de junho de 2005.

17 Em 3 de agosto de 1961.

18 Entrevista realizada por Chris Charlesworth, *Melody Maker*, 20 de novembro de 1971.

19 Entrevista ao autor, 1º de junho de 2008. Gravado em Manchester pela Granada, *Coronation Street* foi o primeiro seriado de TV (o termo "novela" ainda não era usado na Grã-Bretanha) ambientado no norte da Inglaterra. Não era Liverpool, mas outra parte de Lancashire, comprovadamente da classe trabalhadora do norte. Os Beatles eram espectadores esporádicos, mas assistiam com frequência suficiente para conhecer bem os personagens.

20 Entrevista ao autor e a Kevin Howlett, 6 de junho de 1990.

21 A foto de 1961, com os Beatles sentados com suas canecas, ainda estava em exibição no Grapes no momento da redação deste livro. A decoração de interiores do pub mudou drasticamente nos últimos anos.

Notas

22 "Não sei como as garotas adoravam os Beatles quando saíam do palco em seus trajes de couro", recorda Mike McCartney. "O fedor era *horrível*" (entrevista a Spencer Leigh).

23 *The Best of Fellas*, p. 91.

24 Entrevista ao autor, 4 de novembro de 2004.

25 Entrevista ao autor, 27 de agosto de 2005.

26 Entrevista ao autor, 5 de julho de 2007.

27 Entrevista ao autor, 6 de novembro de 2007.

28 54 Ferndale Road, imediações da Smithdown Road. As prestações da Futurama foram quitadas nesse verão em cinco parcelas, totalizando £ 30. Depois de tirar fotos em casa com sua coleção de guitarras (quatro, no total), George vendeu a Futurama.

29 Entrevista ao autor, 18 de junho de 2007; George, da entrevista a Nicky Horne, Capital Radio (Londres), 13 de setembro de 1974.

30 O *Mersey Beat* era publicado quinzenalmente e mostrava o período de referência. Por exemplo, a primeira edição era de 6 a 20 de julho, e esse segundo número, de 20 de julho a 3 de agosto de 1961. Para fins de abreviação, este livro cita só a data inicial da quinzena de cada número. A manchete "BEATLES ASSINAM CONTRATO DE GRAVAÇÃO!" foi escrita originalmente com um apóstrofo desnecessário: "BEATLE'S SIGN RECORDING CONTRACT".

31 Entrevista ao autor, 21 de junho de 2007.

32 Entrevista a Malcolm Searle, Melbourne, 15 de junho de 1964.

33 Entrevista a Bob Azurdia, BBC Radio Merseyside, 19 de outubro de 1982.

34 Conferência de imprensa, Adelaide, 12 de junho de 1964. Aqui, Paul relatou como ele e John planejavam nadar no rio Mersey, embora John tenha declarado à sala lotada: "Na verdade, não me lembro disso. Ele fica dizendo isso o tempo todo". Paul respondeu: "É verdade, John, é verdade!", e John (campeão em dar a última palavra) arrematou: "Vai ver, você estava sozinho na época". John também mencionou isso durante a entrevista realizada, em setembro de 1971, por Peter McCabe e Robert D. Schonfeld: "Paul era mais agressivo [em fazer marketing para os Beatles]... 'Vamos pensar em truques publicitários', todo mundo pulando no rio Mersey... Não sei, algo nessa linha".

35 Primeira parte, da entrevista a Takahiko Iimura, 15 de outubro de 1971; segunda parte, da conferência de imprensa em Montreal, 22 de dezembro de 1969; e a terceira, da entrevista a Jerry G. Bishop, 13-24 de agosto de 1965.

36 Primeiro parágrafo, com base na entrevista a Bob Azurdia, BBC Radio Merseyside, 19 de outubro de 1982; segundo, com base na obra *The Best of Fellas*, p. 147.

37 *The Best of Fellas*, p. 147. O interesse de Sam Leach em se tornar empresário da banda surgiu um pouco mais tarde.

38 *The Best Years of The Beatles*, p. 90, e *The Best of Fellas*, p. 147-148.

39 A parte de Kenny Ball vem de uma entrevista que ele deu a Spencer Leigh.

Notas   1159

40 *Eyewitness News*, ABC Channel 7, Austrália, 19 de novembro de 1995.

41 Davies, *The Beatles*, p. 78. Cyn completou seu curso de quatro anos na faculdade de artes, obteve seu NDD (*National Diploma of Design*, ou Diploma Nacional em Design) e cursava o quinto e último ano, a fim de obter o ATD (*Art Teacher's Diploma*, ou Diploma de Professor de Artes). Isso envolvia fazer estágios nas escolas para ganhar experiência em sala de aula. Nesse meio-tempo, nas férias de verão, ela conseguiu um emprego na seção de cosméticos da Woolworth's (pertinho da rotatória da Penny Lane), onde John aparecia para visitá-la quase todos os dias, invadindo a loja enquanto fazia uma de suas imitações de deficiente.

42 Entrevista ao autor, 12 de maio de 2010.

43 Entrevista ao autor, 13 de maio de 2010.

44 *Liverpool Echo*, 24 de abril de 1964.

45 Mike McCartney deixou a escola (aos 17 anos, em julho de 1961) com uma qualificação de nível básico (*O-Level*) em artes, confiante em seguir os passos de seu herói rebelde, John Lennon, no Liverpool College of Art. A última coluna nos registros do Liverpool Institute mostra a faculdade de artes como o destino de Mike, mas descobriu que as regras haviam mudado. Em 1957, John entrou sem *O-Levels*; em 1961, Mike precisava de vários. Após um período no seguro-desemprego, conseguiu emprego numa alfaiataria e, por um curto período, a partir de abril de 1962, caminhou pelas ruas, de porta em porta, tentando, sem muito sucesso, vender Bíblias católicas.

46 Há provas documentais de que Ringo buscou a emigração para Houston no fim do verão de 1961, mas, nas vezes em que toca no assunto, em geral ele fala que foi em 1958 ou 1959, quando tinha 18 anos e ainda trabalhava na H. Hunt & Son. É impossível reconciliar esses relatos, a menos que ele tenha feito duas tentativas separadas de ir – mas, se o fez, nunca mencionou isso. Ele planejava emigrar com um amigo de Liverpool, cuja identidade foi atribuída/reivindicada por mais de uma pessoa.

47 Rory rebatizou a residência em 54 Broad Green Road de "Hurricaneville" em 1961, talvez inspirado por *Stormsville*, o título de um LP de Johnny and the Hurricanes, lançado em outubro de 1960 (como já mencionado, o nome Rory Storm and the Hurricanes também pode ter sido inspirado na banda americana). O nome da casa sempre foi lembrado como "Stormsville", até mesmo pela irmã de Rory, Iris, mas foi registrado nos correios como "Hurricaneville" e apareceu assim na lista telefônica.

48 Artigo "Young Ringo" (O jovem Ringo), da revista *Beatles Book*, número 28 (novembro de 1965).

49 *Beatle!*, p. 88.

50 Entrevista ao autor, 11 de janeiro de 2005. Pete Mackey tornou-se baixista dos Tenabeats, David Boyce (outro fã dos Beatles no Cavern) era o baterista, e o vocalista/guitarrista era o poeta/escritor Mike Hart. Tocaram duas vezes no mesmo palco que os Beatles em 1961-62; então, em 1963, de nome novo, Roadrunners, repetiram a dose mais três vezes e granjearam uma sólida base de fãs em Merseyside como ban-

1160   **Notas**

da artística de rhythm & blues (banda importante; mais informações sobre eles no próximo volume).

51   Davies, *The Beatles*, p. 113, ilustra quatro dessas 21 páginas.

52   *Stuart: The Life and Art of Stuart Sutcliffe*, p. 182-183. Artigo do *Mersey Beat* de 5 de outubro de 1961.

53   Ibid., p. 190. As datas do fugaz retorno de Stuart a Liverpool são desconhecidas, mas foi no fim de agosto de 1961. A família Sutcliffe havia se mudado novamente desde a visita anterior dele e morava agora em um apartamento alugado, no térreo da 37 Aigburth Drive, um casarão perto do laguinho do Sefton Park.

54   A resposta da Granada, com data de 21 de setembro de 1961, está reproduzida em vários livros, por exemplo, *Beatle!*, p. 123.

55   Entrevista realizada por Johnny Beerling, 13 de janeiro de 1972, na BBC Radio 1.

56   Entrevista realizada por Elliot Mintz, 1º de janeiro de 1976.

57   A parte de Paul vem de *The Beatles Anthology*, p. 21; a de John é da entrevista a Elliot Mintz, 1º de janeiro de 1976.

58   A citação de John está em Davies, *The Beatles*, p. 95. A tia de Cyn, Celia "Tess" Collins, morava em 7 Ennis Road, West Derby. Cyn morou lá até o primeiro semestre de 1962, e fazia diariamente uma longa viagem de ônibus para chegar à faculdade de artes; John frequentou a casa como visitante.

59   *The Best of Fellas*, p. 67.

21: *"Les"* Nerk Twins em Paris (1º a 14 de outubro de 1961)

1   "Acabamos indo de trem até o fim", disse John a Chris Hutchins, *Disc*, 27 de abril de 1963.

2   Entrevista a Antoine de Caunes, 22 de outubro de 2007, veiculada no Canal+ TV.

3   Entrevista a David Sheff, 12 de setembro de 1980, publicada na *Playboy*.

4   Entrevista ao autor, 12 de março de 2006. Neste capítulo, todas as citações de Jürgen Vollmer são dessa entrevista.

5   Citação de John, com base na entrevista a Albert Goldman, *Charlie*, em julho de 1971; Paul confirmou o trabalho manual de John com agulha e linha em *The Beatles Anthology*, p. 64. "Imagem gay", em Davies, *The Beatles*, p. 111.

6   Entrevista realizada por Jean-François Vallée e veiculada na TV francesa, 4 de abril de 1975. Não há fotos conhecidas de John ou Paul vestindo a(s) jaqueta(s) Cardin sem gola comprada(s) em Paris, nem de suas calças largas ajustadas manualmente.

7   Mencionado em "Cafe on the Left Bank", canção de Paul McCartney no álbum *Wings London Town*, lançado em 1978.

8   Conferência de imprensa em Sydney, 11 de junho de 1964.

9   A foto em que Jürgen Vollmer cortou a cabeça de John e a de Paul foi tirada na frente do Bal Tabarin. John usava sua nova jaqueta de veludo comprada no mercado de pulgas. Essa é uma das três ou quatro fotos desse feriado em Paris incluídas

Notas

1161

no pôster que acompanha o disco *The Beatles* (Álbum Branco), lançado em 1968. Em outra das fotos, John aparece de chapéu-coco, o brinde recebido de Acker Bilk, sentado na cama do quarto do hotel em Montmartre; e outra sessão de caretas não politicamente corretas – Paul com boné de pano e cachecol, John de óculos. Uma foto de John numa cabine de fotos também pode ser dessa viagem (em Paris, Jürgen tirou poucas fotos de John e Paul, todas com a máquina emprestada por Paul).

10   Entrevista não identificada de 1969, citada em *The Beatles Anthology*, p. 64.

11   Ibid. Na França, surgiu a teoria de que o penteado dos Beatles se inspirou no corte usado pelo ator Jean Marais no filme *O testamento de Orfeu* (1960), de Jean Cocteau. É um equívoco pensar isso – Jürgen Vollmer tem fotos de si mesmo, em 1957 (de uma viagem a Londres), com o mesmo estilo.

12   Entrevista realizada por Ken Douglas, 16 de agosto de 1966. Se realmente voltaram para casa de avião, deve ter sido um voo entre Paris e Manchester, depois ônibus e trem; não havia voos diretos para Liverpool.

22: "Tá legal, Brian: seja o nosso empresário"
(15 de outubro a 3 de dezembro de 1961)

1   Entrevista ao autor, 21 de junho de 2007.

2   Entrevista realizada por Spencer Leigh. Mencionado também em *Beatle!*, p. 123, e em *The Best Years of The Beatles*, p. 161.

3   Entrevista ao autor, 21 de junho de 2007.

4   Entrevista ao autor, 16 de fevereiro de 2007. A resenha (não creditada) de Alan Walsh foi publicada no *Crosby Herald*, em 20 de outubro de 1961.

5   *Beatle!*, p. 120.

6   Davies, *The Beatles*, p. 104, e *The Beatles Anthology*, p. 20; Maureen O'Shea, de entrevista ao autor, 13 de maio de 2010.

7   Entrevista ao autor, 13 de maio de 2010.

8   *Mersey Beat*, 2 de novembro de 1961. O relato de Wooler sobre o episódio dos Beatmakers é o único escrito na época e deve ser considerado o mais confiável, mais do que as muitas historietas citadas após o evento adquirir *status* lendário. A citação de "também encheu a cara" vem da entrevista realizada por Spencer Leigh.

9   *The Best of Fellas*, p. 156.

10   Carta de George a Stu, 17 de novembro de 1961 (curiosamente, datada de 17 de agosto). Também incluía uma informação intrigante – "Consegui uma bateria, ela é bem baratinha, mas boa para brincar". Sobre isso não se sabe mais nada.

11   Entrevista realizada por Alan Smith, *NME*, 16 de agosto de 1963.

12   Entrevista realizada por Spencer Leigh. Jimmy Campbell (1944-2007) tornou-se um aclamado músico e compositor – membro dos Panthers, Kirkbys, 23rd Turnoff, Rockin' Horse e um artista solo de agenda ocupada.

1162 Notas

13 Com o passar dos anos, o público começou a duvidar da existência de Raymond Jones, imaginando se ele não havia sido inventado para explicar a introdução de Brian Epstein ao mundo dos Beatles. Na década de 1990, o ex-funcionário da Nems Alistair Taylor anunciou que a história realmente tinha sido fabricada por ele, e que se existisse um Raymond Jones, seria ele. Isso foi uma surpresa para o verdadeiro, que se apresentou em carne e osso ao escritor e radialista Spencer Leigh (ver *The Beatles – Ten Years that Shook the World*, de vários escritores, Londres, Dorling Kindersley, 2004, p. 21, e o site: <http://www.beatlesbible.com/features/raymond-jones-interview/>). A veracidade da história de Jones – e de Epstein – está comprovada. Como Jones conclui: "As pessoas me disseram que meu nome vai entrar na história dos Beatles. Isso pode ser verdade, mas tudo o que fiz foi comprar um disco de uma banda que me deu muito deleite e prazer".

14 Com base na transcrição bruta das entrevistas para sua autobiografia *A Cellarful of Noise*.

15 Primeira parte, de *Remember*, p. 117; segunda, de *Thank U Very Much*, p. 108. As participações de Jane Asher no *Juke Box Jury* coincidiram com sua transição de atriz mirim para atriz juvenil ou ingênua (expressões em voga na época), quando começou a lidar com papéis mais maduros no palco, na TV e no cinema.

16 Entrevista realizada por Elliot Mintz, 16 de abril de 1973.

17 Entrevista ao autor, 20 de julho de 2006.

18 Entrevista ao autor, 12 de maio de 2010.

19 Entrevista realizada por Richard Williams, para *The Times*, 16 de dezembro de 1981.

20 *The Best of Fellas*, p. 88. Wooler pegou emprestado o apelido da cantora americana Patti Page – e se era inapropriado para ela, para John caiu como uma luva.

21 Anúncio do Hambleton Hall no *Liverpool Echo*, 11 de novembro de 1961.

22 Entrevista realizada por Johnny Beerling, 13 de janeiro de 1972, para a BBC Radio 1. À luz de outros eventos, Wooler não escreveu essa carta para Jack Good.

23 Com base na transcrição bruta das entrevistas para sua autobiografia *A Cellarful of Noise*.

24 Sobre o Cavern, Brian Epstein declarou: "Eu tinha certeza de já ter visitado aquele lugar antes", revista *Beatles Book*, número 5 (dezembro de 1963).

25 Entrevista em *The Beatles: The Days in Their Life*, radiosseriado canadense de 1981.

26 Entrevista realizada por Bill Grundy, 7 de março de 1964, para o programa *Frankly Speaking* (Conversa franca); foi ao ar em 23 de março de 1964, na estação BBC North of England Home Service (Serviço Doméstico do Norte da Inglaterra da BBC).

27 Entrevistas ao autor: Douglas, 27 de agosto de 2005; McFall, 4 de julho de 2005.

28 Primeiro parágrafo, de *The Mersey Sound*, BBC-TV, 9 de outubro de 1963, exceto a frase final, com base na transcrição bruta das entrevistas para a autobiografia *A Cellarful of Noise*; segundo parágrafo, da entrevista realizada por Bill Grundy.

29 *The Best of Fellas*, p. 181; "atração física pelos Beatles", p. 162. Paixão instantânea de Brian: *Shout!*, p. 127.

Notas

30 Entrevista realizada por Gillian G. Gaar, *Goldmine*, 8 de novembro de 1996.

31 *The Beatles Anthology*, p. 65.

32 *Love Me Do! The Beatles' Progress*, p. 46.

33 Entrevista realizada por Paul Gambaccini, *Rolling Stone*, 12 de junho de 1979. Quando Hunter Davies visitou as casas de John e Paul no começo de 1967, a fim de entrevistá-los para sua biografia, eles ainda guardavam os antigos jornais do *Mersey Beat* com os cupons de votação recortados (Davies, *The Beatles*, p. 137). O anúncio no *Echo* de 25 de novembro, feito por Bob Wooler para o Hambleton Hall, citava "OS BEATLES BONS DE VOTO".

34 Entrevista realizada por Bill Grundy, 7 de março de 1964, para o programa *Frankly Speaking*; foi ao ar dia 23 de março de 1964, na estação BBC North of England Home Service.

35 *The Best of Fellas*, p. 156.

36 Primeira parte, de entrevista realizada por Larry Kane, agosto de 1964; segunda parte, citada na revista *Time*, 8 de setembro de 1967.

37 Entrevista realizada por Roy Plomley, *Desert Island Discs*, BBC Home Service, 30 de novembro de 1964.

38 4 de janeiro de 1962. "Take Five" (composta por Paul Desmond) estava no álbum de Brubeck, *Time Out* – disco comprado ou ouvido por Paul McCartney em 1963.

39 Entrevista ao autor, 10 de abril de 2005.

40 Ibid.

41 Entrevista realizada por Johnny Beerling, janeiro de 1972, para a BBC Radio 1. O 23 Club era uma sala de jantar privada na 23 Hope Street, frequentada por artistas e instrumentistas de música clássica do Philharmonic Hall. Brian e Clive eram sócios.

42 Davies, *The Beatles*, p. 131.

43 Entrevista realizada por Larry Kane, agosto de 1965; "perdia os melhores momentos", com base em Davies, *The Beatles*, p. 130.

44 Entrevista realizada por Peter McCabe e Robert D. Schonfeld, setembro de 1971.

45 *Many Years From Now*, p. 88.

46 Entrevista realizada por Ken Sharp, *Beatlefan*, junho/julho de 1989. Bob Wooler ajudou a divulgar esses registros. Quando George recebeu de Stuart a segunda remessa de compactos de "My Bonnie", ele deu um a Wooler, que o tocava em todas as oportunidades – ele agora era mestre de cerimônias e gerente de palco em 11 sessões ao vivo por semana. Em 1972, ele disse a Johnny Beerling na BBC Radio 1: "Eu costumava pedir às pessoas: 'Pelo amor de Deus, comprem este disco. Chama-se 'My Bonnie', é da Polydor, é dos seus Beatles. Eles não cantam, mas fazem o instrumental'".

47 *Celebration: John Lennon – Dream Weaver*, Granada TV, 6 de novembro de 1981. Não há motivos para não acreditar nesse relato, mas Wooler e Epstein também disseram que se conheceram (ligeiramente) quando Brian assistiu aos Beatles pela primeira vez no Cavern, em 9 de novembro.

1164 **Notas**

48 *The Best Years of The Beatles*, p. 135.

49 Detalhes relativos a Brian, via Pete Best em *Beatle!*, p. 126-127, e *The Best Years of The Beatles*, p. 135. A resposta dos Beatles é citada por Ringo Starr em uma entrevista inédita de 1972 à qual o autor teve acesso. Ele estava narrando o que os outros lhe contaram após ele entrar na banda.

50 Entrevista realizada por Johnny Beerling, 13 de janeiro de 1972, para a BBC Radio 1.

51 Sam Leach se lembra de John e Paul falando a ele sobre Brian e dizendo: "Ele é um baita *milionário*!" – isso precede uma ocasião em que ele conta que lhe pediram para avaliar Brian Epstein e dar uma opinião sobre ele. "Antwakky", de *Beatle!*, p. 127.

52 Entrevista ao autor, 11 de agosto de 2004.

53 Entrevista realizada por Kenneth Harris, *Observer*, 17 de maio de 1964.

54 Davies, *The Beatles*, p. 119.

55 Entrevista realizada por Bill Grundy.

56 Entrevista realizada por Richard Buskin, 9 de março de 1987.

57 Essa história é estranha sob todos os prismas. Quando, nesses poucos dias, Brian Epstein mandou cortar um disco de acetato? Onde, mais exatamente? Com qual canção? A partir de qual fonte de gravação? Todas essas perguntas permanecem sem resposta. A menção de uma "transmissão de TV" foi uma mentira – os Beatles não tinham se apresentado ainda em programas de televisão; e se Brian tinha mesmo um acetato, por que não o mostrou também a seus contatos principais na EMI e na Decca em vez de apenas entregar "My Bonnie"?

58 11 de novembro de 1961.

59 *Let's Twist!*, de George Carpozi Jr. (Nova York, Pyramid Books, 1962), p. 11.

60 16 dezembro de 1961. Seis gravadoras dos EUA *estariam* disputando a fita máster de "My Bonnie" (o que cheira a truque publicitário), mas a escaramuça foi previsivelmente vencida pela Decca (EUA), que lançou todos os discos de Bert Kaempfert. Por razões desconhecidas, a gravadora só foi lançar "My Bonnie" em abril de 1962. Antes disso, em 11 de novembro de 1961, a *Cash Box* relatou que Kaempfert passou cinco dias em Nova York no fim de outubro, pouco antes de o twist estourar. Nessa ocasião, ele declarou que Sheridan era sua "nova sensação musical da Inglaterra". Por isso há uma boa chance de ele ter levado o compacto de "My Bonnie" na viagem para divulgá-lo nas gravadoras. Trecho sobre a "twist-mania", extraído da *Billboard*, 4 de dezembro de 1961.

61 *Disc*, 27 de maio de 1961. O estúdio Abbey Road recebeu em 1959 um gravador de quatro canais Telefunken de fabricação alemã, primeira grande peça de equipamento do estúdio não fabricada nos próprios laboratórios da EMI. Por alguns anos, a função multicanais permaneceu sem aplicação. O equipamento era praticamente reservado a produtores clássicos e de ópera, que o usavam na propagação sonora na hora de gravar certos instrumentos, obtendo melhor balanceamento. Mais informa-

Notas

ções sobre a máquina, juntamente com todos os outros equipamentos nos estúdios Abbey Road da EMI durante a década de 1960, e os profissionais que os operavam, estão no suntuoso livro *Recording The Beatles*, de Kevin Ryan e Brian Kehew (EUA, Curvebender Publishing, 2006).

62 O *pied-à-terre* de George Martin era o apartamento 5 da 23 Upper Berkeley Street, casa geminada elegante por fora, mas simples por dentro (algo como o apartamento na Gambier Terrace em Liverpool). Por sua vez, Judy morava no terceiro andar de um edifício de quatro andares, na 55 Manchester Street, com vista frontal para a galeria de arte Wallace Collection, no outro lado da rua. O prédio já foi demolido, assim como a EMI House.

63 "O pilar do ramo", da coluna *Alley-gations* (trocadilho de "Alegações" com *Alley*, "viela e beco", da *Tin Pan Alley*), por Brian Harvey, 7 de setembro de 1961; A visita de Eastman à Grã-Bretanha foi mencionada na *Billboard*, 11 de setembro de 1961.

64 Documento nos arquivos da PRS.

65 Com base na transcrição bruta das entrevistas para sua autobiografia *A Cellarful of Noise*.

66 Entrevista realizada por Bill Grundy. Essa reunião de 3 de dezembro não foi a primeira, como Brian Epstein declarou.

67 Entrevista realizada por Bill Grundy; "com um sorrisinho vagaroso e torto", de *A Cellarful of Noise*, p. 49.

68 *A Cellarful of Noise*, p. 50.

69 Keith Smith trabalhava na empresa Bailey, Page & Co, cujos escritórios ficavam na 10 Dale Street. Ele também era o contador de Gerry and the Pacemakers, e talvez tenha sido assim que os Beatles ouviram falar dele. Havia a necessidade de registros contábeis, provavelmente porque a Receita Federal descobriu que eles tinham proventos em dinheiro. A primeira consulta aconteceu em agosto de 1961, à tarde, após uma sessão na hora do almoço no Cavern, horário marcado por Paul.

70 Entrevista realizada por Mike Read, 13 de outubro de 1987, na BBC Radio 1.

71 Entrevista ao autor, 19 de maio de 1987.

72 Primeira parte, com base na entrevista realizada por Jann S. Wenner, da *Rolling Stone*, 14 de maio de 1970; segunda, da entrevista realizada por Lisa Robinson e publicada na *Hit Parader*, dezembro de 1975.

73 Entrevista ao autor e a Kevin Howlett, 6 de junho de 1990.

74 Entrevista realizada por Mike Read, 13 de outubro de 1987, na BBC Radio 1.

75 Em *A Cellarful of Noise*, Brian contou que foram a "uma leiteria", ou seja, uma cafeteria. Isso é possível, porém o mais provável é que o destino tenha sido um pub. Um dos lugares favoritos de Brian era o Basnett Bar, na 29 Basnett Street, equidistante das duas lojas Nems. Derek Taylor (que Brian ainda não conhecia) frequentava o local.

76 Entrevista realizada por Elliot Mintz, 1º de janeiro de 1976.

77 *I Me Mine*, p. 33. Era como se alguém dissesse, nos anos seguintes, que o artista dele seria maior do que os Beatles.

Notas

78 "Com certeza não éramos ingênuos (...)", com base na entrevista realizada por Lisa Robinson, da *Hit Parader*, dezembro de 1975; "Fizemos uma avaliação (...)", entrevista realizada por Jann S. Wenner e publicada em 8 de dezembro de 1970, na *Rolling Stone*.

79 *A Cellarful of Noise*, p. 51.

23: **Os meninos** (dezembro de 1961)

1 Entrevista ao autor, 19 de janeiro de 2008. Davies passou a lançar e administrar a loja de discos Probe, de Liverpool (1971 em diante) e depois a igualmente influente gravadora Probe Plus (1981 em diante).

2 Entrevista ao autor, 29 de outubro de 2004.

3 Entrevista ao autor, 12 de junho de 2005.

4 Entrevista ao autor, 28 de março de 2003.

5 Entrevista ao autor, 30 de agosto de 2005.

6 Os Beatles cantaram "Young Blood" em uma sessão de rádio da BBC em 1963, e uma gravação consta no álbum de 1994, *Live at the BBC*. É possível ouvir o vocal "*crip*" que John ainda fazia – aos 42 segundos da canção.

7 Entrevistas ao autor – Freda Kelly, 28 de março de 2003; Steve Calrow, 1º de junho de 2008; Lindy Ness, 29 de outubro de 2004; Geoff Davies, 19 de janeiro de 2008; Susan Sanders, 13 de junho de 2005; Maureen O'Shea, 13 de maio de 2010; Lou Steen, 12 de junho de 2005; Barbara Houghton, 15 de janeiro de 2008; Beryl Johnson, 4 de agosto de 2005; Bobby Brown, 5 de julho de 2007; Liz Tibbott-Roberts, 11 de junho de 2005; Clive Walley, 19 de fevereiro de 2008; Ruth Gore, 27 de novembro de 2005; Alan Smith, 1º de junho de 2005; Vivien Jones, 24 de julho de 2007.

8 Entrevista ao autor, 5 de julho de 2007.

9 Entrevista ao autor, 15 de março de 2011.

10 Entrevista ao autor, 19 de maio de 1987.

11 *Beatle!*, p. 130-132. Nos tempos de escola, Brian também tinha sido apelidado de Eppy, conforme entrevista à *London Life* (23 de julho de 1966).

12 Davies, *The Beatles*, p. 134.

13 *Beatle!*, p. 127.

14 Entrevista ao autor, 27 de agosto de 2004.

15 *The Complete Beatles Chronicle*, p. 54.

16 Entrevista realizada por Mike Read, 13 de outubro de 1987, veiculada na BBC Radio 1.

17 O que aconteceu de verdade é um mistério há décadas e tudo indica que assim permanecerá, mesmo porque nenhum Beatle jamais mencionou ter ido a Londres depois do show em Aldershot, nem que John e Paul teriam tocado esta noite na capital pela primeira vez.

18 *Beatle!*, p. 90.

19 Entrevista realizada por Johnny Beerling, foi ao ar 13 de janeiro de 1972 na BBC Radio 1; "melhor nem fazer nada", com base em *The Best of Fellas*, p. 157.

Notas

20 Entrevista ao autor, 27 de agosto de 2004.

21 *A Cellarful of Noise*, p. 53.

22 "Uma política nova e dinâmica", *Melody Maker*, 9 de dezembro de 1961; "singles de artistas britânicos", *NME*, 8 de dezembro de 1961.

23 Entrevista ao autor, 29 de setembro de 2004.

24 *The Complete Beatles Chronicle*, p. 55.

25 Memorando de Len Wood a Richard Dawes (diretor do conselho administrativo da EMI), 17 de dezembro de 1963; consta em uma das imagens da obra *The Complete Beatles Chronicle*, p. 55.

26 Citações de Brian Epstein extraídas das transcrições brutas das entrevistas para sua autobiografia *A Cellarful of Noise*.

27 Entrevista ao autor, 9 de junho de 2005.

28 *A Secret History*, de Alistair Taylor (Londres, John Blake Publishing, 2001), p. 29. Taylor declarou que esteve presente na primeira reunião sobre os detalhes de gestão (ou nas primeiras reuniões), e talvez seja verdade, mas sua presença não foi mencionada por mais ninguém.

29 *How They Became The Beatles*, p. 42.

30 Prova mostrada no Royal Courts of Justice, Londres, 6 de maio de 1998.

31 Com base na transcrição bruta das entrevistas para sua autobiografia *A Cellarful of Noise*.

32 Entrevista realizada por Nicky Campbell, na BBC Radio 1, 7 de julho de 1992.

33 Entrevista ao autor, 18 de março de 2006.

34 Davies (*The Beatles*, p. 132) disse que Peter Eckhorn ofereceu "cerca de DM 300 por semana" e Brian Epstein queria DM 400, mas isso está incorreto.

35 Entrevista realizada por David Griffiths, *Record Mirror*, 10 de outubro de 1964. "Um calmante" provavelmente foi um eufemismo da *Record Mirror*, George deve ter perguntado a Eckhorn se ele tinha alguns *prellies*.

36 Entrevista ao autor, 1º de junho de 2005.

37 *The Beatles Anthology*, p. 67. Recordação de Paul sobre o Nucleus Coffee Bar em entrevista realizada por Roger Scott, na Capital Radio (Londres), 17 de novembro de 1983; história da maconha em Davies, *The Bealtes*, p. 135-136, e *Beatle!*, p. 143-144. Segundo Hunter Davies, Neil Aspinall teria dito que os Beatles estavam lá quando os homens queriam fumar "maconha" em sua van e ficaram com medo porque não sabiam o que era – mas sabiam. É mais provável que as lembranças de Pete estejam corretas – ele conta que Neil estava sozinho no momento da abordagem. Também diz que os homens eram drogados que buscavam tomar "uma dose" na van.

38 Segundo Pete Best (*Beatle!*, p. 123), John e Paul compraram um par das botas na Anello & Davide na viagem de retorno de Paris em outubro. Isso é improvável: primeiro porque Paul afirmou que voltaram para casa de avião, segundo porque as botas não aparecem em nenhuma foto de 1961.

1168 **Notas**

24: **Escolhas** (1º de janeiro a 5 de fevereiro de 1962)

1   *The Last Resort With Jonathan Ross*, Channel 4, 16 de outubro de 1987. As duas citações anteriores são de John: a primeira, de uma entrevista publicada no *L'Express*, 23-29 de março de 1970; a segunda, de Davies, *The Beatles*, p. 306.

2   Entrevista ao autor, 29 de setembro de 2004.

3   Em *Beatle!* (p. 144) e *The Best Years of The Beatles* (p. 137), Pete relata isso de forma diferente, dizendo que Brian estava com raiva porque os Beatles – não Mike Smith – chegaram atrasados à sessão, e que John disse a ele que se acalmasse. Brian sempre deixou claro que foi Smith quem chegou atrasado, e Smith confirmou isso para mim, mas é possível que os Beatles tenham se atrasado e Smith ainda mais. A citação de George também é de *Beatle!*, p. 144.

4   Cinco das 15 estão disponíveis em *The Beatles Anthology 1*. A fita de sessão completa apareceu no mercado pirata em 1976-77.

5   Entrevista realizada por Howard Smith, WPLJ-FM, Nova York, 23 de janeiro de 1972.

6   Entrevista realizada por Paul Drew, rádio estadunidense, abril de 1975.

7   Payne fez suas observações em *A Pair of Jacks* (BBC-TV, 30 de dezembro de 1961) e as repetiu à *Melody Maker* (6 de janeiro de 1962).

8   *Love Me Do! The Beatles' Progress*, p. 49.

9   Ibid.

10 Entrevista ao autor, 1º de fevereiro de 2007.

11 *Love Me Do! The Beatles' Progress*, p. 49.

12 A prensagem britânica traz a introdução de Sheridan, falada em inglês, com o apoio apenas instrumental (sem qualquer vocal) de John, Paul e George. É provável que isso os tenha pego de surpresa. A mesma introdução em inglês também foi usada no relançamento alemão, em janeiro de 1962, de "My Bonnie", no intuito de capitalizar sua (tênue) conexão com o ritmo do twist.

13 Menções – *Record Retailer*, 18 de janeiro de 1962; *Cash Box*, 13 de janeiro; *Liverpool Echo*, 20 de janeiro. / Resenhas – *NME*, 5 de janeiro; *Disc*, 13 de janeiro; *Record Retailer*, 4 de janeiro; *Melody Maker*, 27 de janeiro; *The World's Fair*, 6 de janeiro. Só a *New Record Mirror* não resenhou o disco.

14 Entrevista ao autor, 13 de abril de 2007.

15 Em outubro de 1962, Paul declarou, sem que os outros Beatles discordassem, que "My Bonnie" "chegou ao número cinco na parada de sucessos alemã", mas essa informação está equivocada. A canção despontou em várias paradas diferentes com posição geralmente distorcida pelas vendas agregadas de outras versões de "My Bonnie" gravadas por diferentes artistas. Chegou ao 32º lugar na Deutsche Hit-Parade publicada mensalmente na principal revista da indústria fonográfica da Alemanha Ocidental, *Der Musikmarkt*, e alcançou o 11º lugar na "aktuelle 50" da revista espe-

Notas

cialized em jukebox (*Musikbox*), a *Automaten Markt*. Na época, a posição mais alta que a canção alcançou foi um 4º lugar na parada pop de twist num jornal de Hamburgo (*Bild-Zeitung*, 21 de maio de 1962).

16 Pete sempre afirmou que o contrato de gestão dos Beatles foi assinado na sala de estar de sua casa. Alistair Taylor sempre insistiu que foi assinado num pequeno escritório que Brian mantinha no departamento de discos do porão da Nems da Whitechapel Street.

17 *A Cellarful of Noise*, p. 59. A página final do contrato, com as assinaturas dos Beatles, mas não de Brian, está ilustrada na página 52 desse mesmo livro.

18 Entrevista realizada por Geoff Brown, *Melody Maker*, 30 de novembro de 1974.

19 Entrevista ao noticiário da TV, 27 de agosto de 1967.

20 *The Beatles Anthology*, p. 267.

21 Entrevista ao autor, 4 de maio de 2005.

22 Entrevista ao autor, 4 de julho de 2005. O Rembrandt ficava na 14 Slater Street, em frente ao Jacaranda. Brian também convidou ao local Allan Williams, aficionado por clubes.

23 *The Beatles Anthology*, p. 206.

24 Davies, *The Beatles*, p. 103; George, da entrevista ao autor, 23 de outubro de 1987.

25 "Exagerar" no marketing do line-up é algo típico do negócio do entretenimento. Situado em um porão de tamanho considerável na 45-47 Lloyd Street, perto da Albert Square, o Oasis foi inaugurado como ambiente de jazz, mas tornou-se em 1962 o principal clube da música beat de Manchester. Como o Cavern em Liverpool, era "seco" (não servia bebidas alcoólicas); na verdade, funcionava como bar-cafeteria.

26 *Let the Good Times Roll! Der Star-Club-Gründer erzählt* (Com a palavra, o fundador do Star-Club), de Horst Fascher com Oliver Flesch (Frankfurt am Main, Eichborn, 2006), p. 27. O livro só foi publicado em alemão.

27 Com base na transcrição bruta das entrevistas para sua autobiografia *A Cellarful of Noise*.

28 Histórias contadas por Paul McCartney ao autor, 12 de outubro de 1987. O Old Dive ficava na 12 Brythen Street, pertinho da Williamson Square.

29 Entrevista ao autor, 5 de julho de 2007.

30 *Beatle!*, p. 145. John teria pronunciado "trouxa" no sotaque de Liverpool ("*get*"), em vez da pronúncia gramatical, "*git*". O relato de Pete é o único testemunho existente sobre esse rompante.

31 Entrevista realizada por Peter McCabe e Robert D. Schonfeld, setembro de 1971.

32 Entrevista ao autor, 10 de junho de 2005.

33 Entrevista realizada por Jann S. Wenner, publicada em 8 de dezembro de 1970 na *Rolling Stone*.

34 *The Beatles Anthology*, p. 266.

35 Isso é mencionado na entrevista que Bob Wooler concedeu a Johnny Beerling.

1170 **Notas**

36 Entrevista realizada por Jean-François Vallée, foi ao ar na TV francesa em 4 de abril de 1975.

37 Davies, *The Beatles*, p. 133.

38 Um tempinho depois de começarem a frequentar o salão de Jim Cannon, os Beatles descobriram que ele era parente de Paul (o parentesco era de alguns graus de distância no lado paterno de Paul).

39 *Disc and Music Echo*, 2 de setembro de 1967.

40 *The Beatles Anthology*, p. 105.

41 *Many Years From Now*, p. 96.

42 Charles Tranter, em carta de 1984 ao autor, explicou que agendou os Beatles para o baile na cidade de Hoylake. A parte sobre Manchester, lembrada pelo coproprietário do Oasis Club, Ric Dixon, em entrevista ao autor, 28 de novembro de 2005. John, da conferência de imprensa em Sydney, 11 de junho de 1964.

43 Entrevista realizada em 28 de agosto de 1963 no programa *The Mersey Sound* (BBC-TV, 9 de outubro de 1963).

44 Entrevista realizada por Bill Grundy, 7 de março de 1964, para o programa *Frankly Speaking*; foi ao ar dia 23 de março de 1964, na estação BBC North of England Home Service.

45 Entrevista realizada por Jann S. Wenner, 8 de dezembro de 1970, *Rolling Stone*.

46 Entrevista realizada por Lisa Robinson, *Hit Parader*, dezembro de 1975.

47 Primeiro parágrafo, em *The Beatles Anthology*, p. 73; segundo, com base na entrevista realizada por Richard Williams, *The Times*, 16 de dezembro de 1981. A "filosofia grupal de Gateshead" de Paul refere-se à sua epifania em 1954 – ver capítulo 3.

48 Provas apresentadas no Royal Courts of Justice, Londres, 6 de maio de 1998.

49 Entrevista ao autor, 11 de novembro de 2004. A loja ficava na 17-19 Grange Road West, Birkenhead, prédio sem graça de dois andares onde Beno Luciano Dorn administrava um negócio que lhe rendeu vários prêmios em Londres.

25: "Uma tendência de tocar música" (6 de fevereiro a 8 de março de 1962)

1 *A Cellarful of Noise*, p. 55. A transcrição bruta da entrevista para esse livro está redigida de forma um pouco diferente e inclui uma nota taquigráfica: "Sr. Epstein. Não apreciamos o som de seus meninos. Bandas estão com os dias contados. Quartetos em particular, ainda mais com guitarras, já eram". A entrevista foi feita por Derek Taylor, que foi o escritor-fantasma desse projeto e compôs o texto que foi publicado. Numa entrevista de 1981 do escritor estadunidense David Klein, Dick Rowe afirmou não ter conhecimento de qualquer conversa com Brian Epstein após o recebimento da carta de rejeição padrão da Decca, ou de qualquer viagem de Brian a Londres para pedir à Decca que reconsiderasse, nem de ter dito "Bandas de guitarristas estão com os dias contados", tampouco de ouvir Brian afirmando que os Beatles seriam maiores que Elvis. Rowe alega que isso tudo não passava de "mentiras". Com certeza,

Notas

as circunstâncias completas e verdadeiras da rejeição dos Beatles pela Decca nunca serão conhecidas. Fiz o meu melhor para dar sentido a muitas informações conflitantes e confusas, mas é um mero e imperfeito piscar de olhos na história.

2   *A Cellarful of Noise*, p. 56. Por ocasião do lançamento desse livro, em outubro de 1964, S. A. Beecher-Stevens queixou-se a Brian Epstein, "os parágrafos que mencionam o nosso encontro parecem tão longe da verdade que me sinto no dever de enviar esta carta em protesto. Longe de rejeitar os Beatles, pessoalmente recomendei que fossem aceitos e gravados. Como homem de marketing, eu tinha orgulho do fato de não os ter recusado". Brian reconheceu que a objeção de Beecher-Stevens se referia ao parágrafo que começava com "Os meninos não têm futuro, sr. Epstein (...)", e em sua resposta declarou: "Eu me lembro de que isso foi, sem dúvida, insinuado por Dick Rowe e admito que, embora o senhor estivesse presente em todas essas conferências, de fato não comentou algo parecido". Assim, o nome de Beecher-Stevens foi omitido de reimpressões posteriores, decisão que também o deixou incomodado (fonte: Arquivos Epstein).

3   Entrevista ao autor, 29 de setembro de 2004. É um lugar-comum dizer que Poole and the Tremilos fizeram um teste na Decca no mesmo dia que os Beatles. Essa informação foi publicada pela primeira vez pela *Beat Monthly* em agosto de 1963 e, desde então, está em toda parte – mas Poole tem certeza de que foi num dia diferente.

4   O nome original dessa banda era Brian Poole and the Tremilos. Foi modificado para Brian Poole and the Tremeloes em razão de um lapso ortográfico no rótulo da Decca no primeiro disco da banda.

5   *Melody Maker*, 9 dezembro de 1961.

6   Entrevista ao autor, 6 de setembro de 1995.

7   Carta a Dick Rowe, 10 de fevereiro de 1962; *A Cellarful of Noise*, p. 57-58.

8   Entrevista ao autor, 19 de maio de 1987.

9   Entrevista concedida por Tony Meehan ao autor, em 6 de setembro de 1995. ("Em 1968, me reencontrei com George. Por algum motivo, ele guardava rancor contra mim. Ele estava muito, mas muito tenso em relação a isso – 'Você nos impediu de obter um contrato de gravação...'") Primeira parte da citação de George, com base na entrevista a Terry David Mulligan, *The Great Canadian Gold Rush*, rádio CBC, em 30 de maio e 6 de junho de 1977; as últimas palavras foram pinçadas da entrevista disponível em *The Beatles Anthology*.

10   Entrevista realizada por Paul Drew, rádio estadunidense, abril de 1975. Certa vez, perguntei a Tony Meehan se ele produziu a que hoje é conhecida como "sessão Decca" dos Beatles, e ele respondeu com um sonoro "não", mas um de seus colegas disse que sim e que ele simplesmente não queria admitir. Tony Calder, aos 17 anos em 1962, só começando a vida no mundo da música, insiste que Meehan confessou isso a ele, anos depois (entrevista concedida por Calder ao autor, 1º de outubro de

Notas

2004). Porém, se *realmente* foi Meehan quem gravou a fita, onde está a gravação feita por Mike Smith e o engenheiro Mike Savage? Certamente fizeram uma gravação, mas os Beatles só foram à Decca uma vez. Levando em conta todos esses fatores, é improvável que Meehan tenha trabalhado com os Beatles.

11 Entrevistas ao autor, 5 de novembro de 1984 e 6 de setembro de 1995.

12 Entrevista realizada por Howard Smith, WPLJ-FM, Nova York, 23 de janeiro de 1972; Paul, com base na entrevista realizada por Mike Read, 13 de outubro de 1987, para a BBC Radio 1.

13 Entrevista veiculada em *Rockworld*, programa de rádio sindicalizado dos EUA, setembro de 1974.

14 Entrevista ao autor, 4 de maio de 2005.

15 Até 1996, a existência desse filme permaneceu desconhecida; foi a leilão na Sotheby's em setembro daquele ano e trechos foram exibidos no noticiário da TV. Ringo Starr gravou "Dream" em seu álbum de 1970 *Sentimental Journey* – é uma das canções importantes de sua infância.

16 *Beatle!*, p. 174.

17 Entrevista ao autor, 21 de junho de 2007; Paul, da entrevista realizada por Mark Radcliffe, BBC Radio 2, 17 de setembro de 2005.

18 John – primeira parte, com base na entrevista realizada por Jean-François Vallée para a TV francesa, 4 de abril de 1975; segunda, na entrevista a Andy Peebles, BBC Radio 1, 6 de dezembro de 1980; Paul, em *The Beatles Anthology*, p. 22.

19 Entrevista realizada por Spencer Leigh.

20 Entrevista ao autor, 30 de setembro de 1987. Provavelmente foi o andamento em ritmo de valsa dessa canção que inspirou Paul a colocar a valsa na parte do contraste de "Pinwheel Twist".

21 Ibid.

22 Stuart fez nove shows em Hamburgo com os Bats durante oito dias consecutivos, de 2 a 9 de fevereiro de 1962, concluindo, ao que consta, com três noites no Kaiserkeller (pesquisa feita por Thorsten Knublauch e Axel Korinth em seu livro *Komm, Gib Mir Deine Hand*, publicado em edição privada, 2008). Astrid estava justificadamente preocupada com a saúde do namorado enquanto ele fazia isso; de fato, Stuart, numa carta para casa em 14 de fevereiro, escreveu: "Toquei algumas vezes com outra banda e ganhei uma grana... no dia em que adoeci eu já estava praticamente no palco, pronto para começar... Foi horrível, pensei que estava morrendo".

23 Reminiscências de George em *The Beatles Anthology*, p. 69; as de John, com base em fonte privada confiável; a parte de Mike, do *Liverpool Echo*, 16 de abril de 1962; e Pete, com base na entrevista ao autor, 7 de março de 1985.

24 Entrevista ao autor, 20 de julho de 2006.

25 Entrevista ao autor, 28 de novembro de 2005.

26 Entrevista ao autor, 5 de julho de 2007.

Notas

1173

27 Entrevista ao autor, 14 de janeiro de 1987. Como todos os Roberts, Boast (1918-94) tinha o apelido de Bob, mas também era conhecido informalmente como Kenneth, o que explica a menção de Brian Epstein a "Kenneth Boast" em *A Cellarful of Noise*, p. 60.

28 Entrevista ao autor, 21 de janeiro de 1987.

29 Davies, *The Beatles*, p. 167, e *A Cellarful of Noise*, p. 62.

30 *All You Need Is Ears*, p. 122.

31 Com base na transcrição bruta das entrevistas para sua autobiografia *A Cellarful of Noise*. Pude ver o que pode ser o único corte de acetato de 78 rpm dos Beatles sobrevivente feito para Brian Epstein na His Master's Voice, que está em mãos particulares. Sua singularidade é reforçada pelo rótulo manuscrito por Epstein e o reconhecimento de tudo o que a iniciativa desencadeou, tornando-o um dos mais raros e colecionáveis de todos os discos dos Beatles.

32 Entrevista realizada por Richard Williams, 21 de agosto de 1971.

33 Os nomes de Colman eram muitas vezes escritos de modo incorreto. Para esclarecer, ele era Sidney Herbert Colman (1905-65), e Bennett era Thomas "Tom" George Whippey (1931-2004). O nome artístico Kim Bennett foi ideia do produtor dele na Decca, Hugh Mendl.

34 Entrevista ao autor, 28 de julho de 2003. Neste capítulo, todas as citações de Kim Bennett são dessa entrevista.

35 A maior parte desse relato se baseia em *A Cellarful of Noise*, p. 94-97. The Beehive é um pub na Paradise Street, no coração de Liverpool.

36 Davies, *The Beatles*, p. 158.

37 Entrevista realizada por Peter McCabe e Robert D. Schonfeld, setembro de 1971.

38 Retrato de Paul, de Mike McCartney, revista *Woman*, 28 de agosto de 1965.

39 *The Beatles Anthology*, p. 158.

40 Entrevista realizada por Raoul Pantin, *Trinidad Express*, 5 de maio de 1971.

41 *A Cellarful of Noise*, p. 63.

42 *The Beatles Anthology*, p. 58.

43 Entrevista realizada por Horst Königstein, Hamburgo, 29 de setembro de 1976, para o documentário dividido em duas partes, *Ringo und die Stadt am Ende des Regenbogen* (Ringo e a Cidade no Fim do Arco-íris), emissora NDR-TV, da Alemanha Ocidental, 9 e 16 de junho de 1977.

44 *The Beatles Anthology*, p. 58-59.

45 Entrevista ao autor, 18 de março de 2006.

46 Com base em e-mails trocados com Thorsten Knublauch, 6 de fevereiro de 2007.

47 Davies, *The Beatles*, p. 262. Richard Starkey morreu num hospital de Crewe, em 5 de dezembro de 1981, aos 68 anos. Ele tinha orgulho do sucesso de seu filho e não há registro de que tenha incomodado Ringo ou pedido dinheiro a ele.

48 Entrevista realizada por Alan Smith, *NME*, 23 de agosto de 1963. "Eu pegava o carro e saía pilotando sozinho, sem destino. Eu me divertia muito com isso".

Notas

49 *The Best Years of The Beatles*, p. 161; *Beatle!*, p. 145; Davies, *The Beatles*, p. 137.

50 Wooler, em *The Best of Fellas*, p. 167; Harry, na entrevista realizada por Spencer Leigh; Aspinall, com base na entrevista ao autor, 21 de junho de 2007.

51 *A Cellarful of Noise*, p. 68. Aqui há uma sugestão de que essa conversa aconteceu no verão de 1962 (Hemisfério Norte), mas outras informações indicam que deve ter sido anterior.

52 "Há outro Beatle", com base na entrevista realizada por Spencer Leigh pelo *promoter* de Southport, Ron Appleby; os Beatles caçoando de Brian Epstein, com base na gravação da entrevista jurídica com Pete Best, Nova York, 1965. Mike McCartney tem uma foto em que Brian pode ser visto usando jaqueta de couro por cima da camisa e da gravata. Foi tirada em 17 de março de 1962, na festa de noivado de Sam Leach, que aconteceu logo após Leach ter promovido um evento – a Noite de Gala do Rock de St. Patrick, no Knotty Ash Village Hall, tendo como atrações principais os Beatles e Rory Storm and the Hurricanes (os Hurricanes ainda estavam sem Ringo. Os Beatles não tocavam nesse lugar violento havia quatro meses, e foi a última vez que o fizeram; Brian só abriu exceção por se tratar de uma ocasião especial).

53 Entrevista ao autor, 4 de maio de 2005.

54 A fonte desse número, 2,7 milhões, é a pesquisa diária "Audience Barometer" (Barômetro da audiência) da BBC, que avaliou os hábitos de quatro mil radiouvintes e expressou isso como porcentagem da audiência total possível de 49 milhões – toda a população britânica com mais de 5 anos de idade. Como o número era calculado só para uso interno, e a BBC não era uma organização comercial, não havia necessidade de embelezar a realidade. O *Here We Go* de 8 de março de 1962 foi ouvido por cerca de 5,6% da audiência de 49 milhões – 2.744.000.

55 *Remember*, p. 99; a foto está borrada porque Mike não usou flash, não querendo criar distrações naquele momento. Uma imagem mais nítida, do ensaio da tarde, está na p. 98.

56 *The Beatles – The True Beginnings*, p. 145. A fita máster da transmissão foi retida pela BBC por alguns meses e depois descartada; era inviável guardar tudo. Sobreviveu apenas uma gravação caseira feita por um fã dos Beatles com um gravador doméstico, recebendo a transmissão em ondas médias a 1 214 kHz, momento histórico capturado em som de baixa fidelidade, mas audível.

26: "Nós contra eles" (9 de março a 10 de abril de 1962)

1 Entrevista ao autor, 12 de junho de 2005.

2 Entrevista ao autor, 5 de julho de 2007.

3 Entrevista realizada por Spencer Leigh.

4 Entrevista ao autor, 5 de julho de 2007.

5 Entrevista ao autor, 24 de abril de 2012.

6 *Mersey Beat*, 5 e 19 de abril de 1962. O compacto dos Miracles trazia, no lado A, "What's so Good about Goodbye" e, no lado B, "I've Been Good to You".

Notas

7   Na descrição de Paul, "Ask Me Why" era "principalmente de John: a ideia original foi de John, e nós dois nos sentamos e compusemos juntos" (*Many Years From Now*, p. 92), mas o próprio John – provavelmente na única ocasião em que foi questionado sobre isso – declarou: "Eu compus toda ela... Eu a compus" (de um trecho inédito da entrevista realizada por Mike Hennessey para *Record Mirror*, 2 de outubro de 1971).

8   Paul diz isso em *Many Years From Now*, p. 81-82.

9   Entrevista ao autor, 30 de setembro de 1987.

10   O Marquee ainda ficava em seu primeiro endereço, na 165 Oxford Street.

11   P. P. Pond era Paul Pond, que adotou o nome de Paul Jones meses depois. Elmore James era na verdade Elmore Brooks (1918-63), compositor, cantor e guitarrista de blues eletrizante, especializado na técnica de slide.

12   *Jazz News*, semanário sediado no Soho, principal revista que fazia a cobertura sobre a ascensão do rhythm & blues no sudeste da Inglaterra em 1962-63. O R&B não era jazz, mas *meio que* emergiu dele, assim como vários de seus incentivadores (Chris Barber, Giorgio Gomelsky etc.).

13   John, na entrevista realizada por Peter McCabe e Robert D. Schonfeld, setembro de 1971; Brown, com base na entrevista ao autor, 5 de julho de 2007; Brian, na entrevista à WKYC, Cleveland, Ohio, 15 de setembro de 1964.

14   *The Best of Fellas*, p. 159, com texto extra da entrevista sem cortes realizada por Spencer Leigh.

15   Com base no prefácio da edição de 1984 de *A Cellarful of Noise*; Brian, da entrevista realizada por Gordon Williams, publicada na revista *Scene*, 9 de fevereiro de 1963.

16   Entrevista realizada por Johnny Beerling, 13 de janeiro de 1972, para a BBC Radio 1. Wooler endossou esse ponto na *Disc and Music Echo*, 2 de julho de 1966. A citação de Epstein, via Wooler, "vão ter que mudá-lo", sugere que isso foi dito por *promoters* insistindo que iam mudar o nome Beatles para só então agendá-los em eventos. *Os promoters* mudariam o nome, usurpando o controle de Brian e dos Beatles. Brian recusou, é claro.

17   Entrevista realizada por Peter McCabe e Robert D. Schonfeld, setembro de 1971.

18   Davies, *The Beatles*, p. 137; Wooler, de *The Best of Fellas*, p. 159.

19   Entrevista ao autor, 19 de maio de 1987. "Beleza. Tente a Embassy", consta na p. 58 de *A Cellarful of Noise*.

20   Entrevista de 28 de outubro de 1964 realizada por Jean Shepherd, *Playboy*, fevereiro de 1965.

21   Com base na transcrição bruta das entrevistas para sua autobiografia *A Cellarful of Noise*.

22   Entrevista ao autor, 3 de maio de 1994.

23   *The Beatles Anthology*, p. 72.

24   Entrevista realizada por Robyn Flans, *Sh-Boom*, maio de 1990.

25   George, em *The Beatles Anthology*, p. 72; Paul, em *Many Years From Now*, p. 172. Ringo disse a Dave Stewart (no programa *Off The Record*, HBO, 2 de maio de 2008)

1176

Notas

que, ao fazer a virada no tom-tom em "Rock and Roll Music", "John se virou e olhou para mim com grande surpresa [e prazer]".

26 *The Beatles Anthology*, p. 49.

27 Da terceira parte da série *Ringo's Yellow Submarine*, que foi transmitida na rádio americana, 1983, entrevista realizada por Dave Herman.

28 "Ganhei £ 9. Achei aquilo fantástico... £ 9 por apenas uma noite", contou Ringo a Alan Smith (*NME*, 23 de agosto de 1963). Os Beatles ainda não recebiam £ 36 por uma única noite de trabalho, mas logo estariam recebendo mais que esse valor. Um conjunto de autógrafos sobreviveu da noite do Kingsway Club em 26 de março de 1962 – a primeira página isolada que incorpora assinaturas de John, Paul, George e Ringo – e várias vezes foi a leilão e arrematado.

29 George, com base na entrevista realizada por Roger Scott, sindicato de rádio dos EUA, 15 de outubro de 1987 (em todos os seus livros e entrevistas, Pete alega que só faltou "duas vezes").

30 Ibid.

31 Ringo e George relataram essas recordações numa conversa de 1994 filmada para a série documental televisiva *The Beatles Anthology* (na edição, acabou ficando de fora do documentário, mas foi incluída nos bônus do DVD).

32 *The Beatles Anthology*, p. 39. O baixista Lu Walters deixou os Hurricanes para sair em turnê com The Seniors; Bobby Thompson deixou The Dominoes para substituí-lo. Essas movimentações entre as bandas eram normais.

33 Informações de cachês e bilheteria com base nos dados contábeis do Jaybee Clubs, que fazia promoções nesse local. A empresa pertencia a Jack Fallon e Bill Fraser-Reid; este último gentilmente me forneceu os dados em 1984.

34 Entrevista ao autor, 7 de fevereiro de 2005.

35 "Ternos de couro", a partir de notas, canção por canção, datilografadas por John Lennon para seu álbum *Rock'n'Roll*, primavera de 1975 (Hemisfério Norte).

36 Entrevistas ao autor – Farrell, 26 de maio de 2004; Houghton, 10 de setembro de 2007.

37 19 de abril de 1962.

38 Carta para Kathy Burns, 26 de abril de 1977.

39 *The Beatles – The True Beginnings*, p. 159.

27: "Ele facilmente poderia ter sido *o Beatle*" (10 a 13 de abril de 1962)

1 *Liverpool Echo*, 14 de abril de 1962; *Prescot & Huyton Reporter*, 20 de abril de 1962. Outros artigos saíram no *Echo* nos dias 16 e 18, além de um comunicado de falecimento no dia 13.

2 Entrevista ao autor, 11 de agosto de 2004.

3 Entrevista realizada por Mike Ledgerwood, *Disc and Music Echo*, 7 de novembro de 1970.

4 *Hamburg Days*, p. 140.

Notas

5   *The Beatles Anthology*, p. 69.

6   Entrevista realizada por Mike Read, 13 de outubro de 1987, na BBC Radio 1. Por "irmã dele", Paul se referia a Pauline; Joyce Sutcliffe não fez manifestações públicas.

7   *Disc and Music Echo*, 7 de novembro de 1970.

8   *Hamburg Days*, p. 138.

9   *Shout!*, p. 141. Entre as pessoas que duvidaram da conclusão de Philip Norman estava Pauline Sutcliffe, a irmã mais nova de Stuart. Em abril de 1990, quando Kevin Howlett e eu a entrevistamos para uma série de documentários de rádio da BBC, ela disse: "A conexão da hemorragia cerebral de Stuart com a surra num show dos Beatles é uma teoria fraca. O intervalo entre os dois sugere que não houve significância". Também descartou plenamente a teoria que ela mesma defendeu 11 anos depois, em seu terceiro livro sobre seu irmão (*The Beatles' Shadow: Stuart Sutcliffe & His Lonely Hearts Club*, Londres, Sidgwick & Jackson, 2001, p. 134), de que John tinha dado pontapés tão violentos em Stuart em uma briga que isso teria causado a morte do irmão dela.

10 *Liverpool Echo*, 13 de abril de 1962; *Prescot & Huyton Reporter*, 20 de abril de 1962.

11 Entrevista realizada por Nik Cohn, *Observer*, 8 de setembro de 1968.

12 Entrevista ao autor, 11 de março de 2006.

13 Davies, *The Beatles*, p. 114.

14 Entrevista ao autor, 29 de março de 2006.

15 Entrevista realizada por Mike Ledgerwood, *Disc and Music Echo*, 7 de novembro de 1970.

28: É melhor virar a página (13 de abril a 2 de junho de 1962)

1   Entrevista ao autor, 29 de março de 2006.

2   Carta de Pete Best leiloada na Sotheby's, 14 de setembro de 1995. Carta de John para Cynthia, ilustrada pela primeira vez em *John Winston Lennon*, de Ray Coleman (Londres, Sidgwick & Jackson, 1984), p. 165-168.

3   Roy Young alega que Brian Epstein veio até ele um dia e falou que os Beatles queriam saber se ele podia ajudá-los a obter um contrato de gravação na Inglaterra. Young respondeu que não, pois tinha acabado de assinar um contrato de um ano com Manfred Weissleder e, por isso, não podia sair de Hamburgo. Não está claro de que natureza teria sido essa ajuda, já que o próprio contrato de Young com a Philips tinha expirado e (à exceção de um compacto de 45 rpm lançado pela Ember) ele próprio estava sem contrato. Por isso ficou contente em aceitar o trabalho em Hamburgo. Alguns interpretaram essa conversa como um convite para Young entrar nos Beatles. O principal é que ele próprio teve o cuidado de não alegar isso. A ideia não é crível – gostavam dele, mas não queriam se tornar um quinteto com um pianista/cantor de "renome", alguém que não era de Liverpool e bem mais velho (nascido em 1934, em Londres).

Notas

4   *"Mach Schau!"*, p. 88.
5   *Let the Good Times Roll!*, p. 100-101.
6   *Fifty Years Adrift*, p. 96.
7   As gravações de 1961 ainda espocavam em diferentes partes do mundo. O primeiro disco dos Beatles nos EUA, e também no Canadá, "My Bonnie" c/w "The Saints", foi lançado no mesmo dia em que souberam da morte de Stuart, 11 de abril. Não sabiam disso e ficariam confusos ao se verem na Decca, a gravadora que tão recentemente os havia recusado na Inglaterra. Na verdade, as duas Decca tinham se separado anos antes e, uma vez que a "Decca Americana" (como ela era conhecida na Grã-Bretanha) tinha uma parceria com Bert Kaempfert e a Deutsche Grammophon, ela conseguiu a fita máster como questão de rotina. A repetição do crédito original alemão, a Tony Sheridan and The Beat Brothers, indica a ausência de consulta a Brian Epstein para esse lançamento na América do Norte. O single foi listado na *Billboard* e resenhado de forma relativamente positiva na *Cash Box* (número de 28 de abril), embora a maioria dos discos recebesse palavras elogiosas. A posição foi mais relevante – as menções apareceram bem embaixo da página, em letras pequenas. Havia pouca perspectiva de qualquer lado ser tocado nas rádios e ainda menos chance de vender o disco. E foi exatamente o que aconteceu: saiu e afundou.

Ao mesmo tempo, na Alemanha, a Deutsche Grammophon lançou o álbum de estreia de Tony Sheridan, *My Bonnie*. A foto da capa – Sheridan de bicicleta, a guitarra pendurada nas costas – foi tirada por Astrid, em novembro de 1961 (Stuart estava lá e aparece em fotos não publicadas). O álbum foi creditado a Tony Sheridan e The Beat Brothers, e os Beatles tocam em somente duas das 12 faixas (a faixa-título e "The Saints") e tiveram o nome certo creditado na contracapa. A edição de 3 de maio do *Mersey Beat* mencionou o LP e disse que "em breve, cópias vão estar disponíveis em Liverpool" – essa informação foi fornecida por Brian Epstein, que importara cópias para vender na Nems.
8   Documento reproduzido na p. 28 do livro que acompanha a caixa definitiva do CD *The Beatles With Tony Sheridan: Beatles Bop – Hamburg Days*, e na p. 135 de um trabalho anterior do mesmo autor (Hans Olof Gottfridsson), *The Beatles: From Cavern to Star-Club* (Estocolmo, Premium Publishing, 1997). Também aparece em *The Beatles: Fact and Fiction 1960-1962*, p. 157, com a interpretação mais plausível na p. 149.
9   Gravada no Estúdio Número 2 da EMI em 22 de dezembro de 1961, "The Hole in the Ground" foi composta por Ted Dicks (música) e Myles Rudge (letra), não eram músicos da Tin Pan Alley, mas compositores de números de teatro de revista – contaram em entrevistas que George Martin sempre os mandava embora para só voltarem com "a canção certa". Enfim um álbum (*A Combination of Cribbins*) floresceu em novembro de 1962.

Notas

1179

10 Manchete da *NME*, 6 de abril de 1962; citação da *Disc*, 14 de abril de 1962. Ao se referir a "nós", George Martin incluiu o autor do arranjo, o pianista Tommy Watt. A Radiophonic Workshop era uma divisão da BBC, com sede nos Maida Vale Studios, a 1,6 quilômetro dos EMI Studios em St. John's Wood. Sons inventivos criados por mentes brilhantes, tudo pela taxa de licença anual de £ 4 sobre a qual a imprensa encorajava todo mundo a reclamar.

11 George fazia a música, mas não escrevia a letra. Na canção-título de *Take Me Over* fez uma parceria com Paul McDowell, do Temperance Seven. Já a letra da canção de *Crooks Anonymous* – chamada "I Must Resist Temptation" – é de Brian Innes, da mesma banda, enquanto a música é de George Martin e Muir Mathieson. Na voz do ator Leslie Phillips, foi lançada como um single da Parlophone em maio de 1962.

12 "Eu morria de inveja de Norrie Paramor", disse George Martin em *All You Need Is Ears*, p. 120; "Eu tinha um ciúme escancarado do sucesso aparentemente fácil que outras pessoas, em particular Norrie Paramor, estavam obtendo com esses atos", acrescentou ele em *Summer of Love: The Making of Sgt Pepper* (com William Pearson, Londres, Macmillan, 1994), p. 130. "Eu sentia uma inveja colossal de Norrie Paramor", confessou George a seu filho Giles Martin, no documentário *Produced by George Martin*, do programa *Arena*, da BBC2, em 25 de abril de 2011. "Você queria superar Norrie Paramor?", indagou Giles. "Sim. Ele dirigia um Jaguar E-Type", respondeu George com uma risada.

13 *David Frost – An Autobiography: Part One – From Congregations to Audiences* (Londres, HarperCollins, 1993), p. 40-49.

14 Entrevista ao autor, 31 de agosto de 2000.

15 *All You Need Is Ears*, p. 179.

16 Entrevista ao autor, 31 de agosto de 2000.

17 George lucrou com o sucesso do Dr. Kildare nas paradas: compôs o lado B do compacto, "The Midnight Theme", sob seu pseudônimo habitual Graham Fisher.

18 Entrevista ao autor, 24 de agosto de 2011. O informante não quis ser identificado por questão de respeito.

19 Wood (1910-2001) morreu antes que alguém o questionasse sobre isso.

20 Entrevista ao autor, 28 de julho de 2003.

21 Entrevista ao autor, 16 de maio de 2005; Richards, com base na entrevista ao autor, 2 de agosto de 2007.

22 Essa técnica de administrar o jogo de luzes e sombras em um quadro monocromático foi ensinada a Astrid por Reinhart Wolf, proprietário do estúdio onde ela trabalhava. A técnica é chamada de *chiaroscuro*, palavra italiana para "claro" e "escuro", e também é escrito como *clair-obscur*, do francês.

23 John escreveu isso no suplemento de um folheto publicitário dos Beatles, 1971. Astrid, com base na entrevista ao autor, 11 de março de 2006. Em carta a seu irmão Mike, datada de 9 de maio, Paul deu a notícia de que havia lhe comprado de presente

Notas

uma câmera nova. "Encomendei uma Rollei. Igualzinha à de Astrid! É caríssima, mas fantástica. Vai me deixar experimentá-la, não vai?"

24 Entrevista ao autor, 3 de maio de 1994.

25 Entrevista ao autor, 11 de outubro de 2010.

26 Carta citada em *Stuart: The Life and Art of Stuart Sutcliffe*, p. 215, e outra mantida em uma coleção particular.

27 Entrevista ao autor, 27 de agosto de 2005.

28 Carta vendida em leilão pela Sotheby's, em Londres, 12 de setembro de 1988; "bom lugar para afogar o ganso", em *Beatle!*, p. 156.

29 "*Mach Schau!*", p. 77-78.

30 Entrevista ao autor, 26 de novembro de 2005.

31 Entrevista ao autor, 18 de março de 2006; Pete, em *Beatle!*, p. 157; Bettina, em *Monographien: Damals in Hamburg*, ARD (televisão da Alemanha Ocidental), 6 de janeiro de 1967.

32 Asmática, a esposa de Alistair Taylor por recomendação médica teve de abandonar o úmido noroeste da Inglaterra – o casal se mudou para Londres, onde Taylor conseguiu um emprego na Pye Records. Deu o aviso prévio a Clive Epstein quando Brian estava com os Beatles em Hamburgo; em seu retorno, Brian mostrou o quanto ficou contrariado com o pedido de demissão de seu assistente pessoal, justo na hora que mais precisava dele, e o empurrou porta afora de seu escritório.

33 Neil Aspinall não acompanhava os Beatles a Hamburgo, sempre ficava em Liverpool.

34 Falsas alegações foram feitas em relação a tantos aspectos da história dos Beatles que há pelo menos três invenções de como conseguiram o contrato com a EMI. Para ficar registrado: Brian Epstein não subornou George Martin; não ameaçou a EMI de não vender seus produtos na Nems se os Beatles não fossem contratados; e Paul Murphy, cantor solo de Liverpool, contratado (como Paul Rogers) para a HMV por Wally Ridley em 1960, não deu parecer favorável aos Beatles – ou, se o fez, isso não convenceu George Martin a contratá-los (Murphy apareceria em Hamburgo em 1963-64 e produziria os discos de Tony Sheridan; também passou a ter pendengas judiciais com os Beatles).

35 *A Cellarful of Noise*, p. 12.

36 Contado por Best a Hunter Davies em 1967 (vide biografia de Davies sobre os Beatles, p. 140). Cartas escritas por George às fãs, dias depois, indicam que os Beatles sabiam muito mais – ou seja, que tinham um contrato com a Parlophone e a primeira sessão de gravação seria em 6 de junho. Também foram informados (presumivelmente em uma carta de Brian) sobre a segunda transmissão deles na BBC, a ser gravada dias após voltarem à Inglaterra.

37 *A Cellarful of Noise*, p. 64-65. A revista *Beatles Book* (número 6, janeiro de 1964) cita dois telegramas – CUIDADO ELVIS e (de John) QUANDO VAMOS FICAR MILIONÁRIOS – com base em informações fornecidas pelos Beatles em agosto de 1963, embora o jornalista não buscasse necessariamente citações ao pé da letra.

Notas

1181

38 "Acho que tive algo a ver com a parte do meio", disse John sobre "Love Me Do" em sua entrevista a Mike Hennessey, *Record Mirror*, 2 de outubro de 1971.

39 Entrevista realizada por Chris Roberts, 21 de dezembro de 1963.

40 Primeira parte, com base na entrevista realizada em 1979 por Spencer Leigh; segunda, com base na entrevista em vídeo conduzida por Jim Ladd, 1982.

41 Primeira frase, com base na entrevista realizada por Mike Hennessey, *Record Mirror*, 2 de outubro de 1971; segunda, na entrevista realizada por David Sheff e publicada na *Playboy* de 24 de setembro de 1980. Paul não foi o único ouvinte a pensar erroneamente que "Soldier Boy" foi escrita na forma de uma carta. Na realidade, a garota canta para o moço pessoalmente, antes de ele ir embora.

42 Carta escrita para *IT*, número 155 (31 de maio a 14 de junho de 1973).

43 Entrevista realizada por Tony Fletcher, *Jamming*, número 14, 1983. A planta baixa do apartamento mostra um banheiro ao lado do quarto dos Beatles, e a afirmação de Paul "os jornais se aproveitaram, e a coisa de piada virou fato" não está errada, mas é um salto no tempo – o incidente não foi relatado e só "ganhou as manchetes" bem mais tarde.

44 *The Beatles Anthology*, p. 78.

45 *Beatle!*, p. 158. Prosa enfeitada de Patrick Doncaster.

46 Entrevista ao autor, 6 de novembro de 2007.

47 Entrevista realizada por Peter McCabe e Robert D. Schonfeld, setembro de 1971.

48 Declarações de Best, com base em *Beatle!*, p. 158; Fascher, na entrevista realizada por Johnny Beerling, janeiro de 1972, à BBC Radio 1.

49 Entrevista realizada por Peter McCabe e Robert D. Schonfeld, setembro de 1971. Um mês depois, John manteve a versão ao entrevistador Takahiko Iimura: "Uma banda estava tocando em Hamburgo e me convidou para tocar junto. E em vez de só me levantar e entoar uma de minhas canções, fui de cueca, com um assento do vaso sanitário no pescoço, e fiz um solo de bateria". Paul declarou a Chris Welch, da *Melody Maker* (11 de fevereiro de 1973): "Em Hamburgo, o baterista de Tony Sheridan ficou doente. Toquei bateria para eles e ganhei uma grana extra, por uma semana". A cronologia exata é difícil. Embora as folhas de pagamento do Star-Club não mostrem essa adição, provavelmente foi no fim dessa temporada, no primeiro semestre 1962.

50 Entrevistas realizadas por Spencer Leigh.

51 A primeira e a terceira frases, com base na entrevista realizada por Spencer Leigh (*Now Dig This*, março de 2001); a segunda, em *Beatles Gear*, p. 64. Citação sobre Pete Best, com base na entrevista realizada por Tony Copple, do Ottawa Beatles Site: <http://beatles.ncf.ca/roy.html>.

52 *A Cellarful of Noise*, p. 64.

53 Lembranças de Ringo, em Davies, *The Beatles*, p. 157, *The Beatles Anthology*, p. 39, e uma miscelânea de fontes.

54 *Mersey Beat*, 19 de abril de 1962.

Notas

55   *Liverpool Echo*, 16 de maio de 1962.

56   O relato de Vicky Woods sobre as seis semanas em companhia de Ringo, Rory e os outros Hurricanes seria interessante de ouvir, mas as tentativas de rastreá-la não tiveram sucesso até agora.

57   A foto de Mike está em *Remember*, p. 111. A esposa de Jerry Lee, Myra, então com 17 anos, acompanhou o marido a Liverpool. Haviam perdido o filho de 3 anos num afogamento acidental menos de um mês antes. Declaração de Wooler sobre o público recorde de "quase quatro mil", publicada no *Mersey* Beat, 31 de maio de 1962.

58   Entrevista realizada por Scott Muni, WNEW-FM, 13 de fevereiro de 1975; *Disc*, 7 de julho de 1962.

59   Don Arden já conhecia John Lennon de outra ocasião – quando Arden deu a oportunidade ao The Quarry Men de subir ao palco num show de talentos amador, em Liverpool, em 1957, mas é improvável que um tenha se lembrado do outro.

60   Extraído da entrevista realizada por Spencer Leigh. Vincent serviu na Marinha dos EUA, 1952-55, antes do acidente de moto em que fraturou a perna esquerda, com sequelas irreversíveis.

61   *Fifty Years Adrift*, p. 96. Também é contado em detalhes por George em *The Beatles Anthology*, p. 69. O incidente foi no Grandhotel Monopol, Reeperbahn 48-52, que ainda funciona no mesmo endereço até hoje. Em essência, Paul relatou o mesmo episódio em entrevistas, dizendo que também esteve presente.

62   Entrevista realizada por Peter McCabe e Robert D. Schonfeld, setembro de 1971.

63   Davies, *The Beatles*, p. 140.

29: A ordem é avançar (2 a 6 de junho de 1962)

1   Davies, *The Beatles*, p. 132.

2   Conforme afirmado por Paul McCartney ao autor, 19 de maio de 1987.

3   O medley traz três canções semelhantes em ritmo, que podem ser costuradas com relativa facilidade com um toque de software de velocidade variável, usando gravações dos Beatles, Shirelles e Buddy Knox. Um método adota os primeiros 47 segundos de "Besame Mucho", os primeiros 57 segundos de "Will You Love Me Tomorrow" e os últimos 59 segundos de "Open", perfazendo um total de 2 minutos e 43 segundos.

4   Paul, com base na entrevista de 28 de outubro de 1964 realizada por Jean Shepherd, publicada na *Playboy*, fevereiro de 1965; John, na entrevista de 11 de março de 1975 realizada por Bob Harris para *Old Grey Whistle Test*, BBC2, 18 de abril de 1975.

5   *Many Years From Now*, p. 100.

6   19 de maio de 1962.

7   Artigo de Max Jones, aclamado jornalista de jazz, 25 de agosto de 1962.

8   Entrevista ao autor, 31 de agosto de 2000.

9   Entrevista ao autor, 23 de setembro de 2003.

Notas

10   Entrevista ao autor, 23 de janeiro de 1987.

11   Entrevista ao autor, 19 de maio de 1987. As "grandes chapas brancas de estúdio" eram "chapas giratórias", permitindo um controle flexível sobre a acústica. Outra característica distintiva do Estúdio Número 2 era o isolamento acústico com mantas acolchoadas (praticamente do teto ao chão), forradas com algas marinha do gênero *Zostera*, ótimas para absorver o som.

12   Entrevistas ao autor – Smith, 26 de janeiro de 1987; Townsend, 22 de janeiro de 1987. Neste capítulo, salvo indicação em contrário, todas as demais citações de Smith e Townsend são dessas entrevistas. As idades dos principais funcionários da EMI que trabalharam nesse dia eram: George Martin, 36; Ron Richards, 33; Norman Smith, 39; Ken Townsend, 29.

13   *Sempre* seria alegado que os Beatles foram contratados pela EMI por terem sido "aprovados no teste" em 6 de junho. Não foi bem assim, mas essa ofuscação simplória se infiltraria com sucesso em cada narrativa histórica dos Beatles e convenceria até mesmo seus participantes.

14   Entrevista ao autor, 18 de janeiro de 1987.

15   Entrevista ao autor, 9 de junho de 1995. George Martin escolheu "Hootin' Blues" para a Parlophone em 1953 – creditado ao Sonny Terry Trio, mas na verdade composta por Sonny Terry e Brownie McGhee. O próprio George também gravou discos com gaita de boca, mais especificamente, com Tommy Reilly e Max Geldray. Em fevereiro de 1963, John Lennon nomeou Sonny Terry como seu "instrumentista favorito" num questionário da *NME*. Essa era provavelmente uma paixão recente, porque não há indicação anterior dessa admiração. Citação de Chris Neal com base na entrevista ao autor, 29 de janeiro de 1987; desinteresse de George Martin por "Besame Mucho" dos Beatles com base no relato feito ao autor por Paul McCartney, 19 de maio de 1987.

16   Entrevista ao autor, 19 de maio de 1987.

17   Pete Best em entrevista ao autor, 14 de janeiro de 1987.

18   George Martin em Davies, *The Beatles*, p. 168; George Harrison, em *The Beatles Anthology*, p. 70; Paul, com base na entrevista realizada por Mike Read, 13 de outubro de 1987, na BBC Radio 1; Smith, em entrevista ao autor, 26 de janeiro de 1987.

19   Entrevista ao autor, 31 de agosto de 2000.

20   Entrevista realizada por Mike Read, 13 de outubro de 1987, na BBC Radio 1.

21   *The Beatles Anthology*, p. 70.

22   *The Beatles: The Days in Their Life*, série de rádio canadense, parte 1, 1981.

23   Declaração de Best, em *Beatle!*, p. 163; Smith, com base na entrevista ao autor, 16 de maio de 2005.

24   Paul (em entrevista ao autor, 19 de maio de 1987) declarou que George Martin revelou a opinião dele sobre a habilidade de Pete a todos, menos ao próprio Pete. Pete

1184 Notas

"quase intratável", com base na entrevista de George Martin realizada por Richard Williams, *Melody Maker*, 21 de agosto de 1971.

25 *Mersey Beat*, 31 de maio; *Melody Maker*, 21 de dezembro de 1963.

26 Entrevista ao autor, 31 de agosto de 2000.

27 Entrevista ao autor, 9 de junho de 1995.

30: **O componente indesejável** (7 de junho a 18 de agosto de 1962)

1 Entrevista ao autor, 10 de setembro de 2007.

2 Entrevista realizada por David Sheff e publicada na *Playboy* de 24 de setembro de 1980 – na qual um erro de transcrição transformou "edredom" em "entretom".

3 Ibid.

4 Entrevistas ao autor – Ness, 29 de outubro de 2004; Steen, 12 de junho de 2005. O envolvimento de Paul em aprimorar "Please Please Me" não altera o fato de que John a compôs sozinho – um ponto que ele fez questão de frisar em um cartão-postal enviado à *Melody Maker* (reproduzido na edição de 28 de agosto de 1971): "Eu compus 'Please Please Me' sozinho. Foi gravada na sequência exata em que eu a compus".

5 O "Audience Barometer" (Barômetro da audiência) que a BBC divulgava diariamente relatou uma audiência de 3,7% para esse *Here We Go*, equivalente a cerca de 1.813.000 radiouvintes. Esse número ficou bem abaixo da transmissão anterior dos Beatles, mas o primeiro programa aconteceu numa tarde fria de quinta-feira em março e o segundo, numa tarde quente e ensolarada de sexta-feira em junho.

6 O relatório de uso interno da BBC "programação conforme transmitida" do *Here We Go*, de 15 de junho, foi a primeira vez que o crédito de composição de "Lennon, McCartney" foi impresso. "Ask Me Why" era principalmente uma canção de John, então "Lennon, McCartney" confirma tanto a parceria 50-50 quanto a projeção de Brian Epstein – foi ele quem forneceu as informações a Peter Pilbeam. A música foi registrada com o código "MSS" – ou seja, manuscrita, naturalmente com direitos autorais, mas ainda não publicada.

7 *Beatle!*, p. 149. "Estão pensando em se livrar de você", vide *Shout!*, p. 149.

8 Entrevista realizada por Tony Fletcher, *Jamming*, número 14, 1983.

9 Davies, *The Beatles*, p. 143; George, a partir de provas apresentadas no Royal Courts of Justice, Londres, 6 de maio de 1998.

10 Com base na transcrição bruta das entrevistas para sua autobiografia *A Cellarful of Noise*.

11 Ibid.

12 Documento nos arquivos da família Epstein.

13 Entrevista realizada por Mike Read, 13 de outubro de 1987, na BBC Radio 1.

14 O álbum dos Beatles *Live at the BBC* inclui gravações de 1963 de "Soldier of Love", "Don't Ever Change" e muitas outras canções mencionadas nestas páginas.

15 Entrevista ao autor, 21 de junho de 2007.

Notas

16 Entrevista realizada por Stuart Colman, *Echoes*, BBC Radio London, 17 de junho de 1984.

17 Entrevista ao autor, 19 de janeiro de 2008.

18 Entrevista ao autor, 29 de outubro de 2004.

19 Foto de palco, *Remember*, p. 75. A foto que virou anúncio publicitário, com John, Paul e George junto ao Anglia, aparece em *Remember*, p. 95, com outras fotos tiradas no mesmo dia. A foto de John e Paul com Gene Vincent, os três com look descolado em jaquetas de couro, está no frontispício de *Remember*. As fotos publicadas de Paul e Jim McCartney no jardim dos fundos da 20 Forthlin Road foram tiradas mais cedo, nesse mesmo dia, domingo, 1º de julho.

20 Citação de Mike McCartney com base na entrevista realizada por Evert Vermeer, revista *Beatles Unlimited*, número 75 (setembro/outubro de 1987). Essas fotos do tipo "Vê se me faz parecer famoso" estão espalhadas pelos livros fotográficos de Mike. Lenço em Liverpool, com base na entrevista realizada por Peter Doggett, revista *Beatles Book*, número 199 (novembro de 1992). Mike trabalhava no salão de André Bernard – na sobreloja da Ranelagh House, em frente à Lewis's e à filial da Nems da Great Charlotte Street, bem ao lado da Blackler's, onde George tinha trabalhado. Era chamado de Peter (seu verdadeiro prenome) porque já havia um Michael, e seus colegas incluíam dois outros rapazes com probabilidade de se tornarem grandes estrelas – Jimmy Tarbuck (inimigo de John Lennon no Ensino Fundamental) e Lewis Collins. Em sua carta de 9 de maio a Mike, enviada de Hamburgo, Paul disse sobre o trabalho de cabeleireiro: "Que bacana esse lance no André Bernards, porque você pode começar a ganhar uma boa grana se quiser. Não sei por que falei isso, talvez seja porque teve uma época em que também pensei em seguir esse ramo".

21 Entrevista ao autor, 2 de maio de 1991.

22 *Beatles Gear*, p. 66-68. Tudo o que você quiser saber sobre amplificadores Vox, incluindo o uso a longo prazo dos Beatles, está em *Vox Amplifiers: The JMI Years*, de Jim Elyea (Los Angeles, The History for Hire Press, 2008); capítulo sobre os Beatles, p. 570-611.

23 Entrevista ao autor, 20 de fevereiro de 2004.

24 Entrevista ao autor, 30 de junho de 2003.

25 Entrevista realizada por Spencer Leigh.

26 Entrevista ao autor, 4 de março de 2008.

27 O casamento aconteceu em 30 de junho de 1962; o anúncio precoce de Leach no *Echo* foi veiculado em 5 de julho.

28 Entrevista ao autor, 20 de julho de 2006.

29 Citação de Mal Evans com base em manuscrito não publicado.

30 *Mike Mac's White and Blacks Plus One Colour*, p. 16. Citação de Joe Brown com base na entrevista realizada por Spencer Leigh.

1186 **Notas**

31 Entrevista ao autor, 18 de março de 2005. O nome verdadeiro de Bobby Graham era Robert Neate (1940-2009).

32 Entrevista a Spencer Leigh – uma das raras que Hutchinson concedeu. Ele não gosta de falar sobre esse período de sua vida e sente desprezo ao falar sobre os Beatles. Uma consulta para ser entrevistado para este livro foi rejeitada sem pestanejar. Citação de John Lennon, com base na entrevista realizada por Paul Drew, rádio estadunidense, abril de 1975: "As bandas The Big Three e Rory Storm and the Hurricanes tinham os dois melhores bateristas de Liverpool. Ringo era o segundo melhor baterista da cidade". "Tresloucado", da entrevista de Paul McCartney realizada por Mike Read, 13 de outubro de 1987, veiculada na BBC Radio 1.

33 Em 2007, durante um almoço, Neil Aspinall me contou casualmente que certa vez Paul levou John na van dos Beatles para falar com Ringo em Skegness. Isso está relacionado com as citações de Johnny Guitar e Vi Caldwell – mas quando pedi mais detalhes, Neil prometeu que ia contar outra hora, no entanto faleceu antes disso. Em 2011, enquanto eu redigia este livro, questionei Paul sobre isso, e ele me respondeu por e-mail: "Tenho uma vaga lembrança da história que você menciona, então suponho que seja verdade, mas, honestamente, não tenho certeza sobre os detalhes". Embora não prove nada, a seguinte citação de McCartney é interessante nesse contexto. Falando numa entrevista de 1986 sobre viagens rodoviárias de longa distância, ele disse: "Quando você era criança, se viajasse quatro horas, chegava a Skegness para ficar no Butlin's". (Paul passou férias de infância nos acampamentos de férias da rede Butlin's, em Pwllheli e em Filey, nunca em Skegness, e fez essas viagens de trem; em 1962 ele tinha 20 anos.)

34 O fotógrafo do Butlin's tirou fotos publicitárias deles em que Ringo está com o programa aberto e estão olhando para a fotografia da própria banda. Enfim, o Rock and Calypso Ballroom havia descartado o sufixo adicionado tentando prever uma onda que nunca veio.

35 O *Mersey Beat* de 23 de agosto, que foi ao prelo no mais tardar no dia 17, indicava que um baterista substituto havia sido procurado por tempo suficiente para Rory estar "inundado de inscrições".

36 *Beatle!*, p. 165. "Coronel Joe", com base no *Mersey Beat*, 3 de maio de 1962; "empresário e produtor" de seu anúncio no *Mersey Beat*, 26 de julho.

37 *A Twist of Lennon*, p. 70; John, p. 120.

38 "Não lutei contra isso", em Davies, *The Beatles*, p. 159; "fiz dela um útero honesto", em "Halbut Returb", *In His Own Write*, p. 71.

39 Cynthia, em *A Twist of Lennon*, p. 71; Dot, no inestimável site *It's Only Love*.

40 Entrevista ao autor, 30 de dezembro de 2011.

41 Do ensaio de Bill Harry em *The Literary Lennon*, organizado pelo dr. James Sauceda (Ann Arbor, MI, Pierian Press, 1983), p. 148. A mudança do escritório foi de um andar, do último andar da 81a Renshaw Street para o do meio.

Notas

1187

42 Davies, *The Beatles*, p. 173; citação de George Martin, com base na entrevista ao autor, 9 de junho de 1995.

43 Entrevista ao autor, 30 de abril de 2002.

44 Entrevista realizada por Nicky Campbell, BBC Radio 1, 19 de novembro de 1991.

45 Entrevista ao autor, 19 de maio de 1987.

46 Entrevista realizada por Murray The K (Murray Kaufman) e transmitida no dia 28 de agosto de 1964, na WINS (rádio de Nova York). Ringo não mencionou as conversas prévias que o levaram a esse ponto.

47 Ringo conta que só Brian ligou para ele, não John: "Não me lembro de John ter me ligado, coisa que saiu no livro de alguém" (série documental televisiva *The Beatles Anthology*). O telefonema foi detalhado pela primeira vez em *A Cellarful of Noise*, p. 70.

48 Entrevista realizada por Spencer Leigh.

49 Davies, *The Beatles*, p. 142.

50 Nessa época, ele estava ganhando um pouco menos que £ 50-60 por semana.

51 Entrevista realizada por Spencer Leigh.

52 Entrevista ao autor, 21 de junho de 2007.

53 *It's Love That Really Counts: The Billy Kinsley Story*, de Spencer Leigh (Liverpool, Cavern City Tours, 2010), p. 40.

54 Entrevista realizada por Spencer Leigh.

55 Entrevista ao autor, 21 de junho de 2007.

56 Ibid.

57 Entrevista realizada por Spencer Leigh.

58 Nada se sabe sobre essa sessão além de que ela aconteceu. Dois dias depois, outro ensaio foi fotografado.

59 A primeira apresentação dos Beatles aqui foi em 7 de julho de 1962 – por coincidência, dia em que Ringo festejou seu aniversário de 22 anos.

60 Entrevista ao autor, 21 de junho de 2007. Ringo abordou isso em *The Beatles Anthology*, p. 72, prefaciando sua citação com as palavras "Uma alegre nota colateral". De acordo com Neil, nunca foi colateral e muito menos alegre: Ringo levou isso como uma reprimenda e não esqueceu.

61 Entrevista ao autor, 27 de agosto de 2004; Hank Marvin, da *Melody Maker*, 5 de maio de 1962. O amigo de Ringo, Dave "Jamo" Jamieson, gravou um pouco do show. "Eu tinha um pequeno gravador de rolo Philips, coloquei na mesa e deixei rodar. Gravei umas partes do show do Four Jays e dos Beatles. Pouco tempo depois, vendi o gravador e todas as fitas para o meu vizinho, e quando os Beatles ficaram realmente famosos, voltei para tentar resgatar a fita, mas ele já tinha gravado Slim Whitman por cima" (entrevista ao autor, 12 de agosto de 2004).

62 Entrevista ao autor, 5 de julho de 2007.

63 Prova apresentada no Royal Courts of Justice, Londres, 6 de maio de 1998.

64 Entrevista ao autor, 21 de junho de 2007.

1188 **Notas**

31: *Some Other Guy* (19 de agosto a 4 de outubro de 1962)

1   WPLJ-FM, 9 de junho de 1971.

2   Entrevistas ao autor – Liz Tibbott-Roberts, 11 de junho de 2005; Joan McCaldon, 25 de novembro de 2005; Beryl Johnson, 4 de agosto de 2005; Margaret Chillingworth, 8 de junho de 2005; Thelma Wilkinson, 29 de agosto de 2005; Margaret Kelly, 25 de novembro de 2005. Mal Evans e "outros", de Davies, *The Beatles*, p. 143.

3   John, com base na entrevista concedida a Paul Drew, rádio estadunidense, abril de 1975. Primeira citação de Paul, em Davies (1985), p. 471; segunda, com base na entrevista concedida a Richard Williams e publicada no *The Times*, 28 de dezembro de 1981.

4   Entrevista realizada por Spencer Leigh.

5   Wooler, em *The Best of Fellas*, p. 168.

6   Entrevista concedida a Tom Hibbert, Q, junho de 1992.

7   Entrevistas ao autor – Chillingworth, 8 de junho de 2005; Murphy, 1º de julho de 2006.

8   Mais tarde, Sue Wright se tornou Sue Johnston, atriz de TV e cinema. Na época com 18 anos de idade, essa fã dos Beatles (e Cavernite no horário de almoço) trabalhava como vendedora de discos na filial da Nems de Whitechapel. Entrevista concedida por ela a Spencer Leigh. Entrevistas ao autor com Sandra Marshall (17 de fevereiro de 1999), Marie Guirron (30 de dezembro de 2011) e Elsa Breden (9 de junho de 2005).

9   Entrevista ao autor, 30 de junho de 2003.

10 *Beatle!*, p. 172.

11 "Você é jovem demais!", de *Lennon*, de Ray Coleman (edição de 2000), p. 282; Mimi jurando não comparecer, em *A Twist of Lennon*, p. 73; palavras de John a Mimi, Davies, *The Beatles*, p. 159.

12 "Estar ao seu lado e lhe causar mal, até que nos separe o dever mortal", do conto "Nicely Nicely Clive", *In His Own Write*, p. 56. (No Brasil, há um livro editado em 1985 pela Brasiliense com o título *Um atrapalho no trabalho*, com tradução de Paulo Leminski. A edição traz também outra coletânea de textos de Lennon, *A Spaniard in the Works*.) Detalhes do casamento em *A Twist of Lennon*, p. 74-78.

13 Davies, *The Beatles*, p. 159; "(...) com esposa para sustentar", do conto "Sad Michael", *In His Own Write*, p. 35.

14 Entrevista realizada por Chris Hutchins, *NME*, 19 de fevereiro de 1965.

15 Entrevista ao autor, 29 de outubro de 2004. Lindy Ness não faz alegações extravagantes para o comentário de John sobre o caso da "madeira norueguesa", mas jura que é verdade. Ela não sabe se isso teve alguma influência sobre o fato de John ter escrito uma canção com esse nome três anos depois, mas assim que sua amiga Marie Guirron (namorada de George no verão de 1962) a ouviu, em dezembro de 1965, ela teve certeza de que John tinha Lindy em mente. Nenhum entrevistador jamais pediu a John para explicar o título de sua canção.

Notas

1189

16 Entrevista ao autor, 2 de maio de 1991.

17 Entrevista ao autor, 6 de setembro de 2010, além dos e-mails trocados em 29 de agosto de 2010 e 28 de fevereiro de 2012.

18 Entrevista ao autor, 30 de dezembro de 2011.

19 Entrevista ao autor, 13 de fevereiro de 1997.

20 *The Beatles Anthology*, p. 163.

21 Entrevista realizada por Ray Coleman, *Melody Maker*, 14 de novembro de 1964.

22 *The Beatles Anthology*, p. 73; "superar", p. 72. Parece que demorou uns três meses, até novembro de 1962.

23 Entrevista ao autor, 28 de maio de 2004.

24 *Melody Maker*, 25 de dezembro de 1965.

25 Entrevista ao autor, 21 de junho de 2007.

26 *Love Me Do! The Beatles' Progress*, p. 37.

27 Entrevista ao autor, 30 de dezembro de 2011.

28 Entrevista realizada por Colin Irwin, *Melody Maker*, 1º de abril de 1978.

29 Entrevista concedida a Paul du Noyer, consta no livreto da turnê *Paul McCartney World Tour* (1989-90), p. 37.

30 Entrevista realizada por Ray Connolly, *Evening Standard* (Londres), 24 de fevereiro de 1968.

31 Entrevista concedida a Mike Read, 13 de outubro de 1987, na BBC Radio 1; "(...) só o rosto que não sorri", com base na entrevista realizada por Larry Kane, 20 de agosto de 1965.

32 Revista *Beatles Book*, edição 3 (outubro de 1963).

33 *The Beatles Anthology*, p. 266.

34 *The Beatles Anthology*, p. 86; "três e um" da entrevista realizada por Horst Königstein, Hamburgo, 29 de setembro de 1976, para o documentário *Ringo und die Stadt am Ende des Regenbogen* (Ringo e a Cidade no Fim do Arco-íris), NDR-TV, Alemanha Ocidental, 9 e 16 de junho de 1977.

35 Entrevista ao autor, 18 de julho de 2006. O próprio Flynn não pôde comentar: morreu de câncer em 1971, aos 27 anos. "Cai fora", na série de TV *The Beatles Anthology*; Paul, com base na entrevista ao autor, 19 de maio de 1987. A devotada fã de George, Sue Houghton, concorda: "Nunca pensei que o olho roxo dele tinha alguma coisa a ver com Pete Best. Foi coisa de um namorado ciumento". Mike Berry, que dividiu um line-up no Cavern com os Beatles no domingo, 26 de agosto, lembra-se de George ter comentado que havia "levado uma cabeçada" de um cara ciumento cuja namorada tinha flertado com ele. Não há um consenso entre as testemunhas. Há quem diga que foi Paul, não George, quem xingou os desordeiros na plateia; que John lutou para proteger George; que quando George voltou ao palco para a segunda parte do show dos Beatles no horário de almoço, John e Paul riam incontrolavelmente e não paravam de chamar George de "Teddy Boy!"; e inclusive que George não voltou ao

1190

Notas

palco, e John anunciou que ele estava "um pouco *dodói*". Billy Kinsley garante que os Beatles continuaram tocando como um trio – afirma que apresentaram canções que não precisavam de guitarra solo, incluindo um número que seu grupo, o Mersey Beats, costumava fazer, "I'll Never Let You Go (Little Darlin')", um dos grandes compactos de Elvis na Sun.

36 *The Beatles Anthology*, série de TV

37 Entrevista ao autor, 21 de junho de 2007.

38 A foto dominou a primeira página do *Mersey Beat* de 20 de setembro, e a reportagem de Brian ganhou a manchete "BEATLES GRAVAM DISCO NA EMI" com o subtítulo "Confira neste número". Abaixo, havia uma propaganda das três lojas da Nems: "Faça sua encomenda para o primeiro disco dos Beatles na Parlophone".

39 Entrevista ao autor, 9 de junho de 1995.

40 Entrevista realizada por Elliot Mintz, 18 de abril de 1976. Comentário de George Martin em *All You Need Is Ears*, p. 130; Paul, em *The Beatles Anthology*, p. 90.

41 Davies, *The Beatles*, p. 169.

42 Agradecimentos a Kevin Ryan, coautor de *Recording The Beatles*, por analisar e explicar minuciosamente o procedimento técnico utilizado nessa sessão.

43 Entrevista realizada por Richard Williams, *Melody Maker*, 21 de agosto de 1971. A parada da NME vigente na época dessa sessão dos Beatles trazia duas canções com gaita de boca: "I Remember You", de Frank Ifield, em 1º lugar, e "Sealed With a Kiss", de Brian Hyland, em 6º.

44 Entrevista concedida a Jann S. Wenner, 8 de dezembro de 1970, *Rolling Stone*. O eloquente apoio de Ringo expresso em *The Beatles Anthology*, p. 77.

45 Entrevista concedida a Richard Williams, *Melody Maker*, 21 de agosto de 1971. Numa entrevista realizada por Robert W. Morgan (rádio estadunidense, por volta de 1982), George Martin voltou a afirmar que só John se aproximou para falar com ele.

46 Entrevista realizada por Paul Drew, rádio estadunidense, abril de 1975.

47 Entrevista concedida a Nicky Campbell, BBC Radio 1, 19 de novembro de 1991; frase sobre "éramos muito atrevidos", com base na entrevista ao autor, 19 de maio de 1987.

48 Entrevista realizada por Keith Skues, BBC Radio 1, 2 de novembro de 1970.

49 Com base na entrevista realizada pelo autor com Kim Bennett, 27-28 de julho de 2003.

50 Em parte, informações da entrevista concedida por Dick James a Johnny Beerling, início de 1972, para a BBC Radio 1.

51 Aos 32 anos, White morava em Londres, mas fora criado em Glasgow e tinha sotaque escocês. Músico de estúdio bastante solicitado, tocava bateria numa série de discos em todas as gravadoras, principalmente nas sessões de Jack Good, na Decca. Good o usou no belo álbum de 1960 de Billy Fury, *The Sound of Fury*, e o colocou na TV em *Boy Meets Girls*. Os Beatles assistiram a isso, e também viram *Drumbeat*, uma

Notas

1191

série de TV de curta duração, exibida pela BBC em 1959, na qual White era o baterista da banda residente; Paul, quando era um colegial de calças curtas, também já o tinha visto tocar bateria com a Vic Lewis Orchestra, uma das bandas que abriram o show de Bill Haley em 1957. Os Beatles, inclusive, podem ter visto a foto de White no *Liverpool Echo*, por ocasião de seu recente casamento (em abril) com a cantora local Lyn Cornell. Quando White tocou nessa sessão de gravação dos Beatles, ele e Lyn tinham acabado de voltar da lua de mel, adiada em razão do emprego noturno dele no fosso da orquestra do musical *Stop The World: I Want to Get Off*, de Anthony Newley, em Londres – e rumo à Broadway.

52 *The Beatles Anthology*, p. 76; "muuuito chateado", entrevista na Earth News Radio, maio de 1978.

53 Entrevista ao autor, 23 de setembro de 2003.

54 Entrevista ao autor, 18 de janeiro de 1987.

55 Ringo, na série de TV *The Beatles Anthology*.

56 Entrevista realizada em 28 de agosto de 1963 para *The Mersey Sound* (BBC-TV, 9 de outubro de 1963).

57 *The Beatles Anthology*, p. 96. A referência de Paul sobre "passar com John na frente da igreja de St. Peter, em Woolton" é intrigante. Os dois não eram lá muito propensos à nostalgia, então é curioso, cinco anos depois, terem discutido sobre a parceria justamente no local de seu primeiro encontro – a única vez que se sabe que voltaram.

58 Entrevista concedida a Alan Freeman, BBC Radio 1, 6 de dezembro de 1974.

59 As travessuras de John ao microfone, recordações de Lindy Ness.

60 Entrevista ao autor, 30 de setembro de 1987; "tentativa fracassada de criar um single" – *Many Years From Now*, p. 83.

61 Entrevista realizada por Raoul Pantin, *Trinidad Express*, 4 de maio de 1971.

62 King Curtis também foi creditado como compositor, mas é provável que Buddy Holly tenha sido o verdadeiro autor da canção.

63 Entrevista ao autor, 30 de junho de 2003.

64 Entrevista ao autor, 26 de março de 2003.

65 Entrevista ao autor, 10 de junho de 2005. Aos 23 anos, Chadwick estudou design gráfico no Liverpool College of Art, dois anos adiantado em relação a John Lennon e um à frente de Stuart Sutcliffe. As fotos dos Beatles nessas locações ao ar livre foram feitas em 28 de setembro.

66 Por volta do fim de agosto, Paul e Ringo tiveram encontros separados com Les Chadwick no estúdio Peter Kaye (último andar da 24 Newington – onde também ocorreu uma insatisfatória sessão com toda a banda, em 20 de setembro). A ideia era que essas imagens combinassem com as elegantes fotos em meia-sombra de Astrid com John e George, registradas na primavera em Altona, Hamburgo – aquelas que, segundo John, "deixaram Paul morrendo de inveja". Os resultados, porém, mais pareceram fotos de passaporte do que retratos artísticos. Chadwick era um bom

1192   **Notas**

fotógrafo, mas as configurações de câmera de claro-escuro e a iluminação não eram algo habitual. Além do mais, os modelos não se sentiram à vontade. Enquanto John e George estavam olhando para as lentes de alguém por quem nutriam profunda afeição, parados no local onde seu colega de banda/amigo próximo/noivo de Astrid havia acabado de morrer, Paul e Ringo estavam num estúdio em Liverpool com um homem que eles mal conheciam, esforçando-se tanto para não sorrir que acabaram ficando sisudos. Brian os enviou para nova tentativa, desta vez com outro profissional, Harry Watmough, cujo estúdio ficava no último andar da 24 Moorfields. "Ele me pediu para fotografá-los com metade de seus rostos na sombra", Watmough lembra, "eu achei que eles tinham ideias um tanto *esquisitas*" – mas os resultados não foram melhores. No fim das contas, as fotos de Chadwick foram impressas como cartões de brinde e as de Watmough apareceram na capa de "Apresentando THE BEATLES", o comunicado de imprensa de Tony Barrow.

67   Todos os documentos dos arquivos da família Epstein.

68   Citação sobre "Nunca me diverti tanto ao tocar", do *Mersey Beat*, 4 de outubro de 1962. Datas dos anúncios no *Echo*: "O maior galã de Merseyside!", 3 de setembro de 1962; "Ex-baterista dos Beatles", 19 de setembro. Resposta de Best a Flannery, com base na entrevista realizada por Spencer Leigh.

69   *Liverpool Echo*, 20 de setembro de 1962.

70   Entrevista realizada por Spencer Leigh.

71   Entrevista ao autor, 24 de julho de 2007.

72   *A Cellarful of Noise*, p. 110. Marshall (1926-2003) escreveu sobre a Publicity Ink na autobiografia de Allan Williams, projeto em que ele atuou como escritor-fantasma em 1975, *The Man Who Gave The Beatles Away* (p. 222-223) – livro que indica o tipo de autor que ele era. Derek Taylor, o escritor-fantasma que redigiu *A Cellarful of Noise*, também bebia no Press Club e conhecia e gostava de Marshall, descrevendo-o como "perigosamente imprevisível" em *Fifty Years Adrift*, p. 250. Informações adicionais da entrevista concedida ao autor por Allan Williams, em 28 de agosto de 2006; afirma ainda que Brian Epstein se tornou membro do Press Club e ia lá com frequência. Exemplo contemporâneo do que teria sido o material da Publicity Ink para os Beatles chegou à primeira página do *Daily Mirror* em 18 de outubro de 1962 – quatro colunas em que Bill Marshall (não creditado) relatou um evento na boate Blue Angel, de Alan Williams: a encenação de uma tourada.

32: 5 de outubro de 1962: começam os anos 60

1   Entrevista realizada por Mike Hennessey, *Record Mirror*, 20 de março de 1971.

2   Entrevista concedida a Spencer Leigh.

3   Entrevista ao autor, 9 de junho de 2005.

4   *Scene and Heard*, BBC Radio 1, 25 de março de 1970. Frase final em *The Beatles Anthology*, p. 77, e entrevista realizada por Elliot Mintz, 18 de abril de 1976.

Notas

1193

5   Entrevistas ao autor – Norman Jopling, 22 de fevereiro de 2006; Judith Simons, 7 de julho de 2005.

6   *New Society*, 18 de outubro de 1962.

7   *The Beatles: The Days in Their Life*, série de radio canadense de 1981, parte 2.

8   Entrevista realizada por Spencer Leigh. Alma Warren, nascida em Liverpool, era na verdade Alma Roza, irmã mais nova da cantora da Decca Lita Roza, que era amiga pessoal da família Epstein. Alma também cantava, e George Martin a contratou para a Parlophone em 1954. Mesmo com a voz bonita, não teve o sucesso de Lita, e após cinco lançamentos da Parlophone até 1956, todos produzidos por George Martin, saiu dos holofotes para os bastidores e começou a trabalhar na função de divulgadora musical da EMI.

9   George, em *The Beatles Anthology*, p. 77; Louise, em Davies (1985), p. 19. Segundo a descrição dela, o programa foi ao ar tarde da noite; o último programa da EMI na programação noturna da Radio Luxembourg era o *Ray's On...*, apresentado pelo DJ canadense Ray Orchard, radicado em Londres, de segunda a sexta, das 23h30 à meia-noite. A probabilidade de esse programa ter sido o primeiro a tocar "Love Me Do" aumenta se levarmos em conta um cartão que John deu à sua tia nessa época e no qual rabiscou detalhes do fato (também mencionou o programa de Sam Costa na EMI, que a Luxembourg transmitia todas as terças-feiras à noite). O cartão aparece em uma figura do livro *The John Lennon Letters* (editado por Hunter Davies, Londres, Weidenfeld & Nicolson, 2012), p. 59.

10   As duas avaliações foram publicadas na revista *The World's Fair*, em 6 de outubro, a primeira assinada por Mary Smith, da Music Hire (Yorks) Ltd, a segunda pelo colunista Joe Bronkhorst. Ele chamou os Springfields de "famosa banda" porque faziam sucesso nos EUA, mas na Grã-Bretanha ainda não tinham emplacado. Sua menção à "hoje quase inevitável gaita de boca" também foi um pouco exagerada, mas após "Hey! Baby", "I Remember You" e "Sealed With a Kiss", ficou fácil para os críticos insinuarem uma tendência.

11   *Disc*, 6 de outubro de 1962; *New Record Mirror*, 13 de outubro de 1962.

12   *Mersey Beat*, 18 de outubro de 1962. A resenha de Disker foi publicada no *Liverpool Echo* em 29 de setembro.

13   4 de outubro de 1962. "Banda nova da região de Liverpool. Primeiro disco deles, mas já têm muitos seguidores e este parece ser o mais forte forasteiro da semana" (avaliado com três estrelas, significando "Promissor" em termos de potencial de sucesso).

14   Entrevista concedida a Elliot Mintz, DJ de Los Angeles, 18 de abril de 1976.

15   Entrevistas ao autor – Brown, 5 de julho de 2007; Kelly, 28 de março de 2003.

16   Entrevista ao autor, 6 de dezembro de 2004.

17   *A Cellarful of Noise*, p. 12. Os Beatles fizeram uma sessão de autógrafos no sábado numa loja de discos em Widnes, a primeira nesse estilo, para capitalizar a base de

fãs criada por eles em várias apresentações locais; autografaram em uma ou duas lojas de Widnes, e também podem ter participado de uma sessão de autógrafos em Warrington. Por que os Beatles não fizeram uma sessão de autógrafos de "Love Me Do" em Liverpool, nem mesmo em nenhuma das três lojas da Nems? Ninguém sabe explicar isso.

18 Entrevista realizada por Jim Steck, 26 de agosto de 1964. As duas frases finais são da entrevista feita em 28 de agosto de 1963 para *The Mersey Sound* (BBC-TV, 9 de outubro de 1963).

19 A confirmação da metodologia de compilação das paradas de discos na Grã-Bretanha nesse período vem de uma série de fontes seniores, incluindo John Fruin (diretor de vendas da EMI), Brian Mulligan (assessor de imprensa da EMI e fundador/editor da revista *Record Business*), Derek Johnson (compilador de paradas da *NME*), Norman Jopling (*New Record Mirror*), Nigel Hunter (*Disc*) e John Mair (distribuidor de discos itinerante). A visão de um formulário original de 1962, preenchido e enviado à *NME*, confirma isso tudo – ele solicita apenas os discos mais vendidos de uma loja em ordem de classificação, não os números de vendas (o processo exato pelo qual a *Billboard* e a *Cash Box* compilavam suas paradas nessa época encontra-se bem explicado em *Record Makers and Breakers: Voices of the Independent Rock 'n' Roll Pioneers*, de John Broven [Urbana e Chicago, University of Illinois Press, 2009], p. 200-202). Também é improvável que a EMI tenha lançado dez mil cópias de "Love Me Do" logo de cara. Era fácil produzir discos adicionais para atender à demanda. A prensagem inicial para um artista estreante sem renome nacional não era muito expressiva (ainda mais em se tratando de um disco ao qual a EMI certamente não dava qualquer apoio especial), provavelmente não mais de quatro mil exemplares. Os Arquivos da EMI não retiveram a documentação da fábrica de Hayes que comprovaria o número exato, mas esses eram os números de costume. Alguns não só publicaram a história do truque publicitário, mas também a embelezaram. Em *Shout!*, o autor Philip Norman publicou a extraordinária afirmação de Joe Flannery (empresário de Lee Curtis and the All Stars) de que Paul McCartney teria lhe contado que Brian obrigou os Beatles a pagarem pelos dez mil discos, medida tão severa que os levou temporariamente a passar fome e ficar na penúria nas ruas de Londres. Um produtor de TV então permitiu que Flannery confirmasse sua história de falsificação da parada de sucessos no "documentário" *Love Me Do: The Beatles '62* (BBC4, 7 de outubro de 2012), no qual seus comentários foram curiosamente endossados pelo músico de Liverpool Billy Kinsley. Tamanho era o desejo editorial de defender essa ideia que é alegado que "Love Me Do" apenas "despontou brevemente em 17º lugar nas paradas [e] sumiu após algumas semanas". Na verdade, a canção permaneceu 18 semanas nas paradas, de outubro de 1962 a fevereiro de 1963... mas dizer isso teria colocado por terra a história. Algumas pessoas têm a necessidade de dizer coisas, e a maioria do público engole o que ouve ou lê, mas chegou a hora de essa calúnia que já dura meio

Notas 1195

século ser definitivamente descartada.

20 *Nuneaton Evening Telegraph*, 9 de outubro de 1992. Os Beatles eram a segunda maior atração de um line-up que, conforme a propaganda, tinha como protagonistas Buddy Britten and the Regents.

21 Jantar do Rock and Roll Hall of Fame, Waldorf-Astoria Hotel, Nova York, 20 de janeiro de 1988.

22 Nessa noite, 12 de julho, a formação deles foi: Mick Jagger, Keith Richards, Elmo Lewis (Brian Jones), Dick Taylor, Ian "Stu" Stewart e, provavelmente, Tony Chapman na bateria. O Kansas City Blue Boys, de Long John Baldry, abriu o show. Trezentos e vinte quilômetros ao norte, os Beatles estavam tocando no Majestic Ballroom, em Birkenhead.

23 4 de outubro de 1962.

24 *No Direction Home: The Life and Music of Bob Dylan*, de Robert Shelton (Nova York, Beech Tree Books, 1986), p. 152. Os Beatles não escutaram Bob Dylan nesse momento. Paul tinha um LP folk, o primeiro de Joan Baez, lançado na Grã-Bretanha em janeiro de 1962. Quase 30 anos depois, em 1990, ele gravou uma sólida cover de uma de suas faixas, a tradicional "All My Trials" – que havia exercido uma influência menor numa canção que ele compôs com John em 1963.

33: "Chegamos aqui e agora vamos detonar" (6 a 31 de outubro de 1962)

1 Entrevista realizada em 28 de outubro de 1964 por Jean Shepherd, publicada na *Playboy* em fevereiro de 1965.

2 John, com base na entrevista concedida a Jann S. Wenner, publicada em 8 de dezembro de 1970 na *Rolling Stone*; Paul, na entrevista realizada por Janice Long no programa *Listen to What the Man Says*, BBC Radio 1, 22 de dezembro de 1985; George, no *The David Frost Show* (TV americana), 3 de dezembro de 1971; Ringo, na entrevista realizada por Horst Königstein, Hamburgo, 29 de setembro de 1976, em *Ringo und die Stadt am Ende des Regenbogen* (Ringo e a Cidade no Fim do Arco-íris), NDR-TV da Alemanha Ocidental, 9 e 16 de junho de 1977. No fim de 1963, Paul disse ao escritor Michael Braun: "Quando o pessoal ouvia 'Liverpool', pensava que éramos todos estivadores com costeletas. E o nome? Praticamente todo mundo que ficava sabendo nos aconselhava a mudá-lo. 'Beatles? O que significa isso?'" (*Love Me Do! The Beatles' Progress*, p. 31).

3 Entrevista ao autor, 1º de outubro de 2004. Essa é a fonte de todas as citações de Tony Calder neste capítulo.

4 Entrevista realizada por Ray Coleman, *Melody Maker*, 14 de novembro de 1964; última parte, com base na entrevista realizada por Larry Kane, 2 de setembro de 1964.

5 Cliff Richard, no *Liverpool Echo*, 22 de setembro de 1961; John, na conferência de imprensa de Sydney, 11 de junho de 1964; George, na entrevista realizada por Larry Kane, 8 de setembro de 1964.

Notas

6   Entrevista ao autor, 1º de junho de 2005. Os artigos dele no *Mersey Beat* foram publicados nas edições de 1º e 15 de novembro de 1962.

7   Entrevista ao autor, 2 de fevereiro de 2005. O anúncio da *Pop Weekly* para "Love Me Do" saiu na edição de 6 de outubro.

8   Craven House, 234-238 Edgware Road, lado leste, pertinho de onde o viaduto da Marylebone Road seria construído (inaugurado em 1967).

9   Entrevista realizada por Chris Welch, 11 de fevereiro de 1973.

10 Um ano depois, John disse a Ray Coleman (*Melody Maker*, 16 de novembro de 1963): "As pessoas continuavam vindo e perguntando quem era o líder. Dizíamos: 'Ninguém'. Eles retrucavam: 'Tem que ter um chefe'. Até que os outros me disseram: 'Você começou a coisa toda, você é o líder'". Não eram necessários lembretes, apenas a política dos Beatles em ação.

11 Ele só pode estar falando de "Please Please Me", gravado na EMI em 11 de setembro; John pode ter pensado que a gravação seria lançada, ou talvez simplesmente quisesse dizer que a canção seria seu próximo lançamento, mas a decisão não era dele, e na época em que fez essa observação, George Martin ainda pretendia lançar "How Do You Do It" como o próximo disco dos Beatles. John parecia ter certeza de que isso não ia acontecer.

12 Entrevista realizada por Andy Neill, 23 de fevereiro de 2007. Ian Samwell (1937-2003) fazia parte do The Drifters, um dos grupos de apoio originais de Cliff Richard. Compôs hits para muitos artistas e foi um produtor importante e bem-sucedido.

13 Citado em *Belmo's Beatleg News*, outubro/novembro de 1989.

14 O vice-presidente da Capitol, Alan W. Livingston, foi promovido a presidente em outubro de 1962, substituindo o cofundador da empresa, Glenn E. Wallichs, que presidiu a Capitol antes e depois da aquisição da EMI em 1955.

15 Carta de Roland Rennie a Joseph Zerga, 11 de dezembro de 1962. Ex-assistente do diretor administrativo L. G. Wood, Rennie havia sido promovido a gerente do novo setor, Licenciamento de Repertório. A EMI levava a sério esse assunto.

16 Davies, *The Beatles*, p. 278.

17 *It's Love That Really Counts: The Billy Kinsley Story*, p. 54. La Scala Ballroom – o encontro de Milão com Runcorn, mas apenas no nome. Em 1959, com o nome de Japage 3, John, Paul e George tocaram duas vezes nesse local. Em 1962, Brian agendou dois shows dos Beatles ali.

18 "Não foi feita *para* ele [George], mas assim que a compus eu pensei: 'Ele pode cantar essa'", contou John ao repórter David Sheff, *Playboy*, 24 de setembro de 1980. John sempre reivindicou a autoria de "Do You Want to Know a Secret", mas Paul – no livro de 1997 *Many Years From Now*, p. 95 – alegou que foi 50:50. Também a chamou de "canção mercenária", insinuando que foi escrita sob encomenda, mas foi composta num período em que ela não era realmente necessária para nada.

19 *Dream Boogie: The Triumph of Sam Cooke*, de Peter Guralnick (Londres, Little, Brown, 2005), p. 422-423.

Notas

20 Resenhista, Chris Hutchins; 12 de outubro de 1962. A Sounds Incorporated era uma banda instrumental, oriunda da cidade de Kent, que tinha seis componentes, sendo três deles saxofonistas.

21 15 de novembro de 1962.

22 Ibid.

23 Em sua biografia sobre Sam Cooke (p. 427), Peter Guralnick afirma que esse hábito que Richard tinha de escrever em sua grande bíblia intrigava a todos durante sua turnê britânica noturna. Às vezes, Don Arden levava seus filhos aos shows (David, de 9 anos, e Sharon, de 10 anos – que mais tarde se tornaria Sharon Osbourne, esposa de Ozzy), e numa dessas ocasiões David conseguiu folhear a bíblia. Richard escrevia um diário sexual ilustrado em sua bíblia, classificando os amantes por suas habilidades. Ver também *The Life and Times of Little Richard*, de Charles White (Londres, Omnibus Press, 2003), p. 114-115. Mike McCartney, em *Remember*, p. 108.

24 Entrevista concedida ao autor por Les Chadwick, 10 de junho de 2005. Wooler recolhendo apostas, descrito por Karl Terry em entrevista a Spencer Leigh. Pete e Beatles não trocarem uma só palavra nem olhares, em *Beatle!*, p. 175.

25 John, entrevista realizada por Barbara Graustark, *Newsweek*, setembro de 1980. O programa autografado é ilustrado em Davies (1985), p. 29. Existe uma segunda foto em que Little Richard e os Beatles aparecem com Derry Wilkie (cantor de Liverpool ao estilo Little Richard) e dois do único grupo negro de Liverpool, The Shades; formavam um quinteto vocal, no estilo *doo-wop*, e em novembro se renomearam como Chants.

26 Entrevista realizada por Mike Ledgerwood, *Disc and Music Echo*, 5 de dezembro de 1970.

27 Entrevista realizada por Peter McCabe e Robert D. Schonfeld, setembro de 1971.

28 The Big Three interromperam o show de Billy Kramer com os Coasters num evento de dança (*showdance*) da Nems Enterprises – vide pedido de desculpas, com data de 13 de novembro de 1962, que Brian Epstein enviou a Ted Knibbs; disponível em *Let's Go Down the Cavern*, de Spencer Leigh (Londres, Vermilion, 1984), p. 131.

29 "Liverpool Today", de Nick Nye, 5 de fevereiro de 1963. Detalhes do *Liverpool Echo*, 17 de julho, 18 de julho, 18 de outubro, 25 de outubro e 13 de novembro de 1962, e da *Sphinx*, primavera de 1962. O desemprego na Grande Londres era de 1,1%; em Merseyside, 4,8%, uma porcentagem equivalente a 29.602 pessoas; 4.449 "moços e moças" locais não tinham trabalho. Em julho de 1963, o ministro da Habitação, Sir Keith Joseph, passou um dia em Liverpool percorrendo as favelas. Uma das casas que ele visitou – em Upper Canning Street, Toxteth – tinha 33 ocupantes. Elizabeth "Bessie" Braddock (1899-1970), deputada trabalhista eleita pela circunscrição eleitoral de Liverpool Exchange, 1945-70, mulher notável, provavelmente a maior parlamentar de todos os tempos do povo britânico. O slogan dela era "Quando você precisar de 'Bessie', ela estará lá", e ela estava.

30 Entrevista realizada por Spencer Leigh; revista *Record Collector*, edição 54 (fevereiro de 1984), à exceção de "o público logo caiu na risada e no fim todo mundo aplaudiu", na entrevista concedida a Colin Hall, revista *Shindig*, número 8 (janeiro-fevereiro de 2009).

31 *Mersey Beat*, 11 de junho de 1964. Os Tenabeats abriram o show dos Beatles no Aintree Institute em 28 de outubro de 1961 e no St. John's Hall, Bootle, em 2 de março de 1962. Gorman, com base na entrevista realizada por Spencer Leigh.

32 Entrevista ao autor, 4 de novembro de 2004.

33 *In His Own Write*, p. 16-19. É um texto fascinante, aberto a interpretações e cheio de tiradas características de Lennon.

34 *A Twist of Lennon*, p. 80, e *John*, p. 132.

35 *A Twist of Lennon*, p. 78-80.

36 *Liverpool Weekly News*, 11 de outubro e 1º de novembro de 1962.

37 *A Twist of Lennon*, p. 82.

38 Entrevista ao autor, 29 de outubro de 2004.

39 Marie deixou Merseyside em 1963 ("A vida não era a mesma com os Beatles longe de casa") e foi para Londres, onde se tornou presença constante nos clubes de música. Ela topou com Paul algumas vezes e, em 1967, conheceu Justin Hayward, do Moody Blues, no clube Bag O' Nails. Os dois se casaram em 1970 e permanecem juntos.

40 Entrevista ao autor, 24 de abril de 2012. O primeiro filme de Bond foi *O satânico Dr. No*, que estreou no cinema London Pavilion na sexta-feira, 5 de outubro. Thelma Monaghan se casou com o poeta Roger McGough e teve uma bela carreira como produtora de TV (entre outros programas, fez o grande sucesso dos anos 1980, *Blind Date*, com Cilla Black). Seu filho, Nathan Monaghan, também conhecido como Nathan McGough – que tinha 2 anos quando ela namorou Paul –, se envolveu na indústria da música e foi empresário das bandas Happy Mondays e White Lies.

41 Entrevista ao autor, 24 de julho de 2004. Neste capítulo, todas as citações de Iris Caldwell são dessa entrevista. A temporada de *Sing Along With Joe* aconteceu no Liverpool Empire de segunda a sábado, 17 a 22 de setembro. Os Beatles tiveram duas noites livres naquela semana.

42 Todas as citações de Vi Caldwell são da entrevista realizada por Johnny Beerling, janeiro de 1972, para a BBC Radio 1.

43 Frank Ifield tocou no Liverpool Empire de 1º a 6 de outubro. Os Beatles tiveram três noites livres naquela semana.

44 Do conto "The Fingletoad Resort of Teddiviscious", *In His Own Write*, p. 48. John costumava chamar *People and Places* de *Peotle and Plaices*, e o apresentador da Granada, Bill Grundy, era *Big Grunty*. Catorze anos depois, os Sex Pistols deram nomes muito piores para ele.

45 Os gravadores de vídeo domésticos não haviam sido inventados e só começariam a se tornar comuns no fim da década de 1970. A gravação de áudio do primeiro pro-

Notas 1199

grama televisivo dos Beatles foi feita por Adrian Killen, fã de 16 anos de Kirkdale, Liverpool, num gravador de rolo conectado diretamente ao alto-falante da TV, com a fita rodando a 3¾ ips (a gravação não foi lançada, não está em circulação e hoje pertence à empresa Apple dos Beatles). Killen "tem quase certeza" de que os quatro Beatles vestiam suéteres de gola em sua estreia na TV, em vez de ternos e gravatas. Não há fotos para confirmar.

46 Entrevista realizada por Albert Goldman, *Charlie*, julho de 1971.

47 Entrevista ao autor, 30 de junho de 2003; "perna de Liverpool" de George, com base na entrevista ao autor, 23 de outubro de 1987.

48 Entrevista ao autor, 13 de junho de 2005.

49 Entrevista ao autor, 28 de julho de 2003. Todas as citações de Kim Bennett são dessa entrevista.

50 A data de transmissão é desconhecida, e os arquivos de produção não existem mais, então não está claro se essa foi *a primeira* transmissão de TV de "Love Me Do", antes de os Beatles marcarem presença em *People and Places*, ou uma apresentação posterior. O australiano Watson trabalhava na ATV da Inglaterra. Foi responsável por iniciar a novela *Crossroads* da empresa, estrelada pela "anfitriã" de *Lunch Box*, Noele Gordon; mais tarde, voltou à Austrália e criou *Prisoner* (também conhecido como *Prisoner: Cell Block H*) e *Neighbours*.

51 Brian Epstein culpou Kim Bennett pelo fato de não terem aparecido no *Saturday Club*, mas com o tempo deve ter contado aos Beatles a história mais ampla, porque dois anos depois John disse a um entrevistador americano sobre "Love Me Do": "Quando eles [os fãs dos Beatles] escreviam pedindo que a tocassem em programas de rádio, eles não tocavam porque achavam que era fraude... porque todos os pedidos vinham de Liverpool" (entrevista realizada por Jim Steck, 26 de agosto de 1964).

52 História sobre Rory contada por Vi Caldwell a Johnny Berling, produtor de rádio da BBC. "*She was just seventeen/ She'd never been a beauty queen*", com base em *Many Years From Now*, p. 93, e outras fontes.

53 Entrevista ao autor, 24 de abril de 2012. Paul, por alguma razão, nunca falou sobre essa ida a Londres, mas a viagem aconteceu.

54 Paul disse isso algumas vezes, com detalhes curiosos. A citação é extraída principalmente de entrevistas concedidas a Alan Freeman (*Rock Around the World*, programa de rádio sindicalizado dos EUA, 11 de abril de 1976) e a Mike Read (13 de outubro de 1987, na BBC Radio 1); o restante é de uma entrevista a David Jensen (Capital Radio, Londres, meados de agosto de 1986).

55 Documento dos arquivos da família Epstein.

56 Citado por Graham Knight, *New Record Mirror*, 10 de novembro de 1962. Little Richard falou ainda a Alan Smith (*Mersey Beat*, 15 de novembro) que a foto dele e dos Beatles era uma das lembranças mais preciosas de sua visita à Grã-Bretanha. Brian Epstein mandou fazer uma segunda ampliação e a pendurou na parede de seu

gabinete na 12-14 Whitechapel. A foto que Little Richard disse que queria, tendo de um lado a Sounds Incorporated e do outro os Beatles, nunca aconteceu.

57 Davies, *The Beatles*, p. 33. O retorno de Little Richard ao gospel, anunciado na *Disc*, 10 de novembro de 1962.

58 Ringo, de Davies, *The Beatles*, p. 179, e de *Ringo Starr – Going Home*, Disney Channel, 18 de abril de 1993. Wooler, entrevista realizada por Johnny Beerling, 13 de janeiro de 1972, na BBC Radio 1. Falou que a Sounds Incorporated era o principal problema, exigindo mais tempo de palco, mas é duvidoso que Don Arden, o empresário deles – apesar de sua fama de exigente –, tenha solicitado que os Beatles fossem cortados ou eliminados: afinal de contas, ele sabia que o evento estava sendo promovido por Brian Epstein em prol dos Beatles.

59 Wooler, ibid.

60 Wooler, ibid.; Freda Kelly, com base na entrevista ao autor, 28 de março de 2003.

61 Entrevista ao autor, 25 de novembro de 2005. Provavelmente, Douglas e os Beatles tocaram cinco números, sucessos americanos que ele transformou em sucessos britânicos: "Only Sixteen" (sua canção mais conhecida, número 1 em 1959); "A Teenager in Love"; "Pretty Blue Eyes"; "Oh, Lonesome Me" (o seu compacto mais recente); e "When My Little Girl Is Smiling" (composição de Goffin-King). O nome real de Craig Douglas era Terence Perkins, nascido na Ilha de Wight em 1941.

62 Entrevista ao autor, 6 de novembro de 2007.

63 Tocaram "Love Me Do" e "A Taste of Honey" para a edição de 2 de novembro de *People and Places*, que teve uma audiência semelhante à estreia deles, cerca de dois milhões. A fita gravada para a transmissão foi apagada e reutilizada – prática comum nas empresas de TV britânicas na época. Adrian Killen fez uma gravação de áudio apenas de "A Taste of Honey", que não está em circulação e agora pertence à Apple, a empresa dos Beatles.

34: "E mostre-me que estou errado" (1º a 15 de novembro de 1962)

1 Davies, *The Beatles*, p. 179; última seção, com base na entrevista realizada por Peter McCabe e Robert D. Schonfeld, setembro de 1971.

2 *The Beatles Anthology*, p. 78.

3 *The Life and Times of Little Richard*, p. 116.

4 *Memories of John Lennon* (editado por Yoko Ono, Nova York, HarperCollins, 2005), p. 219-220.

5 Entrevistas concedidas por Billy Preston a Ben Fong-Torres, *Rolling Stone*, 16 de setembro de 1971, e a Mike Ledgerwood, *Disc and Music Echo*, 8 de fevereiro de 1969; John, da entrevista realizada por Scott Muni, WNEW-FM, 13 de fevereiro de 1975.

6 Carta ao empresário londrino David Stones, no fim de outubro de 1962, para agendar um evento duplo com os Beatles em Birmingham, em 19 de novembro.

7 A notícia foi divulgada na *NME* de 30 de novembro e na *Disk* de 1º de dezembro.

Notas

8   Entrevista ao autor, 28 de julho de 2003.

9   Ilustrado na obra *The Beatles Album*, de Julia Delano (Londres, Grange Books, 1991), p. 22.

10 *The Beatles Anthology*, p. 78.

11 *Hamburg Days*, p. 160-162.

12 Entrevista ao autor, 5 de julho de 2007.

35: Visual novo, som novo (16 de novembro a 17 de dezembro de 1962)

1   Entrevista ao autor, 22 de fevereiro de 2006. Jopling foi o primeiro a tocar no assunto num jornal nacional, mas Bob Wooler havia mencionado o cabelo comprido dos Beatles pré-Paris no *Mersey Beat* em agosto de 1961.

2   Entrevista concedida a Paul du Noyer, livreto da *Paul McCartney World Tour* (1989-90), p. 41.

3   *New Record Mirror*, 24 de novembro de 1962.

4   Entrevista ao autor, 6 de abril de 2004.

5   Davies, *The Beatles*, p. 171.

6   Ibid.

7   "Após 'Love Me Do', incentivei os Beatles a continuarem usando gaita de boca nas canções" – entrevista concedida ao autor por George Martin, 9 de junho de 1995.

8   A *Disc* também fez esse anúncio em sua edição de 24 de novembro, embora tenha citado incorretamente que a data da sessão de gravação dos Beatles seria no dia 27 de novembro. O *Mersey Beat* publicou a data certa em sua edição de 15 de novembro.

9   *Mersey Beat*, 3 de janeiro de 1963.

10 A data da visita de George Martin a Liverpool foi amplamente divulgada como domingo, 9 de dezembro, mas aconteceu três dias depois.

11 3 de janeiro de 1963.

12 Entrevista ao autor, 9 de junho de 1995.

13 Ilustrado em *Thank U Very Much*, p. 113. Os Beatles desenhavam esse mesmo motivo de antenas nas costas dos envelopes ao responder aos fãs, ou então replicavam o besourinho às vezes desenhado em livros de autógrafos.

14 Da resenha de John Lennon sobre o livro *The Goon Show Scripts*, de Spike Milligan, publicada no *New York Times*, 30 de setembro de 1973.

15 Davies, *The Beatles*, p. 168. "Uma sensação de bem-estar, de estar feliz", com base na entrevista ao autor, 31 de agosto de 2000.

16 A carta consta nos Arquivos da EMI.

17 *All You Need Is Ears*, p. 127.

18 Entrevista ao autor, 28 de julho de 2003.

19 Citação combinada, com base em duas entrevistas: a primeira, realizada por Mike Read, 13 de outubro de 1987, para a BBC Radio 1, e a segunda, uma entrevista realizada em 1969 e transmitida por David Pritchard na CHUM-FM, Toronto, em

Notas

maio de 1970 (também citado em *The Beatles: An Oral History*, de David Pritchard e Alan Lysaght [Canadá, Stoddart, 1998], p. 72). Paul repetiu isso numa conversa com John, filmada por cima do ombro de Lennon, na Apple, em 29 de janeiro de 1969, e incluída no filme *Let It Be*.

20 *Sounds*, 6 de dezembro de 1975. Waterman, que se tornou um produtor musical e compositor de sucesso na década de 1980 e nos anos subsequentes, não tinha 16 anos em novembro de 1962.

21 Entrevista ao autor, 29 de outubro de 2004.

22 O disco de Elvis era seu novo single, "Return to Sender". *Twelve O'Clock Spin*, em 22 de novembro de 1962, e *Two-Way Family Favourites*, no dia 25, foram a terceira e a quarta execuções de "Love Me Do" na BBC.

23 Entrevista ao autor, 24 de agosto de 2011; *Melody Maker*, 1º de dezembro de 1962. Em sua autobiografia (*Part One – From Congregations to Audiences*, p. 52-53), David Frost escreveu: "O 'tributo' a Norrie Paramor (...) foi pesado, de certa forma, a declaração mais clara de que o *TW3* pretendia ser um programa diferente". O produtor do *TW3*, Ned Sherrin, disse que Paramor ficou indignado (*That Was Satire That Was: The Satire Boom of the 1960s*, de Humphrey Carpenter, Victor Gollancz, Londres, 2000, p. 219). Paramor morreu em 1979. Aparentemente, nenhum entrevistador lhe perguntou se ele sabia quem estava por trás de sua execração pública em rede nacional de TV. Paramor, no entanto, deve ter desconfiado: em janeiro de 1963, George Martin produziu o single da música-tema do programa *TW3* e fez um LP para documentar as canções que tocavam no programa.

24 *All You Need Is Ears*, p. 130.

25 Entrevista ao autor, 5 de julho de 2007.

26 *All You Need Is Ears*, p. 130.

27 "Deram risada", com base na entrevista realizada por Derek Johnson, *NME*, 7 de junho de 1963.

28 *Mersey Beat*, 3 de janeiro de 1963.

29 Noddy Paranoid, lembrado por Ron Richards em entrevista ao autor, 23 de setembro de 2003.

30 Cartas constam nos Arquivos da EMI.

31 Entrevista realizada por Johnny Beerling, início de 1972, BBC Radio 1. Todas as citações de Dick James neste capítulo são dessa fonte.

32 A partir de 2004-05, entrevistas concedidas ao autor por Stephen James, Perry e Pilbeam.

33 Entrevista ao autor, 11 de julho de 2005. A partir de 1960, começando na Bron's, Linda Duque foi secretária de Dick James por cinco anos. A parte sobre "(...) honesto demais", com base em *A Cellarful of Noise*, p. 107.

34 Com base na transcrição bruta das entrevistas para sua autobiografia *A Cellarful of Noise*.

Notas

35　O Paris Studio era um auditório de rádio da BBC com capacidade para cerca de 400 pessoas. Originalmente um cinema de arte, foi convertido para uso da BBC durante a Segunda Guerra Mundial, sua posição protegida – no subsolo, dois níveis abaixo da rua – era uma vantagem durante os bombardeios alemães.

36　Categorias vencidas, respectivamente, por The Springfields e The Shadows. Os Beatles não figuravam na seção Banda Vocal Mundial, vencida com facilidade por The Everly Brothers. A definição de "banda" estava prestes a mudar para sempre, mas nesse momento ainda significava qualquer coisa além de artistas solo. A pontuação dos Beatles nas duas categorias foi de 3.906 e 735, e como cada voto valia três pontos, eles receberam 1.302 numa e 245 votos na outra.

37　Entrevista realizada por Richard Skinner, 14 de julho de 1986, para o programa *McCartney*, BBC1, 29 de agosto de 1986.

38　Entrevista ao autor, 6 de novembro de 2007.

39　Davies, *The Beatles*, p. 179.

40　7 de dezembro de 1962.

41　Entrevista ao autor, 11 de julho de 2005.

42　Entrevista ao autor, 15 de dezembro de 2004.

43　Entrevista ao autor, 30 de setembro de 1987.

44　Primeira parte, com base na entrevista ao autor, 2 de maio de 1991; segunda parte, entrevista realizada por Richard Williams e publicada no *The Times*, 28 de dezembro de 1981.

45　Entrevista ao autor, 26 de março de 2003. Brian não contratava judeus para trabalhar na Nems; John poderia estar pensando em Dick James e talvez em sua secretária. A Nems empregava diversos homens gays, incluindo Peter Brown e o novo assistente pessoal de Brian, Barry Leonard, que começou na loja da Whitechapel nas últimas semanas de 1962.

46　Quem não era telespectador, mas acompanhava a estação Light Programme da BBC, ouviu os Beatles em *The Talent Spot*, fazendo essa primeira transmissão de "Twist and Shout". Os dois programas coincidiram. *Tuesday Rendezvous* não foi gravado – saiu ao vivo e as imagens desapareceram para sempre.

47　Assim me contou Danny, simpático taxista londrino, em 12 de outubro de 2006. Ele assistiu aos Beatles no *Tuesday Rendezvous* e ficou de queixo caído. "Que diabos vem a ser *isto*?" Ele nunca tinha visto uma banda de guitarristas/vocalistas.

48　Davies, *The Beatles*, p. 171.

49　Entrevista ao autor, 20 de junho de 2005.

50　"Compusemos com os violões e um pouco ao piano" – entrevista concedida por Paul ao autor, 30 de setembro de 1987. A foto de Mike pode ser conferida em *Remember*, p. 107. Outra foto de 1962 que ele tirou de seu irmão tocando esse violão (alguns dizem que é um Framus) se tornou a capa do álbum *Chaos and Creation in the Backyard* (2005), de Paul McCartney. O relacionamento de Celia Mortimer

1204   **Notas**

com Paul acabou nas últimas semanas de 1962: "À medida que os Beatles começaram a passar mais tempo em Londres, Paul ficava mais lá do que em Liverpool, e nosso lance simplesmente evaporou. Já não havia mais tempo para isso". Mais tarde, ela se tornaria uma grande personagem no cenário da moda londrina, com marca própria e um estúdio na Great Portland Street, pertinho do local onde passou bons momentos com Paul em 1962. Antes disso, ela namorou Mike McCartney por um bom tempo e participou da cena poética de Liverpool (mais detalhes na segunda parte desta trilogia).

51 Primeira parte, com base na entrevista ao autor, 30 de setembro de 1987; segunda parte, entrevista realizada por Derek Taylor, 3 de março de 1965.

52 Entrevista realizada por Mike Read, 12 de outubro de 1987, BBC Radio 1.

53 Entrevista realizada por Tony Webster, *Beat Instrumental*, setembro de 1964.

54 Entrevista ao autor, 9 de junho de 1995; "água" de *All You Need Is Ears*, p. 125; Wooler, em *The Best of Fellas*, p. 193.

55 *A Cellarful of Noise*, p. 72.

56 Ibid., p. 76.

57 *Mersey Beat*, 1º de agosto de 1963.

58 Mallory Curley, em *Beatle Pete, Time Traveller*, p. 22. *Randolf's Party* foi publicado em *In His Own Write*, p. 29. Telegrama ilustrado em *Beatle!*, p. 176.

59 *Beatle!*, p. 175. A segunda ocasião foi na promoção da Nems Enterprises no Queen's Hall, Widnes, em 22 de outubro.

60 Entrevista realizada por Tony Barrow, revista *Beatles Book*, edição 98 (junho de 1984).

36: Sabe-se lá! (18 a 31 de dezembro de 1962)

1 Entrevista ao autor, 20 de junho de 2005. Sue e a amiga dela, Jenny Bale, limparam o carro de George na data desejada, mas não levaram a água suja à casa de Paul.

2 Entrevista realizada por Johnny Beerling, início de 1972, BBC Radio 1.

3 Os Beatles provavelmente foram gravados em 25 de dezembro e nos dias imediatamente depois, mas estabelecer isso com precisão é uma tarefa que ainda confunde os especialistas – assim como a verificação exata da ordem das canções (a alegação original, de que a fita foi feita numa só noite, em 31 de dezembro, provou-se incorreta).

4 As informações mais bem pesquisadas sobre os lançamentos dos Beatles no Canadá estão numa série de livros de Piers A. Hemmingsen, *The Beatles Canadian Discography (1962-1970)*, publicado em 2003-11; www.capitol6000.com. Zola "Ray" Sonin nasceu no East End de Londres em 1907, de pais imigrantes russos; morreu em Toronto em 1991, aos 84 anos, tendo acabado de gravar mais um de seus programas *Calling All Britons* (Chamando todos os britânicos). Em 1984, a rainha Elizabeth II concedeu-lhe a medalha de MBE (*Member of the Order of the British Empire*, ou Membro da Ordem do Império Britânico) "por serviços prestados à comunidade britânica em

Notas

1205

Toronto". A preservação de programas de rádio veiculados nos EUA e no Canadá era (é) tão incompleta e dispersa que fazer alegações de "primeiro isso, primeiro aquilo" é tomar uma liberdade perigosa. Mas parece *provável* que essa tenha sido a primeira execução em rádio dos Beatles na América do Norte.

5   5 a 12 de janeiro de 1963. A *Cash Box* tinha um inestimável editorial/comentário semanal, a *Billboard* não.

6   Cartas (nos arquivos da EMI) de Roland Rennie a Joe Zerga, 11 e 28 de dezembro de 1962; telegrama de Zerga a Rennie, 27 de dezembro, e carta, 4 de janeiro de 1963.

7   Entrevista ao autor, 3 de agosto de 2012. Garrett nasceu em Dallas, Texas, em julho de 1938; seu primeiro nome é Thomas. "Garrett era a marca de rapé (em inglês, *snuff*) mais conhecida no Sul nas décadas de 1930 e 1940", conta ele, "então meu professor começou a me chamar de 'Snuff' e o nome pegou". Garrett já havia feito muitos bons discos em 1962 e continuaria nessa linha em sua respeitável carreira.

8   Doug Morris, aos 24 anos, ainda era um principiante em gravadoras, mas já co-mandava o setor de A&R da Laurie Records quando os Beatles foram recusados. Não está claro se a rejeição foi coisa dele ou dos donos da gravadora, Gene e Bob Schwartz. Em julho de 2012, questionei Morris diretamente sobre o assunto e não obtive resposta – mas isso não prova que a decisão foi dele. Como presidente e CEO do Universal Music Group (1995-2010), ele se tornou indiscutivelmente o maior líder da indústria musical global. A partir de 2011, cumpriu os mesmos cargos na Sony Music Entertainment.

9   "(...) o rock'n'roll podia durar", da *Cash Box*, 22 de dezembro de 1962. O comentário aludia ao sucesso do twist.

10   Entrevista realizada por Brian Innes, 11 de outubro de 1966; inédita.

11   Entrevista realizada por Mike Hennessey, *Melody Maker*, 5 de agosto de 1967.

12   Entrevistas realizadas por Ray Coleman, *Melody Maker*, 12 de outubro de 1963; e Kenneth Harris, *The Observer*, 17 de maio de 1964.

13   Entrevista ao autor, 28 de março de 2003.

14   Entrevista concedida por Cliff Bennett a Simon Wells, 14 de fevereiro de 2002. John e Paul gostaram muito de ver Bennett cantar porque ele conseguia replicar o efeito de assobio de Richie Barrett em "Some Other Guy", truque que os dois ainda não tinham aprendido. Citação de Frank Allen em sua autobiografia, *Traveling Man* (Cardiff, Aureus Publishing, 1999), p. 26-27. Conversou com John Lennon na noite final dos Beatles, na véspera de Ano-Novo, e falou o quanto os achava bons; John agradeceu e depois falou que os Rebel Rousers também eram bons, mas que as har-monias vocais de Allen eram "ridículas demais". Allen ficou boquiaberto, atordoado com esse novo tipo de franqueza.

15   Entrevista realizada por Sue Masterman e Anton Korne, Serviço de Notícias Estran-geiras do *Observer*, 3 de abril de 1969.

16   Entrevista realizada por David Sheff, 15 de setembro de 1980, *Playboy*.

Um apelo de Mark Lewisohn

Pesquisas para a trilogia *Todos esses anos*: quer me ajudar?

Informações

No trabalho de explorar e explicar a história dos Beatles, eu já desvendei um belo e fascinante material, mas ninguém pode dizer que já viu tudo. Mundo afora, existem mil e uma coisas – em coleções particulares, bibliotecas, arquivos, sótãos, em todos os lugares – capazes de esclarecer e detalhar com mais exatidão essa história extraordinária.

Se você tiver qualquer objeto ou documento ou souber de algo com potencial de lançar uma nova luz a qualquer elemento da história dos Beatles – e nisso se incluem diversas áreas e aspectos associados –, entre em contato comigo na página HELP, em www.marklewisohn.net.

Não há limite para a natureza desses itens – fotografias, gravações, filmes, *qualquer coisa* –, mas os documentos são minha principal prioridade. Páginas escaneadas, fotocópias ou fotos já são suficientes para transmitir o conteúdo – você não precisa se desfazer de seus itens valiosos.

Terei o prazer de reconhecer em meus livros as fontes de quaisquer informações fornecidas por qualquer colaborador (a menos que prefira e solicite o anonimato).

Testemunhas

Se você foi uma testemunha em primeira mão de qualquer parte da trajetória dos Beatles – até, digamos, 1980 – ou conhece alguém que tenha sido, eu gostaria de ouvir esse relato para talvez o inserir em um dos livros da trilogia. Entre em contato comigo pela página HELP, em www.marklewisohn.net.

Agradecimentos

Em um trabalho silencioso e solitário como o meu, quanto menos distrações, melhor. Porém, levar a cabo um projeto dessa magnitude me obrigou a procurar o apoio, os conselhos, as respostas e a amizade de pessoas dispostas a compartilhar informações, risadas e uma novidade ou outra. É com grande prazer que agradeço a todos que me ajudaram. Sem o auxílio das pessoas citadas a seguir, a realização deste livro não teria sido possível. A todas, quero expressar a minha mais profunda gratidão.

Richard Buskin, Jay Donnelly, Harry Klaassen, Andy Neill, Dave Ravenscroft, Piet Schreuders, Adam Smith e Jeff Walden me deram a honra de examinar os capítulos preliminares e oferecer um feedback crucial, na forma de desafios, correções, esclarecimentos e até petiscos com novas informações. Cada qual trouxe conhecimentos específicos à tarefa e apresentou pontos exclusivos, e a minha confiança no produto final se deve em grande parte ao auxílio deles. A essa lista adiciono com deleite Thorsten Knublauch, que leu tudo relacionado a Hamburgo e cujo feedback foi abrangente e perspicaz. Também devo agradecer novamente a Harry Klaassen, a primeira pessoa que plantou em minha cabeça a ideia de uma história dos Beatles em vários volumes.

Já escrevi livros sobre comédia, mas nenhum roteiro ou história em quadrinhos me fez dar mais risadas do que os Beatles. Richard Buskin (autor best-seller do *New York Times*) é a única pessoa que conheço que, como eu, sintoniza partezinhas minúsculas, enigmáticas e totalmente inconsequentes de uma história maior e se diverte muito com esses detalhes. Nossos anos de amizade e as risadas que compartilhamos são um bálsamo em minha vida e ajudaram a moldar a abordagem deste projeto.

Tenho a sorte de ter muitos amigos com conhecimento de nicho sobre os Beatles, que aprofundam questões e fatos que eu não teria tempo de investigar. Muitos são autores publicados, como Andy Neill. Andy tem uma impressionante gama de especializações, além de ser um pesquisador e escritor profissional de primeira categoria. Nos primórdios deste projeto, quando eu não podia estar em dois lugares ao mesmo tempo, paguei Andy para passar uns dias na Biblioteca Britânica para mim. É a única pessoa em quem confio para virar as páginas de antigos e obscuros jornais locais do Reino Unido e pinçar o que eu teria encontrado. Além disso, suas opiniões se alicerçam em vastos e ímpares conhecimentos sobre rock, aprofundados ao longo de várias décadas, com base em pesquisas que só ele mesmo empreendeu. Muito obrigado por todas as grandes descobertas, Andy!

E tudo isso também vale para Jay Donnelly, meu colega de pesquisas nos Estados Unidos. Passamos juntos uma semana memorável na Biblioteca do Congresso e, depois que voltei à Inglaterra, Jay continuou o trabalho por lá e em outros lugares. Essas pepitas de ouro nos encantam a ambos e serão salpicadas em todos os três volumes. Belíssimo trabalho, meu caro.

Na verdade, existem excelentes estudiosos sobre os Beatles nos Estados Unidos e tenho a sorte de desfrutar da amizade deles. Generosamente me forneceram novos materiais, respondendo a todas as minhas perguntas com rapidez e confiabilidade (o mais acalentado e menos palpável dos atributos). Todos são autores de livros e sites altamente recomendados sobre os Beatles: Andy Babiuk, Belmo, Brian Kehew, Allan Kozinn, Jason Kruppa, Chip Madinger, John McEwen, Wally Podrazik, Scott Raile, Kevin Ryan, Bruce Spizer e John C. Winn. Um agradecimento especial vai para outro "norte-americano", o canadense Piers Hemmingsen. Quando o assunto é Beatles, todos vocês brilham. Se passarem em Londres, a cerveja (*ale*, é claro) é por minha conta.

Agradecimentos

Aqui na Inglaterra, Dave Ravenscroft tem sido de uma ajuda monumental, há vários anos, dia após dia. Pesquisador e colecionador incansável, dono de engenhoso cérebro analítico, entusiasmado e profundo conhecedor das minúcias *importantes*, em especial, as minúcias musicais, contribuiu muito para esta obra e tem sido uma constante fonte de incentivo.

Sinônimo de pessoa solícita e prestativa, Spencer Leigh é um escritor prolífico e um observador atento de toda a cultura popular, e deixa isso bem claro em seu programa semanal (e idiossincrático) na BBC Radio Merseyside. Meu intercâmbio com Spencer, na forma de e-mails e telefonemas, é uma fonte inesgotável de revelação e divertimento. Tenho com Spencer também uma dívida imensa por me permitir utilizar suas entrevistas. É claro, conheci muitos liverpudlianos adeptos do rock'n'roll, mas havia *centenas*, muitos agora mortos. Prodigioso entrevistador radicado no noroeste do país há mais de trinta anos, Spencer entrevistou dezenas deles, interpelando rapazes que na meia-idade se tornaram açougueiros, padeiros e fabricantes de velas – e me deu acesso irrestrito às transcrições completas. Esse pessoal testemunhou de perto um número variável de noites (de uma a cinquenta, mas todas frenéticas) com os Beatles nos salões e clubes de Liverpool de 1961 a 1962, formando impressões inesquecíveis desse momento dos Beatles, pouco antes da ascensão à fama. Nem toda historieta é confiável (sempre há gente disposta a falar abobrinhas), mas as que resistem ao escrutínio se encaixam perfeitamente no quebra-cabeça. Tive o grande prazer de usar essas citações no contexto, mas espero que isso não impeça o leitor de conferi-las (e muitas outras) nos próprios livros de Spencer – visite www.spencerleigh.demon. co.uk para ter uma ideia.

Recebi toda sorte concebível de ideias, dicas e orientações úteis e agradáveis de vários outros grandes amigos, todos pesquisadores e escritores: Simon Wells, Mark Cousins, Andy Davis, Piet Schreuders e Adam Smith (os dois últimos são coautores de *The Beatles' London* comigo). Peter Nash me deu o privilégio de esquadrinhar sua fantástica coleção dos Beatles, e eu me considero um sortudo por contar com a amizade de Paul Wane. A empresa dele, a Tracks, lidera a compra e venda de *memorabilia* dos Beatles, que engloba tudo, desde coisas mínimas até material de ponta. Meu muito obrigado também à talentosa equipe da Tracks, incluindo Gema, Lynsey, Chad e, em particular, Jason Cornthwaite – turma sensacional que, como Paul, tem um entusiasmo genuíno, a segunda coisa que o dinheiro não consegue comprar. Também sou muito grato aos especialistas das casas de leilões de Londres, que encaminharam minhas perguntas aos vendedores e me permitiram acessar muitos itens interessantes. Esses técnicos incluem, na Christie's (em vários momentos), Helen Hall, Sarah Hodgson, Neil Roberts e Carey Wallace; na Sotheby's (e hoje na Bonhams) Stephen Maycock; e o agente independente Ted Owen. Não posso deixar de agradecer também a Stephen Bailey da The Beatles Shop, na Mathew Street, Liverpool. Ele tem sido fantástico, sempre generoso, se oferecendo para me mostrar muitos documentos e artefatos fascinantes trazidos para sua loja por pessoas locais que os guardavam no fundo dos armários há cinquenta anos.

Este é o meu primeiro livro em que necessitei fazer pesquisas e entrevistas em um idioma que não domino – alemão. Sou grato a dois irlandeses que também são tradutores profissionais em atividade na Alemanha. Meu primo Ian Winick (que mora em Colônia, www.insight-translations.de) traduziu um livro inteiro para mim, e Stephen Roche (sediado em Hamburgo, www.networktranslators.de) foi uma excelente companhia em minhas viagens à sua cidade adotiva. Nossos momentos trabalhando juntos foram produtivos e felizes, em longos períodos e com boas risadas – Stephen organizou entrevistas, ficou à disposição para tradução simultânea, ajudou no trabalho de biblioteca (com e sem a minha presença) e preparou vários relatórios de pesquisa. Também sou grato a Thorsten Knublauch, esse engenhoso pesquisador sobre todos os aspectos da história dos Beatles na época de suas temporadas em Hamburgo. Generosamente ele compartilhou comigo suas descobertas, pois queria que eu contasse a história corretamente. Não posso deixar de mencionar Jutta Burgi-Pill (secretária do fã-clube oficial dos Beatles, filial

Agradecimentos

da Alemanha Ocidental, na década de 1960), que passou comigo uma movimentada tarde na Biblioteca Estadual da Baviera, em Munique, sussurrando a tradução em inglês sempre que eu apontava um texto de aparência interessante ou anúncios numa das duas revistas da indústria musical alemã do início dos anos 1960. E eu ia digitando as palavras dela freneticamente em meu Macbook.

Com imensa satisfação, quero agradecer a Hunter Davies por apoiar este projeto. Hunter escreveu a biografia autorizada dos Beatles, a única que pôde existir, porque foi feita quando os quatro ainda estavam juntos para aprová-la, em 1967-68 (portanto, ele se torna parte da história em meus volumes subsequentes). O livro *The Beatles*, de Hunter, publicado pela primeira vez em 1968 (editado no Brasil em 2005 pela Best Seller, com tradução de Elisa Cristophe, com o título *The Beatles: a única biografia autorizada*), é uma obra fundamental, especialmente porque o autor teve acesso a pessoas e lugares há muito desaparecidos. É impossível escrever uma biografia dos Beatles sem citar essa obra, e sempre que a citei, dei o crédito devido. Sou grato a Hunter por entender por que achei meu projeto necessário e por me deixar navegar em sua coleção de artefatos dos Beatles, enquanto eu, como forma de compensação, a organizava e catalogava para ele. Passamos juntos dias agradáveis.

Eu mesmo digito meus livros, mas no início do projeto tive a ajuda de quatro pessoas para transcrever algumas das entrevistas. Beth Bellin foi a primeira, meu filho mais velho Oliver (olá, Oliver, e olá, Tom!) fez uma, minha prima Ruth Wallington fez várias, e também contei com o encantador apoio de Mandy Rees, em Los Angeles, que trabalhou duro nesse projeto simplesmente porque mal podia esperar para ler o livro. Obrigado a todos.

Por uma série de razões, envio um montão de agradecimentos a meus amigos a seguir, citados pela ordem alfabética do sobrenome: Arthur Atkinson, Tony Bacon, John Beecher, Roy Carr, Dick Fiddy, Michael Fishberg, Pete Frame, Eric Greenberg, Georgie Grindlay, Paolo Hewitt, Keith Howell, David Hughes, Patrick Humphries, Nigel Hunter, Sean Jackson, David Klein, Fred Lindgren, Barry McCann, Gordon Ottershaw, Andy e Denise Paraskos, Stephen Peeples, Phil Smee, Simon Smith, Brian Southall, David Stark, Derek Taylor (sabedoria perpétua do além), Joan Taylor, David Tossell, John Walker e Ian Woodward.

Também gostaria de expressar meus agradecimentos, em sua maioria, póstumos, aos proprietários e jornalistas responsáveis pelos semanários musicais da Grã-Bretanha nesse período – *Disc*, *New Record Mirror*, *Melody Maker* e *New Musical Express* (*NME*). Suas reportagens têm consistência suficiente para sustentar de forma confiável qualquer história desse período. Além de semanários e revistas nacionais, escritos e sediados em Londres, Liverpool tinha seu próprio veículo quinzenal, o *Mersey Beat*, por muito tempo o único jornal sobre música com sede fora da capital. O dono do Cavern, Ray McFall, também foi o benigno dono desse jornal, fundado e editado por Bill Harry, um sujeito anos à frente de seu tempo. As riquezas que obtive ao me debruçar sobre cada número da coleção me deram bem-vindos conhecimentos sobre o contexto, além de um impagável entretenimento. Obrigado, Bill: sua contribuição foi inestimável.

Vou a Liverpool desde a década de 1970, mas só fui morar lá quando passei um agitado semestre na cidade por conta deste projeto – e, sob vários prismas, multipliquei essa estadia enquanto pesquisava os jornais de Merseyside arquivados em Londres. Nesse breve período, os filisteus da câmara municipal obliteraram mais lugares importantes na história dos Beatles, incluindo a loja Nems e o escritório dos Beatles (demolidos), o Litherland Town Hall (completamente modificado) e o Instituto Aintree (demolido). Um dia passei na frente do Instituto e olhei para cima – não estava mais lá! Só um buraco no terreno que combinava com o formato da minha boca, e isso na véspera do ano em que Liverpool foi a Capital da Cultura. Os Beatles tocaram 31 vezes nesse atmosférico salão, incluindo várias noites de sábado nas quais as coisas realmente engrenaram... e agora o lugar se foi, sem motivo justificável. A

Agradecimentos

1211

loucura dos políticos existe em todos os lugares, mas ela se revela particularmente em Liverpool – por exemplo, o Cavern, alvo da peregrinação de turistas de todo o mundo, é uma recriação. O real foi demolido e preenchido para dar lugar a absolutamente nada. Por meio destas páginas, aqui e agora, rogo a todos os vereadores de Merseyside a se comprometerem publicamente a uma moratória, para que a demolição dos seus marcos históricos, essa louca destruição do próprio patrimônio da cidade, possa ao menos ser debatida antes.

Em Liverpool, não fico olhando para os shoppings de hoje e ocos apartamentos modernos, mas para os marcos dessa extraordinária história. Estão lá – basta você apertar os olhos e *perscrutar*. Um feriado de agosto, fiquei na parte externa da Estação Central, saco de batatas chips na mão, tentando ignorar o barulho dos rapazes bêbados mijando na rua e das moças bêbadas praticamente nuas, todo mundo gritando *focchin* isso e *focchin* aquilo... E quando pisquei os olhos lá estava Jim Mac dobrando a esquina, com seu chapéu, fumando cachimbo, o *Echo* embaixo do braço, e tia Mimi caminhando com o jovem John, repreendendo-o, mas rindo ao mesmo tempo. Procurei o ônibus verde de dois andares dirigido por Harry Harrison, enquanto seu caçula George – vestindo algo ultrajante – saía da Blackler's e rumava à Frank Hessy's para namorar as guitarras. Procurei Paul & Ian e Richy & Roy olhando os discos na vitrine da Nems na Great Charlotte Street, de onde Brian Epstein saía imaculadamente rumo ao Basnett Bar – onde Derek Taylor, saindo do *Echo*, tinha parado para tomar meio *pint* de cerveja, passando por Mal Evans com sua maleta de engenheiro telefônico, e o padrasto de Ringo, Harry Graves, com sua escada de decoração, todo mundo sendo fotografado por Mike McCartney, lá em cima, da janela do salão de cabeleireiro. Procurei Neil Aspinall saindo do prédio da Prudential, Julia a caminho do Trocadero Club com os homens assobiando para ela, e Alf Lennon a caminho das docas, passando pela academia de boxe de Johnny Best e pela Cotton Exchange, onde trabalhava Jim Mac.

Fiz tudo a meu alcance para me aprofundar *nessa* Liverpool, uma Liverpool que nunca experimentei, para fixá-la fielmente nas páginas deste livro... e ela *ainda* está lá, nas ruas e nos prédios enquadrados na lente de minha câmera. Fiz muitos e memoráveis passeios fotográficos por toda a cidade e subúrbios, às vezes sozinho e outras vezes com Mike Badger – músico, compositor, artista, amigo. Mike sabe o que estou procurando e também gosta de encontrar essas coisas. É capaz de transmitir pedaços da história e compartilha o meu amor por essa Liverpool muito particular de vilas vitorianas de tijolos vermelhos e ruas com terraços, de toda e qualquer placa de ferro antiga, casas geminadas, indústrias em ruínas, pubs, parques, cemitérios, cinemas e uma miríade de outras delícias escondidas em Everton, Wavertree, Toxteth, Dingle, Old Swan, Childwall, Woolton, Kensington, West Derby e Aigburth – na verdade, em todos os subúrbios originais. Já visitei muitos e quero visitar e explorar todos eles. Essa é a Liverpool *autêntica*; nem sempre bonita, mas bela para mim.

Mike, Netty, Amber, Ray, Cliff e Ruth Badger, entre muitos liverpudlianos, se tornaram meus amigos nessas visitas, assim como Dawn e Mike Birch (donos da melhor pousada em Blundellsands); Roy, Helen, Elena e Grace Boulter; Jamie e Becky Bowman; Mike e Bernie Byrne; Steve e Pat Calrow; Jean Catharell; Debbie e Nigel Greenberg; Colin e Sylvia Hall (ambos trabalham no National Trust e são guardiões das casas de infância de John Lennon e Paul McCartney – pessoas de inestimável dedicação); Billy Hatton; Pat Molyneux; John O'Connor; Hilary Oxlade; Sol Papadopoulos; Steve Phillips; além de Cheniston e Jacqueline Roland. Agradecimentos especiais ao incomparável Henry Epstein, bom e divertido amigo, porta de entrada para salões cheios de músicos, poetas, artistas e sagazes de Liverpool cuja companhia é sempre um prazer.

Este livro não é autorizado pelos Beatles e todos os erros são meus, mas sou grato a Jeff Jones, Cathy Hawkes, Jonathan Clyde e Aaron Bremner da Apple Corps, empresa dos Beatles, por manter um interesse positivo, e estou em débito especialmente com Neil Aspinall. Ele foi a primeira pessoa sem

Agradecimentos

parentesco comigo com quem compartilhei a ideia de "fazer uma trilogia". Por mais de quarenta anos, Neil foi o melhor e mais próximo amigo dos Beatles, e por trinta anos atuou como empresário deles. Havíamos trabalhado juntos em vários projetos e eu queria que ele soubesse de meus planos. Sua reação inicial foi a mesma que ouvi dez mil vezes e inevitavelmente ouvirei outras milhares: "Será que o mundo precisa *mesmo* de outro livro sobre os Beatles?". Expliquei a ele por que eu achava que sim, usando mais ou menos as mesmas palavras escritas na introdução deste volume, e Neil entendeu. Homem de julgamento sólido, avisou-me que a Apple não seria capaz de ajudar, pelo menos não ainda, e respondi que certamente não estava esperando por isso – mas em compensação ele me deu todo o seu incentivo pessoal. Fez ligações a pessoas que disseram que só falariam comigo "se o Neil achar que está tudo bem". Mostrou-se sempre interessado em saber com quem eu tinha falado e no que eu poderia dizer a ele sobre o que fiquei sabendo.

Em 2007, depois que Neil se aposentou na Apple, meu telefone tocou e atendi outro dos grandes telefonemas-Beatle de minha vida: "Alô, Mark, é o Neil. Agora estou livre dos fardos das restrições... Você sempre quis me entrevistar, se precisar de alguma informação ou qualquer outra coisa, é só perguntar". Ao longo de vários anos, almoçamos esporadicamente. Desfrutei de reuniões prolongadas no escritório de Neil na Apple, quando ele parava de falar sobre o "projeto" em mãos e começava a falar a respeito dos Beatles, mas não eram exatamente entrevistas. Neil *não dava* entrevistas... mas agora estava dizendo que daria, e quantas fossem necessárias.

Tivemos nossa primeira sessão pouco tempo depois, um almoço à beira-rio e um longo entardecer de tagarelices. Neil se mostrou extremamente à vontade e achei que correu muito bem, como você pode ler neste livro... só que então ele adoeceu e morreu em seguida, tudo muito rápido, aos 66 anos.

Sua voz forte e áspera de Anfield vai ressoar no segundo e no terceiro volumes desta trilogia, mas nem de longe o quanto nós dois queríamos. Reuni um material maravilhoso para todos os três volumes, mas volta e meia me pego pensando em quão mais completa esta história dos Beatles poderia ter sido se Neil ainda estivesse conosco, se não tivesse, como ele próprio diria, "caído fora, *certo*?". Até mais, Neil, e obrigado.

Entrevistados(as)

As pessoas citadas a seguir gentilmente me concederam um pouco (às vezes, muito) de seu tempo para falar sobre os Beatles. Sou imensamente grato a todas elas (*com raras exceções, as mulheres entrevistadas para este livro aparecem com o nome que tinham na época em que todos esses eventos ocorreram, e não com o sobrenome de seus subsequentes maridos*).

Keith Altham, Helen Anderson, Bernie Andrews, Dee Armitage, Neil Aspinall, Julia Baird, Bill Barlow, Rikki Barnes, Tony Barrow, Jeni Beattie, Kathia Berger, Georgia Bergman, Mike Berry, Pete Best, Rory Best, Marga Bierfreund, Pauline Bingham, Harry Birch, Sheila Birch, Pat Blease, Otto Blunck, Peter Bolt, Jimmy Bowien, David Boyce, Bernie Boyle, Pattie Brady, Tony Bramwell, Hans-Walther Braun, Elsa Breden, Jenny Brewer, John Brierley, Ken Brown, Peter Brown, Roberta Brown, Leslie Bryce, John Burgess, Alaster Burman, Shirley Burns, Muriel Burton, Tony Calder, Iris Caldwell, Steve Calrow, David Cardwell, Tony Carricker, Les Chadwick, Margaret Chillingworth, Maureen Cleave, Mary Cockram, Les Cocks, Margaret Cooney, Hazel Cooper, Roy Corlett, Peter Cottenden, Tom Cross, Nicky Cuff, Geoff Davies, Rod Davis, Jennifer Dawes, Bob Dean, Jeff Dexter, Ric Dixon, Margaret Douglas, Frank Duckworth, Tim Dugdill, Linda Duque, Roy Dyke, Geoffrey Ellis, Royston Ellis, Elvi Erichsen, Everett Estridge, Alun Evans...

Jack Fallon, Bernadette Farrell, Michael Fishwick, Dick Fontaine, Derek France, John Fruin, Snuff Garrett, Margaret Gauld, Syd Gillingham, Jim Gilvey, Giorgio Gomelsky, Jack Good, Ruth Gore, Bobby Graham, Jimmy Grant, Roger Greenaway, Marie Guirron, John Gustafson, Jon Hague, Bill Hall, Tony

Agradecimentos

1213

Hall, Kevin Harrington, David Harris, June Harris, Mona Harris, Joan Harrison, Louise Harrison, June Harry, Brian Harvey, Billy Hatton, Ivan Hayward, Rosi Heitmann, Michael Hill, Wally Hill, Derek Hodkin, Tim Holmes, Chris Hornby, Barbara Houghton, Sue Houghton, David Hughes, Tommy Hughes, Mike Hurst, Chris Huston, Margaret Jack, David Jacobs, Brian John James, Dawn James, Ian James, Stephen James, Dave Jamieson, Derek Jeffery, Beryl Johnson, Derek Johnson, Ron Jones, Vivien Jones, Norman Jopling, Pat Jourdan, Peter Kaschel, Arthur Kelly, Clive Kelly, Freda Kelly, Margaret Kelly, Gibbo e Tina Kemp, Jim Kennedy, Ian King, Astrid Kirchherr...

Sam Leach, Brigitte Leidigkeit, Fran Leiper, Joyce Lennon, Bob Lusty, Winnie Mac, Peter Mackey, Donald MacLean, Les Maguire, Shelagh Maguire, John Mair, E. Rex Makin, Paul Marshall, Bryan Martin, Ann Mason, Brian Matthew, Dick Matthews, Mike Maxfield, Joan McCaldon, Angie McCartney, Ray McFall, Leonard Milne, Adrian Mitchell, Pat Moran, Celia Mortimer, Brian Mulligan, Brenda Murphy, Mitch Murray, Rod Murray, Linda Ness, Chas Newby, Mary Newton, Maureen Nickson, Geoff Nugent, Maureen O'Grady, Sean O'Mahony, Maureen O'Shea, David Paramor, Tom Parkinson, Graham Pauncefort, Lee Perry, David Picker, Thelma Pickles, Ellen Piel, Peter Pilbeam, Tom e Beryl Plummer (Tommy Wallis e Beryl), Richie Prescott, Peter Prichard, Sheila Prytherch, Roland Rennie, Ron Richards, Wolfgang Riecke, Carol Rigg, Cliff Roberts, George "Dale" Roberts, Eileen Robinson, Alan Roe, Cheniston e Jacqueline Roland, Bettina Rose, Keith Rowley, Lita Roza...

Mike Sarne, Mike Savage, Frank Sellman, Ann Sheridan, Tony Sheridan, Judith Simons, Nevil Skrimshire, Alan Smith, Bill Smith, David John Smith, Keith Smith, Mike Smith, Norman Smith, Walter Smith, Dave Spain, Toni Spencer, Ray Standing, Lou Steen, Les Stewart, Alan Swerdlow, Ted Taylor, Michael C. Thompson, Pam Thompson, Liz Tibbott-Roberts, Roy Trafford, Jan Vaughan, Jürgen Vollmer, Klaus Voormann, Noel Walker, Chris Walley, Clive Walley, Alan Walsh, Harry Watmough, Rosi Weber, Bert Weedon, Bruce Welch, Peter Wharton, Tom Whippey (Kim Bennett), Lyndon Whittaker, Alec Whyte, Thelma Wilkinson, Brian Willey, Allan Williams, Ronald Woan, Leslie Woodhead, Neville Wortman, Walter Woyda, Derek Yoxall.

Desde 1983, realizo entrevistas sobre os Beatles, e algumas citações neste livro vêm de sessões *vintage*, incluindo muitas com Paul McCartney, uma com George Harrison e várias com George Martin, e também Judy Martin, Cilla Black, Bob Boast, Jim Foy, Mike McCartney, Tony Meehan, Bob Molyneux, Pauline Sutcliffe, Alistair Taylor e Wally Whyton. Obrigado também a Yoko Ono, por abrir uma importante porta de pesquisa, e a Paul McCartney, por responder a perguntas adicionais via e-mail; não precisavam ajudar, então eu reconheço particularmente o fato de terem ajudado.

Outros provedores de informações ou auxílio

Meu muito obrigado às pessoas a seguir, por terem ajudado de múltiplas maneiras (com três vivas aos inventores do e-mail).

Roger Akehurst, Harold Alderman, Ken Ashcroft, Geoff Barker, Andre Barreau, Mark Baxter, David Bedford, Johnny Beerling, Simon Beresford, Leon Berger, Jim Berkenstadt, Roag Best, Rachael Binns, David Birch, Charles Blackwell, Rob Bradford, Steve Braunias, Lizzie Bravo, Mike Brocken, Gordon Brown, Kathy Burns, Linda Butt, Trevor Cajiao, Heather Canter, Jasper Carrott, Chris Carter, Stephen Carter, Howie Casey, Ernesto Juan Castellanos, Leslie Cavendish, William Cavendish, Irwin Chusid, Bob Clifford, Jeannie Cohen, Stuart Colman, Peter Compton, Ray Connolly, David Costa, Sylvia Cowling, Martin Creasy, Michael Crick, Lorre Crimi, John Crisp, Sandra Currie, Reynold D'Silva, Bert Danher, Russell Davies, Julian Dawson, Andrew Dickson, Ed Dieckmann, Claudio Dirani, Peter Doggett, Bert Donn, Paul du Noyer, Joe Dumas, Bruno Dupont, Jim Elyea, Ray Ennis, Gary e Vanda Evans, Lily Evans...

Joe Farrag, Horst Fascher, Alison Fiddler, Andy Finney, John Firminger, Bob Fisher, Dave Forshaw, Gerard Fox, Frances Friedlander, Susan Fuller, Gillian Gaar, Paul Gallagher, John Gorman, Hans Olof

Agradecimentos

Gotfriddson, Dale Grayson, Ian Greaves, Margaret Grose, Raymond Hall, Colin Hanton, Bob Hardy, Roger Harris, Bill Harry, Tony Hatch, Dermott Hayes, Mark Hayward, Bill Heckle, Stefanie Hempel, Mike Hennessey, Chris Hewlett, Harold Hill, Jean-Claude Hocquet, Peter Hodgson, Jackie Holmes, Brad Howard, Beth Howells, Kevin Howlett, Gary Howman, Brian Hudson, Jim Hughes, Brian Innes, Ivor Jacobs, Dave Jones, Peter Jones, Serena Karp, Jude Southerland Kessler, Adrian Killen, Marlene King, Raymond Kingsbury, Pat Kinzer, Axel Korinth, Eric Krasker, Jonny Kremer, Jeffrey Kruger, Ulf Krüger...

Tony Lacey, Richard Larcombe, Peter Lawson, James Leasing, Cynthia Lennon, Richard Lester, John Lewin, John Lewis, Vic Lewis, Helen Lindsay, Rhoddy Macpherson, Kenji Maeda, John Maguire, Pat Mancuso, Margaret Marsden, Garry Marsh, Dibbs Mather, Harald Mau, Chas McDevitt, Dee Meehan, T. J. Meenach, John Merrit, Ray Miller, Doug Morris, Geoff Mullin, Patti Murawski, Lorne Murdoch, Mark Naboshek, Mary Newton, Michael O'Connell, Staffan Olander, Tony Onslow, Alan Ould, Peter Paetzold, Carl Magnus Palm, Nigel Parkinson, Dave Peacock, Brian Poole, Richard Porter, Andrew Pratley, Simon Prentis, Heather Paige Preston, Celia Quantrill, John Repsch, Geoff Rhind, Tim Riley, Kate Robertson, Joe Robinson, Johnny Rogan, Amy Rossiter e Paul Gurrell, Peter Rubin...

saki, Jon Schotten, Henry Scott-Irvine, Peter Seaman, Joey Self, Frank Seltier, Denny Seyton, John Shakespeare (Johnny Carter), Adam Sharp, Colin Shearman, Robbie Shepherd, Anna Sheridan, Trevor Simpson, Andy Smith, David J. Smith, Jimmy Stevens, Pauline Stone, Gerry Stonestreet, John Sugar, Michael Swerdlow, Joan Taylor, Greg Temple, Denise Theophilus, Michael Thornton, Dennis Toll, Mike Tomkies, Ken Townsend, Josie Tucker, Steve Voce, Jacques Volcouve, Tony Wadsworth, Jens Waldenmaier, Anthony Wall, Ron Watson, Linda Watts, Jean Weir, Alan Weston, Carol Weston, Scott Wheeler, Chris White, Jim Woodley, Ali Zayeri.

Bibliotecas e arquivos

Na biblioteca, virando as páginas silenciosamente, é onde estou mais feliz. Tive muitos momentos incríveis descobrindo informações grandes e pequenas para este projeto. Agradeço a todas as pessoas que me acolheram e me permitiram encontrar o que eu procurava e – muitas vezes – o que eu nem procurava.

Merseyside. Liverpool Record Office (Diane Adams, David Stoker, John Keane e particularmente Kevin Roach, que, com paciência e entusiasmo, respondeu a dezenas de perguntas específicas e hoje ele próprio se tornou autor); Liverpool Roman Catholic Archdiocesan Archives (dra. Meg Whittle); University of Liverpool (Kate Robertson); Athenaeum Club (Anna Jackson); e Wirral Archives (Emma Challoner). Obrigado também a Peter Kennerley, a Barbara Woosey na Mosspits Lane Primary School, e a Brian Davies na Calderstones School, antiga Quarry Bank.

Londres. Meus agradecimentos aos funcionários da London Library e às várias salas de leitura da British Library em St. Pancras e especialmente ao posto avançado do jornal em Colindale. Desde 1979, desfrutei de momentos fantásticos pesquisando os Beatles ali, quando ainda se chamava British Museum Newspaper Library, e vou sentir muita falta desse ambiente depois que ele fechar. Tenho lá minhas dúvidas se o serviço aos leitores não vai sofrer em razão das mudanças. London Metropolitan Archive (Charlotte Hopkins e especialmente Julian Carr, bibliotecário dedicado, conhecedor e engenhoso que fez do LMA um ótimo lugar para pesquisa); British Film Institute (Steve Bryant, Carolyne Bevan, Dick Fiddy, Veronica Taylor, Heather Osborn); EMI Archive (Jackie Bishop, Sonita Cox, Hamish Hamilton); National Archives (agradecimentos especiais a Yudit Collard Treml); London Borough of Havering Central Library (Simon Donoghue); e RADA (James Thornton).

Também na Grã-Bretanha. BBC Written Archives (Jeff Walden – simplesmente o melhor); Aberdeenshire Library and Information Service (Judith Legg); Bristol University Arts and Social Sciences Li-

Agradecimentos

brary (Hannah Lowery); The British Institute of Jazz Studies (Graham Langley); Butlin's Archive (Roger Billington); Churchill Archives Centre (Sophie Bridges, Claire Knight); Norfolk & Norwich Millennium Library (Claire Agate); University of Reading Special Collections Service (Nancy Jean Fulford; com agradecimentos a Jean Rose da Random House); e Wrekin College (Serena Kyle).

EUA. Agradeço às equipes da Library of Congress, Washington, D. C.; The New York Public Library for the Performing Arts; Paley Center for Media (Ron Simon); e Clyde Savannah Public Library (Sue Ayers).

Alemanha. Meus agradecimentos aos funcionários da Staats-und Universitätsbibliothek, Hamburgo; Staatsarchiv, Hamburgo; Bayerische StaatsBibliothek, Munique; e a Rudi, Christa e Olaf da revista *Automaten-Markt*, em Braunschweig, que me permitiram visitar e tomar notas de edições antigas.

On-line. Na internet existe muita coisa boa. Meus agradecimentos a *todos* que fizeram posts interessantes (em meu site, menciono alguns desses posts em específico).

Editores

Este projeto exigiu um voto de confiança de meus editores. Os contratos foram assinados em 2004, época em que as projeções iniciais apontavam 2008, 2012 e 2016 como prováveis anos de publicação dos três volumes. Levando em conta que a essência do projeto era (e continua sendo) contar a história certa, sem fazer concessões, logo ficou claro que alguma elasticidade seria necessária. Essa percepção coincidiu mais ou menos com a recessão global e uma revolução no mercado editorial, com menos livros impressos e mais e-books. Editoras encolheram rapidamente e livrarias fecharam mundo afora. Esses eventos causaram o cancelamento de centenas de projetos válidos, então o fato de você estar lendo este livro se deve ao profissionalismo e à convicção de várias pessoas importantes. Elas poderiam ter desconectado o fio da tomada, mas não o fizeram, e têm meus sinceros agradecimentos.

Little, Brown Book Group. O projeto foi contratado em Londres pelo multitalentoso Tom Bromley (que depois saiu), com a supervisão da presidente da empresa, Ursula McKenzie (que felizmente permanece lá). Richard Beswick tem sido um apoiador constante, e sou imensamente grato a Vivien Lipski, editora-gerente do grupo, e ao meu editor, o diretor editorial Tim Whiting, por sua resistência e brilhantismo editorial. Só posso aplaudir a nomeação de Dan Balado como preparador do texto – leu o livro, linha por linha, absorvendo o espírito do projeto desde o início e dando uma valiosa contribuição.

É comum que autores tenham experiências infelizes com editoras, mas a equipe da Little, Brown tem sido magnífica.

The Crown Publishing Group. Meus agradecimentos a Kristin Kiser, Steve Ross e Carrie Thornton, que licenciaram o livro para ser publicado em Nova York, e a Tina Constable e Sean Desmond, que assumiram o projeto e foram fantasticamente pacientes enquanto eu terminava de escrevê-lo.

Agentes. Simon Trewin tornou-se meu agente literário em Londres no início do projeto. Serei eternamente grato por seu aconselhamento e estímulo, sem falar na viagem maravilhosa que compartilhamos antes que eventos imprevistos interrompessem aquele relacionamento cotidiano. Obrigado também a suas excelentes assistentes pessoais, Claire Gill e Ariella Feiner. Em Nova York, Mark Reiter ajudou a selar o acordo com a Crown, auxiliado por sua incrível assistente, Emily Sklar. Meus agradecimentos também a Christy Fletcher.

Tenho a mais profunda gratidão por KT Forster, minha superagente, que no meio de uma situação difícil realizou milagres para manter vivo este projeto. Os conselhos profissionais e a amizade pessoal de KT foram os melhores, ajudando-me a superar uma centena de obstáculos e tirando pesos de meus ombros para que eu pudesse continuar com o trabalho. Simplesmente incrível.

1216 **Agradecimentos**

A última a ser citada é sempre a mais importante: Anita. Por viver comigo, ela conhece todos os meandros deste projeto desde o primeiro dia: do raiar do dia até tarde da noite, frustrações e tensões, prazeres e conquistas comemoradas com socos no ar, como gols de placa. Tudo no longo prazo. Também foi a primeira pessoa a ouvir o manuscrito, me pedindo para ler em voz alta para ela todas as semanas, sempre com um feedback perspicaz e se tornando ao longo da jornada uma sabe-tudo dos Beatles. Amor da minha vida, muito obrigado.

PRÓXIMO DESAFIO: PARTE DOIS.

Mark Lewisohn
Junho de 2013

Créditos das imagens

As fotos dos Beatles (e associadas) foram vendidas, compradas, negociadas, compartilhadas com liberdade e paixão mundo afora, por décadas. Nem sempre é possível determinar quem as tirou ou detém atualmente os direitos autorais de certas imagens. Os detentores dos direitos autorais das fotos neste livro foram contatados quando conhecidos; se mais outros puderem provar a propriedade de alguma imagem, terei prazer em creditá-los em edições futuras e imediatamente no site deste livro – e, se solicitado, fazer um pagamento razoável a eles ou a uma instituição de caridade, ou se desejarem que a foto seja removida, isso será respeitado quando possível.

Jim Mac's Band; anúncio no *Liverpool Echo* (19 de outubro de 1923); Richard Starkey; John em Quarry Bank; George em Dovedale Road; Richy no hospital; Japage 3; Beatles no Indra; anúncio no *Hamburger Morgenpost* (18 de agosto de 1960); John e o *Daily Express*; terraço do Top Ten Club; Paul e John com Bob Wooler; *Les* Nerk Twins em Paris – todas imagens cortesia da Aarkive Features.
Mary, Jim, Mike e Paul – © MPL Communications Ltd.
Harry e Elsie Graves – © Mealey Photographers, Liverpool.
Harry e Louise Harrison – cortesia de Denise Theophilus.
Alf Lennon – © Billy Hall.
Mimi e George Smith; Julia e John – © Mark Hayward (de seu belo livro de fotografias *The Beatles Unseen*).
Richy em St. Silas; Paul na escola Joseph Williams – cortesia de Stephen Bailey, The Beatles Shop, Liverpool.
Brian em Hoylake; Beatles no aeroporto de Liverpool – © Família Epstein.
George e Jenny – © Jenny Butler.
Eddie Clayton Skiffle Group – © Les Kearney.
Quarry Men em Woolton – © Geoff Rhind.
George e Arthur – © Arthur Kelly.
Quarry Men no New Clubmoor Hall – foto de Les Kearney, © the Quarry Men.
George Martin's Top Ten Special – © EMI.
Desenho de John, Paul e George – © Ann Mason.
Audição dos Beatles para Billy Fury – © Cheniston Roland.

Créditos das imagens

1217

Ringo com Ty, Johnny e Rory; Ringo com Johnny; Rory Storm and the Hurricanes com Vicky; do lado de fora dos alfaiates Duncan's (colorida) – © Iris Caldwell.

Cemitério de Oosterbeek – © Barry Chang.

Stuart na floresta; George no Dom; John no Dom; Paul no Dom; Beatles no Dom – fotos de Astrid Kirchherr, cortesia de Ulf Krüger, K&K.

Top Ten *mach Schau* – cortesia do falecido Gerd Mingram.

No Cavern – foto de Geoff Williams, encomendada por Maureen O'Shea e Jennifer Dawes.

George e Ringo – foto de Dick Matthews, © Apple Corps Ltd.

Beatles em trajes de couro – foto de Albert Marrion, © Apple Corps Ltd.

Beatles em ternos sob medida – foto de Harry Watmough.

John e Lindy – foto de Lou Steen.

John, Paul e George no Hulme Hall – © Graham Smith.

Beatles no Abbey Road – foto de Dezo Hoffmann, © Apple Corps Ltd.

John, Paul, George e Dennis (colorida) – © Mike McCartney.

John, Cyn, Jon e Tony (colorida) – © Tony Carricker.

Beatles e *prellies* (colorida) – © Horst Fascher Collection/K&K.

Beatles em Saltney Street – foto de "Peter Kaye" (Les Chadwick) © Apple Corps Ltd.

Fotos do box, capas e contracapas – Astrid Kirchherr, cortesia de Ulf Krüger, K&K.

Muito obrigado a Richard Buskin e especialmente a Thorsten Knublauch, por liberar várias das imagens para publicação.

Índice remissivo

2i's Coffee Bar, Soho: como local de eventos, 927; Derry and the Seniors no, 458-9; gestão, 241; os Vipers no, 136, 181, 355; promoções, 172; Sheridan no, 643, 658, 672; The Shadows, 473; visita de George Martin ao, 142, 172-173, 355-6; visitas de Koschmider ao, 437, 458-9

Abbey Road, estúdios (EMI Studios): agendamento para a sessão do álbum dos Beatles (fevereiro de 1963), 1128-9; contrato dos Beatles, 903-4, 915; encontro de Brian com George Martin, 903-5; equipamentos, 755, 1164-5; Gerry and the Pacemakers, 1129; gravação de Leo Maguire, 914-5; horários das sessões, 345; inauguração, 343; layout, 345; músicos indianos, 373n; papel de George Martin, 345, 354-5, 358-9, 366; Paul filmado nos (1974), 551-2nf; pessoal, 350, 896; primeira sessão de gravação dos Beatles (junho de 1962), 930-6, 968, 1003; sessão dos Beatles (setembro de 1962), 1002-7, 1008-12, 1013; sessão dos Beatles (novembro de 1962), 1076, 1086-7, 1107-12, 1140; trabalho de Sheridan, 670

Adams, Beryl: Nems Enterprises, 915-6, 1013, 1019, 1026; secretária da Nems, 430, 770, 802; trabalho na gestão dos Beatles, 802, 804

"Ain't She Sweet" (Gene Vincent), 673, 920; gravação pelos Beatles, 669, 673-5, 732, 1156nf; repertório dos Beatles, 324, 662

"Ain't That a Shame" (Pat Boone), 117

Al Storm and his Hurricanes, 317-21, *ver também* Rory Storm and the Hurricanes

"All Shook Up" (Elvis Presley), 180; repertório dos Quarry Men, 203

"Alley Oop" (Hollywood Argyles), 434; cantada por Ringo, 435n, 449, 494

Allisson, Jerry, 557nf

American Forces Network (AFN), 107, 126

Anderson, Helen, 201, 298, 375

Anderson, Jim, 1153nf

"Anna" (Arthur Alexander), repertório dos Beatles, 1127

Anton, Vic, 609-10, 625, 718, 749, 774-5

"Apache" (The Shadows), 473; repertório dos Beatles, 482, 518

Arden, Don: como empresário da Sounds Incorporated, 1200nf; Gene Vincent no Star-Club, 920; rejeita os Beatles, 1085; show de talentos amadores de Liverpool, 1200nf; turnê de Little Richard, 920, 956, 1056, 1197nf

Ardmore & Beechwood: acordo de Brian com, 833-4; a visão de Brian sobre, 1102-3, 1114; contrato com a Parlophone, 895-6, 931-2, 937, 1031, 1087; contrato para Lennon-McCartney, 1013-4, 1030; erro na etiqueta da Parlophone, 1030; escanteada por George Martin, 1103; John e Paul saem da, 1136; Kim Bennett divulga canções de Lennon-McCartney, 836-7, 1072, 1087-8; questão dos direitos autorais, 895, 1007; questão do programa *Thank Your Lucky Stars*, 1113-4; royalties de John e Paul, 1118n

"Are You Lonesome Tonight" (Elvis Presley), 606, 658; repertório dos Beatles, 606

Asher, Jane, 341, 572nf, 735, 1074n, 1162nf

Asher, família, 341, 1074n

Índice remissivo

1219

"Ask Me Why": acordo com a Dick James Music, 1114, 1116, 1121; avaliação de George Martin, 941, 1004, 1097, 1099; composição, 855, 941; contrato com a EMI, 1012; direitos autorais, 1103, 1121; disponível, 907, 1175nf, 1184nf; ensaiada, 1003; escolhida como lado B, 1097; escolhida para gravação, 909, 925; gravação em Hamburgo, 1139; gravação na EMI (junho de 1962), 929, 931-2, 934; gravação (novembro de 1962), 1104, 1107, 1111-2; LP dos Beatles, 1099, 1128, 1139; malsucedida, 934, 940; repertório dos Beatles, 948, 1016; tocada pelos Beatles, 855; transmissão na BBC, 941, 1111

Aspinall, Neil: amizade com George, 105-6; amizade com Pete Best, 329, 403, 467, 846, 980; assiste ao show de Vincent/Cochran, 392; caráter, 976-7; casamento de John e Cyn, 989; como roadie dos Beatles, 667, 688, 698-9, 773, 929, 945, 1180nf; contato com Brian, 903; dirigindo para os Beatles, 607, 622, 768, 929, 1119; dispensa de Pete, 973-6; formação em contabilidade, 403; nascimento do filho, 961; na sessão de gravação, 807; no Liverpool Institute, 92, 197, 548; pagamento dos Beatles, 804; pagamento, 952, 977; qualificações de nível básico (O-levels), 299; reação à dispensa de Pete, 976-7; recordações sobre os Beatles, 467, 531, 569nf, 622, 629, 846, 1167nf, 1186nf; relacionamento com Mona Best, 403, 699, 961, 981, 1146n; relacionamento com os Beatles, 698-9, 981; sobre a chegada de Ringo, 978, 980, 994-5; sobre canções dos Beatles, 826, 947; sobre o cabelo dos Beatles, 727; sobre o repertório dos Beatles, 1000-1; sobre o show em Blair Hall, 698; sobre Paul intimidando Stu, 635; tentando ensinar John a dirigir, 1066; torcedor de futebol, 998n; trabalho em contabilidade, 607, 667, 1150nf; van, 667, 699, 785, 851-2; ver Quarry Men, 327; viagens a Londres, 784-5, 929

Atkins, Chet, 210, 211, 389, 695, 991, 1104

Atlantic Records, 198, 1144n, 1145

Autry, Gene, 71

"Baby It's You" (The Shirelles): cantada por John, 827, 851; repertório dos Beatles, 851, 1003, 1139

"Baby Let's Play House" (Elvis Presley), 20, 433; cantada por John, 186, 481, 536nf

Bacon, "Eggy" (professor), 151

Bailey, R. F., 88, 148

Baker, David, 1018, 1076

Ballard, Arthur, 297, 488

Barber, Adrian, 405, 713, 955, 1090, 1133, 1138

Barber, Chris, 104, 123

Barlow, Bill, 309, 327, 332, 403

Barrow, Tony (Disker): assessor de imprensa dos Beatles, 1123, 1146n; colunista do Liverpool Echo, 141, 547nf, 752-3, 798, 816, 1020, 1035, 1111, 1151nf; comunicado de imprensa de "Please Please Me", 1105, 1123; comunicado de imprensa para os Beatles/"Love Me Do", 1020, 1123; origens, 547nf, 1123; redator de encartes na Decca, 527, 816, 1020; sobre os Beatles, 1123-4

Bats, The, 829, 911, 1172nf

BBC, Acordo sobre tempo de agulha ("Needletime"), 108, 552nf, 849, 1032

BBC Light Programme (estação de rádio): audição dos Beatles, 825-6; Beatles escutam a, 825; Beatles no Here We Go, 848; Beatles no Talent Spot, 1073, 1117; conteúdo, 107, 126, 540-1nf, 798-9; execução de "Love Me Do", 1087; Jazz Club, 1039; música para adolescentes, 172, 303, 848; Paul escutando na infância, 85; Pick of the Pops, 303; programa Saturday Club, 303

"Be-Bop-A-Lula" (Gene Vincent), 134-5, 166, 198, 920; cantada por John, 182; cantada por

Paul, 185; gravação em Hamburgo, 1140; repertório dos Beatles, 645; repertório dos Quarry Men, 204, 401

Beach Boys, 1040-1, 1052

"Beatle Bop" (Harrison-Lennon), 518, 589nf, 662, 669, 673, 675 *ver também* "Cry For A Shadow"

Beatles: acompanhamento para Ellis, 446; acordo sobre direitos autorais de George e John, 675; agendamento de temporada em Hamburgo, 462-8, 805-6, 1060; agendamento na BBC Manchester, 903; agendamento no New Brighton Tower Ballroom, 903, 917; agendamento no salão de baile Coventry, 1104; alojamento em Hamburgo, 478-80, 497, 513, 516n, 521-3, 644, 886-7, 1082, 1133; apostas futebolísticas, 998; apresentação na TV em *People and Places*, 1018, 1069, 1071, 1132, 1198-9nf, 1200nf; apresentações no Indra, 482-4, 488-9, 498; apresentações no Kaiserkeller, 498-500; artigo na *NME*, 1077; artigo de Wooler sobre, 707-9; assistidos por membro da equipe de A&R da Decca, 776; audição na BBC, 824-5; audição na BBC-tv, 1086, 1105-6; audição para banda de apoio de Billy Fury, 406-11; audiências, 1105; aviso prévio de Koschmider, 511-2, 514, 521; baterista Norman Chapman, 444-5; Bem-Vindos ao Lar no Cavern, 917, 939, 1099; briga com Koschmider, 520-1; casamento de John, 963; Cavern como lar, 688-9; chegada em Hamburgo, 476-7; comunicado de imprensa, 1019-20; conhecendo Tony Barrow, 1123-4; contrato com Kaempfert, 675-6; contrato com o Top Ten Club, 521n, 623; contrato de gravação com a EMI, 902-6, 915-6, 937; datas agendadas no Casbah, 531-2; datas canceladas, 718; de novo no *People and Places*, 1132; dias em Liverpool, 692; diferença em relação a outras bandas, 605-6, 684; discos demo da fita Decca, 1142;

dispensa de Pete, 781, 943, 960-1, 973-7, 981, 984, 1009, 1026, 1130; diversidade de estilos, 614-5; embriagados no show de Litherland, 731-2; em Litherland, 532-4; em Londres, 925-7; encontro com Brian, 738-41; encontro com George Martin, 1086-7, 1095, 1096-1102; encontros com Gene Vincent, 920-1, 1055; encontros com Little Richard, 1055-8; enquete com os leitores da *NME*, 1117; entrevista na *Disc*, 1095; escolha de canções para o segundo compacto, 1096-7; estreia em gravação na rádio BBC, 848-50; estreia noturna no Cavern, 637-8; evento *The Beatles For Their Fans* no Cavern, 832; festa natalina dos Beatles, 781; filmagens (fevereiro de 1962), 825-6; fotos publicitárias, 480, 1021-3; fotos com o novo visual em couro, 653; fotos em Hamburgo, 921-2; gerenciamento de palco por Wooler, 609; Gerry substitui George, 865-6; gravação em Hamburgo, 1138-41; gravações próprias, 442-3; gravando com Lu Walters e Ringo, 501, 670; história de "urinar nas freiras", 909-10; horas de palco em Hamburgo, 477, 498, 604, 922, 1081, 1090, 1133, 1148n; impacto no cenário de rock de Liverpool, 609-10, 614; inauguração do Star-Club, 883, 884-6; influência em Liverpool, 853-4; lançamento britânico de "My Bonnie", 798-9; lançamento de "Love Me Do", 1029-30; morte de Stuart, 877-82; não comparecimento, 838-40; no Aintree Institute, 64; no Lathom Hall, 412-3; no *Mersey Beat*, 702; no Neston Institute, 438, 440; no programa *The Talent Spot*, 1073, 1117, 1203nf; no Top Ten Club, 644-6; Noite de Premiação do *Mersey Beat*, 1130-1; noite do Fã-Clube no Cavern, 871-3; nos bailes da faculdade de artes, 397-8; nova ida a Hamburgo (novembro de 1962), 1081-2; ordem dos nomes, 737; Pete Best entra nos, 463-4; planos para gravar um álbum,

889-90; planos para o LP, 1098-1100, 1110, 1117, 1127-8; posição de Pete Best, 613-4, 651-2, 661; presença em *Thank Your Lucky Stars*, 1113-4, 1116, 1122; primeira apresentação em Hamburgo, 480-1; primeira apresentação na TV nacional, 1124-5; primeira apresentação no Cavern, 624; primeira biografia, 1019; primeira filmagem na TV, 985-7, 1018; primeira sessão de fotos em Liverpool, 706; primeira sessão de fotos para relações públicas, 780; primeira sessão de gravação, 669-71; primeiro compacto (com Sheridan), 745, 754, 769; promovendo "Love Me Do" em Londres, 1044-50; queda no número de shows agendados, 732, 749; rejeitados pela Decca, 816, 817-23; rejeitados pela EMI, 777; rejeitados por gravadoras dos EUA, 1143-5; relação com Brian, 770, 807-11, 830-1, 860-1, 885-6; relacionamento com George Martin, 934-5, 1100-1; relacionamento com Ringo em Hamburgo, 499, 518; relacionamento com Ringo em Liverpool, 631; relacionamento com Wooler, 529-30; reputação, 732, 749; retorno de Hamburgo, 531-2, 604-5, 677-8, 922, 1093, 1148-9; retorno de Stu, 611; Ringo substitui Pete, 866-8; Ringo toca com os, 781-2; *Riverboat Shuffle*, 703; segunda temporada em Hamburgo, 643; série de bateristas, 442; sessão de fotos com Astrid, 514-5, 655; sessão de fotos com Jürgen, 656-7; sessão de fotos, 869-70; sessão de gravação (26 de novembro de 1962), 1086, 1099, 1107-11; sessão de gravação de Kaempfert (maio de 1962), 912-4; sessão de gravação na EMI (11 de setembro de 1962), 1009-12; sessão de gravação na EMI (4 de setembro de 1962), 1002-7; sessão de gravação na EMI (6 de junho de 1962), 904, 929-37, 1003; setlists, 804-5; show agendado em Aldershot, 772-3; show agendado no Floral Hall, 830-1, 840, 847; show de Bem-vindos ao Lar no Cavern, 939; show do Cavern com fãs, 1132; show em Peterborough, 1118-20; show em Stroud, 870-1; show no Empire Theater com Little Richard, 1077-80; show residente no Grosvenor Ballroom (Liscard, Wallasey), 437-8, 532; shows agendados na Liverpool University, 830, 838; shows em prol de instituições de caridade, 725, 728-9; talento de Ringo como baterista, 1017; temporada de doze datas no Cavern, 917, 945; teste na Decca (janeiro de 1962), 777, 784, 791-7, 818-25, 1170nf, 1171nf, 1172nf, 1178nf; tocando para stripper, 459-60, 653; transmissão no programa *Here We Go* da BBC, 848-50; transporte, 607, 667, 698-9, 805, 838, 952; turnê (agosto-setembro de 1962), 1000-1; última temporada em Hamburgo, 1133-5, 1148; vencedores da enquete do *Mersey Beat*, 780, 797-8; venda de discos, 747; viagem a Hamburgo, 470, 472-6; viagem a Londres, 785-6; vida em Hamburgo, 373-4, 885, 887, 1089-90

APARÊNCIA: botas Chelsea, 785, 849, 986, 1094; botas de cano baixo tipo *winkle-pickers*, 653, 680, 692, 863; botas de caubói, 71, 520, 522, 525, 527, 532, 534, 638, 692, 785; cabelo penteado para baixo, 728, 798, 811, 849; cabelos longos e lisos, 1094-5, 1125; cachecóis de Astrid, 1134; chapéus *twat* cor-de-rosa, 520, 532, 534, 653, 686, 785; coletes de veludo escuro e gravatas de tricô, 985-6; em veludo cotelê, 636, 722, 853; estilo de cabelo, 451, 685; estreia dos ternos, 813-4; estreia na TV, 1071; filmados no Cavern, 985-6; imagem de grupo, 809-12; impacto, 397; jaquetas Cardin sem gola, 636, 723, 1152nf, 1160nf; jaquetas de camurça, 1094-5, 1121; jaquetas de couro, 489, 520, 525, 534-5, 589nf, 638,

653, 656-7, 686, 719, 722, 725, 731, 734, 739, 747, 766, 813, 815, 847, 950, 1045, 1185; lenços cor-de-rosa, 686n; linguajar, 853; no Empire, 1079-80; novo penteado de Stu, 636; paletós de veludo lilás, 451, 460, 468, 480, 489; roupas de palco combinando, 407; suéteres de gola alta e jeans, 625; ternos sob medida, 813-5, 847; ternos usados no Cavern, 872-3; topetes, 533, 653, 685, 725; trajes de couro, 653, 474, 685, 706, 872, 763, 780, 785, 871; visual novo, 653; visual todo em couro, 678, 685, 706, 742, 825

AUTÓGRAFOS: apresentação de Maureen a Ringo, 992; com desenhos de antenas de besouro, 1201nf; de Paul, 746; de John, 764; de Stuart, 425; de Ringo, 449-450, 997-998; em "cartões de brinde", 870; excursão escocesa, 424-428; George, 964; no Kingsway Club, 1176nf; noite do Fã-Clube no Cavern, 871; para fãs no Floral Hall, 832; para o fã-clube, 832; programa, 1197nf; *The Friday Spectacular*, 1044, 1163

BEBIDAS ALCOÓLICAS: em Hamburgo, 488, 518, 650, 843, 885-887, 900, 1090; no Blue Angel, 958; no Colony Club, 867

DINÂMICA DE GRUPO: após saída de Stu, 692; chegada de Ringo, 867, 993-998; efeitos das composições de John e Paul, 1014-1016; em Hamburgo, 488, 493, 635, 651; na turnê escocesa, 421-422; quartos compartilhados, 999, 1082

DINHEIRO: acordos com Eckhorn, 636-7, 643, 806; agendamento de datas em turnês nacionais (1963), 1086; bailinhos agendados por Kelly, 535; cachê em Litherland, 530; cachê em shows noturnos, 1136; cachê no programa *Here We Go*, 849; cachê no programa *Tuesday Rendezvous*, 1124; cachê padrão

nos salões de baile, 1076; cachês em Liverpool no ano de 1961: 621, 667, 685, 698, 700, 701, 730, 804, 867, 917; compensação por atraso, 775; contratos com Koschmider, 642-3, 477-8, 490-1, 494, 643; contratos fixados por Allan Williams, 437, 441; data no salão de Coventry, 1104; datas em salões de baile na Escócia, 1085; esforços de Brian, 916, 1076, 1135, 1147; estreia no Cavern Club, 624; pagamento de Mona Best, 628, 667; pagamento pela excursão escocesa, 415; perdas por cancelamento, 718; renda semanal, 952; renda triplicada, 1147; royalties da EMI, 1013-15, 1135; show agendado em Stroud, 870-1; shows agendados no Cavern, 667, 685, 868, 916-7, 1076-7; shows agendados no Hulme Hall, 978; shows agendados por Leach, 610, 772-4, 1023; shows agendados por Wally Hill, 667, 685, 698; tratativas com o Star-Club, 805-6, 842-3, 1081, 1133

DROGAS: benzedrina, 447, 581nf, 648; contrabando, 693, 922; fornecimento oriundo de Hamburgo, 648-9, 842-3; foto dos Beatles com Preludin, 922; maconha, 447n, 840-1; Preludin (*prellies*), 648-50, 653, 664, 668, 670, 675, 678, 693, 745, 809, 843-4, 885-6, 888, 901, 921-2, 998, 1081, 1090, 1111, 1139, 1141, 1147, 1154nf, 1167nf; primeira experiência com drogas, 447

EMPRESÁRIOS: acordo fechado com Brian, 757-61; agendamento de shows por Pete e Mona, 535, 607, 667, 685, 699; Allan Williams, 416, 607; comissão, 801, 830, 887, 954, 976, 1082n, 1015, 1147; contrato novo para incluir Ringo, 975-6, 1024; contrato, 800-1; necessidade de um empresário, 700; possíveis empresários,

Índice remissivo

701-2; problemas de Brian, 837-42; questão jurídica com Williams, 697-8, 716, 735, 773, 829; recusa em pagar a comissão de Williams, 643, 653-4, 666, 697, 1153nf; tentativa de Maureen e Jennifer de assumir como empresárias, 730, 732, 736, 749; tratativas com Brian, 747-8

FÃS: correspondência de Hamburgo, 889, 898-9; em Hamburgo, 487, 751; evento *The Beatles For Their Fans*, 832, 851, 869, 1080, 1091; fã primordial, 451; fã-clube, 705-7, 729, 768, 832; gritos, 850, 872, 942, 958, 987, 991, 1000-1, 1105; no Cavern, 762-8, 871-2, 1131; perseguidos por, 1080; questão das namoradas, 852, 962; relacionamento com os Beatles, 851-2

HUMOR/COMÉDIA: brincando com George Martin, 935; em Hamburgo, 910-1; no palco, 632- 3; piadas no Cavern, 705; primeira presença na TV, 1069-71; selvageria, 636

NOME: Beatals, 397, 417, 425; Beatles, 397, 417; Beattles (George Martin), 914-5; Beetles, 425; Big Beat Boppin' Beatles, 628; Fabulous Beatles Rock Combo, 627; história de John sobre a origem do nome, 639-40, 1019; influência de Buddy Holly, 396-7; Long John and the Silver Beatles, 409-11; Silver Beatles, 412-3; Silver Beats, 413, 423; Tony Sheridan & The Beat Brothers, 676

SEXO: em Hamburgo, 485-6, 487, 492, 650-1, 664, 843, 887, 900-1, 1134; na van de Neil, 699

Beatles Fan Club (Fã-Clube dos Beatles): filial sul, 1131; gestão dos Beatles, 730, 768; lançamento, 706-8; membros transportados a Manchester, 942; noite no Cavern, 871-2, 889; organização, 705-6; papel de Bobby Brown, 768, 832; relançado, 832; suspenso por Brian, 768, 832; vouchers de entrada com desconto, 956

Beecher-Stevens, Sidney "Steve", 752, 817, 821, 1171nf

Behan, Pauline, 628, 682

Bennett, Brian, 811

Bennett, Cliff, 1148, 1205nf

Bennett, Kim (Tom Whippey): carreira, 836; divulgando "Love Me Do", 1072-3, 1087-8, 1102-3, 1117, 1199nf; escutando "Like Dreamers Do", 837; nome, 1173nf; papel no contrato de gravação dos Beatles, 895, 931, 1007; plano para fazer a gravação, 837, 895; sobre George Martin, 834, 1103

Bentine, Michael, 86, 353, 755, 892, 894

Bentley, Derek, 96, 543nf

Berger, Kathia, 661, 1081

Berry, Chuck: 169, 205; "Carol", 275; "Little Queenie", 292; "Rock and Roll Music", 209; arranjo de Cochran, 391-2; fãs, 239, 244, 617, 1039; gravado pelos Beatles, 792-3; influência nas composições de Paul, 1126; John toca com (1972), 561nf; influência, 277; John, Paul e George fãs de, 233-4, 310, 322; liberdade provisória, 713; no Top Trinta da *NME*, 180; repertório do Les Stewart Quartet, 284; repertório dos Beatles, 440, 482, 499, 535, 709, 713, 765, 866; repertório dos Quarry Men, 310, 324, 380; repertório dos Rolling Stones, 1038; vendas, 1064

Berry, Mike, 971, 974, 1189nf

"Besame Mucho" (The Coasters), 434, 1018; repertório dos Beatles, 482, 687, 765, 871, 909, 925, 941, 1079; gravações dos Beatles, 792, 794-5, 929, 931-2, 1012

Best, Johnny, 301, 310-1, 403, 535

Best, Mona (Shaw): aparência e caráter, 301, 310, 403, 707; casamento, 301, 311; encontros com os fãs, 707; filhos, 301, 310, 961; gravidez, 771, 945; inauguração do clube Casbah, 306-7, 309, 311; kit de bateria para Pete, 332; morte da mãe, 945; nascimento do terceiro filho, 961; o que ela pensava de Brian, 771; origens, 301; promoções, 627, 667, 718; reação à dispensa de Pete, 976, 983; relação com o filho Pete, 310-1, 403, 469, 627, 702, 707, 826; relacionamento com Neil Aspinall, 403, 698-9, 961; relacionamento com os Beatles, 531, 607, 627, 667, 685, 699, 702, 716-7, 749, 770, 826, 945, 983; relacionamento com os Quarry Men, 309, 377, 402, 463-4, 531; retorno de Pete de Hamburgo, 525, 752, 771; sessões dominicais no Casbah, 328; viagem de Pete a Hamburgo, 464, 469-70

Best, Pete (Randolph Peter Scanland): ação jurídica contra Brian, 1023-4, 1129; aparência e caráter, 311, 468, 472, 475, 727-8, 963, 982; audições, 1129-30; bateria, 332, 442, 480; como vocalista, 662, 712, 826, 851; conhece John, Paul e George, 306; consumidor de bebida alcoólica, mas livre de outras drogas, 649; críticas à habilidade como baterista, 511, 613, 652, 670, 866; deportado, 524; devolução do kit de bateria, 527-8, 532; dispensado pelos Beatles, 782, 942-5, 971-6, 982-3; educação, 301, 402; encontros com Gene Vincent, 920-1, 1055; entra na banda Lee Curtis and the All Stars, 1024-5, 1129-30; entra nos Beatles como baterista, 463-4, 467-8; evasão escolar, 402; fãs dos Beatles, 762-8; fica sabendo da rejeição da Decca, 844; fumante de cigarros, 605; funeral de Stuart, 880; habilidade na bateria não confiável para gravar em estúdio, 913, 934; história de "urinar nas freiras", 909-10; infância, 301; morte da avó, 922; morte de Stuart, 878; na visita de Stuart, 829; no show de Vincent/ Cochran, 392; opinião de George Martin

sobre, 936, 942, 974, 983, 1024; organização dos Beatles, 535, 607, 667, 685, 699; origens da família, 310-1, 472; popularidade entre fãs, 845, 796, 1025; preso por tentativa de incêndio criminoso, 523-4; reações à sua dispensa, 982-3, 784-5; recurso contra a deportação de Hamburgo, 623, 630, 636; rejeição da Decca, 845; rejeitando a oferta para entrar na banda Mersey Beats, 983; relacionamento com a mãe, 310, 403, 469, 627, 702, 706, 826; relacionamento com os Beatles, 613-4, 647, 649, 651, 666, 781-2, 824, 845; retorno a Hamburgo, 642-3, 922; roubando um marinheiro, 519; se apaixona, 873, 938; sexo em Hamburgo, 651, 900; shows com os All Stars, 1025, 1058; sobre briga de Paul e Stu, 669; substituído esporadicamente por Ringo, 867-8; técnica como baterista, 605, 613; telegrama de aniversário, 1130; teste na Decca, 791, 796; tocando bateria em Hamburgo, 482-3; tocando bateria na gravação da EMI, 932-34, 942; tocando bateria nos Blackjacks, 332, 402; viagem a Hamburgo, 469-71, 875; vias de fato com Sheridan, 663; volta de Hamburgo, 525, 528, 531-2, 922

Best, Rory: guitarra, 323; nascimento, 311; nascimento do irmão, 961; Neil vai morar junto com a família Best, 403; no Casbah, 375, 531-2; relacionamento com a mãe, 301

Beyond The Fringe, 684, 702, 914, 1143, 1157nf

Bierfreund, Marga, 901

Big Three, The: alto-falantes, 713; baterista trabalhou com Beatles, 958, 977, 1186nf; Cilla com, 681; em Hamburgo, 954, 958; fãs, 763; formação, 625; geridos por Brian, 954-6, 971, 976, 1061, 1090; interrompem show, 1197nf; sessão de Leach com doze bandas, 631n; teste na Decca, 1129

Bilk, Acker, 703-4, 720, 744, 951, 1142

Índice remissivo

Billboard: circulação, 1047n; nome, 1047n, 1154nf; parada de música pop (Hot 100), 775, 817, 1040, 1144n; parada de R&B, 616; parada de sucessos, 435n, 967; sobre a Capitol, 350, 1142; sobre a febre do twist, 754; sobre Elvis, 102; sobre Kaempfert, 658

Birch, David (primo de John), 874

Birch, Harriet/Harrie (Stanley, tia de John), 63, 252, 313

Birch, Harry, 236

Birch, Liela (Hafez, prima de John), 110, 252

Birch, Norman (tio Norman), 252, 313

Black, Cilla ("Swinging Cilla" White), 681, 865, 1156nf

Blackboard Jungle (no Brasil, *Sementes da violência*, filme de 1955), 108, 109, 115

Blackjacks, The, 332, 377, 402, 513

Blue Angel (*night-club*): Beatles barrados, 607, 655, 735; Beatles no, 957-8, 965, 982, 998; Brian no, 750, 957, 1027; encenação no, 1192; entrada dos Beatles liberada, 957; exposição, 716; inauguração, 606, 640n; origens, 408, 467

"Blue Moon" (Elvis Presley): canção tocada por John e Paul, 28; compacto adquirido por John, 167

"Blue Moon of Kentucky" (Elvis Presley), 102; repertório dos Quarry Men, 203

"Blue Skies" (Irving Berlin), cantada por George, 825

"Blue Suede Shoes" (Carl Perkins), 129, 130, 134, 167, 198, 390; repertório dos Quarry Men, 204, 229

"Blue Suede Shoes" (Elvis Presley), 129, 130, 390; repertório dos Quarry Men, 204, 229

Bluegenes (Swinging Bluegenes), 193, 231, 289, 293, 637-8

Blues Incorporated, 858, 927, 1039

Boast, Robert (Kenneth), 833, 1173nf

Bolt, Pete, 441

Bonici, Albert, 1085

Booker, Johnny, 974

Boone, Pat, 117, 130

Borland, Colin, 752, 752n

"Bourrée" (Bach/Atkins), tocada por Paul e George, 211, 558nf, 575nf

Bowien, Jimmy, 658

Boyce, David, 1064, 1159nf

Boyle, Bernard "Bernie": assiste ao show dos Beatles pela primeira vez, 694; em Hamburgo, 909-11, 913, 920; espancado, 958; fã-clube dos Beatles, 705-6; faz trabalhos para os Beatles, 695; sobre a guitarra de George, 695-6; sobre John e Paul, 719; sobre o *Riverboat Shuffle*, 704; sobre os Beatles como estrelas pop, 1080; sobre os Beatles e Frank Ifield, 1119; sobre Wooler, 707; viajando com os Beatles, 699

"Boys" (The Shirelles), 618-9; cantada por Cilla e Ringo, 681; repertório dos Beatles, 709, 827

Braddock, Bessie, 1062, 1197nf

Brady, Pat, 764, 1086

Braun, Icke, 1079, 1134, 1148-9, 1154nf

Breden, Elsa, 985, 1029

Brewer, Jenny, 114, 137, 304

Brian, Ty (Chas O'Brien), 319n, 332, 436, 499, 502-3, 680, 869

Brian Poole and the Tremeloes (Tremilos), 818, 969, 1171nf

Brierley, John, 259-60, 305, 562nf

British Sailors' Society, Hamburgo, 493, 497, 664, 844, 1082

Bron, Sydney, 353, 363, 756

Brooks, Neil, 320

Broonzy, Big Bill, 168, 229, 240, 284

Brown, Joe: and the Bruvvers, 828, 902, 957, 1085; gravações, 688; promoção de Brian, 902, 957-8, 1058; seleções de músicas dos Beatles, 792-3, 828, 901-2; sobre a guitarra de Cochran, 576nf; sucesso, 941; turnê, 1085

Brown, Ken: Blackjacks, 332, 377; dispensado pelos Quarry Men, 377, 568nf, 846; Les Stewart Quartet, 283-4, 305; Quarry Men, 306-7, 309, 324, 332

Brown, Peter, 370, 404, 430, 744, 807, 862, 1203nf

Brown, Roberta "Bobby": amizade com Astrid, 1092, 1148; amizade com Mal, 852; bebida e drogas, 872, 1091, 1110; cartas de Paul, 899, 901-2; compra o disco dos Beatles, 1036; em Hamburgo, 1091; Fã-Clube dos Beatles, 768, 832, 872, 1131, 1146n; máquina de escrever para John, 964; na sessão de gravação com os Beatles, 1108, 1110; relacionamento com Brian, 768, 832; senta-se com Dot, 694; sobre Brian, 859; sobre o estilo dos Beatles, 853; sobre os Beatles e Brian, 808; sobre os Beatles no Cavern, 693, 765; sobre Ringo, 978

Bryden, Beryl, 104, 147n

Burgess, John, 891

Burlington Music, 822, 834

Burnett, Philip, 177, 192, 467

Burnette, Johnny, 390, 481

Burns, Tito, 1085

Butlin's: férias da família McCartney, 106, 195, 203; férias de Paul e George, 303-5; Paul pede emprego no, 248, 258; Ringo sai para entrar nos Beatles, 972, 977; Rory Storm and the Hurricanes agendam temporada no (1960), 384, 395-6, 408, 411, 435-6, 448, 462-3, 494; Rory and the Hurricanes agendam temporada no (1961), 641, 679; Rory and the Hurricanes agendam nova temporada no (1962), 845, 865, 919, 958; trabalho de Mike Robbins, 106-7, 195, 400-1

"Bye Bye Love" (Everly Brothers), 23, 180, 198; cantada por Paul and Mike, 191, 196

Byrne, Gay, 1069

Byrne, Johnny (Johnny Guitar): agendamento no Cavern, 414; Cave Skiffle Morgue, 230-1; com Ravin' Texans, 175-6, 289; gravação (1957), 245; guitarra elétrica, 291, 317-8; na França, 918-9; no show de Vincent/Cochran, 392; nome, 328; perspectivas de carreira, 680; Richy/Ringo entra nos Texans, 289; saída de Ringo dos Hurricanes, 959; sessão de Leach com doze bandas, 631n; sobre a briga entre Lennon e Storm, 502; sobre a voz de Ringo, 449; sobre as faltas de Ringo, 383n; sobre o encontro de John e Paul com Ringo, 959; sobre o perfil de Ringo, 382; sobre os planos de carreira de Ringo, 384, 412; temporada no Butlin's, 436

Byrne, Tony, 314

Cain, Geoff, 201

Calder, Tony, 1020, 1045, 1048, 1050, 1146n, 1171nf

Caldwell, Alan (Al Storm, Jett Storm, Rory Storm): aparência, 230, 383, 680, 814; assiste a Paul compondo canção, 1074; audições de Richy para, 290; casa (Hurricaneville), 711-2, 1159nf; compra guitarra, 502; demitido do Kaiserkeller, 517, 526; encenações, 383; gagueira, 229, 382, 680, 711; Hurricanes, 317-9, 320; Morgue Skiffle Cellar, 230-1; no Top Ten Club, 526; nome, 317, 328, 332n; perspectivas de carreira, 680; primeiro encontro com George, 229-30; Ravin' Texans, 176, 229, 289; torcedor de futebol, 998n; ver também Rory Storm and the Hurricanes

Caldwell, Ernie, 230, 712, 1068

Caldwell, Gordon (cunhado de George), 525, 570nf

Caldwell, Gordon (sobrinho de George), 525, 570nf

Índice remissivo

Caldwell, Iris: aparência, 230; carreira como dançarina, 384, 1067; casa dos pais, 230, 711-2, 1067-8; namorando com George, 229, 711; nascimento, 229; relacionamento com Frank Ifield, 1068-9, 1119; relacionamento com Paul, 1067-9, 1119; sobre a composição de Paul, 1074; sobre a guitarra de George, 230; sobre Richy/Ringo, 435, 711; viagem pedindo carona com os Hurricanes, 318

Caldwell, Leslie (sobrinha de George), 525, 570nf

Caldwell, Louise (Harrison, irmã de George): casa, 52, 77; educação, 93; filhos, 525, 859; nascimento, 44; sobre o nascimento do irmão George, 539; vida de casada no Canadá, 525, 570nf

Caldwell, Vi (Ma Storm): caráter, 230, 711, 1067-8; casa (Hurricaneville), 230, 711-2, 1067-9; no Butlin's, 959; relacionamento com George, 230, 712, 1090; relacionamento com os Beatles, 712, 998; relacionamento com Paul, 1067, 1074

Calling All Britons (programa de rádio de Toronto), 1142, 1204nf

Calrow, Steve, 691, 765

"Calypso Rock", 163, 213, 359n

Cannon, Jim, 811, 1170nf

Capitol Records: "direito de preferência", 350, 755; Beach Boys, 1040, 1052; compra da EMI, 350; escolhas de Dexter, 1052; gravadora, 135; negócios de publicação musical, 833-4; presidente, 1052-3, 1196nf; recusa em promover discos britânicos, 620, 1143; rejeição de "Love Me Do", 1051-2; rejeição de "Please Please Me", 834, 836; rejeição de discos da EMI, 363-4, 683n, 755, 837; trabalho de George Martin, 363, 620-1, 1051, 1143; vendas de singles, 928; visão de George Martin sobre, 620, 1143; visão sobre discos estrangeiros, 658, 1142-3; visita de George Martin, 363-4

Capitol Records do Canadá, 1142

"Carol" (Chuck Berry): cantada por John, 201; repertório dos Beatles, 713

Carricker, Tony: amizade com John, 201, 239, 247; coleção de discos, 201, 239; convidado a entrar nos Quarry Men, 324; disco dos Quarry Men, 247; na festa, 389; no canteiro de obras com John, 299, 300, 308; no show de Vincent/Cochran, 392; sobre a morte de Julia, 262; sobre Cliff Richard, 274; sobre Japage 3, 283; sobre os planos de carreira de John, 270; sobre os Quarry Men, 309; sobre Pete Best, 311; sobre Stuart Sutcliffe, 287, 376-7n

Carroll, Lewis, 19, 72, 86, 174

Casbah Coffee Club: Beatles no, 528, 531-2, 627, 640-1, 699, 704, 732, 749, 757, 875; cancelamento dos Beatles, 718; Casbah Promotions, 627, 735; decoração, 306, 308, 628, 569nf; disputa com Lowlands, 310; encerra atividades, 945; entrada, 310, 323; festinhas no segundo piso, 326-7; garotas no, 628; George no, 402; inauguração, 307-9, 311; nome, 306; pagamento dos Beatles no, 628; Pete Best no, 311, 442, 482, 532, 613; Quarry Men no, 308-9, 319, 323-5, 332, 377, 394, 464, 531; Richy/Ringo no, 328; Rory Storm and the Hurricanes, 328

Casey, Howard "Howie", 320, 459, 481, 696, 865

Cash Box: circulação, 1047n; compilação de paradas, 1194nf; dez melhores, 107, 435n, 1154nf; revista semanal do setor fonográfico dos EUA, 102, 798; sobre "My Bonnie", 754, 798, 1178; sobre George Martin e Beatles, 1098; sobre Kaempfert e Sheridan, 754, 1164; sobre mercado global, 1143; sobre rock'n'roll, 1145; sobre rockabilly, 129; sobre twist, 753; top 100, 1040-1

Cass and the Cassanovas: administração, 386, 414; agendamento de show na Escócia, 411,

414; Big Three, 625; no clube de jazz Temple, 320; no Jacaranda, 384-5, 386; nome, 397; oferta de Hamburgo, 462; show de Gene Vincent, 399, 405

Cassar, Brian, 320, 406, 408, 625

"Cathy's Clown" (Everly Brothers), 402; repertório dos Beatles, 452

"Catswalk", 296

Caulfield, Ian, 416

Cavern Club: agendamento de show dos Beatles no, 749, 784, 797; All Stars no, 1025; aquisição por novo dono, 320-1, 624; bandas de Brian, 1061; Beatles como atração principal, 685; Beatles em Hamburgo, 873; Beatles em ternos novos, 872; Brian no, 737-41, 743, 746-7, 760, 770; Cassanovas no, 414; cheiro, 689-90; concurso de skiffle de verão, 193; Eddie Clayton Skiffle Group no, 235; efeitos de alto-falante, 713-4, 791; ensaios privados dos Beatles, 855, 917, 924-5, 933, 978, 1001-2, 1008; estreia noturna dos Beatles, 637-8; evento *The Beatles For Their Fans*, 832, 851, 869, 1080, 1091; fãs dos Beatles, 762-8, 963, 1064, 1066; férias dos Beatles, 717; festa natalina dos Beatles (*The Beatles Christmas Party*), 781; festival de jazz, 328-9n, 382; filme da TV Granada, 958, 960, 985-6, 1018, 1069-70; Gene Vincent em, 950; porteiros, 957, 999, 1129; inauguração, 154, 241-2; lanchonete, 689, 703, 739; lar dos Beatles, 688-9; Mike Smith no, 776, 791; namoradas dos Beatles no, 852; números de autoria de Lennon-McCartney, 760, 794; Pacemakers no, 730; pagamento dos Beatles, 667, 685, 867, 917, 1076; performances dos Beatles, 628-9, 632-5, 667, 687-9, 732; planos de George Martin para gravar disco ao vivo no, 1099, 1110, 1127-8; plateias, 626, 689, 693-4, 760, 795-6, 853-4; política de Brian para agendar shows dos Beatles, 1082; política

de não vender e não permitir consumo de álcool, 154, 626, 871, 999, 1169; política sobre guitarras elétricas, 291, 624; primeira apresentação dos Beatles no, 624-7; primeira vez que Stuart toca no, 635; problemas elétricos, 632-3, 704-5, 839; Quarry Men no, 23, 154-5, 163, 194, 229; questões de segurança, 690-1; reações à dispensa de Pete Best, 981-3, 984, 1000; regras do clube, 266; residência dos Beatles na quarta-feira, 775, 917, 1083; residência dos Beatles no domingo, 960, 981, 1084, 1118; retorno dos Beatles, 884, 917, 945; Richy e Roy dançando no, 188-9, 193; Ringo no, 866, 868, 944; Rory and the Hurricanes no, 436, 631, 984; sessões de fotos dos Beatles, 706, 742; sessões no horário de almoço, 626, 629, 667, 689, 691, 738, 746, 810, 866; sessões noturnas, 703, 735; shows Bem-vindos ao Lar, 917, 939, 1099; The Texans no, 230, 291; últimas datas dos Beatles em 1962, 1132; visita de Mimi, 489; visitas de Jim, 729

"Cayenne", 296, 394, 575nf

Chadwick, Les (baixista), 210, 731

Chadwick, Les (fotógrafo), 809, 1022-3, 1058, 1191nf

"Chains" (The Cookies), repertório dos Beatles, 1127

Chang, Barry, 470, 474-5

Chang, Val, 654

Channel, Bruce, 855, 903, 908, 917

Chapman, Norman, 444, 444n, 454, 456, 468

Charles, Ray, 303, 389, 481, 671, 687, 724, 731, 734, 843, 902

Chess (gravadora), 232-3, 434n, 1039

Chillingworth, Margaret, 982, 984

Churchill, Winston, 31, 50, 56

Clague, Eric, 253

Índice remissivo

"Clarabella" (The Jodimars), repertório dos Beatles, 856

Clayton, Eddie (Edward Myles): agendamento de shows, 257-8; como guitarrista, 164, 218, 236; como vocalista, 236; fim da carreira musical, 289; forma grupo de skiffle, 158; perda da guitarra, 204; *ver também* Eddie Clayton Skiffle Group

Clegg, Florence (avó de Paul), *ver* McCartney

Clegg, Paul (bisavô de Paul), 52

Coasters, The: "Besame Mucho", 434; coleção de discos de Paul, 275; influência sobre Paul e George, 199, 275; prêmio, 1130; repertório dos Beatles, 482, 687, 709, 794, 1018, 1126; reputação, 205; sucessos, 198-9, 275

Cochran, Eddie: aparência, 166; canção tocada por Stu Sutcliffe, 380; canções no repertório dos Beatles, 482, 505, 533; canções no repertório dos Hurricanes, 383; em *The Girl Can't Help It*, 166-7; guitarra Gretsch, 166, 169, 392, 695; influência sobre John e Paul, 20, 434, 442; morte, 399, 400; show no Liverpool Empire, 391-2, 490; sucessos, 198, 292; técnicas ensinadas a Sheridan, 490

Collins, Jackie, 272, 273

Colman, Sid: escanteado por George Martin, 1103; papel no contrato de gravação dos Beatles, 895, 931, 1007, 1072; plano para canções de Lennon-McCartney, 837, 895; reunião e acordo com Brian, 833-4, 836, 895

Colyer, Ken, 147n, 158

"Come Go With Me" (The Dell-Vikings), 167, 181; cantada por John, 181, 182, 184; repertório dos Quarry Men, 204

Comets, The, 103, 107, 152, 153

Cooke, Sam, 209, 1056

Costa, Sam, 1193nf

Cottenden, Peter, 322

Cox, Mary "Maureen", 992, 993nf, 994, 1066

Crane, Tony, 971, 974

Crawley, Colin, 842-3

Cribbins, Bernard, 891, 894-5, 914, 968

Crickets, The: "Oh Boy!", 210; "That'll Be The Day", 204-6; com Bobby Vee, 1144; com Everly Brothers, 402; gravação pelos Quarry Men, 246; gravações em 1958, 232; gravações, 557; influência sobre John e Paul, 20-1, 23, 205, 561nf; no Liverpool Philharmonic Hall, 231, 232; no London Palladium, 232; nome, 397; repertório dos Beatles, 481, 946; som do grupo, 20, 265

Cronin, Martha (Millie), *ver* Sutcliffe (Millie)

Crozier, Bill, 1087

"Cry for a Shadow", 675, 732, 855, *ver também* "Beatle Bop"

"Crying, Waiting, Hoping" (Buddy Holly), 302; gravação dos Beatles, 792, 794-5; repertório dos Quarry Men, 324

"Cumberland Gap", 170, 182, 359

Curtis, Chris, 828

Curtis, Lee, 853, 961, 1024-5, 1058, 1129-30, 1194nf

Curtis, Tony, 96, 468, 727, 982

Daily Express, 64, 514

Daily Howl, 99, 177, 179,

Daily Mirror: anúncio de sapatos, 95; correspondente do Norte, 1027, 1192nf; Paul lê, 526, 410; sobre Buddy Holly, 282; sobre calipso, 163; sobre o Ano-Novo de 1960, 332; sobre o bairro Soho, 173; sobre o IRA, 48; sobre rock'n'roll, 140; sobre Royston Ellis, 445; sobre skiffle, 141

Dale, Jim, 359, 365

Dance Album (Carl Perkins), 390

Índice remissivo

Dance News, 1049-50, 1094

Danher, Annie (McCartney, tia de Paul), 40, 41

Danher, Bert (primo da mãe de Paul), 41

Danher, Bett (prima de Paul), *ver* Robbins

Danher, John (bisavô de Paul), 41

Danher, Mary Theresa (avó de Paul), *ver* Mohin

Daniels, Billy, 84

Darktown, The, 290-1, 317, 319, 449

Davies, Austin, 388, 574nf

Davies, Geoff, 762, 765, 767, 948

Davies, Hunter, 287, 588nf, 1163nf, 1167nf

Davies, Pat, 681

Davis, Rod: como tocador de banjo, 154, 156-7; concurso *Star Search*, 175-6; estreia dos Quarry Men no Cavern, 154; festa em Woolton, 181-2; memórias sobre os Quarry Men, 190-1; qualificações de nível básico (*O-levels*), 177; sobre sua saída dos Quarry Men, 194, 205

Dawes, Jennifer: como "empresária" dos Beatles, 730, 732, 736, 749; fã-clube dos Beatles, 705-6, 768; promoção do fã-clube, 729; relacionamento com Jim, 730; sobre Mona Best, 716; sobre os pais dos Beatles, 706-7

Dean, James, 126, 170, 287, 398, 469, 499

Decca Records: anúncios no *Echo*, 431; assessoria de imprensa, 1020; contratações, 274, 353, 860n; "Decca americana", 1178; departamento de capas e encartes, 752, 816; equipe de A&R, 776, 784, 818; estúdios, 144, 786, 790; fita do teste, 822, 833, 836, 1172nf; Gerry and the Pacemakers, 1061, 1128; gravação de skiffle, 144; gravadora London, *ver* London Records; homens do A&R conferem show dos Beatles, 772, 776; lucros, 1102; *New Record Mirror*, 1047; número de lançamentos, 1020; oferta de emprego a George Martin, 349; participação

no mercado de discos, 859; propostas de desconto para a Nems, 432; rejeição dos Beatles, 816, 817-21, 833, 1142, 1145, 1170nf; reunião de Brian sobre os Beatles, 753, 890; "Rock Around the Clock", 109; selo Coral, 210, 390; selo Durium, 302; tecnologia na fabricação de discos, 928; tempo de execução na Radio Luxembourg, 167, 182, 552nf; teste dos Beatles (janeiro de 1962), 776, 779, 784, 790-6, 817-8, 824, 942, 1168nf, 1171

Delaney, Paddy, 637-8, 738, 766, 1129

Dell-Vikings, The, 167, 181-2

Dene, Terry, 172

Derlien, Bettina, 901, 1092, 1141, 1148

Derry and the Seniors: agendamento em Hamburgo, 458, 459, 462, 473n, 476, 478, 494; compromissos de trabalho, 414; concurso de Carrol Levis, 319; grupo profissional, 625; *Idols On Parade*, 411, 457-8; nome, 320, 397; retorno de Hamburgo, 494, 604; show de doze bandas promovido por Leach, 631; show de Gene Vincent, 399

Deutsche Grammophon (DG): escritório em Hamburgo, 657-8; "My Bonnie", 747, 769, 772, 798, 832, 1154nf, 1178nf; selo pop, 659; visita de Brian, 659-60, 769

"Devil In His/Her Heart" (The Donays), repertório dos Beatles, 1053-4, 1139

Dexter, Dave Jr., 363, 620, 755, 928, 1144, 1051-2, 1151nf

Dexter, Jeff, 1050

Dick James Music, 756-7, 785, 1113, 1116-7, 1123, 1136-7

Disc: carta de Brian Jones, 857-8, 1039; circulação, 1039; coluna de Jack Good, 620, 737; entrevista com os Beatles, 1094-5; entrevistas de George Martin, 755, 892, 938; lançamento, 567; paradas, 1088, 1096, 1105, 1131, 1194; perfil da banda Texans, 289;

Índice remissivo

1231

resenha de "Love Me Do", 1034; resenha de "Money", 433; resenha de "My Bonnie", 798; sobre a sessão de gravação dos Beatles, 1098, 1201; sobre bandas de música beat, 777, 937; sobre cantores-compositores, 794; sobre Elvis, 620; sobre Gene Vincent, 920; sobre Johnny Gentle, 421; sobre Mick Jagger, 927; sobre o declínio do rock, 320; sobre R&B, 857-8; sobre setor de A&R da Decca, 718-9; sobre show em Peterborough, 1120; sobre Temperance Seven, 684

Dixon, Luther: carreira, 617; influência sobre os Beatles, 1039; no repertório dos Beatles, 1117; som das Shirelles, 618-9, 827, 902, 908; "Twist and Shout", 966

Dixon, Ric, 831, 1170nf

"Dizzy Miss Lizzy" (Larry Williams), 232; executada pelos Beatles, 232, 413, 694, 902

"Do You Want to Dance" (Bobby Freeman), 232, 239

"Do You Want to Know a Secret", 1055, 1196nf

Docherty, John, 158

Domino, Fats, 117, 161, 166, 265, 275, 482, 1092

Dominoes, The, 681, 960, 972, 1176nf, *ver também* King-Size Taylor and the Dominoes

Doncaster, Patrick, 140

Donegan, Lonnie: coleção de discos de John, 29, 123; gravações, 104, 147n, 182; guitarra, 123, 147; influência sobre George, 104, 123-4; no topo das paradas, 179; "Rock Island Line", 122-4, 179; skiffle, 136-7, 147n, 148n, 149n, 156, 365; Teenage Ball, 332

"Don't Ever Change" (the Crickets), 946; repertório dos Beatles, 946, 947, 1000, 1016, 1139, 1184nf

Don't Knock The Rock (no Brasil, *Ritmo alucinante*, filme de 1956), 152, 167

"Don't Pass Me By", 997

"Don't You Rock Me Daddy-O" (Lonnie Donegan), 156, 160

"Don't You Rock Me Daddy-O" (Vipers), 156, 160, 181

Doran, Terry, 370, 807, 868, 950, 952

Dorn, Beno, 814, 847, 929, 1170nf

Dostal, Frank, 911

"Double Scotch" (George Martin), 756-7, 892

Douglas, Craig (Terence Perkins), 687, 1059, 1078, 1080, 1200nf

Douglas, Margaret, 450, 693, 739, 899

"Dream" (Johnny Mercer), 84; cantada por George, 825-6; gravação de Ringo, 1172nf

"Dream Baby" (Roy Orbison), 828; cantada por Paul, 828, 851; gravação dos Beatles na BBC, 849

Drifters, The, 274, 446, 616, 1196nf

Dunham, Joanna, 356

Duque, Linda, 1115-6, 1121, 1202nf

Durband, Alan "Dusty", 260, 269, 315, 388

Duxbury, Margaret (Ducky), 378, 426, 456

Dykins, John (Bobby, "Twitchy"): casa nova, 253, 267; emprego, 57, 74, 119, 255; filhas, 74-5, 119, 251; finanças, 162, 250; Julia e John com, 60; moradia social, 74, 252; morte de Julia, 251; perde o emprego, 250; pretensão de casamento, 74, 213, 252-3; prisão por dirigir embriagado, 249, 562nf; problema com a bebida, 119, 249; relacionamento com John, 98, 119, 213, 251, 255, 267; relacionamento com Julia, 57; roupas usadas por George, 261

Dylan, Bob, 928, 1041-2, 1087, 1195nf

Eager, Vince, 332, 419, 420, 424

Eastman, Lee, 757, 847n

Eastman, Linda, 847n

Eckhorn, Peter: acordo com os Beatles, 522, 623, 636-7; contrata Ringo, 782; contrato com os

Beatles, 636-7, 643; contrato com Sheridan, 844; inauguração do Top Ten Club, 458n; lidando com o retorno de Paul e Pete, 630; pagamento dos Beatles, 636-7, 643, 697, 783; perde banda residente, 864; questão do retorno dos Beatles, 678, 735, 783, 805-6; relacionamento com Koschmider, 523-4; relacionamento com Williams, 501-2, 512, 643, 783; saída de Paul e Pete, 524, 527-8; sistema de som do Top Ten, 512, 645; viagem a Liverpool, 782-4

Eckstine, Billy, 84

Eddie Clayton Skiffle Group: agendamento de shows, 159-60, 171, 235-6, 257-8, 555nf; concurso de skiffle no Cavern, 193; dissolução, 289; ensaios, 158-9; estreia, 159; formação, 158; foto, 171; instrumentos, 235-6; repertório, 359; tempo de Richy com, 158, 188, 193, 289, 449; tocando em concursos de talentos do Empire, 175; vencendo concursos, 164

Eddy, Duane, 265, 402, 434, 434n, 443, 518

Edwards, John "Jack", The Baz: apelido, 544nf; carta de Paul a, 491; como era tratado por George, 548nf; diretor, 92, 416; opinião sobre George, 285, 299; sobre a traição de Kelly, 285

Eliot, Margaret (Asher), 341, 1074n

Ellis, Geoffrey, 370

Ellis, Royston: alegações sobre os Beatles, 582-3nf, 640n; atração por George, 445, 455, 475; bissexualidade, 445-6; canta com os Beatles como banda de apoio, 446, 1063; carreira, 445; conhece George, 445; drogas, 445, 447, 582nf, 649; fica na Gambier Terrace, 445, 451; ficcionalização de experiências com os Beatles, 582-3nf; Record and Show Mirror, 448, 454; relacionamento com John e Stuart, 448; sobre gays, 446-7, 746; visita de John e Stu, 454-5

Elvin, Carol, 1133

Ember (gravadora), 860-1, 1177nf

EMI: apoio a "Please Please Me", 1111-2, 1144; aquisição da Capitol, 350; assessor de imprensa, 1021; Beach Boys, 1040-1; carreira de George Martin, 355, 358-60, 890, 892-4; chefe de A&R, 358; contrato de um *penny* por disco, 142, 354; contrato dos Beatles, 895-6, 904-5, 915-6, 1012, 1100, 1180; correspondência com Brian, 772; departamento de promoções, 1032; direitos autorais das canções de Lennon-McCartney, 1013, 1030; divisão de discos, 350, 356; falta de apoio a "Love Me Do", 1031, 1033, 1048, 1144; história que Brian teria comprado dez mil discos de "Love Me Do", 1194nf; "Heartbreak Hotel", 126; HMV, 344; "How Do You Do It", 970; idades do pessoal-chave, 1183nf; "Move It!", 274; participação no mercado dos discos, 859; presidente, 350, 371, 432, 891, 1102; programas na Radio Luxembourg, 1044, 1072, 1123, 552n, 565n; publicação da músicas, 834, 1013, 1072, 1102-3; rejeição dos Beatles, 777, 823, 834, 859; relacionamento com a Capitol, 363-4, 620, 658, 755, 1051, 1142-3; relacionamento com a Nems, 431-2, 751; relacionamento de Brian com, 751; relações com a Decca, 790-1; relatórios sobre royalties, 1117, 1135; reunião de Brian sobre os Beatles, 751, 890; sede em Londres, 431-2; selo Columbia, 344, 372; selo Parlophone, *ver* Parlophone; selo Top Rank, 614, 687, 827; sessão de gravação dos Beatles (11 de setembro de 1962), 1009-12; sessão de gravação dos Beatles (26 de novembro de 1962), 1076, 1107-11; sessão de gravação dos Beatles (4 de setembro de 1962), 987, 1002-7; sessão de gravação dos Beatles (6 de junho de 1962), 929-35, 889; Transglobal Music, 1053, 1112, 1143; estúdios Abbey Road, *ver* Abbey Road

Epstein, Brian: ações jurídicas de Pete contra, 1024, 1026, 1129; agendamento de nova

Índice remissivo 1233

temporada em Hamburgo, 806, 846-7; agendamento de shows dos Beatles, 805; agendamento de shows em 1963, 1084, 1135; agendamento de shows em Hamburgo, 1060; agendamento de shows para Gerry and the Pacemakers, 889; agendamento de shows para os Beatles, 903; ambições para os Beatles, 750-1; artigos de papelaria, 802; assistente pessoal, 682; aumenta o cachê noturno dos Beatles, 1076, 1085, 1136; Beatles assinam contrato, 800-1; Beatles retornam de Hamburgo, 924; busca Ringo para substituir Pete, 866-7; Clarendon Furnishing, 351-2; cogestão da expansão da Nems, 336, 361-2; coluna no *Mersey Beat*, 702, 710, 717, 744, 1023; contrata Tony Barrow como relações-públicas, 1020; contratação de Billy Kramer, 1129; contrato com a Ardmore & Beechwood, 1013-4; contrato com os Beatles, 772, 778-9; contrato de gestão e agenciamento para composições de Lennon-McCartney, 1014; contrato de gravação com a EMI, 903-4, 915-6; contrato para ser empresário dos Beatles, 758-9; conversas com Kaempfert, 889-90; correspondência com a RADA, 351-2; decisão sobre o *Mersey Beat*, 682; deixa a RADA, 360; departamentos de discos da Nems, 361, 366; discute com os Beatles assumir como empresário, 747-8; dispensa de Pete, 971-6; em Hamburgo, 658, 885, 887, 1084; EMI assina com os Beatles, 895-6; empresa familiar, 346, 351; empresta apartamento a John e Cyn, 988-9, 1014; encomenda fotos com os Beatles, 1091; encontro com Dick James, 1112-4; encontro com George Martin (novembro de 1962), 1102-4; encontro com George Martin, 834-5; encontro com os Beatles, 738-41; encontro com Parnes, 404; enfrenta as reações à dispensa de Pete, 984; envia discos aos

Beatles, 902; escolaridade, 338, 341-2, 346, 770; esperando lançamento do disco dos Beatles, 968; finanças, 829-30; fita do teste na Decca, 822, 833; formulário para audição na BBC, 802-3; gestão de Gerry and the Pacemakers, 955, 1061, 1128-9; habilidade de Pete na bateria, 846; história de manipulação das paradas, 1036-7; impacto no cenário de Liverpool, 956; infância, 337-9; interesse em gerenciar outros grupos, 830, 862; *Little Richard at the Tower*, 1057; manda fazer discos com a fita da Decca, 833; morte de Stuart, 878; na Nems, 349; na RADA, 356-8; na sessão de gravação, 1108; nascimento, 337; negociações com a EMI, 431-2; negociações com a TV Granada, 1018; Nems Enterprises, 916; no casamento de John e Cyn, 987-8; no *Mersey Beat Awards Night*, 1130; organização dos Beatles, 804-5; origens, 336-7; paixão pelo teatro, 338, 349, 351; parada Top Vinte na Nems, 363; pede a Ringo para entrar nos Beatles, 972; pensa em se tornar empresário dos Beatles, 741-4; plano de criar a BC Enterprises, 862, 916; plano de realocar Pete na banda Mersey Beats, 971-2, 983, 1024; planos de carreira, 346, 351; planos de promover eventos e shows, 831, 862, 903; planos de sucesso nos EUA, 1113; política de incentivo e recompensa, 1085; política sobre namoradas dos Beatles, 852; pôster do Ano de Conquistas (*Year of Achievement*), 1145-6, 1149; produz materiais de imprensa, 1019; promoções, 956, 971; proposta de criar o Publicity Ink, 1027; providencia liberação da polícia para Paul e Pete, 863; questão do baterista dos Beatles, 958; reação a "My Bonnie", 733, 737; reação às sugestões para dispensar Pete, 942-4, 961; rejeição dos Beatles pela Decca, 817-21; relações no Cavern, 803; resposta às canções de Lennon-McCartney, 924-5; resposta da

Decca, 776; resposta da EMI, 777; reunião com Williams, 750; reunião na Decca, 816; reuniões em Londres, 751, 1194nf; seleção de canções sugerida para a Parlophone, 925; serviço militar, 347, 770; show de Little Richard e Beatles no Empire, 1059; show de Little Richard, 956; sobre as vendas de "Love Me Do", 1036; teste na Decca, 791, 792; trabalhando a imagem dos Beatles como banda, 810-2; trabalho no departamento de discos, 357, 363; transferindo Lennon-McCartney da Ardmore & Beechwood, 1102-4; vaga na RADA, 352; venda de ingressos para evento no Stadium, 399; viagens a Londres, 784, 842, 861; visão sobre Ringo, 944; gestão do Big Three, 954-5, 971, 976, 1061, 1129; visita a Mimi, 770-1; visita Mo, 771

APARÊNCIA: imaculado, 431, 747; leve e frágil, 347; modos, 347; roupas, 347, 362, 739, 747, 847; rubor, 347, 431, 745, 989; voz, 347, 431, 747

BEBIDAS ALCOÓLICAS: correr riscos, 347, 1147; pedido de casamento, 369

CARÁTER: arrogante e charmoso, 430, 761; autocrático, 683; cogitando suicídio, 352; habilidades de gerenciamento, 430-1, 682-3, 733; multitarefa, 768; personalidade frágil, 761; pontual, 747, 774, 805; sensível e inteligente, 356; tímido e temperamental, 347

DINHEIRO: atitude em relação ao, 683; comissão como empresário, 760, 779, 801, 830, 887, 954, 976, 1082n, 1117-8, 1147; investindo dinheiro do próprio bolso nos Beatles, 774, 830, 955, 1147

DROGAS: Preludin, 809, 1147

RELACIONAMENTOS: com a mãe, 351, 352, 361, 371, 745, 830, 573nf; com Allan Williams, 957; com Dick James,

1114, 1122; com George Martin, 1102; com George, 807; com John, 761, 809, 885; com namoradas, 369, 842; com o pai, 338, 346, 352, 361, 745, 830, 573nf; com os Beatles, 770, 774, 807-10, 829-30, 860-1, 1084, 1147; com Paul, 758-60, 801, 807, 838; com Ringo, 995, 998-9; comprometimento com os Beatles, 1145-6; lembranças dos Beatles na Nems, 686-7, 741; problemas ao gerenciar os Beatles, 837-41; relações com o fã-clube dos Beatles, 768; sexuais, 347-8, 841-2, 1147

SEXUALIDADE: ameaça de processo por difamação, 841; aparência, 746; caso da chantagem, 367; na escola, 341-2; na RADA, 356; namoradas, 369, 842; prisão e sentença, 357-8, 360; "rough trade", 348, 356, 842, 1147; viagens a Londres, 842; viagens europeias, 369, 683, 734, 842

Epstein, Clive: atitude em relação à sexualidade de Brian, 573nf; caráter, 351, 371; carreira, 351; cogestão da expansão da Nems, 336, 361-2, 682; escuta "Love Me Do", 1028; infância, 337-8; nascimento, 337; Nems Enterprises, 862; nome, 369; planos de Brian para, 862; roupas, 814; serviço militar, 361; sobre os planos de gestão de Brian para os Beatles, 745, 830

Epstein, Dinah (Hyman, avó de Brian), 336

Epstein, Harry (pai de Brian): atitude em relação à sexualidade de Brian, 573; caráter, 371; carreira de Brian, 346, 348-9, 351-2, 360-1; casamento, 337; educação de Brian, 338-9; encontra-se com Anthony Newley, 431; escuta "Love Me Do", 1029; esforços em nome dos Beatles, 859-61; expansão da Nems, 361-2; Nems Enterprises, 916; origens familiares, 336-7; planos da empresa de Brian, 862; preocupação com Brian, 683; 830; primeira vez que assiste aos Beatles,

957; reação ao caso de chantagem de Brian, 367; reação aos planos de Brian para se tornar empresário dos Beatles, 745, 830; reconstrução da sinagoga, 369

Epstein, Isaac (avô de Brian), 336-7, 347, 351

Epstein, Leslie (Lazarus, tio de Brian), 337

Epstein, Queenie (Hyman, mãe de Brian): atitude em relação à sexualidade de Brian, 573nf; caráter e interesses, 337-8, 371; carreiras dos filhos, 351, 352, 361; casamento, 337; educação de Brian, 338, 351; encontra-se com Newley, 431; escuta "Love Me Do", 1028; filhos, 337-8, 371; primeira vez que assiste aos Beatles, 957; resposta ao caso de chantagem de Brian, 367; resposta aos planos de Brian para se tornar empresário dos Beatles, 745-6, 830, 915

Erichsen, Elvi, 661

Esquerita (cantor), 145

Estes, *Sleepy* John, 240, 710

Evans, Mal, 852-3, 957, 1048n

Evening Express (Liverpool), 47, 179, 204, 231

Everly Brothers: canções tocadas pelos Beatles, 688; canções tocadas pelos Hurricanes, 383; comparação com os Beatles, 1034; George assiste ao show dos, 402; influência sobre John e Paul, 23-4, 198, 1109; lançamentos britânicos, 180, 191, 209, 233, 302; sucesso, 198, 209, 265, 1203

Evert, Heike (*Goldie*), 901, 1092

Eymond, Wally, *ver* Walters (Lu)

Faith, Adam, 619, 904, 969, 971, 1052

"Falling In Love Again" (Marlene Dietrich): gravação em Hamburgo, 1140; interpretada pelos Beatles, 967

Fallon, Jack, 870, 1176nf

Farrell, Bernadette, 633, 872, 1066, 1127

Fascher, Horst: acordo com os Beatles, 806, 844, 846; cantando, 1140; foto com os Beatles, 922; origens e caráter, 491, 647; papel no Star-Club, 886, 917, 1090, 1092; relacionamento com os Beatles, 647, 678, 806, 887, 900, 911, 1134; retorno dos Beatles, 1081; viagem a Liverpool, 806, 844; violência, 647, 887

Fascher, Manfred (Fredi), 647, 887, 1081, 1092, 1140

Fascher, Uwe, 647-8, 678, 887, 1081

Feather, Yankel, 431, 581nf

Felton, Ron, 603

Festival de Artes de Merseyside, 1062-3

Fierstone, George, 109

Fisher, Graham (pseudônimo), *ver* Martin (George)

Fishwick, Michael, 109, 251

Flanagan, Linda, 997

Flannery, Joe, 573nf, 961, 1024-5, 1129, 1194nf

Fontaine, Dick, 953

Fontaine, Eddie, 275

"Fool # 1" (Brenda Lee), cantada por Paul, 734

"Fools Like Me" (Bobby Lewis), tocada pelos Beatles, 734

Ford, Len, 1027

Ford, Mary, 346, 401, 443

Formby, George, 72

Forshaw, Dave, 535, 610

Forster, Mark, 406, 408, 410

Four Jays, The, 775-6, 831, 871, 955, 978, *ver também* Four Mosts

Four Mosts, The, 1129, *ver também* Four Jays

Foy, Jim, 833

Freed, Alan, 103, 108, 152, 288

Freeman, Bobby, 232, 239, 615

French, John (avô de George), 43, 742

French, Louise (mãe de George), *ver* Harrison

The Friday Spectacular (Radio Luxembourg), 1044, 1163

Friedlander, Frances, 1107

Frost, David, 893, 1106, 1202nf

Fury, Billy (Ronnie Wycherley): audição para banda de apoio, 406-11, 418, 476, 481, 579nf; contratado por Parnes, 274; Jack Good sobre, 857; na audição de Carroll Levis, 271; origens, 274; *Play It Cool!*, 797

Garrett, Snuff, 946, 1144, 1205nf

Garry, Len: emprego de verão, 248; foto dos Quarry Men, 203; no Liverpool Institute, 197, 547nf; Quarry Men na festa da igreja de Woolton, 155, 184; Quarry Men no Cavern, 154, 194; Quarry Men, 24, 183

Gauld, Margaret, 427-8

Gentle, Johnny (John Askew): agendamento da turnê escocesa, 406, 414; agendamento dos Beatles como banda de apoio para, 414, 419-21, 462; Cass and the Cassanovas, 411; composição, 424, 434; contratado por Parnes, 406, 760; namorada, 423; turnê escocesa com os Beatles, 419-22, 436, 481, 639, 580

Gerry and the Pacemakers: agendamento de Hamburgo, 681; agendamento em Hamburgo, 502, 512, 522n; agendamento em Hamburgo, 889, 909, 911; agendamentos, 414; audição na Decca, 1061, 1128; Brian retira oferta, 862; contador, 1165nf; contratados por Brian, 956; contrato de Ringo, 975-6; convite para Hamburgo, 462, 502; em Hamburgo, 1082, 1084, 1134n; em Litherland, 730-1; enquete do *Mersey Beat*, 742-3, 780; fãs, 765; George Martin assiste ao show de, 1128-9; interesse de Brian em, 831; no Blair Hall, 320; no Cavern, 776, 781; no Neston Institute, 438, 440; no Tower Ballroom, 742; repertório, 615; retorno de Hamburgo, 624, 955; roupas de palco, 814; sessão de Leach com doze bandas, 631n; show de Gene Vincent, 399

Gillingham, Syd, 1021

Gilvey, Jim, 603, 625, 1050nf

The Girl Can't Help It (no Brasil, *Sabes o que quero*, filme de 1956), 166-1, 208, 234, 245, 391

"Glad All Over" (Carl Perkins), 209, 390; repertório dos Beatles, 1079

Gleave, Catherine "Kitty" (Johnson, avó de Richy), 47

Gleave, Elsie (mãe de Richy), *ver* Starkey

Gleave, John (avô de Richy), 46-7

Goffin-King, canções da parceria: estilo, 827; influência sobre John e Paul, 618, 908, 1016-7, 1055, 1109; origens, 618, 956; repertório dos Beatles, 618, 734, 946, 1016-7, 1039, 1127

Good, Jack: carreira, 155-6, 1190nf; faz agendamento de Cliff Richard para *Oh Boy!*, 274; faz agendamento de Eddie Cochran, 391; faz agendamento de Tony Sheridan para *Oh Boy!*, 490; plano de Wooler, 737, 1162nf; *Six-Five Special*, 155-6, 168; sobre Elvis, 620; sobre Johnny Gentle, 421; sobre R&B, 857-8

"Good Golly Miss Molly" (Little Richard), 233, 1056; tocada por Paul, 233, 612

"Goodness Gracious Me!" (Sellers e Loren), 621, 1101

Goodwin, Ron, 353, 363, 364, 366, 756, 757

The Goon Show, 19, 86, 353, 577nf, 748, 765

Gore, Rute, 767

Gorman, John, 1062-3

Grade, Lew & Leslie, 152, 206, 501

Graham, Bobby, 958, 1186nf

Índice remissivo   1237

Granada TV: Brian entra em contato com, 952; carta de Mona, 717; filmagem no Cavern, 958, 960-1, 986-7, 1018; missão de reconhecimento no Cavern, 953, 957, 1071; *People and Places*, 373n, 1018, 1069, 1071, 1132, 1198nf; primeira apresentação dos Beatles, 1069-70, 1071; segunda apresentação dos Beatles, 1076-7, 1123, 1132; visita de Fontaine ao Cavern, 953

Grant, Jimmy, 172, 1073

Graves, Harry Arthur: agenda data de shows para Eddie Clayton Skiffle Group, 236; apostas de futebol, 998; bateria para Richy, 150, 257, 496; caráter 83, 100; casamento com Elsie, 100, 150; emprego, 83; encontrando trabalho para Richy, 124, 133; encontra-se com Maureen, 993; gosto por cantar, 84, 543nf; no lar, 100, 317; nome de Richy, 329, 995; origens, 83; relacionamento com Elsie, 83; relacionamento com Richy, 83, 100, 150; roupas, 95; viagem a Romford, 114, 150; vida social, 83-4; visão sobre a carreira de Richy, 435-6, 1150

"Great Balls of Fire" (Jerry Lee Lewis), 23, 210

Greenberg, Florence, 617

Gregson, Bill, 470

Gretty, Jim, 189, 541nf, 554nf, 575nf, 728

Griffiths, Eric: canções dos Quarry Men, 24; caráter, 220, 227; carreira, 559-60nf; como guitarrista, 154, 156-7, 203, 218, 551nf; concurso do Locarno Ballroom, 164; dispensado dos Quarry Men, 227, 324, 560nf, 614, 944; ensaios dos Quarry Men, 190; fotos dos Quarry Men, 182-3, 203, 226, 560nf; primeira apresentação no Cavern, 154; qualificações de nível básico (*O-Levels*), 177; Quarry Men, 147, 149

Guirron, Marie: relacionamento com George, 963-4, 991, 1066; sobre John e George, 996; sobre Pete e Ringo, 985; vida, 1198nf

"Guitar Boogie" (Arthur Smith and his Crackerjacks), 202-3

Guitarras, violões e baixos: Antoria, 318; baixo de caixa de chá, 147, 156n, 157, 158, 170, 223, 235, 247, 265, 290, 359; de fabricação caseira, 374, 380, 551nf, 574nf ; Egmond, 116-7, 137, 145, 160, 192, 554nf; Fender, 232-3, 322, 502-3; Futurama, 322-3, 416, 418, 421, 439, 513, 518, 656, 674, 695, 1158nf; Gallotone Champion, 162, 176, 189, 271; Gibson, 673-4, 952, 958, 1008, 1010-2, 1016, 1108, 1125; Gretsch 6120: 166, 169; Gretsch Duo Jet, 695, 696n, 1005, 1010-11, 1016, 1018, 1108; Hofner 333: 375, 380, 440, 666, 677; Hofner Club 40 (Club Footy), 293-4, 307, 323, 418, 513, 514n; Hofner Committee, 146; Hofner President, 192, 225, 284, 531, 568nf; Hofner Senator, 307; Hofner Violin, 668, 678, 713, 1108; Martin, 645; Rex, 160-1, 199; Rickenbacker 325: 503, 514n, 515, 518, 588nf, 930; Rosetti Solid 7: 451, 490, 605, 645, 656, 668; Zenith, 189, 190-1, 195, 203, 225-6, 295, 323, 389, 418, 451, 531

Gustafson, Johnny: convidado para entrar nos Beatles, 531; ganhos, 384; sobre ambições dos roqueiros, 408; sobre contratação do Big Three, 954-5; sobre Hutch, 409; sobre John e Paul, 712; sobre o impacto dos Beatles, 609; sobre os Beatles, 410

Hague, Jon: convidado para ser o baterista, 324; na faculdade de artes, 201, 228; sobre a primeira apresentação dos Beatles, 398; sobre as amizades de John, 228, 262; sobre o hábito de beber de John, 447; sobre Stuart Sutcliffe, 376n

Haley, Bill: carreira, 103; guitarra (violão), 123-4; idade, 127; impacto sobre Paul, 115-6; Paul assiste ao show de, 152-3; "Rock Around the Clock", 103-4, 108, 115, 122; "Shake, Rattle

1238 Índice remissivo

and Roll", 107; turnê britânica de 1957, 152-3, 155-6

Hall, Billy, 37, 61-2, 78-9

"Hallelujah, I Love Her So" (Eddie Cochran), 391; gravação em Hamburgo, 1140; gravada pelos Beatles, 442-3; repertório dos Beatles, 531

Hand, Albert, 1048

Hanton, Colin: agendamento de shows dos Quarry Men, 184-5, 231; baterista dos Quarry Men, 149, 154, 203, 212, 223, 227, 231, 553nf; canções dos Quarry Men, 24, 246; ensaio dos Quarry Men, 156; estreia no Cavern, 154; fotos dos Quarry Men, 203, 226, 244; saída dos Quarry Men, 247; sessão de gravação dos Quarry Men, 245-6; *Star Search*, 176

Harris, David: acordo de gestão entre Brian e Beatles, 1014; acordo de Lennon-McCartney com Brian, 1014; caso Pete Best, 1024, 1129; contrato entre Brian e Beatles, 778-9, 944; contrato Lennon-McCartney, 1137; origens, 778; problema de Pete Best, 944, 971, 975

Harris, Gin (McCartney, tia de Paul), 21, 39, 41, 85, 546nf, 951

Harris, Harry (tio de Paul), 154, 546nf

Harris, Ian (primo de Paul), 112, 154, 224, 546nf

Harris, Jackie, 224

Harris, Jet, 979, 1059

Harris, June, 684, 1095

Harris, Mona, 201, 239

Harris, Rita, 369, 842

Harris, Wynonie, 145, 239

Harrison, Edward (bisavô), 42

Harrison, Elizabeth (Hargreaves, bisavó), 42

Harrison, George: acordo de gestão com Brian, 757-61; agendamento de Hamburgo, 465; agendamento para o grupo, 170; audição

para banda de apoio de Billy Fury, 408-11; aversão à escola, 261; bebidas, 650; Bill Haley no Liverpool Odeon, 152; cantando a primeira canção no show do Empire, 1079; carro (Ford Anglia), 868, 939, 948, 950, 964, 991, 1134; cartas de Hamburgo, 491-2, 502, 873, 906, 1088-9, 1134-5, 1138; compra de discos, 123, 529; conhece Royston Ellis, 445, 454; deixa o estágio, 416, 439; doença (nefrite), 116; drogas em Hamburgo, 650, 888; educação musical, 146; educação, 73-4, 78, 81, 93; casa, 77-8; emprego, 284; encontro com Wooler, 529; ensaios dos Quarry Men, 223-4, 237; entra nos Quarry Men, 218-22; estágio na Blackler's, 321-2, 331, 416; evasão escolar, 285, 299; excursão escocesa, 416-26; fã de Fórmula 1, 113, 868, 964; fãs dos Beatles, 762-8; faz um pega com Ringo em plena rodovia, 868-9, 919; férias com Paul, 258-9, 299, 303-4; férias em família, 113-4, 137; fotografias de Astrid, 897; fuma maconha, 840-1; fumante de cigarros, 105, 810; funeral de Stu, 880; grupo com John e Paul, 266-7, 270-1; história de "urinar nas freiras", 909-10; infância, 55; histórico familiar, 42-4; influência de Buddy Holly, 210, 232-3; influência de Carl Perkins, 390; influência de Chuck Berry, 233; influência de Elvis, 127, 137, 234; influência de Little Richard, 129; influências musicais, 72, 117; interesse nos métodos comerciais de Brian, 805; Japage 3: 276-9; Johnny and the Moondogs, 266-71; Les Stewart Quartet, 283-5, 289n, 293, 297, 301, 305; Liverpool Institute, 93, 132, 139; menor de idade, 513; morte de Stuart, 878; na relação Beatles-Epstein, 804; na sessão de gravação da EMI, 934; nascimento, 52; no casamento de John, 988; no Casbah, 402; no Morgue Skiffle Cellar, 232; no show de Vincent/Cochran, 392; nome dos Beatles, 397; nome, 52; obrigado a deixar Hamburgo, 512, 745;

Índice remissivo

1239

olho roxo no Cavern, 999, 1002; pagamento de Hamburgo, 491; perspectivas de carreira, 299, 316-7, 331; primeira experiência com drogas, 447; primeiro encontro com Brian, 741; qualificações de nível básico, 261, 285; quer que Ringo entre nos Beatles, 866-8, 979, 995; questão do serviço militar, 89, 120, 171-2; reação à Decca, 821; reação ao primeiro disco, 732-3; retorno de Hamburgo, 524-5, 922; *Rock Around The Clock*, 141; rubéola (sarampo alemão), 875; sessão de fotos com Jürgen, 655-6; sessão de gravação dos Quarry Men, 246; teste na Decca, 796, 821; tocando com John e Paul, 296-7; vai morar com John e Stu, 439; vendo shows ao vivo, 168; vendo shows no Liverpool Empire, 402; viagem a Hamburgo, 469-71; vida em Hamburgo, 899; visitas à imprensa de Londres, 1043, 1045; visões religiosas, 94; volta a Hamburgo, 638, 640, 642

APARÊNCIA: atitude quanto a usar ternos, 814; bonito, 964; botas de caubói e jeans apertados, 527; cabelo alto, 132, 224, 331; cabelo comprido e camisa listrada, 445, 475; com os Quarry Men, 226, 244; em viagem a Hamburgo, 475; filmado tocando em Cavern, 986; menino tocando violão, 117; noções sobre uniforme escolar, 139, 168, 261; olho roxo, 999, 1002; orelhas de abano, 225, 1002; penteado para a frente, 727-8; quando criança, 59, 93; roupa individual, 220; sorriso torto, 59, 132, 986; sotaque, 221; terno na moda, 331; topete, 132, 139, 475

CARÁTER: autoconfiante, 59; autossuficiente e opinativo, 93; bem-humorado, 221, 222; cético, 93-4; determinado, 137, 285; gentil, 964; interessado nas outras pessoas, 1124; otimista, 862; paciente, 284; petulante, 218

COMPOSIÇÃO: com Paul, 172; papel na, 1014-5

GUITARRAS E VIOLÕES: aprende técnicas de Sheridan, 490; aprendendo acordes, 146, 160, 207; aulas, 146; compra a guitarra Gretsch, 695; compra guitarra elétrica (Hofner Club 40), 293; estudando guitarristas, 167-8; foto dele com violão, 169-70; guitarra elétrica, 237; guitarra nova (Futurama), 322; guitarra nova (Jumbo Gibson), 952, 1008; influências de guitarra, 210; novo violão (Hofner President), 192, 225, 284; praticando, 137; primeiro violão, 116, 137; tocando com Long John and the Silver Beatles, 410; tocando com o quarteto, 169-70; tocando com Paul, 258; tocando guitarra solo em Hamburgo, 482

RELACIONAMENTOS: amizade com Arthur Kelly, 105-6, 138, 197; amizade com Paul, 146, 191, 196-8, 258; amizade com Ringo, 995, 999; idolatria em relação a John, 219-20; namorada Bernadette, 1066; namorada Marie, 963-4, 991, 996, 1066; namorada Pauline, 628, 682; primeira namorada, 229; relacionamento com Brian, 807; relacionamentos com os Quarry Men, 219-21, 226-8, 244; sexo, 327, 485-6, 651; vida social, 389

VOCALISTA: avaliação de George Martin, 905, 925; backing vocals, 618, 775, 826, 913, 932; cantando Carl Perkins, 324; cantando Elvis, 853; canto em harmonia, 275, 481, 1139; em Hamburgo, 505; no primeiro grupo, 170; revezamento de vocalistas na banda, 810, 824, 1016; teste na Decca, 796

Harrison, George (jornalista), 146

Harrison, Harold Hargreaves (Harry, pai): assina contrato de George, 1026; caráter, 42-3, 59, 82,

113, 416, 439; casamento, 44; casas, 44, 52, 59, 77, 84, 991; coleção de discos, 72; educação de George, 82, 146, 285; emprego, 21, 42-3, 48, 59, 72, 465, 993n, 1033; encontros com fãs dos Beatles, 875; filhos, 44, 52; George tocando violão, 146; nascimento do filho George, 52; ouvindo "Love Me Do" no rádio, 1033; planos para a carreira de George, 316, 321, 331; primeiro carro, 113; roupas, 95; vida na época da guerra, 48; violão, 146; visão sobre a carreira de George, 416, 439, 465, 525

Harrison, Harry (irmão): apartamento, 286; casa, 77; educação, 93; emprego, 137, 331; esportes automobilísticos, 113; festa de casamento, 276, 278; infância, 72; roupas, 139

Harrison, Henry (Harry, avô), 42, 44

Harrison, Irene (cunhada), 276, 286, 439n, 566nf

Harrison, Jane (Thompson, avó), 42

Harrison, Louise (French, mãe): caráter, 44, 59, 114, 439; carro da família, 113; casamento, 44; filhos, 44, 49, 52; casas, 44, 52, 59, 77-8, 991; dinheiro para George, 316; educação dos filhos, 73-4, 78, 92, 285-6; encontros com os fãs dos Beatles, 706-7, 875; George tocando violão/guitarra, 137, 170, 236; "Love Me Do" no rádio, 1033; morte da mãe de John, 258; Star Search, 271; morte da mãe de Paul, 238; nascimento, 43; no funeral de Stuart, 880; primeiro violão de George, 116-7; sobre o tino comercial de George, 804; viagem ao Canadá, 525, 681; visão sobre a carreira de George, 439, 465, 469

Harrison, Louise (irmã), ver Caldwell (Louise)

Harrison, Paul (sobrinho), 566nf

Harrison, Peter (irmão): carro, 991; casas da família, 52, 77, 991; conserta violão de George, 137; educação, 74, 93; emprego, 137, 331; infância, 52; interesse por automobilismo, 113; nascimento, 49; tocando violão, 170

Harrison, Sidney, 340, 343

Harry, Bill: amizade com John, 201; amizade com Stuart, 201, 398; artigo do Mersey Beat sobre troca de baterista dos Beatles, 987; coluna de Bob Wooler, 707; coluna de resenhas de discos assinada por Brian, 696, 1035; concerto Jazz To Poetry, 1152nf; contato de Brian com os Beatles, 738; devolve fotos a John, 811; escritos de John, 639-41, 682, 965; experiência com benzedrina, 447; Mersey Beat Awards Night (Noite de Premiação do Mersey Beat), 1130-1; Mersey Beat, 638-9, 682, 692; na faculdade de artes, 200, 398; primo de June, 556nf; publicidade dos Beatles, 696, 798; sobre John e Stuart, 262-3; sobre John, 200, 239; sobre Pete Best, 845-6; sobre Stuart, 398; telegrama sobre "disco dos Beatles", 906; tópico da gestão dos Beatles, 702

Harry, June, 177, 201, 466, 556nf

"Harry Lime Theme" (Anton Karas), interpretada por John, 211, 482

Hart, Mike, 1065, 1159nf

Harvey, Ann, 229

Hatton, Billy, 775, 979

Hayward, Ivan, 695

Healey, Peter, 158

"Heartbreak Hotel" (Elvis Presley), 122, 126, 127, 134, 137, 163, 433, 548nf, 620; repertório dos Quarry Men, 204

Heitmann, Rosi, 644, 650-1, 662-4, 842

"Hello Little Girl": audição de rádio, 824-5; compondo, 21, 213-4; disco, 835-6, 905; gravação da BBC, 849; gravação, 792, 794-6; gravada pelos Beatles, 443; repertório dos Beatles, 760; título, 558nf; visão de John e Paul, 933

Hennessey, Mike, 63, 147n

Índice remissivo

Henriod, Henri, 920-1

Here We Go (BBC Light Programme), 848-51, 941, 1174nf, 1184nf

"Hey! Ba-Ba-Re-Bop" (Lionel Hampton), executada pelos Beatles, 967

"Hey! Baby" (Bruce Channel), repertório dos Beatles, 855-6, 902, 908, 1139, 1193nf

Hicks, Tommy, ver Steele (Tommy)

Hill, Michael, 88, 89, 99, 127-8

Hill, Wally: agendamento do show dos Beatles, 667, 685; carreira, 288; fim do relacionamento com os Beatles, 698, 700, 704, 732; primeiro local de eventos, 288; segundo local de eventos, 320

Hines, Iain, 437

Hinze, Karl, 671, 674

"The Hippy Hippy Shake" (Chan Romero), tocada pelos Beatles, 634-5

"His Latest Flame" (Elvis Presley), executada pelos Beatles, 734-5

His Master's Voice (HMV): acordo de licenciamento mútuo, 126; carreira de George Martin, 356; contratações, 860n; conversão da fita gravada pelos Beatles em discos de acetato, 833, 896, 1021, 1173nf; loja da Oxford Street, 274n, 833, 896, 1021; selo da EMI, 344

"Hit The Road Jack" (Ray Charles), executada pelos Beatles, 731, 734

Hodgetts, Pat, 1132

Hodkin, Derek, 201, 276-9, 282-3, 298, 418, 749

Hoffman, Rosa, 647-8

"Hold Me Tight", 1016

Holly, Buddy: aparência, 205, 232, 819, 848n; canção gravada por John e Paul, 246; canções interpretadas pelos Quarry Men, 310, 324; canções no repertório dos Beatles, 481-2, 794, 855, 1017; canções

tocadas por John, Paul e George, 259, 271; composição, 537-8, 1191nf; créditos nos discos, 557, 1191nf; estudado por John e Paul, 209; gravações em 1958: 232-3; influência nas composições de John e Paul, 20-4, 30, 213-4, 295, 302, 443, 557nf, 561nf, 907; influência no nome dos Beatles, 396-7; influência sobre George, 210, 233, 322; John sobre, 205; lançamentos póstumos, 302, 946, 1034; morte, 282, 391, 783, 946, 1017; no Liverpool Philharmonic Hall, 231; no London Palladium, 232; "Peggy Sue", 23, 209; turnê britânica, 206

Holly, Ida, 990

"Honey Don't" (Carl Perkins), 129, 167, 390; tocada pelos Beatles, 490, 767, 694; cantada por Rory, 578nf

"The Honeymoon Song" (Marino Marini Quartet), 302; repertório dos Beatles, 760, 871, 909

"Honky Tonk Blues" (Hank Williams), cantada por John, 117, 482

Horton, Ken, 504

"Hot as Sun", 296

Houghton, Barbara, 766-7, 872, 939

Houghton (Horton), Len, 146, 550nf

Houghton, Sue (Betoneira), 1001n, 1125, 1127, 1133, 1134, 1189nf

"Hound Dog" (Elvis Presley), 20, 173, 209; repertório dos Quarry Men, 204

"How Do You Do It" (Mitch Murray): Beatles protestam contra, 1106-7, 1096-7; descartada, 1007-8; disco de acetato enviado a Brian, 969-70, 1136; ensaiando, 1001, 1003; gravação na EMI (4 de setembro de 1962), 1002, 1006, 1012n; história, 969-70; reação dos Beatles, 970, 1196; rearranjada, 971, 1008

Howard, Ira, 129

Índice remissivo

Howes, Arthur, 1059, 1085-6, 1118, 1120

Hughes, Raymond, 116

"Hully Gully" (The Olympics), cantada por John, 688, 704

H. Hunt & Son: emprego de Richy, 133; estágio de Richy, 138, 150, 202, 236, 256, 291, 384, 412, 1159nf; férias de verão, 140n; grupo de skiffle, 158; realocação, 256; Richy sai, 435, 495; Roy Trafford, 137, 994; salário de Richy, 138, 236, 329, 435

Hunter, Nigel, 819, 1095, 1194nf

Hurricanes, *ver* Al Storm and his Hurricanes, Rory Storm and the Hurricanes

Huston, Chris, 440, 604

Hutchinson, Johnny "Hutch", 329, 409-10, 713, 958-9, 977, 1186nf

"I Call It Suicide", 131, 548nf

"I Call Your Name", 29, 296

"I Fancy Me Chances", 270, 277, 565nf

"I Feel So Bad" (Elvis Presley), cantada por Paul, 712

"I Forgot to Remember to Forget" (Elvis Presley), cantada por George, 275, 853

"I Just Don't Understand" (Ann-Margret), cantada por John, 712, 856

"I Lost My Little Girl", 21, 214, 558nf

"I Remember You" (Frank Ifield), 966, 968, 1052, 1120; gaita de boca, 966, 1052, 1140, 1190nf; gravação em Hamburgo, 1140; repertório dos Beatles, 966, 1001

"I Wish I Could Shimmy Like My Sister Kate" (The Olympics), repertório dos Beatles, 616

"If You Gotta Make a Fool of Somebody" (James Ray), 828, 856-7; repertório dos Beatles, 828, 856, 967, 1001, 1139

Ifield, Frank: agendamento com os Beatles, 1059, 1086, 1118-9; aparência, 966, 1069; conselho a Brian, 1059; no Empire, 1059, 1068; relacionamento com Iris Caldwell, 1067, 1068-9; sucessos, 966, 968, 1030, 1052, 1119

"I'll Always Be in Love With You" (Michael Holliday), 443; gravada pelos Beatles, 443

"I'll Be Home", 130

"I'll Be on My Way", 296, 1016

"I'll Follow the Sun", 295, 443

"I'll Never Let You Go" (Elvis Presley), cantada por Paul, 275, 1190nf

"I'm Gonna Sit Right Down and Cry" (Elvis Presley), 161; gravação em Hamburgo, 1140

"In Spite of All the Danger" (McCartney-Harrison), 237, 246-7, 393

Indra, Hamburgo: alojamento para os Beatles, 478, 493; chegada dos Beatles, 476-80; desempenho dos Beatles, 482-3, 488, 885; fotos publicitárias, 491, 646; influência, 886; pagamento dos Beatles, 477, 478n; plateias, 487-8; primeira noite dos Beatles, 482; problemas de barulho, 483, 488, 494, 511; reserva dos Beatles, 462-3; última apresentação dos Beatles, 494

Jacaranda: associação, 241-2, 716; atos, 384-6; "audição" de Pete Best, 467; bar-cafeteria, 241, 405, 655; Beatles tocando no, 444, 530; contato para os Beatles, 462-3; criação do clube, 241-2; ensaios dos Beatles, 411, 499

Jacaranda Enterprises, 404, 459, 607

Jack, Margaret, 426, 427-8

Jacobs, David, 303, 303n, 799

Jagger, Mick, 858, 927-8, 1038-40, 1195nf

Jailhouse Rock (no Brasil, O *prisioneiro do rock*, filme de 1957), 234, 245, 393n

James, Dick: acordos com Lennon-McCartney, 1115-7, 1121-2; agendamento de participações dos Beatles, 1113-4, 1122-3;

Índice remissivo 1243

aparência, 352-4, 1120; canções de Lennon-McCartney, 1103-4, 1113-4; caráter, 1115; carreiras, 352-4, 757, 1114, 572-3nf; contrato com Lennon-McCartney, 1136-7; Dick James Music, 756-7, 785, 1116-17, 1136-37; encontro com Brian, 1112-14; encontro com os Beatles, 1120; "How Do You Do It", 969-70, 1007-08, 1136; nome, 1115; nova editora musical, 1136-37; origens familiares, 1115; "Please Please Me", 1112-3, 1136; relacionamento com Brian, 1115-16; relacionamento com George Martin, 353-54, 756; relacionamento com os Beatles, 1121-23, 1136, 1202nf

James, Ian: amizade com Paul, 160-1, 173, 197, 299; casa, 160, 552; duo musical com Paul, 191; evasão escolar, 299; menino do Dingle, 188; sobre a capacidade de Paul compor canções, 214; sobre a imitação de Paul de Little Richard, 20; tocando com Paul, 160-1, 168-9, 173; violão, 160-1

Japage 3: agendamentos, 282-3, 293, 307, 500, 1196nf; baterista, 278, 346; estreia pública, 276, 278, 566nf; final do, 293, 308; formação, 278; gestão, 278, 282-3, 292-3

Jazz News, 858, 1039, 1175nf

Jazz To Poetry (eventos), 1062, 1152-3

Jets, The: abandonam Koschmider, 458; agendamento por Eckhorn, 512, 523; agendamento por Koschmider, 437, 462, 478, 478, 490-1

Jim Mac's Band, 19, 40, 41, 69, 395, 395n

Joe's (restaurante), 711, 861, 998

Johnny and the Moondogs, 271-3, 308, 320, 728, 565nf

"Johnny B. Goode" (Chuck Berry), 233; repertório dos Beatles, 713

Johnson, Beryl, 627, 766, 982

Johnson, Catherine (Kathy), 873, 939

Jones, Brian, 857-8, 928, 1038-9, 1195nf

Jones, Len, 317

Jones, Philip, 1113

Jones, Raymond, 733, 747, 1078, 1162nf

Jones, Vivien, 768, 1025

Jopling, Norman, 1030, 1094-5

Jourdan, Pat, 201, 241, 263, 312, 314,

Juke Box Jury (BBC-tv): horário da semana, 799; "Love Me Do" rejeitada, 1031-2, 1073, 1135; "My Bonnie" rejeitada, 798; origens, 303n; Paul e Mike assistem ao, 734; "Please Please Me", 1135-6; "Time Beat a Miss", 892

"Just Fun", 24

Justis, Bill, 210

Kaempfert, Bert: contato de Brian com, 769; contrato com os Beatles, 675-6, 696, 748, 751-2, 757-8, 769, 771-2, 889-90; conversas de Brian com, 889-90; lançamento do disco, 732; minibiografia de John para, 676, 761; morte, 913; origens, 658-9; planeja assinar com Sheridan e Beatles, 658-9; planos de twist nos EUA, 753, 1164; primeira sessão de gravação dos Beatles (junho de 1961), 669-74, 795; relacionamento com a Decca, 1178; sessão de gravação dos Beatles (maio de 1962), 889-90

Kaiserkeller (clube de Hamburgo): Bats no, 829, 911, 1172nf; Beatles no, 494, 497-501, 504, 506, 510-2, 514, 516n, 517, 604, 646, 781, 885-6; caçadores de talentos, 658; chegada dos Beatles, 476, 481; Derry and the Seniors no, 458-9, 462, 478, 481; escritório de Koschmider, 478n, 520; Jets no, 437, 458n, 491, 523; palco danificado, 517, 520, 612; papel de Sheridan, 490-1; plateias, 489, 508; primeira visita de Allan Williams, 386-7; Rory Storm and the Hurricanes no, 494, 497, 499, 506, 517, 526, 781; violência, 644

Índice remissivo

"Kansas City" (Little Richard), 292; gravação em Hamburgo, 1140; repertório dos Beatles, 694, 967

"Keep Looking That Way", 395, 395n

"Keep Your Hands Off My Baby" (Little Eva), repertório dos Beatles, 1127

Kelland, Arthur, 815, 821

Kelly, Arthur: amizade com George, 105-6, 113, 123, 138, 197, 331, 491; convidado a entrar nos Quarry Men, 325-6; educação, 105-6, 168, 261, 285; emprego, 285, 325; foto com os Quarry Men, 244; George escreve de Hamburgo, 491, 502; gravação dos Quarry Men, 245, 562nf; na audição com Johnny and the Moondogs, 272-3; namorada, 229; no círculo dos Quarry Men, 222; no grupo de George, 169-70; retorno de George de Hamburgo, 527; sobre a gravação de "One After 909", 393; sobre George, 132, 233, 261; sobre guitarra de George, 323; sobre instrumento de John, 271; sobre os Quarry Men, 309; sobre Stuart, 398; sobre Vi Caldwell, 230; violão/guitarra, 123, 169-70, 222, 237, 550nf

Kelly, Brian "Beekay": agenda os Beatles novamente, 530, 535, 604; agenda shows dos Beatles, 412; agendamento de shows dos Beatles, 625, 667, 685; Beatles perdem data agendada, 418, 444; cancelamento de shows dos Beatles, 717-8, 731-2; descarta trabalhar com os Beatles, 732, 735; gerenciamento de palco a cargo de Wooler, 606-7; necessidade dos Beatles por um empresário, 702; origens, 288; promoções, 212, 609; show dos Beatles embriagados, 731

Kelly, Freda, 764-5, 785, 1036, 1079, 1131, 1147

Kelly, Margaret, 581nf, 982

Kennedy, John, 355

Kent, Tommy (Guntram Kühbeck), 659

King, Carole, *ver* Goffin-King (canções)

King Creole (no Brasil, *Balada sangrenta*, filme de 1958), 265

King-Size Taylor and the Dominoes: em Hamburgo, 1082, 1133, 1138; no Cavern, 781; no Lathom, 412-3; no Tower Ballroom, 742; nome, 397; repertório, 619; Ringo toca com, 960; sessão de Leach com doze bandas, 631n

Kinsley, Billy, 971, 974, 1054, 1190nf, 1194nf

Kirchherr, Astrid: a morte de Stuart, 876, 877-8; adeus aos Beatles, 1148-9; adeus de Stuart aos Beatles, 677-8; amizade com Stuart, 508-9; aparência, 506, 509; apelo de Paul e Pete, 636, 638; assiste aos Beatles, 504-5; Beatles retornam a Hamburgo, 1081; carro, 509, 514; casa, 515-6, 647; com Stuart, 605; corta o cabelo de Stuart, 636; dá as boas-vindas aos Beatles de volta a Hamburgo, 641; doença de Stuart, 715-6, 863-4, 1172nf; em Liverpool, 611, 622-3, 627, 629, 635-6, 716; faz cachecóis para os Beatles, 1134; faz jaqueta para Stuart, 636, 531, 1152n; fotografia, 508, 1178n; fotografias de Stuart, 863-4, 897; fotos de John e George, 897, 951, 1191nf; fotos de Jürgen, 657, 1154nf; funeral de Stuart, 880-1, 888, 896; no Star-Club, 1092; no Top Ten Club, 644, 661; noivado com Stuart, 517, 520; origens, 505, 509; partida de George, 522; planos de casamento, 652, 830; quarto, 516, 664; relacionamento com Millie, 622-3, 716, 879, 881, 897-8; romance com Stuart, 509; sessão de fotos com os Beatles, 1091, 1121, 1146; sessão de fotos dos Beatles, 514-5, 655-6, 696; sobre John, 897; sobre o furto de John, 519; toma Preludin, 649; visita de Cyn, 664, 665; visual dos Beatles com roupas de couro, 653; volta para Hamburgo, 636-7

Kirchherr, Nielsa: casa, 515-6, 525-6; compra tintas e pincéis para Stuart, 665; culinária,

Índice remissivo 1245

516, 647; doença de Stuart, 715-6, 715, 864; morte de Stuart, 876; relacionamento com Stuart, 516; visita de Cyn, 664

Knibbs, Ted, 1057, 1197

Korner, Alexis, 858, 927, 1039

Koschmider, Bruno: acerta com Williams a contratação de Derry and the Seniors, 458, 473n; acordo comercial com Williams, 458-9, 462-3, 478n, 500-1, 512; agenda temporada com os Beatles, 462-3; agenda temporada com os Hurricanes, 494, 496; agenda temporada com os Jets, 437, 462; alojamento para os Beatles, 478, 493, 513; alojamento para os Hurricanes, 497; aparência, 387; caráter, 387; confronto com os Beatles, 520-1; contrato com Hurricanes, 497-8, 612; contratos com os Beatles, 477-8, 494, 497-8, 501, 511; dá aviso aos Beatles, 511-2, 514, 521; encontra-se com os Beatles, 476-7; fotografias dos Beatles, 480-1; Jets abandonam, 458n; pagamento dos Beatles, 477, 478n, 643; Paul e Pete acusados de tentativa de incêndio criminoso e deportados, 523-4; primeiro encontro com Allan Williams, 387, 886; problema do barulho, 483, 488, 494, 511; relacionamento com os Beatles, 480, 489, 494, 498, 500, 511-2, 517; remessa dos equipamentos dos Beatles, 528; segunda temporada dos Beatles, 643; visitas a Londres, 437, 458

Kramer, Billy, 1057, 1061, 1129, 1130, 1150nf

Lallemannd, Ruth, 649, 1092

Laurie Records, 1144, 1205nf

"Lawdy Miss Clawdy" (Elvis Presley), 161; repertório dos Quarry Men, 204; tocada por Paul e Ian, 191

Leach, Sam: agendamento com os Beatles, 610, 749, 772-3, 838-9, 865, 977, 1023; carreira na promoção de eventos, 266, 288, 610; Cassanova Club, 610; Chez Jazrok, 332; estuda tornar-se empresário dos Beatles, 702, 742, 774; LJS, 630-2; *Mersey Beat*, 1152-3nf; Mossway Jiving Club (Clube de Dança Mossway), 266; Operação Big Beat, 742; questão do pagamento dos Beatles, 774, 1023; relacionamento com Brian, 956, 1023, 1164nf, 1174nf; sessão com doze bandas, 631; torcedor de futebol, 998n

Lead Belly (músico), 149n, 229, 240, 284

"Leave My Kitten Alone" (Little Willie John), 303; repertório dos Beatles, 616

Lee Curtis and the All Stars, 961, 1024-5, 1058, 1129-30

Lee, Geoff, 147n

Leidigkeit, Brigitte, 661

Leiper, Fran, 1089

"Lend Me Your Comb" (Carl Perkins), 232, 390; executada pelos Beatles, 628

Lennon, Alfred (Alf, pai): cantando, 37, 176, 303; casamento, 49, 388n, 988; dispensa da Marinha Mercante, 79; emprego, 37, 43, 48-9, 53, 60, 384, 993n; época da guerra, 48, 53; fim do casamento, 60-2, 74, 78-9; morando com a mãe, 55, 79; morte de Julia, 253-4; nascimento do filho, 50; nascimento e infância, 35; prisões, 53, 78-9; relacionamento com filho John, 53-4, 61-2, 63, 79, 254, 263; relacionamento com Julia, 35-8; romances e gravidez de Julia, 54; vida itinerante, 79, 253, 388n, 657, 988

Lennon, Charles (tio), 253-4

Lennon, Jacqueline Gertrude (Dykins, meia-irmã), 75, 119, 253, 313, 563nf

Lennon, James (bisavô), 34, 1023

Lennon, John: acordo de gestão com Brian, 757-61; anda com Paul e George, 266-7, 270-1; apresentações no Star-Club, 884-5; audição para banda de apoio de Billy Fury, 408-11; aulas de direção com Neil, 1066; casamento com Cyn, 987-9; coleção de discos, 123, 167, 180; contrato de publicação de composições, 1013-4; convence Stu Sutcliffe a comprar um baixo, 375; convida Paul para entrar nos Quarry Men, 187, 199, 761; decisão sobre a carreira, 454, 461; dedo fraturado, 622; desafia George Martin sobre a seleção de canções, 1006-7; descobertas musicais, 616-7; despejo, 456, 461; dispensa de Eric Griffiths, 227; educação musical, 69-70, 117; educação, 59-64, 73-4, 87-9; emprego, 299, 300-1, 308; encontro com Ringo, 958- 9; encontros com Gene Vincent, 920-1, 1055; ensaios dos Quarry Men, 223-4, 236; estreia dos Quarry Men no Cavern, 154; excursão escocesa, 415-29; férias com Paul em Paris, 717-26; férias com Paul, 400-1; forma grupo, 147; fotografias de Astrid, 897; fumante de cigarros, 97, 120, 736, 810; funeral de Stu, 880; George entra nos Quarry Men, 218-9; gravação da festa em Woolton, 186; gravação em Hamburgo, 1138-41; gravidez de Cyn, 961-2, 989; histórico familiar, 34-8; infância, 53, 60-2, 63-5; influência de Buddy Holly, 209, 231-3, 396; influência de Carl Perkins, 130, 199, 390; influência de Chuck Berry, 233; influência de Elvis, 20, 126-7, 135-6, 149, 234; influência de Gene Vincent, 135, 149, 165; influência de Little Richard, 127-8, 144; Japage 3: 276-9; Johnny and the Moondogs, 271-2; leitura, 19, 64, 72; Liverpool College of Art, 192-3, 199-200, 239, 297, 314; morte de Stuart, 878, 882-3, 884-5; morte do tio George, 110, 878; música pop, 97; na festa da igreja em Woolton, 180-85; nascimento, 50; no Morgue Skiffle Cellar, 231; no show de Vincent/Cochran, 392; nome dos Beatles, 396-7; performances em Hamburgo, 481-3, 490; perspectivas de carreira, 151, 177; pessimista sobre o futuro dos Beatles, 861; planos de casamento, 962; preso e solto, 523-4; primeiro encontro com Brian, 740; primeiro encontro com Paul, 183-5; qualificações de nível básico, 118, 151, 152, 177, 192, 199, 556nf, 1159nf; Quarry Bank School, 87-9, 97, 118, 120, 135, 139, 171, 193; Quarry Men, 17, 21, 148-9; questão do passaporte para Hamburgo, 465-6, 468-9, 637; questão do serviço militar, 89-90, 120, 165, 171-2; reação à Decca, 821; reprova no exame e deixa a faculdade de artes, 448; reprova no Exame Intermediário, 297, 314; retorno de Hamburgo, 526-7, 922; *Rock Around the Clock*, 139-40; semana do evento *Star Search*, 175-6; sessão de gravação dos Quarry Men, 246; shows em Hamburgo com assento sanitário, 911-2, 1134, 1181nf; sobre a dispensa de Pete Best, 981-2; teste na Decca, 793-5, 821; toca órgão elétrico, 1140; vai morar com Stu Sutcliffe, 378; viagem a Hamburgo, 469-71, 475-6, 624; viagem a Londres com Stu, 454; vida de casado no apartamento de Brian, 988-9; vida em Hamburgo, 885, 888, 899; visita de Stuart, 829; visitas à imprensa de Londres, 1043, 1047, 1049-50; volta a Mendips, 1066; volta a Hamburgo, 638, 640-1, 642

APARÊNCIA: atitude quanto a usar ternos, 813-4; camisa lilás e jeans, 220; corte de cabelo, 725-6, 727-8; *cripple act* (imitação de deficientes), 164-5, 207, 634, 661, 693, 765, 767, 810, 884, 1071, 1079; feições de durão, 126, 171; filmado no Cavern, 985; foto com Paul e George, 225; foto como músico, 176; foto dos Quarry Men, 203; fotos de infância, 65-6; jaqueta de couro, 657; mãos, 22; miopia, 18, 73, 312, 519; nariz, 171, 677; óculos, 22, 73, 126, 141, 171, 225, 262, 265, 279, 312, 331,

Índice remissivo 1247

474, 514, 848n, 874, 1066, 1125; peidos, 1083; piscadela, 607, 694, 1150nf; postura ao tocar, 677, 739-40; roupas compradas em Paris, 722-3, 726; roupas na faculdade de artes, 200, 287; Teddy Boy, 18, 183, 200, 207, 222, 287, 744; transmissão de "Ask Me Why", 941

ARTE: desenhos, 73, 98, 1089; espontaneidade, 238; pintando o Casbah, 306; pintura, 314-5

BANJO: tocando, 22, 117, 135, 145-6, 157, 181, 206-7

BEBIDAS ALCOÓLICAS: abusivo/violento quando bêbado, 194, 225; adolescente, 120; após morte da mãe, 254, 286; bêbado em Hamburgo, 498, 1092; bêbado, 18

CARÁTER: "pede emprestado" amplificadores, 466-7; ambições, 947, 1021; amor por animais de estimação, 69, 213; atencioso e generoso, 264, 897, 1092; atitude e comportamento, 151-2, 261-2; atitude em relação aos judeus e "bichas", 99, 165, 771, 808, 898, 1124; bullying, 120; cola nos exames, 120; crueldade, 18, 80, 262, 330, 423, 736, 771, 839; estilo de liderança, 226, 306, 374, 1149; força da personalidade, 17-8, 31; história de "urinar nas freiras", 909-10; humor, 19, 98, 221, 222, 261, 995, 1083; liderança de gangues, 80; obsessão por deformidades, 165-6, 261, 492, 898; possessivo, 232; postura política, 243; rompantes, 287, 313; roubando um marinheiro, 519; roubo (tática do *saque rápido*), 80, 120, 180, 271, 476, 519, 609; sarcástico, 207, 221, 261, 286; talentoso, mas problemático, 261; violento, 194, 286-7, 330; visões religiosas, 120; vocabulário, 80

COMPOSIÇÃO: "Ask Me Why", 855; com Paul, 24-5, 214, 268, 760; contrato de

publicação de composição, 1013-4; "Hello Little Girl", 213; "Norwegian Wood", 990; nova canção ("Do You Want to Know a Secret"), 1055; "One After 909", 393, 855; parceria Lennon-McCartney, *ver* Lennon-McCartney (parceria); "Please Please Me", 939-40; primeira canção ("Calypso Rock"), 163, 213

DROGAS: contrabando de Preludin, 678; fumante de maconha, 447n, 840-1; Preludin em Hamburgo, 649-50, 885, 888; primeira experiência com drogas, 447; usado "para soltar a língua das pessoas", 693, 809

ESCRITOS: *Being a Short Diversion on the Dubious Origins of Beatles*, 639-40, 682; conto "Henry and Harry", 331; dá histórias e poemas para Bill Harry, 682; datilografando, 964; histórias e poemas perdidos, 965; *On Safairy With Whide Hunter*, 268, 639, 965, 564n; poema para Mimi, 110; poemas, 73; "Randolf's Party", 1130; sobre a origem do nome dos Beatles, 1019; textos publicados no *Mersey Beat*, 715, 716, 965, 541n; "The Tale of Hermit Fred", 30

GAITA DE BOCA: aulas para Billy Preston, 1083; deixada de lado, 294; levada junto, 875; "Love Me Do", 908, 933, 936, 1004, 1005, 1007, 731, 1034, 1039, 1052; nova gaita de boca, 87; "Please Please Me", 1097, 1108-10; primeira gaita de boca, 69; roubo de, 476, 856; tocada em "Clarabella", 856; tocada em "Hey Baby!", 855-6; tocada em "I Remember You", 966; tocada em Hamburgo, 902; tocando, 22, 117

GUITARRA/VIOLÃO: acordes de banjo, 181; compra guitarra (Club Footy), 306-7, 323; compra guitarra (Rickenbacker)

1248   **Índice remissivo**

e amplificador, 503; guitarra base/rítmica, 1139; guitarra nova (Jumbo Gibson), 952, 1008; interesse pelo violão, 116; ostinato (repetição de frase musical), 162; primeiro violão, 146, 162, 176; quebra guitarra e rouba outra, 271; quer guitarra elétrica, 293, 299, 300-1; tocando violão, 22, 146, 157, 162, 206, 219, 677; violão emprestado, 146

RELACIONAMENTOS: amizade com Stu Sutcliffe, 262-3, 287, 315, 325, 380, 389, 422-3, 476, 493, 636, 692, 714, 882-3; amizades, 66, 138, 194, 212, 239-40; brincadeiras no palco com Paul, 634, 1141; cartas de Hamburgo, 491, 718, 873, 897-8, 1089; com a mãe, 98, 117-8, 135, 238; com Bettina, 900-1, 1092, 1141; com Brian, 809; com Cynthia (Cyn), 297-8, 306, 330, 378-9, 390, 444, 467, 492, 527, 638, 664-5, 736, 888, 922, 949, 991; com Ellis, 448, 454; com fãs, 872, 898; com George, 218-20, 996; com Ida Holly, 990; com Lindy Ness, 873-4, 898, 948, 964, 990, 1089; com os Quarry Men, 211, 219-20, 227-8, 244, 306; com Paul, 17, 27-30, 279, 315, 692, 719, 1092; com Ringo, 996; com tia Mimi, 27-28, 72-3, 45, 98, 118, 213, 255, 378, 492, 811; encontros com Fascher, 900, 1134; estilo de liderança nos Quarry Men, 226, 306, 374; fazendo bullying com Tommy Moore, 423, 425, 472; fotografias sensuais, 950, 990; meninas flertando com ele, 97; morte da mãe, 251-2, 259, 262, 263, 878; namorada Thelma, 263, 264-5, 286; opiniões dos fãs dos Beatles sobre, 762-8; preocupação com Astrid, 897; sexo, 19, 89, 119, 120, 264, 286, 312, 487, 900, 1134; trabalhando com Paul, 206-7, 238, 268; vida social,

389; violência física contra mulheres, 286-7, 330

VOCALISTA: "A fúria cantante", 737; avaliação de George Martin, 905, 925; cantando Chuck Berry e Buddy Holly, 324; canto de harmonia, 275, 441, 481, 1139; com os Beatles, 421; com os Quarry Men, 148-9, 155, 181, 244; mudando a letra das canções, 176, 616, 1126; no ônibus, 204; teste na Decca, 796; vocais de apoio, 826, 931; voz, 23, 117, 149, 185, 206, 246, 324, 410

Lennon, John (Jack, avô), 34-5, 657

Lennon, Joyce (prima), 54

Lennon, Julia (Stanley, mãe): a admiração de Paul por, 238; aparência, 38, 117, 238; camisa para John, 161, 176, 183; caráter, 62, 74, 117, 238; casamento, 38, 49, 988; emprego, 38, 48-9, 53, 74; ensaios dos Quarry Men, 156; fim do casamento, 60; funeral, 252; gravidez, 54, 62, 74-5; miopia, 73, 118; morte, 251-2, 258, 262, 378, 1066, 562n; nascimento da filha Jacqui, 75; nascimento da filha Julia, 74; nascimento da filha Victoria, 55n; nascimento do filho, 50; nascimento e infância, 36; prática de música com John, 206; pretensão de casamento, 74, 250; primeiro encontro com Alf, 35; relação com o filho John, 54, 60, 62, 63, 65, 75, 97, 116, 117-8, 135, 213, 238, 1054, 544n; relacionamento com Alf, 36, 37; relacionamento com Bobby Dykins, 57, 60, 74; relacionamento com Taffy Williams, 54; seguro de vida, 253, 562n; tocando banjo, 22, 36, 117, 145, 156, 206, 238, 616, 673; violão/guitarra para John, 162, 176, 271

Lennon, Julia (Dykins, meia-irmã), 74, 75, 119, 252, 313

Lennon, Madge (tia), 54

Lennon, Mary "Polly" (Maguire, avó), 35

Lennon, Syd (tio), 54

Índice remissivo

Lennon, Victoria Elizabeth (meia-irmã de John), *ver* Pedersen

Lennon-McCartney (parceria): acordo de publicação com a Ardmore & Beechwood, 1013-4, 1055; acordos de publicação com Dick James, 1115-6; arranjos para os Quarry Men, 324; canções do repertório dos Beatles, 760, 775, 793-4, 810, 1016, 1125, 1126; canções impulsionadas, 1003-4, 1100-1; canções para a EMI, 1001; composição de letra e música, 25-6, 28-9, 270; composição estagnada, 965; contrato de gestão com Brian, 1014, 1055; direitos autorais, 1007, 1115-6, 1121-2; escolhas de gravação da EMI, 930, 940; escritas em 1959, 294-5; escritos, 268-9, 965; gravação na Decca, 793-4, 833; gravações em fita, 394, 443, 576nf; influências, 302, 941, 1126, 561nf; interesse da Ardmore & Beechwood em publicar canções deles, 591, 895; lista de canções de Paul, 395; mudança de opinião de George Martin, 1099-1100; nome da parceria, 951; nova editora musical, 1136-7; ordem dos nomes, 1013-4, 1030, 1102, 1116; papel de George, 1015; performance em Hamburgo, 661; período sem canções, 510, 615; primeiras canções, 270-1; primeiro single dos Beatles, 1008, 1013; reação de Brian às novas canções, 924-5; renascimento da parceria de composição, 907-8, 925, 951; renda da Ardmore & Beechwood, 1118n; sigilo, 615

Les Stewart Quartet, 283-5, 289n, 293, 297, 301, 305

Levis, Carroll, 174-5, 270-3, 319, 419; *ver também* Star Search

Lewis, Jerry Lee: bandas de apoio, 205; estilo, 209; canções tocadas pelos Hurricanes, 383; canções tocadas por Les Stewart Quartet, 284; esposa, 1182nf; estúdio de gravação, 232, 245; "Great Balls of Fire", 210; herói para John e Paul, 20, 617; influência sobre Ringo, 920; influência, 223, 265; nas paradas, 24; repertório dos Beatles, 687, 694, 734; show na New Brighton Tower, 917, 919; "The Saints", 672; "Whole Lotta Shakin' Going On", 198

Lewis, Meade Lux, 339, 344

Lewis, Vic, 153, 551nf, 1191nf

Liberty Records, 946, 1053, 1144-5

"Like Dreamers Do": audição de rádio, 824; cantada por Paul, 760; gravada pelos Beatles, 792, 794; influências em, 296; não escolhida, 932; questão dos direitos autorais, 895; rejeição da EMI, 837; visão de John e Paul, 933

Limpinsel, Wilhelm, "Willi", 483, 488-9

Lindsay Ross and his Famous Broadcasting Band, 424

Lishman, K. I., 177

Little Richard: abre mão do rock em prol da religião, 20, 209, 233, 1057; aulas de estudos bíblicos nos bastidores, 1083; cachê, 1058; *Don't Knock the Rock*, 152; escrevendo na bíblia, 1058, 1197nf; foto com Bobby, 1092; fotografado com os Beatles, 1058, 1077, 1197nf; gravadora, 232-3; imitação de Paul de, 20, 145, 152, 180, 185, 191-2 196, 204, 233, 277, 309, 324, 534, 1077; influência sobre John e Paul, 20, 145; influência sobre John, 127-9, 135, 617; John escuta pela primeira vez, 127-8, 144; músicos de apoio, 204-5; opinião sobre os Beatles, 1057, 1077, 1083; Paul tocando suas canções, 259; performance dos Quarry Men, 203; popularidade, 265, 292; primeiro single britânico, 144-5; promoção de Brian, 956, 1057-9; repertório dos Beatles, 482, 691, 709, 871; sexualidade, 1057-8; temporada no Star-Club de Hamburgo, 954, 956, 1055, 1077, 1082, 1089, 1090; *The Girl Can't Help*

It, 166, 167; Top 30 da *NME*, 180; turnê britânica, 920, 956, 1057-8, 1077-8

Littlewood, Tom, 241, 458

Liverpolitan, 76

Liverpool College of Art, 21, 92, 177, 192, 239-40, 311

Liverpool Echo: anúncio da Operação Big Beat, 742; anúncio de Alf Lennon, 60; anúncio do Gerry and the Pacemakers, 320; anúncio do Grafton Ballroom, 956; anúncio do show com Bruce Channel, 917; anúncio dos Beatles no "Davy Lew", 729; anúncio dos Beatles, 700; anúncio dos Quarry Men, 211, 361, 361n; anúncio dos Silver Beetles, 438; anúncio para baterista dos Beatles, 463; anúncios da Decca e da EMI, 431; anúncios da Nems, 361, 430; anúncios de Charlie Mac, 204, 236; anúncios de Eddie Clayton, 236; anúncios de Rory Storm and the Hurricanes, 865, 918; anúncios do Cavern, 154, 194; anúncios do Hambleton Hall, 704; anúncios dos Beatles no Cavern, 630; anúncios para os Big Beat Boppin' Beatles, 628, 774; classificados da coluna "Jazz", 289, 609, 1150-1nf; coluna do Disker, 198, 547nf, 798, 816, 1020, 1150-1nf; coluna sobre Mersey Beat, 265n, 638; leitura de John quando criança, 64; na Nems, 361; no show de Vincent/Cochran, 392; parada "Liverpool's Own Top 3", 134, 547nf; Paul como entregador, 184n; relatório sobre a sessão de gravação dos Beatles, 1111; resenha sobre "Love Me Do", 1035; sobre a morte de Julia, 253; sobre a morte de Stuart, 877, 879; sobre acidente aéreo, 847; sobre o Cavern, 690; sobre o show a que os Beatles não compareceram, 840; sobre Paul, 700; sobre serviço militar, 171-2

Liverpool Institute High School for Boys: ausências de, 236; escola de Ensino Fundamental, 91; fotografia escolar, 388; George no, 105-6, 123, 132, 139, 168, 228, 271; George passa no exame, 93; George sai, 299, 316-7, 327; instalações, 21, 90, 91-2; lema, 91; ônibus para a escola, 106, 132; Paul no, 91-2, 98, 101, 106, 127, 132, 135, 139, 160, 191, 196, 223, 227, 282; Paul passa no exame, 90; Paul sai, 456, 491, 602; peças teatrais escolares, 388; prêmio de Artes de Paul, 326, 388; professores, 87, 90-1; qualificações de nível avançado de Paul, 260, 299, 415-6, 456, 491; qualificações de nível básico de Paul, 248; turnê escocesa de Paul, 414-6, 440; último dia do ano letivo, 258, 299; uniforme, 153, 168

Liverpool University: agendamento dos Beatles, 805, 830, 838-40; alegações de Paul, 395, 861; desastre na última noite, 838-40, 1060; estudantes como inquilinos de Mimi, 28, 69; reação da plateia a Ellis, 446

Liverpool Weekly News, 182, 249, 252, 494, 562nf, 1065

"Livin' Lovin' Wreck" (Jerry Lee Lewis), interpretada pelos Beatles, 687

Lockhart Smith, Judy: amizade com Brian, 834-5; aparência, 343; escritório, 432; morte de Oscar Preuss, 360; no Cavern, 1128; origens, 892; relacionamento com George Martin, 371, 890, 892, 895-6; sessão de gravação dos Beatles, 1003

Lockwood, Joseph, 350, 358, 371, 432, 892, 1102

"The Loco-Motion" (Little Eva), repertório dos Beatles, 1017, 1127

Lomax, Jackie, 613

London (selo): acordos de licenciamento nos EUA, 232; Alley Oop, 435; lançamento de Arthur Alexander, 855, 946; lançamento de Chuck Berry, 302; lançamento de Jerry Lee Lewis, 198; lançamentos americanos, 293n, 433, 434n, 1129; lançamentos de Little Richard, 144, 152; repertório dos Beatles, 687

Índice remissivo

London Records (EUA), 822

"Long Tall Sally" (Little Richard), 20, 127-8, 144, 152, 1056; cantada por Paul, 185, 204, 277, 534, 633, 1140; cantada por Rory Storm, 615; gravação em Hamburgo, 1140; repertório dos Beatles, 452, 615, 694; repertório dos Quarry Men, 204, 229

"Looking Glass", 296

Los Paranoias, 396, 401

Loss, Joe, 150

"Love Me Do": acordo de publicação, 1013-4, 1102; ajustes na composição, 908, 1181nf; artigo na *Dance News*, 1050; composição de letra e música, 29, 296, 538nf; comunicado de imprensa, 1020, 1123; crédito da composição, 1030, 1103; direitos autorais, 1121-2; divulgação, 1073, 1086-7, 1102-3, 1117; dublando para TV, 1124; álbum dos Beatles, 1128; ensaiando, 925, 1003; escolha para o disco, 907-8; exposição, 1031-2; falta de apoio da EMI, 1031, 1112; gravação (11 de setembro de 1962), 1009-12; gravação (4 de setembro de 1962), 1002-4, 1004, 1012n; gravação (junho de 1962), 929, 931-4, 1024n; história da manipulação das paradas, 1036-7, 1194nf; lançamento canadense, 1142; lançamento, 1029-30, 1034, 1059, 1087; não lançada nos EUA, 1053; nas paradas, 1036-7; necessidade de impulsionar, 1059; opinião de George Martin sobre, 1004-5, 1031, 1087, 1096, 1099; *People and Places*, 1069, 1071, 1076, 1132, 1198nf, 1199nf; posição nos EUA, 1144; publicidade, 1033, 1039-40, 1048; reação da Capitol, 1052; reação de Jagger, 1040; reação de Little Richard, 1077; reação de tia Mimi, 1029; reação dos jornais londrinos, 1043; repertório dos Beatles, 948, 1016; resenhas, 1034-5; royalties de, 1117-8, 1135; *Saturday Club*, 1073, 1102, 1199nf; seleção, 1005-6, 1011-2, 1012; selecionada

para Parlophone, 909, 932; show no Empire, 1079; em Hamburgo, 1083; sincronização labial, 1123; sobe nas paradas, 1075-6, 1085, 1087, 1093, 1105, 1125, 1131, 1135; som da gaita de boca, 933, 936, 1004, 1005, 1007, 1011, 1034-5, 1052, 1201; som incomparável, 1109; sucesso aumenta o público, 1105; tempo de execução na Radio Luxembourg, 1033, 1075, 1193nf; *The Talent Spot*, 1117; tocada no Lyceum, 1050-1; Top 30 da *NME*, 1076, 1085; Top 30 da *Pop Weekly*, 1131; *Twelve O'Clock Spin*, 1087, 1105, 1202; *Two-Way Family Favourites*, 1087-8, 1105, 1202nf; vendas, 1035-6, 1053, 1105, 1117, 1125, 1131, 1135

"Love Me Tender" (Elvis Presley): cantada por John, 897; cantada por Stuart, 510, 622, 653, 882

"Love of the Loved", 295, 332n, 760, 792, 794, 796

Lovelady, Dave, 413, 781

Loving You (no Brasil, *A mulher que eu amo*, filme de 1957), 208

Lowe, Duff: com os Quarry Men, 223-4, 226-7, 231; educação, 223, 227, 247, 548nf; gravação com os Quarry Men, 245-7; tocar piano, 223

Lowlands, 284-5, 289n, 293, 301-2, 310, 319

"Lucille" (Little Richard), 20, 180, 430n, 1056; cantada por Paul, 204

Lucky Stars, ver *Thank Your Lucky Stars*

Lunch Box (ATV), 1073, 1199nf

Lusty, Bob, 870

Lyon, Sr. H. (professor), 81-2

Mackels, Albert, 911

Mackey, Peter, 714, 1159nf

MacKinnon, Duncan, 420, 422

"Maggie May" (canção), 159, 182, 359, 359n

Maguire, Annie, 70, 159, 235

Índice remissivo

Maguire, Leo, 914, 928, 968

Maguire, Les, 731, 911

Maguire, Marie, 70, 257, 992

Maguire, Mary "Polly", 35-6

Maguire, Shelagh, 285, 302

Maharishi Mahesh Yogi, 373n

Mahomed, Jeff, 201, 240, 240n, 241n, 262-3, 297-8

Mair, John, 1036, 1194nf

Mairants, Ivor, 189, 553nf

Makin, E. Rex, 771, 778

"Mama Said" (The Shirelles), 687; cantada por Paul, 687, 827

Manchester Evening News, 272, 805

Manker, Sid, 210

Manley, Colin, 289n, 579nf

Marrion, Albert, 780, 870

Marsden, Fred, 680, 731, 781-2

Marsden, Gerry: amizade com Richy/Ringo, 710; em Hamburgo, 911; relacionamento com Pauline Behan, 682; substitui George, 865-6; tocando embriagado, 731; torcedor do Everton, 998n; *ver também* Gerry and the Pacemakers

Marshall, Paul, 364, 1143, 1145

Marshall, Sandra, 985

Marshall, William (Bill), 1027, 1192nf

Martin, Alexis, 349

Martin, Bertha (Simpson, mãe de George), 339, 341

Martin, George: apartamento, 756, 890; banda de baile, 339; caça de talentos no bairro Soho, 173; chefe da Parlophone, 349-51; confusão com o nome dos Beatles (Beattles), 905, 915, 929; contratação dos Vipers, 142, 355; contratações, 892; contrato com a EMI, 892; contrato de gravação com os Beatles, 903-4, 915-6; debatendo sobre os Beatles, 928-9; educação, 340; em busca de um som diferenciado, 373; em busca de uma canção de sucesso para os Beatles, 937-8; emprego, 341, 342; encontro com Brian (novembro de 1962), 1102-4; encontro com Brian, 834-5; encontro com os Beatles (novembro de 1962), 1097-1102; envia "How Do You Do It" aos Beatles, 970; escanteando a Ardmore & Beechwood, 1102-3; escolha das canções para o primeiro single dos Beatles, 1005-8; escolha das canções para o segundo compacto, 1097; festival Norbreck Hydro, 894; gravação de banda escocesa, 424; gravações de calipso, 359; gravações de comédia, 365-6, 968; gravações, 353-4; gravadora Parlophone, 142, 302, 343-3; Guildhall School of Music, 340-2, 756; marca sessão de gravação na EMI, 1076; muda de ideia sobre canções de Lennon-McCartney, 1099-1100; nascimento e infância, 337-8; no Cavern, 1127-8; opinião inicial sobre a bateria de Ringo, 1004, 1097; opinião sobre "Ask Me Why", 941, 1003, 1097, 1099; opinião sobre "Love Me Do", 1003-5, 1031, 1087, 1097, 1099; opinião sobre "Please Please Me", 1003-4, 1097, 1100, 1110, 1112; opinião sobre a habilidade de Pete na bateria, 934, 942, 974, 983; opinião sobre as canções dos Beatles, 937-8, 1099-1100; opinião sobre os Beatles, 967, 1097, 1099; organiza teste para Gerry and the Pacemakers, 1129; os Beatles o desafiam sobre a escolha das canções, 1005-6; ouve os Beatles, 835, 905; plano de reconhecimento do Cavern, 1099; planos de gravar LP, 1098, 1099, 1100, 1108, 1110, 1114, 1127; planos nos EUA, 1111-2; produção do disco dos Vipers, 147n, 355, 359, 365; questão dos Beatles, 751; recebe ordem para contratar os Beatles, 895-6, 1087; serviço na guerra, 340; sessão de gravação dos Beatles (11 de setembro de 1962), 1009; sessão de gravação dos Beatles (26 de novembro de 1962), 1107-12; sessão de gravação dos Beatles (4 de setembro de 1962), 1003; sessão de gravação dos Beatles (junho de 1962), 930-1; tocando oboé, 341, 342, 1074n; tocando piano, 340; trabalho de estúdio, 968; viagem aos EUA, 363-4; visão da EMI sobre, 355-6, 358; visão sobre os grupos de música beat, 777

APARÊNCIA: altura, 340, 424, 756, 1101; boa aparência, 340, 424, 1101; roupas, 1101; sotaque, 340

CARÁTER: civilidade e bom humor, 340; divertido, 424; segurança e autoconfiança, 756

COMPOSIÇÃO: canções-título, 892, 1179nf; "Can This Be Love" (Matt Monro), 756; melodias, 371-2; sob o pseudônimo Graham Fisher, 372-3

COMPOSIÇÕES: "Double Scotch", 756-7, 892; primeiras, 339, 340; sob o pseudônimo Ray Cathode, 892; "The Dr Kildare Theme", 894, 1179nf; "The Niagara Theme", 756, 892; "Time Beat", 892; trilha sonora de filmes, 892, 1179

DINHEIRO: composição, 756; melodias temáticas, canções e trilhas sonoras de filmes, 891, 892; questão dos royalties, 371, 755, 890, 892; salário, 349, 371, 755, 890, 892

RELACIONAMENTOS: casamento, 341, 360, 756, 890; com a Capitol, 363-4, 620, 683n, 1052-3, 1142-3; com Brian, 1102; com Judy, 360, 755-6, 890; com L. G. Wood, 894-5; com os Beatles, 934-5, 1008, 1010, 1087, 1100-1; com Ringo, 1009; filhos, 349, 360

SUCESSOS: Bernard Cribbins, 891-2, 968; *Beyond The Fringe*, 684; Charlie Drake, 755, 818; Jim Dale, 359, 365; Johnny Dankworth, 359; Matt Monro, 620-1, 683; Nadia Cattouse, 620; Peter Sellers, 365, 621; Rolf Harris, 968; reputação, 1097, 1100; Spike Milligan, 756; Temperance Seven, 684, 892; Vipers, 359

Martin, George (motorista), 399, 400

Martin, George (produtor de eventos de 1961), 728

Martin, Henry (pai de George), 339

Martin, Irene (irmã de George), 339

Martin, Sheena (Chisholm, esposa de George), 341, 349, 360, 433, 890

Marvin, Hank, 819, 848n, 979

Mason, Ann, 201, 241

Massey & Coggins, 602-3, 615, 624-5, 629-30

"Matchbox" (Carl Perkins), 168, 390; cantada por John, 443, 1140; cantada por Pete, 662, 826, 851; cantada por Ringo, 449, 662; gravação em Hamburgo, 1140

Matthews, Richard/Dick: Chez Jazrok, 332; fotografia, 266, 742, 773-4, 781; Mossway Jiving Club, 266

May, Billy, 130, 364

May, Dave, 375, 380

McBain, Charlie (Charlie Mac), 171, 204, 211-2, 553nf

McCaldon, Joan, 982, 1080

McCann, Terry, 774

McCartney, Annie (tia), *ver* Danher

McCartney, Edie (tia), 39, 85

McCartney, Elizabeth (Williams, bisavó), 39

McCartney, Florence "Florrie" (Clegg, avó), 39, 50, 55

McCartney, Gin (Jane, Ginny, tia), *ver* Harris

McCartney, Jack (tio), 39, 279

Índice remissivo

McCartney, James (bisavô), 39

McCartney, Jim (pai): advertências em relação a John, 17, 21, 31, 207, 224; agendamento dos Beatles em Manchester, 942; ambições para Paul, 26, 90-1, 196, 456-7, 464; apostas, 168; assina o contrato de Paul, 1026; atitude em relação ao agendamento de shows em Hamburgo, 464, 469, 526, 663, 667; aulas de piano para Paul, 90-1, 267; caráter, 40, 59; carreira musical, 19, 40, 296, 395; casamento, 51; casas, 51, 55, 68, 81, 130; composição de canções, 40-1, 131; conhece Derek Hodkin, 276; contrato sobre composições de Paul, 1137; doença e morte da esposa, 21, 132, 143-4; educação dos filhos, 68; emprego, 40, 51, 55, 68, 144, 964; encontros com fãs dos Beatles, 707, 729, 875; férias no Butlin's, 106, 195; nascimento do filho Mike, 55; nascimento do filho Paul, 51-2; nascimento, 39; origens familiares, 39; ouvindo as primeiras canções, 23; piano, 40, 68, 85, 206, 224, 279, 337, 940, 1108, 1125; preocupação com o emprego de Paul, 526, 602; primeiro violão de Paul, 189; problema auditivo, 40, 40n, 48; qualificações de nível avançado de Paul, 415; qualificações de nível básico de Paul, 168, 196, 208, 248; relacionamento com George, 146, 224; relacionamento com Paul, 207-8, 212, 267-8, 415, 526, 630; relacionamento de Paul com os Beatles, 839; roupas, 95; sobre os acordes de violão de John, 207; sobre Paul e Mike na infância, 578nf; trompete para Paul, 112, 189; vida familiar, 58-9, 68, 85; vida na época da guerra, 48, 51; visão sobre Paul imitando Little Richard, 1078; visitas ao Cavern, 729

McCartney, Joan (tia), 84-5, 143

McCartney, Joe (tio), 84, 143

McCartney, Joseph (Joe, avô), 39

McCartney, Mary Patricia (Mohin, mãe): ambições para Paul, 26, 90, 91, caráter, 59; casamento, 51; casas, 51, 55, 68-9, 81, 130; doença, 142; emprego, 51, 55, 68, 81; morte, 21, 143; nascimento do filho Michael, 55; nascimento do filho Paul, 51-2; origens familiares, 41; vida familiar, 58-9, 68

McCartney, Michael (Mike, Mick); aulas de piano, 267; braço fraturado, 195, 276; doença e morte da mãe, 142-3; duo musical com Paul, 191, 195; educação, 81, 85, 132, 315, 1159nf; em eventos culturais, 1063; emprego, 1159nf; empresta câmera para Paul, 725; estágio como cabeleireiro, 951, 1063; estilo de vida, 951; foto de Jerry Lee Lewis, 919; fotografa estreia dos Beatles na BBC, 849; fotografia, 106, 195, 225, 1180nf; fotos de Little Richard, 1057; fotos de Paul e Dot, 628; fotos dos Beatles, 950-1, 958; infância, 81; kit de bateria, 457; morte de Stuart, 879; muda-se para Allerton, 130, 132; na noite do fã-clube no Cavern, 871; nascimento, 55; opinião sobre John, 207; Paul lhe traz de presente a câmera nova, 922, 950; Paul usa a câmera, 950; primeira foto colorida com John, Paul e George, 225-6, 244; relacionamento com o irmão, 81, 85, 90, 106; retorno de Paul de Hamburgo, 525; sobre a visita de Stuart, 829; sobre Jane Asher, 735; sobre os problemas de gestão dos Beatles, 840; sobre Paul tocando violão, 191; tocando bateria na banda Japage 3: 276, 278; viagem de Paul a Hamburgo, 464

McCartney, Mill (Milly, tia), 20, 39, 85

McCartney, Paul: acampamento de escoteiros, 18, 194-5; acordo de gestão com Brian, 757-61; agendamento de shows em Hamburgo, 462-3; audição para banda de apoio de Billy Fury, 408-11; avalia adotar o nome Paul James, 951, 1030; Bill Haley no Odeon Cinema de Liverpool, 152-3; carro (Ford

Índice remissivo

Consul Classic), 991; cartas de Hamburgo, 491, 873, 889, 1089; cartas para agendar shows, 394-6; casas, 51, 55, 67-8, 81, 130; compra de discos, 135, 166, 167, 275, 302-3, 391; contrato de publicação de composições, 1013-6; convida Pete Best para entrar nos Beatles, 464; deportado, 524-5; dispensa de Eric, 227; doença e morte da mãe, 21, 142-4, 258, 909; educação musical, 68-9, 84-5, 90-1, 112-3, 267; educação, 68, 81, 85, 90; em peça teatral na escola, 388; emenda no contrato dos Beatles, 801; emprego de verão, 299, 302; emprego natalino, 332; 526; encontro com Ringo, 958-9; encontros com Gene Vincent, 920-1, 1055; ensaios dos Quarry Men, 223-4, 236; entra nos Quarry Men, 17, 187, 194, 199, 933; estreia nos palcos em Filey, 195-6; fãs dos Beatles, 762-8; férias com George, 258-9, 299, 303-4, 400; férias com John, 400-1; férias em Paris com John, 717-26; fotografias, 950; funeral de Stu, 880; George entra nos Quarry Men, 219; George Martin seleciona "Love Me Do" como lado B, 1005; gravação de "Love Me Do", 932-4; gravação em Hamburgo, 1138-41; grupo com John e George, 266-71, 270-1; história de "urinar nas freiras", 909-10; incêndio no Bambi Kino, 523, 863; infância, 58-9, 85; influência de Buddy Holly, 209, 214, 232-3, 397; influência de Carl Perkins, 390; influência de Chuck Berry, 233; influência de Elvis, 20, 127, 139, 145, 161, 173, 234; influência de Gene Vincent, 135, 145, 166; influência de Little Richard, 129, 145; Japage 3: 276-9; Johnny and the Moondogs, 266-71; leitura, 19, 260, 315; liberação da polícia de Hamburgo, 863; Liverpool Institute, 90-2, 132, 139, 196; memórias do Cavern, 691; morte de Stuart, 878-9; na colônia de férias Butlin's, 106, 196; na festa de Woolton, 180; nascimento, 51; no casamento de John, 988; no Morgue Skiffle Cellar, 232; nome dos Beatles, 396-7; nome, 52; histórico familiar, 21, 30, 39-42, 143; preso por tentativa de incêndio criminoso, 523-4; primeira apresentação com os Quarry Men, 202, 218; primeiro encontro com John, 182-6; problema com o visto alemão, 1060; qualificações de nível avançado, 260, 299, 387-8, 416, 456, 491, 603, 996; qualificações de nível básico, 139, 168, 196, 238, 248, 260, 603, 720, 996; questão do serviço militar, 89, 120, 171-2; reação à Decca, 821; reação ao primeiro disco, 732-3; reação ao sucesso nas paradas de "Love Me Do", 1076; recurso contra a proibição de retorno a Hamburgo, 623-4, 630, 637; retorno a Hamburgo, 642-3, 922, 1092; *Rock Around the Clock*, 140; sai da Massey & Coggins, 629; sessão de gravação com os Quarry Men, 246-7; teste na Decca, 796, 821; trabalho na Massey & Coggins, 602-3, 615, 621, 624, 625; turnê escocesa, 416-26; viagem a Hamburgo, 470, 875; viagem a Londres com Celia, 1073-4; vida em Hamburgo, 885, 887, 899; visitas à imprensa londrina, 1043, 1045; visitas à imprensa, 1094-5

APARÊNCIA: atitude quanto a usar ternos, 814; cabelo comprido, 388; canhoto, 22, 25, 58, 161, 189-90, 259, 272, 452, 503, 668, 826; casaco de operário (*donkey jacket*), 526, 602; casaco esportivo branco, 173, 181, 195, 203; com os Quarry Men, 203; corte de cabelo dos Beatles, 725-6, 727-8; cortes de cabelo, 90, 268; fase de menino "rechonchudo", 106, 195; filmado no Cavern, 986; foto aos 15 anos, 195; foto com John e George, 224-5; foto de infância, 85; no Cavern vestindo terno, 873; olhos, 633, 760; rostinho de bebê, 744; roupas compradas em Paris, 722-3, 726; Teddy Boy, 212; topete, 388, 475

1256   **Índice remissivo**

ARTE: desenhos, 19, 112, 197; design para capa do LP, 1100-1; pintando o Casbah, 307; prêmio de arte na escola, 326, 388

BATERIA: com os Beatles, 457; kit, 456-7; praticando, 277

CARÁTER: ambições, 380, 1021; cautela financeira, 493, 1124; charmoso e mordaz, 19, 212; confiante, 19; humor, 19, 222; mimetismo, 19, 92, 146, 214, 185; não comparece ao show, 838-9; nervosismo, 91, 202, 824, 933; pessimista sobre o futuro dos Beatles, 862

COMPOSIÇÃO: acordo sobre a publicação das composições, 1013-4; "A World Without Love", 295-6; com George, 237; com John, 23-5, 214, 268, 760, 907; "I Lost My Little Girl", 21, 214; "I'll Be On My Way", 296; "I'll Follow the Sun", 295; "In Spite of All the Danger", 237, 246; "I Saw Her Standing There", 1074-5, 1125; "Like Dreamers Do", 296, 760; "Love of the Loved", 295, 760; parceria Lennon-McCartney, *ver* Lennon-McCartney (parceria); "Pinwheel Twist", 826, 855, 907; visão sobre direitos autorais, 1121-2; "You'll Be Mine", 296

COMPOSIÇÕES: instrumentais de guitarra, 291, 390; piano, 19, 131, 214, 633

DROGAS: drogas em Hamburgo, 648-9; primeira experiência com drogas, 447

GUITARRA/VIOLÃO/BAIXO: acordes, 19, 22, 161, 185, 237; aprendendo no violão de Ian, 160-1, 169-70; baixo elétrico, 226, 237; compra alto-falante para baixo, 713; compra baixo Hofner em forma de violino (modelo para canhotos), 668, 826; guitarra e amplificador trazidas de Hamburgo, 528; guitarra nova (Rosetti Solid 7), 451, 457, 490, 528; guitarrista confiante, 18; imitação de Little Richard,

191-2; pede emprestada a guitarra de John, 503; primeiro violão (Zenith), 189; reposicionando as cordas, 190; Rosetti com cordas de piano, 605; tocando baixo, 605, 666, 668, 672, 686; tocando com Ian, 191; tocando com John, 206; tocando com o braço do instrumento virado, 185, 190, 203, 259, 451, 531, 605, 666, 668; tocando com os Quarry Men, 185-6; tocando com os Vikings, 260; tocando como destro, 161

PIANO: assistindo ao pai tocar, 68, 295; aulas, 90, 267; composições, 19, 131, 214, 633; tocando com Ian, 169; tocando com os Quarry Men, 185; tocando em Hamburgo, 645; tocando rock'n'roll, 199, 259; tocando, 18, 131, 161

RELACIONAMENTOS: amizade com George, 146, 191, 196-8, 258; amizade com Ian James, 160-1, 168-9, 173, 191; com Brian, 758-60, 801, 807, 838; com Celia, 1066-7, 1073, 1089; com Dot, 328, 332, 381, 390, 444, 467, 527, 922, 949; com garotas, 112; com George, 718; com Iris, 1067, 1068-9, 1119; com John, 17, 26-8, 206-7, 238, 268-9, 279, 315, 380, 692, 996, 1092; com membros dos Quarry Men, 211, 218-20, 227-8, 244, 307; com o pai, 207-8, 211, 267-8, 416, 526, 629; com Ringo, 996; com Stuart, 380, 389, 422, 457, 493, 510, 611, 636, 653, 668-9, 838, 878-9; com Thelma, 991; com Vi Caldwell, 1068; dispensa de Pete Best, 983; Dot perde o bebê, 401-2, 467; fãs em Hamburgo, 661; gravidez de Dot, 381, 388, 402; lidando com gângsteres, 646; luta com Stuart, 668-9; noivado com Dot, 628; questão da paternidade, 900; sexo em Hamburgo, 900; sexo, 327; vida social, 389; visão sobre Julia, 238

TROMPETE: abandona, 113, 130, 161; pai adquire, 112; primeira tentativa, 112,

154; toca com George, 146; tocando "When The Saints Go Marching In", 113, 1126; troca por violão, 189

VOCALISTA: afetações vocais, 795, 1054; avaliação de George Martin, 905, 925; backing vocals, 618, 775, 913; cantando Elvis e Little Richard, 324; canto de harmonia, 275, 441, 481, 1139; com os Quarry Men, 244; enquanto toca bateria, 347; imitação de Little Richard, 20, 145, 152, 180, 185, 191, 196, 204, 207, 277, 309, 324, 635, 1077; no Empire, 1079; no ônibus, 204; nos Quarry Men, 185; "PS I Love You", 1010; teste na Decca, 795; voz, 23, 91, 185, 197, 206, 246, 324, 410

McCartney-Lennon (parceria), *ver* Lennon-McCartney (parceria)

McFall, Ray: agendamento de shows dos Beatles, 688, 916, 1084, 1118; atitude quanto a guitarras elétricas, 624; Beatles retornam de Hamburgo, 916; cancelamento de shows dos Beatles, 718; chegada de Brian, 738, 739; compra o Cavern Club, 321; conselho aos Beatles, 697; dono do jornal *Mersey Beat*, 682; lanchonete, 626; memórias dos Beatles, 625-6; pagamento dos Beatles, 685, 917; política de agendamento, 638; política sem álcool, 626; questão do empresário dos Beatles, 702; relacionamento com Brian, 803, 855, 984; *Riverboat Shuffle*, 703; sessões dos Beatles no horário de almoço, 630

McGough, Roger, 1062-3, 1198nf

McGovern, Geraldine (Gerry): fim do noivado, 495; formação religiosa, 257, 291-2, 382; noivado com Richy, 291, 319; objeções à carreira de baterista de Richy, 399, 412, 436; relacionamento com Richy, 257

McGrellis, Micky, 158

McGuirk, Tommy, 531

McKenzie, Phyllis, 298, 330, 378-9, 962

"Mean Woman Blues" (Jerry Lee Lewis), 210; interpretada por Duff Lowe, 223

Meehan, Tony, 776, 797, 820-1, 823, 1171nf

Melly, George, 1031

Melody Maker: anúncio de guitarra, 451, 583nf; cartão-postal de John, 1184nf; circulação, 1046; compilação das paradas, 363, 1037; editor, 1142; entrevista com George Martin, 836, 1184nf; entrevista com John, 908, 936, 1196nf; entrevista com Ringo, 993; entrevistas com Paul, 1049, 1152nf, 1181nf; parada Top 50, 1075, 1088, 1105, 1131; parada Top Ten, 366; resenhas, 1034-5; sobre "My Bonnie", 798; sobre a aquisição da Capitol pela EMI, 350; sobre agendamento dos Beatles, 1077; sobre Eddie Cochran, 391; sobre o boom das guitarras, 156; sobre o circuito da música folk, 1042; sobre R&B, 928; sobre sátira com Paramor, 1106; sobre show em Peterborough, 1120; sobre The Shadows, 979

"Memphis, Tennessee" (Chuck Berry), 302; gravada pelos Beatles, 792-3, 795; repertório dos Beatles, 627, 694, 713, 763, 766, 792, 849; tocada por Paul, 302

Mersey Beat: anúncios, 983; Brian vê menções aos Beatles, 733-4, 737-8; coluna de Bob Wooler, 708-9, 716; coluna de Brian, 702, 710, 717, 744, 1023; dicas Top Ten, 854; enquete de popularidade, 742-3, 781, 797-8, 818, 830-1, 1117, 1162nf; enviado aos Beatles em Hamburgo, 902; escritórios, 692, 1151-2nf; escritos de John, 541nf, 564-5nf, 639-40, 710, 716, 964-5; fotos devolvidas a John, 811; investidores, 638, 682, 1151-2nf; Noite de Premiação, 1130, 1145; parada top 20 da Nems, 799, 854, 1037; primeiro número, 640n, 639-40; primórdios, 638-9; quarto número, 703; resenha de "Love Me Do", 1035; segundo número, 696; sexto número, 716; sobre a inauguração do Star-Club, 884-5; sobre a sessão de gravação dos Beatles, 1002-3; sobre a visita promocional dos Beatles, 1047-8; sobre as apresentações de Pete, 1025, 1129; sobre Little Richard, 1057; sobre LP dos Beatles, 1098-9, 1108, 1178nf; sobre o carro de George, 950; sobre a mudança de baterista dos Beatles, 987; sobre o contrato com a EMI, 905-6, 924, 937; sobre os Beatles no Cavern, 873-4; vendas, 682, 696

Mersey Beats, The, 853, 971-2, 974, 983, 1024, 1054

Miller, Jonathan, 684, 914

Miller, Mandy, 353

Milligan, Spike: composições de George Martin, 756; filme, 632; *Goon Show*, 86, 98, 353; gravações de George Martin, 892, 914, 967, 1101

Mills, Sra. (Gladys), 1052, 1142

Milne, Leonard, 267

Milward, Annie (avó de John), *ver* Stanley

"Mr Moonlight" (Dr Feelgood), cantada por John, 947

Moan, Owen, (bisavô de Paul), 41

Mohin, Dill (cunhada de Mary), 143

Mohin, Mary Theresa (Danher, avó de Paul), 41

Mohin, Owen "Ownie" (avô de Paul), 41

Molyneux, Bob, 186

"Money" (Barrett Strong), 433, 616, 794; cantada por John, 433, 691, 762, 796; gravada pelos Beatles, 792, 794-6, 986; repertório dos Beatles, 413, 433, 482, 762

Monro, Matt: contratado por George Martin, 373, 620; rejeitado pela Capitol, 1052; sucessos, 620, 683, 756, 894; trabalho de George Martin, 756, 894, 914

Montez, Chris, 1086, 1118, 1120

Mooney, Johnny, 290

"Moonglow" (antiga), 84; interpretada pelos Beatles, 460, 482, 518; interpretada pelos Quarry Men, 324

Moore, Dudley, 684, 1073

Moore, Scotty, 102, 167, 210, 275

Moore, Tommy: bateria, 457; deixa os Beatles, 441; entra nos Beatles na audição para Fury, 407, 409-10; ferimentos, 425; origens, 407, 417, 468; relacionamento com John, 426, 472; toca com os Beatles na turnê escocesa, 414, 417-9, 426, 429; toca com os Beatles, 438

Moran, Pat, 451-3, 457, 460-1

Morgue Skiffle Cellar (Porão-Necrotério do Skiffle), 230-2, 245, 284, 560nf, 712

Morris, Doug, 1205nf

Morris, Margaret (Diz), 378, 426, 456

Mortimer, Celia, 854, 1066-7, 1073-5, 1089, 1125, 1203nf

"Move It!" (Cliff Richard), 274-5, 671, 1051, 1151nf

"Movin' And Groovin'" (Duane Eddy), 443; gravada pelos Beatles, 443

Munro, Charles D., 697-8, 716, 773

Murphy, Brenda, 984

Murphy, John, 78

Murphy, Paul, 245, 562nf, 1180nf

Murray, Mitch (Lionel Stitcher), 969-70, 1003, 1007-8

Murray, Rod: amizade com Stuart, 201, 262-3, 376n, 426, 510; apartamento na Percy Street, 263, 377; apartamento no Gambier Terrace, 378, 379, 418, 456; despejo, 378, 456, 465, 468; drogas, 447; exposição de arte, 325-6; funeral de Stuart, 880; jogando sinuca, 315; lembranças sobre os Beatles, 418, 443-4, 576nf; lembranças sobre Stuart, 376n; obras

Índice remissivo

de arte, 242; projeto para fabricar um baixo, 325, 574nf; relacionamento com John, 379, 465; sobre Stuart e Astrid, 623

Musical Express, ver *New Musical Express*

"My Bonnie" (Sheridan & The Beat Brothers): apreciada por Mimi, 799, 1029; Brian leva à Decca e à EMI, 751, 772, 1164nf; Brian ouve, 741; Brian toca para os pais dele, 745; divulgada por Wooler, 1163nf; estoque na Nems, 745, 747, 799; investigação de Brian, 733, 737-9; lançamento da Decca nos EUA, 1164nf, 1178nf; odiada pelos Beatles, 675, 732; paradas alemãs, 799, 1168-9nf; primeiro cliente de Liverpool, 733, 1078; promoção do twist, 753, 1168nf; publicidade, 780; rejeitada pela EMI, 777; resenhas, 753, 798, 1178nf; sessão de gravação, 669, 671-2, 673; vendas, 747; vendas, 799, 871, 1029; versão alemã, 674, 732, 842; versão britânica, 768, 798, 832

My Bonnie (álbum), 913, 1178

"My Boomerang Won't Come Back" (Charlie Drake), 754, 818

Myles, Edward, *ver* Clayton (Eddie)

"Mystery Train" (Elvis Presley), 161, 167, 620, 537nf, 841; executada por Paul e Ian, 191

Neal, Chris, 932

Nelson, Ricky, 233, 274

Nems: anúncios, 366, 430, 709, 716, 737, 752, 1190nf; Beatles como clientes, 686-7, 692, 712, 733, 828, 1053; cabines de audição, 362, 433, 614, 686-7, 733, 825, 902, 945; carreira de Brian, 349, 357, 361, 366, 404, 430-2, 682, 733, 737-8, 801, 830, 1147; encontro dos Beatles com Brian, 747-8; história da empresa, 336-7, 361, 366, 368, 404, 430-1, 916; loja de música, 40, 337, 349; *Mersey Beat*, 682, 709, 716, 737; parada de discos,

23, 134, 205, 363, 799, 854, 1036; pessoal, 362, 369, 430-1, 682, 744, 802, 903, 909, 1162nf, 1188nf, 1203nf; pianos, 40, 68, 337, 1125; relacionamento com a Decca, 817; relacionamento com a EMI, 431-2, 751, 904-6, 1032, 1048, 1128, 1180nf; venda de ingressos, 400, 832, 956, 957; vendas de discos, 362, 432, 659, 733, 751, 1126, 1178nf; vendas dos Beatles, 696, 733, 737, 745, 747, 769, 1036, 1037, 1053, 1078

Nems Enterprises: acordo Lennon-McCartney, 1015, 1026; bandas contratadas, 954, 955; comissão, 954; contrato dos Beatles, 1026; dispensa de Pete, 973-5; editora musical, 1137; formação, 916; "How Do You Do It", 969; influência, 955; papel de Brian, 1147; pessoal, 916, 977, 1036, 1072, 1123, 1131; prêmios, 1130; primeira turnê, 971; promoções, 957, 1061, 1204nf; *Showdance*, 1054, 1074, 1197; van para os Beatles, 952

Nerk Twins: em Londres, 774; em Paris, 721-3, 771, 1027; gravação, 1141; rumo à Espanha, 719; "Some Other Guy", 947; tocando em Caversham, 402

Ness, Linda (Lindy): amizade com John, 873-4, 898, 948-9, 964, 990, 1089, 1188; antecedentes, 762-3, 963; deixa de ir ao Cavern, 1105; fã dos Beatles, 762-3, 765-7, 851; observa "Please Please Me" sendo composta, 939-40, 1108; show de boas-vindas, 939; sobre a morte de Stuart, 884n; testemunha aulas de direção de John, 1066

New Musical Express (*NME, Musical Express*): anúncio de "Heartbreak Hotel", 127; artigo sobre os Beatles, 1077; carreira de Alan Smith, 784, 1108; circulação, 1047; citações de George Martin, 371, 373, 733, 1110; coluna dos EUA, 928; enquete entre os leitores, 1117; *Life-lines*, 1019; "Love Me Do" no Top 30, 1076, 1085; parada de álbuns, 928; paradas, 107, 122, 134, 152,

156, 179, 419, 473, 621, 683, 849, 894, 966; resenha de "My Bonnie", 798; sobre "Time Beat", 892; sobre a Capitol e a EMI, 350, 364; sobre a gravação do LP dos Beatles, 1098-9, 1117; sobre Buddy Holly, 206; sobre gravações multicanais, 346; sobre Little Richard, 166, 292, 1057; sobre o agendamento dos Beatles, 1077; Top 30, 180, 198, 198n, 303, 359n, 937, 1033, 1034, 1048-8, 1076; visita promocional dos Beatles, 1047-8

New Orleans Joys, 104

New Record Mirror: 1047; circulação, 1046; entrevista com Little Richard, 1077; "Love Me Do" nas paradas, 1131; resenha sobre "Love Me Do", 1034; sobre os Beatles, 1094; visita de Paul, 1094-5; visões sobre a música pop, 1030

Newby, Chas, 309-10, 332, 513, 531, 605

Newell, Norman: contratações, 891; música pop na Parlophone, 636; questão dos Beatles, 752, 777, 835, 837; renomeado pela EMI, 358

Newley, Anthony, 431

"The Niagara Theme" (George Martin), 756, 892

"Nobody But You" (The Lafayettes), tocada pelos Beatles, 967

"Nobody's Child" (Hank Snow): cantada por Richy, 84, 104, 115, 673; gravada pela banda Traveling Wilburys, 1155nf; gravada pelos Beatles com Sheridan, 669, 673; gravada por Lonnie Donegan, 104

Northern Dance Orchestra (NDO), 848

"Nothin' Shakin'" (Eddie Fontaine), 275; gravação em Hamburgo, 1140

O'Brien, Chas (Ty Brian), *ver* Brian (Ty)

Observer, 179, 376n

Odd Spot bar-cafeteria, 869, 899

"Oh Boy!" (The Crickets), 20, 24, 210

Oh Boy! (ABC-TV), 274, 490

Olympics, The, 616, 688

O'Mahony, Sean, 1048

"One After 909": 393, 395, 443, 575nf, 662, 855, 1139

"One Track Mind" (Bobby Lewis), executada pelos Beatles, 734

"Only the Lonely" (Roy Orbison), 434, 530n, 940

"Open (Your Lovin' Arms)" (Buddy Knox): cantada por George, 828; seleção dos Beatles para gravação, 925, 1182nf

Orbison, Roy, 434, 530n, 828, 849, 940, 1109

Oriole Records, 860

O'Shea, Maureen: fã-clube dos Beatles, 705-7, 768; promoção do fã-clube, 729; relacionamento com Jim, 729; sobre os Beatles, 765; sobre os pais dos Beatles, 706-7; sobre tornar-se empresária dos Beatles, 729-30, 732, 736, 749

"Over the Rainbow" (Gene Vincent), 292, 920; repertório dos Beatles, 482, 633-4, 662, 694, 760

Paolozzi, Eduardo, 665, 715, 881

Paramor, Norrie: alvo de sátira por Frost/TW3, 893, 1106, 1110, 1202; assina com Cliff Richard, 274; composição, 372; de férias, 835; questão dos Beatles, 752; rejeição dos Beatles, 777, 837; sucessos, 892, 894, 968, 1179nf; trabalho de Frank Ifield, 966, 968; visão de George Martin sobre, 777, 1179nf

Parkes, Stanley (primo de John), 87, 98, 313, 705

Parkin, John (Johnny, avô de Richy), *ver* Starkey

Parkin, John (bisavô de Richy), 46

Parkin, Ma/Mamãe (bisavó de Richy), 46

Parlophone (gravadora): *Beyond the Fringe*, 684, 702, 1157nf; boatos de fechamento,

356, 358; canções do repertório dos Beatles, 734; carreira de George Martin, 142, 173, 342-3, 349-51, 353, 356, 359, 683, 890-1; carreira de Ron Richards, 371; cartões de brinde dos Beatles, 1044; composições de George Martin, 757; contratação de Matt Monro, 373; contratação de Mrs. Mills, 1052; contratação dos Southlanders, 354; contratação dos Vipers, 142, 359; contrato de gravação dos Beatles, 903-4, 915-6, 930, 937, 944, 1012, 1021, 1040, 1138; cópia promocional de "Please Please Me", 1117; divulgação de "Love Me Do", 1031-2, 1072, 1102-3; escolha de canções para, 907, 909, 925; escritórios, 432, 1096; execuções no *Twelve O'Clock Spin*, 1087; fracasso de Maguire, 968; "How Do You Do It", 969, 1005-6; lançamento de "Love Me Do", 1029-30; lançamento de Lindsay Ross, 424; lançamento do Temperance Seven, 621; novos compactos de 45 rpm, 302; origens, 343; originalidade, 891; sessão de gravação dos Beatles (11 de setembro de 1962), 1009-13; sessão de gravação dos Beatles (26 de novembro de 1962), 1107; sessão de gravação dos Beatles (4 de setembro de 1962), 1002-7; sessão de gravação dos Beatles (6 de junho de 1962), 929-37; singles, 1097; sucessos, 359, 365, 619, 683, 757, 890-1

Parnes, Larry: audição para banda de apoio de Billy Fury, 406-11, 579nf, 958; carreira de Tommy Steele, 356; casamento de Marty Wilde, 852; comissão empresarial, 701, 760; contrata Billy Fury, 274; descoberta de Vince Eager, 332; encontro com Brian, 404; estilo de gestão, 1027; estilo de vida, 372-3; hierarquia entre os artistas, 419; negociações dos Beatles com Brian, 1085; olheiros desdenham Rory Storm, 680; pagamento dos Beatles, 421, 426; relacionamento com Williams, 406, 414, 458; relatos sobre a apresentação dos Beatles, 420; temporada de verão em Blackpool, 458; turnê de Gene Vincent, 399, 400, 404, 405

Paul, Les, 346, 401, 443

Pauncefort, Graham, 659-60, 769

Pedersen, Ingrid (Victoria Elizabeth Lennon, meia-irmã de John), 55n

"Peggy Sue" (Buddy Holly), 20, 23, 209, 232; tocada pelos Quarry Men, 212

"Peggy Sue Got Married" (Buddy Holly), 302

Penniman, Richard, *ver* Little Richard

"Penny Lane": área, 48; nome, 539n, 624; ponto de ônibus, 130, 288, 603; rótula, 21, 35, 268, 1159nf

People, 456

People and Places (Granada TV), 373n, 717, 1018, 1069, 1071, 1076, 1132, 1198-1200nf

"Peppermint Twist" (Joey Dee and the Starliters), cantada por Pete, 826, 873

Perkins, Carl: "Blue Suede Shoes", 129, 134, 198; *Dance Album*, 390; estilo de rock, 205, 209; "Glad All Over", 209; gravação pelos Beatles na Decca, 793-4; gravação pelos Beatles, 443; herói para John e Paul, 20; Pete canta "Matchbox", 662; repertório do Les Stewart Quartet, 285; repertório dos Beatles, 481, 490, 628, 1079; repertório dos Blackjacks, 332; repertório dos Hurricanes, 383; repertório dos Quarry Men, 324; Ringo canta "Matchbox", 449; som da Sun, 157, 167, 199, 210, 232

Perry, Lee, 1113, 1121

Peter, Paul e Mary, 1041

Peters, Ray, 849-50

Philips Records, 406n, 419, 421n, 834, 860, 1019, 1177nf

Phillips, Harold (Lord Woodbine, Woody): amizade com Allan Williams, 241; nome, 242; clube de

1262   **Índice remissivo**

striptease, 385, 459-60, 653; Colony Club, 867; *steel band*, 241-2, 385; viagem a Amsterdã e Hamburgo, 385-6; viagem a Hamburgo com Beatles, 470, 475, 477

Philips, Harold (estudante inquilino), 69, 541nf

Phillips, Percy: estúdio de gravação, 245, 380, 462, 854; gravação de Billy Fury, 274; gravação de "One After 909", 393; gravação dos Quarry Men, 245-7

Phillips, Sam, 102, 157, 210, 232, 245

Pick of the Pops (BBC Light Programme), 303

Pickles, Thelma (mais tarde, Monaghan): relacionamento com John, 263, 264-5, 286; relacionamento com Paul, 990, 1066; sobre a morte de Buddy Holly, 282; sobre John e Cynthia, 568nf; vida, 1198nf

"A Picture of You" (Joe Brown), 941; repertório dos Beatles, 902, 941-2, 1139

Piel, Ellen, 661, 678

Pilbeam, Peter, 803, 824, 848-9, 941, 1113

"Pink Champagne", interpretada por Paul, 211

"Pinwheel Twist", 826, 855, 907, 1172nf

"Please Mr Postman" (The Marvelettes), repertório dos Beatles, 775, 849-50, 854, 1139

"Please Please Me": futuro, 1149; acordo com a Performing Rights Society (PRS), 1121; apoio da EMI, 1111-2; bateria de Ringo, 1004; composição de letra e música, 940-1, 1001, 1003, 1184nf; comunicado de imprensa, 1105, 1123, 1130; contrato de publicação, 1116; divulgação, 1117, 1135; editora, 1102-3, 1112-3; ensaiando, 1003, 1008; gravação na EMI (11 de setembro de 1962), 1009, 1011, 1097; *Juke Box Jury*, 1135-6; lançamento, 1114, 1122; não testada, 948; parecer de George Martin, 1004, 1100, 1110-2; nova sessão de gravação na EMI (26 de novembro de 1962), 1099, 1104, 1107-9, 1111; performance em Hamburgo, 1111;

plano para refazer com gaita de boca, 1097; planos para gravar álbum dos Beatles, 1128; possível desempenho nas paradas, 1113, 1135; reação da Capitol, 1142; reação dos EUA, 1144; retrabalhada, 1008, 1011, 1016; título, 1096, 1097; tocada na *Mersey Beat Awards Night* (Noite de Premiação), 1130

Please Please Me (álbum), 1012n

Pobjoy, Sr. (diretor), 164, 192, 200

Poole, Brian, 819, 848n, 969, 1171nf

Pop Inn (BBC Light Programme), 1122

Pop Weekly, 1048-9, 1131, 1196nf

Powell, Cynthia (Cyn): antecedentes familiares, 298, 812; caráter e aparência, 297, 311-12, 378-79; cartas de John, 492, 586; casamento, 987-8; é reprovada no exame da faculdade de artes, 962; escreve a Astrid, 898; funeral de Stuart, 880; gravidez, 961-2, 989-90, 1064; hospeda-se em Mendips, 705; John em Hamburgo, 885, 888; lembranças sobre composição, 393; lembranças sobre George, 317; lembranças sobre Paul, 315; muda-se para Mendips, 1065-66; na casa de Dykins, 564; no Casbah, 306, 628; no Cavern, 693, 851, 852; no Liverpool College of Art, 201, 297-98, 416; no show de Vincent/Cochran, 392; noites na Gambier Terrace, 378-79, 439, 453; noivado, 312, 568; obrigada a sair, 718; planos de casamento, 962; quitinete, 888, 922, 949; relacionamento com John, 297-98, 311-13, 330, 378-79, 381, 390, 444, 527, 638, 736, 888, 922, 949, 991, 568; relacionamento com Mimi, 1065; sobre a audição de Fury, 407, 410; sobre a influência de John em Stuart, 325; sobre o som dos Beatles, 411-2; sobre os planos de carreira de John, 454; sobre Pete, 666; vai morar com a tia dela, 719, 1160; viagem de John a Hamburgo, 465, 467; vida de casada no apartamento de Brian, 989, 1014, 1065; visita a Hamburgo, 638, 664-6, 668

Índice remissivo 1263

Powell, Lillian, 298n, 312-3, 378, 467, 664, 705, 962-3

Powell, Tony e Marjorie, 988

Power, Duffy, 406, 411, 424

Presley, Elvis: aparência, 102, 122, 127, 433; apresentação de Paul, 187, 197, 309, 606; Beatles "maiores que", 741, 760-61, 812, 818, 832, 916, 1029, 1101, 1119, 1171nf; canções interpretadas pelos Quarry Men, 149, 164, 182, 186-7, 203-4, 309, 324; canções interpretadas por Les Stewart Quartet, 284; canções no repertório dos Beatles, 421, 481-2, 531, 534, 606, 645, 712, 734, 827; canções tocadas por John e Paul, 28; carreira pós-exército, 619-20, 827; contrato, 102; efeito de eco, 28, 102, 157; *Elvis's Golden Records*, 275, 481; estreia na TV nacional, 122; estúdio de gravação, 102, 198, 245; filmes, 208, 234, 261, 265, 393, 619-20, 640, 827; fora do exército, 433; "Heartbreak Hotel", 122, 126, 137; "Hound Dog", 173-4, 209; influência, 20, 127-8, 135, 137, 139, 145, 161, 167, 173, 191, 195, 197, 234-5, 237; John cantando, 149, 185; na Radio Luxembourg, 126; no exército dos EUA, 234; primeira canção no número 1 dos EUA: 126; primeira sessão de gravação, 102; primeiro lançamento ("That's All Right Mama"), 102, 104; *Rock'n'Roll*, 259, 481; Top 30 da NME, 180; guitarra, 209

Preston, Billy, 1056-7, 1082-3, 1091

Preuss, Oscar, 343-5, 349, 356, 360, 371

Price, Margaret, 906, 1090, 1138

Prytherch, Sheila, 112

"PS I Love You": composição, 908-9; contrato de publicação, 1013, 1030; direitos autorais, 1121-2; ensaiando, 925, 1003, 1009; gravação em Hamburgo, 1139; gravação na EMI (junho de 1962), 929, 931-2, 934, 1024n; gravação na EMI (setembro de 1962), 1009-12, 1012, 1030; gravação na rádio BBC, 1117; LP dos Beatles, 1128; performance na TV, 1124-5; repertório dos Beatles, 948, 1016, 1053, 1079; resenhas, 1034-5; visão de George Martin sobre, 1004, 1099

"Putting on the Style" (Lonnie Donegan), 179; interpretada pelos Quarry Men, 182, 186

Pye Records, 828, 860-1, 1019, 1145, 1180nf

Quarry Bank High School for Boys: boletins de John, 111, 135; canção da escola, 88-9, 148; Dia do Discurso, 164; fotografia escolar, 171; John na, 88-9, 92, 99, 101, 105, 261; John passa no exame, 87; John sai, 194, 200; lema, 88; nome Quarry Men, 148-9, 148n, 308, 308n; opções de carreira de John, 151, 177, 192; os Quarry Men se apresentam na, 163; professores, 88, 99, 177, 467; qualificações de nível básico de John, 118, 139, 151, 177, 192, 199; revista escolar, 30; uniforme, 200

Quarry Men, The (Quarrymen): agendamentos, 163-4, 174-6, 180-5, 194, 207, 211, 229, 231, 244, 361; canções, 24, 185, 203-4, 359; chegada de George, 218-19, 222, 230, 379-80, 560; dinâmica de grupo, 222; dispensa de Eric, 226-7; ensaios, 148-9, 156-7, 190, 207; estreia no Cavern, 154-5; formação, 17, 147-8, 451; fotos, 182-3, 203, 226, 244, 559; gestão, 154-5, 202-3, 211-2, 227-8, 245, 418, 749; membros, 148-9, 158, 182-3, 194-5, 203-4, 227, 244, 309, 559; no Casbah, 308-9, 319, 323-5, 332, 377, 394, 402, 464, 531; no Liverpool Empire, 175-6, 271; nome, 148, 308-9; Paul entra no grupo, 187; primeira apresentação de Paul com, 202, 933; primeira gravação de, 186; primeira vez que Paul assiste a um show deles, 181; recrutando baterista e baixista, 324; revival, 308-9; roupas de palco, 203, 243-4; sessão de gravação, 245-7, 272; show de talentos, 1182;

1264 **Índice remissivo**

skiffle, 147, 149, 156, 205, 229; Stu Sutcliffe entra no grupo, 374-5, 379-81, 466

Quickly, Tommy (Thomas Quigley), 1061

Race, Steve, 346

Radio Luxembourg: Beach Boys, 1040; "Love Me Do", 1032-3, 1053, 1072, 1131, 1193; "My Bonnie" não tocada, 798; participações dos Beatles, 1044, 1075, 1123; programas de Dick James, 354, 1113; programas patrocinados, 552nf; radiouvintes britânicos, 107, 126, 138, 1032, 552nf; tempo de execução da Decca, 167, 182

Rainbows, The, 270, 308

"Raining In My Heart" (Buddy Holly); repertório dos Beatles, 767, 855

"Ramrod" (Duane Eddy), 443; gravada pelos Beatles, 443; interpretado por Beatles, 460

Rattles, The, 911

"Raunchy" (Justis/Manker), 210; tocada por George, 210, 218-9, 559nf

"Rave On" (The Crickets), 233, 271

Ravin' Texans, *ver* Texan Skiffle Group

Ray, Johnnie, 97, 126, 235, 257

RCA Victor, 122, 126, 1144n

Rebels, The, 170

Record and Show Mirror, 448, 454, 579nf

Record Mail, 1033, 1100

Record Mirror, 23, 134, 147n, 363

Record Retailer: anúncio da chegada dos Beatles, 1033, 1040, 1048; compilação das paradas, 1036-7; lançamento, 579nf; paradas de álbum de partituras, 756; paradas, 419, 756, 928, 968; reportagem sobre a viagem a Hamburgo, 658; resenha de "Love Me Do", 1034-5; sobre aumentos de vendas, 683; sobre Dick James, 756; sobre "My Bonnie",

798; sobre número de singles, 1020; sobre os Beach Boys, 1041; Top 50, 1036, 1075, 1088, 1105, 1125, 1131, 1135, 579nf

"Red Hot" (Ronnie Hawkins); gravação em Hamburgo, 1140; repertório dos Beatles, 712

"Red Sails in the Sunset" (canção tradicional): cantada por Alf, 37, 303; gravação em Hamburgo, 1140; gravada por Ray Sharpe, 303; repertório dos Beatles, 440, 452, 531, 731

Reed, Jimmy, 673, 858, 1039

Reed, Stan, 261, 548nf

"Reminiscing" (Buddy Holly), repertório dos Beatles, 1018, 1034

Remo Quartet (Remo Four), 289, 579nf, 631n, 742, 780, 831, 862

Rennie, Roland, 1112, 1143-5, 1196

Reveille, 162, 164

Rhind, Geoff, 182-3, 186

Rhone, Dorothy (Dot): aborto espontâneo, 401-2, 467; aparência e caráter, 328, 381; cartas a Paul, 491-2; conhece John e Paul, 328; Cyn fica com, 1065; em Hamburgo, 664-5, 888; gravidez, 381-2, 388, 1064-5; no Cavern, 694, 768, 852; noivado com Paul, 527, 628; planos de visita a Hamburgo, 638; relacionamento com Paul, 328, 332, 381-2, 390, 400, 444, 467, 718, 922, 949-50; termina com Paul, 963; vai morar com Cyn, 888, 922, 949-50

Rhone, Jessie, 381

Rialto Ballroom, 188-9, 950, 1023, 1054

Richard, Cliff (Harry Webb): acordo de gravação com a EMI, 904; amizade com Ellis, 445; atitude dos Beatles em relação a, 619, 790, 811, 814, 824, 1151n; bandas de apoio, 473, 1195nf; Beatles tocam "Dream", 825; comparação com os Beatles, 633, 696, 708; contratado por Paramor, 274; fazendo reverência no palco, 811; fãs, 818, 1001; influência, 533, 606, 929, 1038; rejeitado

Índice remissivo 1265

pela Capitol, 1052; sobre namoradas, 1047; sucesso nas paradas, 937, 1098; sucesso, 274, 824, 1035

Richards, David, 451, 460, 480, 489

Richards, Keith, 858, 928, 1195nf

Richards, Ron: assistente de George Martin, 371; discute sobre os Beatles com George, 930-1, 936; encontra canção para os Beatles, 938, 970; escritório, 432; lida com "pop", 891; origens, 371; posição nas gravações dos Beatles, 903; sessão de gravação dos Beatles (junho de 1962), 932, 934; sessões dos Beatles (setembro de 1962), 1002-5, 1009-12, 1097; sobre o caso de George com Judy, 896; visão sobre Pete Best, 934; visão sobre Ringo, 1009

Ridley, Walter (Wally), 356, 752, 777, 837, 860n, 1180nf

"Right, Said Fred" (Bernard Cribbins), 968

Rimmer, Freddie, 69

"Rip It Up" (Little Richard), 144-5, 1056

Ritson, Keith "Ritter", 197

Riversdale Technical College, 202, 257-8, 318

Roadrunners, The, 1063-4, 1159-60nf

Robbins, Amy, 554nf

Robbins, Bett (Danher, prima de Paul), 106, 195, 305, 400, 634, 1156nf

Robbins, Edward (Ted), 195, 554nf

Robbins, Kate, 554nf

Robbins, Marty, 173

Robbins, Mike: Paul conta com sua ajuda, 248, 259, 305; pub em Caversham, 400-1; pub em Ryde, 1156nf; trabalho na rede Butlin's, 106, 195-6, 305, 555-6

Robinson, Eileen, 693

Robinson, William "Smokey", 617, 855, 907, 941, 1109

"Rock and Roll Music" (Chuck Berry), 209; bateria de Ringo, 867; repertório dos Beatles, 713

"Rock Around the Clock" (Bill Haley and His Comets), 103, 108, 109, 115, 116, 122, 152-3

Rock Around the Clock (no Brasil, Ao balanço das horas, filme de 1956), 139-40, 140n, 141, 156, 167

"Rock Island Line" (Lonnie Donegan Skiffle Group), 104, 122-4, 147n, 156, 158, 179; executada pelos Quarry Men, 182

Rodgers, Jimmie, 72, 116

Roe, Tommy, 1017, 1086, 1118, 1120

Roland, Cheniston, 404-5, 409

"Roll Over Beethoven" (Chuck Berry), 239; repertório dos Beatles, 713

Rolling Stones, The, 1038-40

Rory Storm and the Hurricanes: abordado para tocar em Hamburgo, 462; agendamento de shows na Tower, 920; agendamento em quartéis do Exército dos EUA, 865, 869; agendamento no Butlin's (1960), 384, 408, 412, 435-6, 448-9, 463; agendamento no Butlin's (1961), 631, 641, 679-80, 711; agendamento no Butlin's (1962), 845, 865, 920, 959; alojamento em Hamburgo, 497; artigo no Mersey Beat, 710; associa-se ao Sindicato dos Músicos, 436; bateristas "substitutos", 845; contrato de Hamburgo, 497-8; declínio, 783, 831; destroem o palco, 517; em Casbah, 332; em Chez Jazrok, 332; em Knotty Ash, 1174nf; enquete do Mersey Beat, 831, 1117, 1145; férias em Londres, 495; melhor banda de Liverpool, 382, 383; na França, 869, 917, 918-9, 999; no Cavern, 382, 414; no Stadium, 399, 404; no Tower Ballroom, 742; nome, 383, 397; pagamento, 867; perspectivas futuras, 681; plateias, 984-5; relacionamento com os Beatles,

517-8, 712; repertório, 615, 712; retorno de Hamburgo, 612, 624, 663; Ringo sai, 782-3; Ringo sai novamente, 960, 977; Ringo tocando com, 404, 436, 978; Ringo volta, 866; sessão de Leach com doze bandas, 631n; tocando "Boys", 619; tocando em Hamburgo, 495, 499, 504, 506; tocando no show de Jerry Lee Lewis, 917, 919-20; trajes de palco, 497, 506-7, 631, 680, 814, 869, 918

Rory Storm and the Wild Ones, 631

Rose, Bettina, 1131

Roughley, Jimmy, 290

Rowe, Dick: carta de Brian a, 821; frase de efeito, 473, 823; lembranças sobre os Beatles, 1170nf; pessoal da Decca, 776; reação aos Beatles, 817-21; recusa Marty Wilde, 274; viagem aos EUA, 797-8, 822

Royal Iris, MV, 703-4, 951

Royal Liverpool Children's Hospital (hospital infantil), 66, 101, 109

Runciman, Derek, 1049-50

St Tudno (barco), 132

"The Saints" (hino gospel): tocada por Paul, 113, 146, 290, 1126; gravação dos Beatles, 669, 672, 732, 754, 1126, 1178nf

Samwell, Ian "Sammy", 1050-1, 1196

Sanders, Susan, 765

Sanders, Tony, 605

Saturday Club (BBC Light Programme): Brian Poole and the Tremeloes, 819; conquista de Dick James, 1116, 1122; conquistas dos Beatles sem aparecer no programa, 135; "Love Me Do", 1073, 1102, 1199nf; Paul escuta o programa, 303

Saturday Skiffle Club (BBC Light Programme), 172, 303n

Savage, Mike, 791, 796-7, 1172nf

"Save The Last Dance For Me" (The Drifters), cantada por John, 616

"Saw Her Standing There": composição, 1073, 1074-5; gravação em Hamburgo, 1139-40

"Say Mama", (Gene Vincent), 292, 920; repertório dos Beatles, 902

Scene (revista), 860, 1039

Schacht, Alfred, 658-9, 675, 768

"Searchin'" (The Coasters), 198-9, 292; gravada pelos Beatles, 792, 794, 795; tocada pelos Beatles, 687, 763

Seeger, Pete, 136, 243

Seligson, Sonia, 369

Sellers, Peter: *Goon Show*, 86, 353, 578nf, 765; produzido por George Martin, 353, 365, 372, 621, 625, 914, 1101; *Running Jumping & Standing Still Film*, 632; *Songs for Swingin' Sellers*, 372, 894; *The Best of Sellers*, 366

Sellman, Frank, 667

"September in the Rain" (Dinah Washington): gravado pelos Beatles, 792, 794; repertório dos Beatles, 775

Serviço militar (National Service), 134, 171, 172, 240, 276, 340, 456, 489

Serviço militar (Elvis), 235, 274, 433

Shadows, The: "Apache", 473, 482; "Man of Mystery", 518, 530n; Bert Weedon e, 454; câmara de eco, 606, 708; Cliff Richard and, 446, 473, 533, 619, 811, 814, 929; contrato de gravação, 904; Jet Harris sai, 979; parodiados pelos Beatles, 518, 662, 705; passos de dança, 405, 482; primeiro compacto, 1036; rejeitados pela Capitol, 1052; sucesso, 817, 937, 1034, 1058; Tony Meehan sai, 776, 820, 821

"Shake, Rattle And Roll" (Bill Haley and His Comets), 107

Shankar, Ravi, 373n

Shapiro, Helen, 735, 904, 1052, 1086, 1128

"Sharing You" (Bobby Vee), 946; cantada por George, 946

Shaw, Mary (mãe de Mona Best), 327, 403, 922, 945

Sheeley, Sharon, 399

"The Sheik of Araby" (Joe Brown), 1157; cantada por George, 688; gravação dos Beatles, 792-5

"Sheila" (Tommy Roe), repertório dos Beatles, 1017, 1086

Sheridan, Ann, 686

Sheridan, Tony: aparência, 490, 677; caráter, 437; carreira, 490, 670, 724; chegada em Hamburgo, 437; composição, 659; contratado por gravadora, 658-9; contrato de gravação, 890; contrato no Top Ten, 843; disco com os Beatles, 732, 745, 753, 769, 798, 834, 842, 1178nf; envolvimento em lutas, 662-3, 843; guitarras, 503, 645, 662, 674; idade, 647; influência na cena de Hamburgo, 490; influência sobre os Beatles, 677; namorada Rosi, 644, 650-1, 662-3, 842; no Top Ten Club, 512, 521, 522, 526, 644, 645, 681; oferece trabalho a Ringo no Star-Club, 854; opinião sobre os Beatles, 510-11, 662; origens, 437; parecer sobre Ringo, 843; Paul toca bateria com, 1181nf; recruta Ringo para a banda residente do Top Ten, 782, 806, 842; relacionamento com os Beatles, 490, 512, 521; sessão de gravação com os Beatles, 669-73; sobre a bateria de Pete, 651-2; sobre gângsteres, 646; sobre John e Bettina, 901; tocando com Gerry and the Pacemakers, 681, 730; tocando com os Beatles, 523, 526, 644, 645, 653, 662; tocando no Star-Club, 864, 1082, 1133; tomando Preludin, 648; últimas gravações com os Beatles, 912-3

Shirelles, The: canção cantada por Cilla, 681; canções no repertório dos Beatles, 687, 827, 866, 902, 680; desconhecidas na Alemanha,

912; George Martin sobre, 1110; influência nas composições de John e Paul, 908, 1016; origens, 617; selo Top Rank, 687; som, 617, 619; trabalho de Luther Dixon, 618, 827, 902

"Short Fat Fannie" (Larry Williams), 198; cantada por John, 204

"A Shot of Rhythm and Blues" (Arthur Alexander), 857; repertório dos Beatles, 856, 1139

Shotton, Pete: amizade com John, 66, 88, 97, 127, 138, 152, 187, 194, 212; carreira policial, 194; fotos dos Quarry Men, 171, 183; lembranças sobre Julia, 117, 119; Paul entra nos Quarry Men, 187; Quarry Bank School, 88, 105, 111, 261; Quarry Men, 147-9, 155, 185, 380; sai dos Quarry Men, 194, 205, 212

Silver, Emanuel Charles, 757

Silverman, Livermore & Co, 697, 698, 778, 944

Simons, Judith, 1031

Sinatra, Frank: *Come Fly With Me*, 364; comparação com Elvis, 161; composição de Paul, 131; fãs, 818; imitadores, 373; influência musical em John, 111, 126; participação na tevê com Elvis, 433; Paul cantando, 112; *The Man With the Golden Arm (O homem com o braço de ouro, filme de 1955)*, 130

Sindicato dos Músicos: acordo sobre "Needletime", 108, 849, 1032; assinatura, 436; cachês, 1018; inscrição de Richy, 436; organização fechada, 345, 1108; Poole and the Tremeloes, 819

Six-Five Special (BBC-tv), 155-6, 168, 209-10, 274, 290, 991

Skinner, John, 929

Skinner, Ray, 284, 305

"Slippin' and Slidin'" (Little Richard), 20, 127, 144

Smith, A. J. (Alf, "Cissy"), 87n, 168, 1265nf

Smith, Alan: artigo da *NME* sobre os Beatles, 1077; carreira, 784; entrevista com Little

Richard, 1057; entrevistas com George Martin, 1099, 1100, 1108, 1110; fã dos Beatles, 768; na sessão de gravação dos Beatles, 1108, 1110-1; na transmissão dos Beatles, 1117; no Cavern, 690; visita promocional dos Beatles, 1047-8

Smith, Bill, 147, 148, 149

Smith, David John ("Cartinha"), 1071-2, 1086, 1105

Smith, George (tio George): aparência, 65, 110; casamento, 49; casas, 49, 50, 53, 55, 63; emprego, 49, 63; infância de John, 59-60, 64-5, 72, 705; morte, 28, 109-10, 254, 878; roupas para John, 193, 200; trabalho do irmão, 87, 575nf

Smith, Keith, 759, 771-2, 1165nf

Smith, Mike: assiste aos Beatles no Cavern, 776, 784, 791; cargo na Decca, 776; 860n, 969; fita dos Beatles, 822; teste na Decca, 776, 791, 792, 797, 817-8, 1168nf, 1172nf

Smith, Mimi (Stanley, tia Mimi): aparência, 63-4; apoio à Strawberry Field, 75; artigo sobre, 545; atitude em relação à arte, 326; atitude em relação a Brian, 771, 838; atitude em relação a comprar instrumento para John, 294, 299, 300, 307-8, 492; atitude em relação a Cyn, 313, 705, 718; atitude em relação a tocar violão, 28, 161-2, 264, 307-8, 637; atitude em relação aos ensaios dos Quarry Men, 156-7, 190; atitude em relação às roupas de John, 183, 200; caráter, 28, 63-4; cartão-postal de Hamburgo, 491; casa na Menlove Avenue, 55, 60-1, 65; casamento com George, 49; casamento da irmã Julia, 38, 49; casamento de John, 963, 987, 988; classe social, 31, 63, 80; conselhos a John, 26; doença, 111, 462; educação de John, 61, 73, 87, 98, 111, 192, 199-200; emprego, 542nf; encontro com fãs dos Beatles, 874; estudantes inquilinos, 28, 156-7, 213, 255; finanças, 63, 69, 193, 242; idas a pantomimas, 72, 705; idas ao

cinema, 72; John e Cyn se mudam, 1066; John na faculdade de artes, 192, 297, 415, 454; John se muda para Gambier Terrace, 378; John se muda para o apartamento de Brian, 989; morte da irmã Julia, 250-1, 255; morte do marido George, 28, 109-10, 255; nascimento de John, 50; nascimento, 36; histórico familiar, 36; passaporte de John, 465, 466, 637; preocupação com John, 55, 57; rádio para John, 86; reação a "Love Me Do", 1029; reação a "My Bonnie", 799, 1029; relacionamento com John, 27-8, 63-4, 72, 98, 117-8, 213, 254, 378, 811; relacionamento com o pai de John, Alf, 79; retorno de John de Hamburgo, 526; situação familiar da irmã Julia, 53; toma conta de John, 60, 61, 62, 255; visão sobre Elvis, 136; visão sobre o futuro de John, 454, 462, 465, 468, 603; visita ao Cavern, 705

Smith, Norman: sessão de gravação (6 de junho de 1962), 932, 934, 936; sessão de gravação (4 de setembro de 1962), 1005, 1011; sessão de gravação (26 de novembro de 1962), 1108, 1110; sobre apresentação dos Beatles, 929-30; sobre contratação dos Beatles, 896

Smith, Reg, ver Wilde (Marty)

Smith, Walter, 814-5, 847

"So How Come" (Everly Brothers), cantada por George, 688

"Soldier Boy" (The Shirelles), 908, 1181nf; repertório dos Beatles, 902

"Soldier of Love" (Arthur Alexander), 947; repertório dos Beatles, 947, 1003, 1139, 1184nf

"Some Days", 443

"Some Other Guy" (Richie Barrett): filmada, 986-7; repertório dos Beatles, 947, 984, 1003, 1017, 1139; tocada na TV, 1070

Sonin, Ray, 1142, 1204nf

Índice remissivo

Som (equipamentos de): alto-falante de baixo "caixão", 713-4, 931, 955; alto-falante Tannoy, 931; amplificador Elpico, 226, 237, 245, 258, 272, 307, 377, 400, 418, 440, 466, 527, 678; amplificador Fender Deluxe, 503; amplificador Leak, 1108; amplificador Selmer Truvoice, 442, 443, 466, 678, 713, 931; amplificador Watkins Westminster, 466, 714; amplificadores Vox, 952, 958, 1011, 1108, 1185nf; estúdios da EMI, 930-1, 1108; estúdios da Decca, 791, 819

Sounds Incorporated, 1056-7, 1082, 1084, 1090, 1197nf, 1200nf

Sowry, Virgínia, 639, 696, 965

Specialty Records, 198, 232-3

Spector, Phil, 275, 295, 482, 616, 618, 1151nf

Spence, Shirley, 432

"Stand By Me" (Ben E. King), cantada por John, 687-8, 1150nf, 1157nf

Standing, Ray, 370

Stanley, Anne (tia de John), 49, 50, 75

Stanley, Annie (Milward, avó de John), 36, 48-9

Stanley, Eliza (bisavó de John), 35

Stanley, Elizabeth "Mater" (tia de John), *ver* Sutherland

Stanley, George ("Pop", avô de John), 35, 36, 74, 673, 1022

Stanley, Harriet, *ver* Birch

Stanley, Julia (mãe de John), *ver* Lennon

Stanley, Mary Elizabeth, *ver* Smith (tia Mimi)

Stanley, William (bisavô de John), 35

Star-Club: agendamento dos Beatles, 954, 1059-60, 1077, 1080, 1090, 1148; Astrid no, 897, 1092; banda residente, 885, 1133; garçonetes, 900-1, 1092; Gene Vincent no, 920; Gerry and the Pacemakers no, 889, 909; inauguração, 864, 886, 887; King-Size Taylor and the Dominoes, 960; Little Richard no,

920, 956, 1082; origens, 846; pagamento dos Beatles, 886; performances de John, 884-5, 911, 1134; público, 922; sexo, 900, 1092; Sounds Incorporated, 1090; sucesso, 887; temporada dos Beatles, 883, 884-5, 911

Star Search, 175, 271, 319; *ver também* Carroll, Levis

Starkey, Annie (Bower, avó): casamento, 46; crianças, 46; "cura" o canhoto Richy e o deixa destro, 57, 157-8; dá anel a Richy, 319; leva Richy à Ilha de Man, 140n; morte, 844, 864; musicalidade, 84-5; nascimento, 46; "rainha do vodu", 57, 844; relacionamento com a nora e o neto Richy, 53; toma conta do neto Richy, 57, 66, 844

Starkey, Elsie (Gleave, mãe, depois Graves): amizade com Annie Maguire, 70, 159; arrumando o cabelo, 681; carreira do filho, 412, 434, 436, 866, 977, 1150nf; casamento, 47; casas, 48, 58; divórcio e novo casamento, 100, 150; doenças do filho, 66, 70, 100-1; educação do filho, 57-8, 70; emprego do filho, 115; emprego, 53, 58, 66, 139; encontra-se com Maureen, 993; kit de bateria para o filho, 257; nascimento do filho Richy, 49; nome do filho, 328-9, 995; origens familiares, 46-7; presentes de aniversário ao filho, 134, 291, 679; primeiro encontro com Richy, 46; relacionamento com Harry Graves, 83; relacionamento com o filho, 58, 70, 82, 83-4, 100; religião do filho, 382; separa-se do marido, 53, 83; viagem a Romford, 114

Starkey, Johnny (Parkin, avô): aliança de casamento, 319, 679; casa, 48; casamento, 46; crianças, 46; dinheiro para bateria de Richy, 257; emprego, 1022; funeral, 319, 844; leva Richy à Ilha de Man, 139-40; morte, 318; musicalidade, 84; nome, 45-6; relação com nora, 53; relacionamento com o neto Richy, 46, 53, 57, 70, 257

Starkey, Richard "Richy" (Ringo Starr): *Rock Around the Clock*, 139; abandona o estágio, 435; acidente de carro, 869, 919; admiração pelos Beatles, 612; agendamento de shows na rede Butlin's, 384, 399, 412, 434-5, 448-9; agendamento em quartéis dos EUA, 865; aniversário de 21 anos, 679, 680-1; autógrafo, 449; banda do Top Ten Club em Hamburgo, 782-3, 842; carro consertado, 919; coleção de discos, 696n; correspondência, 1089; dançar e sair à noite, 188, 193, 202; deixa os Hurricanes, 782-3; desemprego, 845; Eddie Clayton Skiffle Group, 158-60, 171, 188, 193; educação musical, 71, 84; educação, 57-8, 67, 70, 82, 99, 114-5, 996; em Hamburgo, 842-3; emprego, 115, 124, 132-3, 137, 138, 150, 256; encontro com John e Paul, 958; encontro com Little Richard, 1057; entra de novo nos Hurricanes, 866; entra nos Beatles, 972-3, 977; entrevista no jornal, 494; estágio na Hunt's, 138, 202, 384, 435; faz um pega com George em plena rodovia, 868-9; férias em família, 140n; férias em Londres, 495; forma próprio grupo, 290; fumante de cigarros, 194; gangue de Teddy Boys, 125-6; infância, 53, 55, 57, 82-3; influência de Elvis, 127, 234; influência de Little Richard, 129; morte do avô, 318-9; na França, 869, 918; nascimento, 49; novo casamento da mãe, 100, 150; oferta de Hamburgo, 864; opções de carreira, 680; histórico familiar, 45-50; pensa em tornar-se cabeleireiro, 612, 845; planeja entrar no Dominoes, 960, 972; planos de emigração aos EUA, 865, 1159nf; primeira apresentação como Beatle, 977-8; primeiro carro, 329, 495; questão do serviço militar, 89, 99, 120, 134, 171-2; reações da plateia a, 984-5; retorno de Hamburgo, 842; Riversdale Technical College, 202, 257-8, 318; segundo carro, 495, 680, 845; sessão de gravação da EMI (novembro de 1962), 1107-9; shows de Gene Vincent, 399, 404-5; sonhos de estrelato, 234; temporada no Butlin's, 679-80, 958-60; toca com os Beatles, 781-2, 866-7; tocando com Darktown, 290-1, 317, 319; tocando com Hurricanes, 317, 404-5, 435-6; tocando com Texans, 290-1, 317; viagem a Hamburgo, 495; visão dos Beatles sobre, 499, 518-9; visão sobre estilo de Pete na bateria, 511; visitas à imprensa londrina, 1043-5

APARÊNCIA: anéis, 134, 291, 319, 329, 450, 495, 1022; autógrafo, 449-50, 997-8; barba, 959, 972, 978; canhoto, 57, 157-7, 843-4; costeletas, 959, 972; expressão, 256, 525, 997; filmado no Cavern, 986-7; mecha grisalha no cabelo, 291, 450, 499, 997, 1002; nariz, 256, 997, 1002; óculos escuros no palco, 398-9, 404; penteado, 404, 1002; roupas, 138, 236, 290, 404; tamanho, 114, 171, 256

BATERIA: aulas de bateria, 157; canhoto, 157, 844; compra do kit de bateria Premier, 495; estilo como baterista, 449, 844, 845; gravação em Hamburgo, 1138-41; habilidade como baterista admirada pelos Beatles, 613, 867; interesse em tocar bateria, 100-1, 109, 115; oportunidades como baterista, 864-5; papel como baterista nos Beatles, 1017, 1139; primeira bateria nova, 257; primeiro kit de bateria, 150, 158-9, 236; primeiro tambor, 115; reputação, 290, 449, 844, 914; sessão de gravação na EMI (novembro de 1962), 1107-9; *Starrtime!*, 449, 499, 619, 662, 711; substituído pelo baterista de estúdio, 1009; tocando bateria na sessão de gravação na EMI, 1004; transporte do kit de bateria, 318, 329

BEBIDAS ALCOÓLICAS: como garçom de bar, 132-3; em Hamburgo, 518; menor de idade, 139, 256; no Butlin's, 450, 518; uísque com coca-cola, 450, 650

CARÁTER: disposto a assumir riscos, 993; franco e sincero, 138; ousado e aberto, 993-4; satisfeito, 256; variação no humor, 711; visões religiosas, 382

COMPOSIÇÃO: "Don't Pass Me By", 997

NOME: Richy ou Ringo, 995; Ringo Starr, 328; "Rings", 319, 328

RELACIONAMENTOS: amizade com George, 995, 999; amizade com Roy Trafford, 138-9, 158, 193, 256, 257, 994-5; com avós, 57, 70, 157-8, 257, 318-9, 844; com Brian, 998-9; com George Martin, 1009; com John, 996; com Maureen, 992, 1066; com os Beatles, 781-2; fim do noivado, 495; noivado com Geraldine, 291, 319, 384, 399, 436; primeira namorada fixa, 257; sexo, 109, 174, 450

SAÚDE: doença (peritonite), 66-7, 70; doença (pleurisia, tuberculose, nefrite), 101, 109, 114, 116; estabilizando, 150; estômago delicado, 997, 1064; fragilizada, 124, 138, 998

VOCALISTA: no coro da igreja, 115; *Starrtime!*, 449, 499, 619, 662, 711; tom de voz, 449

Starkey, Richard Henry Parkin (Richy, pai): casamento, 47; divórcio e novo casamento, 100; encontro com o filho, 844; mudança de Liverpool, 58; nascimento do filho Richy, 49; nascimento, 46; primeiro encontro com Elsie, 46; separação da esposa, 53; vida na época da guerra, 48

Starr, Ringo, *ver* Starkey (Richy)

"Stay" (Maurice Williams), tocada pelos Beatles, 615

Steele, Tommy (Hicks), 142, 192, 355-6, 365,

Steen, Linda (Lou): assiste a John e Paul compondo "Please Please Me", 939-40, 1108; bolo para o retorno dos Beatles, 939; cartas a Paul, 873; cartas de Paul de Hamburgo, 889; chá com John e Mimi, 874; fotos, 873; ganhando carona dos Beatles, 851; no Casbah, 875; no Cavern, 964, 1105; sobre os Beatles no Cavern, 763, 765-7

Stevenson, W. L., 314

Stewart, Les, 283-5, 289n, 305, 310

Stigwood, Robert, 1048-9

Storm, Al, *ver* Caldwell (Alan)

Storm, Rory, *ver* Caldwell, Alan

Strawberry Field (lar infantil), 75, 136, 541-2nf

Strong, Barrett, 433, 616, 794

Sulca (União dos Estudantes da Faculdade de Artes), 201, 398, 466, 714

Sullivan, Peter, 1130

"Summertime" (Gene Vincent), 292, 920; repertório dos Beatles, 482, 501, 587nf, 662

"Sun Arise" (Rolf Harris), 968, 1101

Sun (estúdio): canções country, 275, 390; efeito de eco, 28, 102, 157, 390; gravações de Carl Perkins, 232; gravações de Elvis, 28, 102, 259, 309, 1190nf; gravações de Jerry Lee Lewis, 198-9, 232; interesse de George, 167-8; som de guitarra, 210

Sunday Night at the London Palladium (ATV), 159, 232, 551nf

"Sure to Fall" (Carl Perkins), 390; gravada pelos Beatles, 792-3

Sutcliffe, Charles, 376n, 415, 876

Sutcliffe, Joyce, 376n, 877, 898, 1177nf

Sutcliffe, Millie (Cronin): caráter, 376n; funeral do filho, 879, 880, 897; lesões na cabeça do filho, 622, 1151nf; morte do filho, 877-9, 883; origens, 376n, 705; relação com o filho, 376n, 411, 622-3, 635-6, 715; relacionamento com Astrid, 622-3, 636, 829, 877, 881, 884, 897; saúde do filho, 725; visão sobre o agendamento de shows do filho em

Hamburgo, 415, 470; visão sobre os alemães, 517, 622, 879

Sutcliffe, Pauline, 376n, 586-7nf, 898, 1177nf

Sutcliffe, Stuart: adeus a George, 521; adeus aos Beatles, 678, 696; amigos em Hamburgo, 507-8; amizade com Allan Williams, 242, 406, 411, 418, 623, 829; amizade com John, 262-3, 287, 315, 325, 380, 389, 422-3, 476, 493, 635, 692; amizades, 201, 398, 404; antecedentes familiares, 376-7n; aparência, 263, 287, 376n, 398, 410, 453, 475, 481, 505, 622, 636, 653, 715, 863; apartamentos, 263, 298, 376n, 377-8, 378, 379, 456, 462, 611; caráter, 262, 287, 315, 453, 627; carta a Allan Williams, 644, 654; com Astrid em Liverpool, 622-3, 629, 636; compra amplificador, 503; compra contrabaixo, 374, 375, 442; conhece Ringo, 497; correspondência com George, 529, 606, 733, 735; correspondência com John, 714; de volta a Hamburgo, 863; desempenho na audição, 410-1; divide quarto com John, 378, 379, 390, 439; educação, 376n; em Hamburgo com Astrid, 638, 641, 653; em Hamburgo, 479, 480, 489, 503, 515, 605; encontro com Brian, 829; ensaios com os Quarry Men, 394; entra nos Quarry Men, 376, 378, 379-80, 466; envia dinheiro a Williams, 655n, 697; envia discos aos Beatles, 733; escreve cartas para agendar shows, 394, 396; espancado, 621-2, 879; estreia no palco, 398; estudos na Hochschule, 715, 863; experiências com drogas, 447, 649; formação musical, 376n; fotografias de Astrid, 508, 514-5, 863-4, 1091; fotografias de Jürgen, 656, 657; funeral, 879-90, 896; George vai morar com, 439; gravação dos Beatles, 443; história do incêndio em Hamburgo, 523, 525; Liverpool College of Art (faculdade de artes), 201, 242, 314, 376n, 438, 448, 465, 487, 611; luta com Paul, 668-9; matrícula na Hochschule, 665; morte, 876, 877-8, 884-5, 888, 1081; namoradas, 391, 487; no show de Gene Vincent, 405; no show de Vincent/Cochran, 392; noivado com Astrid, 517; nome dos Beatles, 396-7, 417; Paul toca com o baixo de, 666, 668; performances em Hamburgo, 481, 482, 499, 505, 509, 510-1; performances no Top Ten, 644-5, 652; pintura exposta, 325-6; planos de Berlim, 500, 513; problemas de saúde, 636, 652, 715-6, 863-4; reações à sua morte, 880-2, 896-7; relacionamento com a mãe, 376n, 623, 636; relacionamento com Astrid, 509, 516-7, 611; relacionamento com Ellis, 448, 452; relacionamento com Paul, 380, 389, 422, 457, 493, 509, 611, 635, 652, 668-9, 878-9; relacionamento com os Beatles, 422-3, 493, 635, 639-40, 652; retorna às artes visuais, 665; retorno de Hamburgo, 611-2; talento artístico, 242, 315, 325-6, 374, 376n, 487, 881; tocando baixo, 325, 379-80, 394, 397-8, 410, 509, 510-1, 611, 692; tocando com os Beatles, 438, 441, 453, 457, 460, 611, 621, 638; tocando em Hamburgo, 462, 466, 470; tom de voz, 481; turnê escocesa dos Beatles, 414-21, 426; última apresentação com os Beatles, 676-7; uniforme dos Beatles, 451, 460, 468; venda de pintura, 374-5; vende o baixo, 677; viagem a Hamburgo, 469-71, 472, 475; visita a Liverpool, 715-6; visita de Cyn, 664, 665, 888; volta a Hamburgo, 638

Sutherland, Elizabeth "Mater" (Stanley, tia de John), 87, 313, 538, 717

Sutherland, Robert "Bert", 87, 313

"Swanee River" (acompanhamento instrumental), 912-3

"Sweet Georgia Brown" (acompanhamento instrumental), 912-3

"Sweet Little Sixteen" (Chuck Berry), 233, 277; arranjo de Cochran, 391-2; gravação em Hamburgo, 1140; repertório dos Beatles, 505, 713

Índice remissivo

Swerdlow, Alan, 576nf, 869

Swerdlow, Harry, 576nf

Swinging Bluegenes, *ver* Bluegenes

Sytner, Alan, 154-5, 242, 320

"Take Good Care of My Baby" (Bobby Vee), 734, 946; cantada por George, 734, 946; gravada pelos Beatles, 792, 794-6

"Take Out Some Insurance" (Jimmy Reed), gravada pelos Beatles com Sheridan, 669, 673

"Take This Hammer" (Ken Colyer's Skiffle Group), 158

The Talent Spot (programa da estação BBC Light Programme), 1073, 1117, 1122, 1203nf

Tarrach, Reinhard "Dicky", 912

"A Taste of Honey" (Lenny Welch), repertório dos Beatles, 1054, 1083, 1200nf; gravação em Hamburgo, 1141

Tatham, Dick, 777

Taylor, Alistair: assistente pessoal de Brian, 682; contrato dos Beatles, 779, 800, 1169; pede demissão da Nems, 903, 1180nf; questão da identidade de Raymond Jones, 1162nf; sobre as vendas de discos dos Beatles, 747; sobre reuniões de gestão, 1167; visita ao Cavern, 738

Taylor, Derek, 220n, 255, 1028, 1165nf, 1170nf, 1192nf

Taylor, E. R., 88, 111

Taylor, Ted "King-Size", 413, 960, 1119, 1138

Taylor, Vince, 383, 724

Teddy Bears, The, 275, 295, 793

Teddy Boys, 96-7, 124, 140-1, 204, 207, 224, 266, 318, 725, 880

Teenagers' Turn, ver *Here We Go*

Temperance Seven, 621, 684, 687, 755, 892, 1179nf

Tenabeats, The, 1064, 1159nf, 1198nf

Texan Skiffle Group (Ravin' Texans, The Texans), 175, 229-31, 245, 289-91, 317; *ver também* Rory Storm and the Hurricanes

Thank Your Lucky Stars (ABC-TV), 798-9, 1032, 1073, 1113-4, 1116, 1122, 1135

Tharpe, Sister Rosetta, 145, 291, 566nf

That Was The Week That Was (BBC-tv), 1106, 1110

"That'll Be the Day" (The Crickets), 20, 22, 204-5; gravação pelos Quarry Men, 246-7, 393; interpretada por George, 309; interpretada por Paul e John, 206

"That's All Right Mama" (Elvis Presley), 102, 104, 161, 198; repertório dos Quarry Men, 204

"That's When Your Heartaches Begin" (Elvis Presley), 180; gravada pelos Beatles, 443

The 625 Show (BBC-tv), 1106

"The Hole in the Ground" (Bernard Cribbins), 891, 914, 968

"There's No One in the Whole Wide World" (Jackie Lee & The Raindrops), executada pelos Beatles, 827

These Dangerous Years (no Brasil, *Almas em agonia*, filme de 1957), 188

"Think It Over" (Buddy Holly), 259, 271-2

"Thinking of Linking", 237, 295, 395, 561nf

Thompson, Bobby, 412, 869, 960, 972, 1176nf

Thompson, Pam, 326-7

"Three Cool Cats" (The Coasters); cantada por John, Paul e George, 292-3, 310, 694; gravada pelos Beatles, 792, 794, 796; repertório dos Beatles, 1018

"Thumbin' a Ride" (The Coasters), interpretada pelos Beatles, 687

Tibbott-Roberts, Liz, 766-7, 981

"Till There Was You" (Peggy Lee), cantada por Paul, 634, 661, 692, 694, 760, 909, 1054,

Índice remissivo

1141; disco dos Beatles, 835, 905; gravação dos Beatles, 792, 794-6, 824; gravação em Hamburgo, 1141

"Time" (Craig Douglas), 687; repertório dos Beatles, 687, 1080

"Tip of My Tongue", 1001, 1003-4, 1016, 1100

"To Know Him (Her) Is to Love Him (Her)" (The Teddy Bears), 275, 295; repertório dos Beatles, 482, 618, 792-3, 795, 1132; repertório dos Quarry Men, 324

"Too Bad About Sorrows", 23

Top Ten Club, Hamburgo: acordo para o retorno dos Beatles, 623, 641, 653; banda residente, 782, 806, 843, 864, 914; bateria de Pete Best, 447-8; Beatles no, 523-4, 642-5, 665, 666, 671, 675, 885; caçadores de talentos, 658-9; destruição de guitarra, 668; drogas, 647-8, 842-3; fechamento temporário, 844; futuro, 886, 1148; Gerry and the Pacemakers, 512, 681; inauguração, 458n, 484; instalações, 523, 644; kit de bateria de Pete, 528; negociações de Williams com Eckhorn, 501-2; pagamento dos Beatles, 697; pessoal, 647; planos dos Beatles para 1962: 735, 784, 806, 863; planos dos Beatles, 512-13, 521; plateias, 646-7, 659-60, 843; sessão de fotos dos Beatles, 656, 751; Sheridan no, 491, 512, 526, 643, 782, 843-4; sistema de som, 512; último show dos Beatles, 676; visita de Brian, 659, 768; visita dos Beatles, 512

Top Ten Club, Liverpool, 502, 512, 528, 530

Townsend, Ken, 930-1, 934

Trafford, Roy: amizade com Richy, 137-8, 193, 202, 235, 256-7, 290, 994, 997, 1089; bebendo, 193, 202, 256-7; dançando, 188, 202; Eddie Clayton Skiffle Group, 164, 171, 235, 359; emprego, 137, 435; fã de música country, 997; sexo, 174; toca baixo de caixa de chá, 158, 359; toca guitarra, 235-6, 290

Transglobal Music, 1053, 1112, 1143

Trower, Glynne, 442

"Trying to Get to You" (Elvis Presley), 161, 237, 246; cantada por Paul e Ian, 191; cantada por Paul, 195; repertório dos Quarry Men, 204

Tuesday Rendezvous (AR-TV), 1124, 1203nf

"Tutti Frutti" (Little Richard), 20, 152, 1056; cantada por Paul, 191, 204; repertório dos Beatles, 452

Twelve O'Clock Spin (BBC Light Programme), 1087, 1105, 1202

"Twenty Flight Rock" (Eddie Cochran), 166-7, 169, 198; repertório dos Quarry Men, 204; tocada por Paul, 185

"The Twist" (Chubby Checker), 753, 826, 1017

"Twist and Shout" (Isley Brothers), 966; gravação em Hamburgo, 1140; performance na TV, 1132; performance no *Talent Spot*, 1117, 1203; repertório dos Beatles, 966, 1003, 1120

"Twist in the Street" (adaptação dos Beatles), 826

Two-Way Family Favourites (BBC Light Programme), 130, 1087-8, 1105, 1202nf

Undertakers, The, 814, 831, 974

US Bonds (banda), 615, 687

Vaughan, Ivan: amizade com John, 18, 66, 75, 92, 97, 183, 187; amizade com Paul, 92, 149, 180, 186, 187, 191, 315, 416; Liverpool Institute, 92, 315, 548nf; Quarry Men, 149, 154, 181, 185; visita de Paul e Celia, 1073

Vaughan, Sarah, 84

Vee, Bobby, 734, 794, 946, 1047n, 1144

Vee Jay Records, 755, 1052, 1144n, 1145

Vikings, The, 260, 563nf

Vincent, Gene: aparência, 165, 534, 686; Beatles tocam seus números, 482, 534, 634,

662, 673, 826; "Be-Bop-A-Lula", 134-5, 166, 182, 198, 645; com os Beatles em Hamburgo, 920, 1055; com os Beatles no Cavern, 950; copiado por Vince Taylor, 724; foto com John e Paul, 950, 1185nf; George toca canções de, 284; violão, 145; herói de John e Paul, 20, 135, 145; "My Bonnie", 671-2; no Liverpool Stadium, 399, 400, 403-5, 469, 498; no Star-Club, 920; performances de John, 489; sobrevive a acidente de carro, 399, 405; sucessos britânicos, 292, 634; *The Girl Can't Help It (Sabes o que quero)*, 166, 167, 520; turnê, 391

Violent Playground (no Brasil, *Seduzidos pela maldade*, filme de 1958), 188, 238

Vipers (grupo de skiffle): álbum *Coffee Bar Session*, 365; artigo no *Daily Mirror*, 142; contratado por George Martin, 142, 355; "Don't You Rock Me Daddy-O", 156, 181; fãs, 160; Feira do Soho (1956), 136, 181; George assiste ao show dos, 168; influência, 359; instrumentos, 141-2, 147n, 156n; nome, 142, 148n, 365, 549nf; sessão de estreia, 355; "Streamline Train", 182; trabalho de George Martin com, 147n, 355, 359, 365; vendas, 355

Vollmer, Jürgen: amizade com Klaus e Astrid, 506; aparência, 506, 636, 642; assiste ao show dos Beatles, 507; corta o cabelo, 726; em Paris, 657, 677, 719, 1081; no Top Ten Club, 644; fotografia, 655-7, 725, 751; relacionamento com os Beatles, 506-9, 642; visita de John e Paul a Paris, 720-6

Voormann, Klaus: amizade com Stuart, 636, 863, 882; aparência, 506, 636, 863; assiste ao show dos Beatles pela primeira vez, 504-5; caráter, 505-6; compra o baixo de Stuart, 677; de Berlim, 516; em Liverpool, 881; morte de Stuart, 878-81; namorada, 504-5, 508; no Star-Club, 884; no Top Ten Club, 644; pede para entrar nos Beatles, 677; primeira conversa com os Beatles, 507;

sobre a amizade de John e Stuart, 882-3; sobre a luta de Stuart com Paul, 668-9; sobre apresentação dos Beatles, 519; sobre as dores de cabeça de Stuart, 715; sobre Beatles com Ringo, 519; sobre George, 451, 922; sobre Stuart tocando baixo, 511; toma conta de Astrid, 898; vê os Beatles novamente, 1081, 1134, 1148

Walley, Clive, 767

Walley, Nigel: amizade com John, 66, 74; dispensa de Eric, 227-8, 560nf, 614, 944; doença, 244; ensaios dos Quarry Men, 149, 156; gestão dos Quarry Men, 155, 202, 212, 227, 229, 244, 418, 749; lembranças sobre John, 73, 80, 97, 99, 136, 161, 176; lembranças sobre os Quarry Men, 203; morte de Julia, 250-1

Walsh, Alan, 729, 1161nf

Walters, Lu (Wally Eymond): como baixista e vocalista, 318n; em Hamburgo, 501; gravando com os Beatles, 501, 587nf, 670; no Cavern, 703; nome, 436; sobre Ringo, 450; substituído nos Hurricanes, 860, 1176nf; temporada no Butlin's, 680

Warren, Alma, 1031-2, 1072, 1193nf

Waterman, Pete, 1104, 1202nf

Watmough, Harry, 869-70, 1192

Watson, Reg, 1073, 1199nf

Webb, Harry, *ver* Richard (Cliff)

"Wedding Bells Are Breaking Up That Old Gang of Mine" (Gene Vincent), 481; tocada por George, 230

Weedon, Bert, 353, 359, 454

Weil, Cynthia, 618, 946

Weinblatt, Mike, 1063

Weissleder, Manfred: aparência, 875; carros, 878, 899; chegada dos Beatles, 875; contrato com Roy Young, 1177nf; contrato com os

1276 Índice remissivo

Beatles, 954; finanças, 844, 887; fotografia, 922, 1090-1; gravação, 1140; inauguração do Star-Club, 864; novo clube, 805; origens, 805; pagamento dos Beatles, 887, 1082n; providencia liberação de Paul, 1060; providencia liberação de Preston, 1083; quer os Beatles de volta em 1963, 1084; quer os Beatles de volta, 911; tratamento dos Beatles, 887, 910, 1082, 1133

"Well Darling", 394

Wharton, Peter, 490

"What a Crazy World We're Living In" (Joe Brown), tocada pelos Beatles, 827

"What Goes On", 295

"What'd I Say" (Ray Charles), 303, 389; interpretada pelos Pacemakers, 615; interpretada por Eddie Cochran, 392; interpretada por Rory Storm, 405, 615; repertório dos Beatles, 481, 498, 532, 534, 615, 731, 767, 843, 867, 902, 1139; sucesso com Jerry Lee Lewis, 687

"When I'm Sixty-Four", 131, 296, 547nf, 557nf, 633

"Where Have You Been" (Arthur Alexander), cantada por John, 946

Whitcomb, Noel, 141-2

White, Andy, 550nf, 1009-12, 1190-1nf

White, Priscilla, ver Cilla Black

White, R. N. (Ron), 432, 751-2, 752n, 772, 777

White Hunter (série de TV), 268, 563nf

"A White Sports Coat" (Marty Robbins), 173

Whitman, Slim, 116, 190

Whittaker, Lyndon, 1120

"Whole Lotta Shakin' Goin' On" (Jerry Lee Lewis), 198, 210; tocada pelos Beatles, 452, 731; tocada pelos Hurricanes, 517

"Why" (Tony Sheridan), gravada por Sheridan com os Beatles, 669, 672, 674

"Wild Cat" (Gene Vincent), 443; gravada pelos Beatles, 443

"Wild In The Country" (Elvis Presley), cantada por Pete, 712, 826

The Wild One (no Brasil, O selvagem, filme de 1953), 577nf, 657

Wilde, Marty (Reg Smith), 274n, 852

Wilkie, Derry, 430, 1197nf, ver também Derry and the Seniors

Wilkinson, Thelma, 689, 703, 982

"Will You Love Me Tomorrow" (The Shirelles), 617, 1182nf; repertório dos Beatles, 618-9, 627, 827, 925, 1139

Willey, Brian, 1073

Williams, Allan: ação judicial contra os Beatles, 666, 697, 716, 735, 773, 829; agendamento de shows dos Beatles em Hamburgo, 462-3, 467, 658; agendamento de shows dos Beatles, 436, 438-9, 441, 443-4, 458-9, 607; ameaças, 654-5, 685, 697; amizade com Stuart, 242, 406, 411, 418, 623, 829; aparência, 386, 474, 640n; audição com (Silver) Beatles, 406-8, 410-1; autobiografia, 1192; Beatles se recusam a pagar sua comissão, 643-4, 654-5, 666, 1153nf; Beatles tocando no Jacaranda, 411; Blue Angel, 408, 467, 606-7, 640n, 655; carreira como empresário, 241-2, 289; casamento, 242; como empresário de bandas, 384-5, 414, 418, 457-8; como empresário dos Beatles, 418, 436, 606-7, 636-7, 654, 748-9; como motorista, 441, 469-71, 472-4, 1148; conselhos a Brian, 750, 771; contratos dos Beatles em Hamburgo, 478n, 494, 500, 513, 637, 643-4; encontra baterista dos Beatles, 406-7; encontra-se com Koschmider, 387, 436, 886; inauguração e destruição do Top Ten Club, 528-9, 606; Jacaranda Club, 241-2, 384, 411, 606; Liverpool Press Club, 1027, 1192; morte de Stuart, 877-8, 880-1;

no hospital, 529, 606; origens, 176; planos para o Top Ten Club, 502, 512; proíbe a entrada dos Beatles no Blue Angel, 735, 957; recurso contra a deportação de Paul e Pete, 623-4, 630, 637, 642, 654-5, 836; relacionamento com Eckhorn, 501-2, 512, 637, 643-4, 783; relacionamento com Koschmider, 458-9, 462, 478n, 489, 496, 501-2, 512; relacionamento com os Beatles, 829, 1027; relacionamento com Parnes, 406, 414, 458; sessão de gravação em Hamburgo, 500; show de Jerry Lee Lewis, 917; show de rock de Gene Vincent, 392, 399, 400, 404-6; sobre a escapada de John e Stuart para Londres, 454; sobre Millie Sutcliffe, 517, 879; turnê escocesa dos Beatles, 415, 416-8, 420-2, 425, 429; vê os Beatles em Hamburgo, 500; viagem a Amsterdã e Hamburgo, 385-7; viagem a Hamburgo, 469-71, 472-6, 640, 1148; visão sobre Norman Chapman, 444; visão sobre Tommy Moore, 423

Williams, Beryl: funeral de Stuart, 880; origens, 242; relacionamento com Astrid, 623, 877, 880; viagem a Hamburgo, 470, 475, 477

Williams, Geoff, 706

Williams, Hank, 72, 117, 482

Williams, Larry, 198, 204, 232-3, 292, 482

Williams, Susan, 508

Williams, Taffy, 54, 98

"Winston's Walk", 296

Wohlers, Erika, 900

Wolf, Reinhart, 505, 507n, 588nf, 655, 863, 1179nf

Wood, Len (L. G.): idade, 752n; papel na EMI, 751, 755, 1143; rejeição dos Beatles, 777, 838, 896; ordem para contratar os Beatles, 896; relacionamento com George Martin, 755, 893-6, 1143; sobre Brian, 751

Woodbine, Lord, *ver* Phillips (Harold)

"Wooden Heart" (Elvis Presley), repertório dos Beatles, 531, 605

Woodhead, Leslie, 953, 957-8, 986-7, 1018, 1071

Woods, Vicky, 865, 869, 918-9

Wooler, Bob: agendamento de shows dos Beatles, 530, 532-3, 609, 624-5, 685, 1061; agendamento dos Beatles no Cavern para 1963: 1084; anúncios de *Echo*, 609, 628, 630, 704, 736-7; aparência, 739; aposta que os Beatles têm futuro, 1058, 1197; coluna no *Mersey Beat*, 708, 716, 1201; cria apelido de Ma Storm (Mamãe Storm), 712; disc jockey e mestre de cerimônias (MC), 288, 320, 528, 533, 606, 634n; dispensa de Pete Best, 977, 984, 1130; divulgando "My Bonnie", 1163; em Litherland, 532-4; em performances dos Beatles, 534, 614, 708-9, 731-2; fã-clube dos Beatles, 705, 707, 714; George Martin no Cavern, 1127; lembranças sobre os Beatles, 693, 700, 717, 737, 740, 1079; Little Richard na Tower, 1057-8; *Mersey Beat Awards Night* (Noite de Gala da Premiação do Mersey Beat), 1130; morte, 567nf; mudança de carreira, 528-9; clube Top Ten, 528-9; no Hambleton Hall, 609; no Instituto Aintree, 606-8, 733; noite de Jerry Lee Lewis, 917, 919; noite do fã-clube dos Beatles, 871-2; nome, 567nf; origens e caráter, 288, 529, 606, 608, 736; papel junto às dançarinas Kingtwisters, 873; papel no Cavern, 624, 630, 691-2, 956, 1061, 1084, 1118; primeiro encontro de Brian com os Beatles, 738-41, 743; relacionamento com Brian, 803, 831, 855, 859-60, 915-6; relacionamento com os Beatles, 529-30, 606-7, 634-5, 701, 731-2, 736-7, 809, 1161nf; reunião de negócios de Brian com os Beatles, 747-8; Rory Storm and the Hurricanes, 917-8; show Bem-Vindos ao Lar (Beatles), 917; show de Bruce Channel, 917; show de Little Richard, 956; show no Liverpool Empire, 1078; sobre a gestão dos Beatles, 701-2,

749; sobre a recusa dos Beatles em pagar comissão, 637, 644, 1153nf; sobre as roupas de Brian, 847; sobre cachê dos Beatles, 774-5; sobre o relacionamento de Brian com os Beatles, 860-2; sobre os *Cunard Yanks*, 696n; sobre Pete Best, 845; sobre relacionamento com Lennon-McCartney, 718-9; temporada de doze datas no Cavern dos Beatles, 917, 945; trabalho para Kelly, 530, 532-3, 608

Woollam, Louise (avó de George), 43

Workman, Tony, 105

"The World Is Waiting for the Sunrise" (Les Paul and Mary Ford), 401; cantada pelos Nerk Twins, 401; gravada pelos Beatles, 443

"A World Without Love", 295-6

The World's Fair: anúncio sobre "Love Me Do", 1033; juke-box, 204, 579nf, 1075, 1088, 1131, 1135; resenhas sobre "Love Me Do", 1105, 1194nf; sobre "My Bonnie", 798; sobre "That'll Be The Day", 204; sobre o skiffle, 179

Wright, Sue, 985, 1188nf

Wycherley, Ronnie, *ver* Fury (Billy)

"Years Roll Along", 29, 395

"You Better Move On" ("É melhor virar a página", canção de Arthur Alexander), 855; entoada por John, 856

"You Don't Know What You've Got" (Ral Donner), tocada pelos Beatles, 734

"You Don't Understand Me" (Bobby Freeman), tocada pelos Beatles, 615

"You Must Write Every Day", 443

"You'll Be Mine", 296, 443, 581nf

Young, Roy: atuando como intérprete para Fascher, 806; banda residente do Top Ten, 842; Brian se aconselha com, 1177nf; gravando com Sheridan e Beatles, 913; no line-up de shows em Hamburgo, 1082, 1133; órgão elétrico, 1140; sobre Pete Best, 914; tocando com os Beatles, 885-6, 912; tocando piano, 842, 844; transfere-se para o Star-Club, 864;

"Young Blood" (The Coasters), 198, 767, 1018, 1126; cantada pelos Beatles, 1166nf

"Your Feet's Too Big" (Fats Waller): cantada por Paul, 688, 694, 763, 836; gravação em Hamburgo, 1141

"Your True Love" (Carl Perkins), 167, 390

"You're Driving Me Crazy" (Temperance Seven), 621, 684, 755

Zerga, Joseph E., 1053, 1112, 1143-5